GW01605426

MIT LEIB UND SEELE

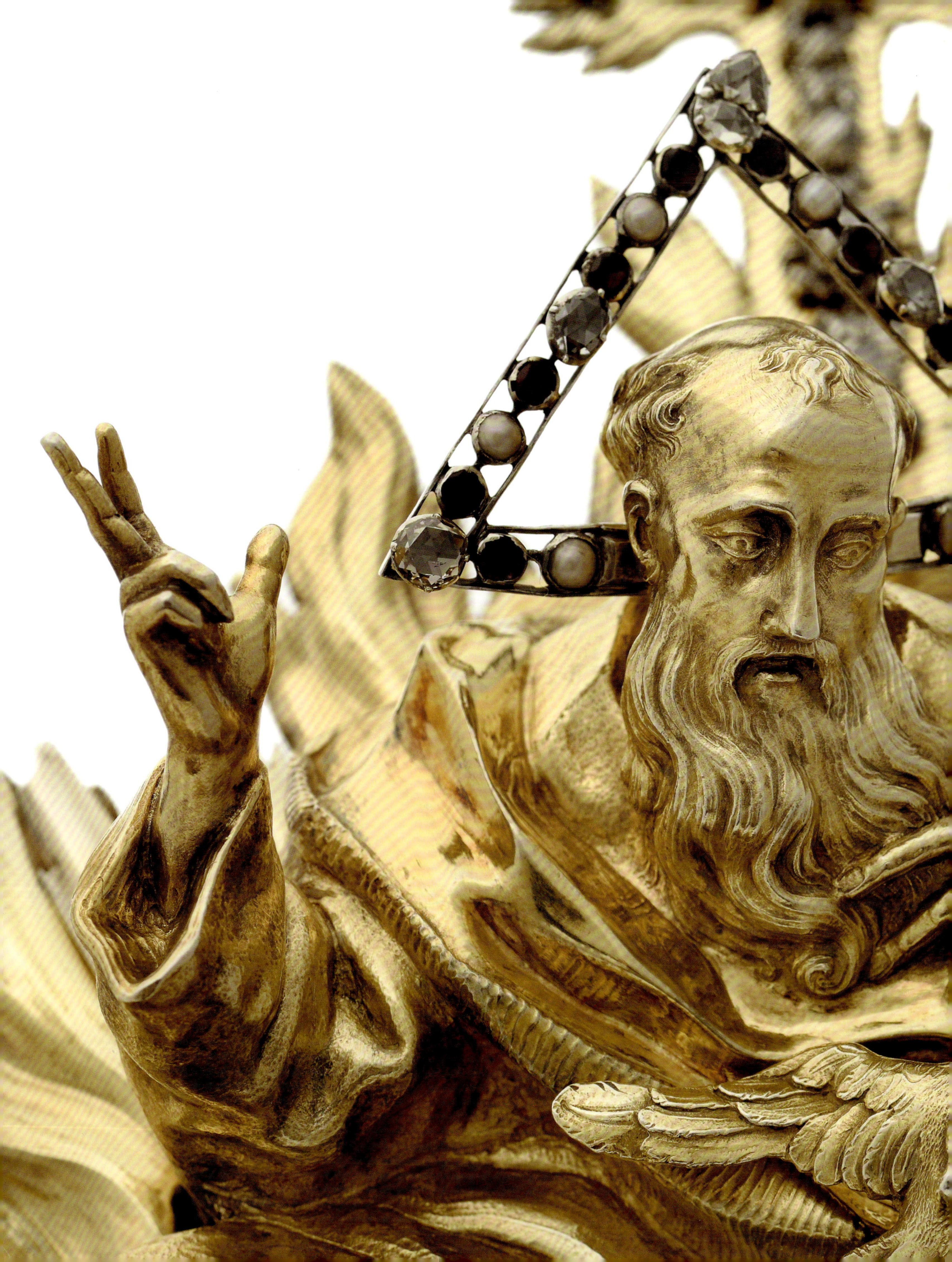

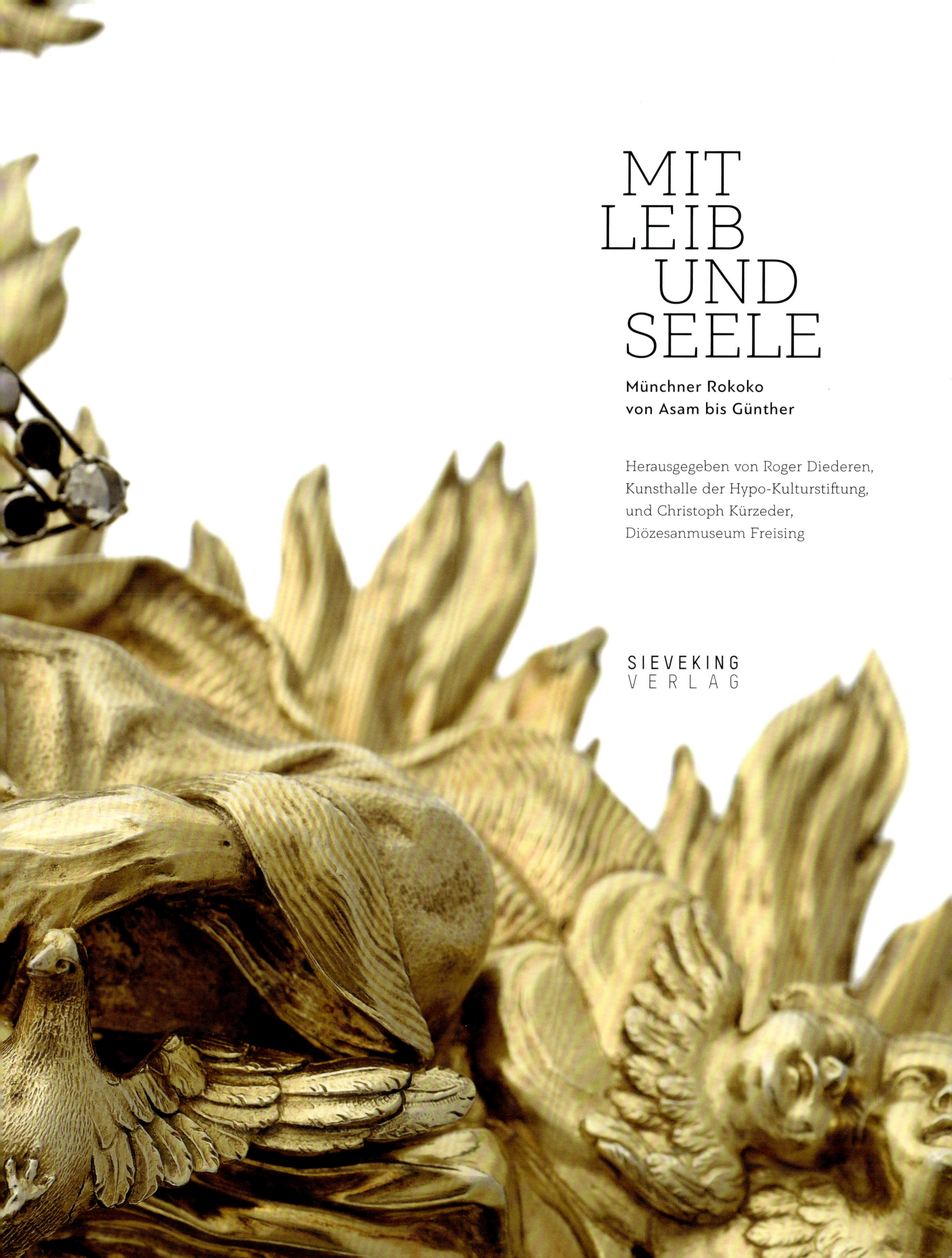

MIT LEIB UND SEELE

Münchner Rokoko von Asam bis Günther

Herausgegeben von Roger Diederen, Kunsthalle der Hypo-Kulturstiftung, und Christoph Kürzeder, Diözesanmuseum Freising

SIEVEKING VERLAG

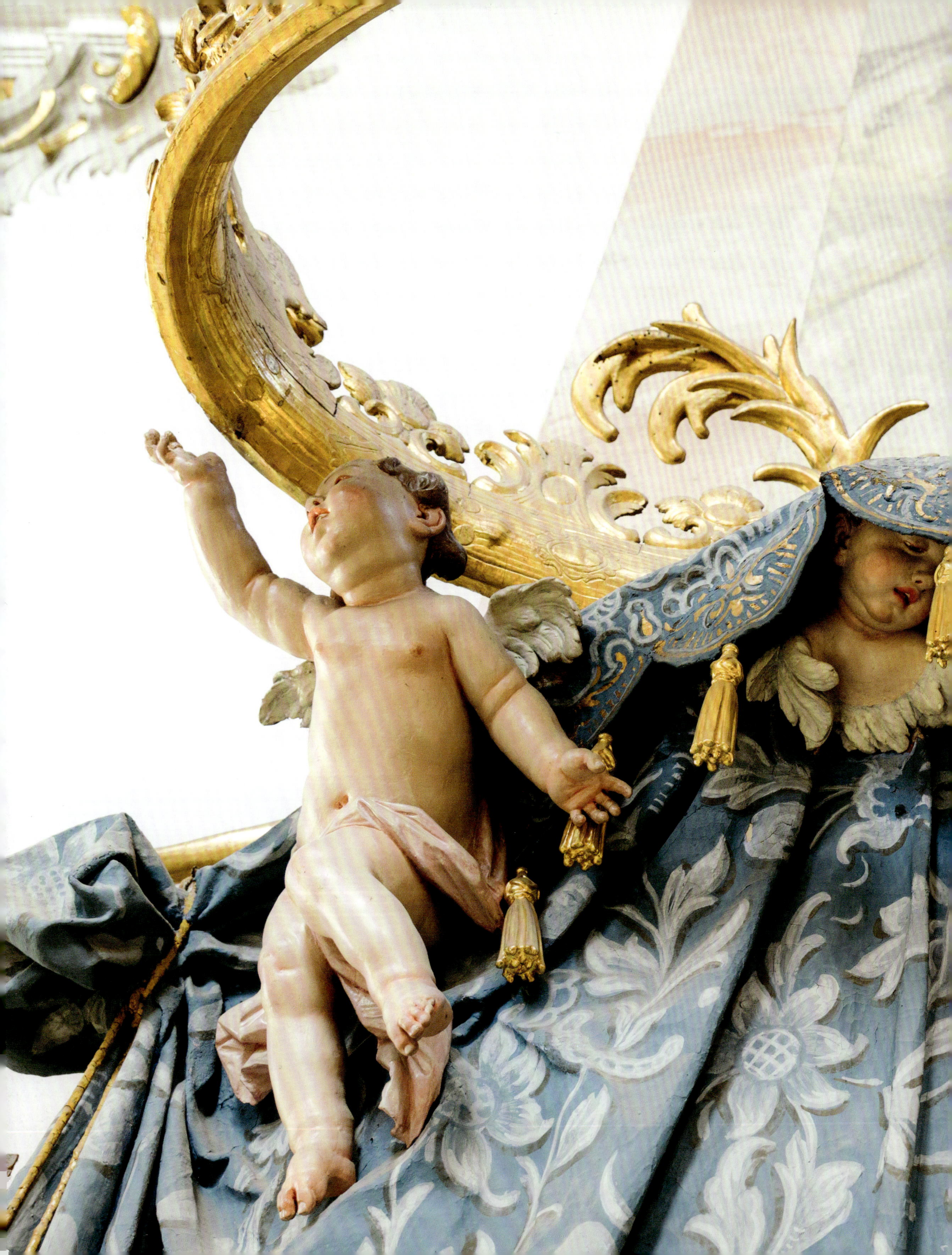

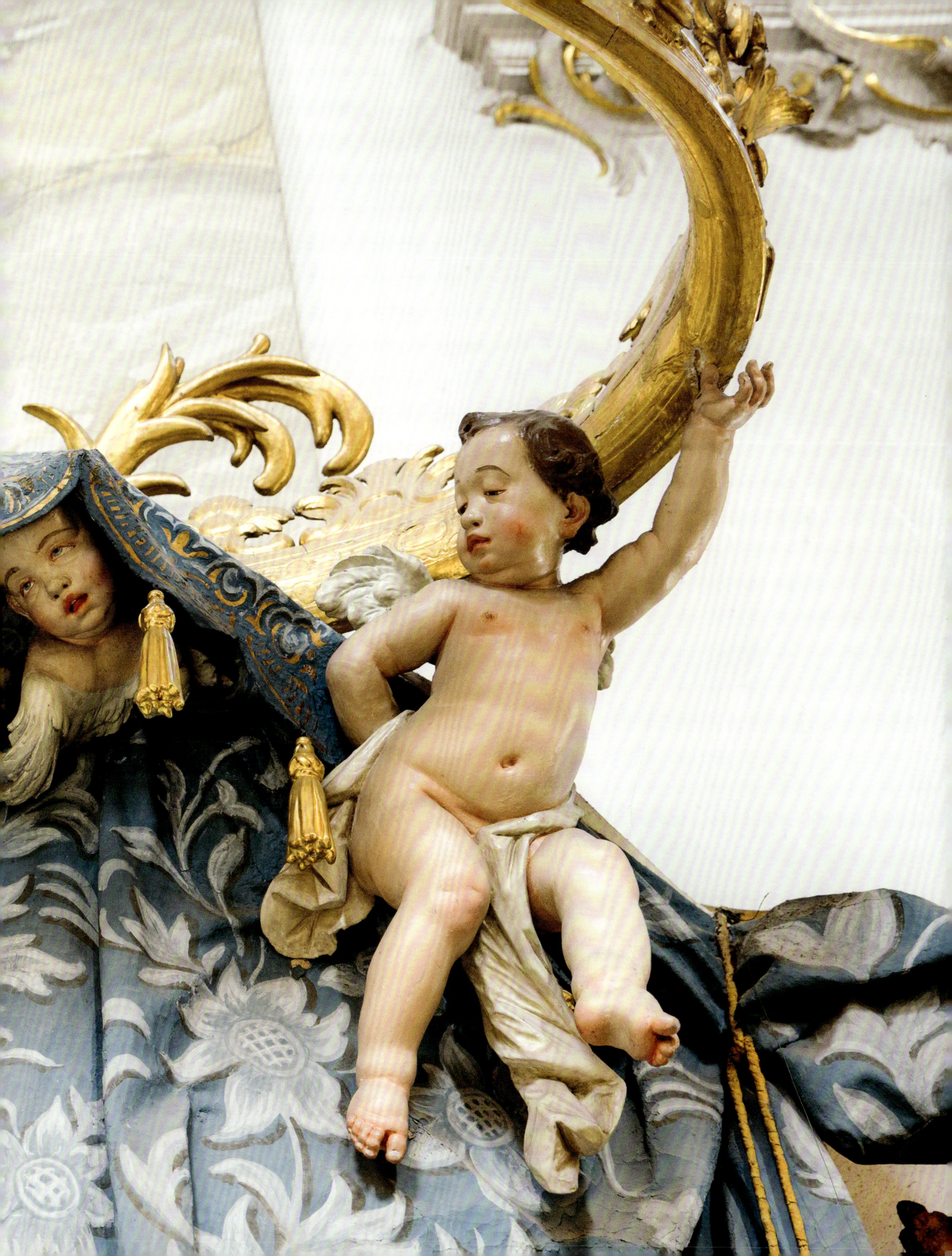

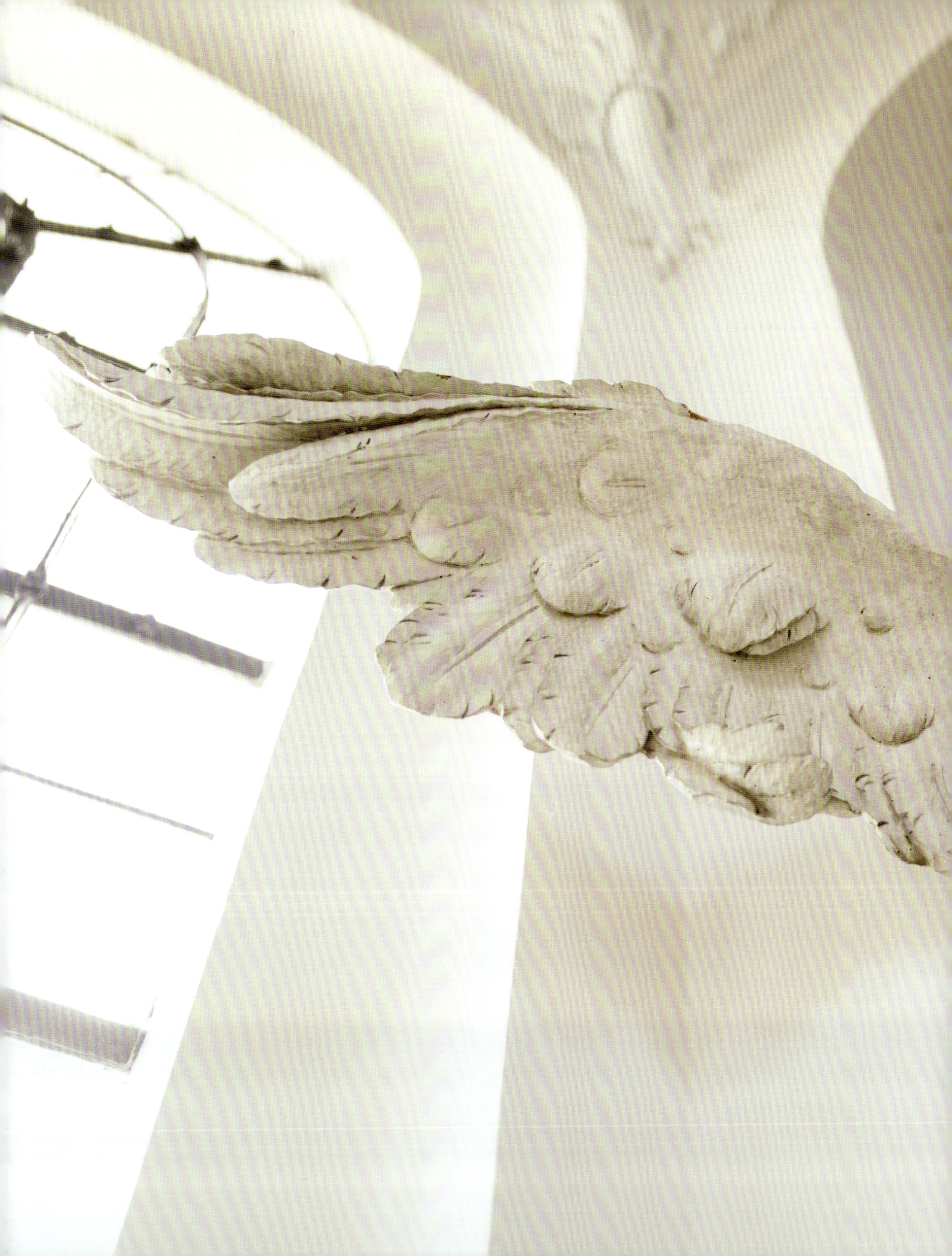

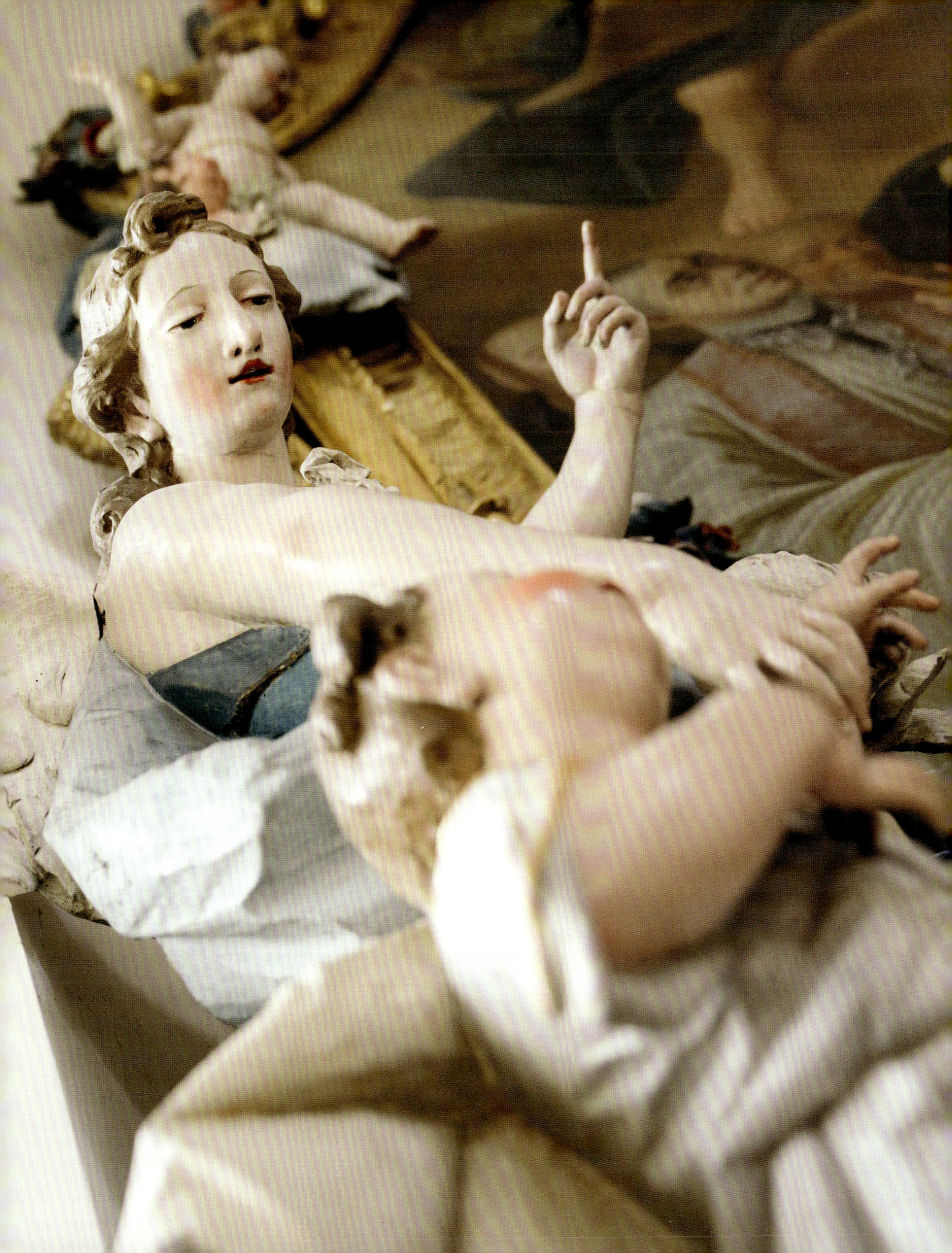

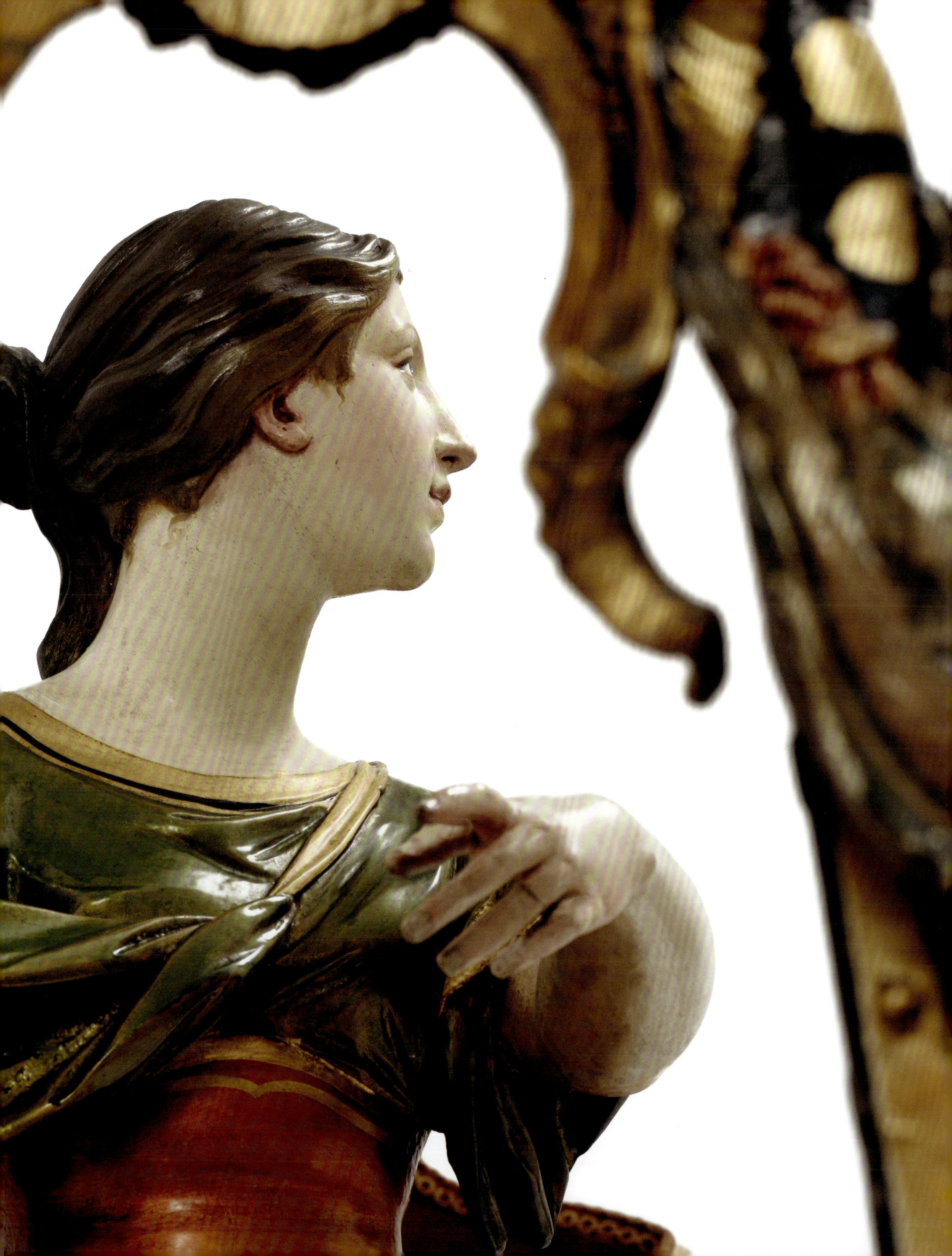

INHALT

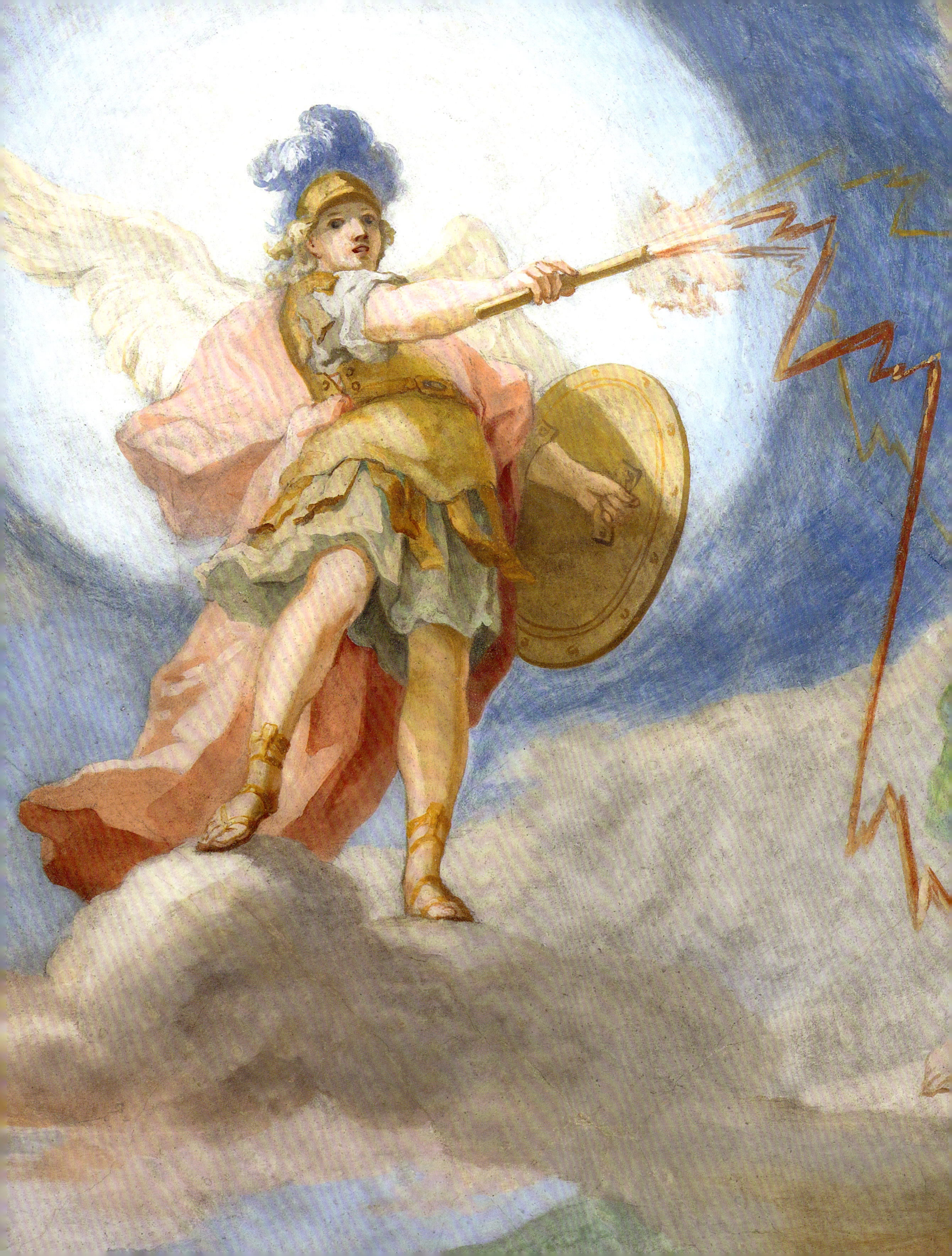

VORWORT

»Mit Leib und Seele« – bewegt und beseelt erscheinen viele der Skulpturen aus einer der kreativsten und aufregendsten Epochen der süddeutschen Kunstgeschichte. Das Münchner Rokoko mit seinen führenden Bildhauern steht nach langer Zeit wieder im Mittelpunkt einer großen Ausstellung. Zwischen 1730 und 1770 entstanden in München und Umgebung Kunstwerke von Weltrang, die bis heute als Inbegriff bayerischer Kultur und Frömmigkeit gelten. Die Kooperation zwischen der Kunsthalle der Hypo-Kulturstiftung und des Diözesanmuseums Freising bietet die einmalige Gelegenheit, die Skulptur des Rokoko in ihren verschiedensten Facetten zu präsentieren. Viele der gezeigten Objekte sind erstmals außerhalb des Kirchenraums zu sehen. Dadurch wird eine intensive Betrachtung ermöglicht und ein unmittelbarer Zugang zu Geist und Wesen der Epoche eröffnet. Von der bewussten Infragestellung gängiger, dem Rokoko anhängiger Klischees wie Oberflächlichkeit oder Dekorationswut ist der konzeptionelle Gedanke der Ausstellung getragen.

Eine Schau mit dieser großen Zahl an hochbedeutenden Kunstwerken ist nur durch die großzügige Unterstützung vieler Mentoren sowie privater und öffentlicher Leihgeber möglich. Jedoch ohne die Bereitschaft der Erzdiözese München und Freising, der Pfarreien und Ordensgemeinschaften, einige Hauptwerke ihrer Kirchen über vier Monate lang zu entbehren, wäre dieses Projekt nicht zu verwirklichen gewesen. Ihnen sei an dieser Stelle ganz besonders gedankt. Darüber hinaus möchten wir der HypoVereinsbank für ihr stetes, mittlerweile 30 Jahre währendes Engagement unseren Dank aussprechen.

»Mit Leib und Seele« – dies wurde im Laufe der Vorbereitungen immer mehr zum Leitmotiv von Kuratoren, Restauratoren, Ausstellungsgestaltern und Mitarbeitern beider Häuser, die sich mit Leidenschaft und großem Fachwissen dem Gelingen der Ausstellung gewidmet haben. Dass der Katalog nicht nur eine begleitende Dokumentation geworden ist, verdanken wir dem hochmotivierten Team an Autoren und Fotografen, die mit ihrem jeweils sehr persönlichen Blick das Rokoko in ein neues, ungewohntes Licht setzen. Hierzu haben auch die Mitarbeiter des Sieveking Verlags einen großen Beitrag geleistet.

Roger Diederen
Direktor · Kunsthalle der Hypo-Kulturstiftung

Christoph Kürzeder
Direktor · Diözesanmuseum Freising

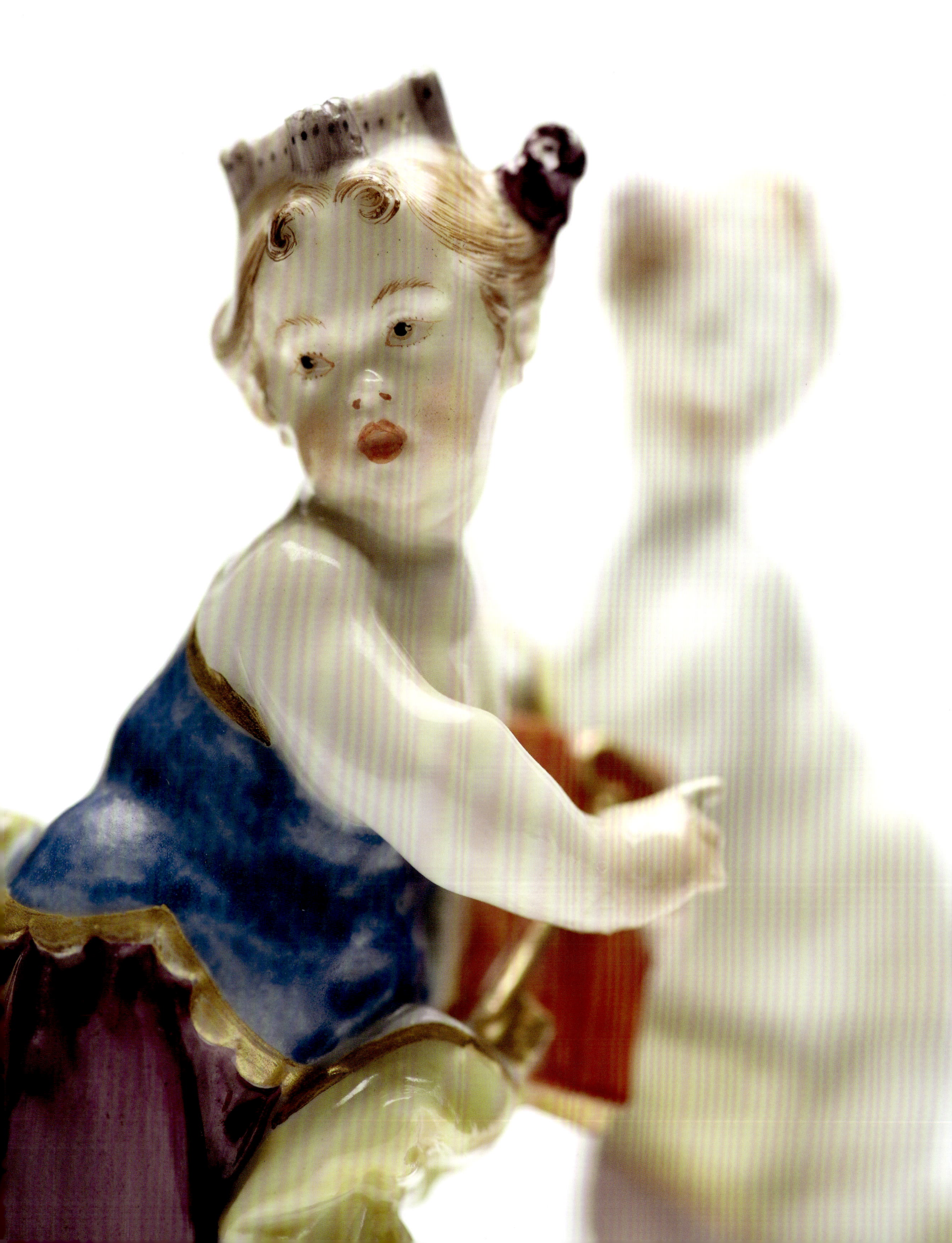

DANK

Unser besonderer Dank gilt den nachstehenden Leihgebern, welche die Ausstellung durch ihr großzügiges Entgegenkommen ermöglicht haben:

Aholming, Katholische Kirchenstiftung St. Stephan
Aschau im Chiemgau, Katholische Kirchenstiftung Darstellung des Herrn
Augsburg, Kunstsammlungen und Museen Augsburg
Berlin, Staatliche Museen zu Berlin, Kunstbibliothek
Dießen, Katholische Kirchenstiftung Mariä Himmelfahrt
Eiselfing, Katholische Kirchenstiftung St. Rupert
Frankfurt am Main, Städel Museum
Freising, Katholische Kirchenstiftung St. Peter und Paul
Freistaat Bayern, ehemalige Jesuitenkirche St. Michael in München
Haimhausen, Bavarian International School e.V.
Hanušovice, Römisch-Katholische Pfarrei
Ingolstadt, Katholische Kirchenstiftung St. Moritz
Karlsruhe, Badisches Landesmuseum Karlsruhe
Landshut, Ursulinenkloster St. Josef
Maria Thalheim, Katholische Kirchenstiftung Mariä Himmelfahrt
München, Bayerisches Nationalmuseum
München, Bayerische Staatsbibliothek
München, Bayerische Staatsgemäldesammlungen
München, Bayerische Verwaltung der staatlichen Schlösser, Gärten und Seen
München, Domkirchenstiftung Zu Unserer Lieben Frau
München, Franziskanerkloster St. Anna
München, Katholische Kirchenstiftung Heilige Familie in Harlaching
München, Katholische Kirchenstiftung St. Anna im Lehel
München, Katholische Kirchenstiftung St. Johannes von Nepomuk
München, Katholische Kirchenstiftung St. Michael in Berg am Laim
München, Marianische Männerkongregation Mariä Verkündigung
München, Münchner Stadtmuseum
München, Orden der Barmherzigen Brüder
München, Sammlung Graf zu Toerring-Jettenbach
München, Staatliche Graphische Sammlung München
Nürnberg, Germanisches Nationalmuseum
Oberammergau, Katholische Kirchenstiftung St. Peter und Paul
Oberaudorf/Reisach, Karmelitenkloster Reisach
Peiting, Katholische Kirchenstiftung St. Michael
Riding, Katholische Kirchenstiftung St. Georg
Rom, Accademia Nazionale di San Luca
Rott am Inn, Katholische Kirchenstiftung St. Peter und Paul, Marinus und Anianus
Rottenbuch, Katholische Kirchenstiftung Mariä Geburt
Schäftlarn, Benediktinerabtei Schäftlarn
Starnberg, Museum Starnberger See
Tegernsee, Katholische Kirchenstiftung St. Quirinus
Wettenhausen-Kammeltal, Katholische Kirchenstiftung Mariä Himmelfahrt

sowie jenen Leihgebern, die nicht namentlich genannt werden möchten.

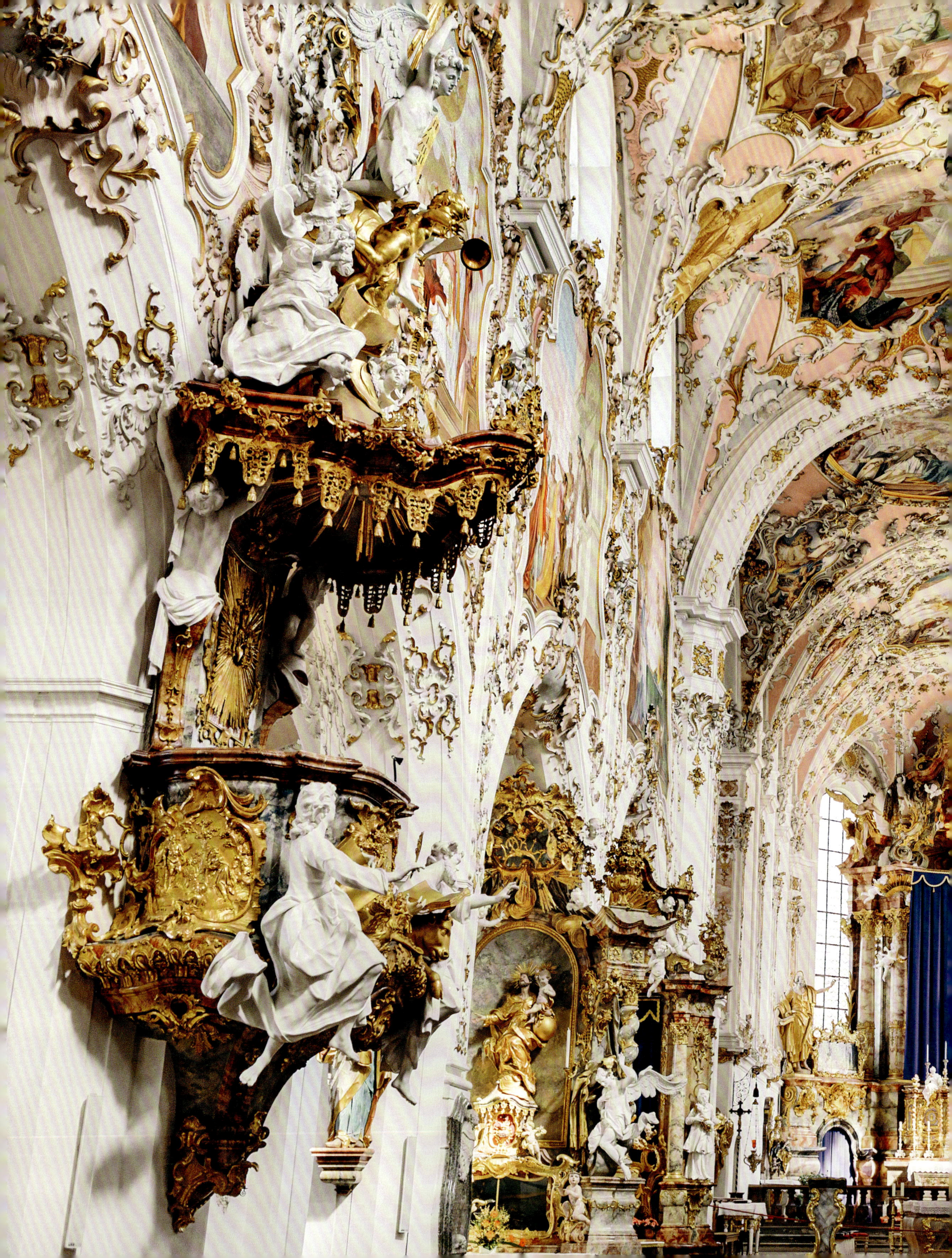

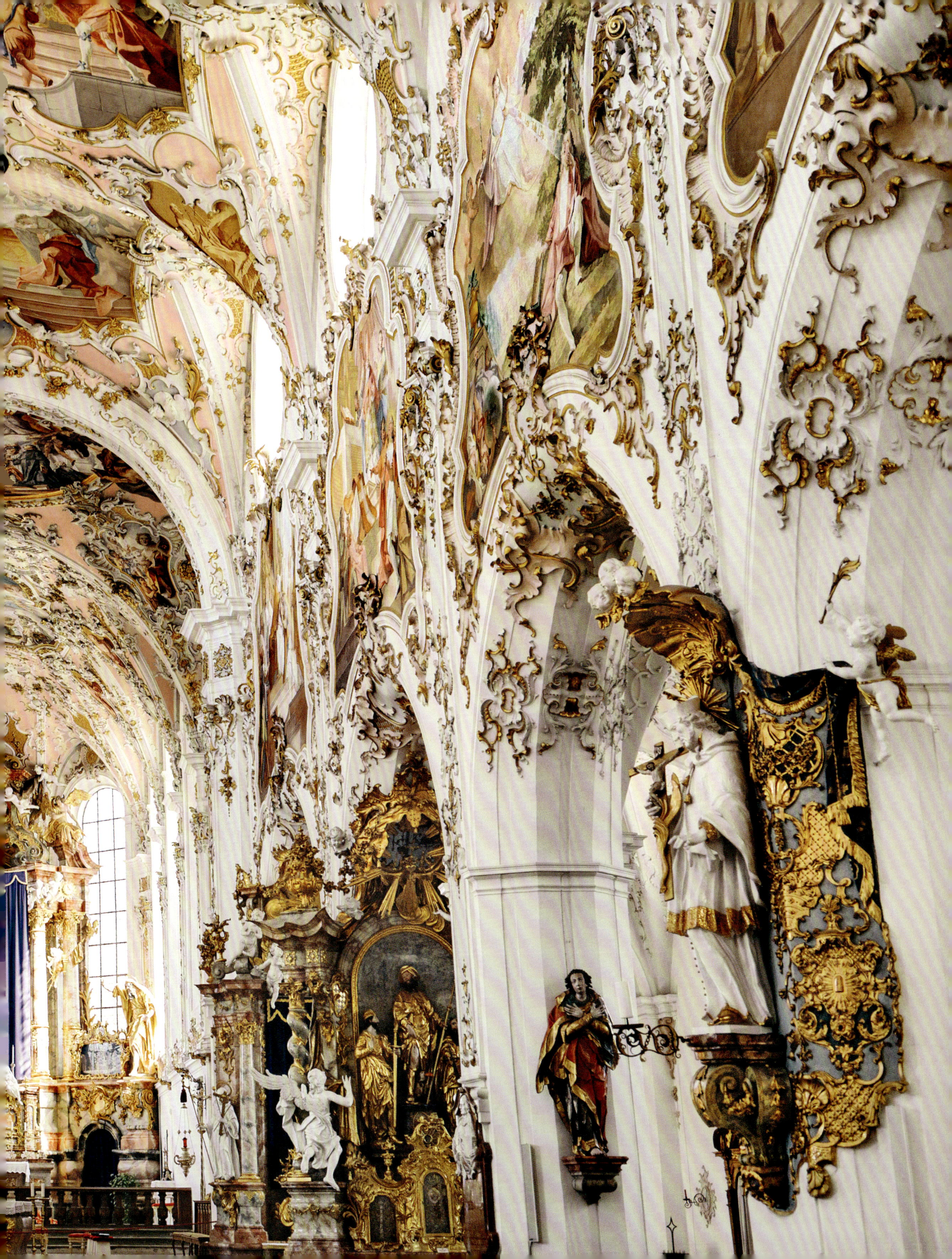

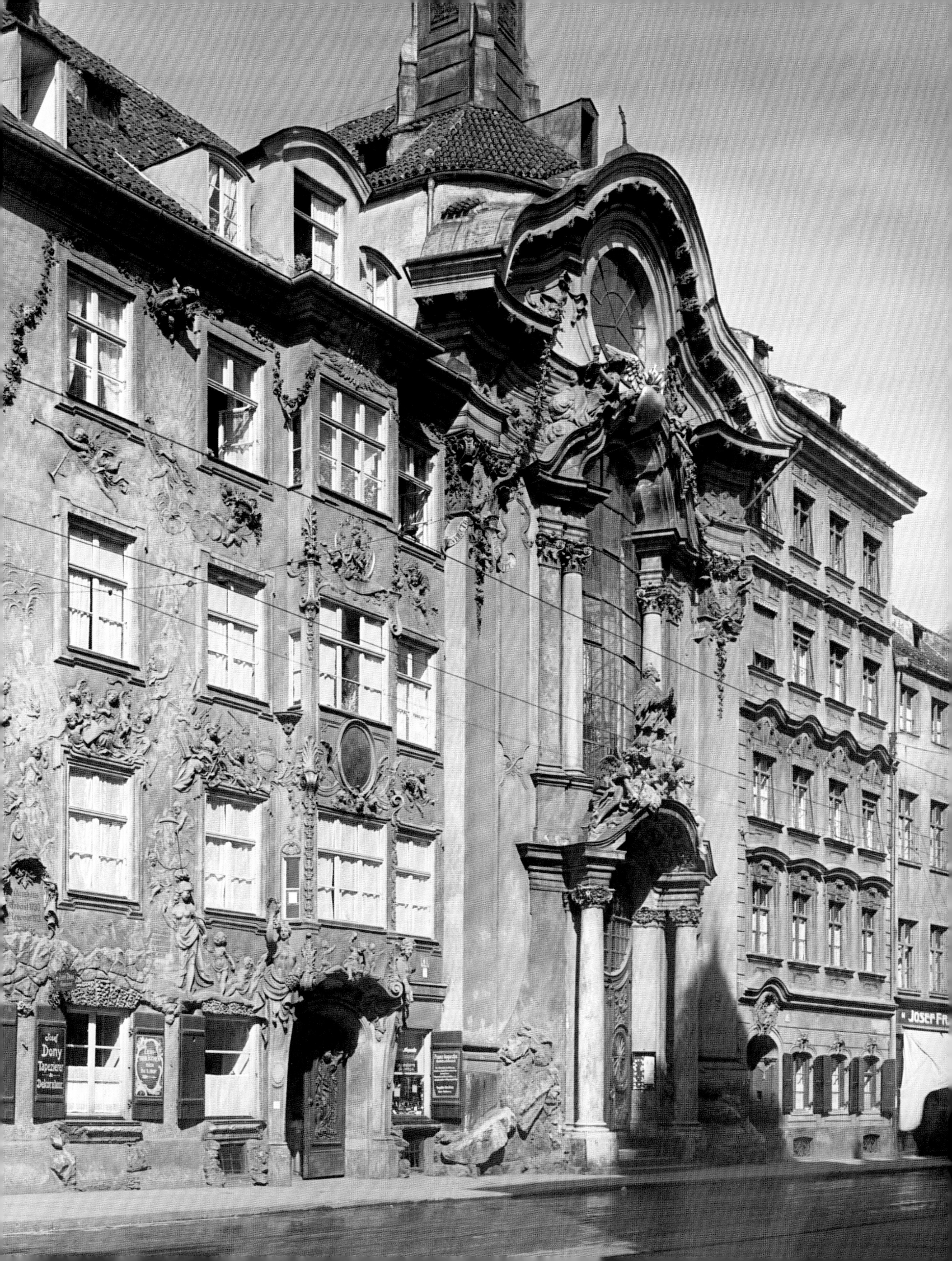
Dony
Tapezierer

MÜNCHEN ALS ZENTRUM DER SKULPTUR IM 18. JAHRHUNDERT

Peter Volk

München verdankt im 18. Jahrhundert seine überregionale Bedeutung als Kunststadt nicht zuletzt drei hervorragenden Bildhauern: Egid Quirin Asam (1692–1750), Johann Baptist Straub (1704–1784) und Ignaz Günther (1725–1775).[1] Von allen drei Künstlern haben sich in der Stadt außer signifikanten Werken auch die von ihnen erworbenen, umgebauten und im Fall Asams sogar neu errichteten Wohnhäuser erhalten, die zu den wenigen historischen Gebäuden gehören, welche im Zentrum der Stadt die verheerenden Bombardements des Zweiten Weltkriegs überdauert haben. Besonders anspruchsvoll und in seiner Art einzigartig ist das mit einer eigenen Kirche verbundene Anwesen Asams in der Sendlinger Straße mit allegorischen Stuckreliefs an der Straßenfront (Abb. 1, siehe auch Kat.-Nr. 15). Straub und Günther besaßen weniger aufwendige, aber immer noch sehr stattliche Bürgerhäuser, Straub in der Hackenstraße und Günther zwischen Oberem und Unterem Anger mit Fassaden nach beiden Seiten. Holzgeschnitzte Madonnenreliefs aus der Hand der Meister, die in den Häusern arbeiteten, waren neben Zeichen der Frömmigkeit auch Proben der Kunstfertigkeit der darin betriebenen Bildhauerwerkstätten.

Von allen drei Künstlern, die vom Zunftzwang befreit und dem rein handwerklichen Milieu entwachsen waren, besitzen wir qualitätvolle Bildnisse (Kat.-Nr. 2–4), die ihre privilegierte gesellschaftliche Stellung unterstreichen.[2] Bildhauern als wichtigsten Repräsentanten der Kunst einer Stadt begegnen wir in Bayern im 18. Jahrhundert aber auch andernorts. Im Zusammenhang mit unserer Ausstellung sind hier Christian Jorhan d. Ä. (1727–1804) in Landshut (Kat.-Nr. 51–56) und Franz Xaver Schmädl (1705–1777) in Weilheim hervorzuheben (Kat.-Nr. 57–59).

DIE BILDHAUEREI IM BAROCKENSEMBLE

Es war Gian Lorenzo Bernini (1598–1680), der in Rom mit spektakulären Werken wie der *Cathedra Petri* im Chorschluss von St. Peter, dem Vierströme-Brunnen auf der Piazza Navona oder der Cornaro-Kapelle in Santa Maria della Vittoria neue Maßstäbe setzte für ein Zusammenwirken von figürlicher Plastik mit ihrem Ambiente. Es sei hier nur an die Felsformationen des Brunnens oder an den ganzen Raum mit eigener Lichtregie, wie sie

1 Wohnhaus Egid Quirin Asams mit der Kirche St. Johannes von Nepomuk, um 1920, München, Sendlinger Straße

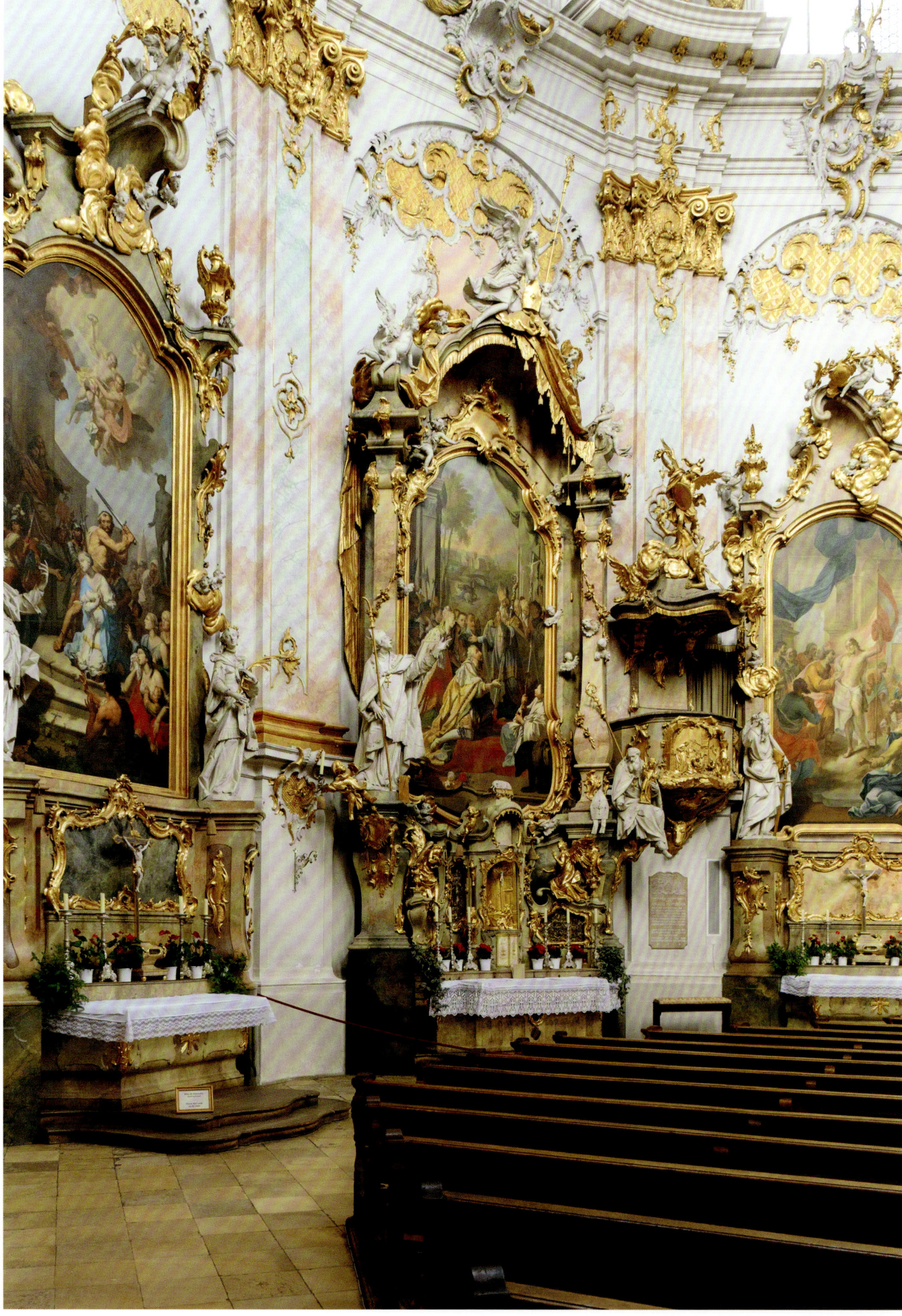

in der Kapelle umgesetzt wurde, erinnert. Wenige Jahrzehnte später wurde in der Schlosskapelle von Versailles (Weihe 1710) die Architektur reich mit Flachreliefs überzogen und belebt, und im Verlauf des 18. Jahrhunderts verbanden sich dann in Deutschland Architektur, Stuckdekoration, Freskomalerei und Plastik zunehmend zu einer Einheit, die man immer wieder als Gesamtkunstwerk charakterisiert hat.

Bernini war Bildhauer, zugleich aber auch Architekt und Maler, der seine komplexen Projekte als Ganzes entwerfen und die Ausführung selbst übernehmen oder wenigstens fachkundig überwachen konnte. Auch im 18. Jahrhundert waren Mehrfachbegabungen gefragt und erfolgreich. So verband etwa Johann Baptist Zimmermann (1680–1758) sein Metier als Stuckateur mit dem des Freskanten und war darüber hinaus ein vorzüglicher Stuckplastiker. Sein jüngerer Bruder Dominikus (1685–1766) arbeitete ebenfalls zunächst als Stuckateur – zu seinen Spezialitäten zählte Stuckmarmor –, aber er wirkte auch als Architekt. Gemeinsam schufen sie mit der Wallfahrtskirche von Steinhausen und der Wieskirche bei Steingaden Schlüsselwerke des beginnenden und des reifen Rokoko. Einem weiteren Brüderpaar, dem Maler Cosmas Damian Asam (1686–1739) und seinem bereits erwähnten Bruder Egid Quirin, verdanken wir außer der einzigartigen Klosterkirche von Weltenburg an der Donau unter anderem die Barockisierung des Freisinger Doms und die Kirche St. Johannes von Nepomuk in München.

Wir können jedoch nicht immer davon ausgehen, dass wie bei den Asams oder Zimmermanns ein mit der gebauten Architektur in Einklang stehendes Gesamtkonzept für die Innenraumgestaltung unter zentraler Leitung verwirklicht wurde.[3] Manche in sich stimmige Ausstattung widerspricht sogar der vom Architekten vorgegebenen Struktur des Gebäudes und interpretiert dieses eigenwillig um – wie etwa durch Egid Quirin Asam in Osterhofen oder die Brüder Johann Michael und Franz Xaver d. Ä. Feichtmayr (1709–1772 und 1698–1763) und den Bildhauer Johann Joseph Christian (1706–1777) in Zwiefalten und Ottobeuren. Johann Michael Fischer (1692–1766), der in München ansässige, führende bayerische Kirchenbaumeister der Epoche, hat indes für keines seiner Werke die Ausstattung selbst konzipiert. Seine Baupläne hat er sogar gelegentlich durch andere Künstler – etwa für Ottobeuren durch Johann Baptist Straub – mit eingezeichneten Ornamenten und Figuren beleben lassen.[4] Häufig genügte es offenbar, dass sich die an einem Projekt beteiligten Künstler untereinander mündlich verständigten. Aber auch die Auftraggeber sprachen in vielen Fällen entscheidend mit.

Bei solchen Anforderungen konnte sich ein Bildhauer im 18. Jahrhundert nicht ausschließlich auf die Figurenbildnerei beschränken, sondern musste auch Altäre, Kanzeln und anderes Kirchenmobiliar in Übereinstimmung mit der übrigen Kirchenzier entwerfen. Die Asambrüder lieferten ihre Hochaltarmodelle in Verbindung mit der ganzen Gestaltung des Chors und unter Berücksichtigung der Lichtführung. Aber auch Johann Baptist Straub war ein begnadeter Ensemblekünstler, was er unter schwierigen räumlichen Bedingungen bei seinen sechs Altären und der Kanzel in dem steilen Rundraum der Klosterkirche von Ettal exemplarisch unter Beweis gestellt hat (Abb. 2). Im Fokus stand damals nicht das Äußere eines Bauwerks, sondern die originelle Ausgestaltung des Inneren. Hierfür schufen gerade die Münchner Bildhauer in Weltenburg, Rohr, Berg am Laim, Dießen, Schäftlarn, Osterhofen, Rott am Inn und andernorts hervorragende Beispiele.

DER MÜNCHNER HOF

In München, der Residenz der bayerischen Kurfürsten, herrschte fast ein halbes Jahrhundert lang Maximilian II. Emanuel (1662–1726),[5] der sich als junger Mann in den 1680er-Jahren unter dem Habsburger Kaiser Leopold I. in den Türkenkriegen besonders auszeichnete. 1685 heiratete er dessen Tochter, Erzherzogin Maria Antonia von Österreich. Max Emanuel wurde 1691 aufgrund seiner habsburgischen Verbindungen zum Statthalter der Spanischen Niederlande ernannt und verlegte seine Residenz nach Brüssel. Sein Sohn Joseph Ferdinand sollte sogar Nachfolger des kinderlosen spanischen Königs Karl II. werden, starb jedoch plötzlich im Alter von nur sechs Jahren, bevor der erwartete Erbfall eingetreten war. Die politische

2 Johann Baptist Straub, Nördliche Altargruppe mit der Kanzel, 1750–1762, Ettal, Klosterkirche

Lage hatte sich damit völlig verändert. 1701 kehrte Max Emanuel nach München zurück und wechselte im nun ausbrechenden Spanischen Erbfolgekrieg die Fronten: Er trat zur französischen Partei über und erlitt gemeinsam mit den Franzosen 1704 bei Höchstädt an der Donau gegen die Heere des Prinzen Eugen von Savoyen und des Herzogs von Marlborough eine vernichtende Niederlage, die ihn zwang, zunächst nach Brüssel auszuweichen und schließlich ins Exil nach Frankreich zu gehen.

Hatte Max Emanuel schon als Statthalter in Brüssel Werke der Hofkunst Ludwigs XIV. kennengelernt und erworben, so bot sich ihm jetzt genügend Zeit und Gelegenheit, seine Kenntnisse vor Ort zu vertiefen. Er ließ bayerische Künstler und Handwerker in Paris ausbilden, engagierte französische Künstler und ließ sich in St. Cloud bei Paris ein eigenes Palais errichten. Mit Germain Boffrand (1667–1754), den er schon 1704/06 in Brüssel bei seinen Bauvorhaben hinzugezogen hatte, beschäftigte er einen der führenden französischen Architekten, dem der Dachauer Gärtnersohn Joseph Effner (1687–1745) als Gehilfe zur Seite stand. Dieser wurde 1715 nach der Rückkehr des Kurfürsten nach München der maßgebende Architekt bei Hof. Dort orientierte sich hinfort alles, insbesondere der mit großem Aufwand forcierte Kunstbetrieb, am Vorbild des Sonnenkönigs. Dabei wurde allerdings so wenig Rücksicht auf die finanziellen Ressourcen das Landes genommen, dass bei Max Emanuels Tod 1726 zwar seine vorbildlich modernen Schlösser mit ihren Inneneinrichtungen und Gärten weitgehend vollendet waren, sich dadurch jedoch ein gewaltiger Schuldenberg aufgehäuft hatte.

Max Emanuels ältester Sohn Karl Albrecht (1697–1745) heiratete in München 1722 mit großem Prunk die Kaisertochter Maria Amalia, wodurch der Friede zwischen den Häusern Wittelsbach und Habsburg wiederhergestellt wurde. Er setzte die ambitionierte Hofhaltung seines Vaters fort, und nach dem Erlöschen der Linie der Habsburger im Mannesstamm wählte man ihn 1742 in Frankfurt zum Kaiser, was allerdings einen Krieg mit Österreich auslöste. Am Tag der Kaiserkrönung wurde München von österreichischen Truppen besetzt. Als Karl Albrecht nach kurzer, glückloser Regierungszeit im Januar 1745 starb, folgte ihm sein noch nicht 18-jähriger Sohn Maximilian III. Joseph (1727–1777), der sich in der Folgezeit zu größter Sparsamkeit gezwungen sah. Damit verlor der kurbayerische Hof erheblich an Bedeutung für die Kunstpflege im Lande, die sich immer mehr auf die Geistlichkeit als Auftraggeber für schlossartige Klosteranlagen mit prächtigen Gotteshäusern sowie für reich ausgestattete Pfarr- und Wallfahrtskirchen verlagerte – eine Entwicklung, die bereits mit der Rückkehr Max Emanuels aus dem Exil eingesetzt hatte und zur Zeit des Rokoko ihren Höhepunkt erreichte.

Zu den Künstlern, die Max Emanuel aus Paris berief, gehörte der aus Antwerpen stammende Bildhauer Guillielmus de Grof (1676–1742),[6] ein im Metallguss erfahrener Meister, der in München zunächst fast ausschließlich mit der Herstellung vergoldeter Bleiplastiken zum Schmuck des Gartens von Schloss Nymphenburg, der kurfürstlichen Sommerresidenz, beschäftigt war, insbesondere mit der vielfigurigen Florafontäne im Zentrum des Parterre (1717–1722). Man trieb diese Arbeiten voran, weil sie zu der genannten Hochzeit des Kurprinzen 1722 zum Abschluss gebracht werden sollten, was im Wesentlichen auch gelang. Allerdings ist die Bleiplastik des Nymphenburger Gartens vollständig zerstört, sodass nur noch Gemälde, Miniaturen, Zeichnungen und Stiche, vor allem die große gemalte Ansicht des Florabeckens von Franz Joachim Beich (1665–1748), eine Vorstellung davon vermitteln können (Abb. 3). Zwei in Blei gegossene Figuren von Tritonenkindern auf wasserspeienden Fischen im Wandbrunnen des Saals der Badenburg im Nymphenburger Park, die 1722, also gleichzeitig mit der Gartenplastik entstanden, erlauben jedoch genauere Rückschlüsse auf den Charakter und die hohe künstlerische Qualität der verlorenen Werke. Hervorzuheben unter de Grofs weiteren Arbeiten sind der prunkvolle silberne Wandbrunnen mit vergoldeten Bronzen von 1717 aus dem Appartement des Kurfürsten in der Münchner Residenz im Bayerischen Nationalmuseum, zwei Wandbrunnen mit Bleigruppen von Putten und Schwänen von 1729 im Speisesaal von Schloss Augustusburg in Brühl bei Bonn, der Sommerresidenz des Kölner Kurfürsten Clemens August, eines Sohns von Max Emanuel, die aus Silber getriebene Votivfigur des Kurprinzen Max Joseph

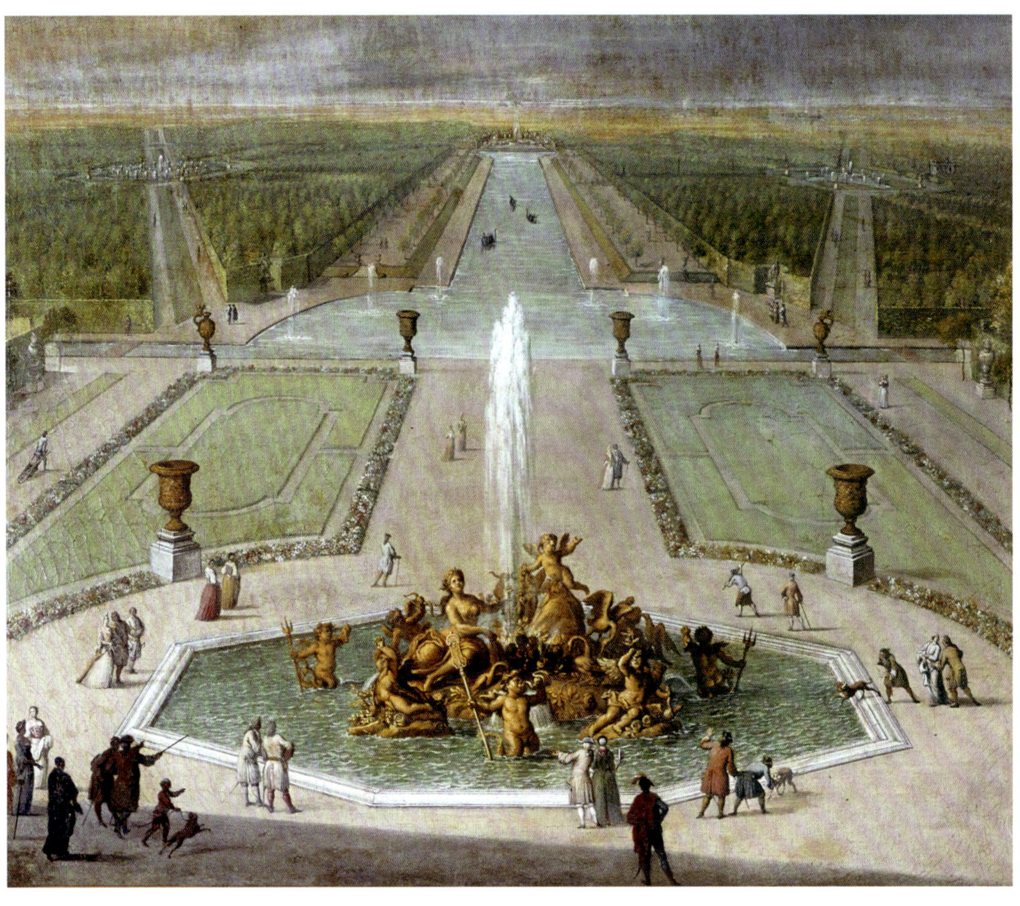

3 Franz Joachim Beich, Gartenansicht mit Florafontäne von Guillielmus de Grof (Ausschnitt), Öl auf Leinwand, München, Schloss Nymphenburg, Nördliche Galerie

in Lebensgröße von 1737 in der Gnadenkapelle von Altötting sowie das schon 1714 in Paris entstandene Zimmermonument auf Max Emanuel als Türkensieger mit einer bronzenen Reitergruppe als Bekrönung im Bayerischen Nationalmuseum. De Grofs Figuren und seine kraftvollen Ornamente zeigen mit ihren straffen, präzisen Formen mit weichen Übergängen flämische Züge, und es waren besonders seine Kinderdarstellungen, welche die nachfolgende Entwicklung in München befruchtet haben.

Zwei Jahre nach de Grof kam 1718 auch dessen jüngerer Antwerpener Landsmann Aegid Verhelst (1696–1749) nach München;[7] de Grof und er hatten sich vielleicht schon in Paris kennengelernt. Zunächst arbeitete Verhelst mehrere Jahre lang in der Werkstatt de Grofs am Münchner Hof, bis er 1726 seine Tätigkeit nach Kloster Ettal verlegte. Für die Klosterkirche schuf er vor allem den Hochaltar mit einer plastischen Darstellung der Himmelfahrt Mariens im Zentrum, der allerdings schon 1744 bei einem Brand zerstört wurde. Erhalten haben sich von ihm dort außer zwei originellen Wandbrunnen mit Bleiplastiken in der Nachfolge de Grofs in der Sakristei (um 1726/30) die etwas plumpen Steinfiguren der zwölf Apostel an der Kirchenfassade (um 1726/35). 1737 bewarb sich Verhelst in Augsburg um die Aufnahme als Bildhauer, die ihm im Jahr darauf unter Befreiung von den Zunftregeln bewilligt wurde. Nicht zuletzt hatte man dort einen fähigen Entwerfer für die florierende Silberplastik gesucht und in ihm auch gefunden. Für die Klosterkirche in Dießen am Ammersee schuf er um 1738 vier Seitenaltäre. Zu seinen späteren Arbeiten aus der Zeit, der unsere Ausstellung gilt, gehören neben der schönen unterlebensgroßen Beweinungsgruppe im Bruderschaftsaltar der Wallfahrtskirche Unseres Herren Ruh in Friedberg bei Augsburg (um 1745; Abb. 4) die plastische Ausstattung der Schlosskapelle von Haimhausen (seit 1748) und die sechs Statuen von Evangelisten und Propheten am Hochaltar der Wieskirche (1748). Nach dem Tod des Künstlers wurde seine Werkstatt von den Söhnen Placidus (1727–1778?) und Ignaz Wilhelm (1729–1792) erfolgreich weitergeführt. Hervorzuheben sind Aegid Verhelsts anmutige kindliche Engelsfiguren, die noch jahrzehntelang Johann Georg Üblher (1703–1763) und anderen Wessobrunner Stuckateuren als Muster dienten. Verhelst, dessen Stil seine flämischen Voraussetzungen nie verleugnete, gehört zu den wichtigsten Repräsentanten der für die Ausprägung der bayerisch-schwäbischen Plastik der Rokokozeit maßgeblichen Bildhauergeneration.

ROKOKO

Während man in Frankreich die Kunstentwicklung nach den jeweils regierenden Königen periodisiert, richtet man sich in Deutschland für das 18. Jahrhundert nach den Ornamentstilen, wobei der Rocaille, von der man den Stilbegriff »Rokoko« ableitete, die mit Abstand größte Bedeutung zukommt.[8] Die asymmetrischen Muschel- und Grottenmotive der Rocaille, die sich unrealistisch-assoziativ mit Figürlichem verbinden können, ähnlich den aus der Antike stammenden Grotesken, entwickelten sich in Paris in den späten 1720er-Jahren. Das Rokoko blieb dort aber im Gegensatz zu Süddeutschland ein reiner Dekorationsstil. Hier wurde München richtungsweisend, doch spielte Augsburg für die Verbreitung des neuen Formenguts eine wichtige Rolle, zunächst mit der Publikation von Kopien französischer Erfindungen, bald aber zunehmend eigenschöpferisch mit phantasievollen Musterblättern in großer Zahl (Kat.-Nr. 24, 25).

Am Münchner Hof hatte unter Max Emanuel mit Joseph Effner und in Paris ausgebildeten Kräften die Régencekunst, das Bandlwerk, Einzug gehalten. Seit den 1730er-Jahren löste der Rocaillestil, der von François Cuvilliés (1695–1768) eingeführt wurde,[9] diese Manier allmählich ab. Cuvilliés war 1706 von Max Emanuel in Mons – ganz in der Nähe seines Geburtsorts Soignies – als Hofzwerg in Dienst genommen worden. Er kam nach München, erhielt dort eine Ausbildung als Edelknabe sowie im Festungsbau und wurde Fähnrich im kurfürstlichen Leibregiment. Seine Kenntnisse in der Zivilbaukunst erwarb er während eines mehrjährigen Parisaufenthalts (1720–1724). Von 1725 an zahlte man ihm bei Hof zunächst nur ein bescheidenes Gehalt, aber schon 1728 stellte ihn Kurfürst Karl Albrecht für alle Bauvorhaben dem Oberarchitekten Effner gleich. Zwei bahnbrechende Schöpfungen unter seiner Ägide aus den folgenden Jahren markieren den Beginn des Rokoko in Bayern: die Reichen (Schönen) Zimmer der Münchner Residenz mit der anschließenden Grünen Galerie (1730–1734) und die Amalienburg im Park von Schloss Nymphenburg (1734–1739).

Cuvilliés orientierte sich bei der Einführung der Rocaille nicht einfach an französischen Vorbildern, vielmehr erfuhr dieser Stil durch ihn einen wesentlichen Wandel, indem er nicht auf den Schmuck der Fläche beschränkt blieb, sondern die darunterliegende architektonische und plastische Struktur mit einbezog. Bei den Holzvertäfelungen wurden die Grenzen der Wandfelder überspielt, und Übergänge zwischen Wand und Decke wurden so verschliffen, dass man sie nicht mehr wahrnimmt. Im Spiegelsaal der Amalienburg wurden die Wandflächen zusätzlich durch große Spiegel entmaterialisiert (Abb. 5). Cuvilliés gelang es mit hervorragenden einheimischen Kräften, allen voran Johann Baptist Zimmermann als Stuckateur und Johann Joachim Dietrich (1690–1753) als Ornamentschnitzer, seine Ideen auf höchstem künstlerischen Niveau zu verwirklichen.[10] Zimmermann, aber auch die schon genannten Brüder Johann Michael und Franz Xaver d. Ä. Feichtmayr und andere, meist ebenfalls aus Wessobrunn stammende Stuckateure passten den neuen Stil den Bedürfnissen der kirchlichen Baukunst an und verbreiteten ihn in ganz Süddeutschland.

Der Stuck beschränkte sich dabei nicht auf das Ornament, sondern umfasste auch figürliche Elemente; selbst lebensgroße Statuen modellierte man aus diesem Material. Vorbereitet wurde die Entwicklung der Stuckplastik schon seit dem späten 17. Jahrhundert durch oberitalienische Stuckateure, von denen Diego Francesco Carlone (1674–1750) als Figurenbildner und Anreger von Egid Quirin Asam und Johann Baptist Zimmermann die breiteste Wirkung entfaltete. Unter den Wessobrunner Stuckplastikern ist Johann Georg Üblher hervorzuheben, der häufig mit den Brüdern Feichtmayr zusammenarbeitete; allerdings hat er seine wichtigsten Werke nicht für die Region um München geschaffen.[11]

Unsere Vorstellung von Rokoko wird in besonderer Weise von dem im 18. Jahrhundert zunehmend in Mode gekommenen, zunächst aus China importierten und dann in Dresden

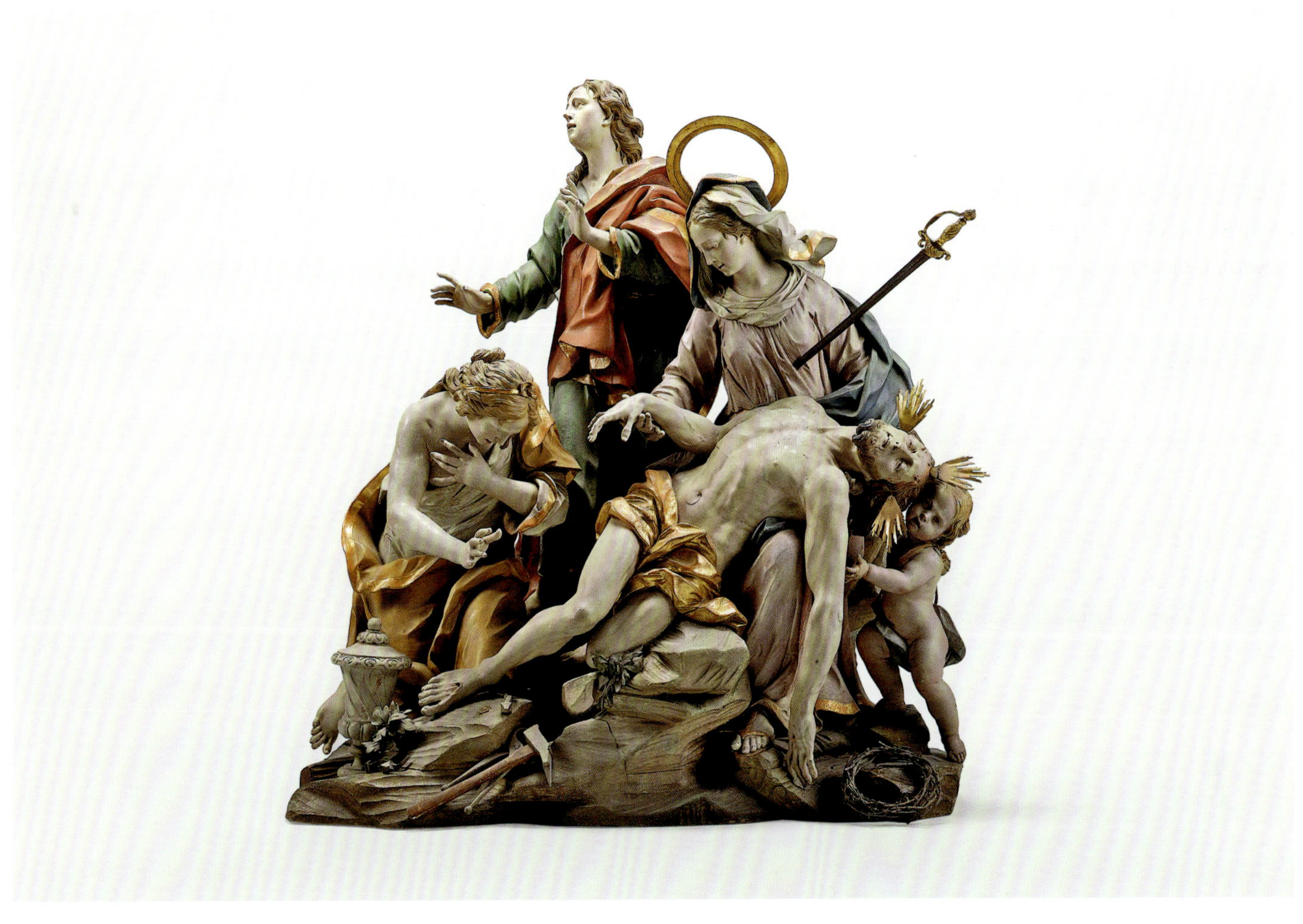

4 Aegid Verhelst, Beweinung Christi, um 1745, Friedberg, Wallfahrtskirche Unseres Herren Ruh

neu erfundenen Porzellan bestimmt. Die in München gegründete Manufaktur erhielt 1754 mit Franz Anton Bustelli (gest. 1763) einen genialen Figuristen,[12] dessen graziöse Figuren und Figurengruppen den Schöpfungen der führenden Meister der Monumentalplastik künstlerisch ebenbürtig sind und zu den bedeutendsten Porzellanplastiken überhaupt gehören (Kat.-Nr. 62–70, 109). Als Material für Kleinplastik drängte im 18. Jahrhundert das Porzellan das vorher dominante Elfenbein zurück, welches allerdings gerade in München präsent blieb und durch den aus Tirol stammenden Simon Troger (1683–1768) eine besondere Prägung erhielt. Auch die Silberplastik erreichte in dieser Zeit einen Höhepunkt.[13]

MÜNCHNER ROKOKOPLASTIK

Die Bezeichnung »Rokokoplastik« vermittelt ohne weitere Erklärung keine konkrete Vorstellung von einem so benannten Werk. Zu unterschiedlich präsentieren sich die Skulpturen dieser Zeit, als dass sie sich unter einem einzigen Begriff subsumieren ließen.[14] Erst über die Betrachtung spezifischer Charakteristika kann man zu einem besseren Verständnis gelangen. Wir beschränken uns bei unseren folgenden Hinweisen auf München.

Immer wieder wird bei der Kunst des Rokoko das enge Zusammenwirken der verschiedenen Künste zu einem harmonischen Ensemble betont. Dieses allgemein für die Barockkunst bezeichnende Phänomen erreichte aber in Bayern schon vor dem Rokoko, in den 1720er-Jahren, mit Schöpfungen von Egid Quirin Asam seinen Höhepunkt. Asams grandioser Hochaltar von 1722/23 füllt in der Klosterkirche von Rohr den gesamten Chorschluss. Hoch über den Köpfen der Gläubigen hat der Künstler Mariä Himmelfahrt auf einer tiefen Bühne als *theatrum sacrum* real und wirkungsmächtig in Szene gesetzt. Zwischen den dunklen Kulissen der Säulen dringt von den Seiten her helles Licht auf das Geschehen und steigert die dramatische Wirkung der weit überlebensgroßen, erregt agierenden Apostelfiguren.

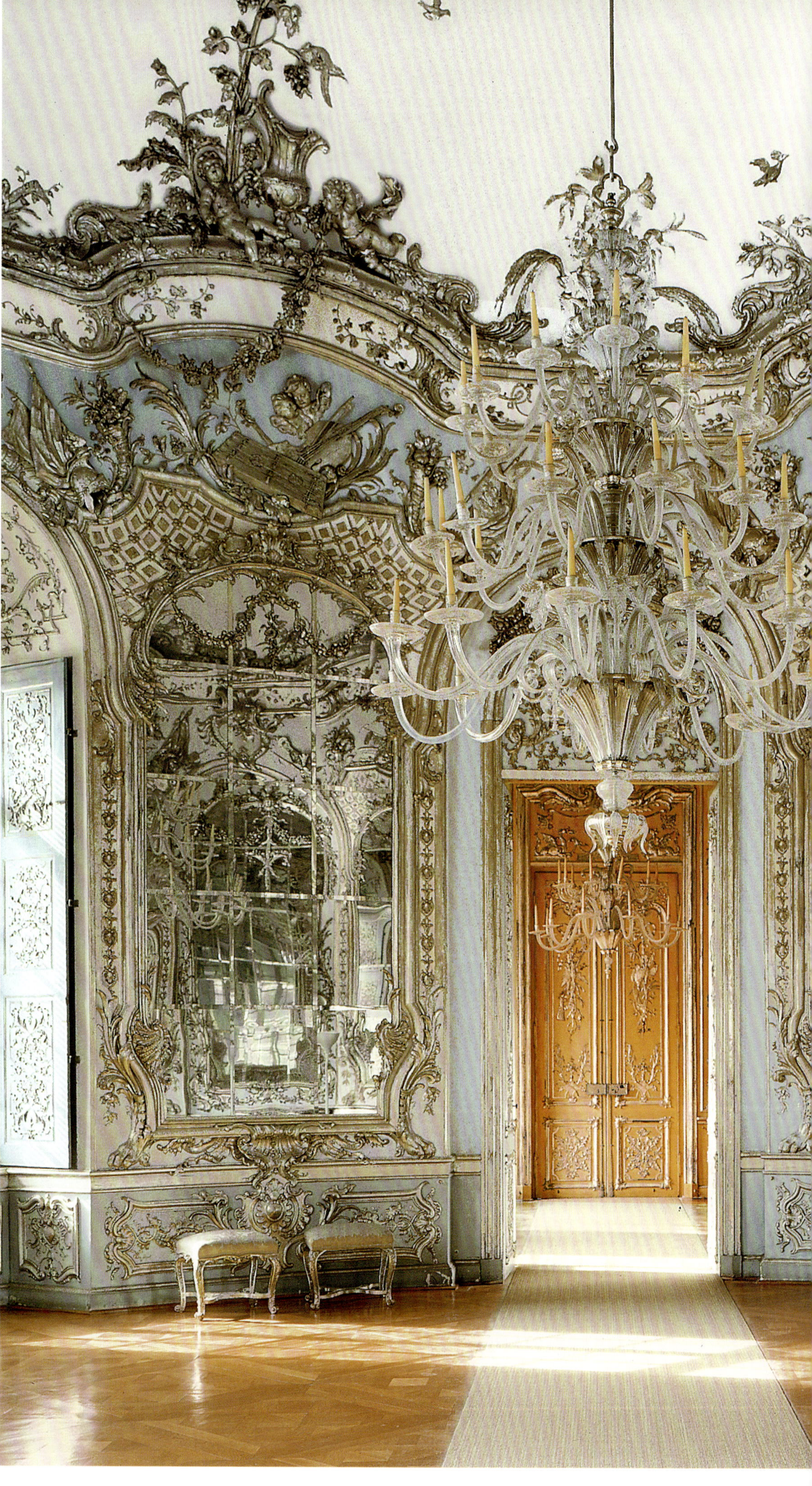

5 François Cuvilliés (Entwurf), Spiegelsaal der Amalienburg, um 1734/39, München, Park von Schloss Nymphenburg

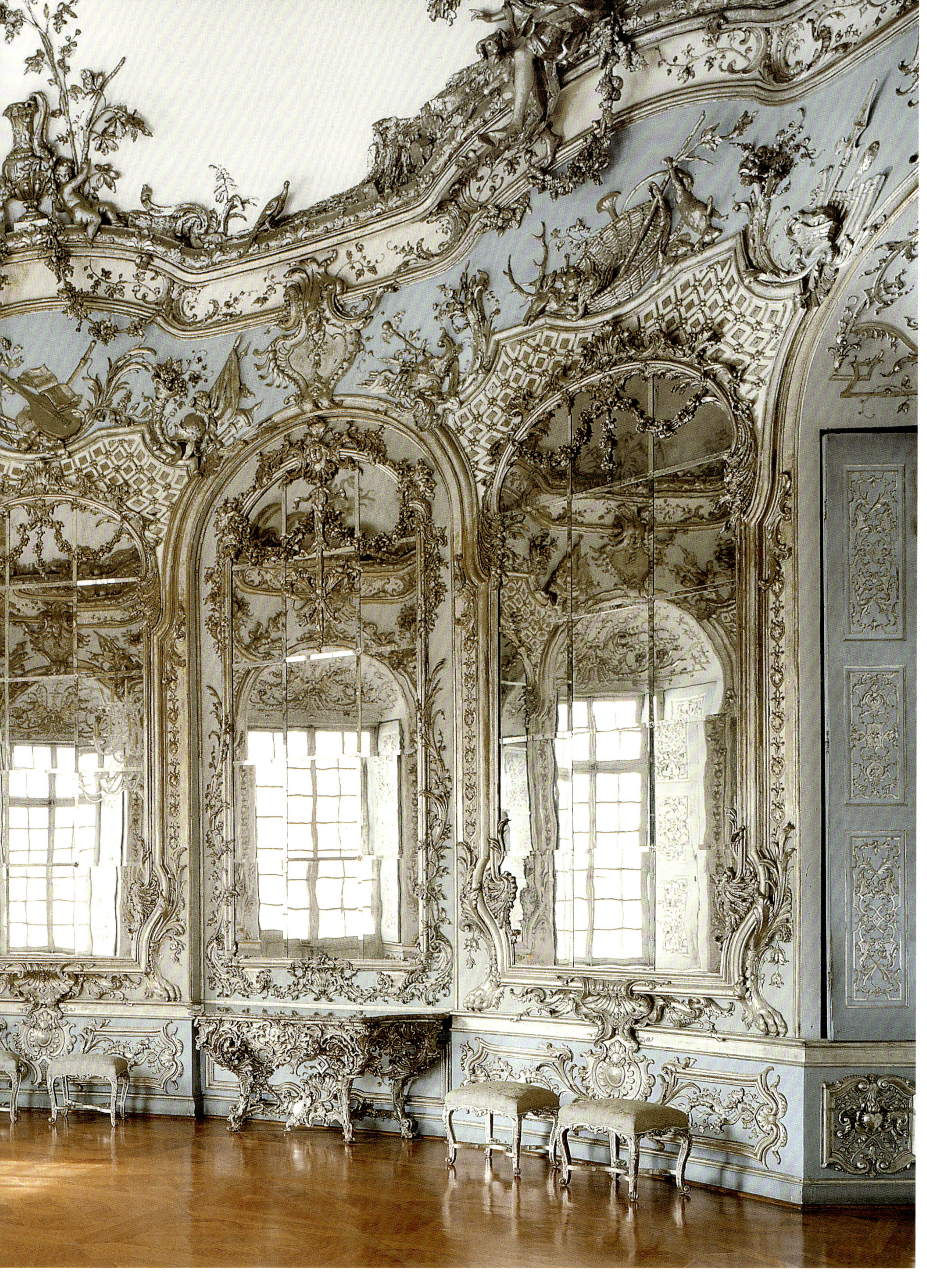

Über dem leeren Sarkophag, von einem mächtigen Vorhang hinterfangen, wird Maria von zwei Engeln – als vollplastische Gruppe ausgebildet – zu Gottvater und dem Gottessohn emporgetragen, die Krone und Zepter für sie bereithalten. Vor gelb verglastem Fenster schwebt die Heiliggeisttaube mit dem Ring für die himmlische Braut im Schnabel.

Auch in St. Michael in München-Berg am Laim, mit deren Ausstattung 1743 begonnen wurde, fügen sich Stuck und Fresken von Johann Baptist Zimmermann und die Altäre von Johann Baptist Straub zu einer harmonischen Einheit zusammen (vgl. Abb. S. 109). In dem hell erleuchteten Raum können aber – ganz anders als bei Asam in Rohr oder Weltenburg – die einzelnen Teile von Dekor und Mobiliar ihr Eigenleben entfalten, wobei sie jedoch gleichzeitig auf die benachbarten Elemente Bezug nehmen. So bilden etwa Straubs Nebenaltäre sorgfältig abgestimmte Dreiergruppen, die den Charakter des Gemeinderaums bestimmen. Die Ausstattung dominiert hier nicht die gebaute Architektur, sondern interpretiert und belebt sie in idealer Weise.

Bei seinen kleinen Nebenaltären in Berg am Laim verzichtete Straub auf architektonische Gliederung, was ihre Integration in das Ensemble erleichterte. So hatte er es bereits bei seinem ersten großen Auftrag um 1730/32 noch als Geselle in Wien für die dortige Schwarzspanierkirche praktiziert. Von deren Nebenaltären sind allerdings lediglich die später in die Wiener Augustinerkirche gelangten Bekrönungen erhalten geblieben. Die Kanzel dieses Gotteshauses wurde in die Pfarrkirche von Laxenburg transferiert. Bei ihr hat der Künstler Kanzelkörper, Ornament und Figuren zu einem einheitlichen plastischen Gebilde geformt, das als Muster für seine späteren Werke in München gelten kann. Seine Arbeiten für die Wiener Schwarzspanierkirche markieren den Beginn einer für Bayern richtungsweisenden neuen Gestaltungsweise. Um 1738/40 konnte Straub erstmals diesen neuen Stil bei der Ausstattung von Johann Michael Fischers Klosterkirche von Dießen am Ammersee von München aus erproben. Fortschrittliche stilistische Tendenzen zeigt dort außerdem der von Joachim Dietrich realisierte Hochaltar. Er zeichnet sich durch eine Auflockerung der Geschosse aus, zudem ließ sein Erbauer zwei der mächtigen Kirchenväterstatuen vom Altar auf freistehende Sockel herabsteigen.

Besonders eng verbinden sich Figuren und Gehäuse bei Straubs Hochaltartabernakeln in Fürstenzell, Schäftlarn, Polling und Berg am Laim. Aber auch bei seinen Hochaltären förderte er mit dem engen Ineinandergreifen der einzelnen Elemente die dekorative Gesamtwirkung. So setzte er etwa in Schäftlarn große Schmuckvasen (Kat.-Nr. 26) an die gewöhnlich den Statuen vorbehaltenen Stellen und rückte die Statuen nach außen neben die Säulen (vgl. Abb. S. 190/191). Beim Auszug dieses Altars verteilte er die Figuren vor der großen goldenen Strahlengloriole gleichmäßig über die ganze Fläche (Abb. 6). Es entsprach außerdem einer allgemeinen Tendenz dieser Zeit, Figuren mit ihren Sockeln als Einheit zu gestalten – eine Vorliebe, die Arbeiten von Christian Jorhan, wie beispielsweise dessen Evangelistenbüsten in Riding (Kat.-Nr. 55), meisterhaft bezeugen können.

Eine ganz enge Verschränkung von Darstellung und Ornament lässt sich bei einigen Porzellangruppen Franz Anton Bustellis beobachten. *Der gestörte Schläfer* (Kat.-Nr. 64) ruht auf ornamentalen C-Schwüngen wie auf einem Möbel, und die umgebende Szenerie entsteht aus einer assoziativen, ganz unrealistischen Zusammenfügung von einem ruinösen Obelisken, einem Baumstrunk und dem Rocaillesockel. Johann Baptist Straub hat bei seinen Schöpfungen wiederholt die Geschlossenheit seiner Darstellung aufgebrochen. So ersetzte er in Schäftlarn bei dem Relief, das den Fischzug Petri am Korpus der Kanzel zeigt, Teile der Rocaillerahmung links unten und am linken Rand durch eine Palme sowie Steine und Wasser, kurz, durch Elemente, die zum Bildgegenstand gehören. Bei seinem fast sieben Meter hohen Relief des Albertus-Altars in Reisach am Inn (1754) scheinen die Engel unter Missachtung des Rahmens oben aus dem Relief nach vorne herauszufliegen. Unten ließ der Künstler die Figuren eines Engels und eines soeben genesenen Kranken wie bei einem Proszenium vor die Darstellung mit der Aufbahrung des hl. Albertus treten. »Imperavit Febri« – er gebot dem Fieber – liest man auf dem Spruchband des Engels als Hinweis auf Albertus' Wunderheilungen, für die der Genesene links ein Beispiel gibt. Noch ungewöhnlicher verfährt Straub mit dem Emmausmahl bei seinem Hochaltartaber-

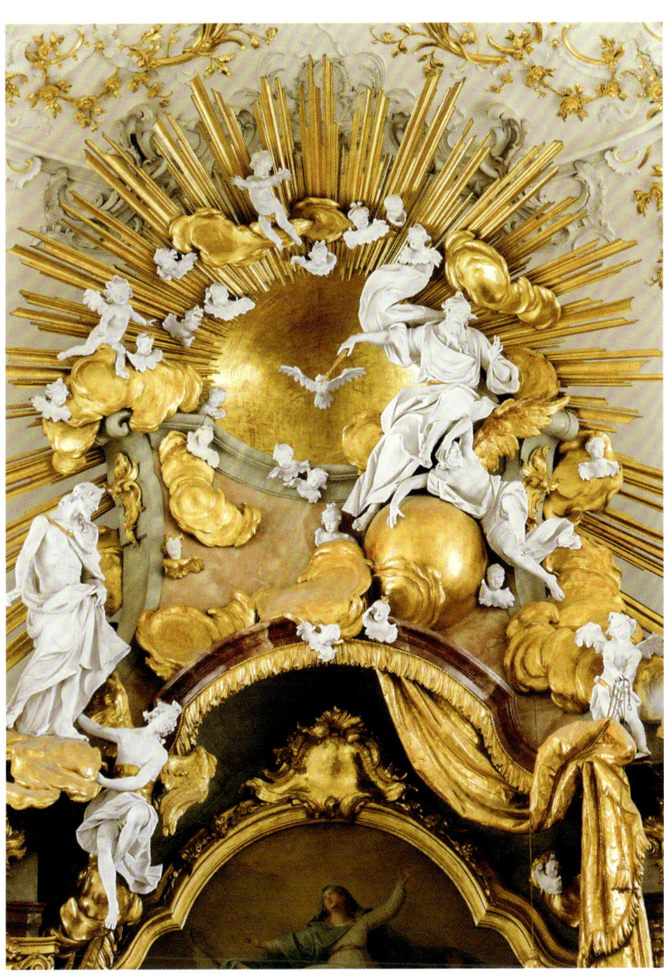

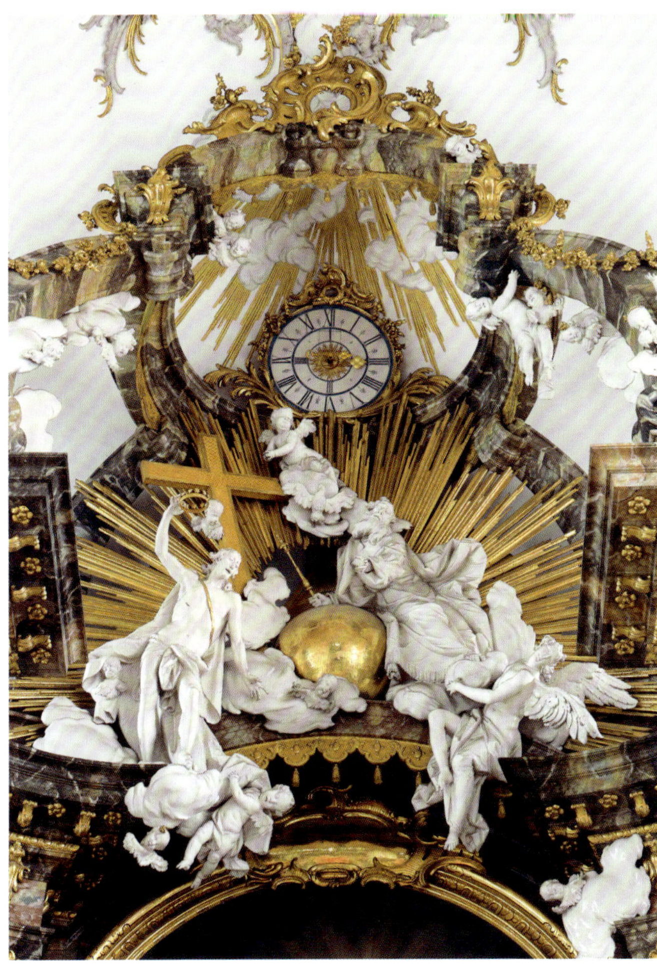

6 Johann Baptist Straub, Auszug des Hochaltars mit der Gruppe der Dreifaltigkeit, um 1755, Schäftlarn, Klosterkirche St. Dionysius und Juliana

7 Ignaz Günther, Auszug des Hochaltars mit der Gruppe der Dreifaltigkeit, um 1764/65, Freising-Neustift, Pfarrkirche St. Peter und Paul

nakel in Berg am Laim (Kat.-Nr. 45, 46). Hier fungiert das Tabernakelgehäuse, Behältnis für die geweihten Hostien, beziehungsvoll als Architektur, vor der Christus und die Jünger als vollplastisch gestaltete Figuren ihr Mahl einnehmen.

Derartige Konzeptionen waren nur in den wenigen Jahrzehnten des Rokoko möglich. Damals ließen die Künstler auch kindliche Engel spielerisch mit den Attributen von Heiligen hantieren (Kat.-Nr. 81), und selbst die olympischen Götter konnten kokett als Putten auftreten. Straub hat in Berg am Laim den großen Engeln am Hochaltar zur Kennzeichnung als Erzengel Gabriel und Raphael sogar die Maria der Verkündigung und den Tobiasknaben als Kinderfiguren beigegeben (Kat.-Nr. 47, 48).

Seit der Renaissance galt die Wiedergabe der menschlichen Gestalt in der Tradition der Antike als die wichtigste Aufgabe des Bildhauers. Dieser Tradition konnte man mehr oder – wie etwa Straub – weniger stark folgen. Im Gegensatz zu Straub gewinnen bei Ignaz Günther die Figuren aber wieder deutlich mehr an Bedeutung. Das zeigt sich schon daran, dass Günthers selbstständige Schöpfungen ohne Einbindung in ein Ensemble nicht nur zu seinen schönsten Arbeiten zählen, sondern überhaupt zu den Hauptwerken der deutschen Bildhauerkunst der Zeit. Zu nennen wären hier etwa seine Prozessionsgruppen des Schutzengels im Münchner Bürgersaal (1763) sowie der Verkündigung an Maria und der Pietà in Weyarn (1764) oder auch die ergreifende, in seinem Todesjahr entstandene Pietà in Nenningen (1775). Im Vergleich mit Straubs oben erwähnter Altarbekrönung in Schäftlarn, welche sich durch die »dezentralisierte« Gruppe der Dreifaltigkeit auszeichnet, bei der Christus bereitsteht, seine Mutter im Himmel zu empfangen, hat Günther um 1765 in Freising-Neustift seine Version des gleichen Themas als in sich geschlossene Komposition in der Mitte des Auszugs konzipiert (Abb. 7). Überhaupt postierte er seine Figuren immer so, dass ihre Wirkung und Bedeutung durch den architektonischen Rahmen oder Hintergrund hervorgehoben wird. Günther gibt der Einzelfigur wesentlich mehr Gewicht als Straub, und er liebt die

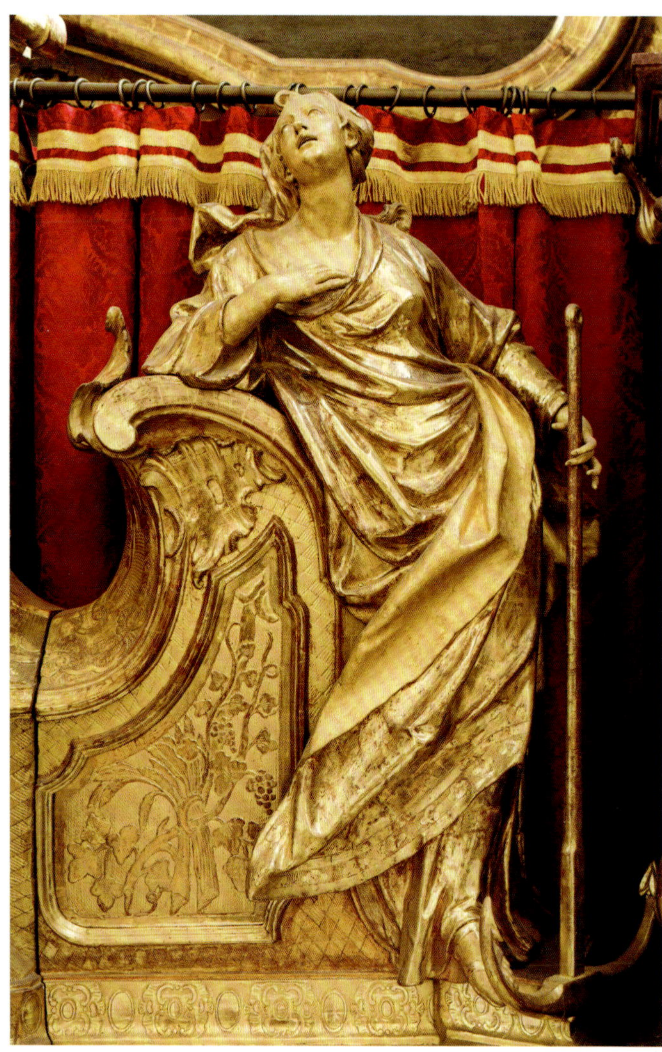

8 Johann Baptist Straub, Allegorie der Hoffnung am Hochaltartabernakel, um 1755, Schäftlarn, Klosterkirche St. Dionysius und Juliana

Gegenüberstellung unterschiedlicher Charaktere als Vertreter von *vita activa* und *vita contemplativa*. Seine Betonung von Gefühl und individuellem Ausdruck lässt sich nicht mehr ohne Weiteres mit einem dekorativen Gesamtkonzept für ein Ensemble vereinen und steht offensichtlich am Ende der fruchtbaren Entwicklung der Rokokoplastik.

Hinzu kommt generell eine gesteigerte Empfindsamkeit, die im Einklang mit der allgemeinen geistigen Situation dieser Zeit steht und eine Individualisierung der Dargestellten bewirkt, von der es nur noch ein kleiner Schritt ist zur völligen Abkehr von der kunstvoll-künstlichen Darstellungsweise des Rokoko mit seiner barocken Rhetorik und Metaphorik. Nunmehr galt das Einfache und Vernünftige. Der Kunsttheoretiker Johann Joachim Winckelmann sprach schon 1756 von »edler Einfalt und stiller Größe« als höchstem Ziel für die Kunst. In München vertrat Lorenz Westenrieder als Kunstkritiker seit den frühen 1780er-Jahren diese neuen, bürgerlichen Ideale. Unerträglich erschien es ihm etwa, wenn eine Figur für den Betrachter spürbar nur durch ihr Befestigungseisen am Rand eines Kanzelkorbes gehalten wurde und ihre labile Haltung der Würde eines Heiligen eklatant widersprach.[15] Noch richtete man sich aber eher nach Werken des französischen Barock-Klassizismus um 1700 als nach antiken Vorbildern, bemängelte jedoch durchaus anachronistische Attribute für olympische Götter wie Krummsäbel oder Bücher. Roman Anton Boos (1733–1810) war der wichtigste Repräsentant der Kunst zwischen Rokoko und Klassizismus in München (Kat.-Nr. 5, 116–122). Unübersehbar geht aber mit dieser Abkehr vom Rokoko ein Bedeutungs- und Qualitätsverlust einher, und es sollte bis in die 1830er-Jahre dauern, dass unter König Ludwig I. dank Ludwig Schwanthaler die Skulptur in München wieder ihren überregionalen Rang zurückgewann.

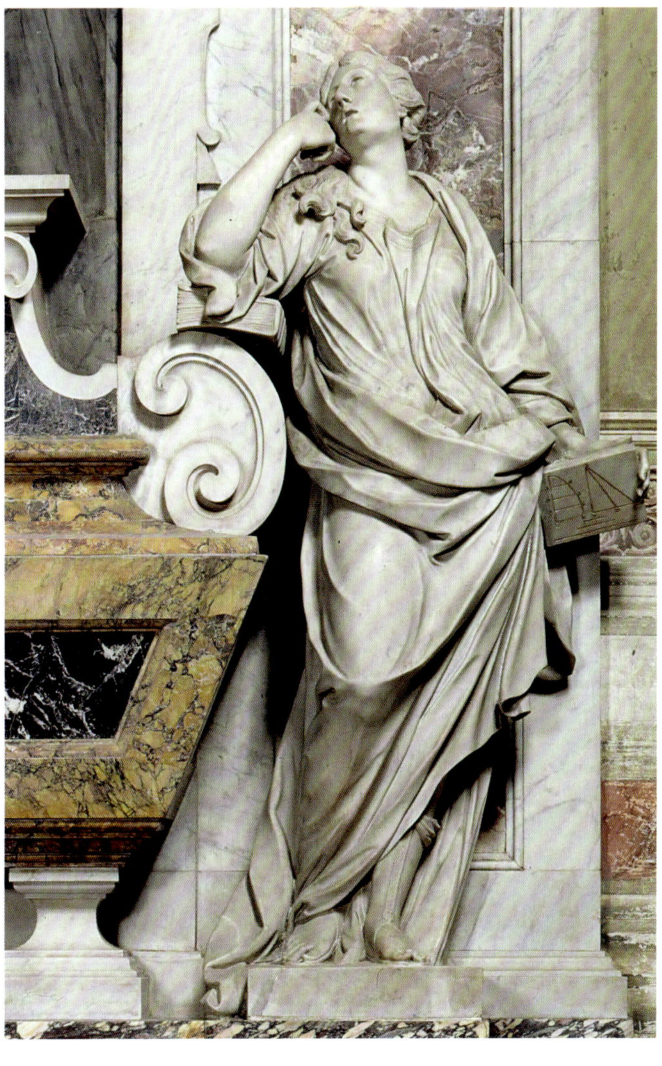

9 Girolamo Ticciati, Allegorie der Geometrie am Grabmal für Galileo Galilei, 1739, Florenz, Santa Croce

DIE MÜNCHNER ROKOKOPLASTIK IM EUROPÄISCHEN KONTEXT

Hat man bisher die Münchner Rokokoplastik wie überhaupt die sakrale Kunst dieser Zeit in Süddeutschland fast ausschließlich als eigenständige Sonderentwicklung gewürdigt, ohne ernsthaft nach Beziehungen zu den international führenden Kunstzentren wie Rom oder Paris zu fragen, so möchten die nachfolgenden Beobachtungen weitergehende Nachforschungen in dieser Richtung anregen.

Als Arbeitsmaterial besaßen die Künstler damals in der Regel einen Mustervorrat, von dem sie sich inspirieren lassen konnten. Es handelte sich dabei vor allem um Druckgraphik und illustrierte Bücher, aber auch um Zeichnungen und plastische Modelle eigener wie fremder Produktion. Leider können wir Umfang und Inhalt solcher Vorbildersammlungen nur selten rekonstruieren.

Über Egid Quirin Asam erfahren wir aus seinem Nachlassinventar, dass er 230 Zeichnungen – »Riß auff Pappier« – hinterließ, dazu drei Architekturbücher sowie »ain buech von erbauung der Millgängen [Mühlengänge]« und »von Kupfern ein buech französisch Tapezerey«. Außerdem werden etwa 30 Modellfigürchen aufgezählt, meist nach dem Vorbild der Antike, zwei anatomische Figuren sowie »vill ander Köpf, Händ, Füsse, Leiber, 50 Figuren Engeln, Kindln von Wax, und Gibs«.[16]

Nichts Konkretes wissen wir hingegen von der Vorbildersammlung Johann Baptist Straubs, über die man womöglich indirekt Erkenntnisse erhalten kann. So könnte es sich bei den von Günther benutzten Vorlagen für die Zeichnungen nach drei antiken Statuen und Michelangelos Bacchus um Blätter aus Straubs Besitz handeln, die dieser seinem

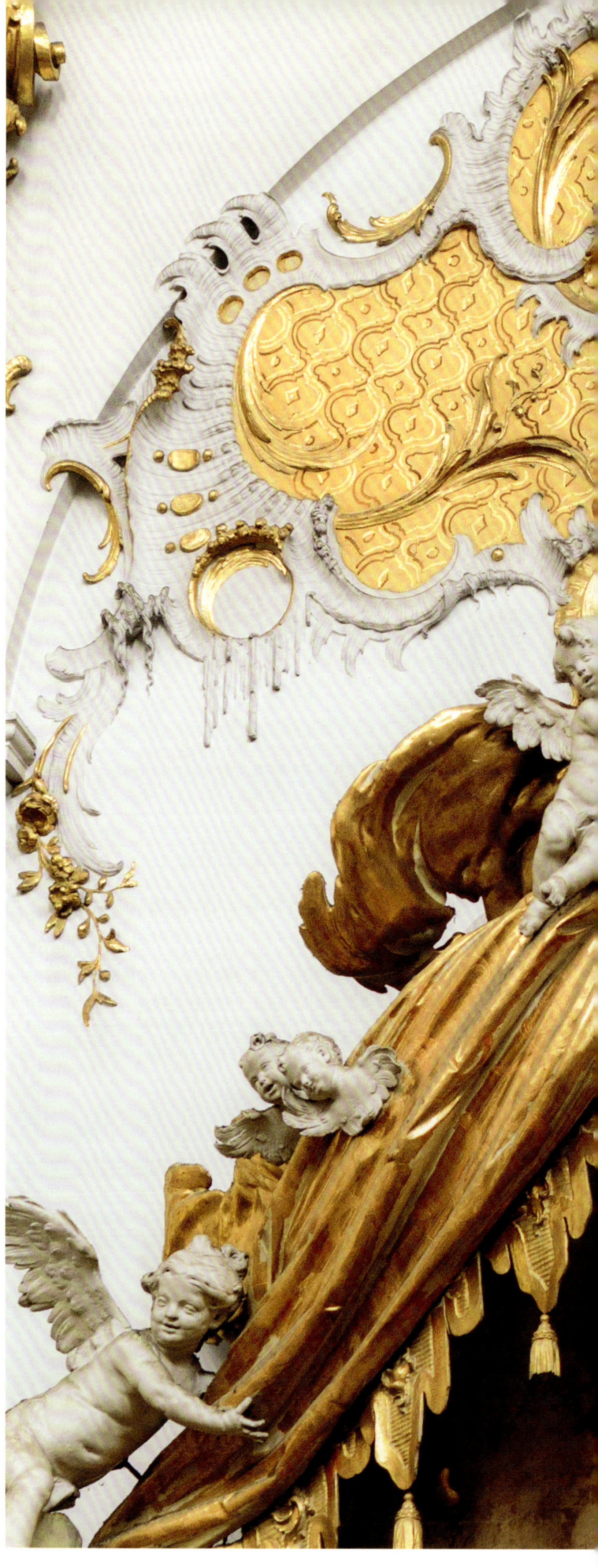

10 Johann Baptist Straub, Engelgruppe der Bekrönung des Benedikt-Altars, 1757/58, Ettal, Klosterkirche

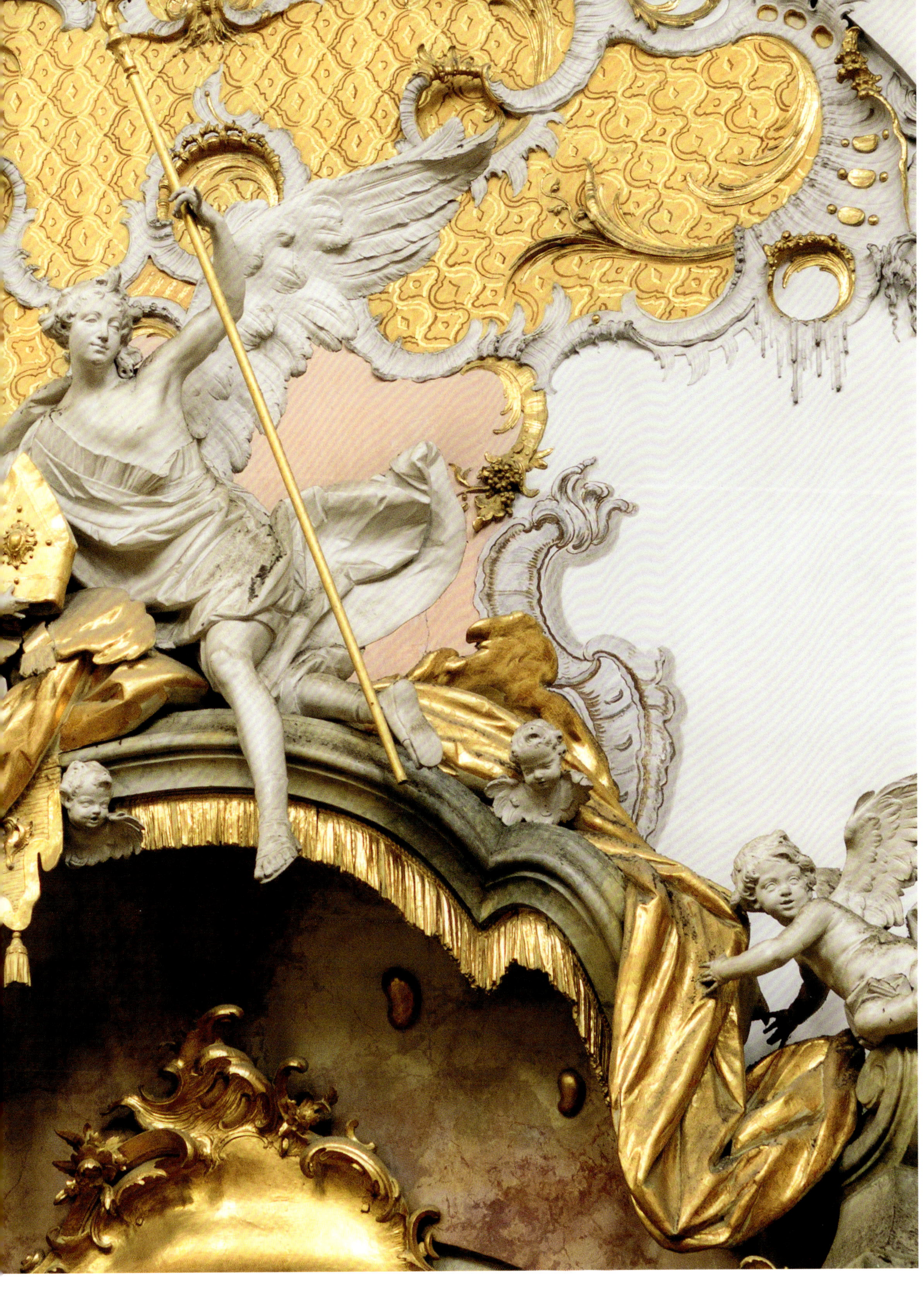

Gesellen als Studienmaterial an die Hand geben hat.[17] Außerdem lassen einige Arbeiten Straubs zeitgenössische italienische und französische Skulpturen als Vorbilder erkennen. So zeigt seine Allegorie der Hoffnung am Hochaltartabernakel von Schäftlarn (um 1755; Abb. 8) eine erstaunliche Ähnlichkeit mit Girolamo Ticciatis (1679–1745) trauernder *Geometrie* an dem 1739 in Santa Croce in Florenz errichteten Grabmal für Galileo Galilei (Abb. 9).[18] Auch die Trauerfiguren an Straubs Toerring-Grabmälern in Au am Inn und München-Bogenhausen sowie am Herzmonument für Kaiser Karl VII. in Altötting scheinen von dort angeregt worden zu sein.

Darüber hinaus könnte Ticciatis 1732 entstandene Gruppe Johannes des Täufers in der Glorie für den Hochaltar des Florentiner Baptisteriums (Florenz, Museo dell'Opera del Duomo) Straub beeindruckt haben, was die auffällige Verwandtschaft bei der Zusammenordnung von Wolken, die von Engeln getragen werden, und der Figur des verklärten Heiligen darüber mit entsprechenden Kompositionen Straubs nahelegt. Der Künstler wäre somit – auf welchem Weg auch immer – mit zwei aktuellen Florentiner Schöpfungen vertraut gewesen, die er aber wohl kaum im Original gesehen hat.

Leichter zu erklären als die vermutete Beziehung zu Ticciati ist Straubs Rezeption der monumentalen Marmorapostel der Lateransbasilika in Rom, von denen Stiche verbreitet waren und die sogar in Meißener Porzellan reproduziert wurden.[19] Bei seiner Altarfigur des Apostelfürsten Paulus in Ettal (1761/62) übernahm er offensichtlich wichtige Motive von Pierre Legros' (1666–1719) *Hl. Thomas* und Pierre-Etienne Monnots (1657–1733) *Hll. Petrus und Paulus* aus dieser Folge. Schon immer hat man beobachtet, dass Straub bei seiner Kanzelbekrönung in Ettal die Komposition von Lorenzo Mattiellis (1687–1748) monumentaler Marmorgruppe des hl. Michael als Sieger über Luzifer über dem Hauptportal der Wiener Michaelerkirche, die er aufgrund seines Wienaufenthalts gut gekannt haben muss, in sein eigenes Werk übernommen und ins Zierliche abgewandelt hat.

Mehrfach bekrönte Straub, etwa bei den mittleren Seitenaltären in Ettal (1757–1760) oder dem Tabernakelgehäuse in Polling, seine Aufbauten mit Gruppen aus einem hingelagerten großen Engel und einem Kinderengel in Gegenrichtung, denen er Attribute von Heiligen oder Allegorien in die Hand gab (Abb. 10). Diesen Gruppen erstaunlich nahe steht die Bekrönung der Hochaltarnische der Versailler Schlosskapelle (1709/10) von Corneille van Clève (1645–1732),[20] ein vergoldeter Bronzeguss, bei dem das Spruchband des Engels verloren gegangen ist; ein vergleichbarer Engel Günthers über dem Josephsaltar von Freising-Neustift (um 1764/65) trägt ein solches Schriftband.

Von Ignaz Günther ist uns erstaunlich vielfältiges Studienmaterial erhalten geblieben. Neben Zeichnungen, vor allem zum Studium der Perspektive (Kat.-Nr. 71–73), und plastischen Kopien und Modellen handelt es sich sogar um zwei illustrierte Bücher aus seinem Besitz, die er beide 1764 erworben hat.[21] Das eine, der erste Band des *Studio d'Architettura civile [...] opera de più celebri Architetti de' nostri tempi*, 1702 in Rom von Domenico de' Rossi veröffentlicht, enthält 141 Kupferstiche architektonischer Details prominenter römischer Kirchen und Paläste von unterschiedlichen Künstlern. Bei dem anderen Buch, *Statues antiques & modernes* von Simon Thomassin, das Skulpturen aus dem Schloss und Garten von Versailles wiedergibt, handelt es sich um ein auch von anderen Künstlern der Zeit herangezogenes Referenzwerk, das 1710 in Augsburg auf Deutsch erschien. Schon 1749/50 als Geselle hatte Günther Andrea Pozzos *Perspectiva Pictorum atque Architectorum* (erstmals 1697 erschienen) als Musterbuch für seine perspektivischen Studien benutzt. Einige seiner Darstellungen des hl. Johannes von Nepomuk folgen der 1731 am Ponte Molle in Rom aufgestellten Marmorstatue von Agostino Cornacchini (1686–1754).[22] Und seine etwa halblebensgroße Gruppe des hl. Johannes von Gott, des Gründers des Hospitalordens der Barmherzigen Brüder, mit einem Kranken (Kat.-Nr. 114) ist in ihrer Konzeption der monumentalen Marmorskulptur dieses Heiligen von Filippo della Valle (1698–1768) in St. Peter in Rom verpflichtet; von ihr könnte er durch seinen Auftraggeber, die Münchner Niederlassung des Ordens, Kenntnis erlangt haben. Ganz offensichtlich haben sich die Münchner Bildhauer des 18. Jahrhunderts bei ihren Interessen nicht auf Einheimisches beschränkt.

1 Den besten Überblick über die bayerische Rokokokunst mit schönen Abbildungen vermittelt immer noch Feulner 1923. Gute Abbildungen von Skulpturen finden sich in Slg.-Kat. München 1980; Volk 1981; Ausst.-Kat. München 1985 und Lieb 1992. Zu Asam vgl. Hojer 1967; Rupprecht 1980; Ausst.-Kat. Aldersbach 1986 und Ausst.-Kat. Freising 2007. Zu Straub vgl. Steiner 1974; Volk 1984 und Volk 2006. Zu Günther vgl. Schönberger 1954; Woeckel 1975a und Volk 1991a.

2 Vgl. dazu den Beitrag von Carmen Roll, S. 49–58.

3 Vgl. dazu auch den Beitrag von Meinrad von Engelberg, S. 101–108. Zur gelegentlichen Diskrepanz zwischen Architektur und Ausstattung vgl. Kummer 1989 und Volk 1995.

4 Vgl. dazu Volk 1991b.

5 Zur Kunst unter Max Emanuel vgl. Ausst.-Kat. Schleißheim 1976. Zu Max Emanuel und die französische Kunst vgl. auch Tillmann 2009 und Pozsgai 2012.

6 Vgl. Volk 1966 und Volk 1976.

7 Vgl. Dietrich 1986.

8 Vgl. Bauer 1962 und Irmscher 2009.

9 Vgl. Braunfels 1986.

10 Zu Zimmermann vgl. Thon 1977 und Bauer 1985. Zu Dietrich vgl. Poser 1975.

11 Vgl. Jocher 1988.

12 Vgl. Ausst.-Kat. München 2004.

13 Vgl. dazu den Beitrag von Annette Schommers, S. 275–283.

14 Zu dem für das 18. Jh. anachronistischen Begriff Gesamtkunstwerk vgl. Bernd Euler-Rolle, Das Gesamtkunstwerk in Österreich – idealer Begriff und historische Prozesse, in: Kunsthistoriker. Mitteilungen des Österreichischen Kunsthistorikerverbands 2 (1985), S. 55–61, und Karl Möseneder, Zum Streben nach »Einheit« im österreichischen Barock, in: Hellmut Lorenz (Hg.), Geschichte der bildenden Kunst in Österreich, Bd. 4: Barock, München u. a. 1999, S. 51–74.

15 Lorenz Westenrieder, Betrachtungen über unsere Kirchenzierden in Rücksicht auf den Endzweck der Kunst (1783), in: Westenrieder 1831, S. 296. Vgl. auch Büttner 1997 und den Beitrag von Ariane Mensger, S. 371–378.

16 Ein ausführlicher Auszug aus dem Testament in: Ausst.-Kat. München 1985, S. 258 f.

17 Von den Zeichnungen Günthers nach der Antike und Michelangelos *Bacchus* ist nur das Blatt mit einem sitzenden Apollo in Augsburg erhalten, vgl. dazu Volk 2001. Zu den verlorenen Blättern vgl. Feulner 1920, S. 6; Feulner 1947, S. 33, und Woeckel 1975a, S. 46, 530 f.

18 Zu Ticciati vgl. Klaus Lankheit, Florentinische Barockplastik. Die Kunst am Hof der letzten Medici 1670–1743, München 1962, S. 178 f., 230 f., und Giovanni Pratesi, Repertorio della Scultura Fiorentina del Seicento e Settecento, 3 Bde., Turin 1993: Bd. 1, S. 62 f., 107 f.; Bd. 2, Abb. 245; Bd. 3, Abb. 670, 680.

19 Zur Apostelserie der Lateransbasilika vgl. Frederick den Broeder, The Lateran Apostles. The Major Sculpture Commission in Eighteenth Century Rome, in: Apollo 85 (1967), S. 360–365, und Robert Engass, Early Eighteenth-Century Sculpture in Rome. An Illustrated Catalogue Raisonné, London 1976.

20 Vgl. François Souchal, French Sculptors of the 17th and 18th centuries. The reign of Louis XIV, Bd. 3, Oxford 1987, S. 388–391, Abb. S. 390.

21 Zu Günthers Bücherbesitz vgl. zuletzt Volk 2007a.

22 Zum Verhältnis von Günther und Cornacchini vgl. Volk 1993, S. 32 f.

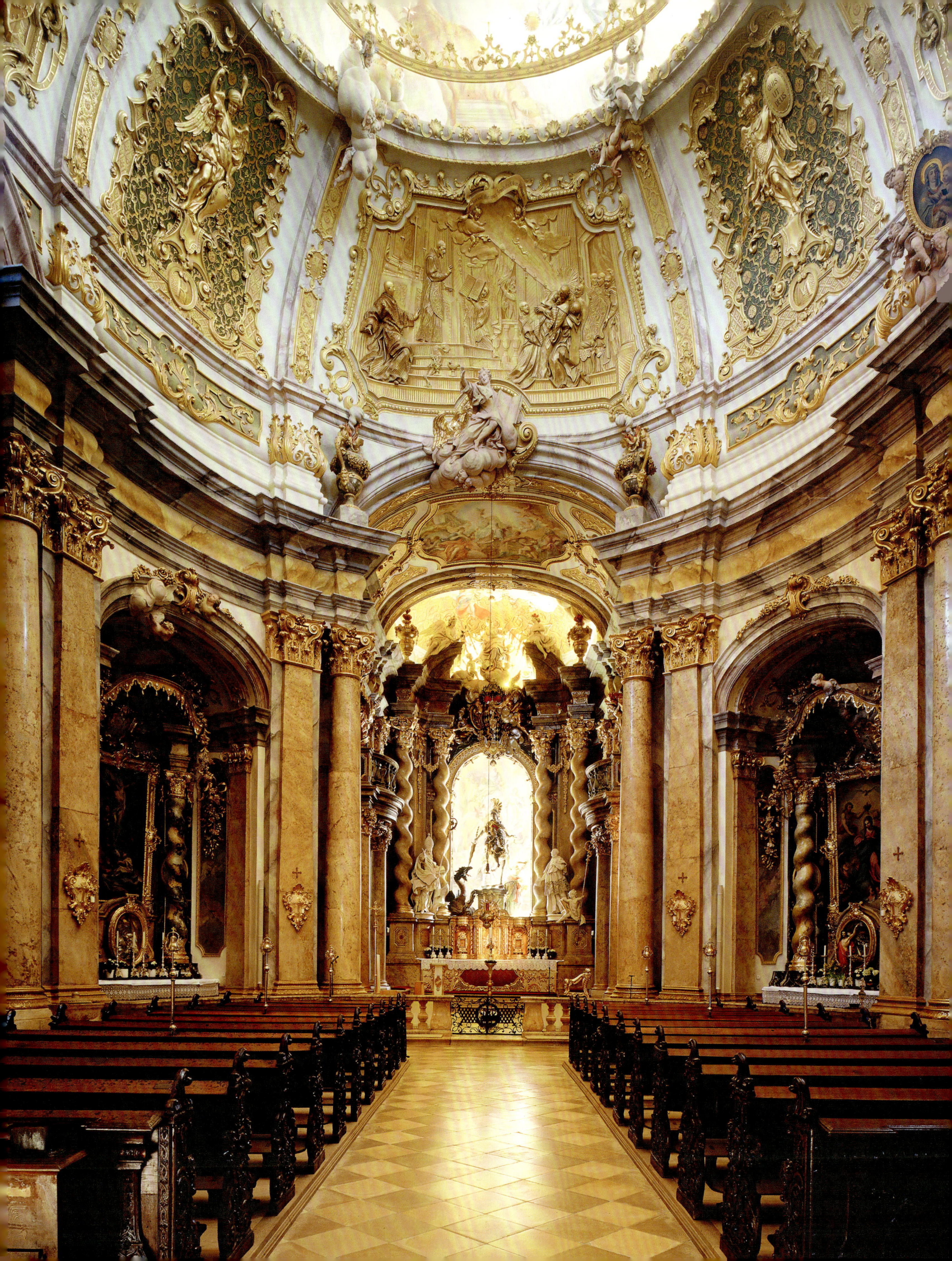

LICHT – FIGUR – FARBE
IN SAKRALRÄUMEN DES 18. JAHRHUNDERTS

Rainer Schmid

Der Innenraum der Wallfahrtskirche in der Wies löst beim modernen Betrachter überraschende Empfindungen aus – sicher nicht grundsätzlich andere als beim Gläubigen im 18. Jahrhundert.[1] Sie werden vielfach mit Begriffen wie Leichtigkeit, Schwerelosigkeit, Erhobensein, ja Heiterkeit (im besten Sinne) beschrieben. Verursacht wird dies im Wesentlichen von einer strahlenden, den ganzen Raum erfüllenden Helligkeit, als gäbe es keine Gegenstände, die Schatten werfen (Abb. 5). Zu den besonderen Überraschungen gehören sicherlich auch die weißen Figuren, die bei den Altären und an den Pfeilern des Gemeinderaums platziert sind. Für sich betrachtet und an der Realität gemessen, können sie nur verwundern.

Wie es zu einem solchen Gesamteindruck kommt, soll nun anhand einer Charakteristik des Lichtes im Sakralraum des 18. Jahrhunderts dargestellt werden. Im Folgenden werden dafür Architektur und Ausstattung – besonders die Skulpturen – unter den Gesichtspunkten von Licht und Farbe in ihrem ursprünglichen Funktionszusammenhang betrachtet. Dabei wird versucht, an besonders prägnanten Sakralbauten des 18. Jahrhunderts im südlichen Bayern mit entsprechend ursprünglicher Ausstattung und wo möglich auch Farbfassung den Gang der Entwicklung aufzuzeigen.[2]

LUX – LUMEN

Isaac Newton hatte zwar im 17. Jahrhundert die Tür zu einem modernen, naturwissenschaftlichen Verständnis von Licht und Farbe aufgestoßen, dennoch war bis zum Ende des 18. Jahrhunderts vor allem in der bildenden Kunst die mittelalterliche Auffassung von der göttlichen Natur des Lichtes und dessen Ausformungen und Wirkungen weitgehend erhalten geblieben.[3] Es ist legitim und vielfach erhellend, die ästhetischen und ikonologischen Erscheinungen in der Kunst des Barock durch Vergleiche mit der zeitgenössischen Traktatliteratur zu erklären[4] oder direkt nach zeitgemäßen philosophischen und theologischen Gründen etwa in Athanasius Kirchers Schriften (*Ars magna lucis et umbrae*, Amsterdam 1646) zu suchen.[5] Grundlegend für die vorherrschenden Theorien war in wesentlichen Teilen neben der Bibel und den antiken und neuplatonischen Philosophen immer noch

1 Weltenburg an der Donau, Benediktiner-Klosterkirche St. Georg und Martin, Innenraum mit Hochaltar

die sogenannte Lichtmetaphysik. Gott wurde als das ungeschaffene, reine, unnahbare Licht *(lux)* gedacht, von dem das geschaffene, sichtbare, uns zugängliche Licht *(lumen)* ausgeht.[6]

Die barocke Vorstellung von dieser Hierarchie des Lichts mit ihren zahllosen Spezifizierungen (*claritas*, *splendor* etc.) impliziert schließlich die weit gefasste Skala vom Materiellen, Stofflichen bis zum Immateriellen, vom Greifbaren, Fassbaren bis zum Unnahbaren, Transzendenten. Darin sind einerseits die vielfältigen Möglichkeiten der Nobilitierung durch Licht enthalten, andererseits stellt sich immer neu die Frage nach der Distanz zwischen Kunstwerk und Betrachter beziehungsweise deren Überwindung. Um diese Zusammenhänge möglichst knapp, aber einigermaßen umfassend darzustellen, bietet es sich an, von wenigen paradigmatischen Objekten auszugehen und die gewonnenen Ergebnisse nur fallweise durch Quellen zu untermauern.

ANFÄNGE IM 17. JAHRHUNDERT

Lässt man die Sakralbauten vom Ende des 17. Jahrhunderts Revue passieren, prägen sich deren große, weiß gefassten Räume ein, wie in der Theatinerkirche in München, den Klosterkirchen Benediktbeuern oder Tegernsee und den zahlreichen Kirchen der Vorarlberger Baumeister (beispielsweise Obermarchtal), aber auch in den mächtigen österreichischen Stiftskirchen von St. Florian und Kremsmünster.

Ein »gerichtetes Licht«[7] betont den Aufbau von Wänden, Pfeilern und Bögen, trifft die Oberflächen, die in vielen Fällen Marmor imitieren,[8] und vermittelt durch deutliche Beleuchtung und Schattenwirkungen den Eindruck massiver Körperlichkeit des Gebauten. Die Altaraufbauten sind oft schwarz gefasst, stellen also ein Ebenholzimitat dar,[9] oder sie sind gänzlich vergoldet, oft auch mit dunkelblauen Säulen und Rücklagenfeldern auf »Lapislazuli-« oder »Schildkrottarth« versehen. Sie stehen wie Möbel vor weißen Wänden und sind im Aufbau völlig different zur Raumarchitektur.[10] Doch sind sie – ehe die Deckenmalerei die Sakralräume mitbestimmt – die eindeutigen ikonologischen Zentren im Kirchenraum und vermitteln einen entsprechenden Wert und Glanz an Materialien, ja, scheinen teilzuhaben am göttlichen Licht *(lux)* und beziehen sich ganz offensichtlich auf die biblischen Schilderungen vom Himmlischen Jerusalem oder vom salomonischen Tempel.[11]

Die Bildwerke sind entweder weiß gefasst, als Marmorskulpturen gedacht,[12] oder in strahlenden Lüsterfarben gehalten, Rubin, Smaragd und andere Edelsteine imitierend.[13] Aber auch die Gestaltung der Bildwerke selbst bietet durch tiefe Hinterschneidungen, deutlich ausgeprägte Lichtgrate, Glanzlinien und kontrastierende Schattentiefen die Möglichkeiten, ausgeprägte körperliche Präsenz darzustellen. Dies ist beispielsweise bei den Statuen der vier Evangelisten von Balthasar Ableithner (1614–1705) in der Theatinerkirche in München zu sehen.[14]

WELTENBURG UND OSTERHOFEN: BILDHAFTE ALTARRÄUME IM ÜBERNATÜRLICHEN LICHT

Cosmas Damian und Egid Quirin Asam (1686–1739 und 1692–1750) trugen wesentlich zu einem grundsätzlichen Wandel der Licht- und Farbgestaltung im Sakralraum zu Beginn des 18. Jahrhunderts in Bayern bei. Sie brachten in diese von italienischen Architekten und Künstlern geprägte Kunstlandschaft (Giovanni Viscardi, Enrico Zuccalli, die Familie Carlone u. a.) Anregungen aus Italien ein und verwandelten diese im Sinne der heimischen Tradition.[15] Neben vielen einzelnen Motiven sind es zwei zentrale Gestaltungsprinzipien der römischen, besonders der berninesken Altarbaukunst, welche die Brüder Asam in ihren Schöpfungen übernommen und in eine eigene Form gegossen haben: die szenische Gestaltung von Figurengruppen als »heiliges Geschehen« in ziboriums- beziehungsweise baldachinartigen Räumlichkeiten[16] und die vielfältige Visualisierung des göttlichen Gnadenlichtes im Kirchenraum.[17]

Die bekannte Darstellung des hl. Georg vor strahlendem Hintergrund im Hochaltar von Weltenburg (Abb. 1), errichtet ab 1721, setzt den gezielten Kontrast eines »Dunkelraumes« (Rupprecht) voraus. Im großen Ovalraum spenden nur zwei segmentbogenförmige Ober-

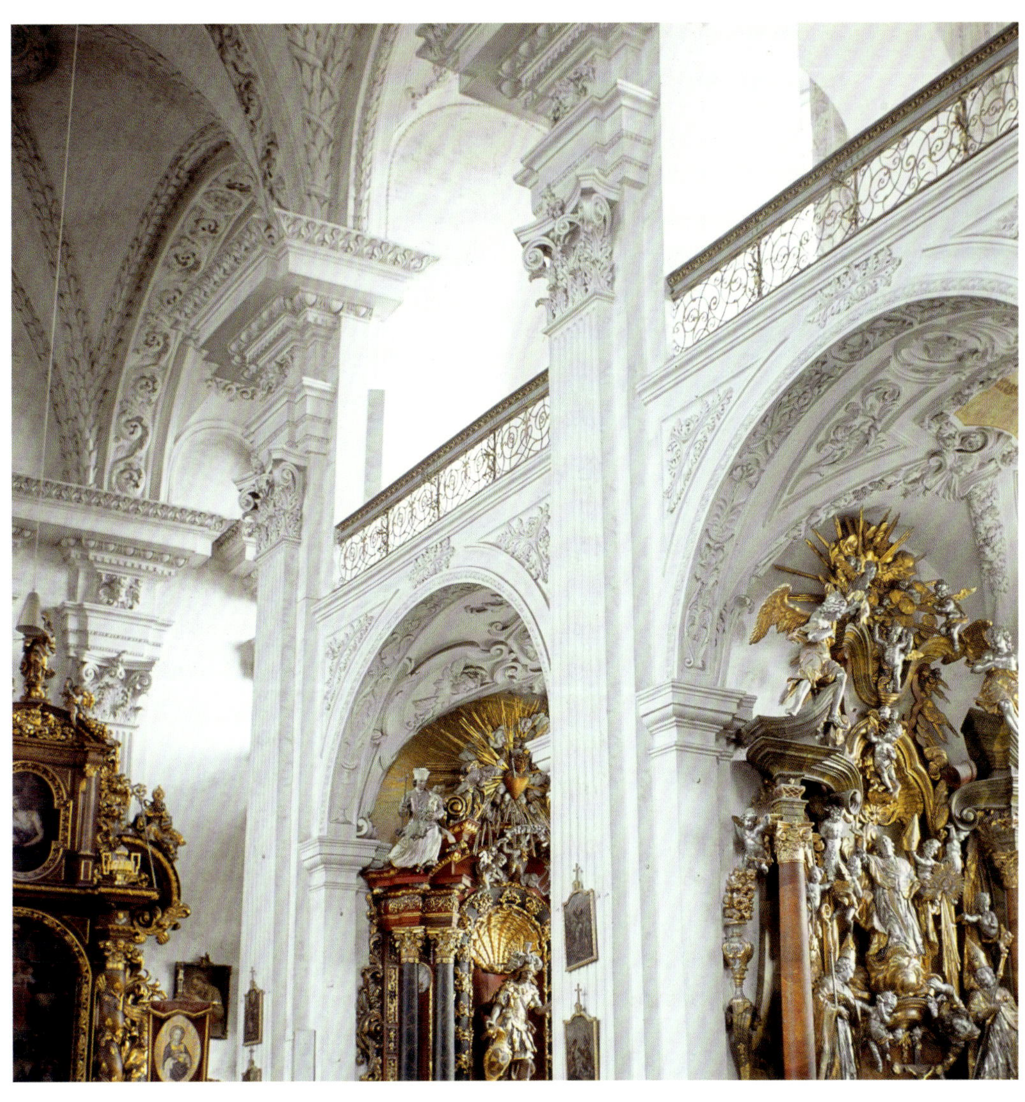

2 Obermarchtal an der Donau, ehem. Prämonstratenser-Klosterkirche St. Peter und Paul

lichtfenster über den Altären der Querachse ein wenig Licht. Es fehlen reflektierende helle Mauerflächen; alles ist mit kostbaren Materialien ausgekleidet: Marmorsäulen, Stuckmarmor bei den Altären, marmorierte Pilaster, Gesimse u. a. In der Kuppelschale allerdings verstärkt neben vollständig vergoldeten Reliefs und grünen Rücklagen weißer Wandgrund das Licht aus der Kuppel.

In verkürzter Interpretation hat man die Erscheinung des hl. Georg im Licht, der die Prinzessin rettet und den Drachen besiegt, als ein barockes *theatrum sacrum* gesehen. Aber der Vorgang ist komplexer.[18] Es ist das erhabene *Bild* des hl. Georg – im Sinne von *imago* –, der hier in prunkvoller Rüstung, mit farbig gewandeter Prinzessin und farbigem Drachen im Gegenlicht präsentiert wird;[19] ein Wandel dieser »Szene«, wie im Theater, ist nicht vorgesehen. Das heilige Geschehen im Altargehäuse erzeugt zwar durch Drastik der Bewegung und intensive Farbigkeit der Figuren eine gewisse Realitätsnähe, diese wird aber, abhängig von der Distanz zum Betrachter, entweder als solche erfahren oder bis zur Entrückung aufgehoben. Die Tatsache, dass der berittene Georg auf einem Sockel dargestellt ist, kann als eine Allusion auf Kurfürst Max Emanuel gedeutet werden.[20] Diese spiegelt sich auch in der als Triumphbogen und Ehrenpforte gestalteten Altararchitektur. Die ikonologisch zum Drachentöter gehörige Maria Immaculata, die die Schlange zertritt, schwebt mit Engeln über dem Geschehen im offenen Giebel des Altaraufbaus, also in einer anderen Sphäre. Diese Gruppe ist weiß gefasst. Die Assistenzfiguren des hl. Maurus und des hl. Martin bei den Säulen des Altars stehen ebenfalls außerhalb des Hauptgeschehens, reagieren aber darauf; sie sind angeblich auf »Alabasterarth« oder doch eher travertinfarbig gefasst.[21] Die farbigen Zuordnungen unterstreichen also inhaltliche Abstufungen.

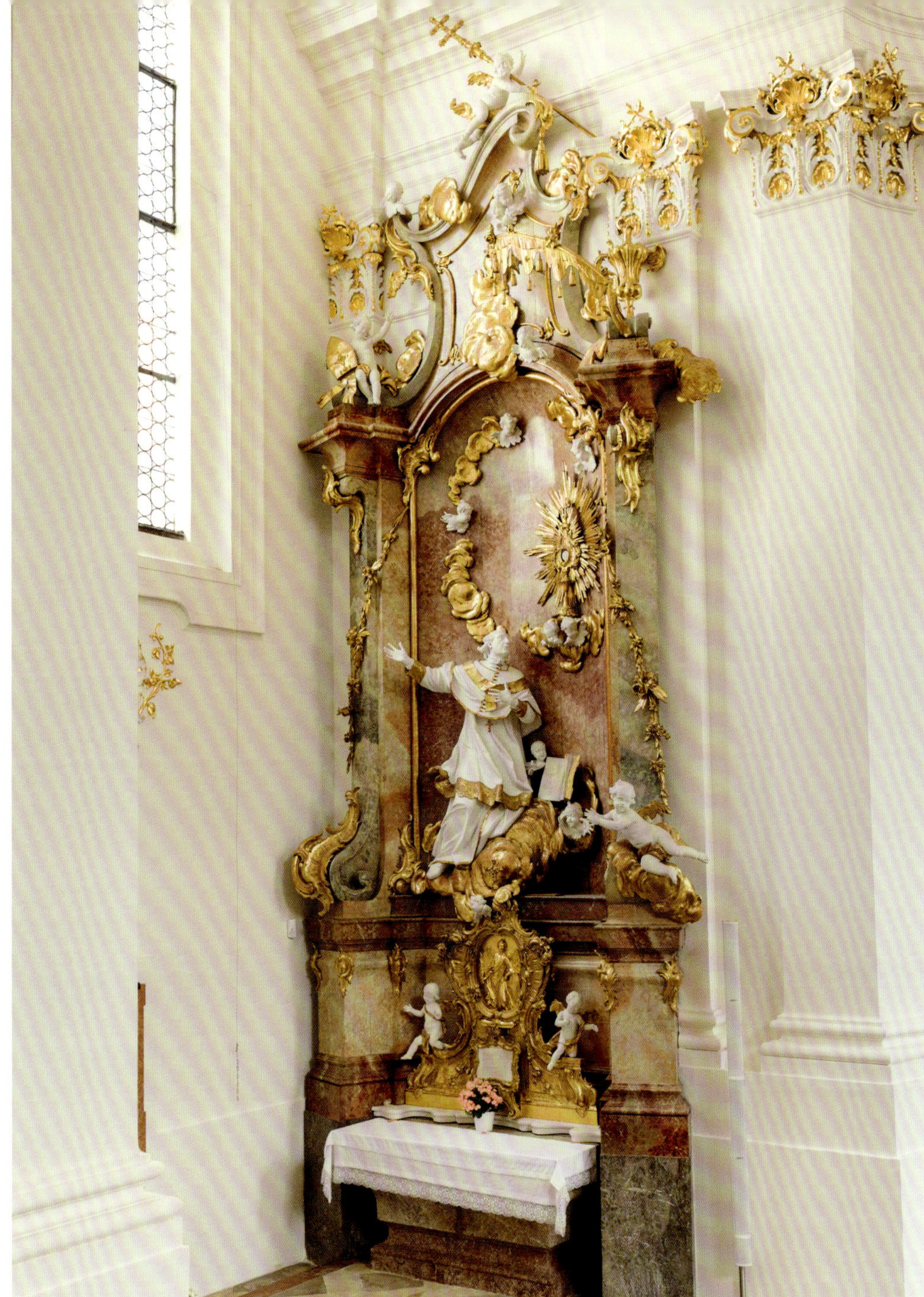

3 Johann Baptist Straub, Altar des hl. Norbert, 1762–1764, Schäftlarn, Klosterkirche St. Dionysius und Juliana

Das Gnadenlicht, das im Altar ganz besonders den Titelheiligen wie auch den Herrscher nobilitiert, indem es seine lüsterfarbene Rüstung wie Edelsteine erstrahlen lässt, ist die eine Lichtquelle. Es gibt aber noch eine andere, die den ganzen Kirchenraum erfasst. Die Weltenburger Kirche ist ein Hypäthralbau,[22] sie empfängt ihr Licht vor allem durch die Kuppel über dem Ovalraum. Dieses Licht, dessen Quelle von einer mächtigen Hohlkehle verdeckt ist, lässt die kostbaren Oberflächen an den Wänden und Altären im Halbdunkel aufscheinen. Es gibt gewissermaßen zwei Aggregationszustände von Licht im Kirchenraum von Weltenburg: Der hl. Georg, der sich auf der terrestrischen Ebene bewegt, kommt aus unnahbarem, weil göttlichem Licht *(lux)* auf uns zu; das reale, aber indirekte Licht aus der Kuppel *(lumen)* ist durch die Darstellung des Lichts im Deckenbild und die von dort reflektierte Helligkeit in überirdisches Licht verwandelt und nobilitiert den gesamten Innenraum.

In der Prämonstratenserkirche St. Margaretha in Osterhofen, ab 1727 errichtet, fand Egid Quirin Asam mit der Architektur Johann Michael Fischers (1692–1766) ideale Bedingungen für seine Altarbaukunst (S. 105, Abb. 3). Fischer hat in Osterhofen den Typus des Vorarlberger Wandpfeilerbaus nicht nur ganz allgemein,[23] sondern auch in Hinblick auf die

Gestaltung des Lichts im Kirchenraum weiterentwickelt. Schon in der Kirche von Obermarchtal (Abb. 2), einem »Prägebau« (Schütz) des Wandpfeilerschemas, wandeln weiß gekalkte Kapellen- und Emporenräume das Licht ab, das durch die vom Eingang her nicht einsehbaren Fenster dringt. So entstehen lichterfüllte Rahmenzonen,[24] die ihr zum Weiß hin modifiziertes Licht abgeschwächt in den Innenraum der Kirche entlassen.

Dass Fischers Verstärkung und Differenzierung dieser Lichtgestaltung in Osterhofen nicht nur das zufällige Ergebnis eines architektonischen Gestaltungsprozesses ist, wird bei näherer Betrachtung der Kapellen- und Emporenräume evident. Die exakt gestalteten ovalen Kapellen sind nämlich konsequent auch in den dreibahnigen Fenstern nach außen gerundet.[25] Außerdem entsteht durch die in den Kirchenraum ausgreifenden Emporenbrüstungen und die tief in das Gewölbe einschneidenden Gurte über den Emporen der Eindruck einer zweigeschossigen Fensterarkadenwand, durch die das modifizierte Licht in den Innenraum strömt (vgl. Abb. S. 72/73).

Asam hat die beiden Altäre der mittleren Kapellen orthogonal zum Hauptraum orientiert und die ovalen Kapellenräume für je eine szenische Darstellung genutzt.[26] Eine dieser Szenen zeigt den hl. Norbert bei der Verehrung der hl. Eucharistie (Abb. 3). Er kniet über dem eigentlichen Zelebrationsaltar vor einem abgebildeten Altar. Die ganze Szene samt den zwischen den Stuckmarmorsäulen platzierten, seitlichen Nischenfiguren, die zugleich Assistenzfiguren sind, ereignet sich in einem Ziborium im Gegenlicht des Fensters, das ein Altarbild zu ersetzen scheint. Das Fenster ist am oberen segmentförmigen Abschluss von einem Strahlenkranz überfangen. Das so als Gnadenlicht gedeutete natürliche Licht nobilitiert alles, was in der Kapelle davon getroffen wird: Die Figuren sind lüstriert, edelsteinfarbig gefasst, der Stuckmarmor hat nicht mehr Marmor-, sondern Edelsteincharakter etc. Selbst die Girlanden, die, von der Ziboriumsbekrönung ausgehend, an die Pilaster drapiert sind, sprechen für das 18. Jahrhundert eine ikonologisch eindeutige Sprache: Sie sind eine Anspielung auf den salomonischen Tempel.[27]

Wie in Weltenburg ist die Darstellung im Ziborium kein *theatrum sacrum*, sondern ein Bild, allerdings mit mehreren Wahrnehmungs- und Bedeutungsstufen: zuerst der Zelebrationsaltar, dann der abgebildete Altar des hl. Norbert und schließlich die Bildhaftigkeit der ganzen Kapelle, die nur der Priester betreten darf, während der Laie sie aus der Distanz betrachten muss. Farbige Figuren sind also auch in Osterhofen nur im vom Betrachter distanzierten Bereich im geschlossenen Raum des Ziboriums möglich, im inneren Bereich des Kirchenraumes, in dem das »verwandelte« Licht wirkt, sind dagegen alle Figuren, etwa die Engel in der Gewölbezone oder die Putten, weiß gefasst. Damit ist aber ein nicht als materiell zu spezifizierendes Weiß gemeint, selbst wenn manche Quellen »Marmor-« oder »Alabasterarth« erwähnen, sondern ein Weiß, wie es in den folgenden Ausführungen zur Wieskirche näher charakterisiert wird.

SCHÄFTLARN: TRANSFORMATION DES LICHTES DURCH WEISS UND GOLD

Im Entwicklungsverlauf der Lichtgestaltung in Sakralräumen während des 18. Jahrhunderts gewinnt die Farbigkeit von Wand und Stuck im Zusammenhang mit den nun fast ausschließlich weiß gefassten Skulpturen eine immer größere Bedeutung. Die Schäftlarner Klosterkirche St. Dionysius und Juliana (1733–1755) wurde in den letzten Jahren umfassend restauriert, die Neufassung auf der Grundlage der dabei erhobenen Befunde gibt darüber Aufschluss (Abb. 3, 4).

Trotz eingehender Beschäftigung der Forschung mit der Baumeisterfrage wird die Autorschaft im Wesentlichen auf François Cuvilliés (1695–1768), Johann Baptist Gunetzrhainer (1692–1763) und Johann Michael Fischer verteilt.[28] Für die Gestaltung des Lichts in Schäftlarn ist wichtig, dass sich alle Nachfolger von Cuvilliés in zentralen Punkten an seine Vorgaben gehalten haben. Als 1740 der Bau eingestellt wurde, waren die Mauern von Chor und Apsis bis zum Gewölbeansatz aufgeführt und damit die Wandgliederung und die großen Rundfenster vorgebildet. Durch Cuvilliés' flache Gliederungselemente (wenig starke Pilaster und Gurte) und seine großen, viel Licht spendenden Fenster, aber

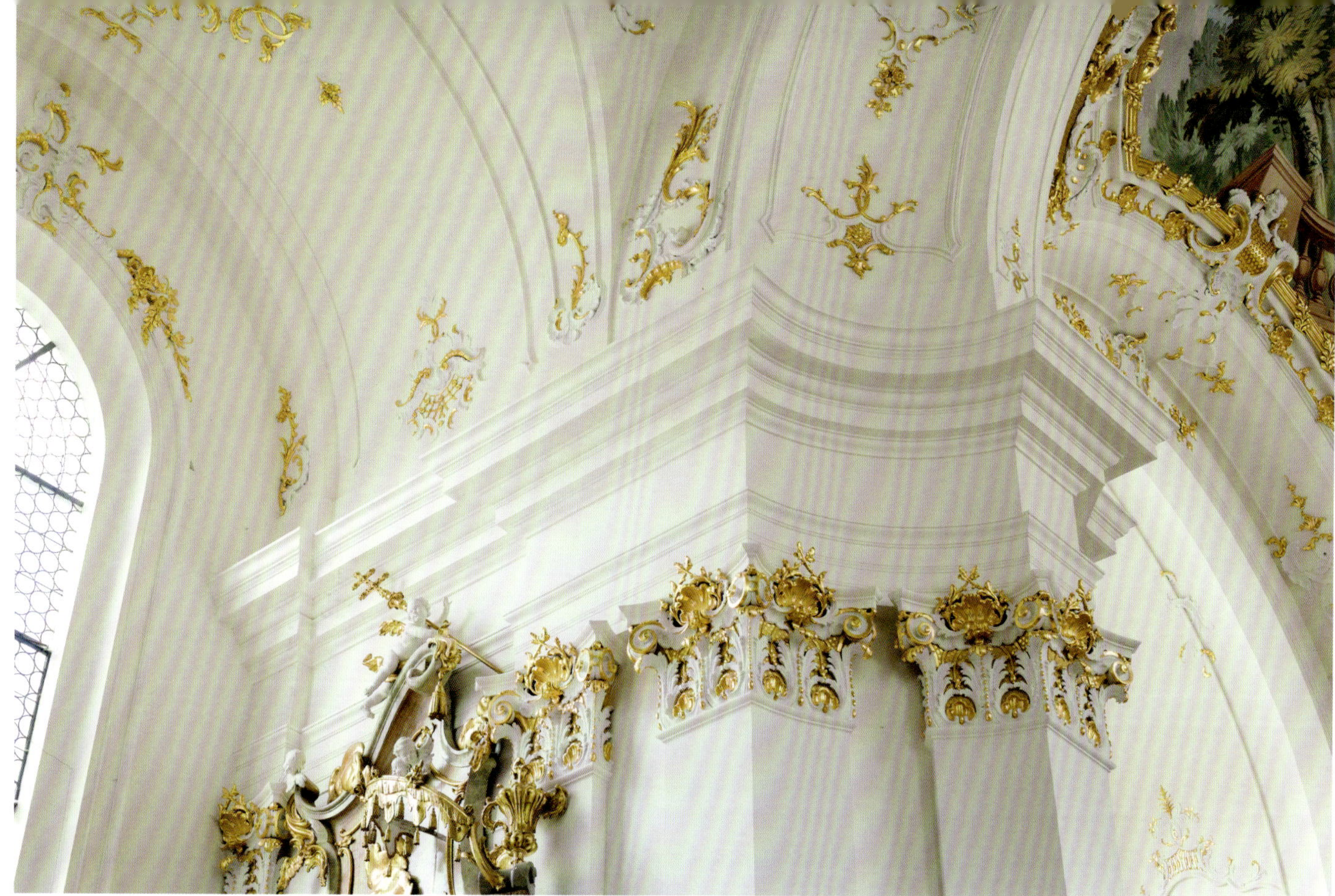

4 Deckenausschnitt, Schäftlarn, Klosterkirche St. Dionysius und Juliana

auch durch die Fischer zugeschriebenen sanften Abrundungen und Abfasungen von Ecken und Kanten gibt es kaum die Möglichkeit für starke Kontraste zwischen Beleuchtung und Schatten. Die Wandpfeiler bieten aufgrund der Größe und Verteilung der Fenster strahlende Lichtflächen. Johann Baptist Zimmermann (1680–1758) hat durch fein ziselierten Stuck und dünne Profile an Gurten und Wandfeldern diese Wirkung noch verstärkt.

Eine überraschende Helligkeit breitet sich seit der jüngsten Restaurierung aus, da der Stuck wieder weiß gefasst und vergoldet ist. Das Weiß der Wände steigert die Helligkeit durch die Transparenz und Reflexionswirkung der mehrfach sich überlagernden, lichtdurchlässigen Kalkfassungen und deren mikrokristalline Struktur.

Die Vergoldung aber erst definiert die Art des Lichtes – sie ist nicht in ihrem Material-, sondern in ihrem Lichtwert zu verstehen. Das Blattgold ist im Idealfall so aufgetragen, dass es nicht die ganze Stuck- oder Profilform überdeckt, sondern nur die Lichtlinien nachzeichnet und kleine schattengebende Polimentflächen offen lässt. Dadurch entsteht beim Betrachter der Eindruck, das Licht selbst sei golden, weit entfernt von Tageslicht; es hat also die Qualität jener das Licht abbildenden Goldstrahlen von Gloriolen wie etwa der über den Kapellenfenstern in Osterhofen oder auch vom göttlichen Licht, wie es über der Dreifaltigkeitsdarstellung am Hochaltar in Schäftlarn selbst zu sehen ist. Besonders deutlich lässt sich diese ikonologische Eigenschaft der Vergoldung im Vergleich mit ähnlichen Metallauflagen erkennen.

In Ottobeuren findet sich in den Räumen der Abtei vielfach der Einsatz von sogenanntem Zwischgold, einer Legierung aus Silber- und Goldfolie, die dort bestimmt nicht aus Sparsamkeitsgründen zur Anwendung gekommen ist. Vielmehr verleiht sie den Dingen einen hellen, dem Weißgold verwandten Schimmer. Es fällt auf, dass diese Art der Vergoldung nur im Bereich der Abtei anzutreffen ist, dessen Ikonologie von geschichtlichen, biblischen und vielfach auch mythologischen Themen geprägt ist. Es ist ein definitiv anderes Licht, das dort intendiert ist. Für die Räume mit antiken Themen, die zusätzlich besonders viele Arten von Metallauflagen zeigen (Kupfer imitiert Bronze etc.), gilt: Die Götter im Olymp wohnen im Licht, »in himmlischer Klarheit« (Homer, *Odyssee* VI, 43 ff.).[29] In der Klosterkirche hingegen findet sich kein Zwischgold, nur reines Blattgold.

Johann Baptist Straub (1704–1784) schuf ab 1755 für Schäftlarn die Altäre.[30] Entwicklungsgeschichtlich sind die vier Nebenaltäre vor den Wandpfeilern die bedeutsamsten. Ihre weiß gefassten Skulpturen erhalten seitliches Licht von schräg oben. Die Figur des hl. Norbert am nördlichen Chorpfeiler beispielsweise ist fast reliefartig in die Nische gefügt, verbunden mit der Möglichkeit, sie zusammen mit den am Nischengrund drapierten Wolken, der Monstranz sowie einem Rahmen, der eher einem Gemälde als einer Nische zukommt, in einer Ebene zu sehen. Großflächige Gewandpartien bieten sich dem Licht dar, Schatten sind nicht für die Erzeugung von kräftiger Körperlichkeit, sondern für dramaturgische Wirkungen eingesetzt, wie hier die heftige Wendung in der Körperachse. Die weiße Fassung der Figuren mit goldenen Säumen an den Gewändern lässt weder Schwere im Körperlichen noch Nähe zum Heiligen empfinden, sondern ist Ausdruck von Unnahbarkeit und Entrückung und vermählt sich mit der strahlenden Helligkeit des Raumes.

WIES: VERKLÄRUNG VON RAUM UND FIGUR

Mit der Wallfahrtskirche in der Wies bei Steingaden erreichen die hier beschriebenen Licht- und Farbphänomene im Sakralbau des 18. Jahrhunderts in jeder Hinsicht ihren Höhepunkt (Abb. 5 und S. 103, Abb. 1). Dominikus Zimmermann (1685–1766) hat den Bau ab 1743 geplant, eine Ovalrotunde mit einem Kranz aus freistehenden Doppelpfeilern und einer zweigeschossigen Doppelkapelle als Chor.[31] Schon bei der Umsetzung der Planung bei Baubeginn 1745 verzichtete Zimmermann auf die ursprünglich vorgesehene umlaufende Empore im Hauptraum sowie auf mächtige, mit Halbsäulen besetzte Pfeiler. Die Doppelpfeiler wurden schließlich auf Abstand gesetzt und bieten so dem Licht weniger Widerstand. Dominikus Zimmermann verzichtete weitgehend auf schattenbildende Elemente und ließ durch die großen Fenstergruppen so viel Licht als möglich in den Innenraum. Eine schmale Raumzone zwischen Pfeilerkranz und Wand schafft einen »Lichtrahmen« (Lieb) für den Innenraum und erscheint selbst in alle Richtungen durchlässig. Die allseitige Helligkeit wird noch erheblich gesteigert durch die Fassung von Wand und Stuck, wobei hier der Kürze wegen nur der erst ab 1751 entstandene und um 1760 ausgestattete und gefasste Gemeinderaum besprochen werden soll.

Zur Weißfassung der Wandflächen, Pfeiler und Gliederungen (vgl. Schäftlarn) kommt hier der Einsatz von Smalte und Gold am Stuck hinzu. Während in der Wölbungszone des Umgangs, im nur durch Tellerscheibengläser gebrochenen Tageslicht noch Ocker und Rosa als Stuckfarbigkeit auftreten, erscheinen im Innenbereich ausschließlich Smalte und Gold als Fassung am Stuck der mächtigen Rahmenzone unter dem Gewölbe. Smalte, eine Kobaltglasfritte in einem hellen, das Licht reflektierenden Blau, ist meist lasierend auf dem weißen Grund aufgetragen. So entsteht hier ein fast schattenloser, lichterfüllter Raum, der den Eindruck von Schwerelosigkeit erweckt.

Die großen Kirchenväterfiguren von Anton Sturm (1690–1757) sind vor die Öffnungen zwischen den Doppelpfeilern gesetzt. Sie sind mehr flächig, reliefartig gearbeitet als körperhaft rund und bieten dem Licht große Reflexionsflächen dar.[32] Diese lichthafte Wirkung wird durch die polierte Weißfassung und die Vergoldungen erheblich gesteigert, wobei der Glanz ein Licht suggeriert, das die Stofflichkeit des Farbträgers nicht berührt.

Hier spätestens ist zu fragen, was mit dieser jeder natürlichen Erfahrung widersprechenden Farblosigkeit beabsichtigt ist. Durch eine tiefgreifende Veränderung unserer Sehgewohnheiten ist der ursprüngliche Zusammenhang von Farbigkeit und Materialität – Farbe ist immer Farbe von etwas – aus dem Bewusstsein geraten. Wir sehen Farbe ohne Mühe unabhängig vom Träger als sogenannte freie Farbe. Vieles spricht dafür, dass dieser Prozess schon im 18. Jahrhundert einsetzte, doch kann man davon ausgehen, dass jene Ursprungsbeziehung vom Betrachter damals im Wesentlichen noch so wahrgenommen wurde. Wenn also alles an einer menschenähnlichen Figur – Haut, Haare, Kleidung – weiß ist, also farblos und damit unstofflich erscheint, so war das eine Herausforderung für den damaligen Betrachter – gleichgültig, ob das Bildwerk als Imitat von Marmor oder anderem Material ausgegeben wird. Für die zahlreichen Weißfiguren in den Sakralräumen Süddeutschlands

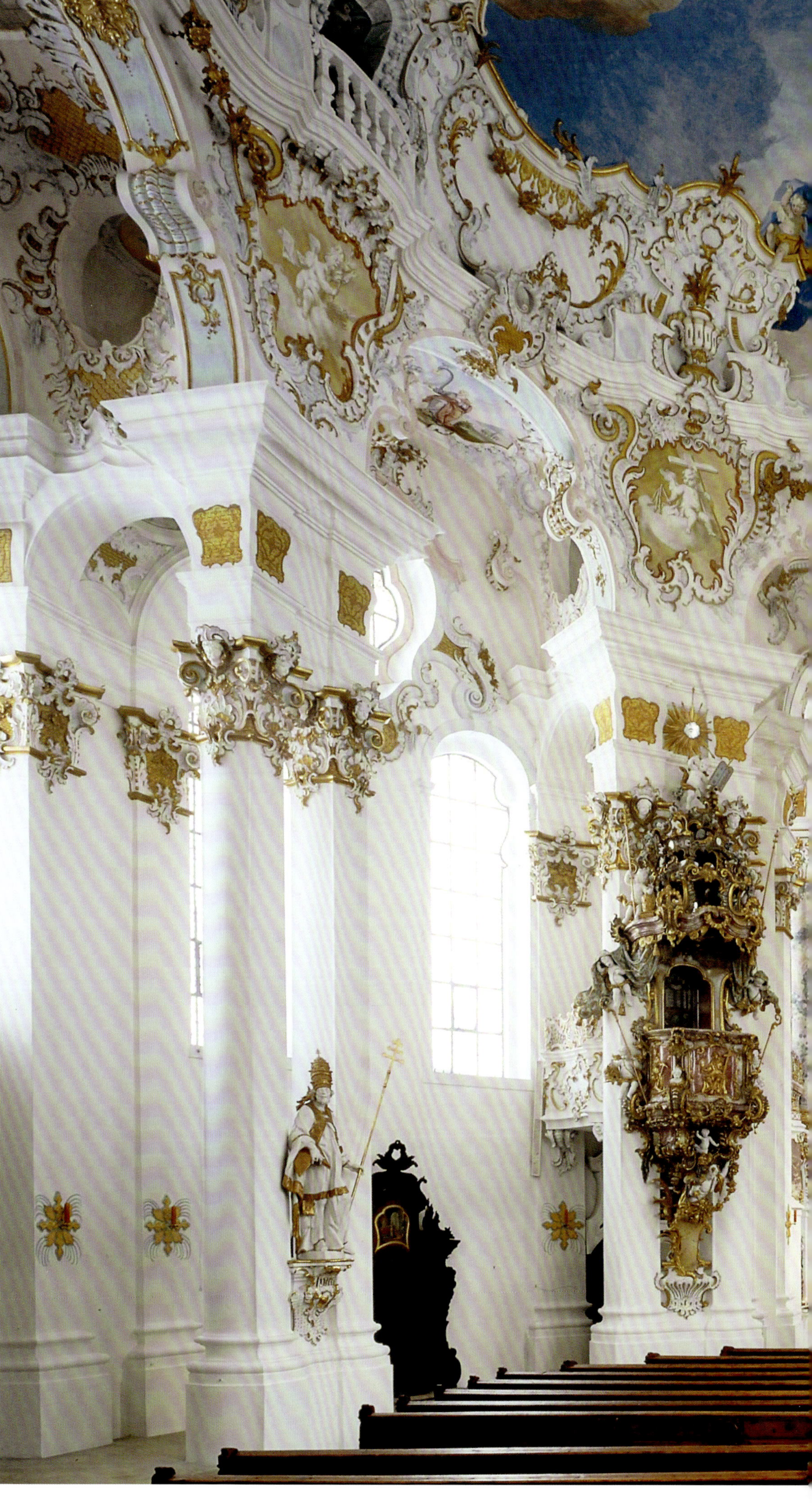

5 Wies bei Steingaden, Wallfahrtskirche zum Gegeißelten Heiland auf der Wies

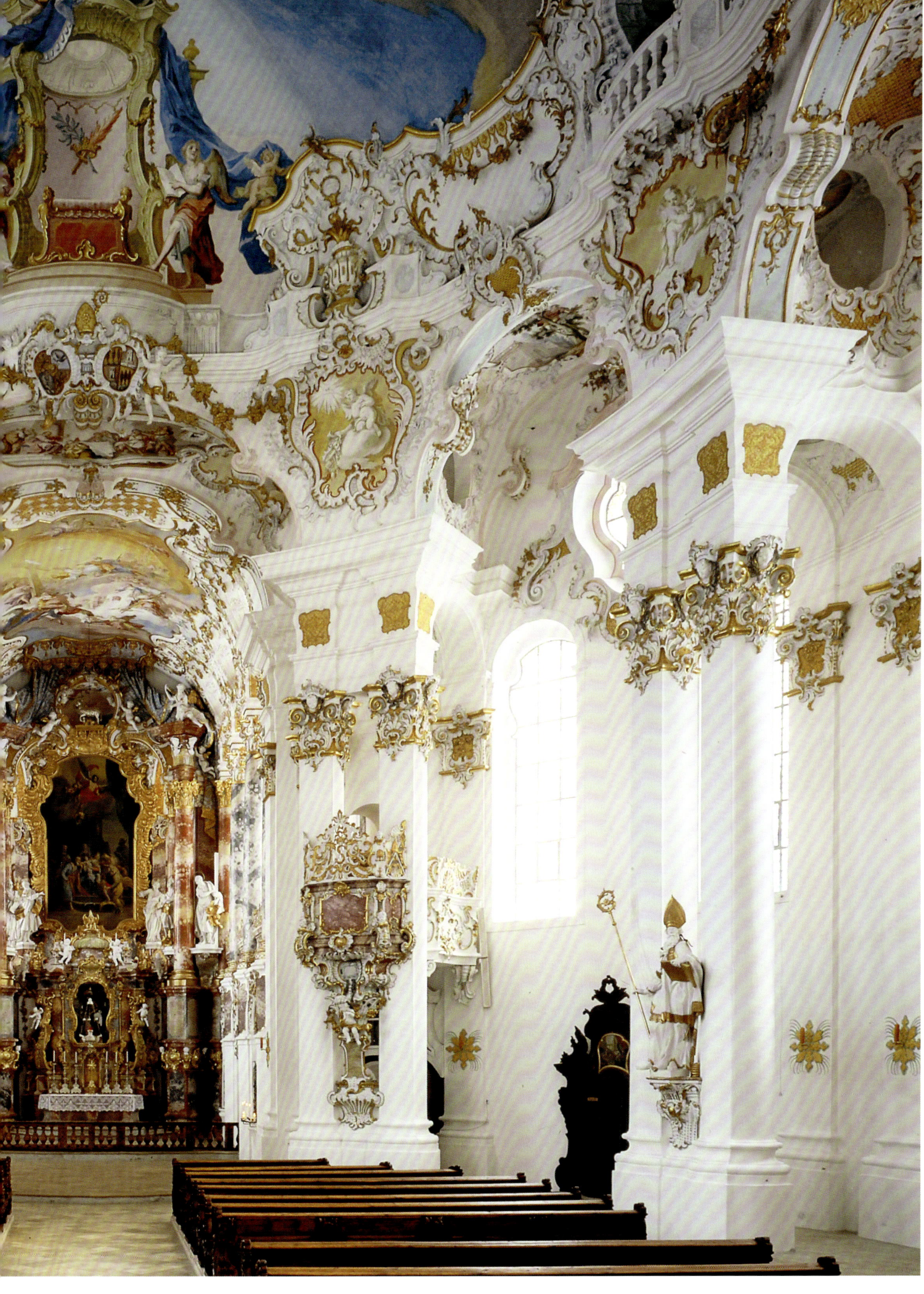

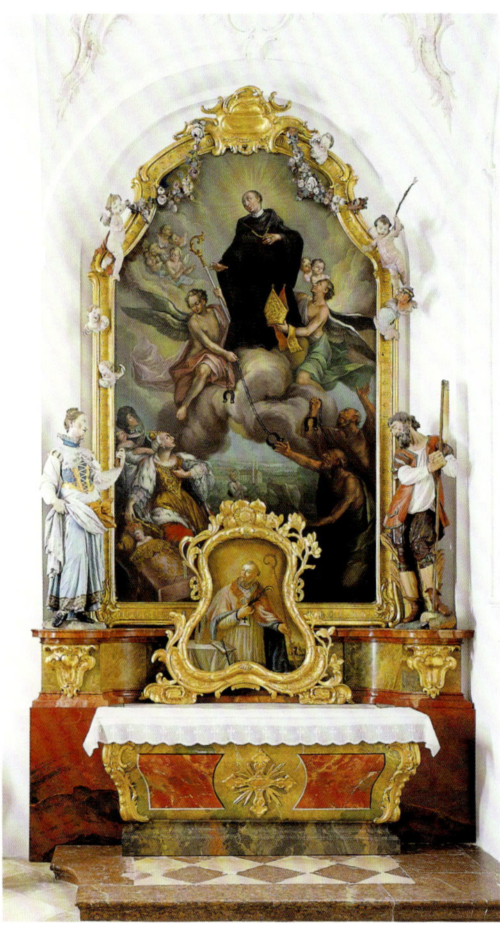

um die Mitte des 18. Jahrhunderts ist die Bestimmung einer solchen Erscheinung nicht schwierig: Es handelt sich um Darstellungen von Heiligen im Zustand der Verklärung.[33] Untermauern lässt sich dies mit einem Bibelkommentar von Cornelius a Lapide aus dem Jahr 1717. Dort ist zu lesen, dass Weiß die Farbe der Gewänder von Seligen und Symbol der Verklärung ist.[34] Für die in der Ecclesia im Deckenbild dargestellten weißen, goldgesäumten Gewänder liegt die berechtigte Vermutung nahe, dass sie aus Byssus gewoben sind.[35] Mit Byssus ist hier ein vielfach bearbeitetes weißes Leinen aus dem Orient gemeint, nicht der gleichnamige goldene Muschelstoff aus dem Mittelmeer. Es bietet sich an, diese in der Johannes-Apokalypse (19,8) – »Et datum est illi ut cooperiat se byssino splenditi, et candido. Byssinum enim iustificationes sunt sanctorum.« – begründete Deutung auf die Weißfiguren mit ihren goldenen Gewandsäumen zu übertragen.

Bleibt noch festzustellen, dass der Gemeinderaum der Wieskirche als Ganzes eine Gestalt erreicht hat, welche die Gläubigen im 18. Jahrhundert an eine äußerste Grenze führte. Propst Herkulan Karg von Dießen hatte bereits anlässlich der Einweihung seiner Klosterkirche erklärt: »Dies ist der neue Himmel«. Zimmermann hat sich mit der ovalen Form des Hauptraumes nicht so sehr auf die oft zitierte Vorlage von Sebastiano Serlio (1475–1554) bezogen, vielmehr damit eine Raumgestalt gewählt, die in Vorarlberger Plänen für Vierungen oder Chöre von großen Kirchen vorgesehen waren – und diese waren für die Laien unbetretbar, im Unterschied zum Gemeinderaum der Wieskirche.[36]

6 Ignaz Günther, Altar des hl. Franz Xaver mit einkopiertem ursprünglichen Altargemälde des hl. Leonhard, 1759–1763, Rott am Inn, ehem. Benediktiner-Klosterkirche

7 Joseph Götsch, Rosenkranzaltar, 1763, Rott am Inn, ehem. Benediktiner-Klosterkirche

ROTT AM INN: LICHTKAMMERN – BILDHAFTIGKEIT DER ALTÄRE

Mit dem Bau der Klosterkirche Rott am Inn ab 1759 setzt Johann Michael Fischer die Lichtgestaltung, die er mit Osterhofen so spektakulär begonnen hatte, in veränderter Form in einem Zentralbau fort.[37] Der Innenraum empfängt aus ähnlichen »Lichtkammern« sein modifiziertes Licht: Hier sind es die Kapellen- und Emporenräume in den Diagonalen des

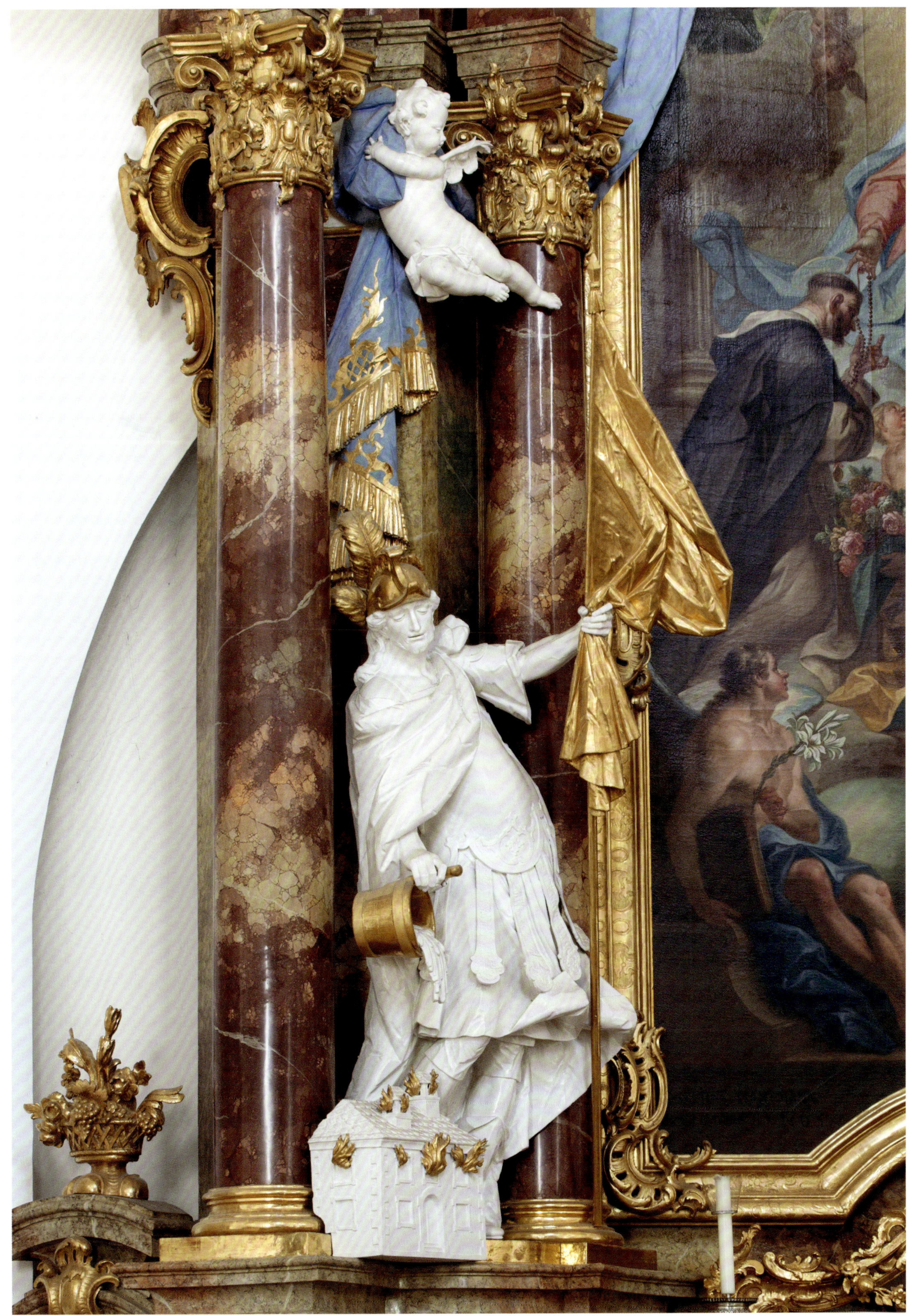

Oktogons. Dazu kommt wenig Licht durch die halb verdeckten Fenster der Querachse. Während die Pfeilerkonstruktion, die optisch die Hauptachse bestimmt, etwas streng und kantig erscheint, sind in den Diagonalen »Mauerarkaden mit sanfter Kehlung und leicht vorschwingenden Stirnbögen wie von Hand in den Pfeilerabstand hineinmodelliert«[38]. Das Licht aus den weiß gekalkten Anräumen wirkt strahlend, erhellt aber das große Oktogon nicht besonders intensiv. Der Stuck ist, wie in der Wieskirche, mit Smalte gefasst, aber fast deckend und mehr die Farb- als die Lichtseite der Farbe betonend.

Damit geht die Fassung der Skulpturen von Ignaz Günther (1725–1775) am Hochaltar einher: Sie sind auf »Alabasterarth« gefasst und damit fester und bestimmter in ihrer Körperlichkeit als polierweiße Figuren und weisen fein ziselierte, stofflich wirkende Oberflächen auf (Abb. S. 100). Trotz der schlanken Gestalten mit Bewegungen, die nicht höfisch»vornehm« oder geziert, sondern geistig ekstatisch gemeint sind, ist eine gewisse Zurückhaltung in der Lichtgestaltung und Entstofflichung spürbar, auch wenn die vollständige Weißfassung, wie sie jetzt als ikonologisch notwendig begriffen werden kann, beibehalten wird.

In den Diagonalkapellen ist die eigentlich neue Licht- und Farbgestaltung anzutreffen (Abb. 6): Die Skulpturen sind hier farbig gestaltet und begleiten klassische Rahmenretabel, wie sie Johann Baptist Straub für Dießen schon 1739 konzipiert hatte, dort allerdings im zugänglichen Raum und mit weiß gefassten Skulpturen (S. 104, Abb. 2). Bei Ignaz Günther bilden die farbigen Skulpturen in Form und Farbe eine kompositorische Einheit mit dem Altargemälde,[39] ein Konzept, das auch für die nicht von Günther geschaffenen Altäre beibehalten wurde (Kat.-Nr. 60, 81, 82). Wenn sich die (wiederholt vertauschten) Gemälde am ursprünglichen Ort befinden, erschließt sich vom Zentrum des Oktogons aus jeweils ein ganzheitliches, die Gattungen Malerei und Skulptur übergreifendes Bild, das in seiner Dreidimensionalität reduziert erscheint. Denn die Diagonalaltäre nähern sich, aus gegebener Distanz als Ganzes betrachtet, in ihrer Erscheinungsweise derjenigen des Deckenbildes im Gewölbe an. Die farbige Figur bleibt den Kapellenräumen vorbehalten.

In einem wesentlichen Punkt sind die Querhausaltäre von Joseph Götsch, die einem Grundkonzept von Ignaz Günther folgen, vergleichbar (Abb. 7). Die Skulpturen sind zwar weiß, aber in ihrer Einansichtigkeit ebenso auf das Altargemälde bezogen. Aus der Mitte des Oktogons ergibt sich ein geschlossenes Bild. Die farbigen Tücher am Altar – blau oder rot – korrespondieren mit der Hauptfarbe im jeweiligen Gemälde und sind ein erster Hinweis darauf, wie die Komposition zu betrachten ist, nämlich als Gesamtheit. Die Skulpturen unterstreichen diese Wahrnehmung. Sie stehen in Form, Gestik und Orientierung mit der Komposition im Gemälde in Einklang.

Geht man von der von Bernhard Rupprecht analysierten Bildhaftigkeit der bayerischen Rokokokirche aus, so kann man in Rott am Inn einerseits die Fixierung und Strenge dieses Prinzips beobachten, andererseits aber auch seine Zergliederung in einzelne Ausstattungskomplexe. Trotz der nun schon deutlicher sichtbaren Ansätze zu einem modernen Sehen, das Farbe unabhängig vom Farbträger als »freie Farbe« wahrnimmt, bleiben die ursprünglichen Zusammenhänge von Licht, Figur und Farbe in ihrer ikonologischen Bedeutung noch erkennbar.

1 Für fruchtbare Gespräche und Hinweise danke ich Susanne Fischer und Lothar Altmann. Allerdings haben sich, wie später ausgeführt wird, aus verschiedenen Gründen die Sehgewohnheiten geändert.

2 Literatur zu Licht und Farbe im Bereich von Architektur und Ausstattung im hier relevanten Bereich ist noch dünn gesät, nur einige Titel seien erwähnt: Hans Sedlmayr, Das Licht in seinen künstlerischen Manifestationen, in: Studium Generale 13 (1960), S. 313–324, Ursula Spindler-Niros, Farbigkeit in bayerischen Kirchenräumen des 18. Jahrhunderts, Frankfurt am Main 1981, und Schneider 2011.

3 »Die physikalische Lichtausbreitung [...] kann im 17. Jahrhundert noch ungebrochen [...] als ›Symbol‹ der Selbstmitteilung Gottes verstanden werden, ohne dass deswegen die im engeren Sinne wissenschaftliche oder die künstlerische Arbeit am Licht-Phänomen beschnitten worden wäre.« Thomas Leinkauf, Licht als paradigmatische Metapher, in: Kritische Berichte 30/4 (2002), S. 58–69, hier S. 64.

4 Vgl. die Schriften von Giovanni Paolo Lomazzo u. a. Einen Überblick bietet Thomas Lersch, Farbenlehre, in: RDK, Bd. 7, 1981, Sp. 157–274.

5 Vgl. Carolin Bohlmann/Thomas Fink/Philipp Weiss (Hg.), Lichtgefüge des 17. Jahrhunderts, in: Kritische Berichte 30/4 (2002), S. 5–69.

6 Vgl. Robert Suckale, Die Gotik als Architektur des Lichts, in: Schneider 2011, S. 1–14. Zum Grundsätzlichen: Joseph Ratzinger, Licht und Erleuchtung, in: Studium Generale 13 (1960), S. 368–378; H. Rainer Schmid, Lux incorporata, Hildesheim/New York 1975. Überblick über neuere Literatur bei Barry 2002, S. 33.

7 In Abwandlung des Begriffs »gerichtete Helligkeit« von Erich Hubala. Vgl. Hubala 1968, S. 151.

8 Die durch neuere Befunde gesicherten lichthaften und teilweise glänzenden Weißfassungen legen das nahe. Vgl. zur Theatinerkirche Rainer Schmid, Stuckfassungen in Süddeutschland im 17. und 18. Jahrhundert – Farbe und Bedeutung, in: Jürgen Pursche (Hg.), Stuck des 17. und 18. Jahrhunderts, Berlin 2010, S. 39 f.

9 Darin gleichen sie kostbaren Kabinettschränken der Zeit, die ins große Format übertragen wurden.

10 Vgl. Schiessl 1979.

11 Peter Hawel nennt die biblischen Quellen und belegt ihre Umsetzung in den Kirchenbauten des 18. Jh. aus den Festpredigten. Vgl. Hawel 1987 und Schmid 2008, S. 94.

12 Vgl. Erwin Emmerling, Über weiße Fassungen, Diplomarbeit, Akademie der Bildenden Künste, Stuttgart 1977 (Manuskript), Emmerling 1992 sowie Hanna Philipp, Winkelmann und das Weiß des Rokoko, in: Antike Kunst 39 (1996), S. 88–100.

13 Erwin Emmerling/Michael Kühlenthal/Mark Richter (Hg.), Lüsterfassungen des Barock und Rokoko, München 2013.

14 Vgl. Norbert Lieb, München. Die Geschichte seiner Kunst, München 1971, S. 133 f.

15 Vgl. Rupprecht 1980, Sauermost 1986 und Schütz 2000.

16 Die These findet sich zuerst bei Rudolf Kuhn, Die Unio mystica der Hl. Therese von Avila in der Cornarokapelle (1967), Wiederabdruck in: Rudolf Kuhn, Gian Lorenzo Bernini, Beiträge, Frankfurt am Main 1993, S. 129–137. Ohne Kenntnis der vorgenannten Literatur vertritt sie auch Felix Ackermann, Die Altäre des Gian Lorenzo Bernini, Petersberg 2007. Ackermann kennzeichnet diese Darstellungen als »Ereignis«. Siehe dort die wichtige Analyse der Cathedra Petri.

17 Barry 2002, S. 22–37.

18 Rupprecht 1980, S. 48 f.

19 Farbigkeit evoziert im Betrachter den Eindruck von Materialität, Stofflichkeit, Körperlichkeit.

20 Vgl. Sauermost 1986, S. 29

21 Vgl. zu den Befunden Staatliches Bauamt Landshut (Hg.), Dokumentation der Gesamtinstandsetzung der Pfarr- und Abteikirche St. Georg in Weltenburg 1999–2008, Landshut 2008.

22 Vgl. Hubala 1968, S. 159.

23 Vgl. Schütz 2000, S. 47 f.

24 Werner Oechslin hat dafür den Begriff »Lichtkammern« geprägt. Vgl. Werner Oechslin, Die Vorarlberger Barockbaumeister und die europäische Barockarchitektur, in: ders. (Hg.), Vorarlberger Barockbaumeister, Kloster Einsiedeln/Vorarlberger Landesmuseum Bregenz, Einsiedeln 1973, S. 257–284. Norbert Lieb spricht von »Lichtrahmen«. Vgl. Lieb 1958, S. 128.

25 Vgl. Rainer Schmid, Licht und Glanz an Kirchenausstattungen des 17. und 18. Jahrhunderts in Altbayern und Schwaben, in: Katharina Walch/Johann Koller (Hg.), Lacke des Barock und Rokoko, München 1997, S. 14, Abb. 4.

26 Vgl. Schmid 2008, S. 96–102.

27 Vgl. Hawel 1987, S. 288, 291.

28 Vgl. Schütz 2000, S. 56, und Lieb 1958, S. 93–98.

29 Ausführlich dazu Werner Beierwaltes, Lux intelligibilis, Diss. München 1957, S. 13 ff., sowie Ottobeuren. Barocke Bildwelt des Klostergebäudes in Malerei und Plastik, St. Ottilien 2014.

30 Vgl. Volk 1984.

31 Die Baugeschichte der Wies und ihre Bedeutung sind von der Forschung in aller Breite und Tiefe erarbeitet. Vgl. Rupprecht 1959, Bauer 1985, Schütz 2000, S. 116–118, und Wies 1992.

32 Vgl. Emmerling 1992, Abb. 1–11.

33 Anna Bauer-Wild hat in ihrer schlüssigen Deutung der Ikonologie der Wieskirche die Quellen aufgezeigt, die hier gültig sind. Vgl. Bauer-Wild 1992.

34 Cornelius a Lapide, zitiert nach Bauer-Wild 1992, Anm. 25: »candor enim est vestis Beatorum, et symbolum gloriae«. In einem ähnlichen Zusammenhang steht ein Hinweis von Wladimir Weidlé auf 1 Kor 15,44: Dort wird zwischen einem »soma psychikon« und einem »soma pneumatikon«, einem beseelten und einem verklärten Leib, unterschieden.

35 Vgl. Bauer-Wild 1992, S. 68 f.

36 H. Rainer Schmid, Die Wieskirche. Der Bau und seine Ausstattung, in: Wies 1992, S. 81–99.

37 Weniger bedeutende Lösungen bleiben hier ungenannt. Vgl. Rupprecht 1959, S. 63–66, Schütz 2000, S. 128.

38 Schütz 2000, S. 128.

39 Ausführlicher begründet in Schmid 2008, S. 118 ff.

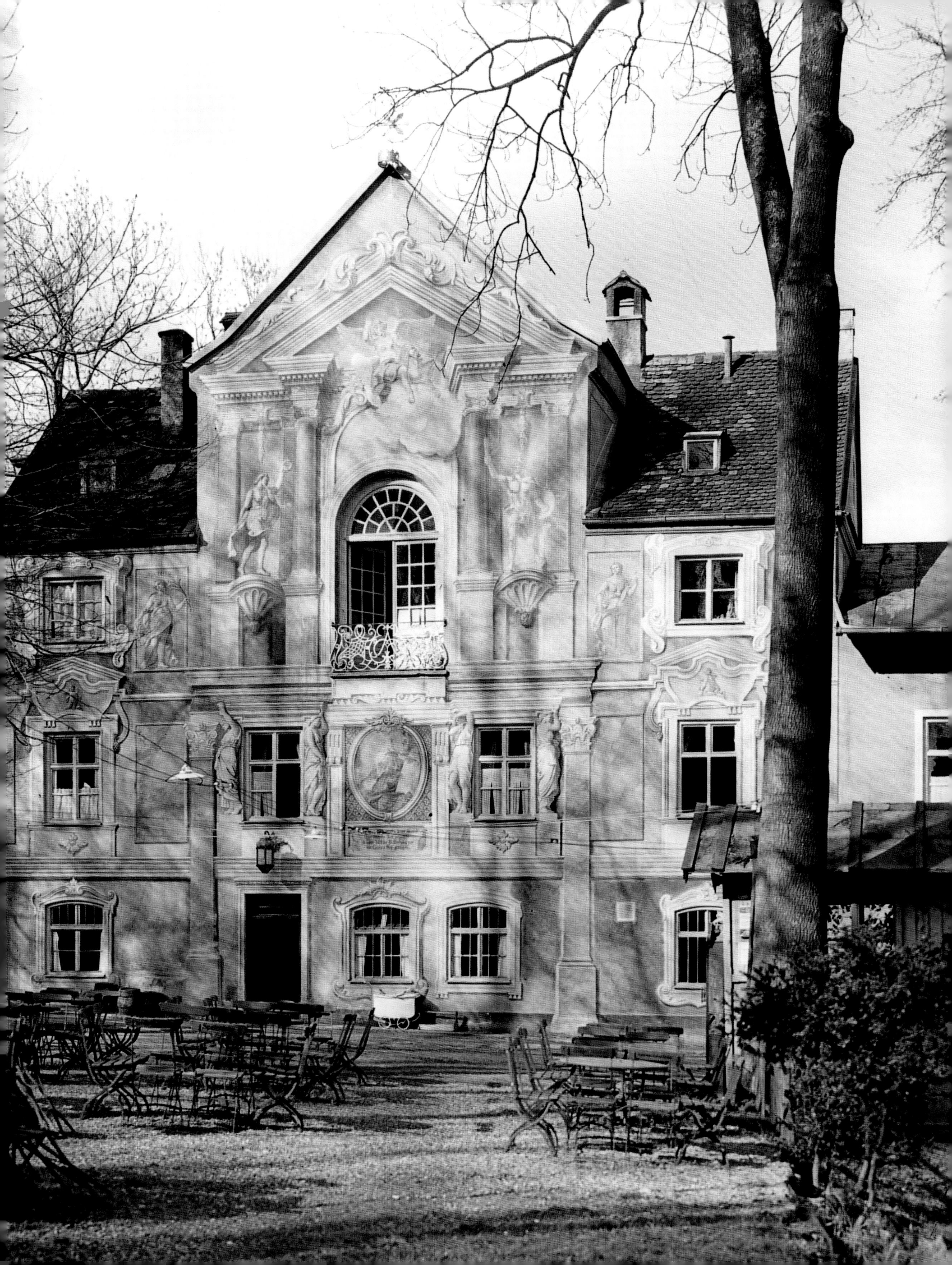

VOM IDEAL DES *PICTOR DOCTUS*, VON HÖFISCHER ATTITÜDE UND BÜRGERLICHER WERTVORSTELLUNG

DER WANDEL DES KÜNSTLERBILDNISSES IM 18. JAHRHUNDERT

Carmen Roll

Cosmas Damian und Egid Quirin Asam (1686–1739 und 1692–1750), Johann Baptist Straub (1704–1810), Ignaz Günther (1725–1775) und Roman Anton Boos (1733–1810) – sie alle haben sich selbst gemalt oder porträtieren lassen. Dabei sind Künstlerbildnisse im Allgemeinen und Bildnisse von Bildhauern im Besonderen von den Anfängen des Sujets in der frühen Neuzeit bis in die Spätzeit des Barock nicht selbstverständlich. Auffällig ist, dass die Genannten alle entweder unter Hofschutz standen oder gar die Stelle eines Hofkünstlers innehatten. Von den zeitgleichen zunftgebundenen Handwerkern Münchens im Bildhauerfach indes sind überhaupt keine Porträts überliefert. Dieses Indiz weist vor allem auf einen engen Zusammenhang zwischen Künstlerbildnis und der jeweiligen gesellschaftlichen Situation, in der sich die Künstler befunden haben.

Wichtig dabei ist es, zu verstehen, dass das Künstlerbildnis eine vom heutigen Verständnis grundlegend andere Funktion hatte. Nach moderner Auffassung zeigt sich gerade im Bildnis des Künstlers sein existenzielles Ringen um Identität. In ihm legt der Künstler vermeintlich seine innerste Gefühls- und Gedankenwelt und letztlich seine Genialität offen. Zum anderen soll sein Selbstbild über besondere Authentizität und Originalität verfügen. Diese auf psychologischen Interpretationen seit dem 19. Jahrhundert basierenden Vorstellungen sind für das frühe Künstlerbildnis nicht gegeben.[1] Das Selbstbildnis nimmt in dieser Zeit eine andere Funktion ein und ist nicht dazu bestimmt, die Persönlichkeit oder das Seelenleben eines Künstlers vorzuführen. Es gibt auch nicht seine reale Lebenssituation wieder, sondern ist als Strategie zur Selbstinszenierung zu werten. So nimmt das Künstlerbildnis grundsätzlich eine offizielle Rolle ein. Auch bedient sich der Künstler einer Bildsprache mit festgelegtem Repertoire, die zum einen seine jeweilige gesellschaftliche Situation und damit verbunden seine beabsichtigte Positionierung, zum anderen sein Verhältnis zur Kunsttheorie seiner Zeit reflektiert. Erst mit der Aufklärung Ende des 18. Jahrhunderts wandelt sich das Bild vom Künstler, indem dieser zunehmend seine Freiheit und sein vernunftbegabtes Menschsein in den Vordergrund rückt, das keine allegorischen Elemente der Selbsterklärung und Selbstüberhöhung mehr benötigt und deshalb die über Jahrhunderte geprägte Bildtradition verlässt.

1 Asam-Schlössl, München-Thalkirchen, vor 1944, ehem. Landsitz des Cosmas Damian Asam, erworben 1724

In den fünf in der Ausstellung präsentierten Künstlerporträts lassen sich innerhalb der wenigen Jahrzehnte zwischen etwa 1720 und 1790 Grundlegungen und Besonderheiten ablesen, die einen weiten Bogen von den Emanzipationsbestrebungen der Künstler seit der Renaissance über deren Zutritt zu höchsten Gesellschaftsschichten bis hin zum individuell geprägten Künstlerbild abseits von Ämtern und Würden schlagen. Dass aber auch Letzteres eher den offiziellen Zeitgeist als eine realistische Einschätzung der Lebenssituation wiedergibt, wird noch zu zeigen sein. Die Frage stellt sich, wie sich die Künstler des Barock und Rokoko vor allem in Bezug auf ihren erstrebten gesellschaftlichen Status gesehen haben.

PICTOR DOCTUS

Eine auf eine lange Tradition zurückreichende Bildsprache wählt Cosmas Damian Asam bei seinem Selbstbildnis, das trotz der Darstellung mit seinen Brüdern Egid Quirin und Philipp Emanuel (1683–1752) kein Familienbildnis im eigentlichen Sinne ist, sondern gleich mehrere kunsttheoretische Positionen aufgreift und seine intellektuelle Stellung thematisiert (Kat.-Nr. 1). Die seit der Renaissance stetig vorangetriebene Ablösung vom zunftgebundenen Handwerk erreichten Maler und Bildhauer durch einen Prozess der Nobilitierung der Künste. Denn Malerei und Bildhauerei gehörten nicht zum klassischen Kanon der *artes liberales*, der für die Bildung eines freien Mannes notwendigen Studien, sondern waren diesen als *artes mechanicae*, als körperliche Arbeiten, die dem Broterwerb dienten, untergeordnet. Mit der Erarbeitung wissenschaftlicher Grundlagen, wie sie Leon Battista Alberti in seinem Traktat *Über die Malerei*, dem ersten kunsttheoretischen Werk der Renaissance (1435), gefordert hatte, orientierte sich fortan der gelehrte Maler, der *pictor doctus*, an Geometrie, Optik und Perspektive, Licht und Schatten einerseits sowie an Rhetorik und antiker Literatur andererseits.[2] Die Grundlagen der Malerei sollten überprüfbar sein.

Einen weitaus höheren Stellenwert hatte von Anfang an die Poesie inne, weshalb es zu einem Wettstreit mit der nun aufgewerteten Malerei kam. Schon die vergleichende Formel »ut pictura poesis« (wie ein Bild [sei] das Gedicht) aus der Poetik des römischen Dichters Horaz, die in der Renaissance wieder aufgenommen wurde, präsentierte Dichtung und Malerei als Schwesternkünste, die sich gegenseitig inspirierten und ergänzten. Das stellte einen wichtigen Schritt beim Aufstieg der Malerei vom Handwerk in den Kreis der freien Künste dar. Dies und die Theorie des *disegno*, wonach die Idee und damit auch die Tätigkeit der Hand im Entwurf die geistige Voraussetzung jedes kreativen Akts und der künstlerisch-schöpferischen Leistung seien, mündeten in die Gründung von Akademien, in denen die Regeln der Perspektive, Geometrie, Optik und Anatomie sowie die Grundsätze der Kunsttheorie gelehrt und an Modellen vor allem der Antike eingeübt wurden.

All dies inszeniert Cosmas Damian Asam in seinem Selbstbildnis, in dem er sehr prononciert die entwerfende Hand in den Vordergrund rückt und deren Tätigkeit mit dem *ingenium*, der künstlerischen Erfindungsgabe, komplementiert. Die Kopfwendung, der fixierende, geistvolle Blick verweisen auf das Erkenntnisvermögen, auf Invention und Inspiration, ebenso die gerunzelte Stirn als Zeichen der Geistestätigkeit. Deutlich kehrt Asam seine akademische Qualifizierung zum *pictor doctus* an der Accademia di San Luca in Rom in den Jahren um 1711 bis 1713 heraus. Die Maske im Hintergrund verweist auf ein am Antikenstudium orientiertes Lehrprogramm als unverzichtbaren Bestandteil einer akademischen Ausbildung. Diese befähigt ihn, über dem Handwerkerstand zu stehen. Das drückt er auch durch seine außergewöhnliche Kleidung aus, die aber nicht der sozialen Wirklichkeit entspricht, sondern nur signalisiert, dass Asam als freier Künstler von einer strengen Kleiderordnung ausgenommen ist.

Zugleich bezieht er Stellung im damals herrschenden *paragone*, dem Wettbewerb unter den Künsten. Gestritten wurde über die Frage, welche der Künste die bedeutendere sei, die Malerei oder die Bildhauerei. Cosmas Damian Asam macht zum eigentlichen Inhalt seines Bilds, dass Idee und mentale Vorbereitung (Gesicht) für ein malerisches

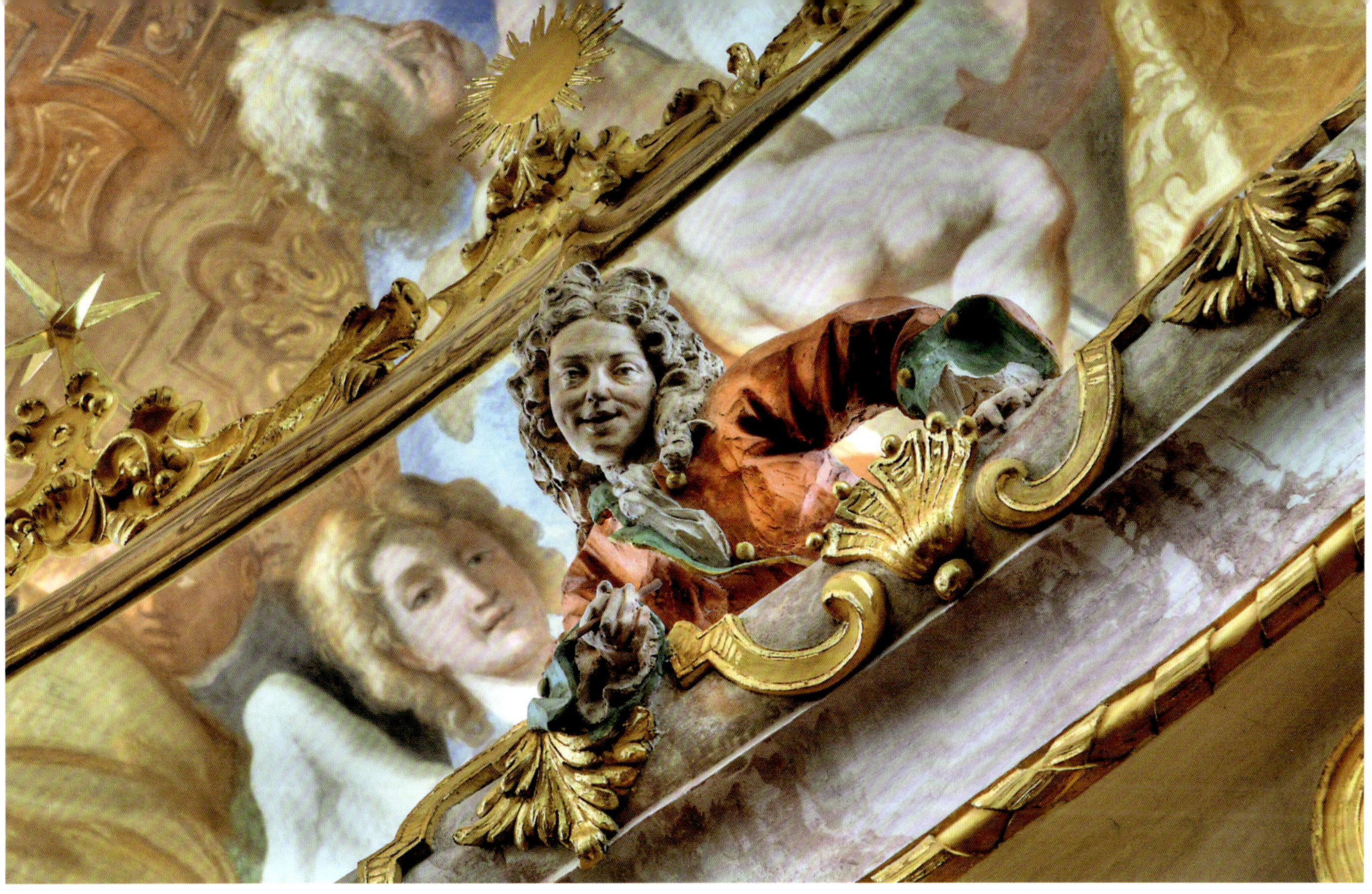

2 Egid Quirin Asam, Stuckbildnis seines Bruders Cosmas Damian Asam (im Hintergrund das Porträt Egid Quirins, von Cosmas Damian im Deckenfresko gemalt), Weltenburg an der Donau, Benediktiner-Klosterkirche St. Georg und Martin

Werk und damit der akademisch geschulte Werkprozess die Grundlagen allen künstlerischen Schaffens sind. Er setzt sich so von seinem als Handwerker charakterisierten Bruder Egid Quirin ab, der ihm als angehender Bildhauer über die Schulter schaut und damit seine Abhängigkeit von den Ideen des älteren Bruders deutlich zum Ausdruck bringt.

Den Erfolg Cosmas Damian Asams kann man denn auch als kometenhaft bezeichnen. Neben seinen idealen Voraussetzungen als Kind einer Künstlerfamilie, neben seiner ersten, äußerst vielseitigen Ausbildung beim Vater und seinen reichen Erfahrungen durch die väterlichen Projekte an diversen Orten dürften ihn sein Aufenthalt an der römischen Accademia di San Luca und der Sieg im *Concorso Clementino* als bester Zeichner seiner Klasse in seinem Selbstbewusstsein gestärkt haben (vgl. Kat.-Nr. 6, 7). Sukzessive baute er seinen sozialen Status aus: Durch seine Vermählung am 8. Februar 1717 mit Maria Anna Mörl, Tochter des kurfürstlichen Hofratskanzlisten Franz Anton Mörl, kam er in Kontakt mit höfischen Kreisen. Sein künstlerischer Erfolg schlug sich schnell und sichtbar in Immobilienbesitz nieder: 1720 wurde er Alleineigentümer des elterlichen Wohnhauses in der Hinteren Schwabinger Gasse; 1724 erwarb er einen Landsitz vor den Toren der Stadt München als »Vacanz«, das »Asamisch-Maria-Einsiedl-Thal« in Thalkirchen, das heute sogenannte Asam-Schlössl (Abb. 1),[3] mit dessen Kauf die Edelmannsfreiheit verbunden war und wo sein Bruder Egid Quirin 1725 eine Kapelle entwarf (vgl. Kat.-Nr. 12). Im selben Jahr erhielt Cosmas Damian aufgrund seiner herausragenden Leistungen bei der Barockisierung des Freisinger Domes den Ehrentitel »hochfürstlich Freisingischer Kammerdiener und Hofmaler« verliehen. 1732, einige Jahre später, folgte die Ernennung zum Kurpfälzischen Hofkammerrat. Grundlegend dabei war seine Unabhängigkeit von zünftischer Bindung; sie ermöglichte es Cosmas Damian Asam, an allen Orten seiner Wahl Aufträge anzunehmen.

Entsprechend der Zunahme an Erfolg und Wohlhaben ändert sich das Aussehen des Malers und Architekten in den Abbildungen: In der Klosterkirche der Benediktinerabtei in Weltenburg blickt er, von seinem Bruder in Stuck geformt, herausfordernd über den Kuppelrand zum Betrachter hinab (Abb. 2). Egid Quirin stellte ihn 1721, also zu Karrierebeginn, in programmatischer Absicht mit modischer Allongeperücke und vornehmer Kleidung, einem weißen Hemd mit Jabot und darüber einem roten, etwas aufgeknöpften Gehrock mit grünem Innenfutter als hoffähigen Mann von Welt dar. Cosmas Damian hält als entwerfender

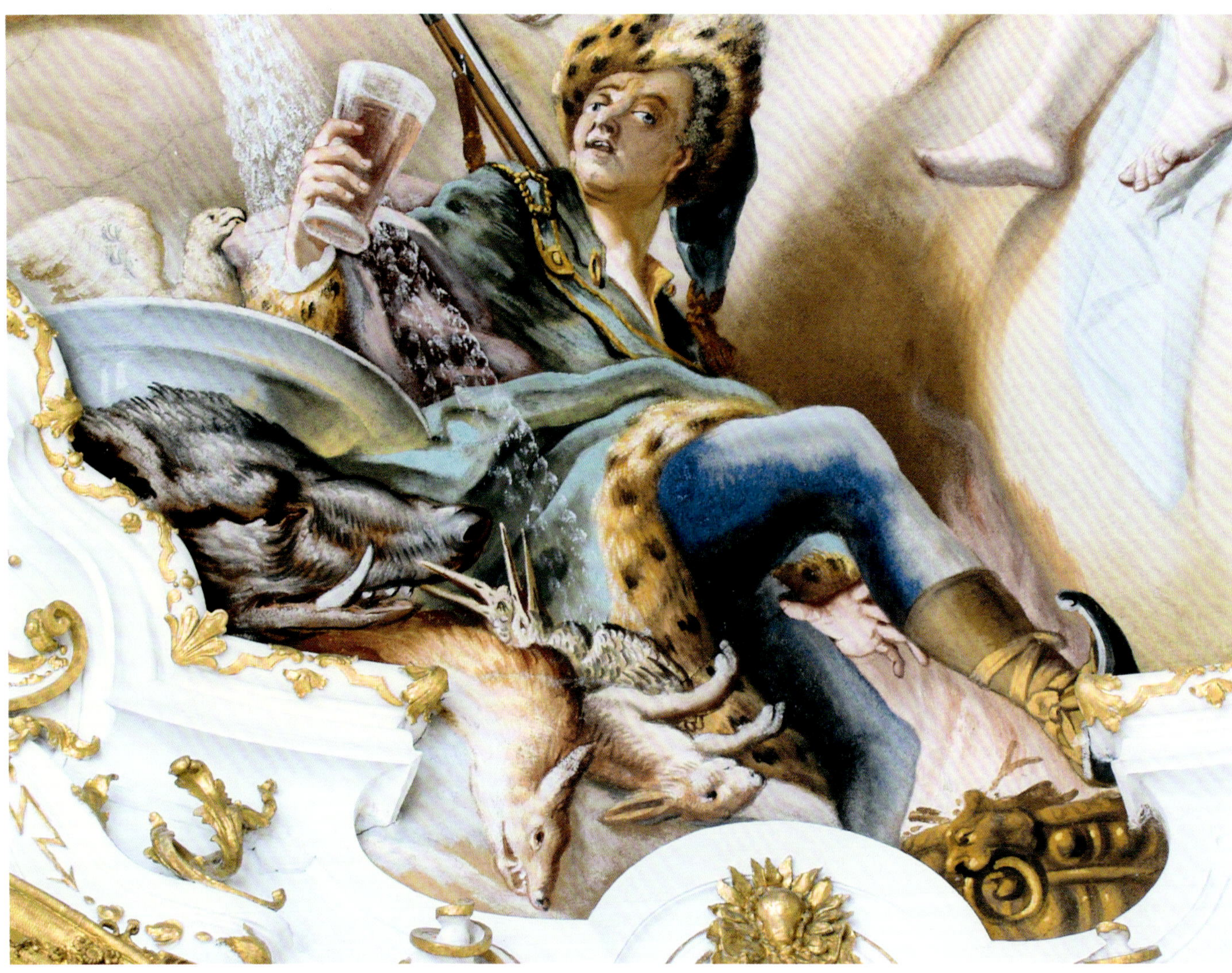

3 Cosmas Damian Asam als Jäger, Ausschnitt aus dem Deckenfresko im Salet von Schloss Alteglofsheim, 1730

Architekt den Zeichenstift in der Hand; im Deckenfresko signierte er selbst als »pictor et architectus«. Die Betonung seines nun neuen sozialen Status ist damit unübersehbar.

Neben der Herauskehrung des *pictor doctus* und der höfischen Attitüde schlüpfte Cosmas Damian aber auch immer wieder in Rollen: so etwa in Schloss Alteglofsheim, wo er sich als Jäger mit einem Gewehr auf seinem Rücken und allerlei erlegtem Getier an der Seite präsentiert (Abb. 3). In pelzverbrämtem Mantel, eng anliegender Hose, Narrenkappe und Schnabelschuhen wärmt er seine Hand über einem Kohlebecken und erhebt einen Glaspokal mit Bier zum Gruß.[4] Deutlich bezieht er sich hierbei auf einen der größten Maler vor seiner Zeit, Rembrandt, indem er auf dessen Selbstbildnis mit Saskia im Gleichnis vom verlorenen Sohn (um 1635) anspielt. Erneut betont Cosmas Damian Asam seine Freiheit gegenüber gesellschaftlichen Konventionen. Allein sein Förderer und Auftraggeber sowie dessen Gäste konnten sich an dem gewitzten und zugleich anspruchsvollen Bildnis Asams erfreuen, das unterschwellig auch auf die Gewinnung weiterer Kunden abzielte.

Ganz anders präsentiert sich Cosmas Damian Asam im öffentlichen Raum. In der ehemaligen Klosterkirche St. Margaretha in Osterhofen zeigt er sich demütig als Armer Sünder im Gleichnis vom Pharisäer und Zöllner (*Lukas* 18,9–14). Unter der Orgelempore, im Kirchenbau des Barock der ikonologische Platz der Besinnung und Buße, klopft er sich zum Zeichen der Schuld mit der Faust auf die Brust (Abb. 4). Dabei trägt er einen kostbar mit Goldborten und Tressen besetzten ärmellosen Rock über weißem Hemd, dazu passende Kniehosen und Strümpfe. Hier wie auch an der Fassade des Asam-Schlössls, auf der geschrieben stand: »Will Geist mit Mut und Kraft vereint das höchste Ziel erringen,

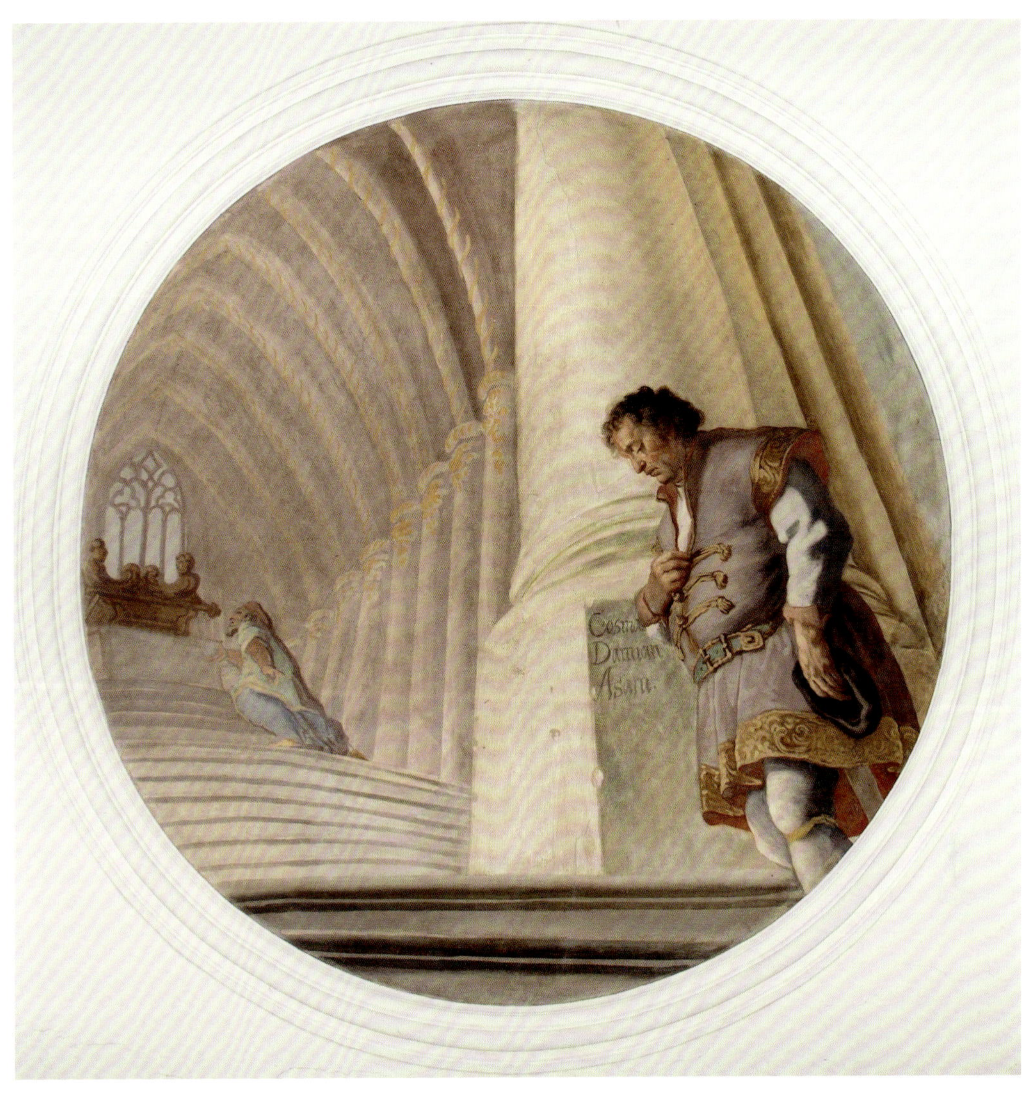

4 Cosmas Damian Asam, Emporenfresko, Osterhofen, ehem. Prämonstratenser-Klosterkirche, 1732

so kann doch die Vollendung nur mit Gottes Hilf gelingen«, kommt neben seinen kunsttheoretischen und höfisch-aristokratischen Ambitionen auch durchaus eine absichtlich öffentliche Inszenierung seiner Frömmigkeit zum Ausdruck.

DER BILDHAUER UND SEINE SOZIALE STELLUNG

Während Cosmas Damian Asam als Maler auf eine etwas längere Tradition des Künstlerbildnisses zurückblicken konnte, kam das Bildhauerporträt in Malerei und Graphik im 16. und 17. Jahrhundert nur sporadisch vor. Eine erste Blüte erreichte es erst im Frankreich des Grand Siècle.[5] In München sind von den zünftischen Bildhauern überhaupt keine und von den Hofbildhauern sowie hofbefreiten Bildhauern zwischen 1680 und 1800 relativ wenige Bildnisse überliefert.[6] Das entspricht der größeren Distanz, welche die Bildhauer am Hofe einnahmen, da sie eher außerhalb der engeren fürstlichen Hausdienerschaft standen.[7] Anders sah es bei Bildhauern aus, wenn sie sich zu Architekten weiterbildeten und dann Anwärter auf das Hofbauamt wurden. Der Hofarchitekt hatte die mächtigste künstlerische Position am Hofe inne, wie in München das Beispiel des Bildhauers Hans Krumpper (um 1570–1634) unter Herzog Maximilian I. zeigt: Er hatte 1599 die oberste künstlerische Instanz von dem Maler Friedrich Sustris (um 1540–1599) übernommen.

Im während des Humanismus aufgekommenen Wettstreit der Künste, dem *paragone*, geriet der Bildhauer immer wieder unter Beschuss. So zog Leonardo dessen Hoffähigkeit wegen der entwürdigenden Härte seiner körperlichen Arbeit in Zweifel, was im Zusammenhang der Nobilitierung der Künste, vor allem aber der aufgeworfenen Frage nach der

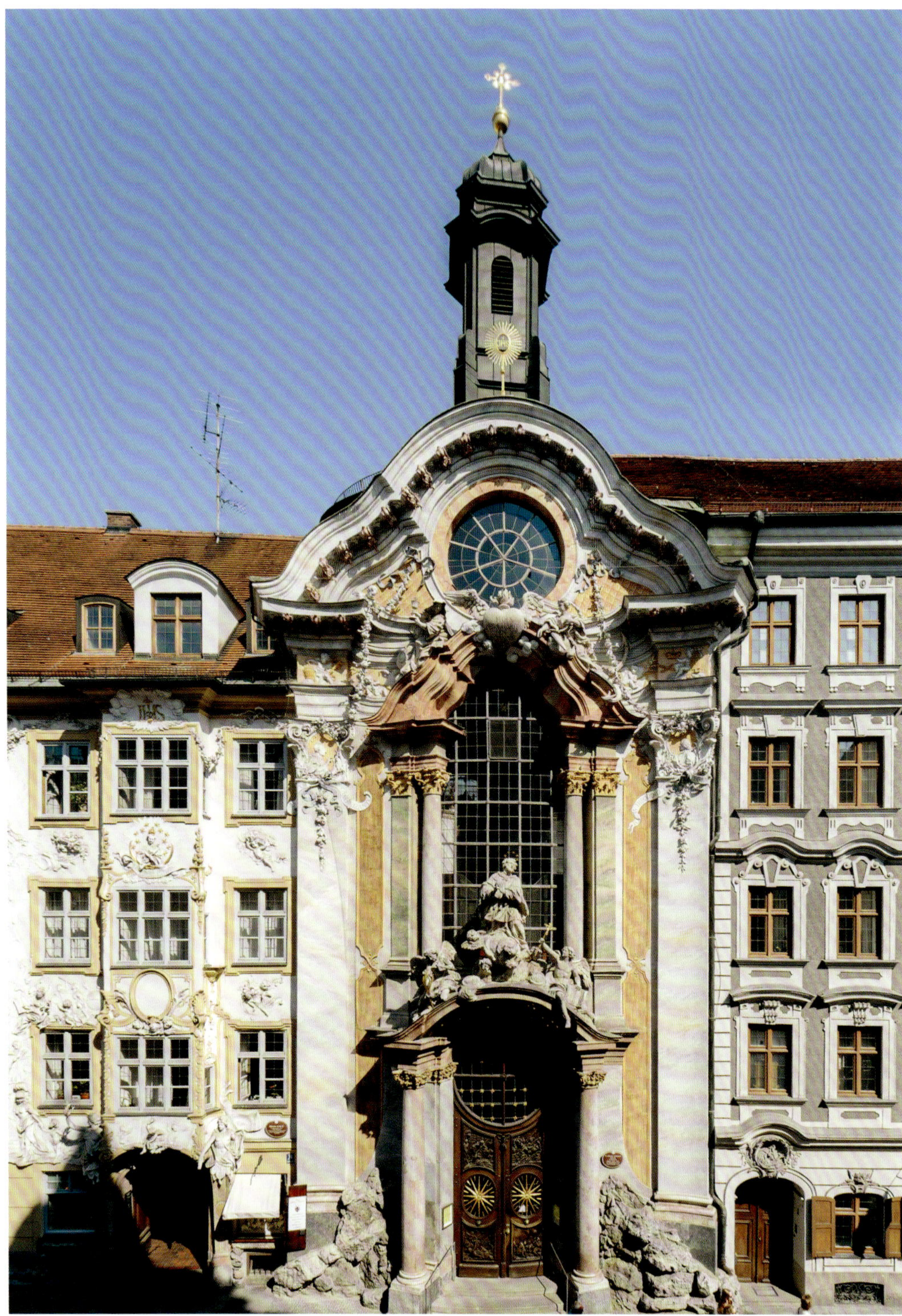

5 Wohnhaus Egid Quirin Asams und Asamkirche, München, Sendlinger Straße

Vorrangstellung der Malerei gegenüber der Skulptur eine anhaltende Diskussion auslöste. Ein stetes Vor- und Eindringen der Maler in die Kompetenzbereiche der Bildhauer wurde in der Folge auch durch ihre größere Fertigkeit bei der umfassenden Visualisierung fürstlicher Macht gefördert.[8] Somit waren die Hofbildhauer oftmals gegenüber den Hofbaumeistern, bei denen es sich vor allem seit dem frühen 18. Jahrhundert um ausgewiesene Architekten handelte, und den Hofmalern in ihrer Bedeutung zurückgesetzt und hatten es schwer, innerhalb des Hofes zur gesellschaftlichen Entfaltung zu kommen.

Dennoch bemühten sich neben Egid Quirin Asam sowohl Johann Baptist Straub als auch Ignaz Günther und zuletzt Roman Anton Boos um die Stelle eines kurfürstlichen Hofbildhauers, auch wenn dabei genaugenommen nur Boos Erfolg hatte. Doch schon der sogenannte Hofschutz genügte einem Künstler, um eine privilegierte Stellung einzunehmen und die restriktiven Regelungen der Zunft zu umgehen, vor allem aber um einen höheren sozialen Status erreichen zu können, wenngleich die Befreiung von der Pflicht der Zunftbindung allein noch keine Garantie für ein erfolgreiches beziehungsweise nachhaltiges Wirtschaften bedeutete. Denn wenn die Schaffenskraft eines Bildhauers nachließ und er sich kein Polster für seinen Ruhestand erwirtschaftet hatte, wurde er mittellos und verarmte, weil er kein soziales Netz in Anspruch nehmen konnte, wie es die Zünfte boten.[9]

Prinzipiell verdienten die Bildhauer weniger als die Maler. So erhielt Cosmas Damian Asam als Maler bei vergleichbarem Arbeitsaufwand circa ein Drittel mehr als sein Bruder Egid Quirin als Bildhauer. Wohl auch deshalb musste und konnte er diesem beim Erwerb seiner Häuser in der Sendlinger Straße finanziell unter die Arme greifen.

DER AUFSTIEG DES BILDHAUERS ZUM VIRTUOSO: DAS HÖFISCHE KÜNSTLERIDEAL

Egid Quirin Asams Halbfigurenbildnis in Hausmantel und Allongeperücke (Kat.-Nr. 2) dürfte eines der frühesten Bildhauerporträts im süddeutschen Raum sein, das Tendenzen aus Frankreich aufnimmt, die dort während der zweiten Hälfte des 17. Jahrhunderts geprägt wurden. In ihm kommt ein neues Idealbild des Künstlers zum Ausdruck, eines mit höfischer Attitüde. Als *portrait d'apparat* ist es mit dem Stuckkopf eines wohl von Asam selbst geschaffenen Werks versehen. Die demonstrative Geste des Hinweisens und das betonte Auflegen der Hand gehen allerdings auf eine etwas längere Bildtradition zurück, Letzteres auf ein verlorenes Selbstbildnis Giorgiones als David mit dem abgeschlagenen Haupt Goliaths (vor 1510), mit dem der innovative Maler einen neuen Bildnistypus in Italien einführte.[10] 1653 übertrug Rembrandt in seinem Selbstbildnis als Aristoteles vor der Büste Homers (Metropolitan Museum of Art, New York) das Motiv des Handauflegens auf einen Skulpturenkopf, allerdings noch im Rahmen einer poetisch-allegorischen Deutung. Das Grand Siècle und, in dessen Folge, Egid Quirin Asam wandelten den Gestus zu einem Hinweis auf die eigene künstlerische Leistung.

Indem sich Asam ohne Werkstattzusammenhang und ohne Werkzeuge abbilden ließ, reihte er sich in die Gruppe französischer Bildhauer ein, die von den großen Malern ihrer Zeit wie Hyacinthe Rigaud (1659–1743) oder Joseph Vivien (1657–1734) porträtiert wurden. Als *noble peintre* demonstriert er hier seinen an französischen Vorbildern orientierten Geschmack und trifft genau den Nerv seiner Zeit, indem er sich als Kenner des *dernier cri*, der aktuellen französischen Mode, dem Münchner Hof gegenüber ausweist. Es liegt daher die Vermutung nahe, dass sich Egid Quirin Asam mit diesem Porträt 1729 sehr selbstbewusst – allerdings vergeblich – für die vakante Stelle eines Hofbildhauers in der Nachfolge Giuseppe Volpinis (1670–1729) empfahl. Asam präsentiert sich ohne die den Bildhauern immer vorgeworfene Anstrengung, ohne körperliche Mühen oder Hinweise auf Schmutz als *virtuoso*, als Gentleman und galanter Liebhaber von Kunst. Sein vornehmes und würdiges Auftreten entspricht dem Ansehen der Kunst.

Ein im 17. Jahrhundert entwickeltes aristokratisches Künstlerideal, das sich nur wenige Künstlerpersönlichkeiten wie Peter Paul Rubens (1577–1640) oder Anthonis van Dyck (1599–1641) im Selbstbildnis auszudrücken erlaubten, verband sich in Frankreich mit dem Ideal des *virtuoso*. In Asams Porträt äußert sich diese Symbiose in der höfischen Kleidung, gepaart mit einer scheinbaren Mühelosigkeit der Bildhauerei und einer generellen Liebe zur Kunst. Gesteigert wird der Anspruch Asams in einmaliger Form mit seinem Wohnhaus an der Oberen Sendlinger Gasse in München, einer Ausfallstraße der Stadt, und mit der Errichtung einer öffentlichen Privatkapelle, der Kirche St. Johannes von Nepomuk, zu der er mehrere Zugänge und Blickachsen von seinem privaten Bereich aus anlegen ließ (Abb. 5). Eine solche Demonstration von Selbst- und Standesbewusstsein durch eine Privatperson war bis dahin in München ohne Beispiel. Asam verknüpfte seine Wohn- und Arbeitsstätte aber nicht nur mit der von ihm gestifteten Kirche, die zudem nach fürstlichem Vorbild seine eigene Grablege bilden sollte, sondern auch noch mit der Errichtung eines zugehörigen Benefiziums samt Priesterhaus. Zu seinem Gedächtnis und zur Zierde der Stadt überzog er die Fassade des Gebäudekomplexes mit einem ambitionierten Bildprogramm, das eindeutig die Nobilitierung der Bildhauerkunst zum Ziel hat: So ist etwas zentral über der Eingangstür ein kleiner bildhauernder Putto angebracht, der im Beisein eines malenden und eines entwerfenden Puttos gerade dabei ist, eine Personifikation der Stadt München aus einem Block zu meißeln.

AUF DEM WEG IN EINE NEUE FREIHEIT

Johann Baptist Straub und mehr noch Ignaz Günther und Roman Anton Boos stehen für den epochalen Wandel in der zweiten Hälfte des 18. Jahrhunderts, der – neben restaurativen Tendenzen – vor allem in Gesellschaft, Wissenschaft, Religion und Kunst neue Impulse setzte und festgefahrene Strukturen aufzubrechen vermochte. Am Ende einer langen Vorgeschichte steht die Aufklärung mit ihren alle Bereiche durchdringenden Ideen. Diese Umwälzungen, zudem die Trennung von Offiziellem und Privatem sowie die wachsende Verbürgerlichung sind stärker in der von privat in Auftrag gegebenen Porträtkunst als in den für Hof und Kirche geschaffenen Kunstwerken nachzuvollziehen. Im Künstlerbildnis spiegelt sich zunehmend eine Akzentverschiebung von einem kunsttheoretischen Programm zu einem neuen Künstlerideal mit bürgerlichen Wertvorstellungen, in dem der Künstler nun mit Vorliebe Privatheit und Natürlichkeit zum Ausdruck bringt.

Charakteristisch für die erhaltenen Bildnisse Johann Baptist Straubs ist ihre Position zwischen dem offiziellen Amtsbild einerseits und der privaten Darstellung andererseits. Das vom Hofmaler Balthasar Augustin Albrecht (1687–1765) im kurfürstlichen Auftrag 1763 geschaffene Atelierbild (Kat.-Nr. 3) ist als Teil einer Serie von Künstlerbildnissen für die kurfürstliche Galerie in Schleißheim entstanden, hing aber später im oberen Stockwerk des Schlösschens Lustheim. Als Nachfolger Albrechts malte Peter Jakob Horemans (1700–1776) weitere Hofangehörige wie den Hofbildgießer, den Hofmusikus und sich selbst. Möglichst viele Bildnisse bedeutender einheimischer Künstler zu sammeln entsprang dem Ehrgeiz von selbstbewussten Städten und Landesherren, die damit sowohl ihr Mäzenatentum unter Beweis stellen als auch den Ruhm ihrer Stadt oder ihres Reichs mehren wollten. Aus dieser Motivation heraus entstand unter anderem die *Galleria degli Autoritratti* in den Uffizien, eine der umfangreichsten Sammlungen dieser Art.

Die Darstellung Straubs im Atelier greift auf zahlreiche Elemente der Bildtradition zurück und entspricht darin genau den gewünschten Intentionen des kurfürstlichen Auftraggebers. Albrecht bediente sich einer bekannten, gängigen Symbolsprache: Mit seiner vornehmen Kleidung, wenn auch *en negligé*, wird Straubs gesellschaftliche Stellung und seine künstlerische Freiheit unterstrichen. Die im Atelier verteilten Modelle und auch der antike Torso im Vordergrund verweisen auf seine akademische Bildung und heben ihn aus dem handwerklichen Milieu heraus. Die neben ihm stehende Tochter, die einen Korb voller Früchte reicht, ist dabei Muse und Verkörperung der Inspiration. Dargestellt wird Straub ausschließlich mit profanen Werken, wobei er mit dem Modelliermesser gerade sein bedeutendstes, die Büste Karls VII. (um 1745) für das Herzmonument in Altötting, zu bearbeiten scheint.

Ganz anders zeigt sich der alternde Straub in seinem privaten Bildnis, das aus dem Umkreis Franz Ignaz Oefeles (1721–1797) stammt (Abb. 6).[11] Hier ist er in modischem Gewand nahe an den Betrachter herangerückt. Über dem weißen Hemd mit Jabot und weißer Halsbinde trägt der Bildhauer eine blaue, fast bis oben zugeknöpfte Weste und einen offenen Gehrock mit Umschlagkragen. Da der Kragen am Justaucorps eine modische Erscheinung der Zeit nach 1770 ist, entlarvt er Straub als durchaus modebewussten Zeitgenossen. Auch die inzwischen altmodische Allongeperücke hat er mit der modischen Haarbeutelfrisur getauscht. Alle kennzeichnenden Attribute sind weggefallen, vielmehr konzentriert sich der Ausdruck auf die Charakterisierung des Menschen. Verschattungen an Stirn und Schläfen lassen eine gewisse Ermüdung zwar erahnen, jedoch entspricht die Darstellung nicht der Situation, in der sich Straub zum Ende seines Lebens befand. Denn er besaß wie die anderen hofbefreiten Bildhauer keine soziale Absicherung im Alter. Ab 1776 ist er angeblich »in solch Leibs gebrechliche Umstände gerathen, das er

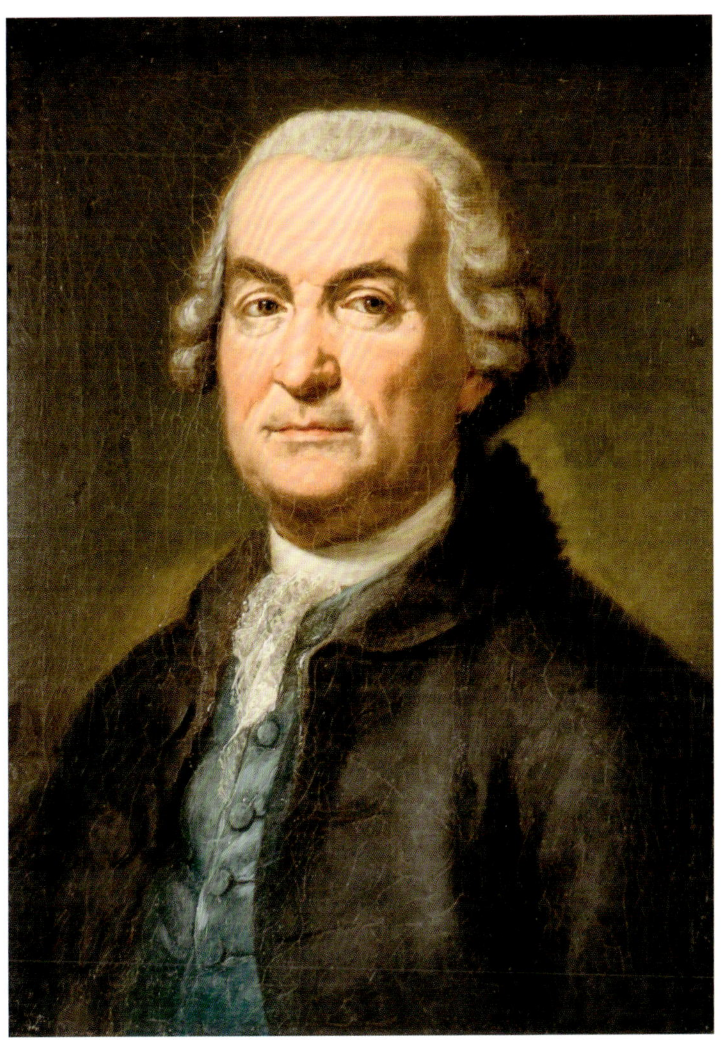

6 Umkreis von Franz Ignaz Oefele, Johann Baptist Straub, um 1780, Öl auf Leinwand, 60,3 × 45,5 cm, München, Bayerisches Nationalmuseum

selber die veraccodirte Statuen herzustellen ausserstand gesetzt« und somit nicht mehr in der Lage war, sich seinen Lebensunterhalt selbst zu verdienen. Er endete in äußerst bescheidenen Verhältnissen in der Münchner Hackenstraße 10, wo auch sein Schwiegersohn und Werkstattnachfolger Roman Anton Boos lebte. Doch dies merkt man dem Bildnis nicht an, das weniger die Realität als vielmehr die Geisteshaltung der Aufklärung widerspiegelt.

Einen Schritt weiter in der subtilen Äußerung von Stimmungslagen geht das Porträt, das Johann Georg Edlinger (1741–1819) von Roman Anton Boos um 1790 schuf (Kat.-Nr. 5). Trotz bürgerlich-höfischer Anklänge wie der Perücke gibt dieses Bildnis einen Einblick in die innere Verfasstheit des Hofbildhauers, der zunehmend unter der schlechten Auftragslage litt. Von Boos hat sich aber auch ein Selbstbildnis aus weißem Marmor erhalten, das von seinem Grabmal auf dem alten Südlichen Friedhof in München stammt und die einzige skulptierte Büste unter allen hier besprochenen Bildhauerporträts ist (S. 377, Abb. 5). Die Darstellung konzentriert sich ganz auf die Physiognomie sowie auf die von Lebendigkeit und großer Naturnähe geprägte Oberfläche, wobei das Charakteristische zum Vorschein kommt. Die alte Programmatik ist hier durch eine neue Idealität ersetzt: »vivitur ingenio« (man lebt durch den Geist) steht auf dem Sockel, wobei zu ergänzen wäre: »caetera moritis erunt« (alles andere vergeht). Mit der überlieferten Lebensweisheit des Nürnberger Humanisten Willibald Pirckheimer fordert Boos den Betrachter auf, sich vom Wesentlichen, dem Geistigen des Dargestellten ergreifen zu lassen.

In den späten Porträts von Straub und Boos fehlt jeglicher Hinweis auf ihre akademische Bildung, ebenso wird auf die Wiedergabe von Attributen oder Standesabzeichen verzichtet. Es wächst das Bedürfnis nach geistiger Durchdringung mit einem Bewusstsein für den vernunftbegabten Menschen. Längst ist der einstigen höfischen Attitüde eines Cosmas Damian Asam eine Absage erteilt worden: Sowohl Straub und sein Schwiegersohn Boos als auch Günther haben herkömmliche, wenn auch gut situierte Bürgerhäuser in der Hackenstraße beziehungsweise am Oberanger erworben.

Das Porträt von Ignaz Günther geht einen vergleichbaren Weg, doch nicht in dieselbe Richtung (Kat.-Nr. 4). Auch hat Günther das Pathetische der Brüder Asam ganz abgelegt. Weder seine an der Wiener Akademie gewonnene Goldmedaille noch sein gehobenes Bildungsbewusstsein, das durch großen Bücherbesitz nachgewiesen ist, tauchen im Porträt auf, das Martin Knoller (1725–1804) von ihm und für ihn 1774 malte. Knoller präsentiert Günther ohne Attribute seines Bildhauerberufes und verbindet geschickt Traditionen des Künstlerbildnisses mit einer neuen Natürlichkeit und Empfindsamkeit für ein einzigartiges Individuum. Die Perücke ist nun endgültig beiseite gelegt, Günthers charakteristische Gesichtszüge sind nicht idealisiert. Die betonte Hand auf der Brust ist hier keine Geste eines rhetorischen Pathos, sondern weist auf die Überzeugung des Herzens, gelten doch Brust und Herz als Sitz der Seele und die Hand darauf als Bekenntnis zum Gefühl.

Selbstbildnisse sind programmatische Schlüsselwerke und verraten vieles über die Absichten des Künstlers, doch bleiben sie immer auch – wie der Künstler selbst – zeitgebunden.

1 Grundlegend zu Selbstbildnissen und Künstlerporträts u. a.: Trnek 2004; Catherine M. Soussloff, The Absolute Artist, The Historiography of a Concept, Minneapolis 1997; Raupp 1984; Ausst.-Kat. Braunschweig 1980; Ernst Kris/Otto Kurz, Die Legende vom Künstler, Wien 1934.

2 De Statua, De Pictura, Elementa Picturae – Das Standbild, die Malkunst, Elemente der Malerei, hg., eingel., übers. und komm. von Oskar Bätschmann/Christoph Schäublin, Darmstadt 2000; Oskar Bätschmann, Leon Battista Albert (1404–1472), in: Stefan Majetschak (Hg.), Klassiker der Kunstphilosophie. Von Platon bis Lyotard, München 2005, S. 57–75.

3 Volker Liedke, Marginalien zur Künstlerfamilie Asam, in: Ars Bavarica. Gesammelte Beiträge zur Kunst, Geschichte, Volkskunde und Denkmalpflege in Bayern und den angrenzenden Bundesländern 19/20 (1980), S. 13–22, bes. S. 15.

4 Ausführlich hierzu: Morsbach 2011, S. 90–93.

5 Eine ausführliche Untersuchung bei Kanzenbach 2007; Cathrin Klingsöhr-Leroy, Das Künstlerbildnis des Grand Siècle in Malerei und Graphik vom Noble Peintre zum Pictor Doctus, München 2002.

6 Vgl. das von Volker Liedke aufgestellte Verzeichnis der Hofbildhauer, hofbefreiten Bildhauer sowie der bürgerlichen (zünftischen) Bildhauer und Hofmarksbildhauer in den Rentämtern München, Landshut, Straubing und Burghausen in: Ausst.-Kat. München 1985, S. 20–26.

7 Martin Warnke, Hofkünstler. Zur Vorgeschichte des modernen Künstlers, 2. Auflage, Köln 1996, S. 241.

8 Ebd., S. 243.

9 Eine eindrucksvolle Zusammenstellung bietet Morsbach 2011, S. 113–115.

10 Ausst.-Kat. Braunschweig 1980, S. 41.

11 Das Gemälde stammt aus dem Besitz einer Urenkelin Straubs und kam als Geschenk 1893 in die Sammlungen des Bayerischen Nationalmuseums.

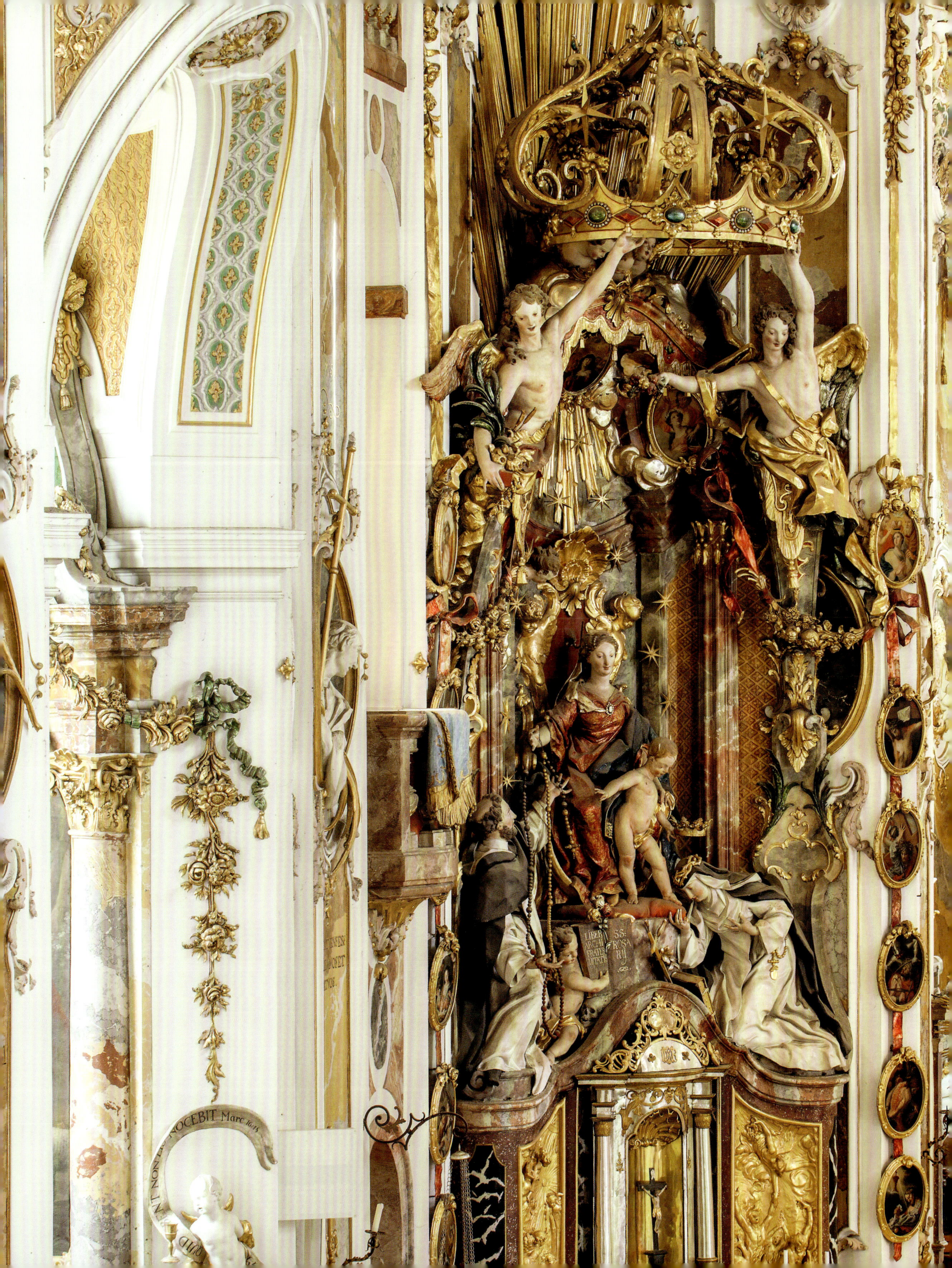
SS:
ROSA
RIJ
NOCEBIT Marc 16.18

1 COSMAS DAMIAN ASAM

COSMAS DAMIAN ASAM MIT SEINEN BRÜDERN

vor 1717
Öl auf Leinwand; 116 x 89 cm
Freising, Diözesanmuseum; Inv.-Nr. L 8004 (Leihgabe der Priesterhausstiftung St. Johann Nepomuk, München)
Literatur: Ausst.-Kat. Aldersbach 1986, S. 10, 304, G 15, Abb. 1.– Trottmann 1986, S. 151, Nr. 50. – Trnek 2004, S. 148. – Ausst.-Kat. Freising 2007, Nr. I.1. – Morsbach 2011, S. 83 f.

Cosmas Damian Asam (1686–1739) zeigt sich in wahrlich nicht alltäglicher Aufmachung in einem kurzärmligen Untergewand, über das er eine rote Draperie geschwungen hat. Auffällig sind die mit einer weißen Feder geschmückte Pelzmütze und die heute seltsam anmutenden großen Perlenohrringe. Bereits mit seinem phantasiereichen Kopfputz verweist Asam auf sein dichterisches Ingenium, seine Inspiration und seinen künstlerischen Anspruch. Denn kein Geringerer als Rembrandt hatte sich in zahlreichen Selbstbildnissen in außergewöhnlicher Kostümierung und mit Federn am Barett dargestellt. Seine zeichnende Hand auf einem noch unbeschriebenen Papier korrespondiert mit dem intensiven Blick und der charakteristischen Kopfhaltung als Zeichen der Geistestätigkeit, während die Leere des Papiers auf die universelle Schöpfungsmacht der künstlerischen Idee verweist. Cosmas Damian Asam macht seinen kunsttheoretischen Standpunkt klar, indem er die Idee und das planende *disegno*, die Zeichnung, als den Kern allen künstlerischen Schaffens betont.

Damit nimmt er Bezug auf seine akademische Ausbildung in Rom. Sie sicherte dem wissenschaftlich gebildeten Künstler seinen von ihm selbst bestimmten Platz in der sozialen Ordnung. Frei von Zunftbindungen, lässt Asam keine Spur von handwerklichen Mühen im Selbstbildnis erkennen. Er präsentiert sich als vom reinen Handwerk unabhängiger freier Künstler, der sich eben auch nicht an Kleiderordnungen zu halten hat. In diesen Kontext platziert er nun die weiteren Personen und Utensilien in einem nicht dezidiert als Werkstatt ausgewiesenen Innenraum.

Links steht sein sechs Jahre jüngerer Bruder Egid Quirin – hinter dem Rücken des Erfahrenen. Die Beziehung der beiden ist überdeutlich: Der jüngere Bruder, der ohne Kopfbedeckung in Arbeitskleidung gewandet ist, übt das schweißtreibende und mit Schmutz verbundene Handwerk des Bildhauers aus, wie das fest umgriffene Hohleisen in seiner Hand verrät; er darf über die Schulter seines in geistige Sphären aufstrebenden Bruders schauen. Bei dem dritten Dargestellten handelt es sich um den älteren Bruder Philipp Emanuel (1683–1752), der als Pater Engelbrecht in das Fürstenfelder Zisterzienserkloster eingetreten war und dort als Musiker seine überragende künstlerische Begabung auslebte. Asam wendet einen Trick an, indem er den abwesenden Bruder als Porträt auf eine Leinwand gemalt hat.

Die Maske an der Wand ist nicht nur Anspielung auf die Profession Egid Quirins, sondern weist auch auf das an antiker Kunst orientierte Lehrprogramm als unverzichtbaren Bestandteil der akademischen Ausbildung hin. Gleichzeitig stellt Cosmas Damian sein Wissen um brisante Kunstdiskurse unter Beweis. Das seit dem 16. Jahrhundert beherrschende Thema ist der sogenannte *paragone*. Diesen Wettstreit der Kunstgattungen untereinander hat Cosmas Damian klar für sich entschieden, denn nur die Malerei vermag eine geistige Idee direkt umzusetzen. Der Bildhauer dagegen hat sich an den Entwurf des Malers zu halten. Cosmas Damian Asam formuliert mit diesem Selbstbildnis einen selbstbewussten Anspruch und positioniert sich für seine zukünftigen Auftraggeber, obgleich das Gemälde sicher nicht zum Verkauf gedacht war und deshalb zeitlebens in Asams Besitz blieb; 1742 wird es als »im Mahlzimmer undern Tach« befindlich erwähnt.[1] Schließlich ist das Selbstbildnis mit Brüdern kein klassisches Familienbild, sondern Ausdruck einer Kunsttheorie (*disegno* und *paragone*).

Das Gemälde lebt von dunklen Farbtönen, in die mit der roten Draperie und den roten Lippen kräftige Akzente gesetzt werden. Die starken Hell-Dunkel-Kontraste und Verschattungen sind aus italienischen Vorbildern übernommen. Die bisher angenommene Datierung des Gemäldes zwischen 1720 und 1730 würde in der Konstellation der drei Brüder eine vergangene Situation widerspiegeln. Denn Egid Quirin hatte zu diesem Zeitpunkt bereits als selbstständiger Architekt und Bildhauer bedeutende Aufträge übernommen, Cosmas Damian sich schon mit großen Aufträgen an der Spitze der Freskanten im süddeutschen Raum etabliert und den Titel eines fürstbischöflichen Hofmalers erhalten. Eine Einordnung des Bildes zum Beginn der ehrgeizigen Karriere Cosmas Damian Asams scheint deshalb plausibler, weshalb auch eine Datierung unmittelbar nach seiner Zeit in Rom und noch vor dem Abschluss der Bildhauerlehre Egid Quirins bei Andreas Faistenberger (1646–1735) in München vorstellbar ist. CR

1 Karl Tyroller, Neue Nachrichten über die Beziehung der Gebrüder Asam zu Kloster und Kirche der Ursulinen, Straubing 1978, S. 25.

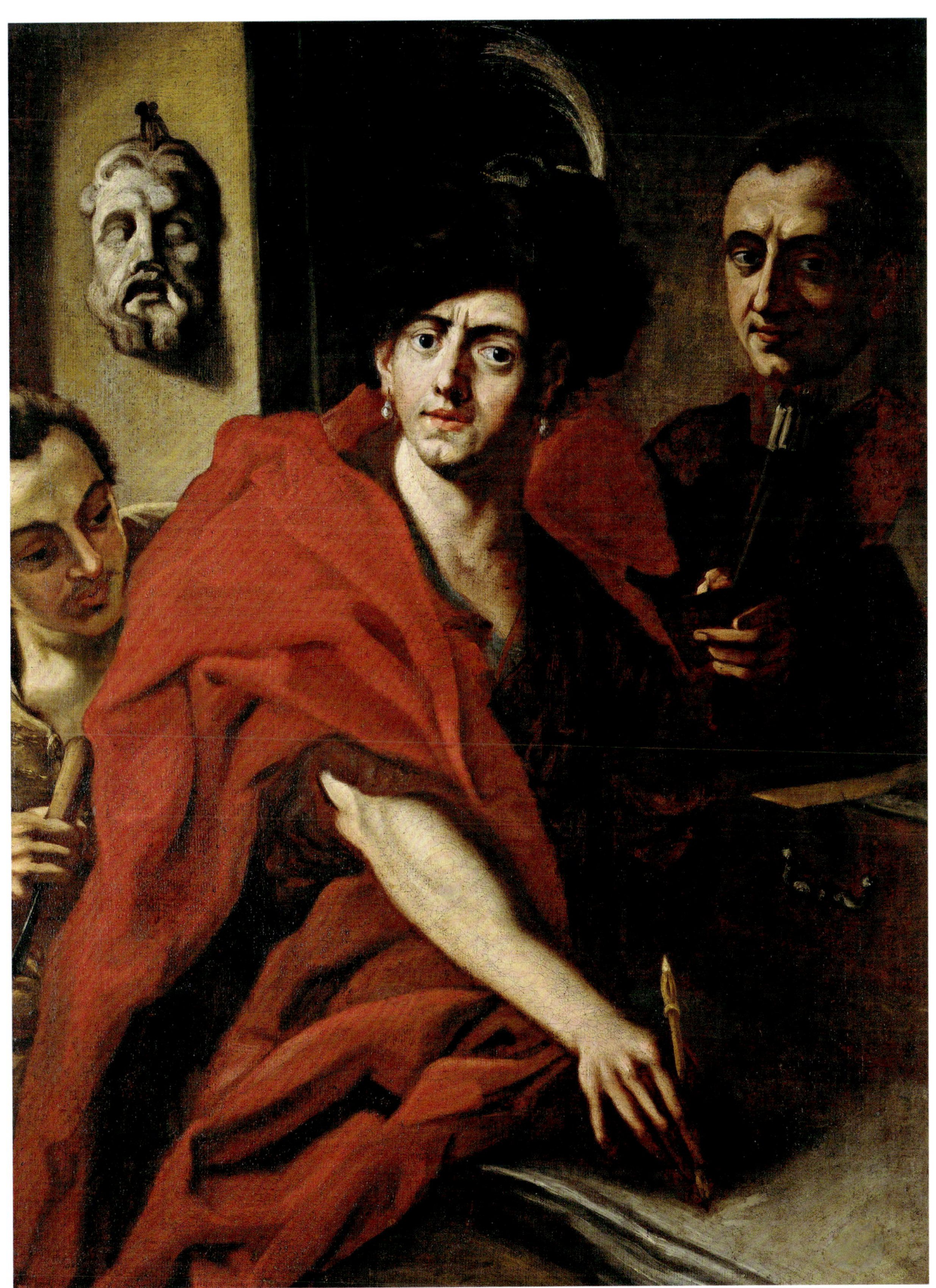

2

GEORGE DESMARÉES ZUGESCHRIEBEN
EGID QUIRIN ASAM

um 1729/30
Öl auf Leinwand; 116 x 89 cm
Freising, Diözesanmuseum; Inv.-Nr. L 8004 (Leihgabe der Priesterhausstiftung St. Johann Nepomuk, München)
Literatur: Ausst.-Kat. Freising 2007, Nr. I.2. – Kanzenbach 2007, S. 389. – Morsbach 2011, S. 85 ff.

Jung und lebhaft wirkt Egid Quirin Asam (1692–1750) auf diesem Porträt. Es wird dem aus Schweden stammenden und außerordentlich geschätzten Porträtisten George Desmarées (1697–1776) zugeschrieben, der 1730 von Kurfürst Karl Albrecht (1697–1745) an den Münchner Hof berufen wurde. Stattlich in der Erscheinung, trägt Asam unter seinem weit aufgeknöpften Hausmantel in tiefem Blau und mit violettem Innenfutter ein Rüschenhemd in legerer Manier, das mit zwei kostbaren Knöpfen am Kragen besetzt ist. Wie für Künstler üblich, steht er leicht gedreht im Bild und wendet den Kopf scharf über die Schulter. Modisch hat er sich mit einer Allongeperücke herausgeputzt. Entgegen der Blickrichtung weist Asam mit seiner linken, sehr zarten Hand – sie scheint kaum zu einem handwerklich arbeitenden Bildhauer zu passen – auf die überlebensgroße Büste eines mit charaktervollen Zügen ausgestatteten Mannes mit ausgeprägter Nase und langem, mittig gespaltenem Backenbart. Mit der Rechten hat Asam die Skulptur fest im Griff. Seine elegante Aufmachung, insbesondere aber sein feines ovales Gesicht mit der hohen, entspannten Stirn und den markanten Zügen von Augen, Nase und Mund erweckt beim Betrachter mehr den Eindruck, einen feinsinnigen, adeligen Herrn oder Gentleman vor sich zu haben als einen Künstler.

Insgesamt orientiert sich Desmarées in diesem Porträt nicht an italienischen Vorbildern, sondern an den Darstellungen französischer Bildhauer wie Desjardins (eigentlich Martin van den Bogaert, 1637–1694) oder François Girardon (1628–1715), die ebenfalls von den großen Malern ihrer Zeit wie Hyacinthe Rigaud (1659–1743) und Joseph Vivien (1657–1734) abgebildet wurden.[1] Er übernimmt das im Kreise des Malerfürsten Rubens und seines Schülers Van Dyck entwickelte aristokratische Künstlerideal des 17. Jahrhunderts und vermittelt dadurch ein neues Verständnis vom Rang einer Künstlerpersönlichkeit. Egid Quirin dürfte der erste Bildhauer Kurbayerns gewesen sein, der diesen Anspruch für sich erhob. Damit entspricht sein Porträt der neuen, an Frankreich ausgerichteten Kunstrichtung, wie sie am Münchner Hof seit 1720 vorherrschte.

Das Porträt könnte im Zusammenhang mit Asams Bewerbung um die vakante Stelle eines Hofbildhauers am kurfürstlichen Hof 1729 entstanden sein, mit dem Ziel, auf diese Weise seine Kenntnisse der neuesten französischen Mode unter Beweis zu stellen.

Als Maler des Gemäldes werden neben dem nachweisbar seit 1732 mit der Familie Asam befreundeten Porträtisten George Desmarées auch weitere Künstler diskutiert, darunter Egid Quirin Asam selbst, der in der Malerei von seinem Vater Georg ausgebildet worden war, und auch sein Bruder Cosmas Damian. 2011 wurde eine Variante des Gemäldes publiziert, die als Vorlage für das große Porträt gedient haben soll. Die Ähnlichkeit macht einen noch zu klärenden Zusammenhang offensichtlich, zumal das Gemälde im Dorotheum in Wien im April 2006 als von Cosmas Damian gemalt versteigert wurde. Eine dritte, hochovale Variante des Porträts in Büstenform hing bis 1944 über der Sakristeitür der Asamkirche und ist dort heute durch eine Kopie ersetzt. CR

1 Vgl. Kanzenbach 2007, S. 388, Abb. 21, 23.

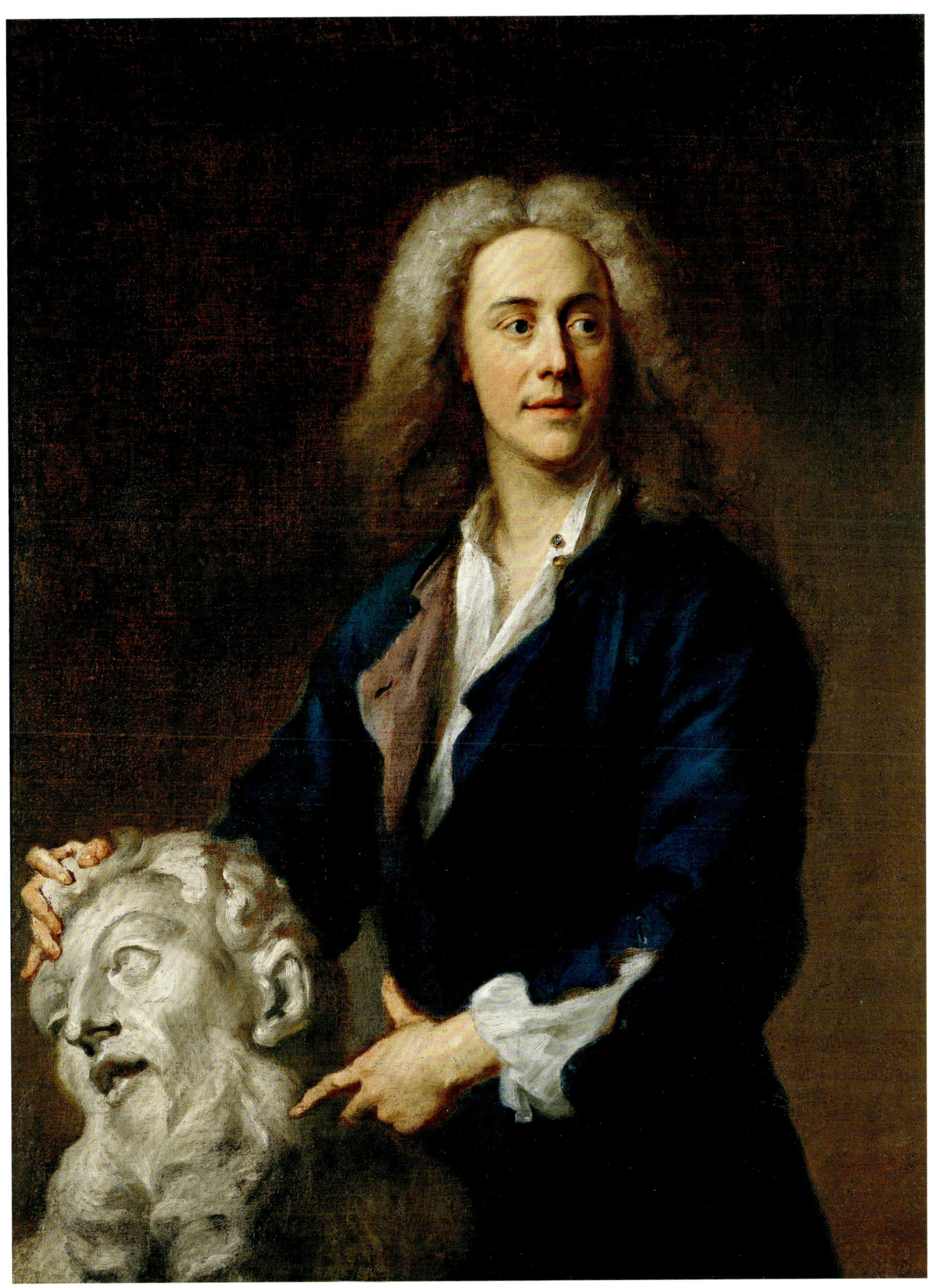

3 BALTHASAR AUGUSTIN ALBRECHT

JOHANN BAPTIST STRAUB

1763
Öl auf Leinwand; 162,7 x 120,4 cm
Bezeichnet unten rechts: »B.A. Albrecht. in. et Pinx. / ad viv: 1763.«
München, Bayerische Staatsgemäldesammlungen; Inv.-Nr. 2765/46
(als Leihgabe im Bayerischen Nationalmuseum, München)
Literatur: Steiner 1974, Abb. 2. – Falk Bachter, Balthasar Augustin Albrecht 1687–1765. Ein bayerischer Hofmaler des Barock, Mittenwald 1981, S. 71–75, Abb. 46. – Volk 1984, S. 15 f., Abb. 1.

In legerer, doch vornehmer Kleidung gibt Balthasar Augustin Albrecht (1687–1765) den schon 1737 zum Hofbildhauer ernannten Johann Baptist Straub (1704–1784) in seinem Atelier wieder. Stolz präsentiert sich dieser, auf einem hohen Arbeitsstuhl sitzend, in der Mitte des Bildes mit dem Modelliermesser in der Hand. Neben sich, auf dem Modelliersockel, ist sein bedeutendstes Werk, die Büste Karls VII. (um 1745) für das Herzmonument in Altötting, zu sehen, die er gerade in Bearbeitung hat, während Boden und rückwärtiges Podest mit weiteren Bozzetti des Bildhauers gefüllt sind. Deren scheinbar wahllose Anordnung deutet darauf hin, dass wir es nicht mit einem Blick in das reale Atelier zu tun haben, sondern mit einem pasticcioartigen Arrangement verschiedenster Werke aus unterschiedlichsten Entstehungskontexten und Zeiten. Der im Vordergrund liegende antike Torso in gewagter Verkürzung verweist auf die akademische Bildung des Bildhauers. Die kleine, dahinter sichtbare Gruppe, welche eine Personifikation der Moldau zeigt, die den hl. Johannes von Nepomuk trägt, steht in engem Zusammenhang mit einer Brunnengestaltung, wie sie vor dem Jesuitenkolleg in München geplant war (vgl. Kat.-Nr. 37, 38). Im rückwärtigen Teil des Ateliers befindet sich eine für den Schlosspark von Nymphenburg vorgesehene Gartenskulptur. Begleitet wird Straub von einem jungen Mädchen, das einen Korb mit Früchten trägt. Es dürfte sich dabei um seine Tochter Maria Theresia Amalia handeln, die hier als Straubs Muse und Verkörperung der Inspiration auftritt.

Alle Elemente sind symbolreiche Anspielungen auf die gesellschaftliche Stellung Johann Baptist Straubs, die ihn als Hofbildhauer aus dem einfachen handwerklichen Milieu herausheben. Nicht zuletzt spricht aber auch das Bildformat, das alle anderen Künstlerporträts bei Weitem überragt, für eine Sonderstellung dieses Gemäldes als »Amtsbild«.

Der Münchner Hofmaler Balthasar Augustin Albrecht schuf das Atelierbild Johann Baptist Straubs im Auftrag des Kurfürsten Maximilian III. Joseph (1727–1777) als Pendant zu seinem eigenen Selbstbildnis mit Apollo, den Musen sowie Athena als Allegorie der Malerei. Beide Gemälde gehören zu einer größeren Serie von Künstlerbildnissen, welche unter anderem Darstellungen des Hofbildgießers und des Hofmusikus umfasst und für die kurfürstliche Galerie in Schleißheim geplant war. Später hing diese im oberen Stockwerk von Schloss Lustheim. CR

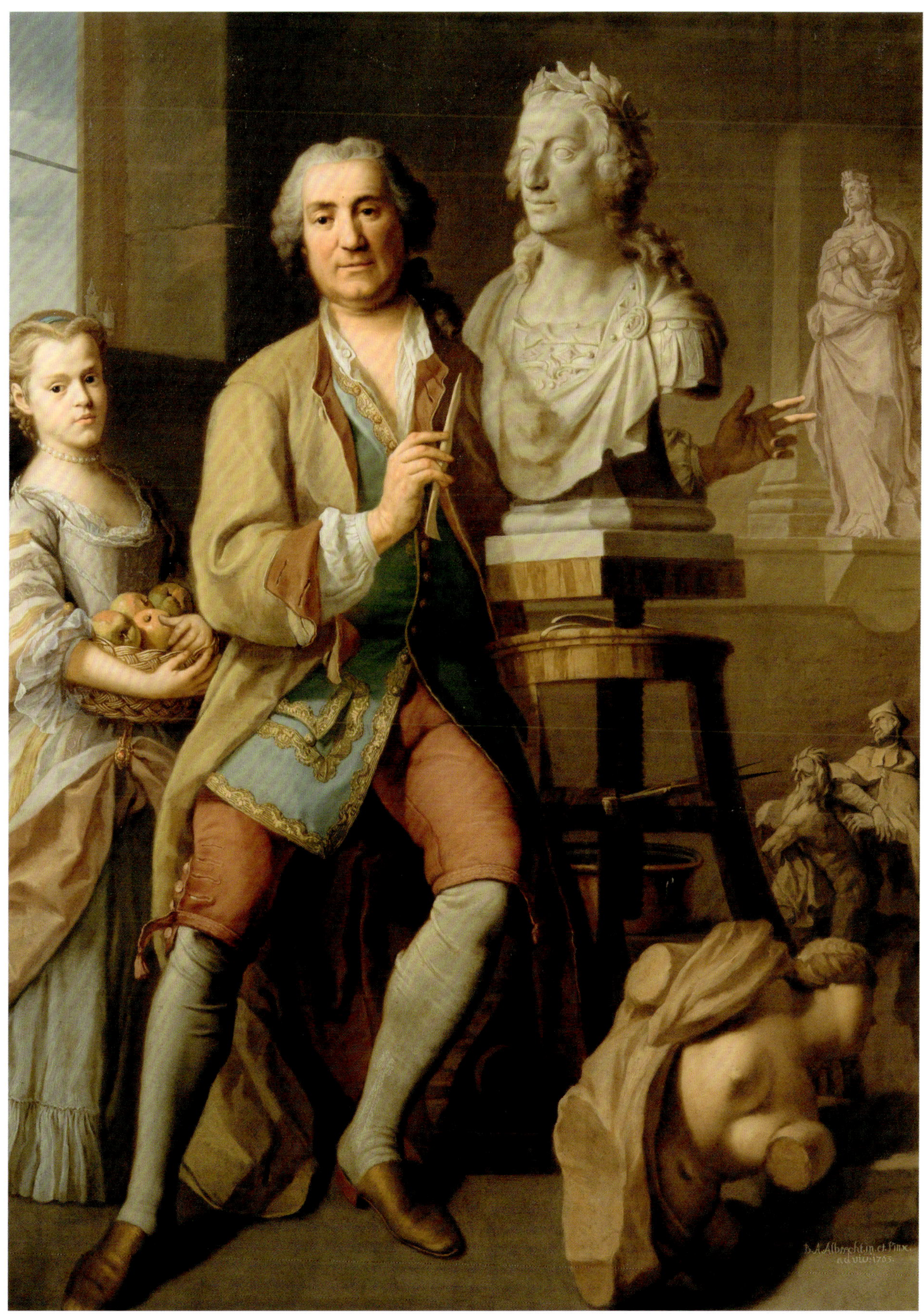

4

MARTIN KNOLLER
IGNAZ GÜNTHER

1774
Öl auf Eichenholz; 78,2 x 56,2 cm
Bezeichnet auf der Rückseite oben: »Martin Knoller Pinx. 1774 / Effig: FR: jGnat: Gündter, / Sculpt: nat: Altmanstain: / 1725.«; unten rotes Siegel und bezeichnet: »Dieses Bret ist Von 1604 bis 1773 in der Frauen Kirch an denen Stiellen gestanten«
München, Bayerisches Nationalmuseum; Inv.-Nr. L 2010/18.1–2
(Leihgabe aus Privatbesitz)
Literatur: Volk 1991a, S. 16 f., 43. – Edgar Baumgartl, Martin Knoller 1725–1804. Malerei zwischen Spätbarock und Klassizismus in Österreich, Italien und Süddeutschland, München/Berlin 2004, S. 263, P11, Taf. 50.

Von diesem Porträt Ignaz Günthers (1725–1777) existieren zwei Versionen, die sich kaum formal, jedoch in der malerischen Qualität unterscheiden. Beide Gemälde des Tirolers Martin Knoller (1725–1804) befinden sich im Bayerischen Nationalmuseum und sind rückseitig übereinstimmend mit der Künstlersignatur bezeichnet. Nur die hier gezeigte Replik trägt noch am unteren Rand eine interessante Notiz, derzufolge Knoller ein aus der Einbauphase des Bennobogens im Jahr 1604 stammendes Eichenbrett des Chorgestühls in der Münchner Frauenkirche als Bildträger nutzte. Dieses war im Zuge der Umarbeitung und Einfügung der 16 Reliefs mit Szenen aus dem Marienleben von Ignaz Günther 1772 bis 1774 offensichtlich überflüssig geworden (vgl. Kat.-Nr. 77).

Entstanden sind beide Porträts 1774, als Knoller seine Tätigkeit in Neresheim kurzzeitig unterbrach, um in München die Decke des Bürgersaals mit Fresken auszustatten. Den Rahmendekor hierzu hatte Ignaz Günther entworfen. Die Künstlerkollegen Knoller und Günther kannten sich bereits aus ihrer gemeinsamen Zeit an der Wiener Akademie 1753. Das Wiedersehen nutzte Günther, um gleich mehrere Porträts bei dem führenden Freskanten und Altarbildmaler seiner Zeit in Auftrag zu geben. Damals hatte er eine persönliche Enttäuschung zu verkraften: Zwei Jahre zuvor hatte sich Günther mit dem Hinweis auf die schlechte Auftragslage bei Stiften, Klöstern und Kirchen vergeblich um die Stelle eines Hofbildhauers beworben.

Knoller zeigt Günther ohne jegliche Attribute seines Bildhauerberufes. Der Porträtierte ist nahe an den Bildrand gerückt und strahlt eine große Unmittelbarkeit und Präsenz aus. Günthers Blick ist skeptisch-distanziert. Die Lichtführung betont Kopf und Hand des Künstlers, wodurch die Einheit von intellektuellem und malerischem Schöpfungsakt unterstrichen wird. Bekleidet ist er standesgemäß en *néglig*é mit Hemd, Hausmantel und pelzverbrämter Mütze, die ihm beinahe vom Kopf rutscht. Die »geniale« Kopfwendung steht in der Tradition des Künstlerbildnisses und ist als Ausdruck des Ingeniums zu verstehen, hat also rhetorische und symbolische Funktion. Auffällig ist, dass Günther keine höfische Perücke trägt. Sein ausdrucksstarker Kopf weist volle Lippen, ungleichmäßige und dadurch individuelle Gesichtszüge, leicht von den Lidern überdeckte Augen, eine Ader auf der hohen Stirn mit den nackten Schläfen und hohe Wangenknochen auf. Dies und die legere Privatheit spiegeln kein übergeordnetes Schönheitsideal, sondern vielmehr das Bild eines einzigartigen Individuums wider. Im Gegensatz zum etwas später entstandenen konventionell-bürgerlichen Porträt des Lehrers Johann Baptist Straub (Abb. S. 57) vermag Knoller hier durch einzelne Akzente eine Zeitströmung aufzunehmen, bei der das Gefühlvolle in den Vordergrund tritt.

Martin Knoller, geboren in Steinach am Brenner, war ein Künstler mit internationalem Aktionsradius und gehörte zum Freundeskreis des Malers Anton Raffael Mengs (1728–1779) und des Archäologen und Kunstschriftstellers Johann Joachim Winckelmann (1717–1768), beide Wegbereiter des Klassizismus. Trotz und gerade wegen seiner Bemühungen, die Freskomalerei zwischen Tradition und neuer, an der Antike orientierter Idealität fortzuführen, suchte er eklektizistische Lösungen. Knoller lernte bei Paul Troger (1698–1762) in Salzburg und Wien. Dann bildete er sich einige Jahre an der Wiener Akademie weiter, bevor er nach langjährigen Aufenthalten in Rom, Neapel und Mailand vor allem in Ettal und Neresheim tätig war. Dort schuf er Freskenausstattungen, die zu seinen berühmtesten Werken gehören. Seine Porträtarbeiten zeigen besonders deutlich das Changieren des Malers zwischen Spätbarock, Rokoko und Klassizismus. CR

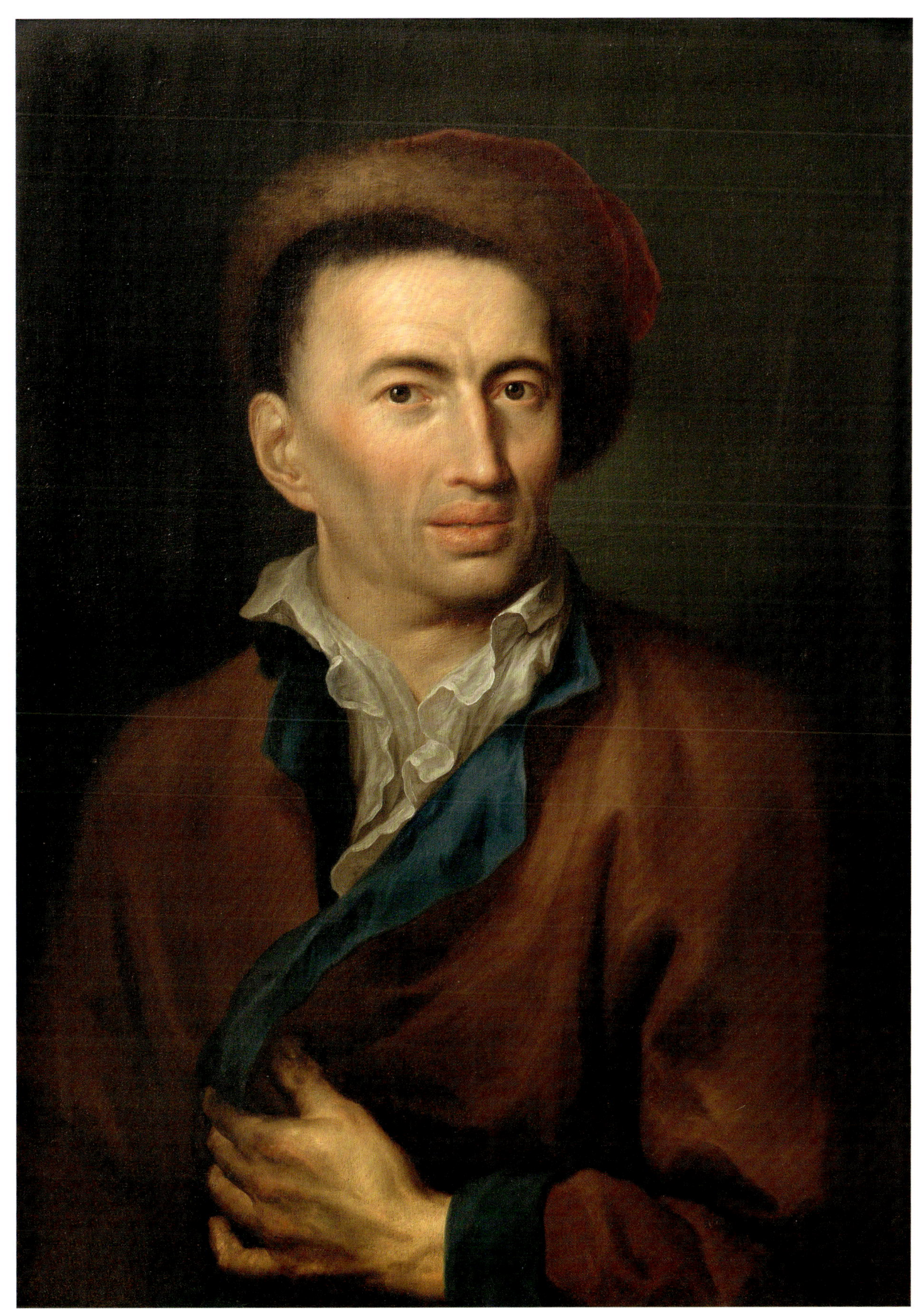

5 JOHANN GEORG EDLINGER

ROMAN ANTON BOOS

nach 1790
Öl auf Leinwand; 60 x 45 cm
Nürnberg, Germanisches Nationalmuseum; Inv.-Nr. Gm 1397
Literatur: Woeckel 1965, S. 97, Abb. 2. – Rolf Schenk, Der Münchner Porträtmaler Johann Georg Edlinger. Monographie und Werkskatalog, München 1983, Nr. 70. – Slg.-Kat. Nürnberg 2010, S. 368, Nr. 780. – Frank Matthias Kammel (Hg.), Charakterköpfe. Die Bildnisbüste in der Epoche der Aufklärung, Germanisches Nationalmuseum Nürnberg, 2013, S. 99.

Ernst und fast ein bisschen bedrückt blickt der Münchner Bildhauer Roman Anton Boos (1733–1810) aus dem Bild heraus, knapp am Betrachter vorbei. Er trägt einen roten, mit Litzen verzierten Winterrock, dessen Kragen mit Pelz verbrämt ist und unter dem das weiße Hemd hervorschaut. Edlinger (1741–1819) gibt den Bildhauer in Hauskleidung und ohne Attribute oder Standeszeichen wieder. Im Unterschied zu den selbstbewussten Inszenierungen der Gebrüder Asam (Kat.-Nr. 1 und 2) oder Johann Baptist Straubs (Kat.-Nr. 3) liegt der Schwerpunkt hier ganz auf der Persönlichkeit des bald 60-jährigen Bildhauers, dessen Gesicht mit geröteten Augen, ergrauten Haaren und Warze ungeschönt dargestellt wird. Obwohl Boos seit 1775 das begehrte Amt eines Hofbildhauers bekleidete, litt er seit den 1780er-Jahren unter der schlechten Auftragslage: Die Zeit der großen Kirchenprojekte neigte sich dem Ende und seine Werke entsprachen immer weniger dem Geschmack des Publikums, sodass sich Boos regelmäßig an das Hofbauamt wandte und um Aufträge bat – ein bisschen scheint sich diese schwierige Lebenssituation in die von Edlinger verewigten Züge eingeschlichen zu haben. Vollkommen anders präsentiert sich der Bildhauer in der von ihm selbst geschaffenen Marmorbüste aus dem Bayerischen Nationalmuseum in München: Das zur selben Zeit für sein Grabmal geschaffene Porträt drückt ruhige Entschlossenheit und Würde aus (Abb. S. 377).

Der in Graz geborene Maler Johann Georg Edlinger erhielt seine Ausbildung unter anderem an der Wiener Akademie, wo er 1763 eingeschrieben war. Bereits dort könnte er den Bildhauer Boos kennengelernt haben, der von 1763 bis 1765 an derselben Institution lernte. Seit 1770 war Edlinger nachweislich in München tätig, 1781 wurde er zum kurfürstlichen Hofmaler ernannt. Schnell machte er sich durch seine Porträtkunst einen Namen, wobei er zunächst für den Adel und das gehobene Bürgertum, später auch für einfachere Kreise tätig war. Rund 200 Bildnisse malte Edlinger allein im Auftrag des Buchhändlers und Verlegers Johann Baptist Strobel (1748–1805) für dessen »Galerie denkwürdiger Baiern«, zu der auch das Porträt des Bildhauers Boos gezählt wird.

Edlinger entwickelte seinen eigenen charakteristischen Stil, der deutliche Reminiszenzen an die Kunst Rembrandts (1606–1669) aufweist: Die dunkle und erdige Palette, das helle Ausleuchten des Gesichts und der pastos-lockere Pinselduktus sind deutlich durch die Kunst des bekannten Holländers beeinflusst. Wie diesem gelingen Edlinger einfühlsame und lebendige Studien, die den Charakter der Dargestellten widerzuspiegeln scheinen. Das Porträt des Bildhauers Boos ist ein sprechendes Beispiel dafür. AM

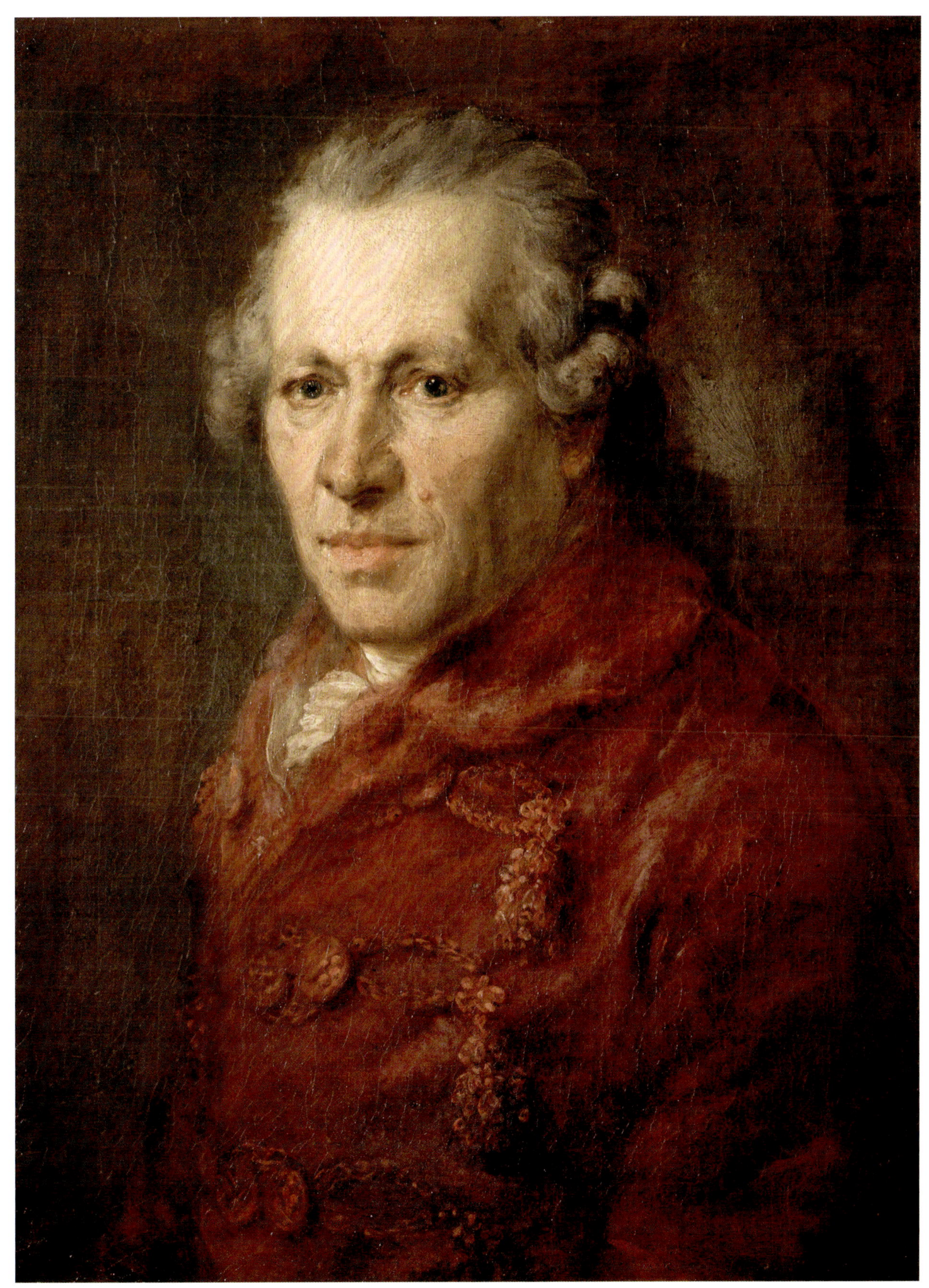

GESAMTKUNSTWERK Der Begriff »Gesamtkunstwerk« wurde erst in der Zeit der Romantik populär und meint die Integration verschiedenster Künste zu einem Gesamtwerk. Seine Rückprojektion auf Barock und Rokoko liegt jedoch auf der Hand, denn hier verbinden sich vielerlei Kunstformen: Architektur, Stuck, Deckenmalerei, Altarbaukunst, Malerei, Skulptur und Goldschmiedearbeiten. Sie alle vereinen sich zu einem neuartigen Illusions- und Raumerlebnis. Neu ist, dass dabei der Standpunkt des Betrachters berücksichtigt wird.

Zweifellos ist die Anwendung des Begriffs nicht unproblematisch. Obwohl es zu einer Bündelung künstlerischer Kräfte und Möglichkeiten verschiedener

Kunstgattungen im 18. Jahrhundert kam, beruht das Resultat eines scheinbar aus einem Guss entstandenen Gesamtkunstwerks auf einem längeren Entstehungsprozess, an dem mehrere unabhängige Künstler beteiligt waren. Die Einheit in Vielfalt ist aber kein rein ästhetischer Selbstzweck. Mit der Überschreitung des Mediums Kunst zu »schimmernde[r] Illumination, [...] majestätische[m] Zeremoniell und eindringende[r] Musik«, wie es in einer *Schutzschrift für die Pracht beym katholischen Gottesdienst* aus dem Jahr 1791 heißt, ist das eigentliche Ziel definiert: Das Gesamtkunstwerk soll alle Sinne des Menschen ansprechen, um durch die höchste Pracht die Erhebung der Seele zu ermöglichen.

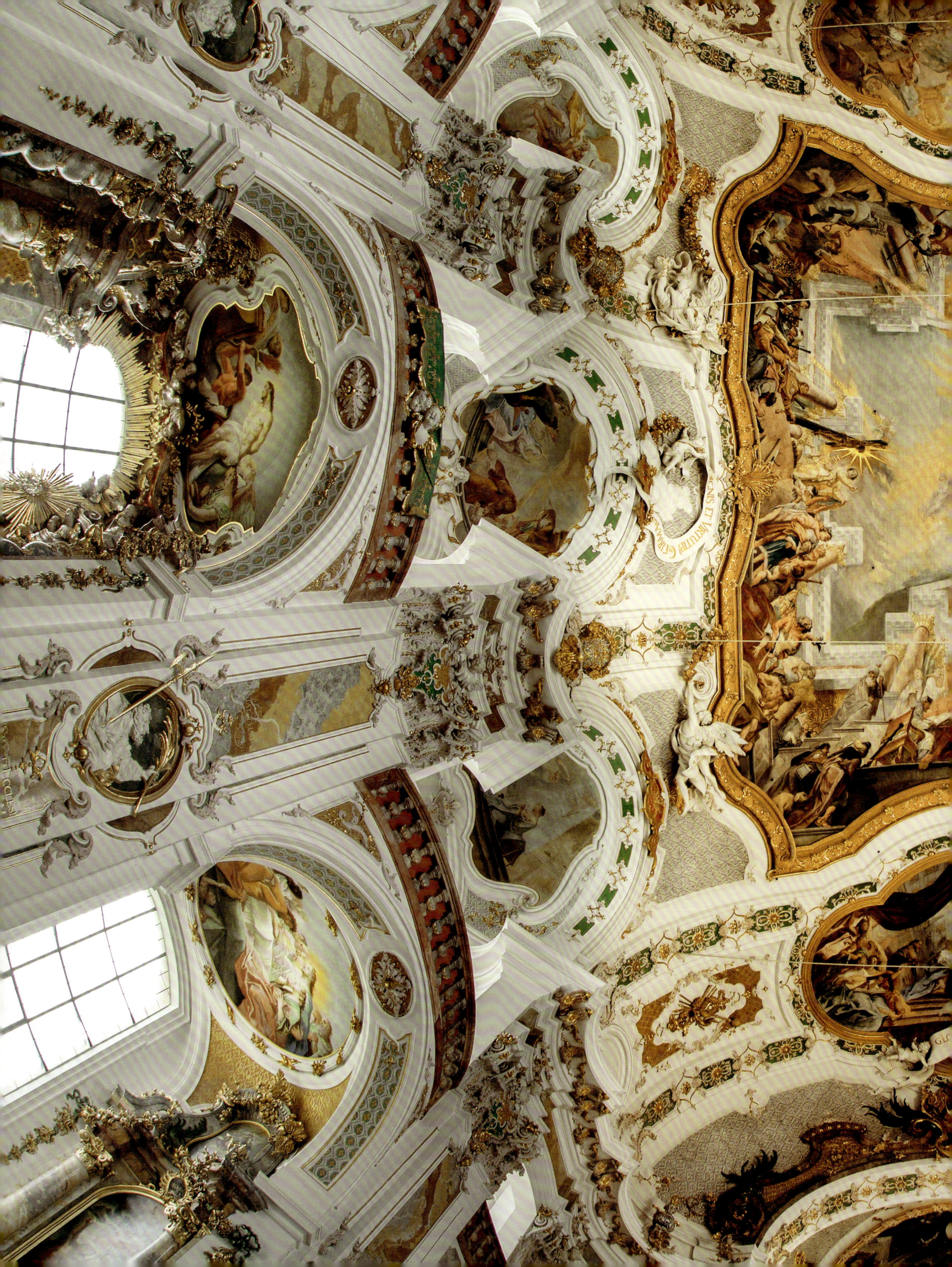

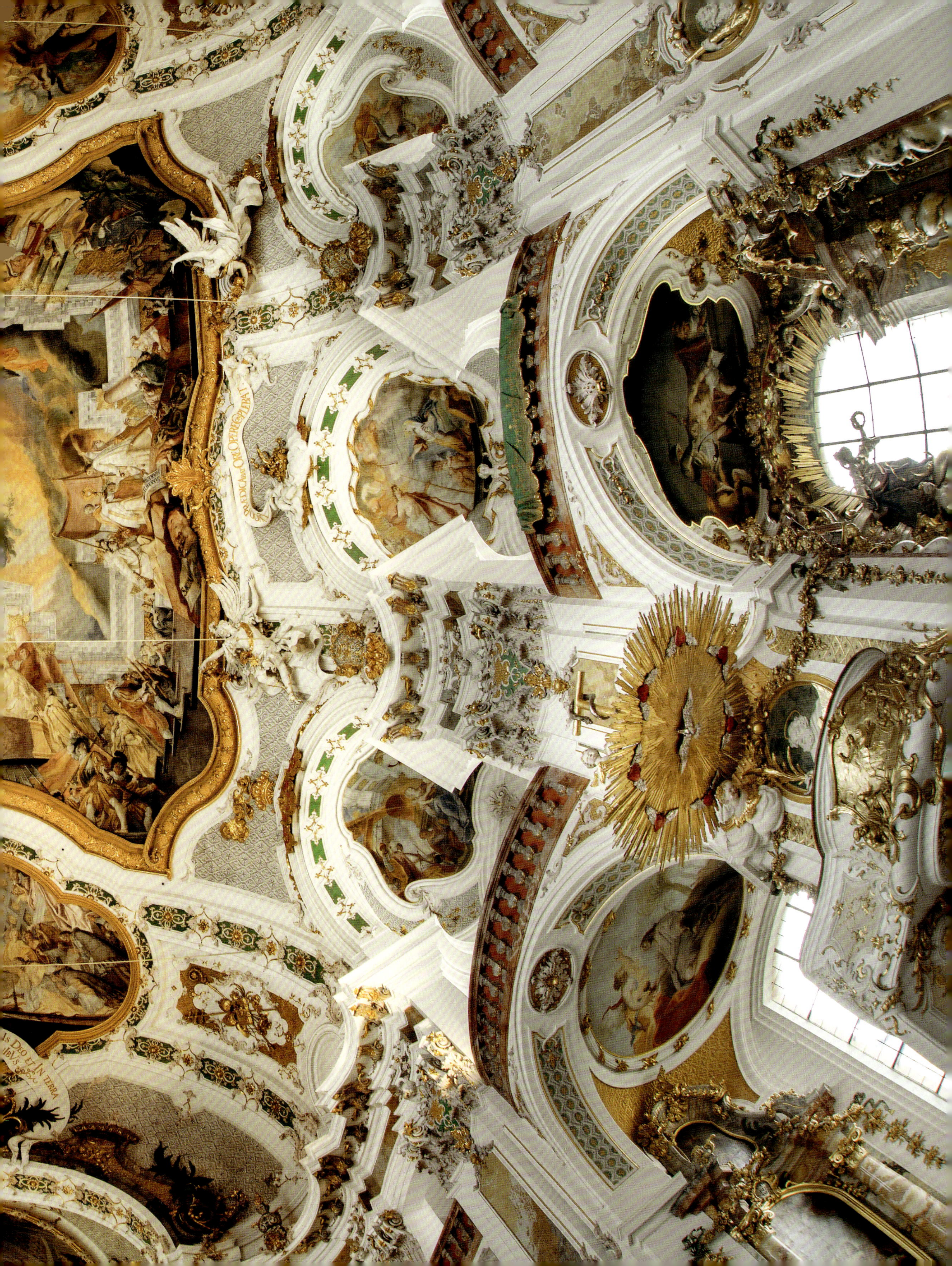

6 COSMAS DAMIAN ASAM
DER HL. PAPST PIUS V. UND ZWEI MÄNNLICHE GESTALTEN

1713
Pinsel in Grau, Braun und Weiß; 21,2 x 27,3 cm
Bezeichnet oben links: »Prova di Cosimo Damiano Bavaro«;
oben rechts: »M«; unten links: »S. Luca«
Rom, Accademia Nazionale di San Luca, Archivio Storico; Inv.-Nr. A 269

7 COSMAS DAMIAN ASAM
DAS WUNDER DES HL. PAPSTES PIUS V.

1713
Pinsel in Grau, Braun und Weiß über schwarzem Stift; 52,5 x 77 cm
Bezeichnet unten rechts: »1713. Pittura. P. Classe. Primo Premio.
Cosimo Damiano Asavi Bavaro C. 38«
Rom, Accademia Nazionale di San Luca, Archivio Storico; Inv.-Nr. A 268

Literatur: Gerhard Hojer, Der Fund barocker Aquarelle in der Accademia di San Luca, in: Weltkunst 50 (1980), S. 114–118, 214–218. – Rupprecht 1980, S. 58 f. – Trottmann 1980. – Ausst.-Kat. Aldersbach 1986, Nr. Z 2 und Z 3. – Trottmann 1986, S. 30.

Talentierten jungen Künstlern in München und Umgebung blieb zu Beginn des 18. Jahrhunderts nur der Gang über die Alpen, wollten sie ihre handwerkliche Ausbildung durch den Besuch einer traditionsreichen Akademie vervollständigen. Auch wenn bereits seit 1684 in Augsburg eine akademieähnliche Institution bestand, galt Rom nach wie vor als das Maß aller Dinge. So ist es nicht verwunderlich, dass auch Cosmas Damian Asam (1686–1739) nach der ersten Lehrzeit und dem Tod seines Vaters 1711 in den Süden reiste, um in Rom an der Accademia di San Luca sein Wissen zu erweitern. Dort war der Lehrbetrieb durch Carlo Maratta (1625–1713) geprägt, der als Hauptmeister des römischen Spätbarock einen akademisch-klassischen Stil propagierte. Asam wurde in Rom jedoch nicht nur in die Regeln der Perspektive, Geometrie und Anatomie eingeführt, er konnte dort auch die zahlreichen Werke der Antike und der großen Meister der italienischen Renaissance und des Barock studieren.

Eindrückliche Zeugnisse seiner Ausbildung sind zwei Zeichnungen aus dem Jahr 1713, die sich im Archiv der Akademie erhalten haben. Es handelt sich um deckend und bildmäßig gearbeitete Pinselzeichnungen, die Asam im Rahmen eines Wettbewerbs, des *Concorso Clementino*, schuf. Dass er in diesem Wettstreit sehr erfolgreich war, belegt die Inschrift auf der größeren Zeichnung, die festhält, dass »der Bayer« Cosmas Damian Asam mit diesem Werk in seiner Klasse den ersten Preis erhalten habe (Kat.-Nr. 7). Das kleinere Blatt ist die *prova di strada*, also eine Probezeichnung, die alle Teilnehmer des Wettbewerbs zuvor in einer festgesetzten Zeit und unter Aufsicht anzufertigen hatten, um einen unmittelbaren Beleg ihrer Fähigkeiten zu liefern (Kat.-Nr. 6).

Die Aufgabe für das große Wettbewerbstück bestand darin, das Wunder des hl. Papstes Pius V. wiederzugeben, der in der Kirche Santa Maria d'Aracoeli einer besessenen Frau die Dämonen ausgetrieben haben soll. Asam bewältigte die Aufgabe auf ehrgeizige Weise, indem er die Wunderheilung in eine komplexe Komposition mit mehr als 30 Figuren übersetzte: Im Zentrum erkennt man Pius mit segnend erhobener Rechten, ihm gegenüber die durch heftige Gebärden und verzerrte Mimik charakterisierte Besessene. Festgehalten ist genau der Augenblick, in dem der Heilige mit seiner Stola die Frau berührt, der daraufhin die bösen Geister durch den weit geöffneten Mund entweichen. Die ganze Szene spielt in einem Kirchenraum, den der Eingeweihte als treues Abbild von Santa Maria d'Aracoeli erkennt: Der Blick des Betrachtes fällt auf den Chor mit Hauptaltar, links hinten öffnet sich die Cappella di San Gregorio Magno. Offenbar hat Asam sowohl die räumliche Anlage als auch die architektonischen Details vor Ort studiert und anschließend detailgenau in seiner Zeichnung wiedergegeben.

Auch scheint der junge Künstler seine Lektion auf der Akademie gut gelernt zu haben: Das kleine Werk ist förmlich durchdrungen von den akademischen Idealen der Zeit. So ist die Komposition ausgewogen und abwechslungsreich, die Zeichnung der Figuren ist präzise und an antiken Vorbildern orientiert. Figurenbildung und Komposition verraten darüber hinaus eine deutliche Orientierung an Raffael, wobei die Anklänge an dessen großformatiges Altargemälde der *Transfiguration* besonders ins Auge fallen.

Beide Zeichnungen sind einmalige Zeugnisse für Asams Ausbildung in Italien, die ihm die Voraussetzungen für sein späteres vielfältiges Werk verschaffte – auch wenn er sich nach Rückkehr in die Heimat stilistisch vom strengen akademischen Formenvokabular wieder verabschieden wird. Was Asam darüber hinaus unmissverständlich prägte, waren die prächtigen Kirchenausstattungen der Ewigen Stadt mit ihren kühnen Wand- und Deckenmalereien und deren Zusammenspiel mit Architektur und Skulptur, aber auch die Wirkung farbiger Materialien in der dramatischen Regie des Lichts – alles Elemente, die für Asams Schaffen später so charakteristisch werden.[1] AM

---

1 Vgl. dazu ausführlich Rupprecht 1980, S. 24–28.

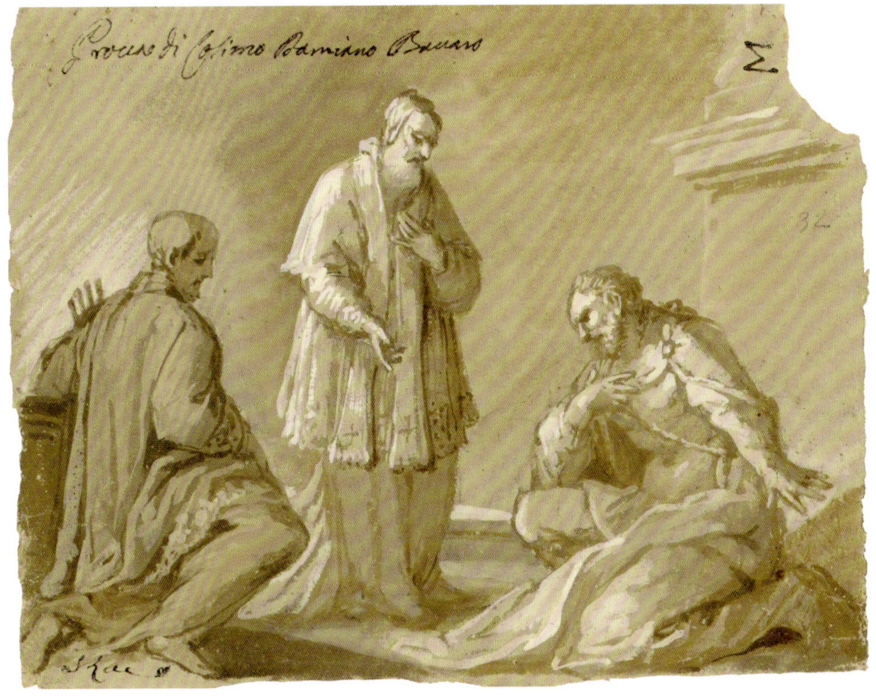

6

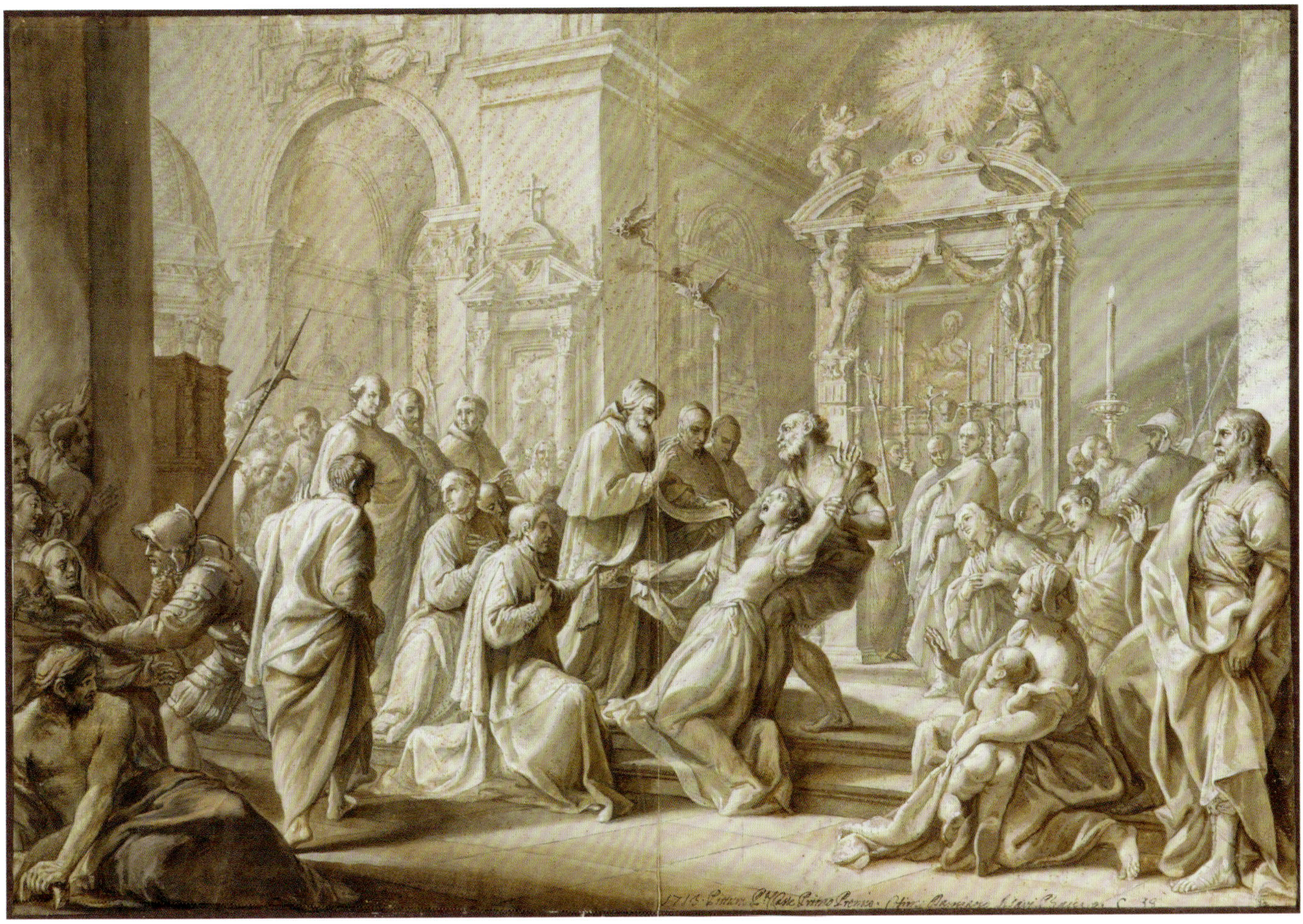

7

8

COSMAS DAMIAN ASAM

ROSENKRANZSPENDE

um 1720
Öl auf Leinwand; 285 x 174 cm
München, Bayerische Staatsgemäldesammlungen; Inv.-Nr. 43
Literatur: Trottmann 1986, S. 150, Nr. 33, Abb. 198. – Ausst.-Kat. Aldersbach 1986, Nr. G 28. – Ausst.-Kat. Freising 2007, Nr. I 6.

Ursprüngliche Herkunft, Funktion und Auftraggeber des Gemäldes der Rosenkranzspende sind ungeklärt. Der Erwerb durch Kurfürst Karl Theodor (1724–1799) ließ vermuten, es handle sich bei dem Gemälde um ein »Galeriebild« und kein Altargemälde. Ab 1870 befand sich das Bild in der Schleißheimer Galerie, von 1976 bis 2013 im Diözesanmuseum Freising.[1] Das Thema der Rosenkranzspende durch Maria, das mit dem starken Aufschwung von Rosenkranzbruderschaften in Bayern ab Mitte des 17. Jahrhunderts und mit der Aufnahme des Rosenkranzfestes in den Römischen Kalender 1716 populär geworden war, ist aber durchaus auch für ein Altarbild einer solchen Bruderschaft denkbar.

Statuenhaft thront die Muttergottes mit dem Jesuskind im Bildzentrum auf einem hohen Sockel mit der Aufschrift »Monstras te esse Matrem« (Zeige dich als Mutter), einer Sequenz aus dem Hymnus *Ave maris stella*. In dem Gebetbuch *Psälterlein* des Jesuiten Johannes Heringsdorf von 1637 bittet der Gläubige: »Schau voll Huld vom Himmelsthron, bitt für uns beim lieben Sohn, o Jungfrau Maria!« Die Bitte Mariens bei ihrem Sohn wird in diesem Gemälde durch die gegenseitige Blickbeziehung und die Gestik deutlich. In welche Form die Bitten des Menschen an Maria vorgebracht werden sollen, vermitteln uns die beiden verehrenden Dominikanerheiligen Dominikus und Katharina von Siena (in anderer Lesart die 1672 heiliggesprochene Rosa von Lima) am Fuß des Sockels.

Dominikus, der Visionen des Dominikaners Alanus de Rupe zufolge das Rosenkranzgebet von Maria als Geschenk erhalten haben soll – eine nachträgliche Erfindung (oder Verwechslung) zur Herkunft dieser längst durch Karthäuser und Benediktiner verbreiteten Gebetsform –, hat in dem Bild den Rosenkranz in zweierlei Gestalt bekommen: im wörtlichen Sinn als Blumenkranz und als Perlschnur. Ein kleiner, an seinem Knie lehnender Engel lässt die Schnur mit einem kleinen Anhänger durch seine Finger gleiten und blickt dabei den Bildbetrachter auffordernd an. Zu beider Füßen liegen als Symbole der Vergänglichkeit ein Totenkopf, eine welke Lilie sowie ein zugeklapptes Buch. Dies sind deutliche Hinweise an den Betrachter, die zugrundegehende Seele durch »Hülff Mariae und Krafft des heiligen Rosenkranzes«, wie es in einem Theaterstück anlässlich der Hundertjahrfeier der Tittmoninger Rosenkranzbruderschaft (1722) heißt, vor dem ewigen Untergang zu bewahren.[2]

In der Literatur wurde bereits darauf aufmerksam gemacht, dass Cosmas Damian Asam (1686–1739) für das Figurenmotiv des Dominikus auf ein berühmtes Vorbild zurückgriff: auf das Rosenkranzbild Carlo Marattas (1625–1713) in Santa Maria in Vallicella in Rom. Die strenge Dreieckskomposition orientiert sich zweifelsohne an der traditionellen Form der *Sacra Conversazione* und zeigt auch eine sehr enge Verbindung zu Sassoferratos (1609–1685) *Rosenkranzspende* in Santa Sabina in Rom von 1643. Eingebettet ist die von Engeln umspielte Szenerie in eine herrschaftliche Architektur, die, von Säulen und Draperie geprägt, römische Kompositionsformen und eine kontrastreiche Farbigkeit in starkem Hell-Dunkel-Spiel aufnimmt.

Vorbereitet hatte Asam das Gemälde mit einer Zeichnung, deren Komposition in der Ausführung steiler proportioniert ist.[3] Das Gemälde oder die Zeichnung (oder beides) diente seinem Bruder Egid Quirin zur Ausgestaltung seines in Stuck ausgeführten Rosenkranzaltars in der Prämonstratenserkirche St. Margaretha in Osterhofen um 1732 (Abb. S. 59).

Die gegenseitige Beeinflussung der Brüder, aber auch ihrer jeweils ausgeübten Kunstgattungen zeigt sich in diesem Fall besonders deutlich in der Übernahme skulpturaler Momente ins Gemälde beziehungsweise in der Übertragung malerischer Vorlagen in die Skulptur. Diesen zunächst als *paragone*, als Wettstreit unter den Kunstgattungen geführten Diskurs entwickelten die Asams zu einem Miteinander und schafften so die Voraussetzung für ihre epochemachende Leistung, Stuck und Fresken, Malerei und Skulptur im Kirchenraum zu verschmelzen. CR

1 Das Gemälde wird in nächster Zeit einer genaueren technischen Untersuchung unterzogen, die u. a. zur Klärung der Frage beitragen soll, wann und zu welchem Zweck die Anstückungen entstanden sind. Freundliche Mitteilung von Eva Ortner, Doerner Institut, Bayerische Staatsgemäldesammlungen München.

2 Vgl. Peter Steiner, 500 Jahre Rosenkranz, Diözesanmuseum Freising, Nachtrag zum Katalog des Erzbischöflichen Diözesanmuseums Köln, Freising 1976, S. 213 f.

3 Die Zeichnung wurde früher Francesco Solimena zugeschrieben, heute ist sie in der Bremer Kunsthalle zu sehen, vgl. Ausst.-Kat. Aldersbach 1986, S. 323, Nr. Z 57.

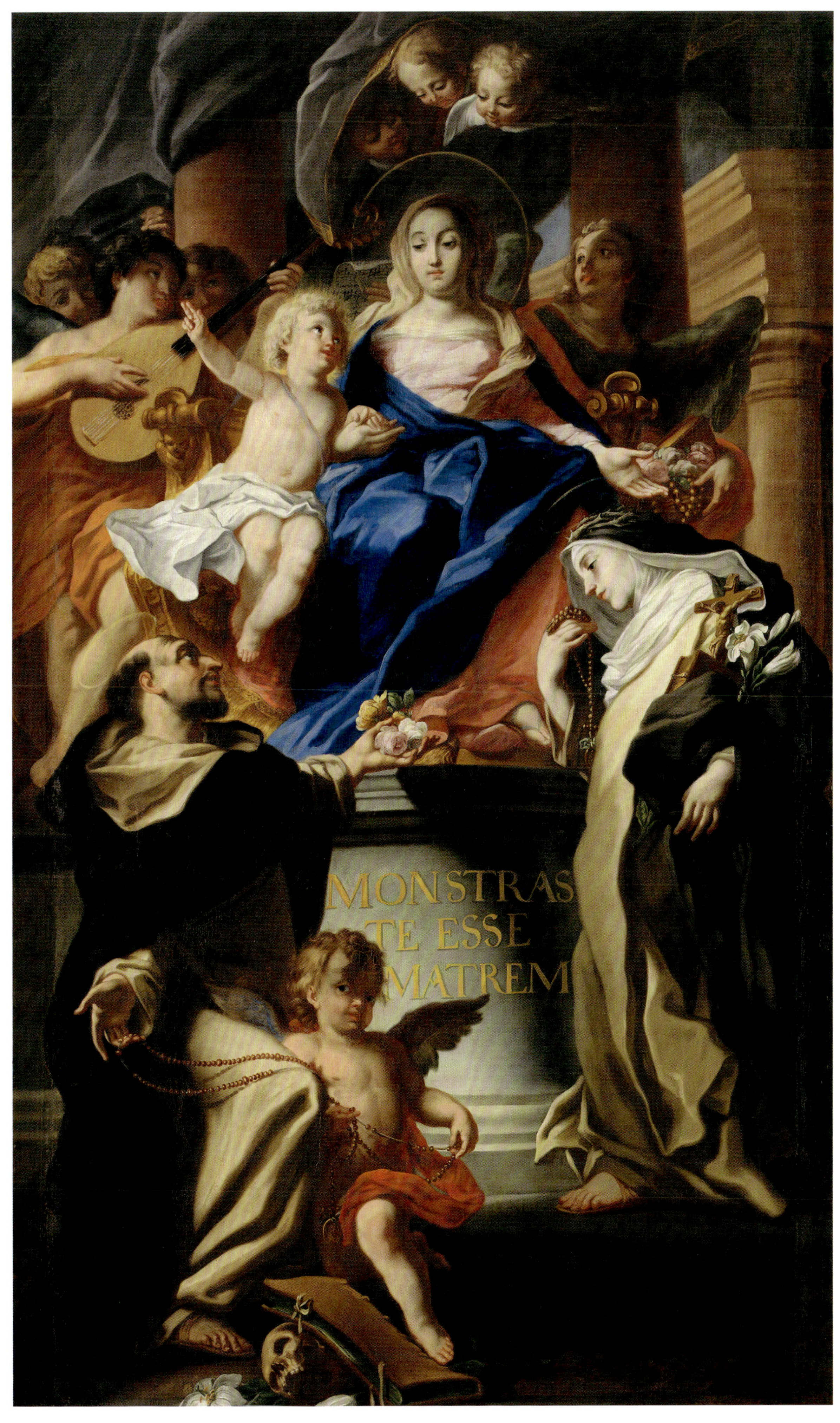
MONSTRAS
TE ESSE
MATREM

9

COSMAS DAMIAN ASAM
DREIFALTIGKEIT, ENGEL UND HEILIGE IN DER GLORIE

1713/14
Rötel über Blei, braun, rotbraun und grau laviert, an wenigen Stellen weiß gehöht, mit Blei radial unterteilt; grau lavierter Randstreifen; rund ausgeschnitten; Rückseite: Bleigriffelstudie; 49,4 x 51 cm
München, Staatliche Graphische Sammlung; Inv.-Nr. 7993 Z
Literatur: Rupprecht 1980, S. 60 f. – Ausst.-Kat. Aldersbach 1986, S. 52, Nr. Z 4. – Trottmann 1986, S. 62–65, 100 f.

Kaum war Cosmas Damian Asam (1686–1739) aus Italien zurückgekehrt, wo er an der römischen Accademia di San Luca erfolgreich studiert hatte (siehe Kat.-Nr. 6, 7), erhielt er von den Benediktinern in Ensdorf den Auftrag, die neu errichtete Abteikirche mit Fresken auszustatten.

Für die Flachkuppel der Vierung hat sich eine großformatige Pinselzeichnung erhalten, die eine »Glori«, eine Öffnung in die Himmelssphäre mit Heiligen und Engeln, zeigt und in der göttlichen Dreifaltigkeit gipfelt. Mit sicherem Pinselstrich hat Asam die Vielzahl der Figuren in Gruppen geordnet und durch kräftige Lavierungen der Konturen gegeneinander abgesetzt. Die Lavierung dient dabei auch als Mittel zur Illusion räumlicher Tiefe, wenn sie am Bildrand differenzierter und kompakter erscheint und zur Mitte hin die Engelreigen summarisch zusammenfasst. Zwar wirkt die Komposition weitgehend festgelegt, doch weist sie auch gewisse Schwächen eines Frühwerks auf. So fehlt es noch an klarer Rhythmisierung, konsequenter Tiefenerstreckung und einer deutlichen Ablesbarkeit der Protagonisten. Offensichtlich gab Letzteres den Ausschlag dafür, die inhaltlichen Schwerpunkte nochmals zu überarbeiten und in der finalen Ausführung zu verändern. Ganze Figurengruppen wurden getauscht und gespiegelt, wie beispielsweise das Engelskonzert unter der Dreifaltigkeit, das dem Kirchenpatron weichen musste. Daher nimmt man an, dass es sich beim vorliegenden Blatt um eine Entwurfszeichnung handelt, die Asam seinem Auftraggeber vorgelegt hat. Dieser griff dann wohl auch in das kompositionelle Konzept ein und erweiterte das ikonographische Programm.

Dabei ist festzustellen, dass einzelne Figuren durch Vorlagen aus Ciro Ferris (1634–1689) und Sebastiano Corbellinis Kuppelfresko (1670–1693) in Sant'Agnese an der Piazza Navona in Rom ersetzt wurden, so zum Beispiel die Figur von Johannes dem Täufer. Ist er in der Zeichnung noch kniend und betend dargestellt, so sitzt er in der Ausführung wie sein römisches Vorbild auf einer Wolke und weist den hinter ihm knienden Jakobus auf die Dreifaltigkeit hin. Ob nun der Abt auf dezidiert römischen Zitaten bestand oder ob sich Asam nochmals intensiver mit dem Thema und dessen Möglichkeiten beschäftigte, bleibt vorerst unbeantwortet. Asam kannte das römische Kuppelfresko nicht nur aus eigener Anschauung, bereits sein Vater hatte eine 1690 publizierte Stichserie davon als Vorlage für seine Bilderfindungen verwendet.[1]

Deutlich zeigt sich im Entwurf das Bestreben Asams, die vom Architekten vorgegebenen Begrenzungen zu überschreiten. An zwei Stellen lässt er – wie auch im ausgeführten Werk – Gewölk, Draperie und Füßchen über den Rahmen gleiten. An diesen Stellen signiert er sein Werk. Die Gesamtkonzeption eines Allerheiligenhimmels, der sich in dynamischen Gruppenanordnungen und konzentrischen Kreisen vor dem offenen Himmel in die Höhe schraubt, ist hochbarocken Vorbildern – vor allem Pietro da Cortona (1596–1669), Giovanni Lanfranco (1582–1647) und Ciro Ferri – entlehnt. Dieses Konzept wendete Asam auch in der Dreifaltigkeitskirche in München (Kat.-Nr. 10) und in der Abteikirche von Weingarten an. CR

1 Nicolas Dorigny, Cupola della Chiesa di Sta Agnese in Piazza Navona in Roma, Rom 1690. Die Publikation besteht aus Titelblatt und 7 Detailblättern.

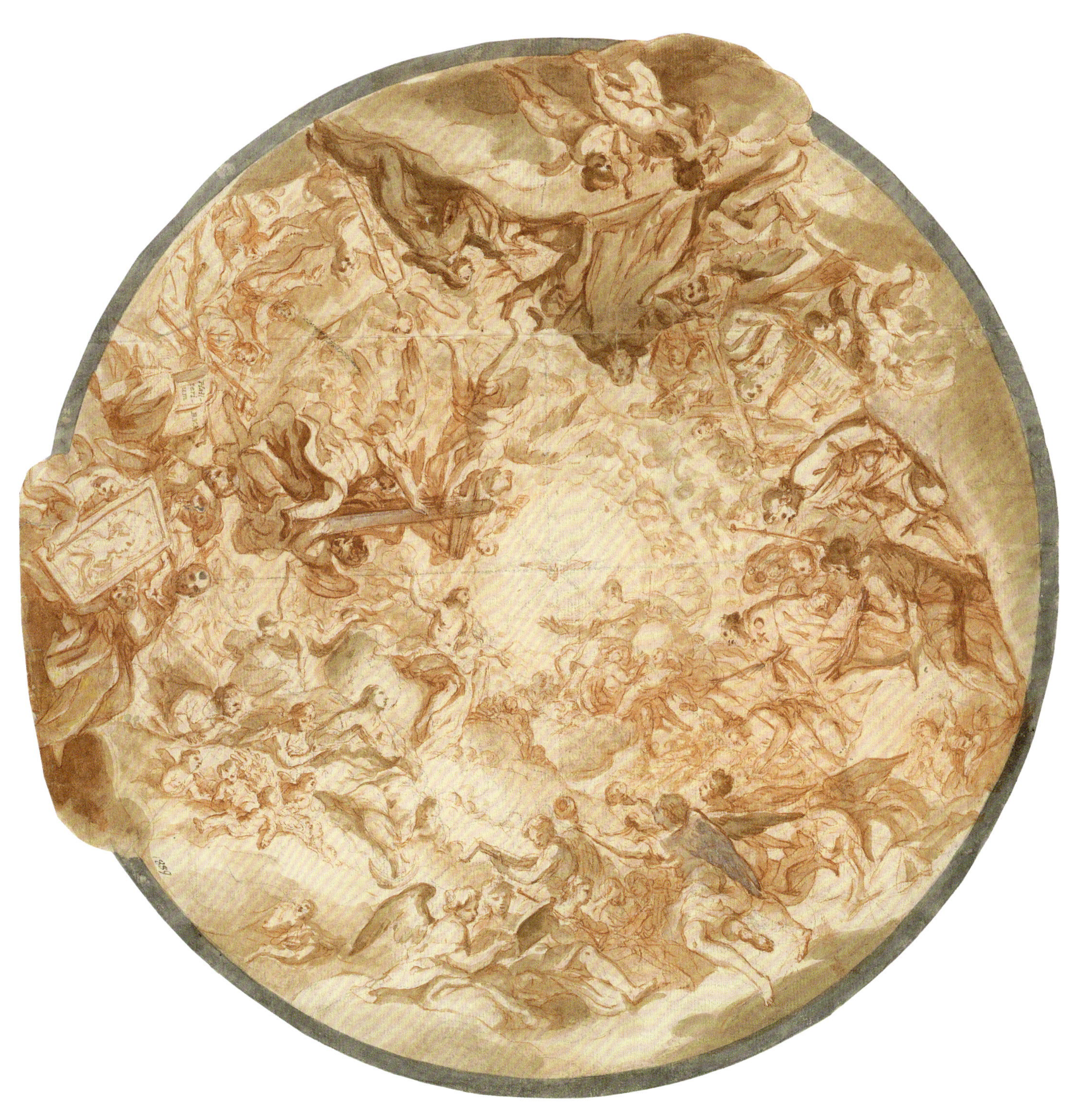

10 COSMAS DAMIAN ASAM

BOZZETTO FÜR DIE DREIFALTIGKEITS-KIRCHE IN MÜNCHEN

1713/14
Öl auf Leinwand; Durchmesser: 144 cm
Wettenhausen, Friedhofskirche St. Patrizius

Literatur: Georg Paula, Eine unbekannte Ölskizze Cosmas Damian Asams für die Kuppel der Dreifaltigkeitskirche in München. Bruno Bushart zum 70. Geburtstag, in: Jahrbuch des Vereins für Augsburger Bistumsgeschichte e. V. 23 (1989), S. 188–198, Abb. 24–30. – Ausst.-Kat. Freising 2007, S. 98, Abb. 65. – Wettenhausen, Friedhofskirche St. Patrizius. Ein Bozzetto von Cosmas Damian Asam, in: Astrid Scherp-Langen/Rainer Schmid (Hg.), Barock in Bayern. Bauer'sche Barockstiftung, Förderprojekte 2008–2013, München 2013, S. 37–39.

Noch während seiner Tätigkeit an der Flachkuppel der Ensdorfer Benediktiner-Abteikirche 1714 (Kat.-Nr. 9) erhielt Cosmas Damian Asam (1686–1739) den Auftrag, die Freskenmalerei der Dreifaltigkeitskirche in München zu übernehmen, die nach Plänen des Münchner Hofbaumeisters Giovanni Antonio Viscardi (1645–1713) ab 1711 erbaut wurde. Das Gotteshaus diente als Klosterkirche der Theresianerinnen (Karmelitinnen) zur Allerheiligsten Dreifaltigkeit und verdankte seine Entstehung einem Gelübde, das die drei Bayerischen Landstände aufgrund der Visionen der Maria Anna Lindmayr (1657–1726) geleistet hatten.

In der Friedhofskirche von Wettenhausen hat sich ein Ölbozzetto erhalten, der 1989 als Entwurf für das Kuppelfresko identifiziert werden konnte.[1] Zwar wird in der Literatur auf »vier Scüzi [Ölskizzen] on altar blättern vom H. Erblasser selbst gemahlen« verwiesen, die im Nachlassinventar Asams verzeichnet sind und diesem zur Werkvorbereitung gedient haben,[2] doch ist der Wettenhausener Bozzetto die bislang einzig nachweisbare Ölskizze Asams. Oftmals bildeten Ölbozzetti die Grundlage für den Kontrakt mit dem Auftraggeber, hatten also vertragsbindende Funktion. Darüber hinaus waren sie ein Versuch, Komposition und malerische Ausführung eines Deckengemäldes anschaulich werden zu lassen.[3] Im Laufe des 18. Jahrhunderts wurden sie wegen ihrer malerischen Qualitäten zunehmend zu begehrten Sammelobjekten, waren aber auch zum Studium und zur Inspiration von Schülern und Künstlerkollegen gefragt.[4] Eine bislang noch wenig beachtete Besonderheit des Entwurfs von Asam liegt darin, dass es sich dabei um den ersten erhaltenen Ölbozzetto eines Freskomalers überhaupt handelt. Asam könnte sich durch dieses neue Präsentationsmedium gegenüber seinen Konkurrenten einen Vorteil verschafft haben.

Cosmas Damian Asam lernte und verbesserte sich schnell: Der Ölbozzetto zeigt eine wesentlich stringentere Tiefenraumillusion als in Ensdorf (Kat.-Nr. 9) und darüber hinaus kühne Verkürzungen, die nicht nur in die Tiefe, sondern auch zur Seite eingesetzt werden. Die extreme Untersicht meisterte Asam hervorragend durch gegenläufige Bewegungsmomente mit enormer Lebendigkeit und Wirkungskraft. Die Figurenverteilung, die in Ensdorf noch wie ein Wimmelbild wirkt, hat sich zu einem axial komponierten Gruppenbild entwickelt. Gottvater schwebt dem Betrachter in kühner Verkürzung entgegen, und die Rosse vor Elias' Himmelswagen sprengen in den imaginären Raum vor. Neben einem durchdachten Licht- und Farbenspiel, das von außen nach innen reduziert und aufgehellt ist und mit wenigen blauen, roten und goldenen Tönen in vorwiegend bräunlicher Farbumgebung akzentuiert wird, überzeugt Asam auch in der Abfolge konzentrischer Figurenringe, wie er sie in Sant'Andrea della Valle in Rom kennengelernt hatte und wie sie Correggio (1489–1534) als Prinzip der gemalten Himmelsvision bereits im 16. Jahrhundert in die Deckenmalerei eingeführt hatte. Die Technik des Bozzettos ist »Alla-prima-Malerei, auf roter Grundierung zwar, aber ohne Vorzeichnung oder gar Untermalung, die Farben [sind] direkt aufgesetzt, spontan in Pinselführung und Darstellung«[5]. Die Tonigkeit, Dunkelheit und Schwere werden erst am *al fresco* ausgeführten Werk gemildert.

Der Bozzetto berücksichtigt nicht die Rechteckfenster, die im April 1714 in die Kuppel eingeschnitten wurden. Das könnte dafür sprechen, dass er bereits 1713, gleich nach der Rückkehr Cosmas Damian Asams aus Italien, entstanden ist, vielleicht sogar unabhängig von einem Vertrag. Eine solche »Initiativbewerbung« kennt man von Asam im Zusammenhang mit der Ausmalung der Benediktiner-Klosterkirche Hl. Kreuz in Donauwörth 1720 und der St. Jakobskirche in Innsbruck 1721 (Kat.-Nr. 11). CR

---

1 Die Restaurierung erfolgte ab 2008 in den Werkstätten des Bayerischen Landesamtes für Denkmalpflege durch Petra Schwaerzel und Cornelia Hagn.

2 Ausst.-Kat. Aldersbach 1986, S. 57.

3 Vgl. Bärbel Hamacher, Entwurf und Ausführung in der süddeutschen Freskomalerei des 18. Jahrhunderts, München 1987.

4 Vgl. Bruno Bushart, Die deutsche Ölskizze des 18. Jahrhunderts als autonomes Kunstwerk, in: Münchner Jahrbuch der bildenden Kunst 3. F., 15 (1964), S. 145 ff., und ders., Entwurf und Ausführung in der bayerischen Rokokomalerei, in: Volk 1986, S. 257 ff.

5 Scherp-Langen/Schmid 2013, S. 39 (siehe Literatur).

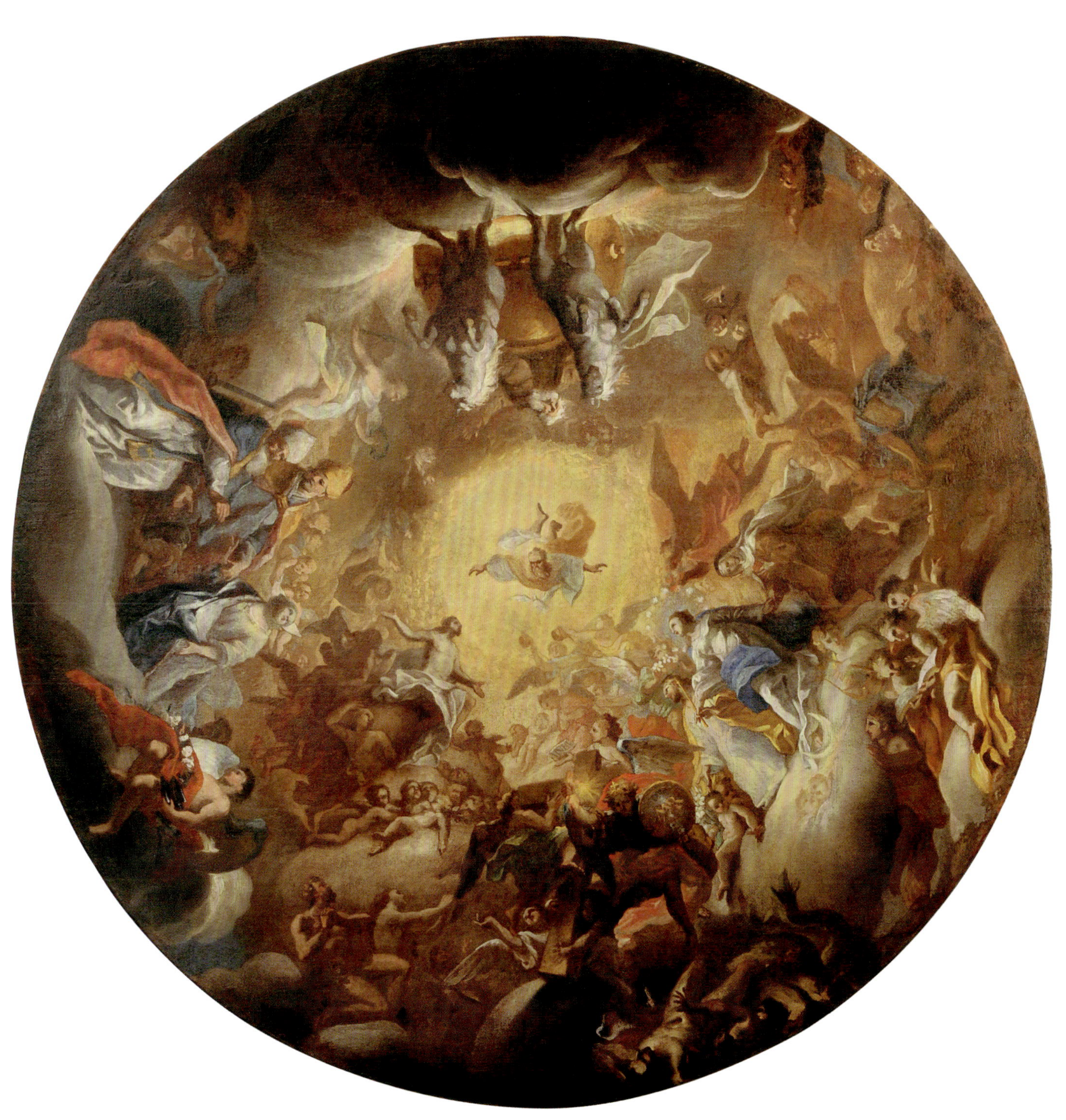

11 COSMAS DAMIAN ASAM

HL. JAKOBUS D.Ä. ALS HELFER UND FÜRBITTER

1721
Pinsel, laviert und aquarelliert über Bleistiftvorzeichnung; Randstreifen in Gelb; 29,4 x 33,6 cm
Bezeichnet unten links: »Cosmas Dam: Asam invenit 1721«
München, Staatliche Graphische Sammlung; Inv.-Nr. 8030 Z
Literatur: Rupprecht 1980, S. 124 f. – Ausst.-Kat. Aldersbach 1986, S. 52, Nr. Z 13. – Frank Büttner, Die ästhetische Illusion und ihre Ziele. Überlegungen zur historischen Rezeption barocker Deckenmalerei in Deutschland, in: Das Münster 54 (2001), S. 108–127, bes. S. 118, Abb. 11. – Ausst.-Kat. Freising 2007, S. 94, Abb. 60.

Das Blatt gilt als eine der schönsten der insgesamt etwa 60 erhaltenen Zeichnungen Cosmas Damian Asams (1686–1739) und zeigt einen Entwurf für das Fresko in der Flachkuppel des zweiten Langhausjoches von St. Jakob in Innsbruck. Die Darstellung der Verherrlichung des Kirchenpatrons ist im Œuvre Asams wegen ihrer buntfarbigen Aquarellierung, vor allem aber wegen der äußerst detaillierten und sorgfältigen Ausführung singulär. Die Signatur und die Datierung 1721 am unteren Bildrand könnten darauf hindeuten, dass das Blatt als Probestück für den Auftraggeber angefertigt wurde; denn der eigentliche Vertragsabschluss erfolgte erst später, am 8. August 1722. Wie bereits zuvor für die Münchner Dreifaltigkeitskirche (Kat.-Nr. 10) oder Hl. Kreuz in Donauwörth hatte sich Asam mit einer aufwendigen Präsentation um den Auftrag für St. Jakob beworben, wofür er eigens nach Innsbruck gereist war. Unterstützung fand er bei seinem Schwiegervater Franz Anton Mörl, der ihn dem Magistrat der Stadt empfahl. Cosmas Damian Asam erhielt für die Freskierung den stattlichen Lohn von 3500 Gulden und zudem 200 Gulden »fir dessen Frau Eheggeliebste«, die ihm offensichtlich vor Ort geholfen hatte. Egid Quirin Asam führte die Stuckierung aus.

Das querrechteckige Blatt zeigt in einem goldfarben abgesetzten Oval eine Kuppelarchitektur. Bereits hier spielt Cosmas Damian Asam mit illusionistischen Techniken, denn der gemalte Rahmen wird von einem dunkleren Strich begleitet, der wie eine Schattierung wirkt. In diesem Oval entfaltet sich nun eine phantastische Architektur, die allerdings – anders als in den zuvor ausgeführten Deckenfresken der Abteikirche Weingarten – die gebaute Architektur nicht aufnimmt und damit auf keine Raumerweiterung abzielt, sondern als Bild begriffen ist. Asam kontrastiert die realen Verhältnisse der Innsbrucker Flachkuppel mit der Konstruktion zweier aufeinanderfolgender Raumabschnitte, deren Kuppeln über Pendentifs auf ädikulaartigen Wandpfeilern ruhen, die zugleich die Quertonnen der Abseiten tragen. Von beiden Seiten wenden sich Hilfesuchende – Gefangene, Pilger, Jakobsritter und Kranke aller Art, wobei Asam die von Dämonen besessene Frau aus seiner römischen Akademiezeichnung entnahm (Kat.-Nr. 7) – an den hl. Jakobus d. Ä., dessen Silberskulptur in Anspielung auf Santiago de Compostela mittig auf einem hohen Altar steht. Darüber wird der Heilige, diesmal als Person dargestellt, von Engeln in den Himmel erhoben. Cosmas Damian Asam gibt in dem Entwurf feinste architektonische und ornamentale Details wie auch Materialimitationen wieder: Marmorsäulen mit korinthischen Kapitellen tragen das antikische, mit Kartuschen und Englein geschmückte Gebälk. Der Zeltcharakter von Kuppeln und Bögen ist durch den prachtvollen Lichterglanz der aufwendigen Mordantvergoldung überhöht. Starke Farbakzente strukturieren die ansonsten lichtdurchflutete, von goldweißen Tönen beherrschte Atmosphäre.

Asam hatte gerade in Weltenburg als Architekt brilliert und in Weingarten den größten Auftrag seines Lebens abgeschlossen, wo er in seinen sieben großformatigen Deckenbildern mit illusionistisch-architektonischer Malerei alle Register gezogen hatte, die ihm zum damaligen Zeitpunkt möglich waren. Im Blatt für Innsbruck scheinen diese Erfahrungen in der Komplexität des dargestellten Raumes zu kulminieren, gleichwohl Asam in seiner Illusionsarchitektur die Quadraturamalerei des Jesuiten Andrea Pozzo (1642–1709) mit Elementen narrativer Schrägansicht verbindet, wie sie die venezianische Malerei Veroneses und Tintorettos bis hin zur römischen Variante eines Pietro da Cortona vorgebildet hatte.

Zwischen 1717 und 1722 wurde der Neubau von St. Jakob in Innsbruck nach den Plänen von Johann Jakob Herkomer (1652–1717) und seinem Neffen Johann Georg Fischer (1673–1747) als moderne Wandpfeilerkirche errichtet. Veränderungen in Asams Fresko gegenüber seiner Vorzeichnung betreffen vor allem die Figuren; es gibt einige Verschiebungen und Erweiterungen. Die Kirche wurde 1944 schwer beschädigt, die Deckenfresken sind heute weitgehend rekonstruiert. CR

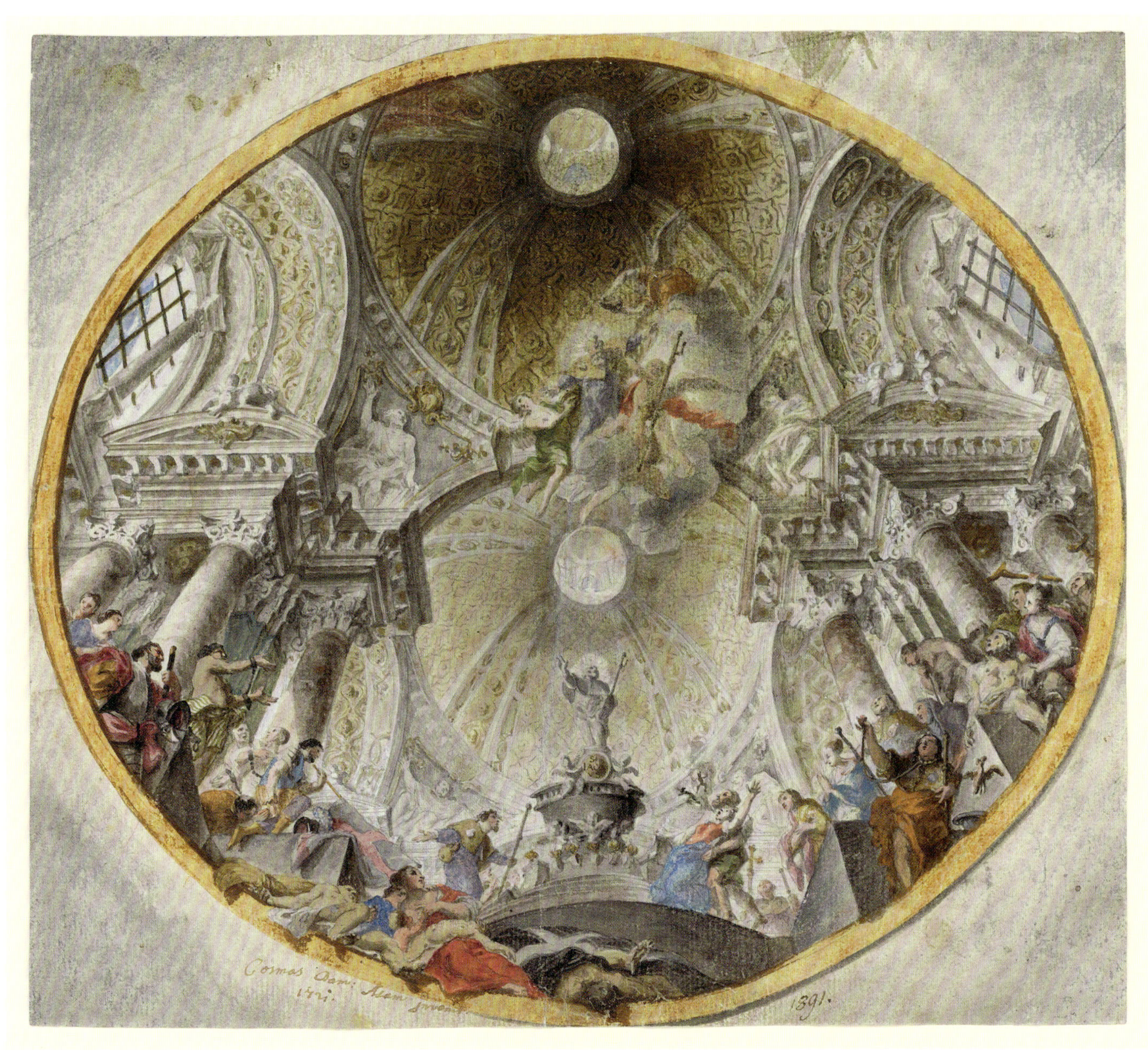
Cosmas
1891.

12 EGID QUIRIN ASAM

ENTWURF FÜR EINE RUNDKAPELLE

um 1725
Feder in Schwarz, braun, grau und rötlich laviert, weiß gehöht;
49,9 × 37,4 cm
München, Staatliche Graphische Sammlung; Inv.-Nr. 40951 Z
Literatur: Baumeister 1951, S. 212–214, Nr. 2. – Rupprecht 1980, S. 140 f. – Ausst.-Kat. Ettlingen 1982, S. 56 f. – Ausst.-Kat. München 1985, Nr. 133. – Ausst.-Kat. Aldersbach 1986, Nr. U 5. – Thomas Kamm, Egid Quirin Asam. Die Zeichnung einer Rundkapelle, München 1988. – Von Dürer bis de Kooning. 100 Meisterzeichnungen. Die Staatliche Graphische Sammlung München zu Gast in New York, München 2012, Nr. 41.

Das bemerkenswerte Blatt ist eines der raren Zeugnisse des zeichnerischen Talents Egid Quirin Asams (1692–1750). Der Entwurf für eine Kapelle zeigt auf der linken Seite die Außenansicht des Baus, während die rechte Seite den Blick in den Innenraum freigibt – Aufsicht und Querschnitt sind in dem Blatt also kombiniert. Der zweigeschossige Rundbau ist mit einer flachen Kuppel ausgestattet. Dem Eingangsportal direkt gegenüber befindet sich der Hochaltar, der wie in der Münchner Asamkirche als Doppelaltar über zwei Stockwerke reicht. Vom Untergeschoss führt eine geschwungene Freitreppe zum Emporengang. Die Kuppel ist als Doppelschale angelegt: Die innere Schale ist in der Mitte geöffnet, darüber wölbt sich eine zweite Kuppel mit Tambour, durch dessen Fenster der Raum indirekt beleuchtet wird. Eine ähnlich raffinierte Konstruktion zeichnet auch die Architektur der Klosterkirche Weltenburg (1716–1721) aus, ein Werk von Egid Quirins Bruder Cosmas Damian.

Die Zeichnung ist äußerst sorgsam und detailreich ausgeführt. Durch die bräunlich-rote Lavierung der angeschnittenen Mauerteile hat der Betrachter keine Schwierigkeiten, die komplexe Zusammenschau von innen und außen zu verstehen. Alle wichtigen Elemente der Architektur und Ausstattung sind in der Zeichnung festgehalten: von der Konstruktion der Kuppel, der Anlage der Säulen und Postamente über die Gestaltung der Fassade bis zum figürlichen Schmuck im Innenraum und an der Fassade. Dabei widmet sich Egid Quirin selbst kleinsten bautechnischen Details, etwa den Eisenhaken, durch die im Dachstuhl die Balken zusammengehalten werden. Dennoch handelt es sich vermutlich nicht um eine Werkzeichnung, also eine Arbeitsvorlage für den Architekten. Die im Gebäude wiedergegebenen Figuren und stimmungsvollen Zugaben wie die Grasbüschel am Sockel des Außenbaus sprechen eher dafür, dass es sich um ein Demonstrationsstück handelt, mit dem der Künstler ein lebendiges, ja »plastisches« Bild des Baus geben wollte.

Die Zeichnung mit ihrer Zusammenschau der Gattungen demonstriert auf instruktive Weise das Prinzip des barocken Gesamtkunstwerks, in dem Architektur, Malerei, Skulptur und Stuck nicht nur aus einem Guss, sondern auch aufeinander bezogen sind und förmlich ineinander übergehen. Die Gebrüder Asam gelten als erste Künstler Süddeutschlands, die dieses Prinzip im ersten Viertel des 18. Jahrhunderts verwirklicht haben. Dabei erlangten sie gleich eine Vollkommenheit, die tatsächlich von keinem der nachfolgenden Meister erreicht werden sollte. Dass der zunächst als Maler ausgebildete Egid Quirin in allen Künsten bewandert und sowohl als Bildhauer und Stuckateur als auch als Architekt tätig war, belegt nicht zuletzt sein Engagement für den Neubau der Stiftskirche in Rohr, für die er die Planung samt Stuckierung, Altarbau und Skulptur innehatte (1717–1722).

Der Entwurf für eine Rundkapelle wurde allerdings nie in die Tat umgesetzt. Man vermutet, dass er in Zusammenhang mit einem Bauprojekt stand, für das Egid Quirin 1725 beim Fürstbischof von Freising ein Gesuch eingereicht hatte: Er wolle auf dem Anwesen seines Bruders in Thalkirchen bei München eine Kapelle »in honorem Sancti Spiritus […] aus meinen aignen mitlen schön, und sauber«[1] errichten. Die in der Zeichnung projektierte bildliche Ausstattung – ein Stuckrelief mit dem Pfingstwunder am Hochaltar und das Kuppelfresko mit dem Auferstandenen vor den Aposteln – sprechen für eine solche Identifizierung. Während am Ende doch der Bruder Cosmas Damian die Kapelle in Thalkirchen realisierte, widmete sich Egid Quirin seit 1732 dem Bau der Kirche St. Johannes Nepomuk neben seinem Wohnhaus in der Sendlinger Straße, heute besser bekannt als Asamkirche, deren Entstehung sich über mehr als ein Jahrzehnt hinziehen sollte. AM

1 Zitiert nach Jakob Mois, »Das Asamisch-Maria-Einsiedel-Thal«. Ein Kapitel Künstlerfrömmigkeit der Barockzeit, in: Der Zwiebelturm 13 (1958), S. 189–194, 218–223, hier S. 189 f.

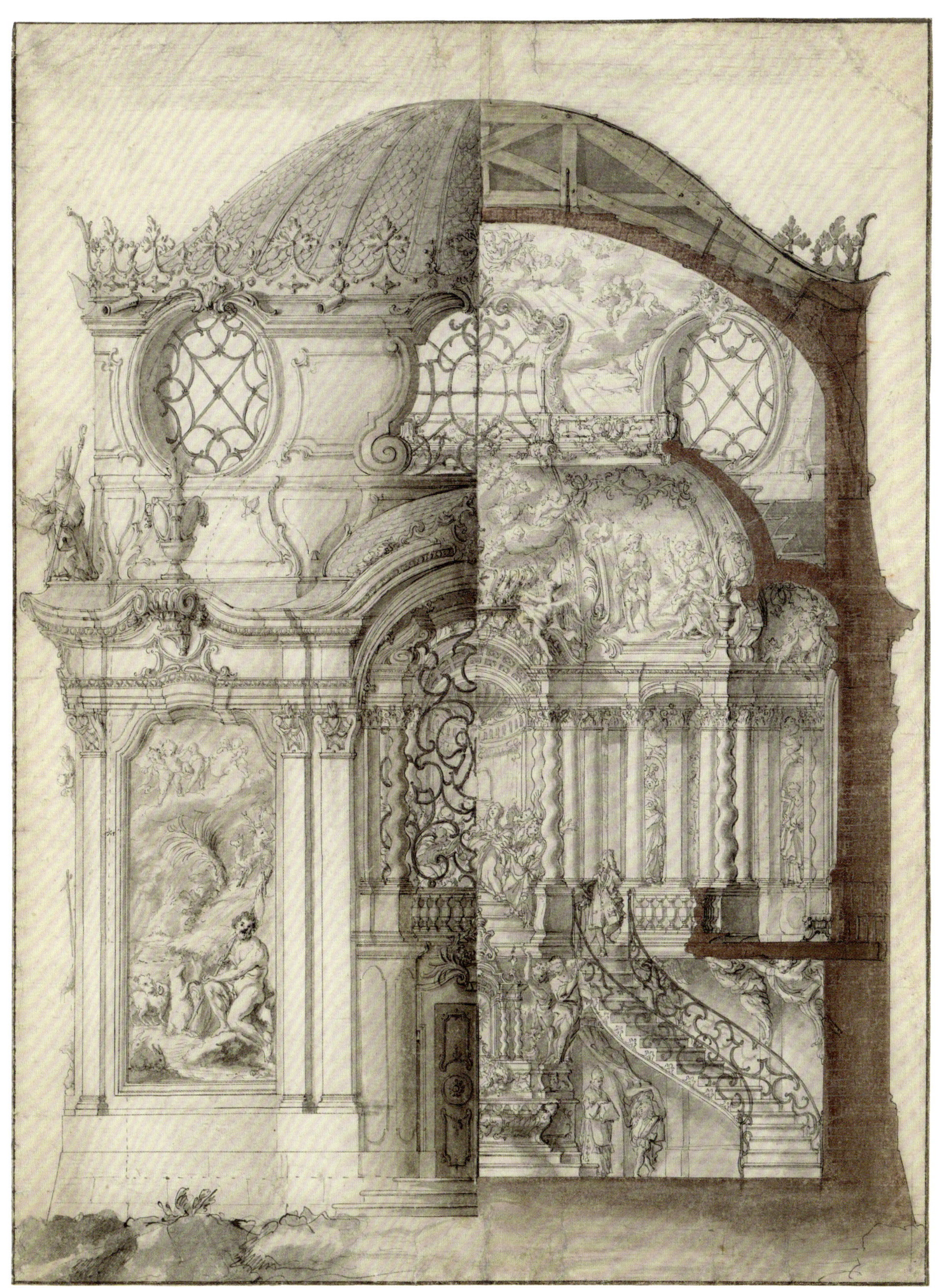

13

EGID QUIRIN ASAM

ENTWURF FÜR DEN HOCHALTAR DER WALLFAHRTSKIRCHE MARIA DORFEN

1739/40
Feder in Grauschwarz, oliv, grau und braun laviert, stellenweise weiß gehöht; 47,3 x 29,7 cm
Bezeichnet rechts auf der Architektur mit Größenangaben
München, Staatliche Graphische Sammlung; Inv.-Nr. 32093 Z
Literatur: Baumeister 1951, S. 210–212, Nr. 1. – Rupprecht 1980, S. 248 f. – Ausst.-Kat. München 1985, Nr. 127. – Ausst.-Kat. Aldersbach 1986, Nr. U 6. – Iris Nestler, Die Wallfahrtskirche Maria Dorfen. Eine Monographie, Dorfen 1994, S. 35–38.

Der Entwurf für den imposanten Hochaltar der Wallfahrtskirche Maria Dorfen beeindruckt durch seine sorgfältige Ausarbeitung und seinen Detailreichtum. Die Architektur besteht aus zwei Gruppen von je drei gedrehten Säulen auf hohen Postamenten und wird oben von einer monumentalen Spangenkrone abgeschlossen. Im Zentrum thront unter einem eigenen Baldachin die Muttergottes mit dem Jesuskind – ein spätgotisches Gnadenbild, das in den neuen Altar integriert wurde. Sie wird links flankiert von den hll. Silvester und Dominikus sowie rechts von dem hl. Rupert und der hl. Katharina von Siena, ganz außen sind jeweils die Personifikationen von Glaube und Hoffnung postiert. Figürliche Reliefs befinden sich auf den Tabernakeltüren und in der Sockelzone. Die Säulen, Kapitelle und Gebälkstücke sind mit Weinranken, flammenden Herzen und Festons reich geschmückt; viele kleinere und größere Engel vervollständigen die Inszenierung. Konkrete Angaben zur Größe der einzelnen Bauteile – »der zogl 3 sch[uh] 6 zol« – rechts in der Architektur deuten darauf hin, dass das Blatt als Werkzeichnung verwendet wurde.

Die Autorschaft des Entwurfs ist durchaus umstritten. Durch ein Dokument von 1741 ist belegt, dass 1728 der zwischenzeitlich »verstorbene Herr Asam« einen Riss für den Hochaltar der Wallfahrtskirche geliefert hatte. Sein Bruder Egid Quirin (1692–1750) soll dann nach dessen Tod ein Modell geschaffen haben, nach dem der Altar bis 1749 von diesem selbst und anderen ausgeführt wurde. Manche Autoren schreiben daher die Zeichnung Cosmas Damian Asam zu. Ein Vergleich mit anderen Werken dieses Meisters macht eine solche Zuordnung jedoch unwahrscheinlich. Große Analogien bestehen vielmehr zu den wenigen erhaltenen Zeichnungen Egid Quirins, sodass man annehmen kann, dass es sich bei der Zeichnung wohl um eine Umarbeitung des Entwurfs seines Bruders handelt.

Das Blatt veranschaulicht auf eindrückliche Weise das integrative Zusammenspiel der verschiedenen Gattungen in der Kunst des Altarbaus: Ein Bildhauer wie Egid Quirin Asam lieferte in der Regel nicht allein die Skulpturen und Reliefs, sondern auch die architektonischen Teile und die schmückenden Elemente. Darüber hinaus war er in Maria Dorfen auch für die gesamte Ausstattung des Chorraums in Fresko und Stuck verantwortlich.

Durch die große Bedeutung der Dorfener Wallfahrt, die sich zur Mitte des Jahrhunderts als eine der größten Marienwallfahrten Altbayerns mit jährlich rund 100 000 Pilgern etablierte, dürfte der Asam'sche Altar schnell enorme Bekanntheit erlangt haben. 1868 wurde das Werk jedoch abgebrochen – heute ist in Dorfen nur mehr eine Rekonstruktion von 1971 zu sehen. AM

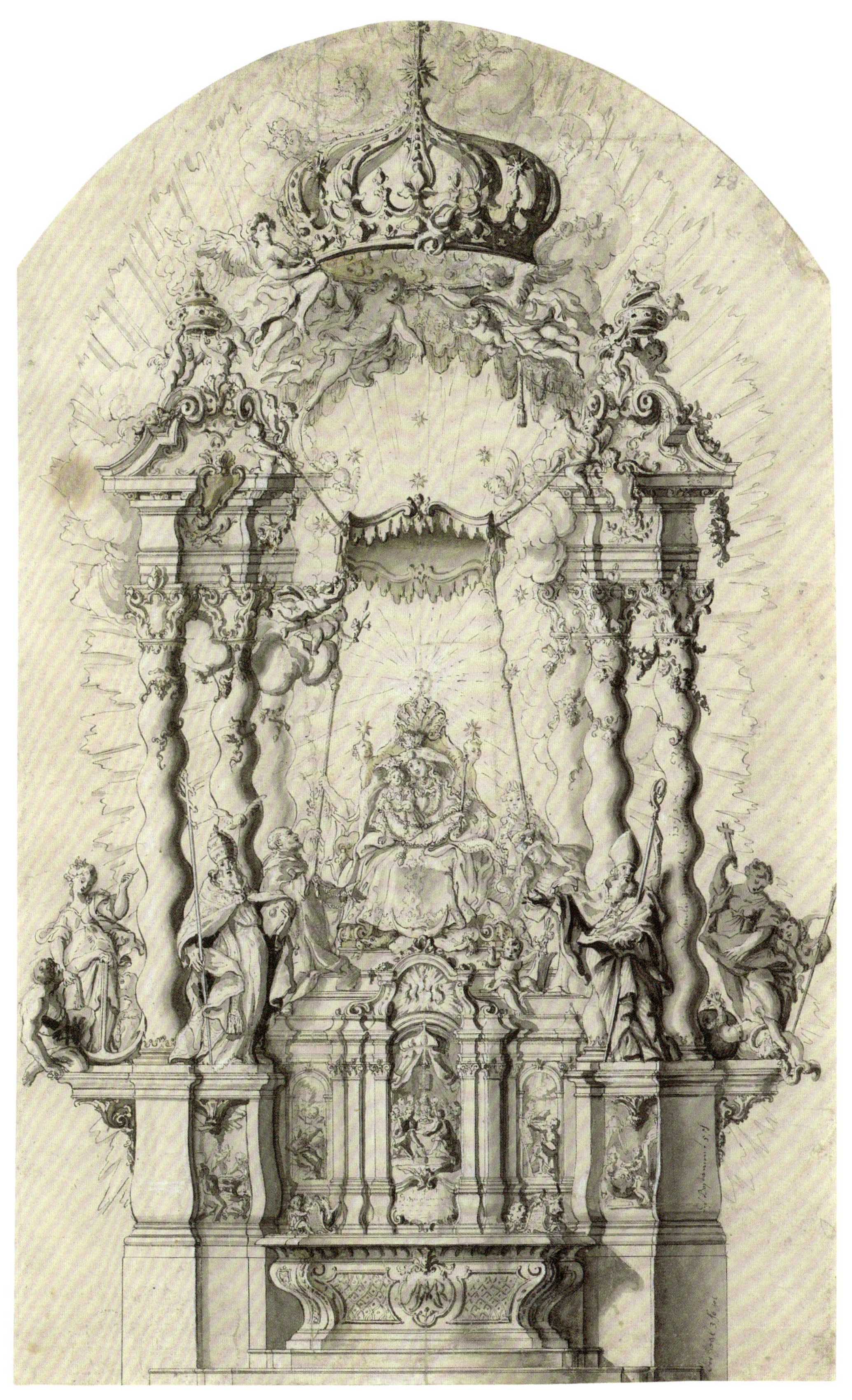

14 EGID QUIRIN ASAM

HL. JOHANNES VON NEPOMUK MIT KRUZIFIX

vor 1746
Figur: Stuck, vollrund gearbeitet, innen hohl, farbig gefasst; Sockel: Holz; hl. Johannes Nepomuk: 198 x 112 cm, Kruzifixus: 125 cm (Kopf bis Füße), 84 cm (Hand zu Hand), Kreuzbalken: 325,5 cm x 94 cm x 2,8 cm
Freising, Diözesanmuseum; Inv.-Nr. L 2007-1 und L 2007-5 (Leihgabe der Priesterhausstiftung St. Johann Nepomuk, München)
Literatur: Hans Lehmbruch/Heinz Jürgen Sauermost, Die Johann-Nepomuk-Gruppe Ägid Quirin Asams. Drei Exemplare einer spätbarocken Großplastik in München, Neustadt a. d. Donau und Vilshofen, in: Oberbayerisches Archiv 102 (1977), S. 18–31. – Ausst.-Kat. München/Prag 1993, S. 208 ff., Nr. 134. – Ausst.-Kat. Freising 2007, Nr. I.4. – Hildebrandt 2012. – Heisig 2013. – Irmgard Schnell-Stöger, Stuckskulpturen Hl. Johannes Nepomuk, Kruzifixus. Dokumentation, Freising/Oberammergau 2014 (unpubliziert).

Die überlebensgroße Stuckfigur stammt aus der Werkstatt Egid Quirin Asams (1692–1750) in der Sendlinger Straße in München und war dort bis zu seinem Tod im Rohzustand verblieben. Erst 1773 – mittlerweile war die benachbarte Priesterhausstiftung Eigentümerin der Asam'schen Wohn- und Werkstätte geworden – wird im Inventar der Asamkirche vermerkt, dass »[…] ein dem gottshaus geherige bildtnüss des hl. Joann. Nep. in die gartten Capelen Transportiert und gefast worden« sei. Die Gartenkapelle war eventuell noch von Egid Quirin Asam selbst konzipiert worden. 1932 war die Plastik grau-weiß, eine Steinfigur imitierend, überfasst und hielt ein kleines Handkreuz in der Rechten. Den Bombenhagel des Krieges überstand sie zwar, doch versank sie kniehoch im Schutt. 1967 kam die Stuckfigur ins Bayerische Nationalmuseum, wo die seit 1837 abgebrochenen Finger der rechten Hand erneuert wurden. Seit 2007 steht sie im Diözesanmuseum Freising. Zu ihr gehört ein Kruzifix von beachtlicher Größe, das wohl nach dem Tod Egid Quirin Asams im Treppenhaus seines Wohngebäudes angebracht und nun eigens für die Ausstellung dem Heiligen wieder in die Hand gegeben wurde.

Die mächtige Figur des hl. Johannes Nepomuk lebt von ihrer wuchtigen Präsenz und den tief schluchtenden Gewandmassen, die die Oberfläche der Plastik in ein aufgewühltes Spiel von Licht und Schatten hüllt. Dies, aber auch der bewegte Kontrapost und die emphatische Hinwendung zum Kruzifix stehen im Gegensatz zur inneren Verfasstheit und der liebevoll-betrachtenden Aufmerksamkeit im Antlitz des Heiligen. Der dicke und doch weich fließende Pelzumhang, das kantig-knittrige Leinen des Chorrocks und der schwere Stoff der Soutane des Kanonikers verbergen die von einem kompakten Umriss zusammengehaltene massige Körperlichkeit. Um das Haupt der Figur dürfte ein Sternenkranz zu ergänzen sein.

Die Hinwendung des Heiligen gilt dem Kruzifixus mit seiner enormen Spannkraft von Armen und Beinen. Dieser ist mit vier Nägeln ans Kreuz geschlagen (sogenannter Viernageltypus). Seine anatomische Durchbildung zeugt von großer Kenntnis und Sensibilität des Künstlers und wirkt in der gegenläufigen Drehung des schlanken Köpers äußerst lebendig. Die Muskelgruppen von Oberkörper und Beinen wölben sich wie nervöse Wellen über den Knochenbau, der an Hüfte, Rippen und Knien unter der Haut sichtbar wird. Einen Gegensatz zur Vitalität des Körpers bildet Christi Haupt, das mit geschlossenen Augen auf die rechte Schulter gesunken ist; die Gesichtszüge sind knochig und scharfkantig geschnitten. Dicke, plastisch aufgesetzte Blutstropfen markieren die fünf Wundmale.[1]

Egid Quirin Asam hat mehrere Statuen des hl. Johannes Nepomuk geschaffen, die jeweils leicht variieren. Bekannt sind neben der Freisinger Plastik aus dem Asamhaus jene in der Stadtpfarrkirche von Vilshofen im Landkreis Passau und jene in der Friedhofskirche St. Nikolaus in Neustadt an der Donau, die zuvor in einer Kapelle am Weg nach Mauern stand. Die Nepomukfigur in Vilshofen war 1746 von dem kurbayerischen Jagdamtsschreiber Johann Wolfgang Paur für die Kirche des Augustiner-Chorherrenstifts St. Nikola in Passau gestiftet worden. Vermutlich handelt es sich bei dieser Figur um den Prototyp, von dem die beiden anderen Statuen zeitnah, jedoch mit kleinen Variationen abgeformt wurden. Auch das Kruzifix findet sich in vergleichbarer Form in Vilshofen sowie als Solitär in der ehemaligen Prämonstratenserkirche St. Margaretha in Osterhofen, während dasjenige aus Neustadt abhanden kam und durch ein jüngeres ersetzt wurde. Diese eindrucksvolle Serie vermittelt einen Eindruck von der Werkstattpraxis des Bildhauers und dessen künstlerische Leistungsfähigkeit. CR

1 Die letzte Restaurierung (2014) durch Corinna Pflästerer und Beate Hecker, München, brachte die beinahe vollständig erhaltene Erstfassung unter einem dunklen Überzug hervor.

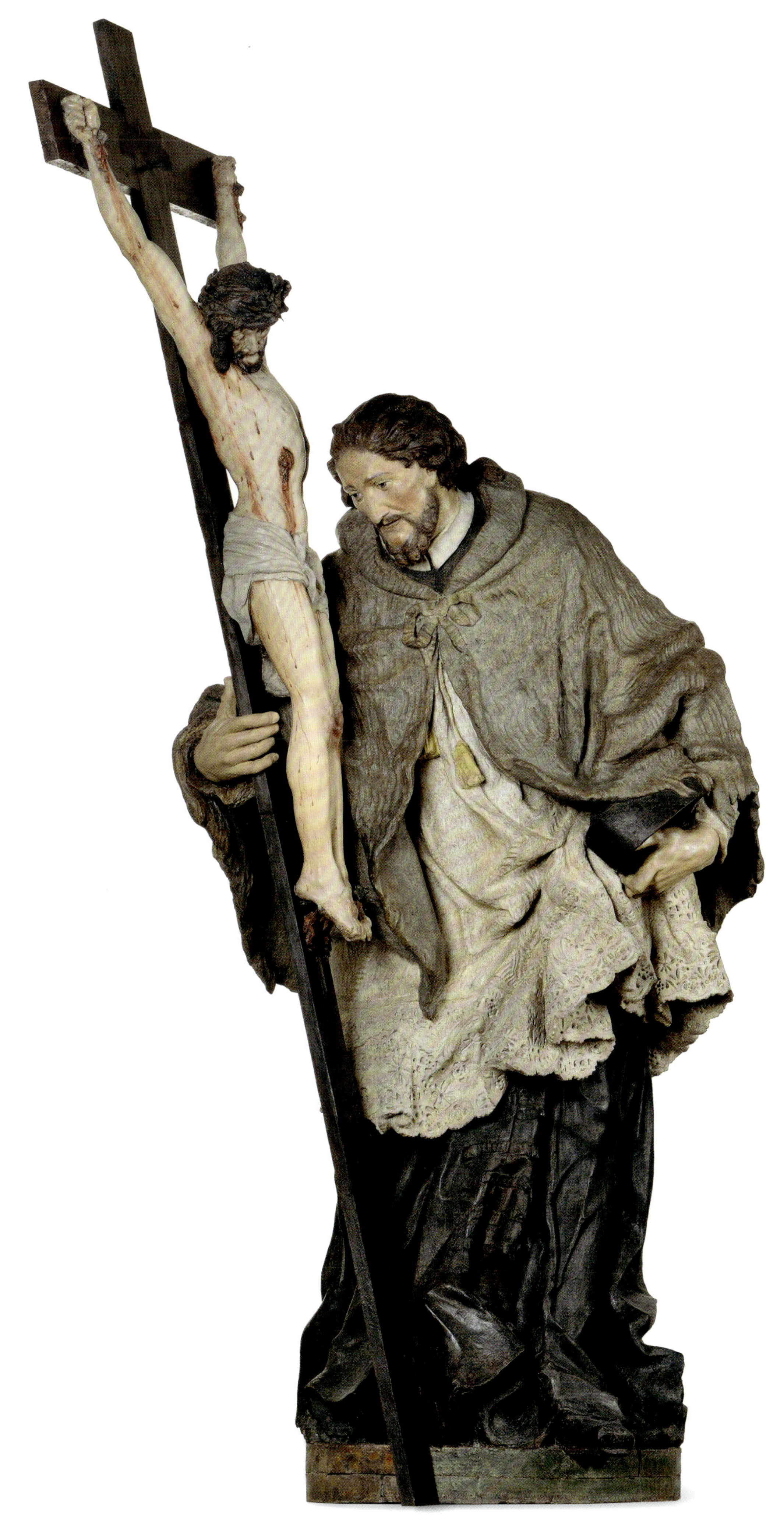

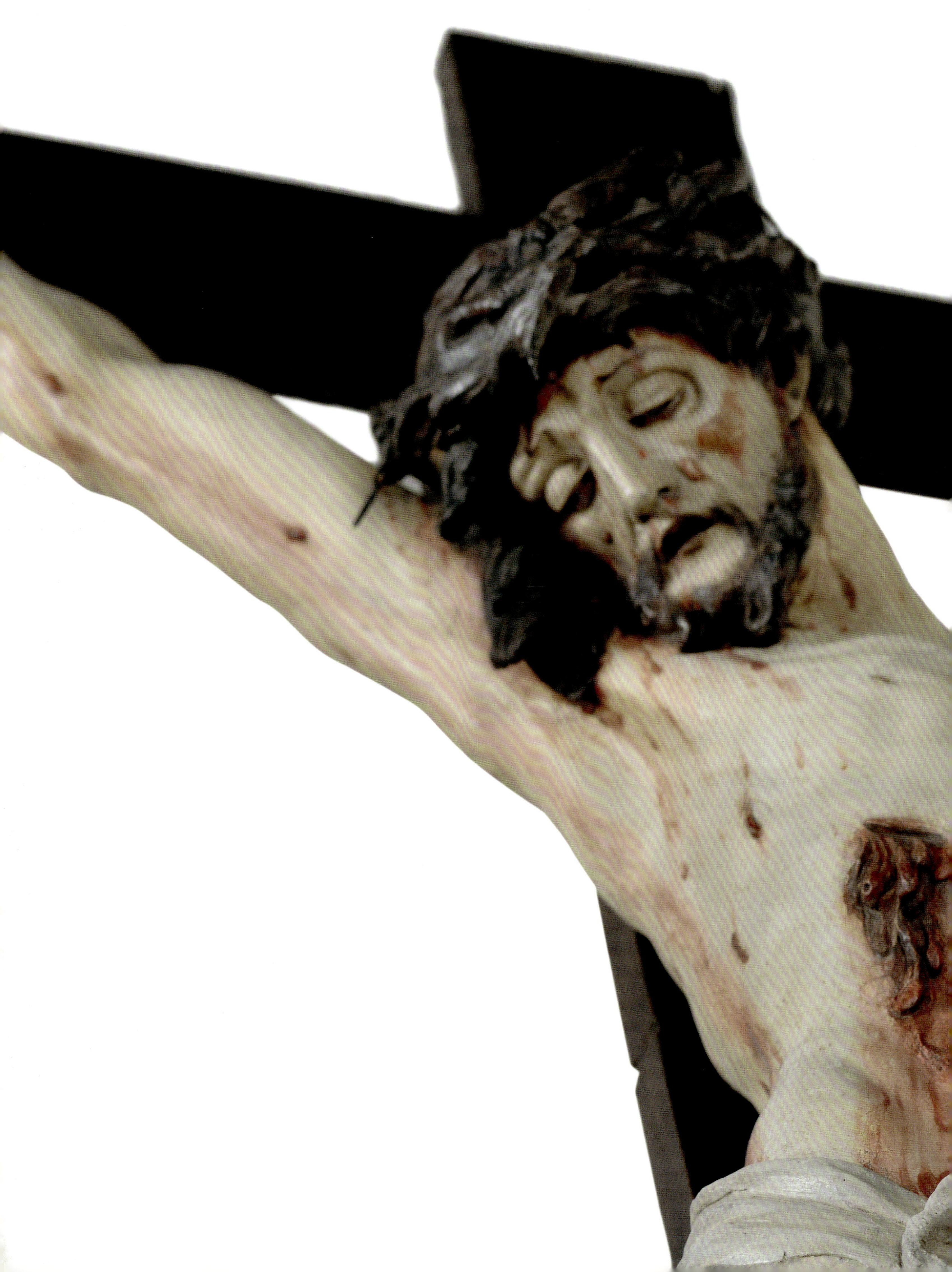

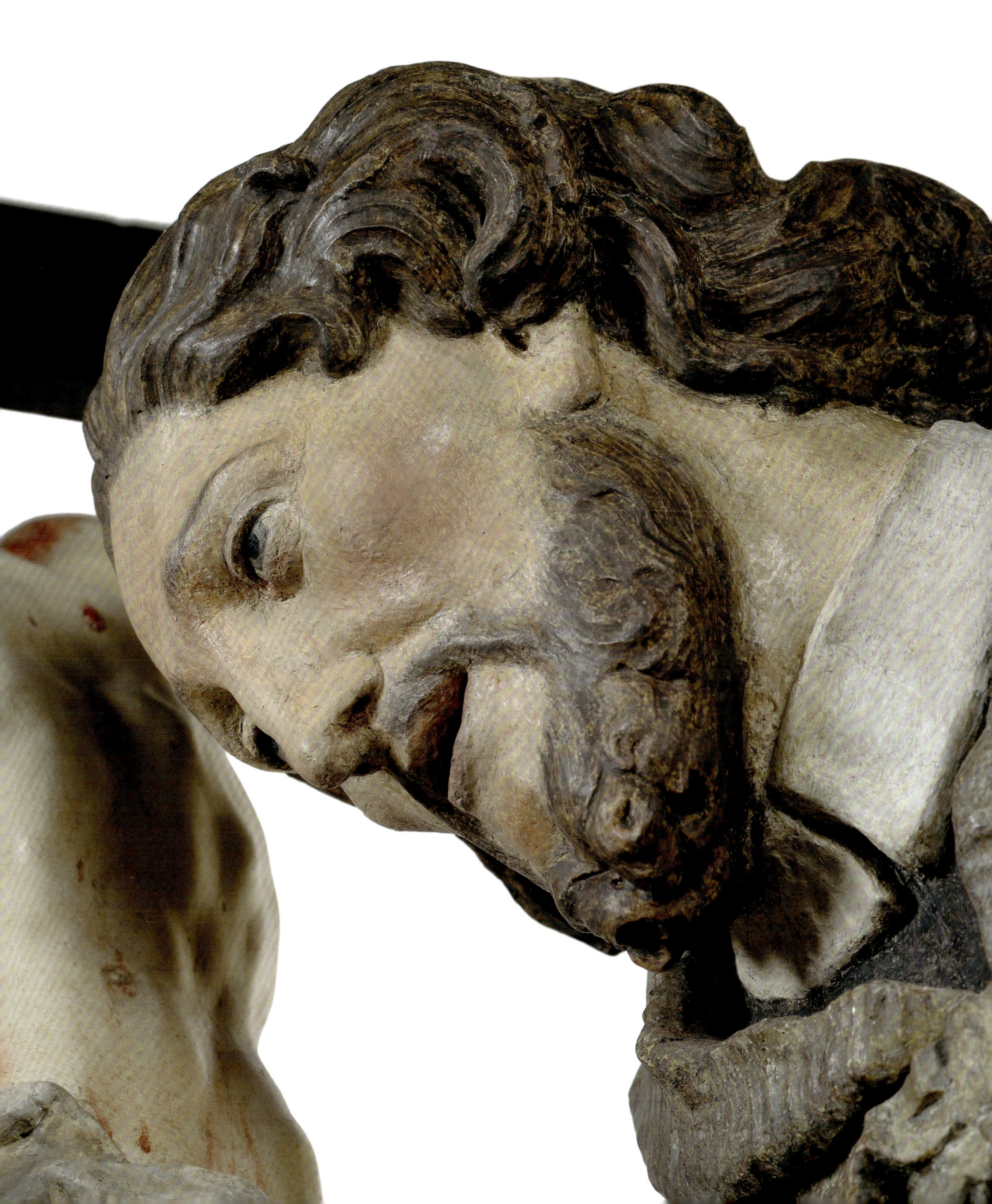

15 EGID QUIRIN ASAM
HAUSTÜR DES ASAMHAUSES IN MÜNCHEN

nach 1733
Eichenholz massiv, mit Ergänzungen u. a. aus Linde, Eisenscharnierbänder, Eisenbleche mit ölhaltigem Anstrich, Beschlagknopf aus Messing (rechts ergänzt); 292 x 230 x 5 cm
Freising, Diözesanmuseum Freising; Inv.-Nr. L 8408 (Leihgabe der Priesterhausstiftung St. Johann Nepomuk, München)
Literatur: Ausst.-Kat. Freising 2007, Nr. I.3. – Peter B. Steiner, Die Asamkirche in München, Lindenberg im Allgäu 2010, S. 14 f. mit Abb. – Hildebrandt 2012. – Heisig 2013. – Volker Jutzi, Dokumentation zum Asamportal, München 2014 (unpubliziert).

Die zweiflügelige Haustür des Wohnhauses von Egid Quirin Asam (1692–1750) steht *pars pro toto* für einen in der kurfürstlichen Kunstmetropole München einzigartigen Künstlerwohnsitz, der barocken Künstlerruhm mit persönlicher Frömmigkeit verbindet (Abb. S. 16, 54). Asam erwarb zwischen 1729 und 1733 mit finanzieller Hilfe seines Bruders Cosmas Damian drei respektable Grundstücke an der Oberen Sendlinger Gasse, der südlichen Ausfallstraße Münchens, wo er neben einem Wohnhaus eine Werkstatt sowie »ganz aus freyem Willen und eigenen Mitteln [...] zu Ehre des heiligen Johann Nepomuk eine Kapelle bauen wolle«.[1] Die enge Verbindung von privatem Wohn- und persönlichem Gotteshaus zeigt sich in den von Anfang an vorbereiteten Öffnungen vom Wohnsitz zur Kapelle, die nur für Asams Lebzeiten genehmigt worden waren.

Im Zuge des Kirchenneubaus kam es auch zur Umgestaltung von Vorder- und Rückgebäude des im Kern mittelalterlichen Wohnkomplexes mit einem nach außen wie innen gerichteten anspruchsvollen Bildprogramm. Die breite Eichentür öffnete sich in eine überbaute Durchfahrt und in den Hof des Anwesens, von wo aus beide Gebäudeteile über ein reich bemaltes Treppenhaus zugänglich waren. Auf ihrer der Straße zugewandten Seite zeigt die Tür zwei Engelsgestalten, die die Überwindung von Sünde und Tod und die Hoffnung auf das ewige Leben durch das Erlösungswerk Christi zum Thema haben.

Der Engel des linken Türflügels hält einen blattumrankten Kreuzstab, um den sich eine Schlange windet, im Arm – eine Anspielung auf die Schlangenplage beim Zug des israelitischen Volkes ins Gelobte Land (*Numeri* 21,5–9): Gerettet werden konnte nur derjenige, der auf die an einem Stab aufgerichtete eherne Schlange blickte. Seit dem Hochmittelalter wird diese Szene mit der Kreuzigung Christi in Verbindung gebracht. Zu Füßen des Engels ist ein nacktes Kind zu sehen, das diesem einen Apfel reicht, während es mit der anderen Hand eine Schlange festhält. Dies erinnert an den Sündenfall der Stammeltern und die daraus entstandene Erlösungsbedürftigkeit des Menschen.

Der Engel des rechten Türflügels ist mit einem Schild ausgestattet. Er hat mühelos die Sense aus den dürren Knochenfingern des Todes genommen – ein Zeichen dafür, dass Christus den Tod überwunden hat. Der Tod hat damit seinen Schrecken verloren und fällt in sich zusammen.

Obwohl Egid Quirin Asam eine umfassende Ausbildung bei dem kurkölnischen Hofbildhauer und Holzschnitzer Andreas Faistenberger (1646–1735) in München absolviert hat (1711–1716), ist sein Œuvre nicht reich an Holzarbeiten. Umso erstaunlicher ist die hohe Qualität der bildhauerischen Arbeit, die sich an den Türflügeln zeigt. Das harte, wetterbeständige Eichenholz bearbeitete Asam souverän, so als handele es sich um leicht formbares Material. Sein Können erweist sich in den differenziert behandelten Tiefen des Reliefs von subtilen, fast malerisch-dünnen Schichten der Gewandfalten bis zur vollplastischen Ausarbeitung an Köpfen, Armen und Attributen.

Egid Quirin Asam präsentierte sich in Tür- und Fassadenprogramm seines Hauses nicht nur als Bildhauer, sondern auch als Bauherr und Architekt, Stifter und Regisseur auf dem Weg zu Ruhm und Anerkennung. Er scheute nicht davor zurück, sich in barocker Rhetorik an gängigen Bildern eines fürstlichen Tugendideals zu orientieren, und stellte sich damit selbstbewusst in eine Reihe mit Gelehrten und Fürsten, Auftraggebern und Mäzenen. CR

---

1 Richard Bauer/Gabriele Dischinger/Hans Lehmbruch/Heinz Jürgen Sauermost, St. Johann Nepomuk im Licht der Quellen. Materialien und Erörterungen zur Asamkirche in München, München 1977, S. 7.

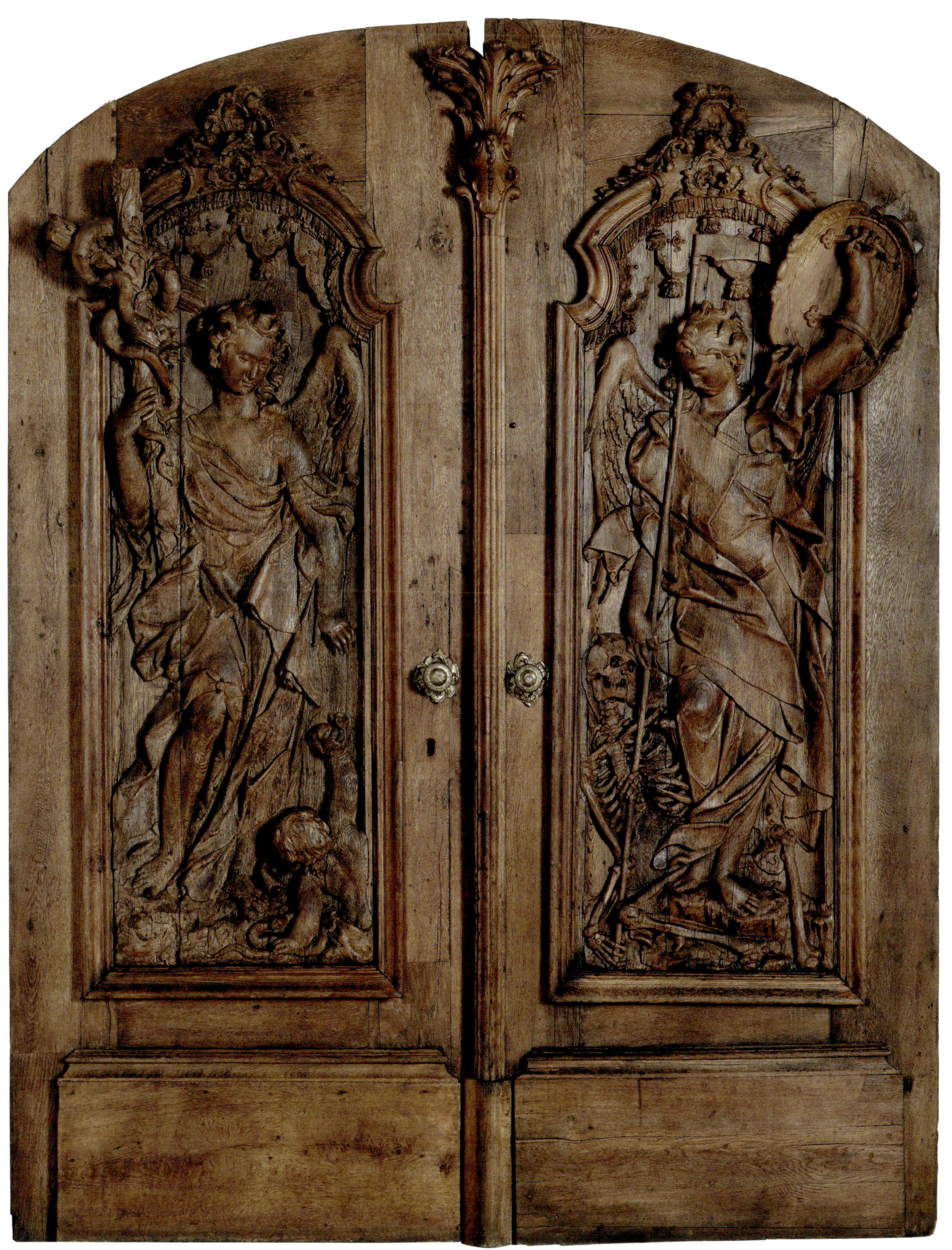

16 EGID QUIRIN ASAM
ENTWURF FÜR EINE MONSTRANZ

um 1742
Feder in Grau über Rötel, grau laviert, stellenweise rötlich aquarelliert; 71 x 51,7 cm
Bezeichnet unten auf dem Fuß der Monstranz: »E: Q: Asam.«
Berlin, Kunstbibliothek (Staatliche Museen zu Berlin, Stiftung Preußischer Kulturbesitz); Inv.-Nr. Hdz. 4839
Literatur: Hering-Mitgau 1973, S. 35 f. – Ausst.-Kat. Ettlingen 1982, S. 60 f. – Ausst.-Kat. München 1985, Nr. 60. – Ausst.-Kat. Aldersbach 1986, Nr. U 7. – Hering-Mitgau 1992, S. 347.

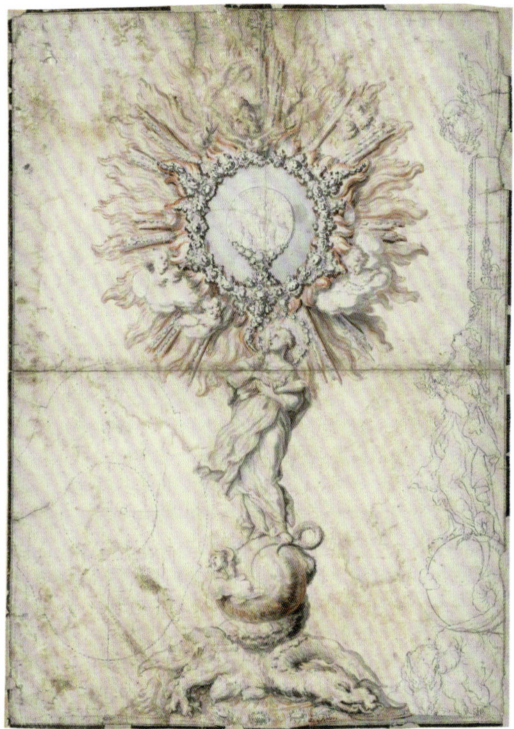

17 JOHANN CHRISTOPH STEINBACHER
STRAHLENMONSTRANZ DER ASAMKIRCHE IN MÜNCHEN

nach einem Entwurf von Egid Quirin Asam
1742
Silber, vergoldet; Perlen, Edelsteine; 80,5 cm
Beschauzeichen: München 1742 (Klein 1989/90, Nr. 122);
Meisterzeichen: K/S (Klein 1989/90, Nr. 110)
München, Priesterhausstiftung St. Johann Nepomuk
Literatur: Woeckel/Herzog 1966, S. 312. – Ausst.-Kat. Ettlingen 1982, S. 62 f. – Ausst.-Kat. München 1985, Nr. 61. – Hering-Mitgau 1992, S. 347.

Egid Quirin Asam (1692–1750) gab die von Johann Christoph Steinbacher (Meister 1719–1746) ausgeführte Monstranz nicht nur in Auftrag, sondern fertigte auch den dazugehörigen Entwurf eigenhändig an. Das kostbare liturgische Gerät, in dem die konsekrierte Hostie zur Anbetung ausgesetzt wird, war für seine Hauskirche St. Johannes Nepomuk, die sogenannte Asamkirche, bestimmt.

Neben der malerisch-plastischen Hauptansicht führte Asam auf demselben Blatt Schemazeichnungen von Grundriss und Seitenansicht aus. Im Grundriss markiert ein kleiner Kreis die Position der Eisenseele der Monstranz und verdeutlicht, dass der Bildhauer bei seinem Entwurf bereits alle Details für die praktische Ausführung in Silber berücksichtigte. Tatsächlich weicht die prächtige, mit zahlreichen Perlen und Edelsteinen besetzte Monstranz sowohl in der Größe als auch in den Details nur minimal von der Entwurfszeichnung ab. Vermutlich fertigte Asam auch einen entsprechenden Holzbozzetto an, der dem Goldschmied als Grundlage für seine Arbeit diente.

Ungewöhnlich an Asams Entwurf ist die vollplastische figürliche Gestaltung des Schaftes als Maria Immaculata, die hier im Zusammenspiel mit dem Drachen deutlich vom Bild der Apokalyptischen Frau geprägt ist, die in der Offenbarung des Johannes beschrieben wird (*Offenbarung* 12,1–6) und seit dem Mittelalter mit Maria, aber auch dem Gottesvolk identifiziert wird. Sie steht mit wehendem Gewand auf der Weltkugel und tritt mit ihrem Fuß auf den Schwanz des riesigen Drachen, der unter der Weltkugel mit abgespreizten Gliedern auf dem Fuß der Monstranz liegt. Die Hände an die Brust gelegt, blickt Maria gleichermaßen erschrocken wie vertrauensvoll nach oben, wo im flammenden Strahlenkranz des Schaugefäßes Gottvater mit der Heilig-Geist-Taube erscheint (vgl. Abb. S. 2/3). Das Zertreten des Drachens, der einen Apfel im Maul hält, muss der Tradition gemäß als Überwindung der Sünde durch Maria gedeutet werden. Sie ist die neue Eva, die den Sohn Gottes gebären soll, und dieser wird mit seinem Opfer am Kreuz die Menschheit vom ewigen Tod erlösen. Während sich in der Monstranz Asams noch ein spätbarocker, kämpferisch-pathetischer Charakter ausprägt, welcher der Dramatik des Offenbarungstextes entspricht und in der Nachfolge des Peter Paul Rubens steht, wird Ignaz Günther für seine später entstandenen Entwürfe von Monstranzen für die Pfarrkirche in Geppersdorf (Kat.-Nr. 101) und die Klosterkirche St. Anna im Lehel (Kat.-Nr. 102) ein anmutiges und in sich gekehrtes Bild der Maria Immaculata verwenden, wie es der Empfindsamkeit des reifen Rokoko entspricht.

Bemerkenswert ist der reiche Besatz mit Perlen, Diamanten und weiteren Edelsteinen, darunter Rubine, Amethyste, Karneol und Lapislazuli. Dieser dient zunächst natürlich der Zierde des kostbaren Gefäßes, dennoch ist der Schmuck auch in seiner symbolischen Dimension zu betrachten, die über die Betonung der sakralen Würde hinausreicht, sich jedoch auch nicht in einer einzig möglichen Deutung erschöpfen kann. Zunächst sei an die biblische Beschreibung der himmlischen Stadt Jerusalem erinnert,

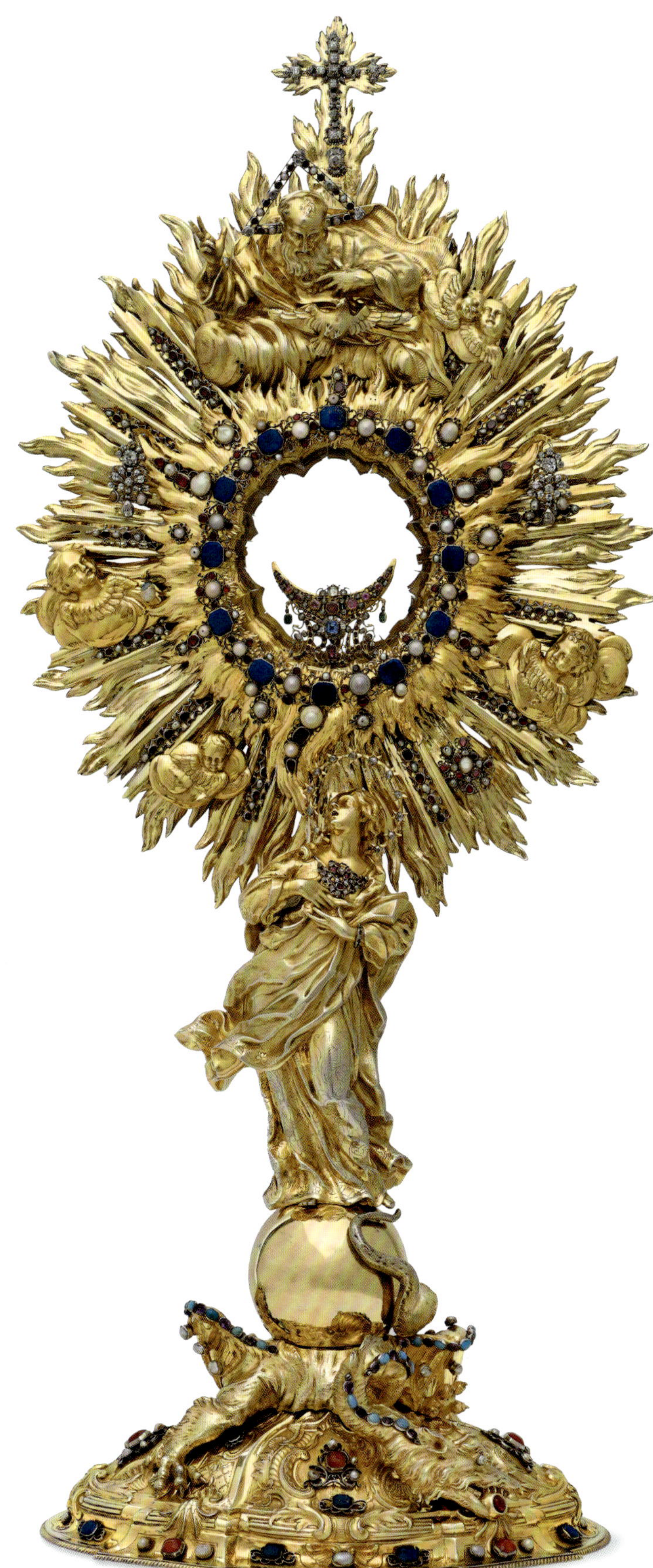

die aus Gold gebildet ist, deren Mauern mit Toren aus Perlen versehen sind und auf Edelsteinen gründen (*Offenbarung* 21,18–21). Die Perle ist der biblischen Tradition gemäß ein Sinnbild für Christus und dessen Lehre, wie auch der Diamant als kostbarster Edelstein für Christus stehen kann. Im 18. Jahrhundert wurden Edelmetalle, Perlen und Edelsteine auch als Symbole der Tugenden verstanden, wobei zum Beispiel Perlen die Jungfräulichkeit, blaue und grüne Steine Glaube und Hoffnung symbolisieren können. Auch der Drache und der Fuß der Monstranz sind mit Edelsteinen besetzt, doch die kostbarsten Exemplare sind auf dem Strahlenkranz, der an Christus als wahre Sonne erinnert, montiert. Deutlich ist zu erkennen, dass es sich teilweise um gestiftete, profane Schmuckstücke handelt.

Die Idee für eine Monstranz, deren Schaft von einer Plastik der Maria Immaculata gebildet wird, zeigt sich erstmals bei der 1699 in Wien gefertigten *Prager Sonne*, für die sich eine Entwurfszeichnung erhalten hat, die dem Bildhauer und Architekten Johann Bernhard Fischer von Erlach (vor 1656–1723) zugeschrieben wird. Sie befindet sich heute in der Schatzkammer des Prager Loreto-Heiligtums. Interessanterweise zeigen sich auch im Detail frappierende Ähnlichkeiten zwischen Asams Monstranz und der *Prager Sonne*. So sind die Pose der Maria, die Gestik der Hände und die Haltung des Kopfes übernommen, auch im Faltenwurf der Gewänder lassen sich Ähnlichkeiten erkennen. Die Darstellung des kraftvoll gebildeten apokalyptischen Drachens findet sich ebenfalls in beiden Werken. JM/SM

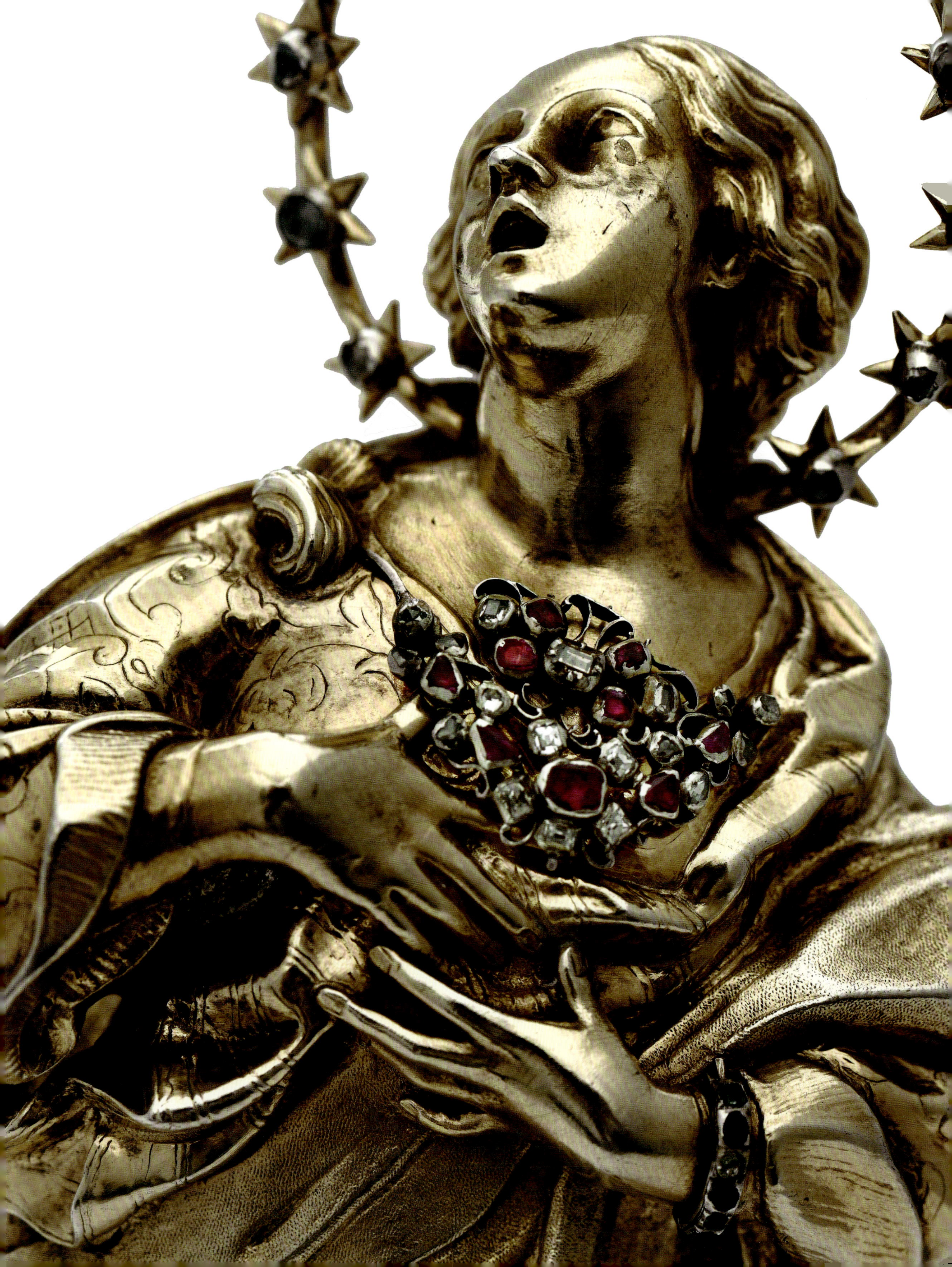

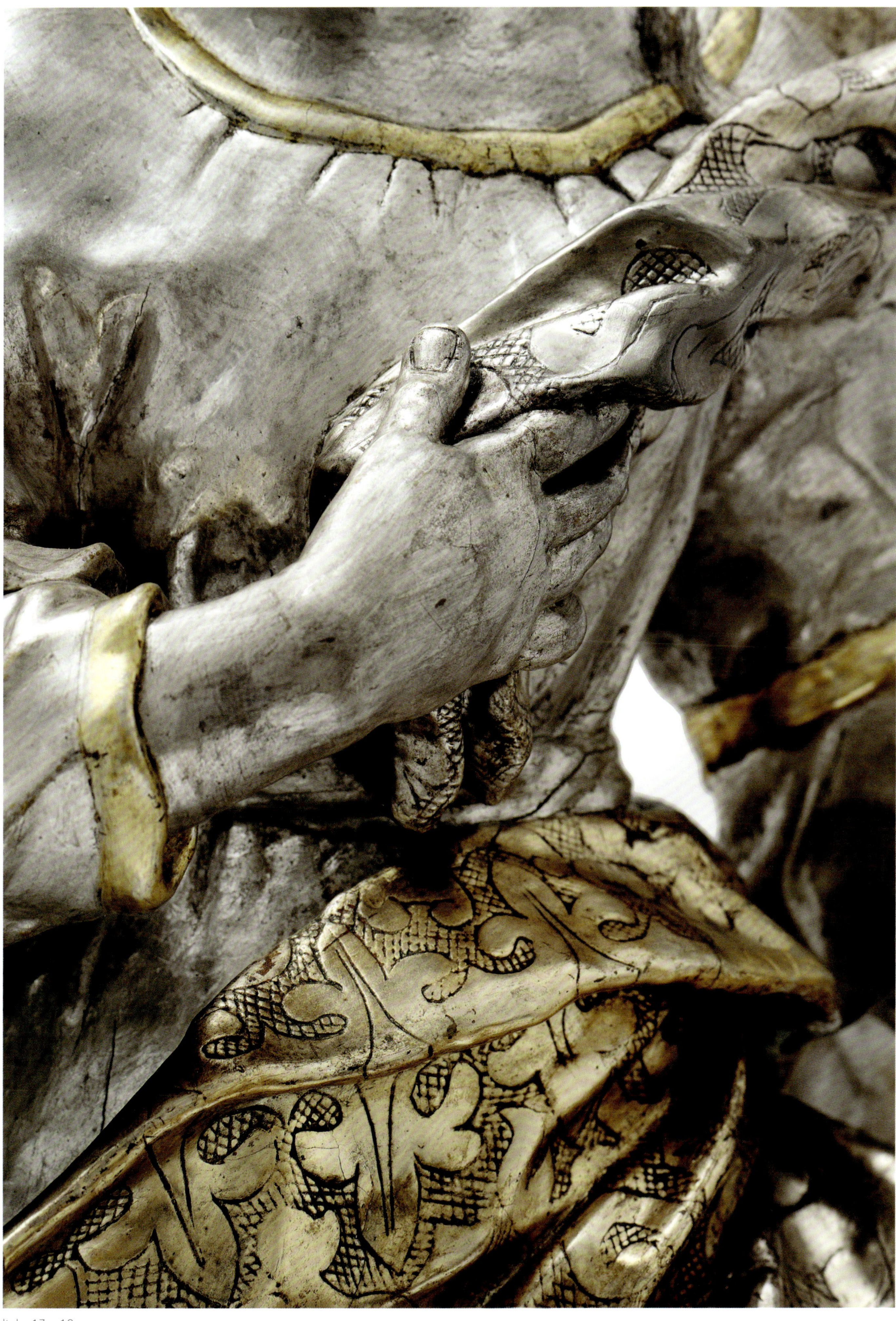

links 17 18

18 UNBEKANNTER KÜNSTLER
MARIA IMMACULATA, HOLZMODELL FÜR EINE SILBERFIGUR

nach einem Entwurf von Cosmas Damian Asam
1731
Holz, versilbert und vergoldet, Kreidegrundgravur, Kugel aus über Holzkreuz gespannter Leinwand, verspachtelt; 165 cm (ohne Strahlenkranz)
München, ehem. Jesuitenkirche St. Michael
Literatur: Christl Karnehm, Die Münchner Frauenkirche. Erstausstattung und barocke Umgestaltung (Miscellanea Bavarica Monacensia, 113), München 1984, S. 233 f. – Sigmund Benker, Cosmas Damian Asam und die silberne Statue der Immaculata in der Münchner Frauenkirche, in: Jahrbuch des Vereins für Christliche Kunst in München 17 (1988), S. 303–318. – Hering-Mitgau/Biller 1998.

Den stolzen Betrag von 100 Gulden sollte Cosmas Damian Asam (1686–1739) von den Kanonikern des Münchner Liebfrauenstiftes für den zeichnerischen Entwurf einer *Maria-Immaculata*-Statue auf einem mit Englein und Ornamenten reich verzierten Postament als Entlohnung erhalten. Propst, Dechant und einige Kanoniker hatten zuvor auf Empfehlung des Eichstätter Weihbischofs den renommierten Augsburger Gold- und Silberschmied Johann Georg Herkommer (gest. 1754) kontaktiert und ihm Anfang des Jahres 1731 (?) einen farbig lavierten Riss von Johann Adam Miller (um 1690–1738) samt Maßangaben zukommen lassen. Damit verbunden war die Anfrage, was die Herstellung einer lebensgroßen Silberstatue kosten würde, wenn das für eine Auftragserteilung notwendige Holzmodell in München angefertigt würde, damit bei Bedarf noch Änderungen vorgenommen werden könnten. Herkommer war damit der Verantwortung für die künstlerische Qualität enthoben, doch wies er darauf hin, dass die Hände extra gearbeitet sein sollten, »das man es kan ab nem zum fürmen«. Über den Riss Millers urteilte er etwas despektierlich.

Das war vielleicht der Grund, warum im April 1731 die Kapitulare beschlossen, lieber Cosmas Damian Asam mit einem Riss zu beauftragen und ihm dafür zusätzlich zum vereinbarten Betrag von 50 Gulden auch noch eine Zahlung von weiteren 50 Gulden, also insgesamt 100 Gulden zu gewähren.

Laut dem zuvor mit Herkommer geschlossenen Vertrag war dieser nun jedoch selbst für die Besorgung eines Holzmodells verantwortlich. Und so übersandte Herkommer in der Folge drei kleine Bozzetti zur Begutachtung. Im Spätsommer desselben Jahres erfolgten die vom Stiftsdechanten gewünschten Korrekturen der Modelle, von denen eines nach Überarbeitung zur Ausführung gelangen sollte. Das Konzept eines Briefes vom Oktober 1731, in dem die Holzskulptur Erwähnung findet, legt in diesem Zusammenhang dar: »Die hölzerne Statua ist auch nach Möglichkeit zu erhalten, dann man machet auf sie einen gewissen Antrag.« Der namentlich nicht genannte Bildhauer erhielt demnach 85 Gulden für die Figur und »2 Kindlen«. Zudem erfährt man auch von einem ersten geschnitzten Bild, das Herkommer geliefert hatte, »welches aber nit anstendtig gewesen, sondern ein anderes gemacht wordte«. Am 28. Februar 1732 wurde die Silberfigur samt Holzskulptur nach München gebracht. Doch stand die Bezahlung an »H. Asam Mahler, welcher die Zeichnung, wie die Statua solle gemacht werden, verfertigt hat«, im selben Jahr noch aus. 1735 ließ Asam das offenbar immer noch nicht erhaltene Honorar mit der Überlassung einer Grabstätte auf dem Friedhof der Frauenkirche verrechnen.

1985 gelang es, eine in St. Michael in München aufbewahrte Holzskulptur als Modell der Silberimmaculata zu identifizieren. Aus Quellen ist überliefert, dass von Franz Jakob Schwanthaler (1760–1820) ebendiese Holzskulptur 1802 als Ersatz für die vom Staat beschlagnahmte Silberfigur repariert, versilbert und vergoldet wurde. Charakteristisch für die Skulptur sind der Kontrast zwischen der schlanken Gestalt und den weichen, rundlichen Ausformungen von Gesicht, Hals, Schultern und Oberkörper sowie das spiralförmig um den Leib geschlungene, von Fältelungen stark bewegte und gebauschte Manteltuch. Vorschläge zur Autorschaft reichen von Egid Quirin Asam über Ehrgott Bernhard Bendl (um 1660–1738) bis zu Aegid Verhelst (1696–1749). Wohl im Jahr 1814 gelangte die Holzskulptur nach St. Michael. Heute schmückt die *Maria Immaculata* dort den Maialtar.

Über seine Tätigkeit als Architekt und Maler hinaus stellte Cosmas Damian Asam seine Vielseitigkeit und die damit verbundene Überschreitung der Gattungsgrenzen mit zahlreichen zeichnerischen Entwürfen wie hier unter Beweis. CR

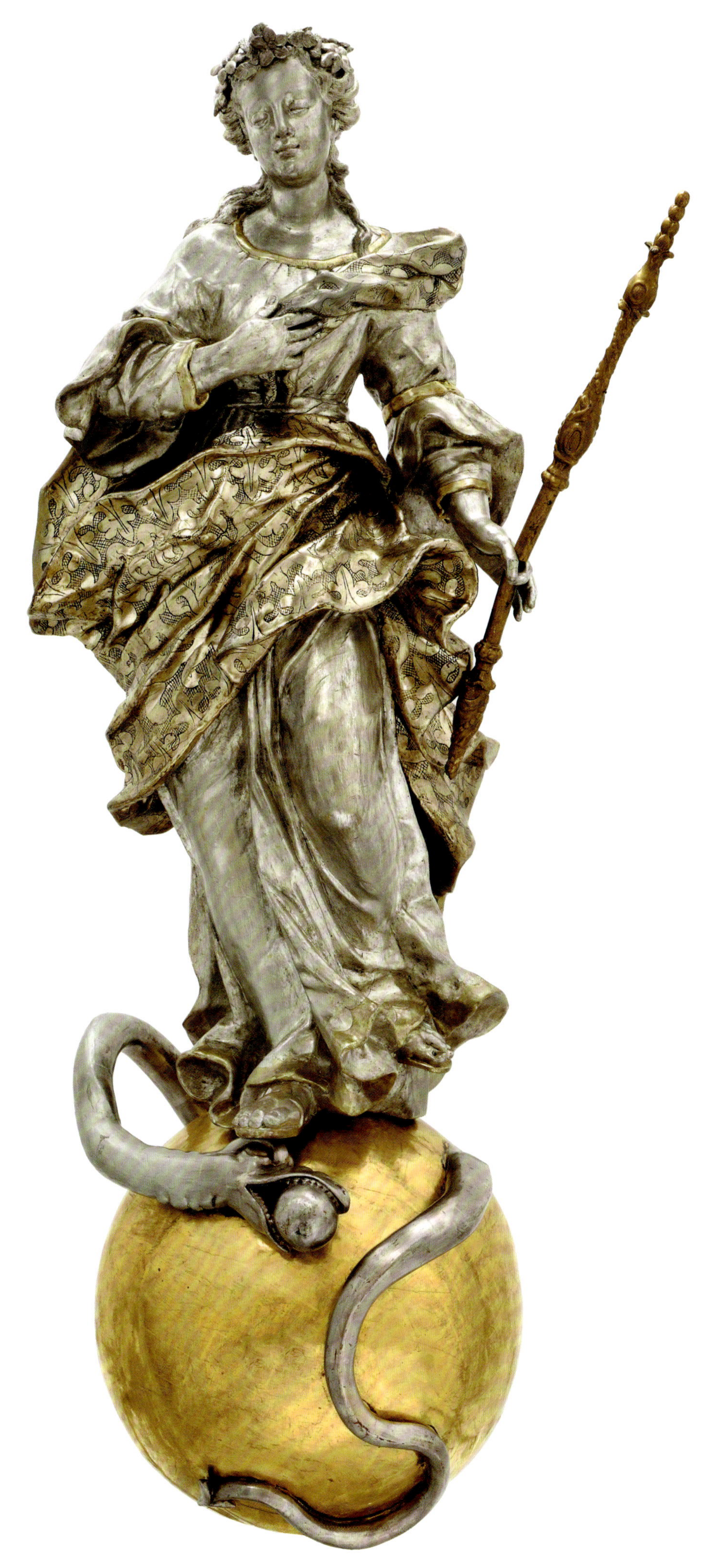

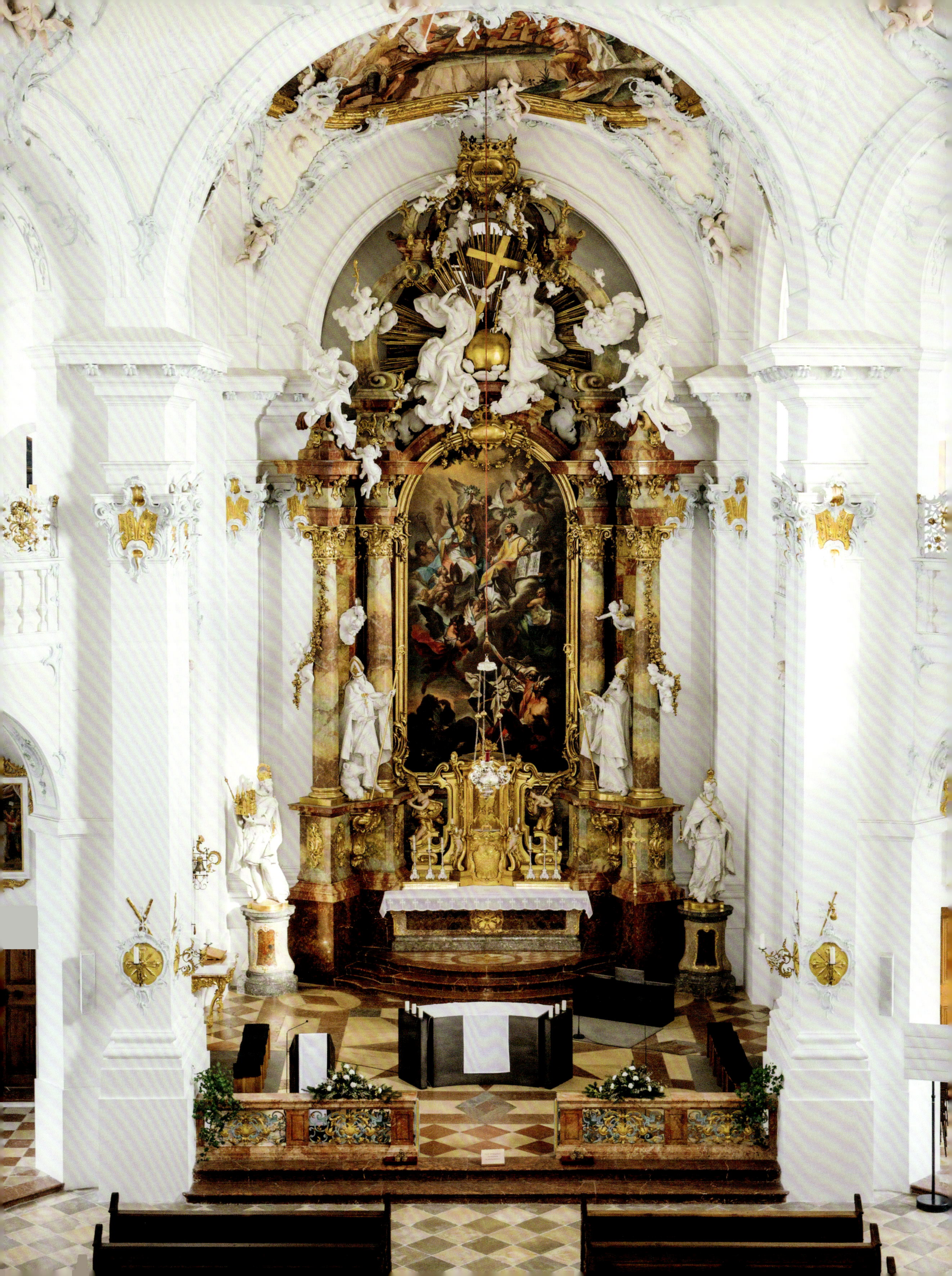

ROKOKO-ARCHITEKTUR?
DIE KIRCHENBAUTEN JOHANN MICHAEL FISCHERS

Meinrad von Engelberg

»In den Carceri Piranesis,
in den Kirchen eines Johann Michael Fischer,
in Walpoles Strawberry Hill wird eine
lange Tradition für immer zerstört.«[1]

Berg am Laim, Dießen, Fürstenzell, Grafrath, Rott am Inn, Schäftlarn, Zwiefalten – diese Ausstellung verdankt den hier aufgezählten Orten einige ihrer schönsten Exponate. Die genannten Kirchen haben alle etwas gemeinsam: Sie wurden vom Münchner Stadtmaurermeister Johann Michael Fischer (1692–1766), dem bedeutendsten Sakralarchitekten Bayerns in jenen Jahren, errichtet oder umgebaut.[2] Von Asam bis Zimmermann haben nahezu alle bedeutenden Bildhauer, Stuckateure und Freskanten des Rokoko mit ihm zusammengearbeitet. Wenn es eine ›spezifisch bayerische Rokokokirche‹ gibt, dann ist er ihr Schöpfer. Ist Fischer somit ein Rokokoarchitekt?

Die Frage mag nach dem eben Gesagten spitzfindig und überflüssig erscheinen, zumal im Kontext einer Ausstellung, die das Münchner Rokoko explizit zum Thema hat. Während aber in der Skulptur, der Malerei und der Stuckatur dieser Stilbegriff durchaus als eingeführt und unumstritten gelten kann, trifft das für die Baukunst nicht im gleichen Maße zu. Seit einem halben Jahrhundert diskutiert man in der Fachwelt, ob das Rokoko »nur« ein Dekorationsstil für Innenräume, also eine partiell relevante, temporäre Mode in Ornamentik, Bildkünsten und Kunsthandwerk war, oder ein universell gültiger ›Epochenstil‹ im umfassenden Sinne, der alle Gattungen gleichermaßen einschloss und durchdrang. In dieser Debatte spielte die Münchner Kunstgeschichte eine durchaus führende Rolle, wie das Eingangszitat des im Jahr 2000 verstorbenen Ordinarius Hermann Bauer belegt. Seine 1962 erschienene Dissertation hatte das für den Stil namensgebende Ornamentmotiv der Rocaille zum Thema. Der Verfasser sprach sich in Übereinstimmung mit seinem Lehrer Hans Sedlmayr entschieden für einen allumfassenden Anspruch des Rokoko als eigenständige Epoche aus. Demnach sei der »style rocaille«, so Bauer, nicht bloß eine untergeordnete Phase des Spätbarock, sondern etwas völlig Eigenständiges, nach Meinung der Münchner Forscher sogar in seinem Charakter dem vorhergehenden Barock und nachfolgenden Klassizismus Entgegengesetztes. Um dessen Eigenständigkeit zu unterstreichen, schrieben die beiden Autoren in einem 1991 publizierten, gemeinsam verfassten schmalen Band dem Rokoko geradezu revolutionäre Qualitäten zu:[3] Sie erkannten in der zeittypischen, spielerisch-graziösen Infragestellung der barocken und klassischen Ordnungs- und Würdevorstellungen einen ebenso scharfen Bruch mit der Tradition wie in den gleichzeitigen, düsteren, sogenannten Carceri-Graphiken des römischen Architekten Giovanni Battista Piranesi und dem neugotischen, an zeitgenössischen Schauerromanen maßnehmenden Landsitz des englischen Literaten Horace Walpole bei London. Das Rokoko sei im innersten Kern ein »Angriff auf die Architektur« und ihre antikisch fundierten Ordnungs- und Hierarchievorstellungen. Als Beispiele kann man hierfür die graphischen Blätter Meissonniers, Nilsons und Cuvilliés (Kat.-Nr. 19, 20, 24) anführen, die tatsächlich jeder statischen Plausibilität hohnsprechen und Kartuschen wie ganze Gebäude erscheinen lassen. Dominikus Zimmermanns (1685–1766) Chorarkaden der Wieskirche (Abb. 1), François Cuvilliés' (1695–1768) Amalienburg (vgl. S. 24/25) oder der Entwurf Johann Baptist Straubs (1704–1784) für die Chorschranke in Fürstenzell (Kat.-Nr. 41) lösen sich in vergleichbarer Weise von jeder statisch-konstruktiven Strenge, Würde und Rationalität. Die stark asymmetrische Gestaltung einer kleinen Laube (Kat.- Nr. 21) könnte auch als Altarmodell dienen – diese Austauschbarkeit der Dimensionen und Kontexte bezeichnet Bauer als »mikromegalisch [...] zehn Jahre vorher war Swifts Gulliver erschienen«[4].

Auf den ersten Blick fällt es schwer, die Kirchen von Dießen, Berg am Laim und Rott am Inn in vergleichbarer Weise als Gegenentwürfe oder revolutionäre Infragestellung lokaler barocker Konventionen zu verstehen. Ein anderer Schüler Sedlmayrs, Bernhard Rupprecht, hat in seiner 1959 erschienenen Dissertation versucht, das Charakteristische der ›bayerischen Rokokokirche‹ anders zu bestimmen: Ihre Eigenart läge darin, nicht demonstrativ mit der Tradition zu brechen, sondern diese vorsichtig weiterzuentwickeln.[5] Einen zentralen Aspekt sieht er hierbei in der von ihm sogenannten Verbildlichung des Kirchenraums, also der stets zunehmenden Größe und Autonomie der Fresken, welche nicht mehr einfach den Kirchenraum illusionistisch nach oben erweitern, sondern autonome Bildräume erschaffen. Hierbei erscheinen ihm die Kirchenausstattungen der Brüder Egid Quirin und Cosmas Damian Asam (1692–1750 und 1686–1739) als wegweisend (Kat.-Nr. 9–16), auch wenn diese niemals die Rocaille verwendeten: »Die Architektur der Rokokokirche ist also selbst bildhaft. [...] Diese gegenseitige Modifikation von Architektur und Fresko, von Architekturraum und Illusionsraum ist die künstlerische Einheit der Rokokokirche. [...] Das Rokoko ist also nicht erst etwa mit der Rocaille nach Süddeutschland gekommen, die Rocaille ist eine adaptierte Form.«[6]

In diesem Sinne hat Robert Stalla, ein Schüler Bauers, die Fischer-Kirche von Berg am Laim (Kat.-Nr. 45–49, 94, Abb. S. 109) charakterisiert: »Nicht mehr Architektur und ihr strukturales Gerüst sind ›Ordnungsmacht‹, sondern Bild, Plastik (hier auch Altäre), Ornament (Stuck) und im weiteren Sinne Farbe und Licht.«[7] Das klingt ein wenig so, als habe die Baukunst im Rokoko abgedankt und den Ausstattungskünstlern willig den Vortritt gelassen. Es wäre somit nur logisch, dass es gar keine eigenständige, sakrale Rokokoarchitektur gäbe. Das trifft insofern zu, als auch renovierte mittelalterliche Kirchen wie der Freisinger Dom oder die Klosterkirchen von Andechs, Ettal (S. 18, Abb. 2) und Rottenbuch (Abb. S. 14/15) zu den Hauptwerken der Epoche zählen. Kann man die Architektur somit als konstituierenden Bestandteil des süddeutschen Rokoko mit gutem Gewissen beiseitelassen, weil die Ausstattungskünstler ihre Aufgabe gleich mit übernahmen (Kat.-Nr. 72, 73, 40–46)? Daher hat man die Kirchenräume jener Epoche als einheitlich konzipierte ›Gesamtausstattungen‹ charakterisiert, die mindestens so sehr vom Fresko, dem Stuck, den Altären bestimmt seien wie von ihrer baulichen Hülle, welche *de facto* nur noch eine Art neutralen Bildhintergrund abgäbe.[8] Die Rocaille als epochenprägende, alle Teile verschmelzende und zusammenbindende ›Meta-Form‹ sorge für die nötige Einheit aller Elemente völlig unabhängig von der jeweils gewählten Raumform: Die gestalterisch wirklich prägenden Kräfte der Epoche wären demnach die Bildhauer, Freskanten und vor allem die (stets am besten bezahlten) Stuckateure, wohingegen die Architekten nur den möglichst neutralen *white cube*[9] hierfür zu schaffen hätten. Nach Meinung des deutsch-amerikanischen Forschers Karsten Harries opponiert »die bayerische Rokokokirche gegen die Dominanz des Tektonischen [... und habe dadurch] in gewisser Weise das Barock aufgehoben, um nicht zu sagen zerstört.«[10]

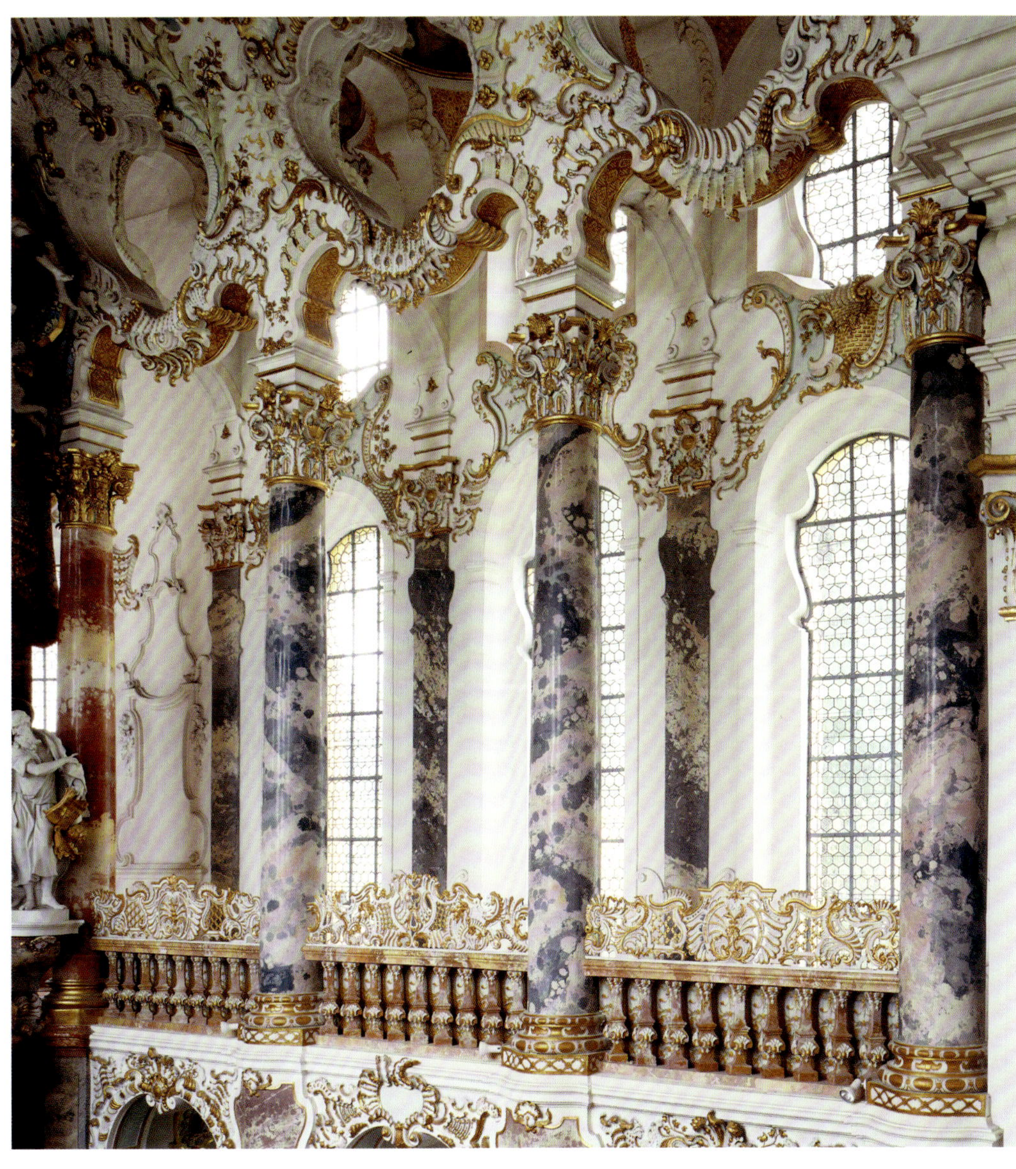

1 Wies bei Steingaden, Wallfahrtskirche zum Gegeißelten Heiland auf der Wies, Chorarkaden

Könnte man somit eine Ausstellung zum Münchner Rokoko konzipieren und die Gattung Architektur als nebensächlich einfach außen vor lassen? Bernhard Schütz, der gleichzeitig mit Hermann Bauer an der Ludwig-Maximilians-Universität München lehrte, betrachtete dieselben Bauten mit den Augen des Architekturhistorikers und kam zu ganz anderen Schlüssen. In seiner Sichtweise setzt Johann Michael Fischer die Traditionslinie des bayerischen Barock ungebrochen fort und modifiziert sie allenfalls vorsichtig.[11] Seine bevorzugten Raumtypen, der sogenannte Wandpfeilersaal (Dießen, Zwiefalten) oder die Zentralraumfolge (Berg am Laim, Rott am Inn), lassen sich problemlos von regionalen Vorbildern wie Fürstenfeld, Freising-Neustift oder der Münchner Dreifaltigkeitskirche Giovanni Antonio Viscardis (1645–1713) ableiten. Fischer experimentierte nicht wie Zimmermann, er variierte – das aber mit hoher Meisterschaft und einer nahezu unerschöpflichen Vielfalt an neuen Detaillösungen. Nach der Aussage seines Epitaphs an der Münchner Frauenkirche errichtete er »32 Gottshäuser und 23 Clöster«, also deutlich mehr als die Brüder Asam und Zimmermann zusammen. Die Werke der Asams wie auch von Johann Baptist Straub, Ignaz Günther (1725–1775) und Johann Michael Feichtmayr (1709–1772) hatten sich der von ihm vorgegebenen räumlichen Disposition einzugliedern, und man kann durchaus bezweifeln, ob die klassische Hierarchie der Gattungen hierbei in den Augen der Zeitgenossen derart umgekehrt wurde, wie es die modernen Propagandisten eines ›autonomen bayerischen Rokoko‹ behaupten.

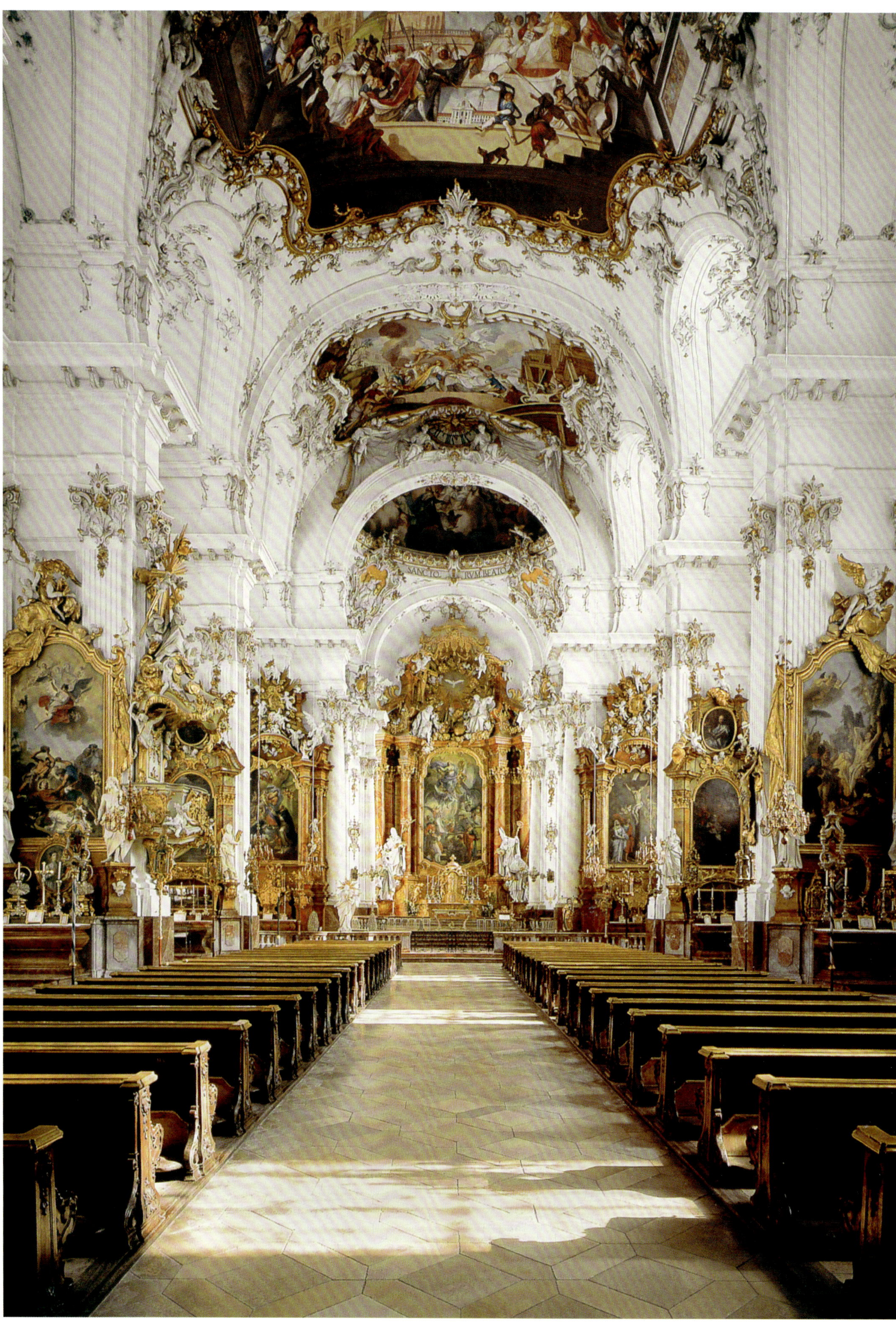

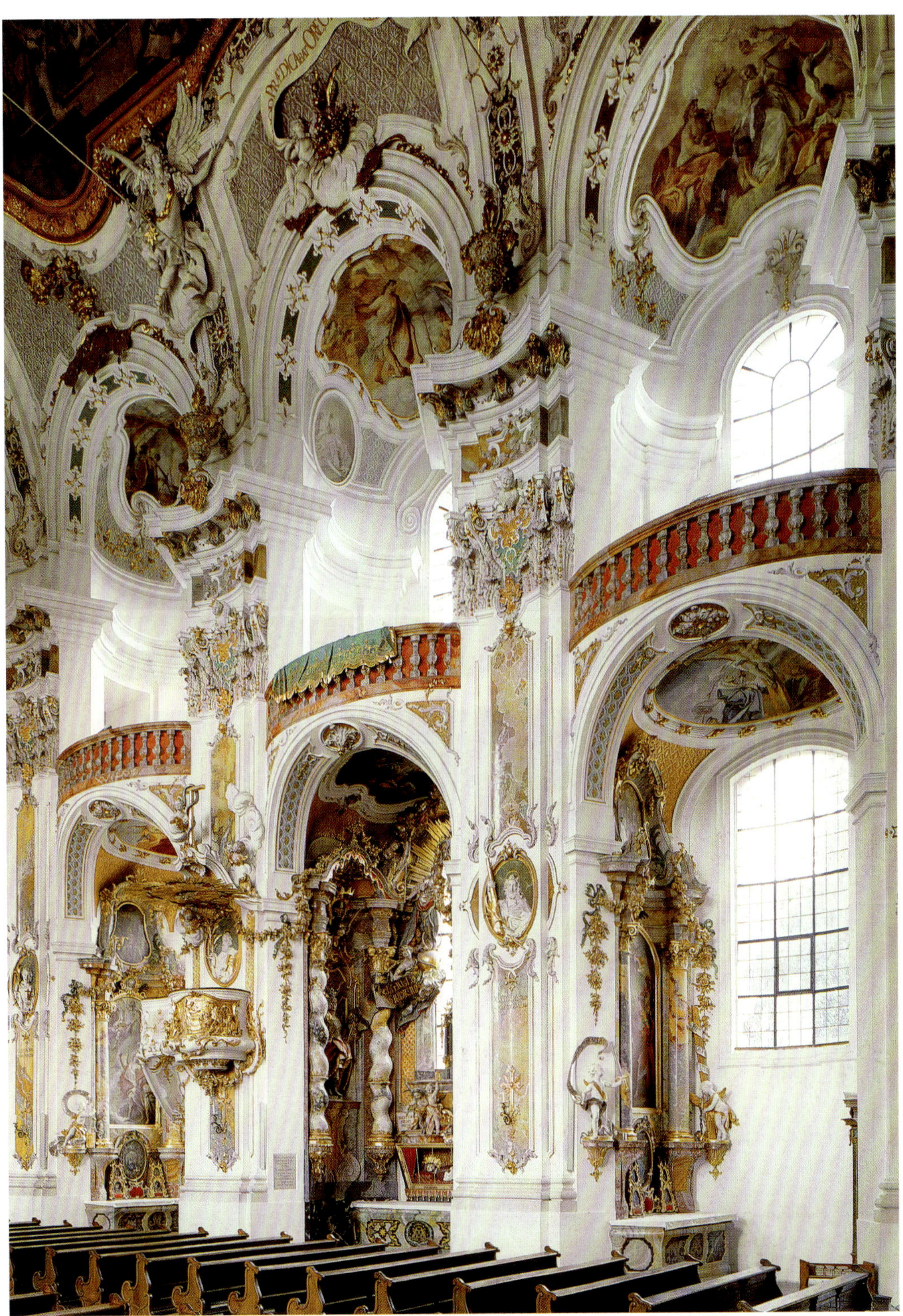

2 Dießen, ehem. Augustiner-Chorherrenstiftskirche, Langhaus

3 Osterhofen, ehem. Prämonstratenser-Klosterkirche, Langhaus

Schütz erkennt besonders in den von Fischer immer wieder variierten Zentralbautypen, die er als »Acht-Arkaden-Oktogon« bezeichnet, eine genuine, architektonisch innovative Schöpfung, deren vollkommenste Lösung in Rott am Inn gelungen sei: »Eine Ausgewogenheit, die etwas Zeitloses hat« und in seinem Œuvre nur von Berg am Laim übertroffen werde.[12] Erschließt man sich das Werk des Architekten aus diesem Blickwinkel, so werden zwei (für diese Bauten aber wesentliche) Aspekte völlig marginalisiert: die Ausstattung der Räume und der Stilbegriff »Rokoko« selbst. Schütz verwendet diesen nur selten und dann als Synonym für »süddeutschen Spätbarock«, als »rühmendes Markenzeichen des Landes«;[13] die programmatische Aufladung des Terminus durch die Sedlmayr-Schule, der vermeintlich revolutionäre stilistische Bruch mit der Tradition, wird in dieser Perspektive schlicht negiert.

Welche Lesart – die ›Revolutions-‹ oder die ›Kontinuitätsthese‹ – kann mehr Plausibilität für sich beanspruchen? Hier hilft nur die Autopsie, also ein unvoreingenommener Besuch in Johann Michael Fischers Kirchen weiter. Dort gewinnt man zunächst nicht den Eindruck, dass sich die Architektur als primäre Ordnungsmacht irgendwo auf dem Rückzug befände oder ihre prägende gestalterische Kraft eingebüßt hätte. Die Raumtypen sind stets klar strukturiert, nachvollziehbar gefügt und gut ablesbar gegliedert. Das formale Gerüst besteht aus dem traditionellen, auf Vitruv (1. Jh. v. Chr.) und die Antike zurückgehenden Repertoire aus Pilastern, Säulen und Freipfeilern, dreiteiligen Gebälken und Bögen. Die Formen sind meist klassisch durchgebildet und gemäß ihrer scheinbar struktiven Logik eingesetzt. Extravagante Hybridformen wie jene durchhängenden Rocaillebögen, phantastischen Kapitelle oder die zwischen Säule und Pfeiler oszillierenden Stützen in Zimmermanns Wieskirche (Abb. 1) sind Fischers Sache nicht. Dagegen finden sich feine Modifizierungen des traditionellen Vokabulars, zum Beispiel die omegaförmige Überhöhung der Gurtbögen über dem Dießener Mittelschiff (Abb. 2), das elegante Vorschwingen der Fassade von Fürstenzell oder die ovale Ausrundung der Kapellenräume in Osterhofen (Abb. 3). Diese charakteristische Formensprache prägt jeden Fischer-Bau, unabhängig davon, ob er von den Asam-Brüdern, Straub, Feichtmayr, Zimmermann oder anderen ausgestaltet wurde. Hier freilich enden die Gemeinsamkeiten, denn die Räume zeigen sich keineswegs immun gegenüber den Bildkünsten: Dafür ist ihr Relief zu fein, zu wandgebunden, zu wenig dominant. Sie lassen viele gestalterische Freiräume, welche die Künstler des Rokoko entschlossen, ja rücksichtslos nutzten – und das sicher häufig offensiver, als es dem Architekten lieb war, der sich aber auf die ihm vertragsmäßig zugewiesene Rolle beschränkte und oft schon zum nächsten Auftrag weitergezogen war, als Stuckateure, Altarbauer und Freskanten ihr gestaltprägendes Werk begannen. Fischers Architektur lieferte das Drehbuch, aber die Regie übernahmen schließlich andere, was die Gesamtwirkung des Raumkunstwerks ›Rokokokirche‹ zuletzt mindestens so stark prägte wie das basale Grundgerüst.

Das wird besonders deutlich, wenn man mehrere typologisch vergleichbare Fischer-Kirchen nebeneinanderstellt: Dießen (Abb. 2), Osterhofen (Abb. 3) und Zwiefalten (Abb. 4) gehören alle dem sogenannte Wandpfeilertypus an, also jener einschiffigen langgestreckten Raumform mit seitlichen Kapellenreihen, welche in der ab 1583 errichteten Münchner Jesuitenkirche St. Michael ihren regional stark prägenden Gründungsbau hatte. Doch wie unterschiedlich wirken diese Räume! Die überbordende Buntheit, ja manchmal etwas Effekt heischend wirkende Dekoration der Gebrüder Asam im 1740 geweihten Osterhofen wollte sich nicht damit zufriedengeben, dass Fischer zuseiten des Mittelschiffs je drei gleichförmige, nach Osten ausgerichtete flache Kapellennischen hintereinandergereiht hatte, sondern betonte durch eine überhängende Stuckdraperie die Balustrade der mittleren Empore. Nur in dieser Kapelle ist der Altar an die Außenwand gedreht, also quergerichtet, als könne der längsgerichtete so in einen Zentralraum umgedeutet werden: Die Ausstattung setzt sich über die Vorgaben des Bauwerks hinweg, weiß es anscheinend besser als der Architekt.

Dießen wirkt hingegen ruhig, vornehm, kühl und abgeklärt. Zum ersten Mal tritt in der 1739 geweihten Augustiner-Chorherrenstiftskirche die Rocaille im Stuck Johann Michael Feichtmayrs, des später führenden, in Augsburg ansässigen Wessobrunners, auf. Die Altäre, von verschiedenen Bildhauern wie Johann Baptist Straub, Ehrgott Bernhard Bendl (um 1660–1738), Aegid Verhelst (1696–1749) oder Johann Joachim Dietrich (1690–1753) gestaltet, sind als sekundär in die Architektur eingestellte »Möbel« zu erkennen, die keine Dominanz beanspruchen. Sie setzen dunkelbunte Akzente ins dominierende Weiß; die Fresken Johann Georg Bergmüllers (1688–1762) nutzen den ihnen zugewiesenen Gewölberaum voll aus, ohne ihn überdehnen oder sprengen zu wollen.

Ganz anders schließlich das 1765 geweihte oberschwäbische Zwiefalten: Man muss genau hinsehen, um zwischen dem glänzenden Stuckmarmor, der üppig schäumenden Rocaille und den jeden Blickwinkel sprengenden, brauntonigen Freskenfeldern Franz Joseph Spieglers (1691–1757) noch die Handschrift Fischers zu erkennen. Die vermutlich

4 Zwiefalten, ehem. Benediktiner-Abteikirche Unserer Lieben Frau, Langhaus

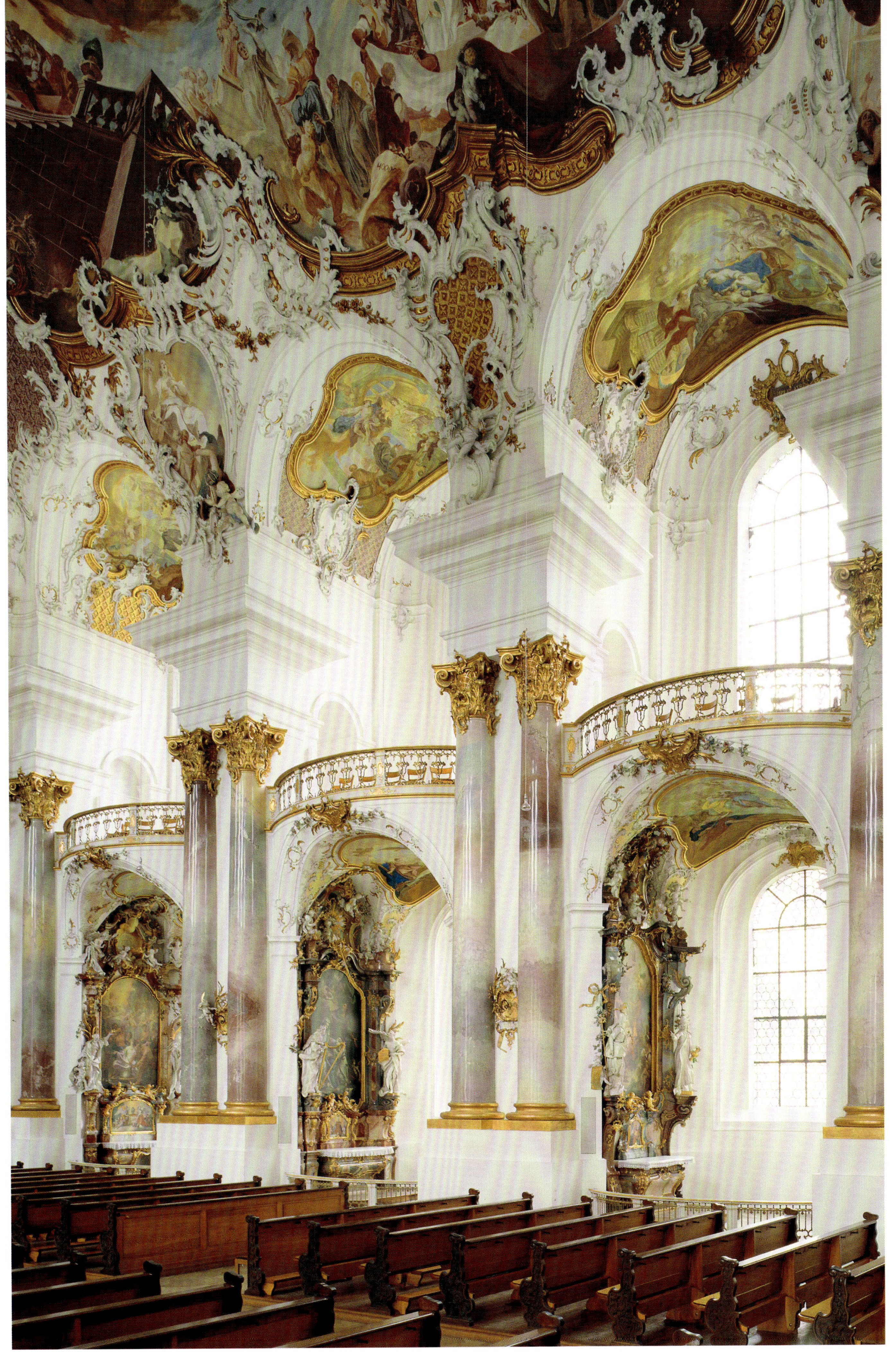

üppigste, im Detail vollkommenste Rokokokirche Süddeutschlands ist zugleich diejenige, die am wenigsten von der Kunst ihres Architekten profitiert. Dessen Raumstruktur geht im Fortissimo der enthemmten Dekorationslust fast unter. Ein charakteristisches Detail sind die in übernatürlichen Tönen leuchtenden Stuckmarmor-Säulenschäfte zwischen den Seitenkapellen, für die der in Dießen noch so zurückhaltend agierende Feichtmayr hier einen Sonderkontrakt erhielt: Sie werden dadurch optisch aus dem nüchternen Architekturzusammenhang gelöst und in den mächtig dröhnenden Farbcluster der Gesamtausstattung perfekt integriert.

Die hier beschriebenen Unterschiede der Raumwirkung sind wohlgemerkt keine der Qualität oder des Anspruchs, sondern des Duktus und der Intention. Man kann den Charakter und die Eigenart süddeutscher Rokokokirchen kaum an deren Architektur festmachen, was aber nicht bedeutet, dass diese keinen formalen Eigenwert oder einen geringeren qualitativen Anspruch hätte: Sie unterliegt lediglich in einem edlen Wettstreit um die Dominanz im Kirchenraum, und das ist sicher auch eine Folge ihrer zweifellos geringeren Innovationsleistung in dieser Zeit, ihrer deutlichen Tendenz zur Kontinuität. Gerade dass sie die lokale Tradition ungebrochen fortsetzte, begründete die zunehmende Unterlegenheit der Baukunst gegenüber jenen Gattungen, die unter dem Vorzeichen dessen, was wir heute Rokoko nennen, in zähem Ringen um jeden Quadratmeter Raumoberfläche und jeden Gulden des Bauherrn eine Vorrangstellung erkämpften, welche in der Tat in der sakralen Kunst des 18. Jahrhunderts ist und weder in Frankreich noch Italien ihresgleichen kennt.

Johann Michael Fischer ist somit durchaus *der* Architekt der bayerischen Rokokokirche – aber er ist es gleichsam wider Willen. Seine enorme Produktivität und viel gefragte Expertise führte ihn immer wieder mit jenen Meistern anderer Gattungen und hochambitionierten Bauherren zusammen, für die das Beste stets gerade gut genug erschien. Je großartiger, freier, origineller, autonomer sich Stuck, Fresken, Bildhauerei und Altarkunst entwickelten, desto schwerer fiel es der Architektur, ihren traditionellen Suprematieanspruch zu behaupten. Und dennoch: Eine Ausstellung über das bayerische Rokoko, welche die Sakralräume ignorierte, in der sich die Innovationskraft der Asams sowie von Straub, Zimmermann und Feichtmayr erst entfaltete, griffe eindeutig zu kurz. Daher finden sich in diesem Katalog auch immer wieder Bilder der Kircheninnenräume, also der Bildwerke in ihrem originalen architektonischen Kontext. Die immanente Qualität und gestalterische Autonomie der bayerischen Rokokoarchitektur, die vielleicht durch die zunehmende Spannung mit der ebenbürtigen Ausstattung noch deutlicher hervortritt, kann man in den Kirchen Fischers auch dann noch jederzeit überprüfen, wenn die Tore dieser Ausstellung schon längst wieder geschlossen und die Exponate in jene Räume zurückgekehrt sind, für die sie einst maßgeschneidert wurden.

1 Bauer 1962, S. 2.
2 Zur Einführung siehe Gabriele Dischinger (Hg.), Johann Michael Fischer (1692–1766), Tübingen 1995, und Norbert Lieb, Johann Michael Fischer. Baumeister und Raumschöpfer im späten Barock Süddeutschlands, Regensburg 1982.
3 Bauer/Sedlmayr, 1991, S. 8, 21.
4 Bauer 1962, S. 31.
5 Rupprecht 1959.
6 Ebd., S. 8, 13, 33.
7 Stalla 1989, S. 105.
8 Harries 2009, S. 157 f.
9 *White cube*, weißer Kubus, ist ein gängiger Terminus für das im 20. Jh. lange Zeit vorherrschende Ideal möglichst neutraler, weiß gestrichener Ausstellungsräume, in denen jedes Werk isoliert für sich wirken kann.
10 Harries 2009, S. 13.
11 Schütz 2000, S. 39 f.
12 Ebd., S. 126–135, hier S. 129.
13 Ebd., S. 13.

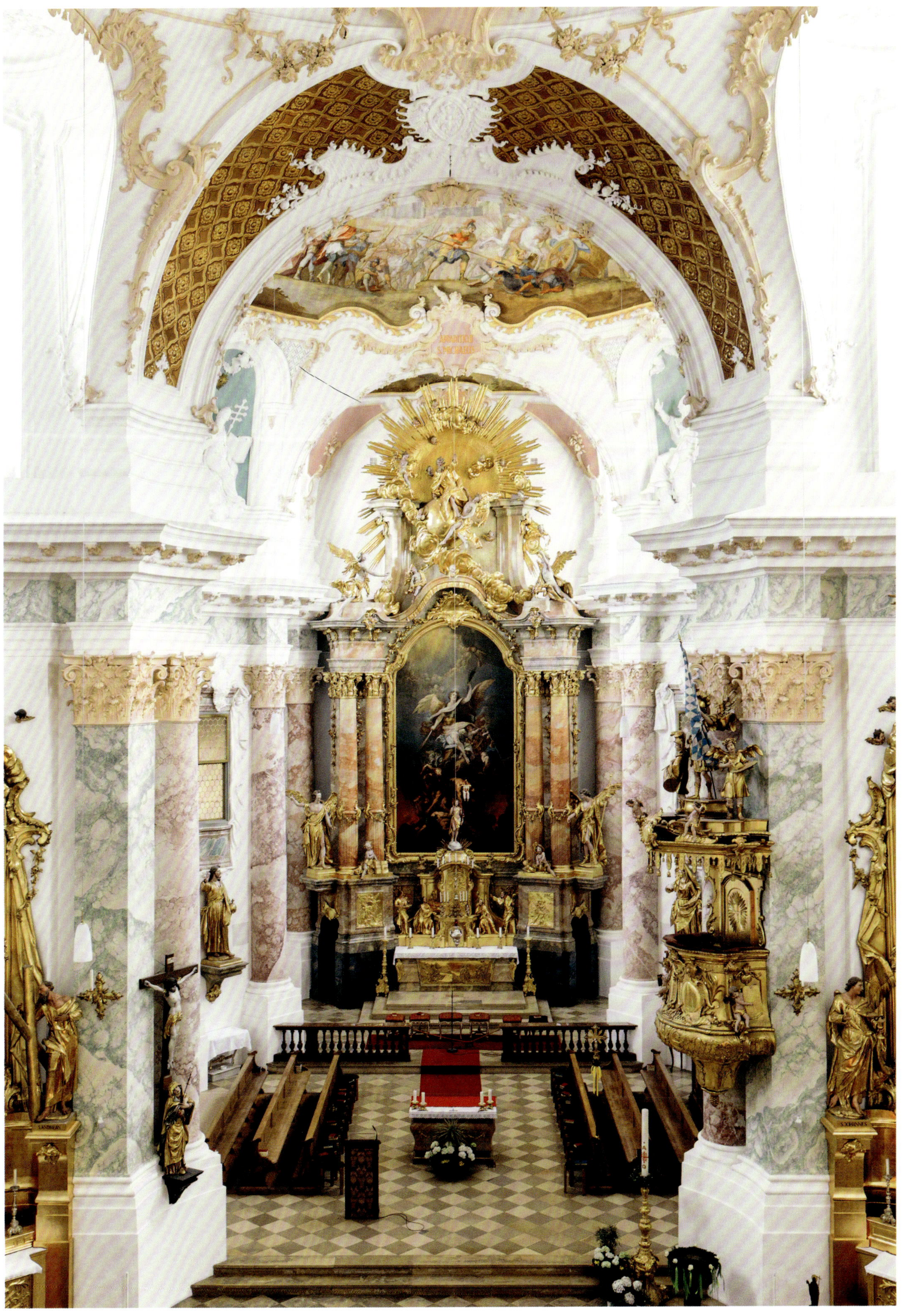

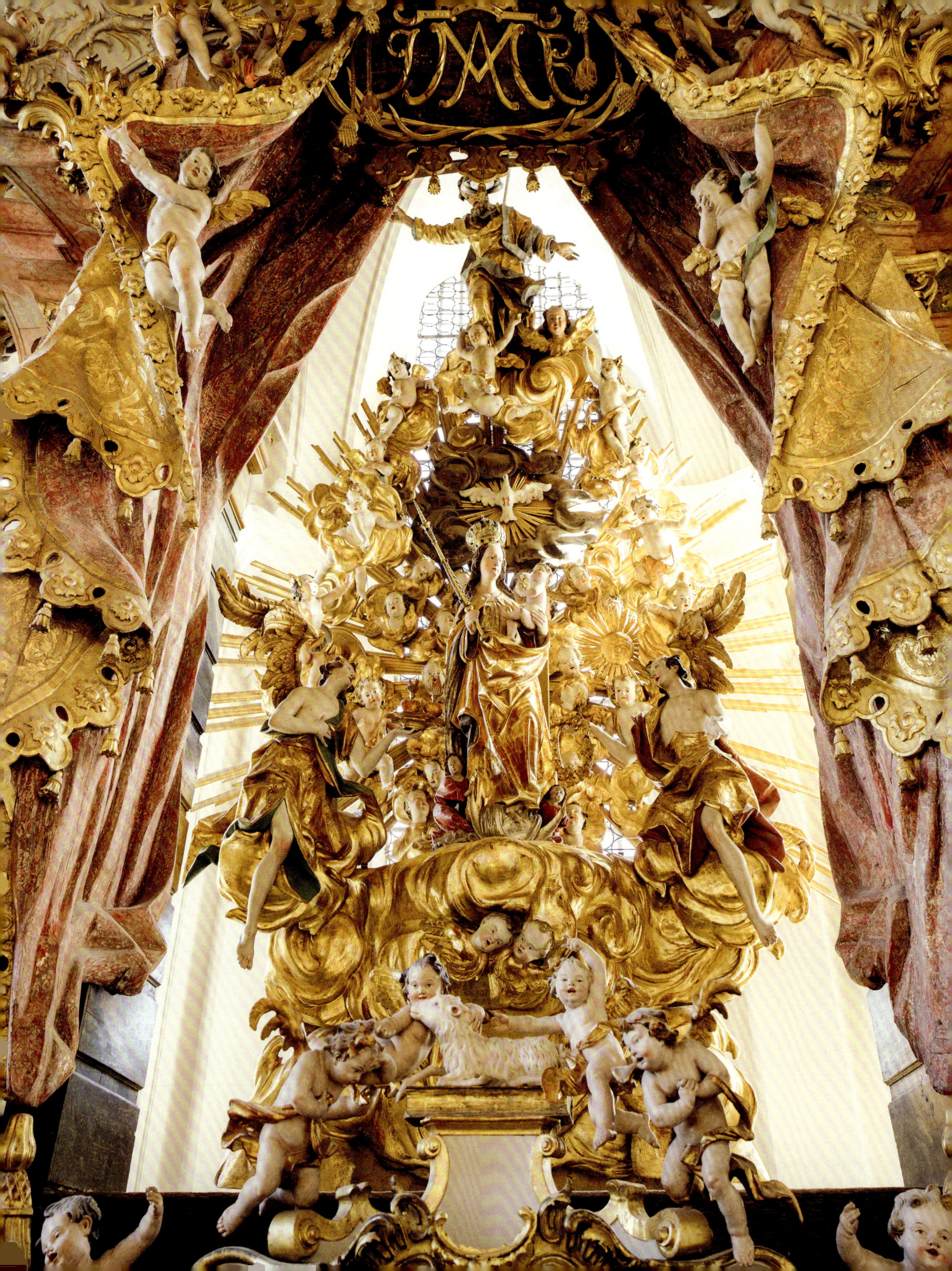

»EINE KIRCHE BAUEN IST SO VIEL WIE EINEN NEUEN HIMMEL ERSTELLEN«[1]

ÜBERLEGUNGEN ZUR IKONOLOGIE BAYERISCHER ROKOKOKIRCHEN

Norbert Jocher

»Diese gegenwärtige Stüfft-Kirchen
ist ein unvergleichlich-heilig-neues
Himmlisches Jerusalem.«[2]

Himmel – bauen – gegenwärtig – heilig – neu: Das sind zentrale Worte für das kirchliche Rokoko, gesprochen von Augustin Fastl bei der Kirchweihpredigt 1740 in der neuen Augustiner-Chorherrenstiftskirche zu Dießen (1739), bei der erstmals sowohl formal wie inhaltlich-typologisch die Prinzipien einer Rokokokirche annähernd paradigmatisch verwirklicht wurden.

Unabhängig davon, ob man nun das Phänomen des Rokoko in Süddeutschland als eigenständige, wenn auch kurze und regional stark begrenzte Epoche ansieht oder als »merkwürdige« späte, letzte regionale Sonderform des universellen Barock begreift – in Dießen verdichten sich erstmals die kritischen Phänomene dieses fast ausschließlich im Kirchenbau Süddeutschlands entwickelten Stils. Die Verarbeitung zahlreicher Vorbilder und Einflüsse führte dabei zu einer völlig neuen formalen Qualität und ganzheitlich ikonologischen Sichtweise von Kirchenbau im Zusammenspiel von Architektur, Malerei, Altarbau, Skulptur und wesensbestimmendem Ornament.

ARCHITEKTUR

Prägend sind die Errungenschaften des barocken italienischen Theaters und seiner Illusionsräume. Das Ringen um den Zentralraum wird, ausgehend von Lösungen des italienischen Barock, mit der Durchdringung von Längsbau und Zentralraum zur wesentlichen architektonischen Aufgabe der Epoche (österreichischer Barock, Dynamisierung der Wandpfeilerkirche bei den Vorarlbergern, die Brüder Asam, Antonio Viscardi).

DECKENMALEREI

Kennzeichnend ist hier das Überführen scheinperspektivisch »stimmiger« Malerei im Deckenbild nach den Prinzipien des Andrea Pozzo (1642–1709) in neue illusionistische Räume, die über dem gebauten Kirchenraum entstehen. Diese Räume – bis hin zu Landschaften oder Meeren, auf denen Schiffe fahren – haben zunächst nichts mehr mit dem gebauten Raum zu tun. Sie bilden einen zweiten Raum über dem Raum aus, der aber in enger, untrennbarer Beziehung zum gebauten Raum steht und Schauplatz völlig neuer himmlischer Einblicke und Erlebniswelten wird. In diesen *neuen*, eigenwertigen Räumen erscheinen in architektonischen Versatzstücken und Landschaften, auf Gesimsen und über Treppenanlagen paradierende, agierende Personen, die Geschehnisse einer thematisch ausgeweiteten himmlischen Heilsgeschichte erzählen.

Wie schon in der Architektur ist hier der Einfluss der Brüder Asam entscheidend. So taucht in Aldersbach im Deckenbild eine Scheinarchitektur auf, die ganz nach Pozzos Illusionsprinzipien konstruiert ist. Der Perspektivpunkt allerdings ist schwebend in den Kirchenraum verlegt, also unerreichbar geworden. In diese gemalte Architektur bricht der Himmel ein. Es erscheint das Weihnachtgeschehen, wie es der hl. Bernhard visionär schaute. Durch die Verlegung des Perspektivpunktes in die Unerreichbarkeit sehen wir in Aldersbach die Weihnachtsgeschichte nicht unmittelbar, sondern wir werden Zeuge der Vision des hl. Bernhard, die gleichsam zum historischen Ereignis wurde. Der »erste«, gebaute Raum wird somit zur Bühne einer himmlischen Erlebniswelt, in der sogar die eigene Geschichte zur heilsgeschichtlichen Erfüllung werden kann (Dießen, Maria Thalheim, usw.). Die Fresken in den Rokokokirchen sind eigenwertige Bildräume, die in ihren typologischen Bezügen aber auf den gebauten Raum bezogen und im Ornament mit ihm untrennbar verzahnt sind.

ORNAMENT

In der Rokokokirche wird die Rocaille unmittelbar adaptiert – jenes amorphe Ornament, das in seinen muschelartigen, flammenartigen und oftmals gar kaskadenartig asymmetrischen Ausformungen elementar und zum »Medium des Überganges schlechthin« (Bauer) werden kann. Die Rocaille wurde in Frankreich im graphischen Werk entwickelt, blieb dort jedoch immer theoretisch und zweidimensional, da sie in ihrer irreal-phantastischen Komposition ursprünglich nie für die Umsetzung in die gebaute Dreidimensionalität gedacht war. Formal und typologisch wurde sie bereits in seinen Möglichkeiten durch die Wessobrunner »Ornamentschmiede«, vor allem durch Johann Michael und Franz Xaver d. Ä. Feichtmayr (1709–1772 und 1698–1763), vorbereitet, dann über den Münchner Hof, insbesondere durch François Cuvilliés (1695–1768; Kat.-Nr. 20) und den Wessobrunner Johann Baptist Zimmermann (1680–1758), und den Augsburger Ornamentstich verbreitet und im süddeutschen Kirchenraum »gebaut«. Die Rocaille bildet ornamentale Zonen aus, die sich an kritische Stellen des Überganges legen, gliedernde Architekturlinien aufreißen, Rahmenzonen ausbilden, die den gebauten und gemalten Raum untrennbar verbinden, ja sogar ganze Kirchen entstehen lassen. Dies ist beispielsweise der Fall bei Dominikus (1685–1766) und Johann Baptist Zimmermanns Wallfahrtskirche in der Wies.

SKULPTUR

Die meisten Einflüsse der Epoche verschmelzen wohl in der Skulptur, beispielhaft etwa zu sehen bei Johann Baptist Straub (1704–1784). Künstlerisch nicht der bedeutendste Bildhauer der Epoche, ist er mit seiner breit aufgestellten Werkstatt einer der produktivsten, einflussreichsten, insgesamt prägendsten Künstler der Zeit. Straub und die Skulpturen der Epoche stehen immer noch in der Tradition einer bayerischen, späten Sondergotik um 1500 mit ihren kraftvollen, ungeheuer dynamischen, in ihren Bewegungsakzenten fast abstrakten, aber auch in ihrer gewissen Blockhaftigkeit monumentalen Figuren. Diese Tradition wurde durch Künstler wie Georg Petel, Christof Angermair, Bartholomäus Steinle und Hans Krumpper nach 1600 in der Münchner und Weilheimer Skulptur wieder aufgegriffen. Straub folgte dieser Tradition, die über Balthasar Ableithner (1614–1705) und Andreas Faistenberger (1646–1735) nach der Zäsur des Dreißigjährigen Krieges vermittelt wurde, als sich politisch und religiös ein neues Selbstverständnis und Selbstbewusstsein entwickelte, das in die künstlerisch vielleicht glanzvollste Epoche Bayerns und Süddeutschlands hineinexplodierte.

Straubs Skulpturen sind in ihrer figuralen Grunddisposition, der stets leicht gedrehten Bewegung, der expressiven Faltengebung und der fließenden Modulation der Umrisse von Faistenbergers Kunst geprägt. Dazu kommen Einflüsse eines Aegid Verhelst (1696–1749), der mit seiner weichen, fast ornamental modellierten Oberfläche und der eleganten, beinahe theatralischen Gestik vor allem im Bereich der Stuckplastik einer der prägendsten Bildhauer seiner Zeit ist. Daneben werden Einflüsse einer durch Eleganz und Verfeinerung gekennzeichneten Kunst am Münchner Hof (Guillielmus de Grof), der Brüder Cosmas Damian und Egid Quirin Asam (1686–1739 und 1692–1750) und der Wiener Akademie (Georg Raphael Donner) wirksam, die nicht nur Straubs Figuren, sondern der gesamten Epoche der Münchner Rokokoskulptur den Hauch einer distanzierten, akademischen Klassizität verleihen.

DIESSEN

In Dießen baute Johann Michael Fischer (1692–1766) zunächst eine noch ganz traditionell erscheinende Wandpfeilerkirche, weil er einen bereits bis zum Gewölbeansatz gediehenen Rohbau seines Vorgängers übernehmen musste (S. 104, Abb. 2). Durch eine dynamische Rhythmisierung der Gebälk- und Emporenzone, durch bewegte, geschwungene, geradezu elastische Gurtbögen und Gesimse, durch fast perspektivisch angeordnete Wandpfeiler, durch eine stark akzentuierte Vierung und durch eine großzügige Durchfensterung schuf Fischer einen lichtdurchfluteten, beinahe entgrenzten Raum, der dem längsgerichteten Wandpfeilerbau eine starke Zentralisierungswirkung verleiht. Die in Dießen erstmals angewendete *forme rocaille* versucht eine ornamentale Zone auszubilden, die immer wieder in dieser dynamisch-rhythmisierten Architektur Grenzen verwischt, negiert, aufreißt und an kritischen Trennlinien wie Gesimsbändern, Gurtbögen oder den Rahmen der Deckenfresken Übergänge schafft.

Neue Wege geht Johann Georg Bergmüller (1688–1762), Akademiedirektor in Augsburg und entscheidender Lehrer für viele wichtige Freskanten der Epoche, in seinen vier, das gesamte Gewölbe überspannenden Deckenfresken von 1736. Seine Scheinarchitektur hat nichts mehr mit dem gebauten Raum zu tun, der sich nun in neue, monumentale Bilder öffnet. Über Treppenanlagen, Landschaften und Gerüste steigt der Besucher gleichsam in das Fresko hinein und nimmt am Geschehen teil. Nicht mehr die entrückte Himmelsglorie, die Dreifaltigkeit, die Verklärung ist dabei die Mitte und das Ziel einer unerreichbaren Vision im Bild, das Bild wird konkret: Im östlichen Joch wird die Gründung des Vorgängerklosters des *gegenwärtigen* Stifts, St. Georgen, durch den Dießener Grafen Rasso gezeigt. Über der Orgel wird die Auffindung der Gebeine des Gründers dargestellt. Nicht Verwesungsgeruch, sondern himmlischer Duft steigt als zarte Wolke aus dem Grab – Ausdruck von Rassos Heiligkeit. Die Gründung Dießens erhält *heilige* Legitimation.

Im riesigen Hauptfresko des Langhauses vereinigen sich die Gründungsgeschichte des *gegenwärtigen* Klosters St. Marien und die des Frauenklosters St. Stephan (Dießen war ursprünglich ein Doppelkloster). Westlich wird die hl. Mechtild 1139 in das Kloster aufgenommen, erwartet von einem Chorherrn, der zweifelsfrei die Züge des *gegenwärtigen* Bauherrn Propst Herkulan Karg trägt. Begleitet wird er von zahlreichen Figuren, unter denen auch die Bildnisse Johann Michael Fischers und Johann Georg Bergmüllers vermutet werden. Von der Typologie zitiert die Aufnahme Mechtilds unmissverständlich den Tempelgang Mariens. Gegenüber wird die Gründung von St. Marien durch päpstlichen Erlass bestätigt. Der Gründungspropst Degenhart erhält im Beisein der Stifter aus dem Grafenhaus der Dießen-Andechser die Bestätigungsbulle *Litterae Confirmationis* aus den Händen von Papst Innozenz II. Zwischen diese beiden Gründungsszenen schiebt sich in der Mitte des Gemäldes ein beinahe trennendes Wolkenband mit den himmlischen Patronen Dießens, zentral ist die Muttergottes zu sehen. Das »Himmelspersonal« aber ist nicht mehr perspektivisch nach oben entrückt, sondern senkt sich zu den irdischen, historischen Szenen und damit auch in den Kirchenraum herab. Ein Engel bricht zusätzlich aus dieser Gruppe aus, eilt zu Papst Innozenz und überreicht ihm die himmlische *confirmatio*, die er mit einer Urkunde herbeiträgt.

In der Vierungskuppel erscheint – traditionell zunächst – der Heiligenhimmel, ein geöffnetes Himmelsbild, das ohne jegliche Scheinarchitektur auskommt. Es ist ein besonderer Heiligenhimmel: Er zeigt die Heiligen und Seligen aus dem Geschlecht der Grafen von Dießen-Andechs-Meranien: »Gloria sanctorum beatorumque diessensium et andecensium«. Im Gewölbe der Dießener Stiftskirche ist der Himmel also nicht mehr die mit Mittel der *Quadratura* entfernt geoffenbarte Vision der Glorie, sondern der Himmel ist konkret und historisch, nah, *neu* und *gegenwärtig*. Er wird zum konkreten Bild der kirchlich-himmlisch legitimierten Heilsgeschichte, die sich in der Gegenwart erfüllt: *neuer Himmel*.

Die Dießener Altäre führen wie perspektivisch gestaffelte Kulissen auf den theatralisch-monumentalen Hochaltar mit seinem bühnenhaften Wechselmechanismus für die zentralen Bilder des Kirchenjahres und der Kirchenpatronin hin. In den Altären sind nicht nur die besten Maler der Zeit vereint, sondern auch die führenden und besten Bildhauer: Ehrgott Bernhard Bendl (um 1660–1738), Aegid Verhelst, Johann Joachim Dietrich (1690–1753) und Johann Baptist Straub. Die Altargemälde zeigen die wesentlichen Heiligen der Zeit (Stephanus, Sebastian, Johann Nepomuk, Joseph), Glaubensübungen (Rosenkranz, Gebet), zentrale Glaubensinhalte (Kreuz, Michael – quis ut deus –, Himmelfahrt Mariens). In den Skulpturen und Reliefs sind die zentralen Säulen der Glaubensverkündigung und der Glaubenslehre versammelt: die zwölf Apostel, die vier Evangelisten und die vier abendländischen Kirchenlehrer.

MÜNCHEN-BERG AM LAIM

Die ehemalige Hof- und jetzige Pfarrkirche St. Michael in München-Berg am Laim wurde von Johann Michael Fischer in einer perfekt konstruierten Verbindung von Längs- und Zentralbau (1738 Grundsteinlegung, Weihe 1751, Ausstattung bis 1779), als kurkölnische Hofkirche für die im 18. Jahrhundert äußerst populäre Erzbruderschaft St. Michael und einen adeligen St. Michaelsorden im Auftrag des Wittelsbacher Kurfürsten und Kurkölnischen Erzbischofs Clemens August (1700–1761) erbaut. Zu Fischer gesellten sich als Künstler Johann Baptist Zimmermann (Fresken und Stuck, Stuckplastik, einige Altargemälde) und Johann Baptist Straub (Altäre, Skulpturen). Auch wenn sich die Ausstattung über lange Jahre hinzog, vom Beginn der Epoche bis an ihr Ende ist ein erstaunlich geschlossener, künstlerisch und inhaltlich einheitlicher Raum entstanden, der ganz auf die Verehrung des hl. Erzengel Michael ausgerichtet ist (Abb. S. 109).

In den drei Deckenbildern sind die drei Erscheinungen Michaels dargestellt (vgl. Abb. S. 200/201). Im Hauptraum der Bruderschaft öffnet sich der gebaute Raum über verklammernde ornamentale Agraffen in eine Landschaft, die in der typisch lichten Farbpalette des Johann Baptist Zimmermann gestaltet ist. Der hl. Michael erscheint im Himmel, senkt sich aber gerade auf diese Landschaft und damit auf den Kirchenraum herab. Eine Jagdgesellschaft verfolgt einen Stier, der sich in eine durch eine Lichtglorie erhellte Höhle verkrochen hat. Der Anführer wird von seinem eigenen Pfeil getroffen, der, auf den Stier abgeschossen, sich auf wundersame Weise auf den Schützen selbst umgelenkt hat. Seitlich zieht ein von einem Bischof und Fürsten angeführter Prozessionszug heran, um das »merkwürdige« Geschehen zu erleben. Der Bischof von Sipont, Johann, will dieses wundersame Ereignis in der Nähe seiner Bischofsstadt, am Monte Gargano, sehen, erleben. Er begleitet den Fürsten, der ganz offenkundig die Züge und die zeitgenössische Kleidung des *gegenwärtigen* Bauherren Clemens August trägt. Wie in Dießen gilt es einen *gegenwärtigen, neuen* Himmel zu erstellen.

Das Deckengemälde über dem Ritterraum zeigt die Stadt Sipont und das Schlachtengetümmel vor deren Mauern. Die Goten belagern die Stadt, doch Sipont siegt durch das Eingreifen des hl. Michael. Im Chorgemälde schließlich ist Michael gleichsam auf Erden angekommen. Nicht der Bischof von Sipont weiht den Altar, vor dem er kniet, sondern der Heilige selbst. Eine Inschrift bekräftigt dies: »Ich selbst hab diss orth geweyhet«. Berg am Laim wird zum zweiten Heilsort, zum »Protoheiligtum« Monte Gargano.

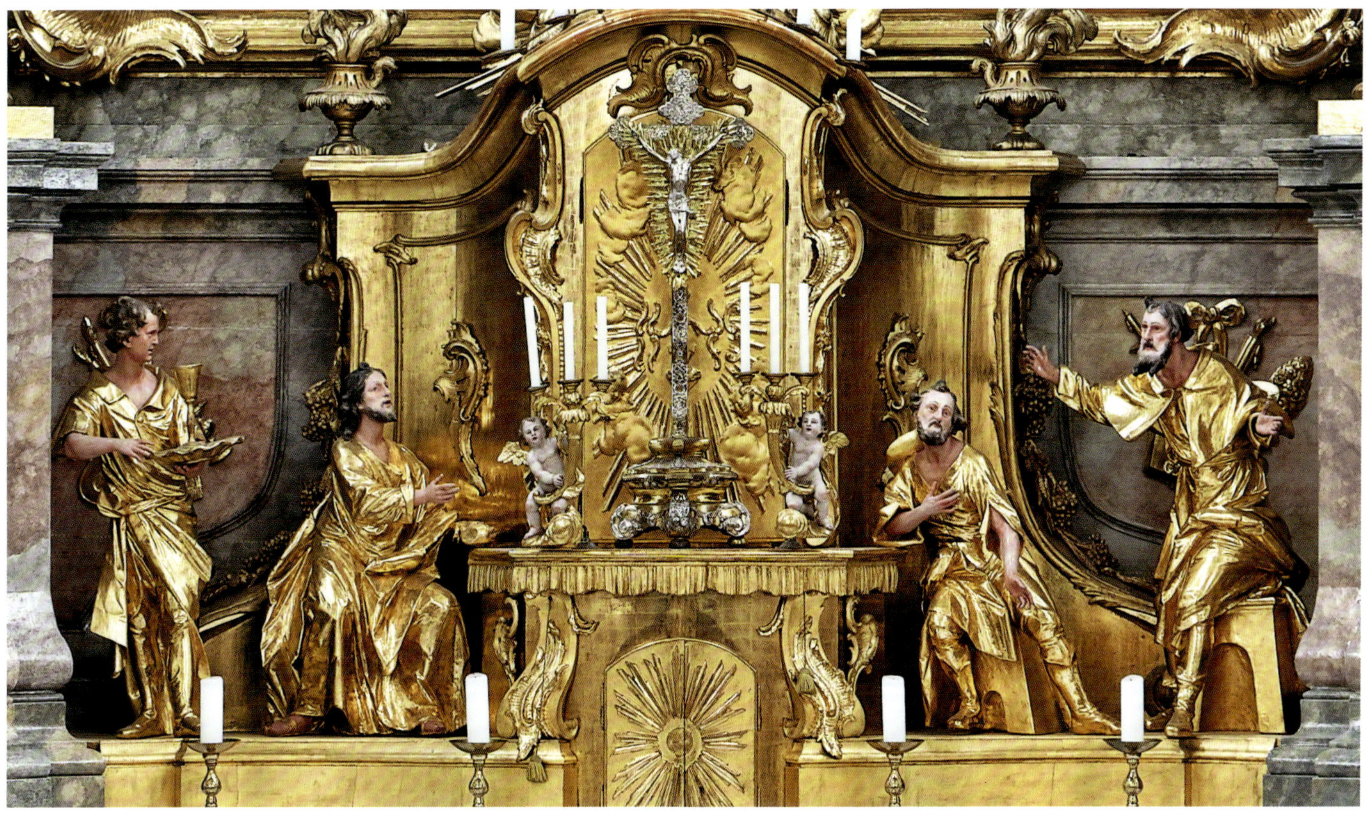

1 Johann Baptist Straub, Emmausgruppe, Hochaltartabernakel, um 1767, München-Berg am Laim, Pfarrkirche St. Michael

Die weitere Kirchenausstattung vertieft diese Botschaft: Das Chorfresko mit der bestätigten, der »eigenhändigen« Weihe des Ortes geht nahtlos über in den monumentalen Hochaltar und seinen Auszug mit Gottvater in der Glorie. Dieser schwebt über dem Altarbild mit der klassischen Szene des Sturzes Luzifers. Darunter ist im Tabernakel Gott, dessen Existenz Michael im Hochaltarbild verteidigt, real anwesend. Das Tabernakelrelief Straubs bekräftigt dies, indem es die Emmausgeschichte zeigt (Abb. 1). Christus ist in der Eucharistie im Brotbrechen leibhaftig *gegenwärtig*. Straubs Relief ist wie ein szenisches Theater: Die Jünger werden in dem Moment dargestellt, in dem sie Jesus beim Brotbrechen als Auferstandenen Christus erkennen, sie schrecken erstaunt zurück, ehrfürchtig, fromm. Der Diener seitlich versteht nichts, er bleibt skeptisch, während Christus ruhig und bestimmt »Ja, ich bin es« zu sagen scheint. Der Augenblick der Erkenntnis der realen Präsenz Gottes ist hier festgehalten, lebendig, theatralisch. Der Augenblick wird gleichsam in seiner gestalteten momentanen Dauerhaftigkeit zur erlebten und erlebbaren Ewigkeit. Das Grab Christi im darunterliegenden Relief ist leer, der Engel verkündet seine Auferstehung – Christus ist im Emmaustabernakel leibhaftig *gegenwärtig*. Berg am Laim als heilsgeschichtlicher Ort, das zweite Monte Gargano, wird von Michael gesegnet, weil hier Gott anwesend ist.

Immer wieder verkünden und bestätigen Engel die Gegenwart Gottes. Sie sind es, die sein Eingreifen in die menschliche Existenz begleiten, vorbereiten, verkünden. Dies zeigt Michael, dies zeigt der Engel am Grab, dies wird gezeigt in den seitlichen Reliefs, wenn Jakob mit dem Engel ringt oder Isaak gerettet wird. Dies zeigen auch die beiden großen Altarskulpturen der hll. Raphael und Gabriel. Die beiden Erzengel sind ruhig, fast statuarisch, mit feinen, zarten Gesten und beseelten Blicken dargestellt. Ihnen sind Putten zugeordnet, nein Kinder: Das eine ist Tobias mit dem Fisch, das andere ein Mädchen, welches mit der Bestätigung der Verkündigung »ecce ancilla« Maria selbst meint.

Im Bruderschaftsraum wird in den Seitenaltären, die den Raum in idealer Weise gliedern und rhythmisieren, das Kompendium des Glaubens aufgeblättert – immer konkret bezogen auf Berg am Laim: Patrone, populäre Heilige des 18. Jahrhunderts, Wunder und Gebet, Maria Immaculata und die Hl. Familie. Sie werden von den Figuren der Apostel, den Säulen der Kirche, begleitet. Diese Apostel, alle von Straub, aber von durchaus unterschiedlicher Qualität – blockhaft-bewegungsarm, dann aber wieder zart, in fein nuancierter, ausgewogener Bewegungsdynamik – ordnen sich einem tradierten Bildtypus der Apostel unter – eben so, wie man sich Apostel vorstellt. Ihre Charaktere sind ein universelles Abbild menschlicher Gefühlsregungen: beseelt (Andreas), verfeinert-vergeistigt (Johannes, Simon), zupackend-energisch (Jakobus d.Ä.), dann auch fast grimmig (Bartholomäus), abwägend (Matthias). Alle Altersstufen sind vertreten. Auf beinahe gleicher Ebene treten sie den Besuchern von St. Michael in Berg am Laim entgegen. Als Fundament der Kirche verkörpern sie mit diesen die Gemeinschaft der Gläubigen. Diese ist hineingenommen in den – im wahren Sinn – greifbar gewordenen Kosmos der Heiligen, der Apostel, die – wie die Besucher – lebendige Charaktere sind: lebende Gestalten mit individuellen Gesten, nahbar, bekannt, erkannt, nur in ihrer Schönheit und Eleganz, den kostbaren Gewändern (Fassungen) schon sichtbar einen Schritt weiter in der Erfüllung des Heiligen, beispielhaft für die Besucher dieser zum realen heilsgeschichtlichen Ort gewordenen Kirche.

Nie vorher und nie mehr danach ist der Himmel so nahegekommen, so betretbar wie im Rokoko. In der Architektur werden die Räume allumfassend, im Ornament vereinheitlicht, es werden Grenzen aufgebrochen, negiert. Die Lichtführung verwandelt die Räume in transzendente Erscheinungen, in den Fresken werden über dem gebauten Raum neue Räume erschaffen, die diesem eine vorher nie dagewesene Vielfalt an Identifikationen und heilsgeschichtlichen Realitäten geben. In den Skulpturen werden diese neu erschaffenen heilsgeschichtlichen Orte erlebbar, konkret.

ROTTENBUCH

Der Außenbau und die einfache, schmucklose Vorhalle der ehemaligen Augustiner-Chorherrenstiftskirche und jetzigen Pfarrkirche Rottenbuch lassen nichts von dem auf den ersten Blick verwirrenden Reichtum des Innenraumes erahnen (Abb. 2 und Abb. S. 14/15). Dabei ist die Kirche kein Neubau des 18. Jahrhunderts. Die bestehende romanisch-gotische Basilika wurde in der architektonischen Substanz mit Ausnahme von neuen, geschwungenen größeren Fenstern, die für die Lichtdynamik des Rokoko notwendig waren, belassen. Monumentale Fresken des Matthäus Günther (1705–1788), flirrende, geradezu unübersichtliche Stuckaturen von Josef Schmuzer (1683–1752) und seinem Sohn Franz Xaver (1713–1775) beleben, rhythmisieren den Bau und interpretieren ihn weitestgehend so um, dass zumindest an den Wänden und Gewölben nichts mehr die Anmutung mittelalterlicher Baustruktur hat. Die Geschichte, die in Dießen in den Bildern als Heilsgeschichte interpretiert ist, wird hier in Rottenbuch im bestehenden Bau präsent. Der Eintretende in Rottenbuch ist überrascht, verblüfft, irritiert ob der verwirrenden Vielfalt, dem scheinbar unüberschaubaren Reichtum der Ausstattung. Unter der Orgelempore aber ist im Deckenbild gleichsam die Gebrauchsanweisung für das Verständnis des Raumes dargestellt: Christus vertreibt die Händler aus dem Tempel. Hier in Rottenbuch hat die profane Welt nichts verloren, mit weltlicher Sichtweise bleibt das Verständnis des Raumes verwehrt, hier ist der Ort des Heiligen, den wir betreten haben und der uns zunächst noch verwirrt und irritiert. Und dann werden wir auf den Weg zur Erkenntnis geführt: In den zahlreichen Bildern der aufgehenden Wand wird der Weg des hl. Augustinus hin zum großen Kirchenlehrer, hin zu Gott gezeigt.

In der Mitte des Langhauses sucht Augustinus seinen geistlichen Lebensweg, er liest, wird unterrichtet, wird bekehrt, lässt sich taufen, tritt quasi ein in die sakrale Welt und beginnt sein kirchliches Wirken von der Priesterweihe über die Bischofsweihe, bis hin zur Gründung eines Klosters und dessen Leitung bis zu seinem Tod. Auch hier ist wie in Dießen das Rottenbucher Kloster selbst gemeint, erscheint Augustinus als Porträt des jetzigen, *gegenwärtigen* Propstes Clemens Prasser, erfüllt sich ist jetzt die Heilsgeschichte. An der Decke sehen wir sodann das Heilswirken des Augustinus, seine Wunder, wieder mit zeitgenössischem Personal bis hin zum Porträt des Künstlers Matthäus Günther. Mit-

2 Rottenbuch, ehem. Augustiner-Chorherrenstiftskirche

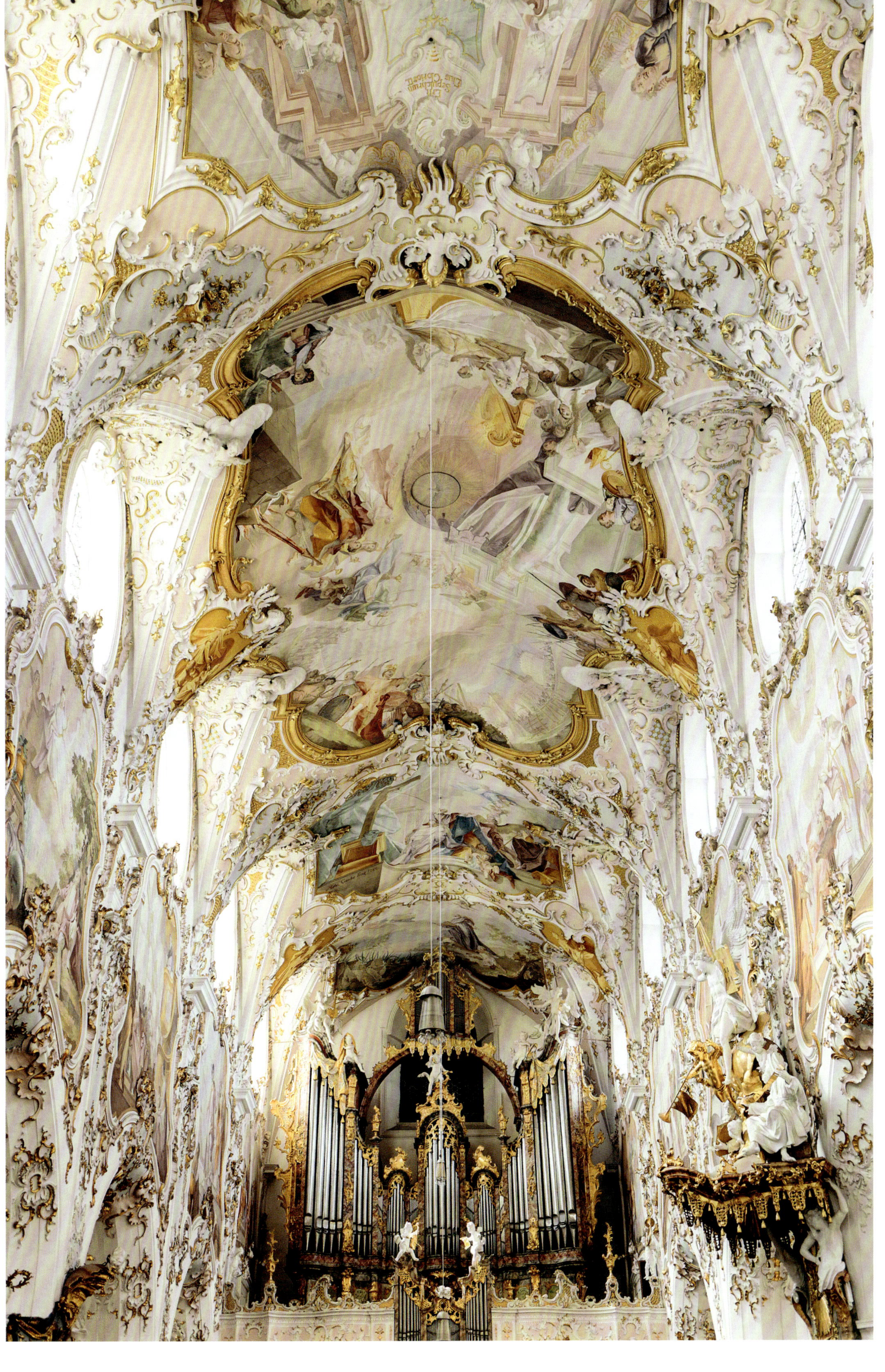

ten in den Weg aber, dort wo Augustinus im Glauben unterrichtet wird und sich zu diesem bekehrt, ist die ungeheuer dynamisch bewegte Kanzel des Franz Xaver Schmädl (1705–1777) integriert (Abb. 3). Das Auge Gottes, der Dreifaltigkeit, die Tafeln der Zehn Gebote bekrönen die Kanzel, ein Herold verkündet laut die Glorie und über dem Kopf des Predigers wacht, wie fast immer an Kanzeln, die Taube des Hl. Geistes – es geht ja um die Verkündigung des Wortes Gottes. Am Kanzelkorpus schweben die vier glänzend weißgefassten Figuren der vier Evangelisten. Diese aber sind geradezu aus der Komposition herausgenommen, es sind schwerelos bewegte Figuren, die ihre Symbole in den Kirchenraum hineinhalten. Sie versperren gleichsam dem Besucher Rottenbuchs den Weg nach vorne, hin zum Chorraum. Der Kirchenbesucher muss innehalten, muss sich im Glauben unterrichten lassen, ihm wird das Wort Gottes verkündet, so wie es Augustinus in den Wandbildern an eben dieser Stelle verkündet wird, und erst dann kann er in rechter Weise, »richtig« weitergehen, den Weg des Menschen hin zu Gott fortsetzen, so wie es Augustinus getan hat, dessen Weg zum beispielhaften Weg des Menschen wird.

Wieder wird in den Skulpturen, hier von Franz Xaver Schmädl, das Heilige konkret. In ihnen erreicht das Rokoko den direktesten und unmittelbarsten Bezug zum Betrachter. Danach, nach dem direkten Eingreifen des Heiligen in den Weg des Menschen hin zu Gott, ist der Besucher Rottenbuchs bereit, die Glorie des Chores wahrzunehmen, zu erleben, mit dem Zielpunkt des monumentalen Hochaltares, der mit seinen weitausgreifenden Armen gleichsam den ganzen Kirchenraum umfassen möchte. Der Hochaltar zeigt die monumentalen, fast hieratischen Figuren der Nebenpatrone Petrus und Paulus und die lichttheatralisch inszenierte Mitte mit der Darstellung des Patronats, Mariä Geburt. Das Marienkind schwebt zentral in der Glorie, ihre Eltern Joachim und Anna sinken ehrfürchtig in die Knie, Gott Vater schaut vom Altarauszug auf die Szenerie, bewegte Puttenkinder spielen mit den Attributen Mariens aus der Lauretanischen Litanei. Dargestellt ist der Augenblick der Erkenntnis, dass Maria zur Mutter Gottes werden wird – dieser dauerhafte Augenblick ereignet sich *gegenwärtig* und *neu* in Rottenbuch.

MARIA THALHEIM

Maria Thalheim geht in der Spätzeit der Epoche noch einen Schritt über Dießen, Berg am Laim oder Rottenbuch hinaus. Der Kirchenraum aus dem 15. Jahrhundert wurde vor 1700 und nochmals 1736 erweitert und ausgestattet, ehe 1753 das Gnadenbild vom Seitenaltar in den Hochaltar umgesetzt wurde. Nachfolgend gestalteten Christian Jorhan d. Ä. (1727–1804) in seiner eingespielten Arbeitsgemeinschaft mit Franz Xaver Zellner (1738–1788) und Matthias Fackler (1721–1792), sowie der Freskant Johann Martin Heigl (gest. 1774) und der Stuckateur Johann Martin Pichler den Raum unter Wahrung der Architektur, des Hochaltaraufbaus samt dessen monumentalen Skulpturen aus der Zeit von 1737 um.[3] Die Chorbogeninschrift »Da CVnCta fILIIs qVia Mater« datiert nicht nur in Form eines Chronogramms, sondern erschließt auch die Ikonologie, die als Grundlage für zahlreiche Predigten zum Fest der Übertragung des Gnadenbildes diente. »Gib alles Deinen Kindern, weil Du ihre Mutter bist« – Maria als Mutter Christi und Mutter der Menschen. Ausgehend von der Wallfahrtgeschichte Thalheims mit der Transferierung des wundertätigen Gnadenbildes vom Hollerbusch in den Hochaltar entwickelt sich eine bildhaft-mariologische Heilsgeschichte. Heigls Fresken drehen die übliche Bildabfolge geradezu um: Sie beginnt hier beim Eintritt in die Kirche mit der Himmelsglorie. Der hl. Michael in der Mitte stimmt mit Engeln das *Regina Coeli* (Inschrift im Bild) als das Lob der Himmelskönigin an, deren leibliche Aufnahme in den Himmel im Hauptbild gezeigt wird. Im Chorfresko erscheint dann das Maria Thalheimer Gnadenbild im Hollerbusch, begleitet von zeitgenössisch gekleideten Pilgern – *gegenwärtig*. Alle umgebenden Embleme sind auf Maria bezogen und deuten sie im Sinn des Hohen Liedes und der Lauretanischen Litanei. Das Chorfresko geht dann unmittelbar in den mächtigen Hochaltar über, dessen statischer und monumental-architektonischer Aufbau mit den blockhaften, starren älteren Monumentalskulpturen der vier abendländischen Kirchenlehrer von Jorhan mit Wolkengirlanden, Ornamenten, Glorien

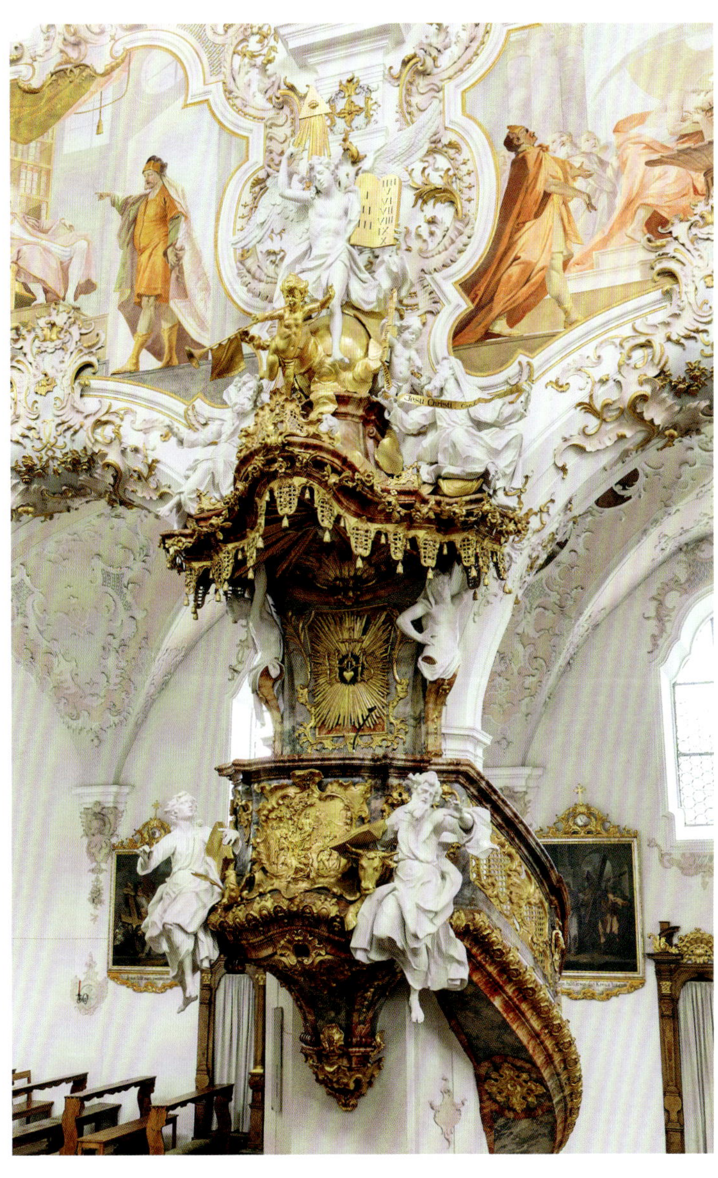

3 Franz Xaver Schmädl, Kanzel, um 1750, Rottenbuch, ehem. Augustiner-Chorherrenstiftskirche

und fliegenden Putten völlig im Stil des Rokoko uminterpretiert wurde (vgl. Abb. S. 110). Das Gnadenbild mit Maria steht im Zentrum auf üppigen Wolkengebilden – es wird von Engeln zu Gottvater im Altarauszug hinaufgetragen. Es ist die zweite Himmelfahrt: »Zweyfach=glorreiche Übersetzung einer gnaden=vollen Mutter«,[4] wie der Prediger sagt. Maria Thalheim wird durch das Gnadenbild zum *gegenwärtigen, neuen* Ort der Himmelfahrt Mariens.

Wie in Berg am Laim, Dießen oder andernorts entfaltet sich in Maria Thalheim das reiche kirchliche Gnadenleben in den ungeheuer lebendigen Altären mit seinen Gemälden und verfeinerten Figuren, der Heiligenhimmel bevölkert die Altäre. An der Kanzel spielen nicht nur Putten im Schalldeckel mit den Attributen der vier abendländischen Kirchenlehrer. Am Korpus tragen vier weitere, lebendige, fröhliche, fast irrational bewegte Putten die vier Attribute Totenschädel, Löffel, Waage und Fisch (Kat.-Nr. 52). Voller Freude tanzen sie fast vor den Reliefs des Sämanns, der seine Saat ausbringt, der Verklärung Christi (in der Mitte) und des Sämanns, der seine Ernte einbringt. Vielleicht ist die immer noch rätselhafte Ikonographie der Putten in Zusammenhang mit den Reliefs zu lesen: Der Sämann ist der verklärte Christus, der den Samen – Wort Gottes, das von der Kanzel herab verkündet und nach dem Vorbild der Kirchenlehre gelehrt wird – aussät und die Ernte einbringt. Doch sind die Putten bei aller Fröhlichkeit zugleich Mahnung, Teil dieser Ernte zu werden. Der Totenkopf steht für die Endlichkeit, der Löffel für Nahrungsaufnahme (Wort Gottes), die Waage für Gerechtigkeit, das rechte Maß, die rechte Abwägung (im Zusammenhang auch mit der Ernte), der Fisch ist Zeichen Christi (vor dem Relief des die Ernte einbringenden Sämanns). Wieder sind es die Skulpturen, hier die scheinbar spielenden Putten, welche die heilsgeschichtliche Botschaft, das Eingreifen Gottes konkret werden lassen. Die Besucher von Maria Thalheim sind unmittelbar im himmlischen Raum, am Ort der zweiten, gegenwärtigen Himmelfahrt Mariens.

ROTT AM INN

Zum Ende der Epoche beginnen die Gesamtzusammenhänge zu brechen, auseinanderzufallen, zugleich erreicht die Skulptur mit Ignaz Günther (1725–1775) den künstlerischen und intellektuellen Höhepunkt. Das Ornament vereinzelt, wird bei aller dynamischen, plastischen und kraftvollen Ausbildung zunehmend dekorativ oder beginnt sich von der Wand zu lösen, »abzurascheln«, um neue nüchterne klassizistische Räume zu hinterlassen (vgl. Festsaal des Schaezlerpalais, Augsburg). Architektur wird wieder dominant, Fresken werden wieder Einzelbilder und in klare, abgrenzende Rahmen zurückgedrängt. Skulpturen lösen sich aus dem Gesamtverband und zeigen eine wachsende Tendenz zur Einzelskulptur oder Einzelskulpturengruppe mit zunehmender Eigenbedeutung.

Die ehemalige Benediktiner-Abteikirche, jetzige Pfarrkirche in Rott am Inn ist vielleicht dabei das herausragendste Beispiel. Fischers Architektur ist dabei prinzipiell noch immer von der Grundaufgabe der Epoche, der Verbindung von Zentral- und Längsbau, geprägt (Abb. S. 100). In Rott am Inn aber führt dies nur bedingt zu einem Einheitsraum, Kapellen bilden sich als Einzelräume aus, die einheitliche Erlebbarkeit des Gesamtraumes vom Weststandpunkt ist nur bedingt möglich, Annexräume erhalten Eigengewicht. Die Ausstattung steht zunehmend monumental und isoliert im Raum, natürlich noch in die logische Raumabfolge integriert und diese akzentuierend. Die Fresken sind klar begrenzte Bilder im Raum. Das Ornament ist noch immer ungeheuer phantasievoll, kraftvoll, geprägt von den unendlichen Formmöglichkeiten der Rocaille, aber isoliert, einzelne Akzente setzend. Es bildet nicht mehr die geschlossene ornamentale Zone aus und kann damit Grenzen nicht mehr organisch aufbrechen und verwischen. Die Skulpturen haben Eigenbedeutung, begleiten die Altäre, aber stehen auch für sich als Einzelbilder. Die Ausprägung einer umfassenden Ikonologie ist aufgehoben, es sind Einzelakzente ohne den großen heilsgeschichtlichen Gesamtzusammenhang. Natürlich gibt es das klassische Repertoire der Ikonographie, aber ohne die Klammer einer vereinheitlichenden heilsgeschichtlich definierten Gesamtidee.

Vornehmlich in den Skulpturen Ignaz Günthers treten uns Einzelkunstwerke von allerhöchster Qualität, Verfeinerung, Raffinement entgegen. Nie vorher und nie mehr nachher sind die Bauernheiligen *Isidor* und *Notburga* so edel, verinnerlicht, nobel, geradezu adelig und doch zutiefst menschlich dargestellt (Kat.-Nr. 82). Es sind leibhaftige, lebende Personen in ihren zum dauerhaften Moment erstarrten, verfeinerten Gesten, die ein so nie zuvor und danach erreichtes Paradoxon von gleichzeitiger Nähe und Entfernung, von Unerreichbarkeit und greifbarer Wirklichkeit abbilden. Im berühmten *Damianus* mit dem Putto, der dessen Kardinalshut trägt, ist die Verfeinerung und Vergeistigung auf die Spitze getrieben, die ganz nahe an Arroganz heranreicht, sie aber nicht erreicht (Kat.-Nr. 81).

Formal geht hier die Entwicklung nicht weiter, inhaltlich aber ist in diesen und ähnlichen Figuren die große Skepsis, die sich dann in der Aufklärung Raum bricht, zugrunde gelegt: das Hinterfragen, die Mahnung, die Reflexion. Gerne wird vom verspielten, vom heiteren und fröhlichen Rokoko gesprochen. Das Heitere, Fröhliche, die beinahe blasphemische Verspieltheit mancher Skulpturen oder Putten meint den *gegenwärtigen* Augenblick der Wahrnehmung des Himmels. Aber es ist ein Augenblick, nie ohne Ernst: Die Welt muss ausgetrieben sein wie in Rottenbuch, damit man Gottes heilsgeschichtliche Ideen sehen und erleben kann. Es muss auf das *memento mori* hingewiesen sein, wenn man sich wie in Thalheim für die Worte Gottes am Ort der zweiten Himmelfahrt Mariens öffnen soll, um die entsprechende Ernte einfahren zu können. Sogar im Tabernakel von Berg am Laim ist im skeptisch blickenden Diener der Zweifel, der in der Erkenntnis überwunden werden muss, präsent.

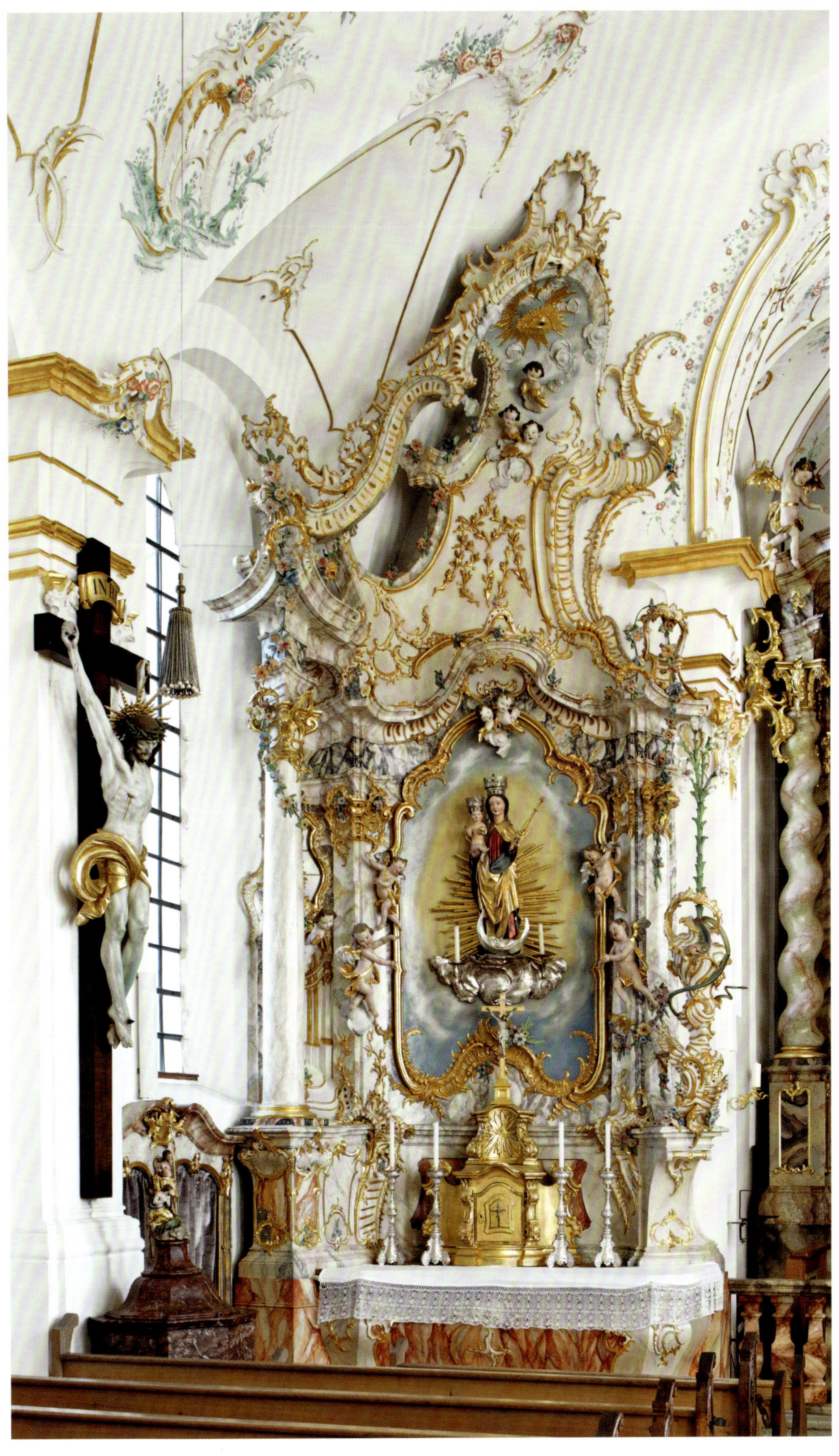

4 Johann Anton Bader, linker Seitenaltar, um 1760, Hörgersdorf, Kuratiekirche St. Bartholomäus

AUSKLANG

Im Gipfelwerk des Rokoko, in der Wieskirche bei Steingaden (Abb. S. 42/43) wird der Augenblick der Versöhnung und Umkehr zum Thema: Christus kommt bereits auf dem Regenbogen zum Gericht, auf den noch leeren Richterstuhl herab, wo sich die Siegespalme mit dem Schwert kreuzt. Jetzt ist noch Zeit zur Buße, zur Bitte, zur Dankbarkeit. Es geht so weit, dass der Kirchenbesucher integraler Bestandteil einer Gesamtikonologie wird, die in höchstem Maße formal innovativ, umfassend und eindringlich ist. Christus kommt zum Jüngsten Gericht, die zu Richtenden fehlen, es sind gleichsam die Besucher der Wies, wir, die durch Anton Sturms (1690–1757) mächtige, unmittelbar dem Besucher gegenübertretenden abendländischen Kirchenlehrer überzeugend im Glauben unterrichtet werden. Denn wenn die kurze Zeit zum Gericht vorbei ist, der Besucher wieder die Kirche verlässt, dann ist über dem einzigen Eingangsportal zur Wies, durch das man treten muss, im Fresko das Himmelsportal dargestellt. Es ist perspektivisch so gestaltet, dass es im gesamten Raum immer frontal wahrnehmbar ist. Denn durch dieses Portal muss man gehen, genauso wie durch das reale Portal darunter. »Tempus non erit amplius« – es wird keine Zeit mehr sein, mahnt es in seiner Inschrift.

Im Rotter *Damianus* ist dieser Geist der Zeit exemplarisch vereinigt: das Heilige, das Mahnende, das Skeptische, das Fragende, das Ausweglose und das Erlösende. Nirgends lassen sich die heilsgeschichtlichen Dimensionen der Rokokokirche so nah und konkret greifen und darstellen wie in der Skulptur, im figuralen Bild des Heiligen, der gleichzeitig Mensch ist. In der Skulptur wird die größte Konkretion erreicht, wird erlebbar, dass der Mensch im Rokoko Teil dieses unbetretbaren-betretbaren Himmels geworden ist.

Ein stilistischer wie thematischer Endpunkt findet sich in der Kuratiekirche St. Bartholomäus in Hörgersdorf. Am linken Stuckseitenaltar sind nun alle Grenzen und akademischen Regeln aufgelöst. In der Mitte des Altares thront Maria als spätgotisches Gnadenbild. Der Altar ist nicht mehr Architektur, sondern ein aus purem Ornament gebautes Bild, unbeschreibbar (Abb. 4). Dort, wo eigentlich Säulen das Gebälk tragen sollen, wächst aus einer durch asymmetrisch amorphe Rocaillefigurationen gebildete Vase eine Lilie in die Höhe. Sie endet im Nichts. Das Gebälk darüber ist ebenso im Ornament aufgelöst. Dieser Altar hat nichts »Lehrbuchartiges« mehr – er kann nicht funktionieren, er kann nicht stehen, alles statisch Notwendige und Funktionierende ist ornamental aufgelöst. Er ist »unmöglich«. Die Lilie, die sowohl tragende Säule wie Skulptur sein soll, wächst durch eine Schlange hindurch und tötet diese (Abb. S. 123). Dieses Bild ist ebenso unmöglich wie der Altar als Ganzes. Es ist das Bild der Unmöglichkeit, Unfassbarkeit himmlischen Geschehens, das Bild der von Erbsünde befreiten Maria, die – nicht nur hier in Hörgersdorf – Mutter der Kirche ist. Das Unmögliche ist sichtbar geworden in einem absurden Bild, das an die Stelle von Skulptur und Architektur tritt. Es ist die vollkommene Auflösung der Skulptur in innovativer Bildabstraktion. Das Unmögliche wird wahr, sichtbar, erlebbar, fast beweisbar – weil der Altar immer noch steht – und bleibt doch fragil.

1 Augustin Fastl, Der neue Himmel zu Diessen, das ist: Kirchweih- Lob- und Jubelpredigt Beym neunhundertjährigen Jubelfest gehalten, München 1740, zitiert in Gerda Maier-Kren, Die bayerischen Barockprälaten und ihre Kirchen, in: Beiträge zur Geschichte des Bistums Regensburg 3 (1969), S. 123–244, hier S. 197.

2 Ebd.

3 Vgl. Hermann Bauer/Frank Büttner/Bernhard Rupprecht (Hg.), Corpus der Barocken Deckenmalerei, Bd. 7: Landkreis Erding, München 2001, S. 209.

4 Lob= und Ehren=Predigten, Welche bey hohfeyerlicher Ubersetzung Der Uralt= und wunderthätigen Bildnuß Mariae, Der Liebreichen Mutter Gottes zu Maria Thalheim/Einer Filial-Kirchen der Pfarr Riding/Bistums Freysing, unweit der Stadt Erding entlegen/Während einer solennen Octav, in dem Jahr Christi MDCCLIII gehalten, Freising 1754.

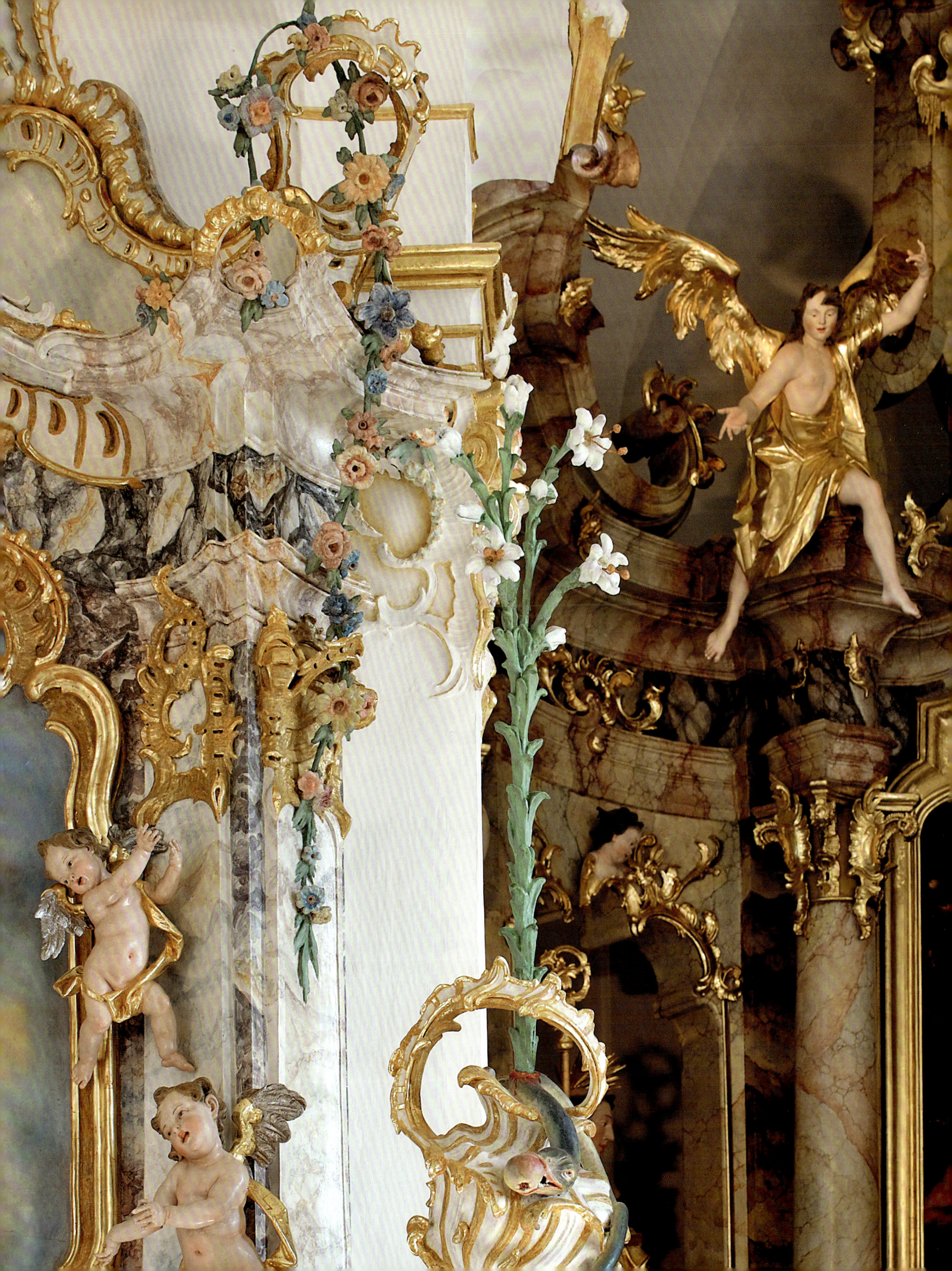

ROCAILLE Das gestalterische Hauptmotiv der Epoche ist die in Frankreich um 1730 entwickelte Rocaille. Der französische Begriff *rocquaille* setzt sich zusammen aus *roc* (Fels) und *coquille* (Muschel, Schneckenhaus). Er beschreibt die Grundformen des Ornaments, das aus naturnahen, organisch anmutenden Formen und Oberflächen aufgebaut ist. Die daraus entstehenden unendlichen Variations- und Kombinationsmöglichkeiten lösen den streng symmetrischen Ornamentstil des Spätbarock ab. Beherrschend werden fortan asymmetrische, bizarre und bewegte Formen, die den Künstlern neue kreative Freiheiten ermöglichten. Auch der Stilbegriff des Rokoko leitet sich von diesem ornamentalen Grundelement ab und gibt der Epoche ihren Namen.

Wichtig für die Verbreitung dieses neuen Stils und dessen Formenschatz war das 1734 erschienene *Livre d'ornements* des Dekorationskünstlers Juste-Aurèle Meissonier.

Bereits um 1735 wurde die Rocaille von führenden Münchner Hofkünstlerkreisen übernommen und kreativ für Raumdekorationen weiterentwickelt. Treibende Kraft war hier der Hofkünstler François Cuvilliés. Er entsprach damit den Vorstellungen des kurfürstlichen Hofes in München, der sich im 18. Jahrhundert politisch und ästhetisch stark an Frankreich orientierte. Vor allem Augsburger Künstler entwickelten die französischen Vorlagen phantasiereich weiter und verbreiteten ihre Neuschöpfungen landesweit durch Kupferstiche. Viele süddeutsche Künstler ließen sich davon inspirieren und schufen hauptsächlich für kirchliche Auftraggeber neue ornamentale Raumdekorationen und Ausstattungen. Die Rocaille wurde dabei immer autonomer und steigerte sich von einem dreidimensionalen Ornament zu einem skulpturalen Gebilde.

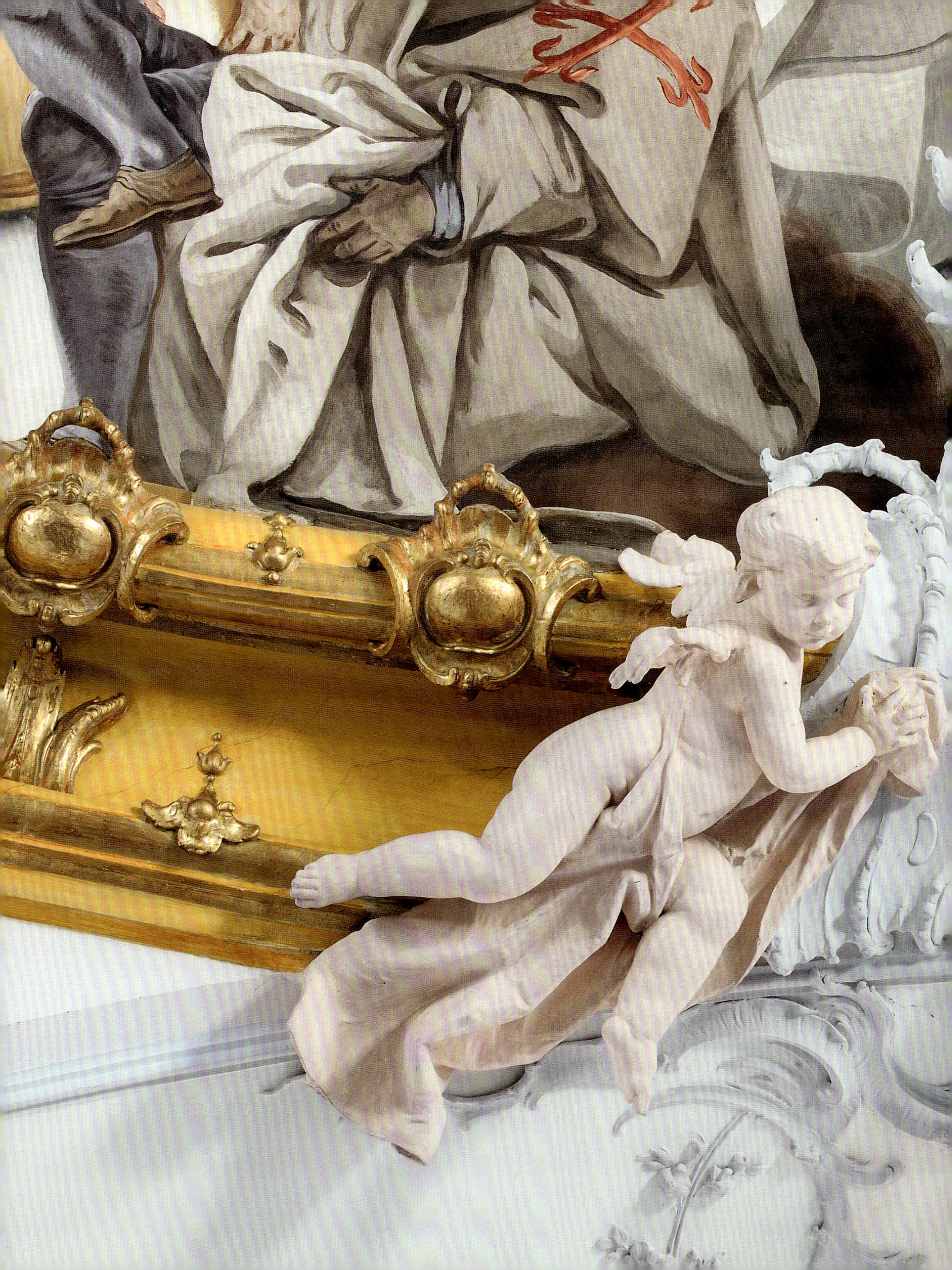

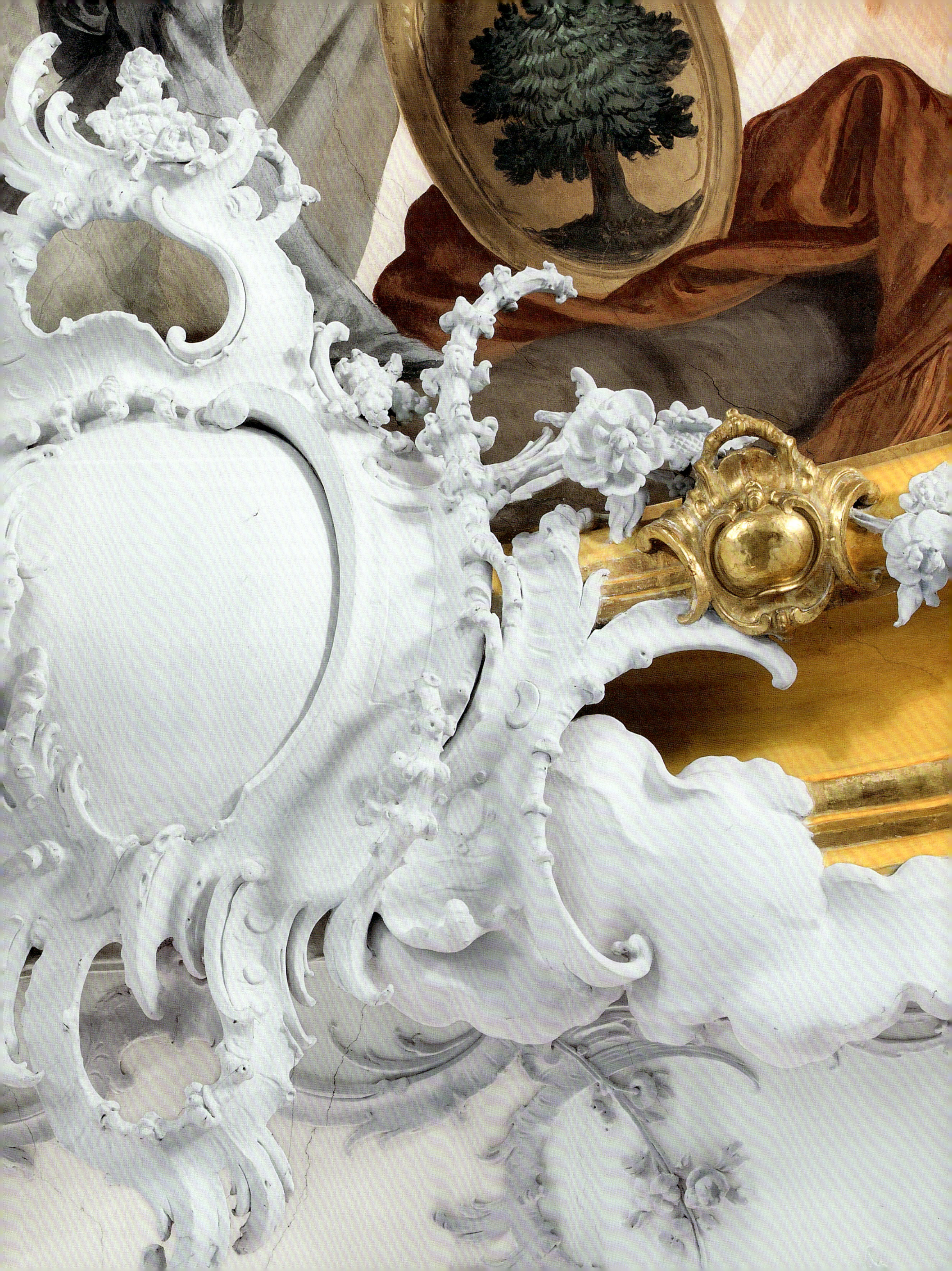

19 JUSTE-AURÈLE MEISSONNIER

TAFELAUFSATZ UND ZWEI TERRINEN FÜR DEN HERZOG VON KINGSTON

aus dem *Livre d'ornements*, fol. 72v/73r
1748
Radierung; 37,9 × 64,4 cm
Bezeichnet unten links: »J. A. Meissonnier inv.«; unten rechts: »Huquier Sculp.«; unten Mitte: »Projet de Sculpture en argent d'un grand Surtout de Table. et les deux Terrines qui ont eté executé pour le Millord Duc dew Kinston en 1735./A Paris chés Huquier rue St Jacque au coin de celle des Mathurins CPR.«
München, Bayerische Staatsbibliothek; Sign. Rar. 2160
Literatur: Bauer 1962, S. 11 f., 16–28. – Irmscher 1984, S. 254. – Peter Fuhring, Juste-Aurèle Meissonnier. The Artist and his Work, in: The Thyssen Meissonnier Silver Tureen made for the 2end Duke of Kingston, Sotheby's New York, 1998, S. 10–49. – Peter Fuhring, Juste-Aurèle Meissonnier, un genio del rococò, 1695–1750, 2 Bde., Turin 1999, hier Bd. 2, Nr. 118. – Irmscher 2009, S. 346 f., Abb. 15.

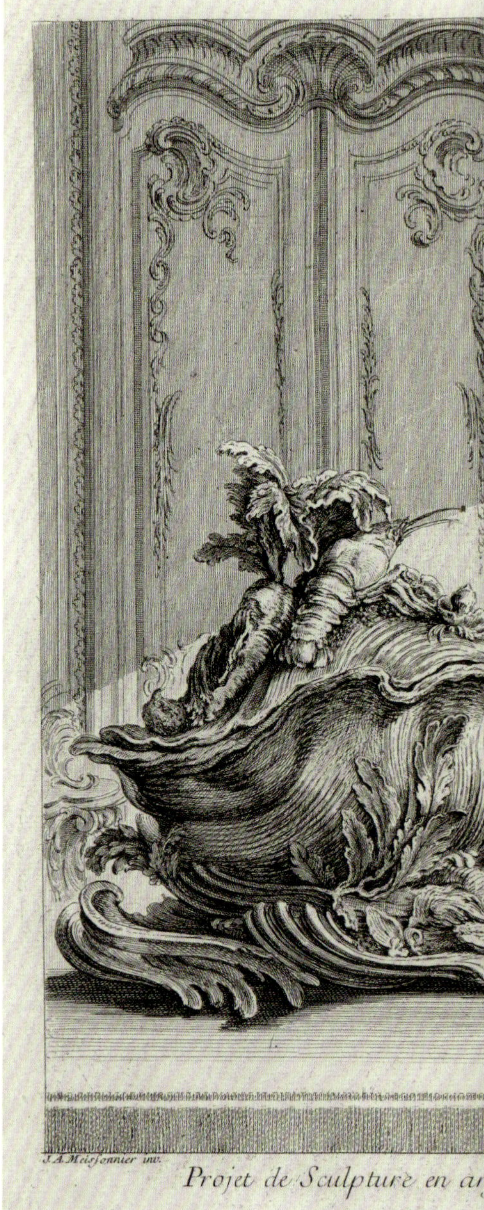

Wie Wogen türmen sich die drei Teile eines Silberservice auf: Ein rhythmisches Auf und Ab aus asymmetrisch geschwungenen und geschweiften Formen bestimmt die Komposition, die dem Auge kaum einen Ruhepunkt bietet. Den zentralen Aufsatz bekrönen zwei Putten mit Delphin, mehrere Vasen sind in der unruhig bewegten Sockelzone platziert. Die flankierenden Terrinen sind als große Muscheln gestaltet, die zusätzlich mit naturalistisch wiedergegebenem Meeresgetier, Geflügel und Gemüse versehen sind.

Die Radierung zeigt einen Entwurf Juste-Aurèle Meissonniers (um 1694–1750), den dieser 1735 im Auftrag des Herzogs von Kingston geschaffen hat. Von den drei projektierten Teilen wurden am Ende jedoch nur die beiden Silberterrinen realisiert, von denen sich eine heute im Cleveland Museum of Art befindet und die andere 1998 verauktioniert wurde. Die Ausführung erfolgte durch die beiden Pariser Silberschmiede Henry Ardent (1683–1745) und Pierre-François Bonnestrenne (1682?–nach 1740), Meissonnier als Entwerfer wurde für seine Tätigkeit mit 31 200 Livres entlohnt.

Meissonnier gilt als erster Künstler, in dessen Werk die aus der Muschel entwickelte Ornamentform der Rocaille eine zentrale Rolle spielt. Er formulierte dabei gleich eine besonders extreme und extravagante Form des *style rocaille*. Typisch hierfür sind die geriefelten, zerfließenden Oberflächen, die unweigerlich die Assoziation von Wasser hervorrufen und die Objekte verdreht erscheinen lassen. Wie am *Tafelaufsatz und zwei Terrinen* gut zu beobachten ist, wird das dekorierende Ornament nicht appliziert, sondern geht mit dem Objekt eine organische Einheit ein, sodass die eigentlich für den Gebrauch gedachten Gegenstände wie phantastische Skulpturen anmuten. Neben der Dynamisierung durch den Wechsel von konvex und konkav

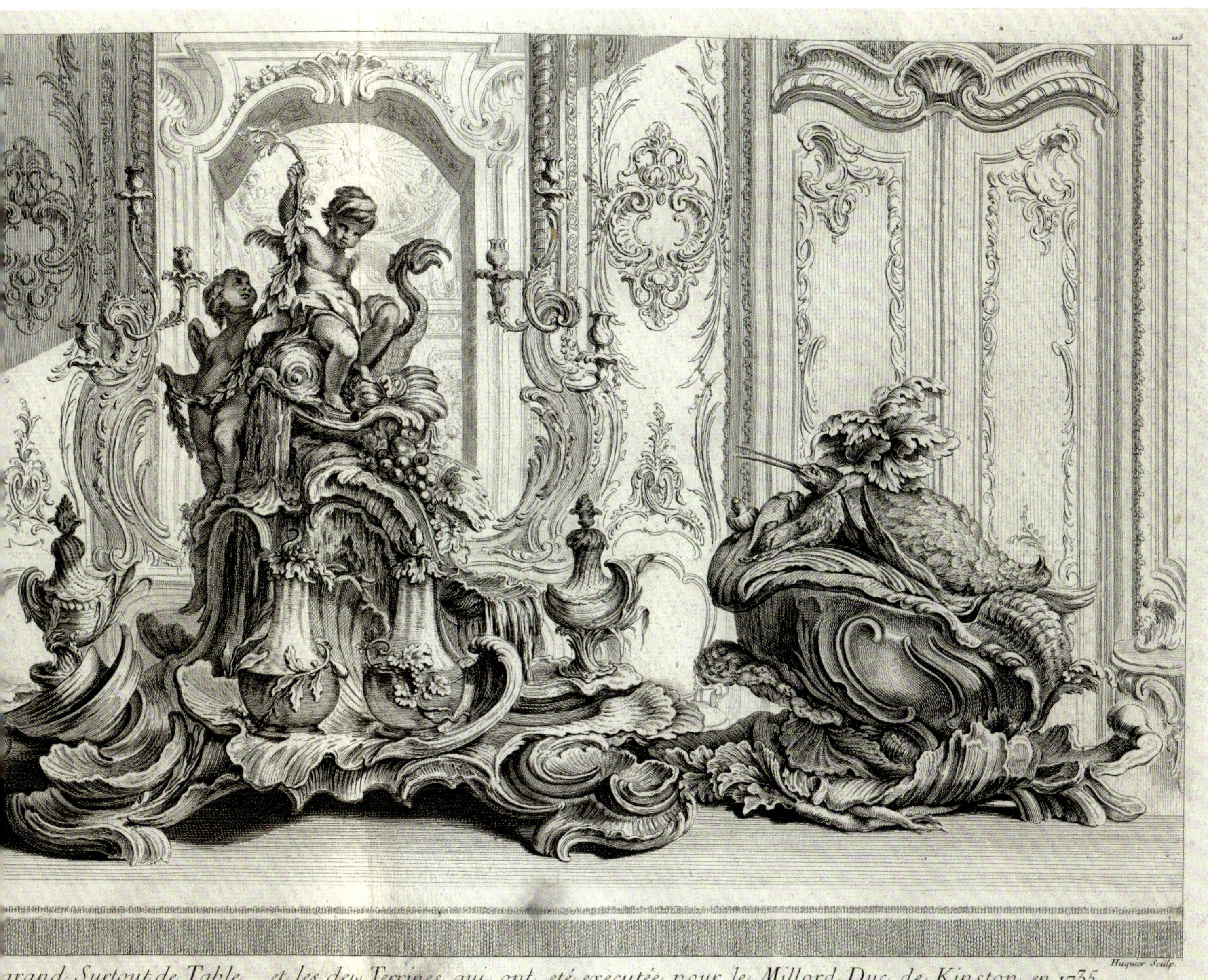

sind Asymmetrie und die Einbeziehung natürlicher Formen herausstechende Charakteristika, die für den Ornamentstil der Rocaille prägend sind.

In Turin geboren und vermutlich vom Vater zum Goldschmied ausgebildet, kam Meissonnier 1715 nach Paris, wo er rasch Erfolge feierte und 1724 zum Goldschmied des Königs *(Orfèvre du Roi)* und zwei Jahre später zum Hofzeichner *(Dessinateur de la Chambre et du Cabinet du Roi)* ernannt wurde. Meissonnier entwarf zahlreiche Silber- und Goldschmiedearbeiten, aber auch Bilderrahmen, Möbel, ganze Inneneinrichtungen und Architektur. 1734 erschienen die ersten radierten Blätter nach seinen Entwürfen, die in der Zeitschrift *Mercure de France* auf ein positives Echo stießen: »[...] une suite d'Estampes en large [...], qui doivent piquer la curiosité du Public et de Curieux du meilleur goût.«[1] Die Radierung mit Meissonniers *Tafelaufsatz und zwei Terrinen* entstand 1748 als eine Arbeit Gabriel Huquiers (1695–1772), der seit 1742 seine Werke im Medium der Druckgraphik vervielfältigte.

Interessanterweise reüssierte Meissonnier vor allem bei ausländischen Auftraggebern wie dem König von Portugal oder dem polnischen Großmarschall Bieliński, für die er größere Ausstattungsprojekte durchführte. In Frankreich selbst wurde man der extremen Verwendung der Rocaille schnell wieder überdrüssig und bevorzugte einen klassischeren Dekorationsstil. Meissonniers Entwürfe spielten jedoch eine maßgebliche Rolle bei der europaweiten Verbreitung der neuen Ornamentform, vor allem in Deutschland, wo sie zunächst durch den am Münchner Hofe tätigen François Cuvilliés d. Ä. (1695–1768) aufgegriffen wurde (Kat.-Nr. 20). AM

1 Zitiert nach Irmscher 2009, S. 347.

20 FRANÇOIS CUVILLIÉS D. Ä.
MORCEAUX DE CAPRICES À DIVERS USAGES

Folge von 6 Blatt
1742/54
Radierungen; je 34,4 × 22,4 cm (a–f)
Bezeichnet auf dem Titelblatt in der Kartusche: »Morceaux de Caprice A divers usages Inventé par françois de Cuvilliés Conseiller et Architecte de Sa Majesté Imperialle. Se vend chez Lauteur«, auf dem Titelblatt unten: »Se vend aussi a Paris chez le St. Poilly ruë St. Iacque a limage St. Benoit Avec Privilege du Roy«, jeweils unten links: »Inventé par F. de Cuvilliés«, jeweils unten rechts: »gravé par Sig. Roesch.«, jeweils in der Mitte: »C.P.S.C.M.«
München, Bayerische Staatsbibliothek; Sign. Rar. 555
Literatur: NDB, Bd. 3, 1957, S. 452 f. – Bauer 1962, S. 38–40. – Irmscher 1984, S. 256–260. – Braunfels 1986, S. 111–115, 199–202. – AKL, Bd. 23, 1999, S. 227. – Irmscher 2009, S. 360–366.

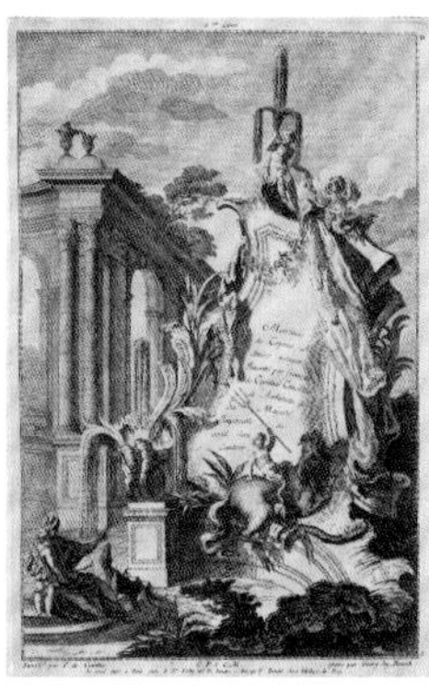
a

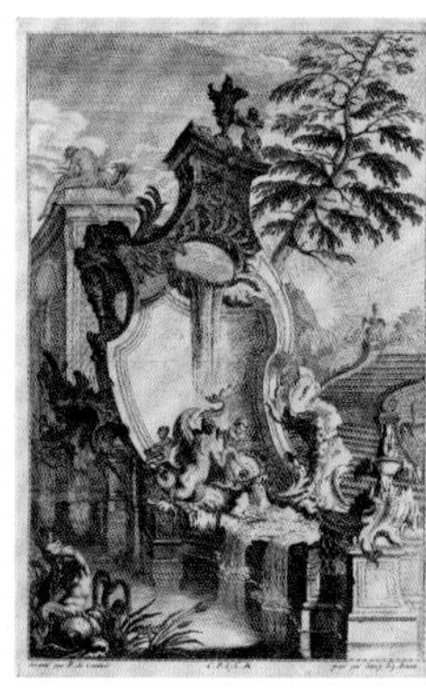
b

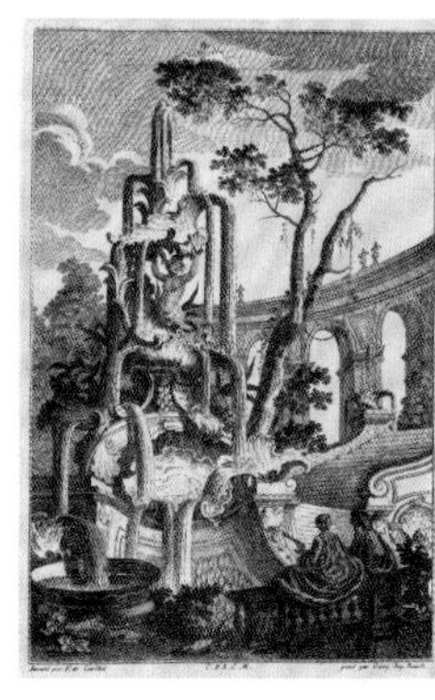
c

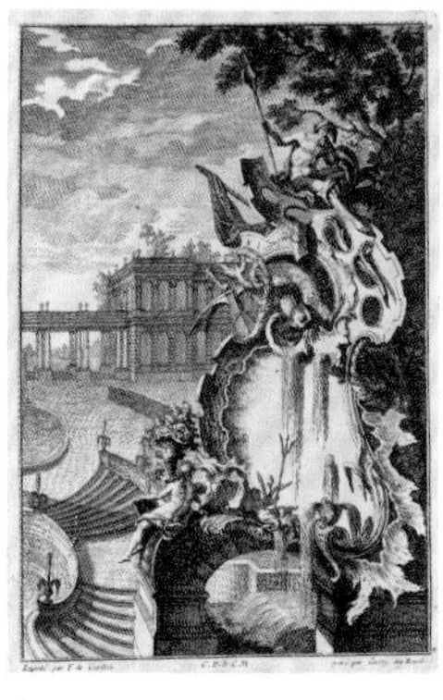
d

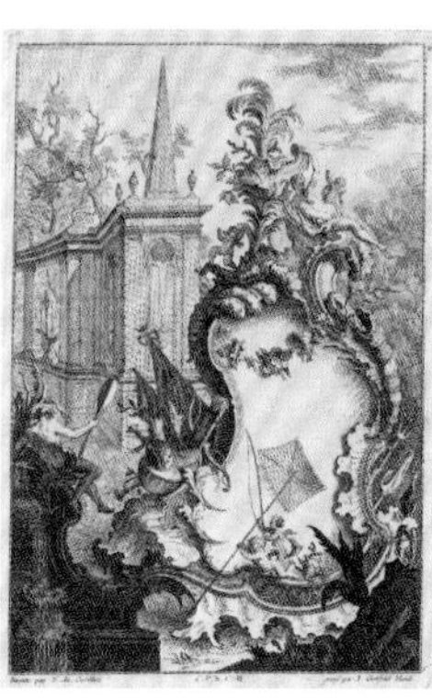
f

Die Rocaille, ein aus der Muschelform entwickeltes Ornamentmotiv, gab der Epoche des Rokoko ihren Namen. Sie tauchte seit 1730 in Paris vermehrt bei Innendekorationen höfischer Palais auf und wurde rasch über Ornamentstiche in ganz Europa verbreitet. Die entscheidende Rolle für die Einführung der Rocaille in Deutschland kommt François Cuvilliés d. Ä. (1695–1768) zu, der das neuartige Ornament seit den 1730er-Jahren bei seinen Ausstattungsprojekten verwendete und ihm eine universale Bedeutung zugestand. Hinzu kommt Cuvilliés' reichhaltiges Stichwerk von über 500 Blatt, durch das seine Inventionen auf breiter Basis rezipiert wurden. So gilt Cuvilliés heute als der Künstler, durch den die Rocaille im Süden Deutschlands ihren Siegeszug antrat und für ein halbes Jahrhundert die gesamte Kunstproduktion dominierte.

Die sechs Radierungen der *Morceaux de Caprices* bilden die zweite Serie aus der zweiten von insgesamt drei großen Folgen, die Cuvilliés von verschiedenen Künstlern wie Franz Xaver Jungwirth (1720–1790), Karl Albert de Lespilliez (1723–1796) oder Georg Sigmund Roesch (gest. 1766) stechen ließ und im Eigenverlag veröffentlichte. Die Blätter dienten als Vorlagen für alle möglichen Objekte der Ausstattungskunst wie Rahmen, Metallarbeiten, Möbel, Öfen und Brunnen sowie für Wand- und Deckenverkleidungen. Viele Serien waren aber auch universal angelegt und konnten in unterschiedliche Kontexte übertragen werden. Dazu zählen auch die *Morceaux de Caprice* – launenhafte Stücke oder Einfälle – mit ihren phantastisch geformten Kartuschen, Brunnenanlagen und Architekturen, die ganz nach den Prinzipien der Rocaille gestaltet sind. So verschmelzen unter dem Leitmotiv der Muschel architektonische und vegetabilische Formen zu neuartigen Gebilden mit einer ganz eigenen ästhetischen Realität. Sie verblüffen den Betrachter nicht allein durch ihren spielerisch- phantastischen Charakter, sondern auch durch ihre proteushafte Verwandlungsfähigkeit und Vielfalt und wurden so zum unverwechselbaren Leitmotiv der Epoche. Cuvilliés' Bildfindungen sind allerdings nicht ohne Vorläufer: Eindeutige Einflüsse lassen sich etwa durch die Arbeiten Juste-Aurèle Meissonniers (um 1694–1750; Kat.-Nr. 19) und Jacques de Lajoues (1686–1761) feststellen.

1695 in Belgien geboren, trat Cuvilliés bereits 1706 als Kammerzwerg in die Dienste Max Emanuels, der sich zu dieser Zeit im belgischen Mons im Exil aufhielt. Der Kurfürst nahm Cuvilliés 1715 mit nach München und ermöglichte ihm von 1720 bis 1724 eine Ausbildung in Frankreich beim Architekten Jean François Blondel. Nach seiner Rückkehr wurde Cuvilliés 1725 zum kurfürstlichen Hofbaumeister ernannt und bei bedeutenden Projekten bald dem Oberhofbaumeister Joseph Effner (1687–1745) vorgezogen. Cuvilliés Hauptwerke für den Münchner Hof sind die prachtvollen Dekorationen der Reichen Zimmer in der Residenz (1730–1737), das kleine Jagdschlösschen Amalienburg im Nymphenburger Park (1734–1739, Abb. S. 24/25), das Palais Holnstein (1733–1737), heute Erzbischöfliches Palais, und das Residenztheater (1750–1753), auch als Cuvilliés-Theater bekannt. AM

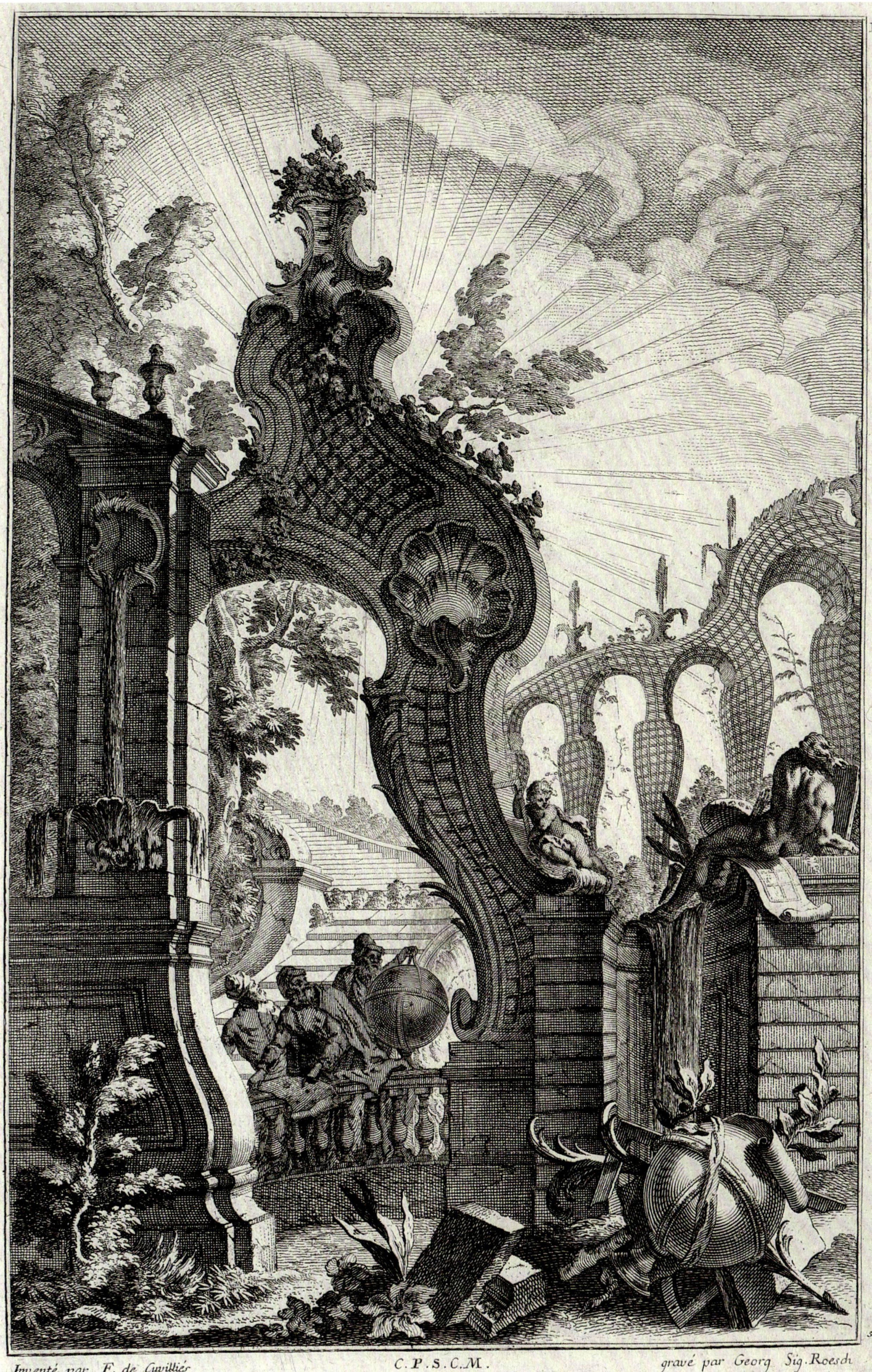
B
5
Inventé par F. de Cuvilliés
C.P.S.C.M.
gravé par Georg Sig. Roesch

21 UNBEKANNTER KÜNSTLER
LAUBE

Süddeutschland, um 1760
Holz, gefasst, teilweise vergoldet, und Kartonage;
43 × 33,5 × 25,5 cm
München, Bayerisches Nationalmuseum;
Inv.-Nr. L 33/46
Literatur: Unveröffentlicht.

Die kleine, phantastisch anmutende Holzlaube diente wohl einst als Tafelaufsatz, der bei repräsentativen Banketten im höfischen Kontext häufig wie ein Miniaturgarten gestaltet war. Während Basis und Säulen aus Holz geschnitzt wurden, sind die filigran durchbrochenen Teile der Kuppelwölbung und der Balustradengitter aus Kartonage gearbeitet. Das architektonische Gebilde setzt sich fast vollständig aus geschwungenen, rocailleartigen Elementen zusammen, sodass es wie durch eine inhärente Kraft dynamisiert erscheint: Der Unterbau schraubt sich mit seinen drei Treppen wie ein gewundenes Schneckenhaus nach oben, vier Pfeiler tragen das durchbrochene Laubendach, dessen Gesims auf einem asymmetrischen, wie eine Welle geschweiften Gebälk aufsitzt. Im Zentrum der halbrunden Plattform steht ein kleiner Sockel, auf dem ursprünglich vielleicht eine Statuette postiert war. Der nur noch rudimentär erhaltene Ansatz einer Halterung könnte auch darauf hindeuten, dass hier ein kleines Objekt präsentiert wurde.

Asymmetrisch sowohl in den Einzelelementen als auch in der Gesamtkomposition, bietet die Laube aus jedem Blickwinkel eine neue attraktive Ansicht. Die an- und abschwellenden, die konstruktive Logik verunklärenden Formen wirken fast wie gewachsen. Dabei evoziert die weißliche, stellenweise blau und golden akzentuierte Fassung die Anmutung von Porzellan – zu denken wäre hier etwa an die Grotte mit Puttenbrunnen aus dem berühmten Gartendessert des Bayerischen Nationalmuseums, zu dem einst noch weitere architektonische Teile wie Spaliere, Kuppelbauten, Säulen und Galerien gehört haben.[1] Womöglich diente die Laube als Modell für eine Ausführung in diesem neuen, für das 18. Jahrhundert so bedeutenden Medium.

Phantastische Architekturen – halb Menschenwerk, halb Naturformen – finden sich in zahlreichen französischen oder deutschen Ornamentstichen der Zeit. Besonders deutliche Analogien bestehen zu den Arbeiten von Jacques de Lajoue (1686–1761), der das Motiv der Laube und der kaskadenartig geschwungenen Treppe mehrfach verwendete.[2] Eine direkte Vorlage für die kleine Holzlaube konnte bislang jedoch nicht identifiziert werden. AM

1 Vgl. Ausst.-Kat. München 2004, S. 102 f.
2 Freundlicher Hinweis von Alfred Ziffer. Vgl. etwa Marianne Roland Michel, Lajoüe et l'art rocaille, Neuilly-sur-Seine 1984, Abb. 368, 370, 372, 418.

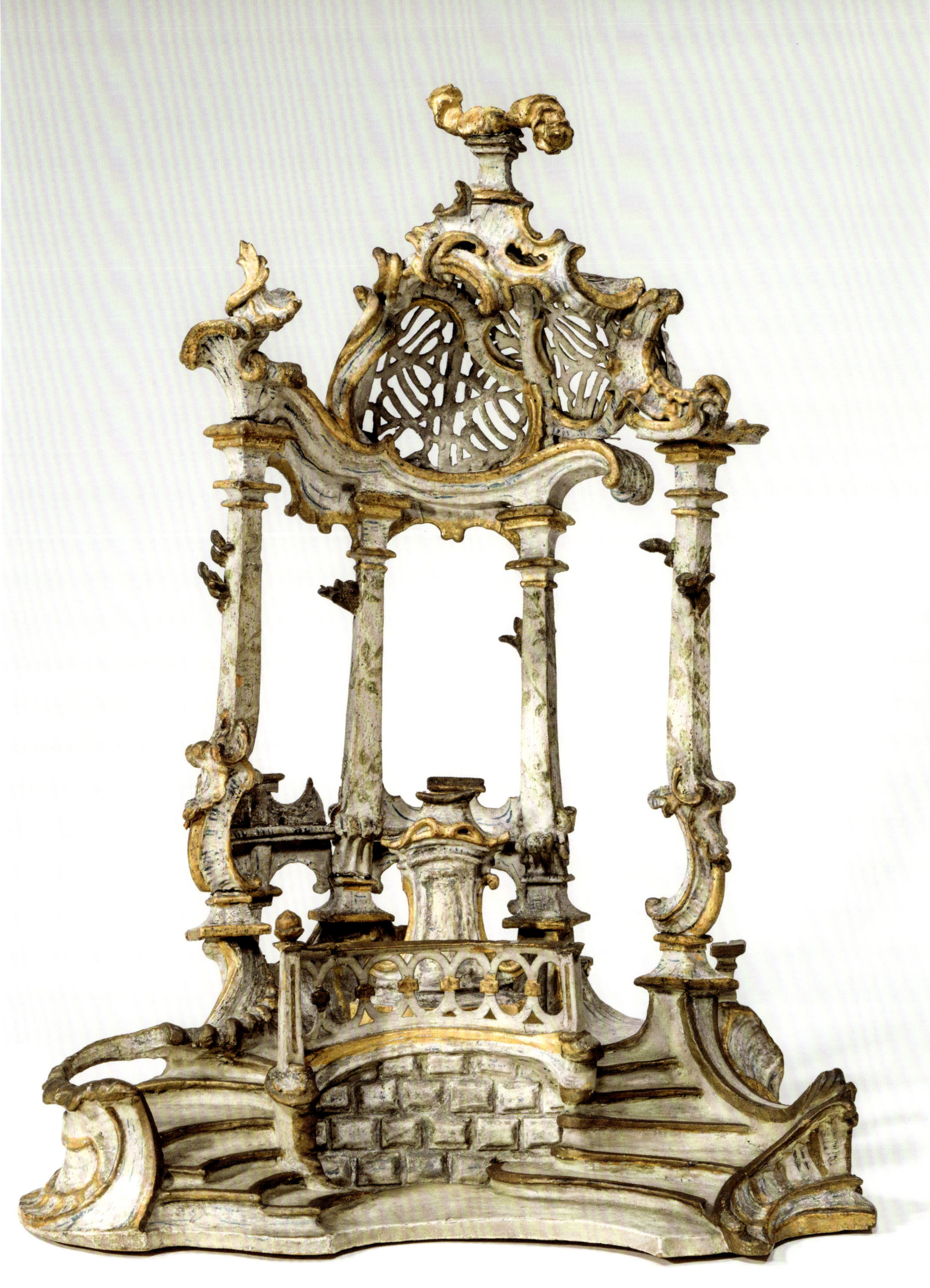

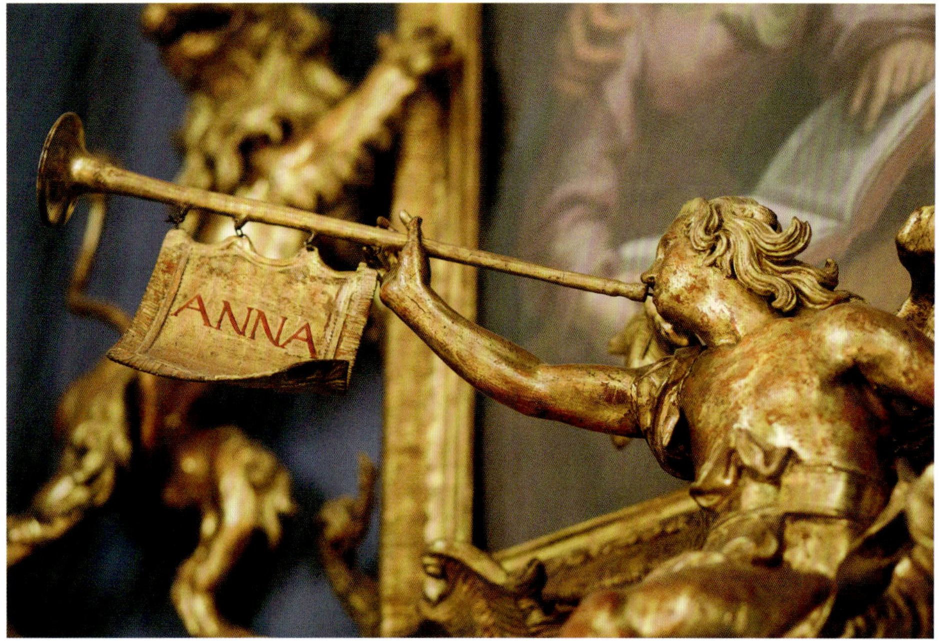

22

MÜNCHNER HOFWERKSTATT

RAHMEN MIT REICHSINSIGNIEN UND KURBAYERISCHEM WAPPEN

um 1742/45
Holz, vergoldet; 206 x 135 x 40 cm
München-Harlaching, Wallfahrtskirche St. Anna
Literatur: Woeckel 1975a, S. 173–176, Abb. 115. – Volk 1981, Nr. 26. – Lothar Altmann, Wallfahrtskirche St. Anna München-Harlaching, München/Zürich 1990.

Der Rahmen und das Gemälde stammen aus der kleinen Wallfahrtskirche St. Anna in München-Harlaching, wo sie in den rechten Seitenaltar eingefügt sind. Der komplett vergoldete Rahmen besteht aus profilierten Leisten, die von zwei bekrönten Löwen gehalten werden. Unten ruht er auf breiten Rocaillekämmen mit eingefügten Laubengittern. In deren Zwickel sitzt ein geflügelter Genius, der als Verkörperung der Fama die trompetenartige Salpinx bläst. Den oberen Abschluss des Rahmens bildet ein aus Palmwedel und Lorbeerzweig geformter Kranz, der in der Kaiserkrone gipfelt. Im Kranz selbst präsentiert ein Adler die Reichsinsignien: Reichsapfel, Zepter und Schwert. Direkt darunter befindet sich eine Rocaillekartusche mit dem kaiserlichen Doppeladler und dem kurbayerischen Wappen auf der Brust. Zwei muntere, auf wulstigen Rocaillebögen sitzende Putten schließen die Komposition rechts und links ab.

Die kaiserlichen Insignien in Verbindung mit dem bayerischen Wappen deuten darauf hin, dass der Rahmen entstand, nachdem Kurfürst Karl Albrecht (1697–1745) 1742 zu Kaiser Karl VII. gewählt worden war, also zwischen 1742 und 1745. Wahrscheinlich handelt es sich um eine höfische Stiftung, womöglich sogar durch den Herrscher selbst, der seit der Geburt seines Sohnes, des Kurprinzen Maximilian III. Joseph, im Jahr 1727 den Annenkult in München sehr förderte. Auch die locker über den Rahmendekor drapierte Kette des von Karl Albrecht wiederbelebten Ordens vom hl. Georg deutet in diese Richtung. Votivbilder aus den Jahren 1751 und 1770 belegen, dass das Gemälde der *Hl. Anna, Maria belehrend* als Gnadenbild verehrt wurde. Ob dieses Bild der Hauptgegenstand der kaiserlichen Stiftung war oder schon vorher in der Kirche verehrt und nun mit dem Prunkrahmen nobilitiert wurde, ist nicht bekannt.

Ebenso wenig weiß man, welcher Meister den Entwurf für den Rahmen lieferte oder welche Werkstatt ihn ausführte.
Der herrscherliche Kontext der Stiftung und die künstlerische Qualität deuten jedoch auf eine für den Münchner Hof tätige Werkstatt hin. Jedenfalls war es Karl Albrecht, der mit seiner Vorliebe für den in Frankreich geschulten François Cuvilliés d. Ä. (1695–1768) die Etablierung der Rocaille als allumfassendes Ausstattungselement in München maßgeblich vorantrieb.

Als sich die Stadt München als Patronatsherrin der Wallfahrtsstätte 1751 zu einem Neubau entschloss, gab man auch neue Altäre in Auftrag. Der Rahmen samt Gnadenbild wurde Bestandteil des auf der Epistelseite befindlichen Annenaltars, für den der gerade nach München zurückgekehrte Ignaz Günther 1754 einen Entwurf zeichnete. Darin ist der rund zehn Jahre zuvor entstandene Rahmen sehr detailliert wiedergegeben (Kat.-Nr. 91). Die Ausführung des 1759 fertiggestellten Altars basiert zwar in den Grundzügen auf Günthers Zeichnung, sie erfolgte jedoch durch einen namentlich nicht bekannten Meister. AM

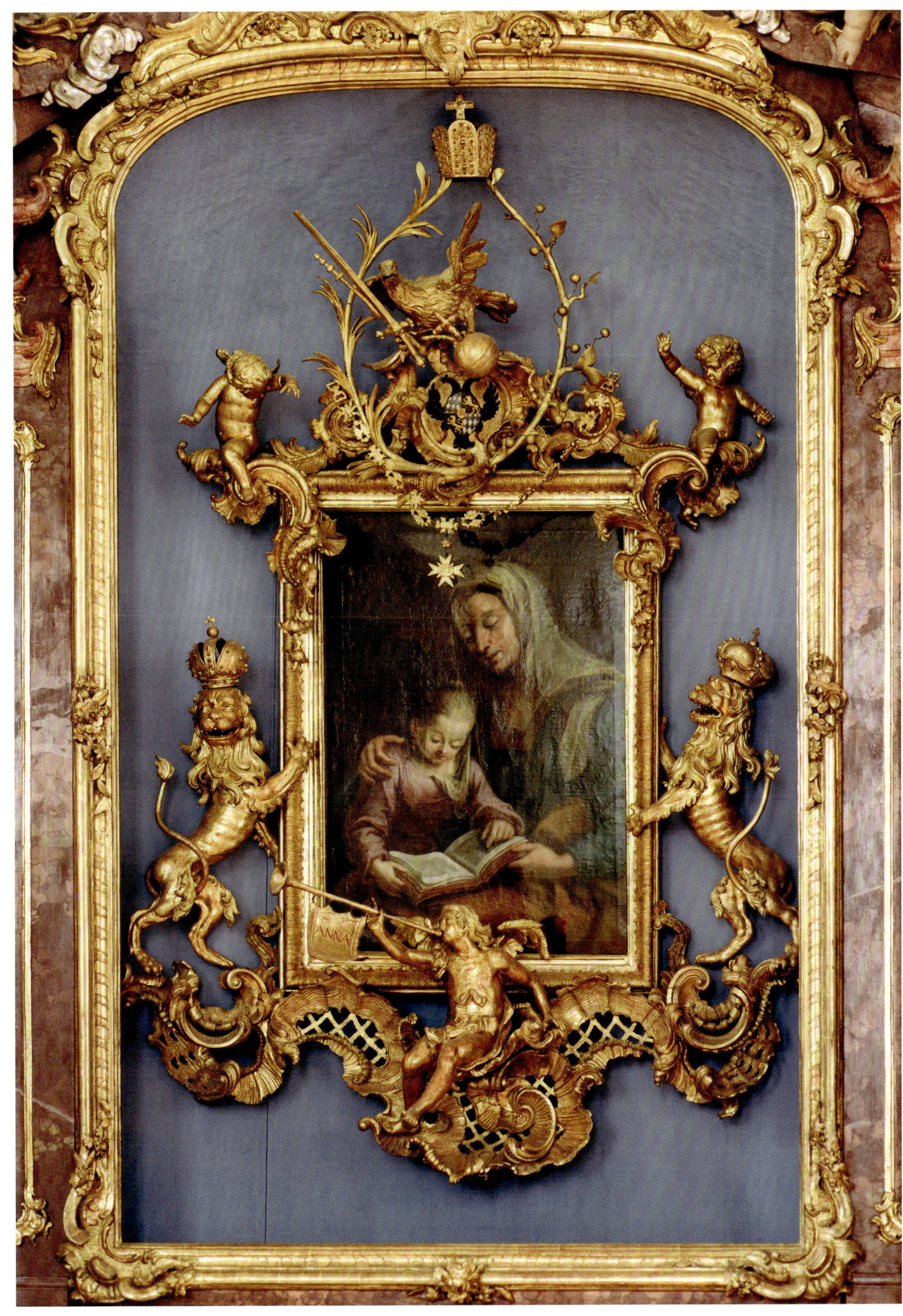
ANNA

23 FRANZ XAVER FEICHTMAYR D. J.
ORNAMENTKARTUSCHEN

Folge von 6 Blatt
Radierungen; je 13,7 x 9,6 cm (a–f)
Bezeichnet auf dem Titelblatt: »Frantz Xaverÿ Feichtmaÿr Stuckhador invenit et excudit Aug. Vind:«
München, Stadtmuseum; Inv.-Nr. MI 1922 (1–3), MI 1922 (4–6)
Literatur: Schnell/Schedler 1988, S. 88–92. – AKL, Bd. 37, 2003, S. 515.

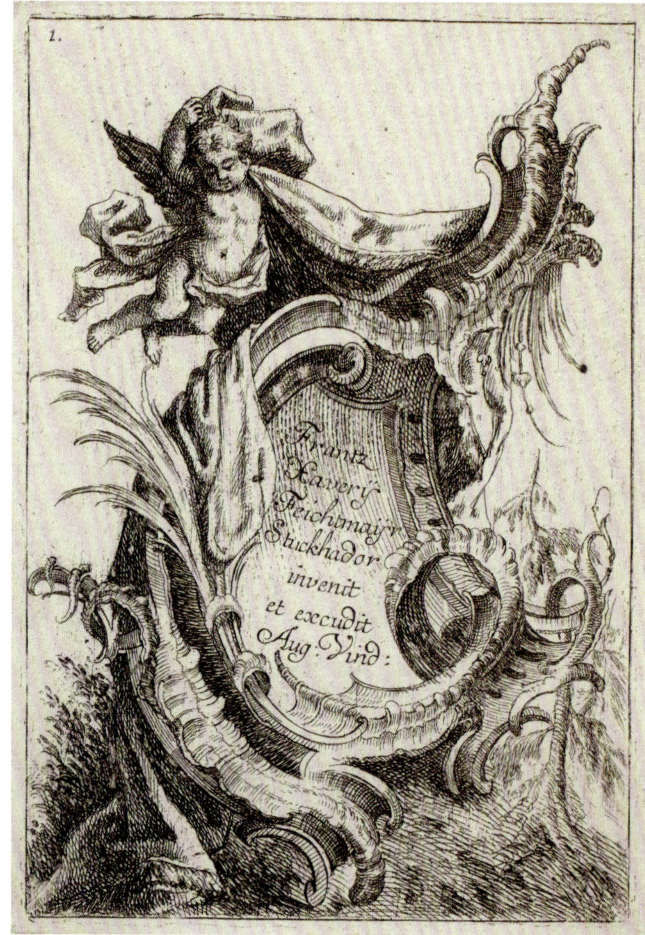

a

Die von Franz Xaver Feichtmayr d. J. (1735–1803) radierte Folge zeigt Rocailleornamente, die sich teils als Kartuschen, teils als architektonische Formen konkretisieren. Der Zusatz in der Inschrift »Aug. Vind« (lat. Augustae Vindelicorum für Augsburg) belegt, dass die Folge in Augsburg entstand oder zumindest dort verlegt wurde. In abwechslungsreicher und phantastischer Weise durchdringen sich ornamentale, architektonische und vegetabilische Elemente und verschmelzen zu einer hybriden Einheit. Dabei ähneln die autonom in die Landschaft gesetzten Formen den Inventionen von François Cuvilliés d. Ä. (1695–1768), wie sie in seinen berühmten *Morceau de Caprice* (Kat.-Nr. 20) zu sehen sind. In Komposition und Ausführung zeigt Feichtmayrs Stichfolge außerdem deutliche Analogien zu einer ebenfalls undatierten und in Augsburg entstandenen Serie von Ornamentstichen seines Onkels Johann Michael Feichtmayr (1709–1772).[1] Womöglich haben beide Künstler gemeinsam in einer Werkstatt gearbeitet oder Vorlagen untereinander ausgetauscht.

Franz Xaver, Sohn des gleichnamigen Augsburger Stuckateurs Franz Xaver Feichtmayr d. Ä. (1698–1763), gehörte einer bekannten, ursprünglich aus Wessobrunn stammenden Stuckatorenfamilie an. Deren Mitglieder sind berühmt für ihre kunstvollen und handwerklich höchst anspruchsvollen Verzierungen aus Stuck und Stuckmarmor, die Kirchen und Schlösser im gesamten süddeutschen Raum schmücken. Das Wirken der Wessobrunner Stuckateure spielt eine entscheidende Rolle bei der Etablierung des Rokoko in Bayern in seiner spezifischen Form. Sie nahmen die Anregungen aus Frankreich auf und entwickelten ein Formensystem eigener Prägung mit der Rocaille als zentralem Element.

Franz Xaver Feichtmayr d. J. ist seit 1752 in München nachweisbar, wo er zunächst in der Werkstatt von Johann Baptist Zimmermann (1680–1758) tätig war und 1758 das Amt des Hofstuckateurs übernahm. Feichtmayr war unter anderem an Stuckaturen in Freising-Neustift, in Schloss Nymphenburg, in der Münchner Residenz und in Schloss Sünching beteiligt – häufig unter der Leitung oder nach Entwürfen François Cuvilliés'. 1766 gründete Feichtmayr gemeinsam mit dem Bildhauer Roman Anton Boos und dem Maler Thomas Christian Winck (1738–1797) eine Zeichenschule, aus der 1770 die erste Münchner Kunstakademie hervorging. Da mit der allgemein einsetzenden Abkehr von der Formensprache des Rokoko die Aufträge für Feichtmayr in den 1790er-Jahren immer seltener wurden, scheint er noch zu Ende seines Lebens den Wechsel ins Kramergewerbe geplant zu haben. AM

1 Vgl. dazu Maier 2012, Abb. 177–182.

24

JOHANN ESAIAS NILSON

CAFFE THE UND TOBAC ZIERATHEN

Folge von 4 Blatt
1752/56
Radierungen; 18 x 28 cm (a), 20,8 x 30 cm (b),
18,5 x 28,5 cm (c), 18,5 x 28,5 cm (d)
Bezeichnet jeweils unter der Darstellung: »J. E. Nilson,
inv: sculps: et excud: Aug: Vind:«
Augsburg, Kunstsammlungen und Museen, Graphische Sammlung;
Inv.-Nr. G 22102 (a), G 4631-69 (b), G 22103 (c), G 22101 (d)
Literatur: Schuster 1936, Nr. 52–55. – Bauer 1962, S. 56, Abb. 80. – Collinson 1994. – NDB, Bd. 19, 1998, S. 278 f. – Helke 2005.

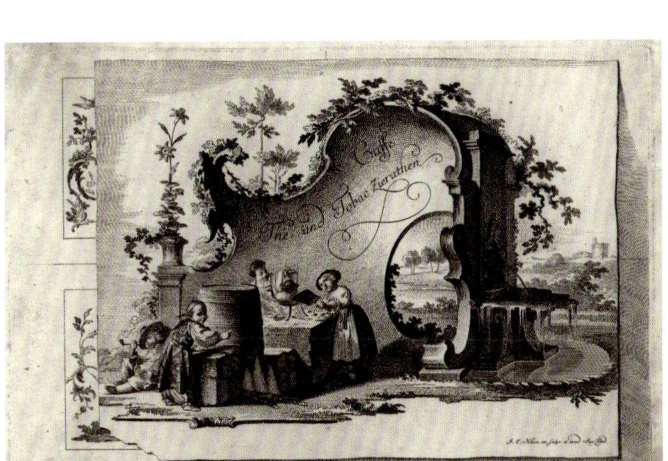

a

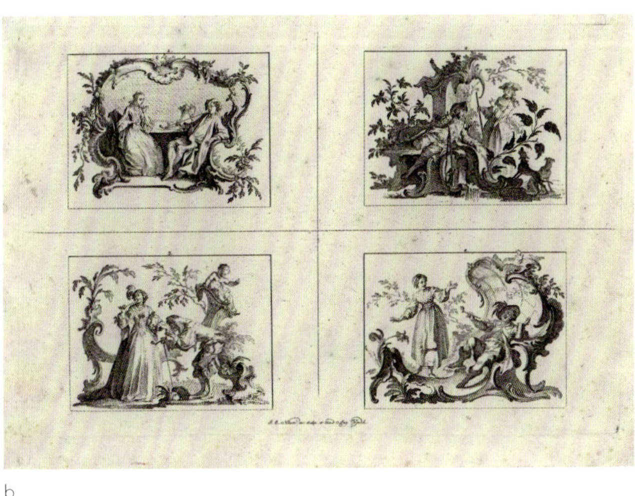

b

Die Folge *Caffe The und Tobac Zierathen* umfasst zwölf kleine Vignetten, von denen jeweils vier auf einem Blatt angeordnet sind, und ein Titelblatt. Die Darstellungen zeigen Personen aus unterschiedlichen gesellschaftlichen Kontexten, die sich dem Tabak-, Tee- oder Kaffeegenuss hingeben. Johann Esaias Nilson (1721–1788) nimmt hier Bezug auf Vergnügungen, die Mitte des 18. Jahrhunderts in höfischen und bürgerlichen Kreisen Deutschlands weit verbreitet waren. Das Besondere an seinen Darstellungen ist jedoch das Umfeld der Figuren, das praktisch vollständig durch Rocailleornamente gebildet wird. Diese wachsen fransig und auslappend wie Pflanzen aus dem Boden, formen dabei wahlweise Liegen und Sitzgelegenheiten oder wölben sich über die Figuren wie Architektur. Die Rocaille – ein ehemals rein dekoratives Element – ist hier also zu einem eigenständigen Bildgegenstand mit einer eigentümlichen, proteushaften Stofflichkeit geworden. Die Figuren fügen sich in dieses phantastische Spiel perfekt ein und werden in ihren Umrissen selbst wie Ornamente wahrgenommen. Für das Titelblatt hat sich Nilson eine besondere Spielerei einfallen lassen: Die Radierung ist so angelegt, als ob unter dem kleinen Titelblatt (a) ein weiteres, größeres Blatt liegen würde, dessen Bilder halb verdeckt werden. Auch dieser Wechsel zwischen verschiedenen Bildebenen, das Spiel mit Schein und Sein, ist typisch für die Kunst des Rokoko Mitte des 18. Jahrhunderts.

Mit seinen vergnüglichen, zwischen Genredarstellung und Ornament changierenden Bildfindungen entwickelte sich Nilson zu einem der namhaftesten Künstler Augsburgs. Dort war er zunächst als Miniaturmaler tätig. Seine Spezialität sollten jedoch seine zahlreichen druckgraphischen Arbeiten werden, die er seit spätestens 1752 im eigenen Verlag publizierte. Hier erschienen zwischen 1752 und 1756 auch die *Caffe The und Tobac Zierathen* als vierte von insgesamt 69 Folgen. Nilsons Radierungen waren besonders bei Kunsthandwerkern sehr beliebt, die sie als Vorlagen für die Dekoration von Keramik, Möbeln, Porzellan, Ofenkacheln, Textilien und Goldschmiedearbeiten nutzten. So finden sich einzelne Motive der Folge *Caffe The und Tobac Zierathen* unter anderem auf einer Teedose aus einer Zürcher Porzellanmanufaktur oder auf der Kachel eines Augsburger Ofens.[1] Durch diese enorme Verbreitung seiner Werke kommt Nilson eine zentrale Rolle bei der Etablierung der Rocaille in Deutschland zu. AM

1 Vgl. Helke 2005, S. 196, 220. Vgl. auch Siegfried Ducret, Keramik und Graphik des 18. Jahrhunderts. Vorlagen für Maler und Modelleure, Braunschweig 1973, Abb. 87, 89, 95, 126.

25 JOHANN WOLFGANG BAUMGARTNER
FOLGE MIT HEILIGEN UND DEN VIER ELEMENTEN

Folge von 4 Blatt
a Hl. Franz Xaver – Wasser
Bezeichnet oben: »S.XAVERIUS Patronus contra tempestates maris«; »ELEMENTUM AQUÆ« (weitere Inschriften)
b Hl. Florian – Feuer
Bezeichnet oben: »S.FLORIANUS Patronus contra incendia«; »ELEMENTUM IGNIS« (weitere Inschriften)
c Hl. Alexius – Erde
Bezeichnet oben: »S.ALEXIUS Patronus contra terræ motus«; »ELEMENTUM TERRÆ« (weitere Inschriften)
d Hl. Sebastian – Luft
Bezeichnet oben: »S.SEBASTIANUS Patronus contra Pestem«; »ELEMENTUM AERIS« (weitere Inschriften)
Kupferstiche mit Radierung, je ca. 46,5 x 67,5 cm
Bezeichnet jeweils unter den Darstellungen links: »I. W. Baumgartner del.«; jeweils unter den Darstellungen rechts: »Klauber Cath. Sc. et exc. Aug. Vind.«
Augsburg, Kunstsammlungen und Museen, Graphische Sammlung; Inv.-Nr. G 12017–G 12020
Literatur: AKL, Bd. 7, 1993, S. 614–616.

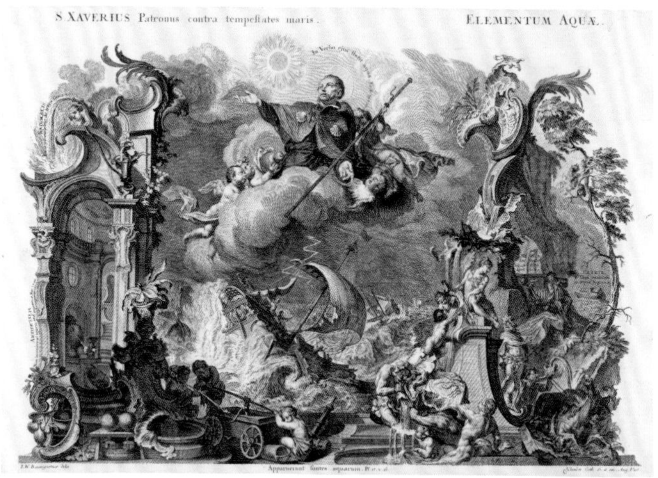

a

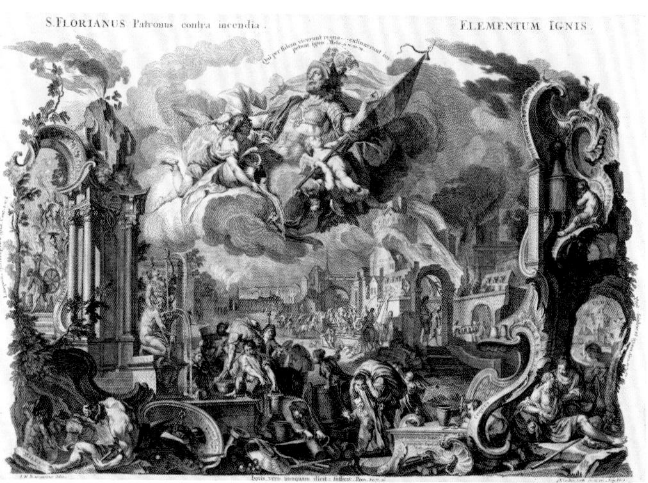

b

Das bedeutendste Zentrum für die Verbreitung der französischen Rocaille in Deutschland war die freie Reichsstadt Augsburg, Heimat zahlreicher Verleger, die wiederum eine Vielzahl Entwerfer sowie Stecher und Radierer beschäftigten. Johann Wolfgang Baumgartner (1702–1761) kann ohne Zweifel als einer der talentiertesten unter den Augsburger Künstlern angesehen werden, die ab 1740 die Rocaille auf mannigfaltige Art und Weise in ihren Formenschatz aufnahmen und verbreiteten.

Baumgartner war seit 1733 in der Stadt ansässig und erhielt 1746 das Bürgerrecht und die Zunftgerechtigkeit. Zunächst als Hinterglasmaler tätig, schuf er seit den 1750er-Jahren auch Ölgemälde und Fresken. Den eindeutigen Schwerpunkt in Baumgartners Œuvre nehmen jedoch seine Entwürfe für druckgraphische Erzeugnisse ein, von denen sich über 200 erhalten haben. Die vier großformatigen Stiche mit Heiligen und den vier Elementen entstanden für den Verlag der Gebrüder Joseph Sebastian und Johann Baptist Klauber, mit dem Baumgartner wiederholt zusammenarbeitete. Der ausführende Stecher ist nicht bekannt.[1] Die Blätter sind eindrückliche Beispiele für den Siegeszug der Rocaille in der augsburgischen Kunst, wo das Ornament in allen Gattungen – von der Wand- und Altarmalerei über die Druckgraphik bis zum Kunsthandwerk – ubiquitär verbreitet war und den Begriff des »Augsburger Geschmacks« prägte. Vor allem die ornamentalen Vorlagenblätter mit ihrer auflagenbedingt großen Verbreitung trugen maßgeblich zur Rezeption der Rocaille in ganz Deutschland bei.

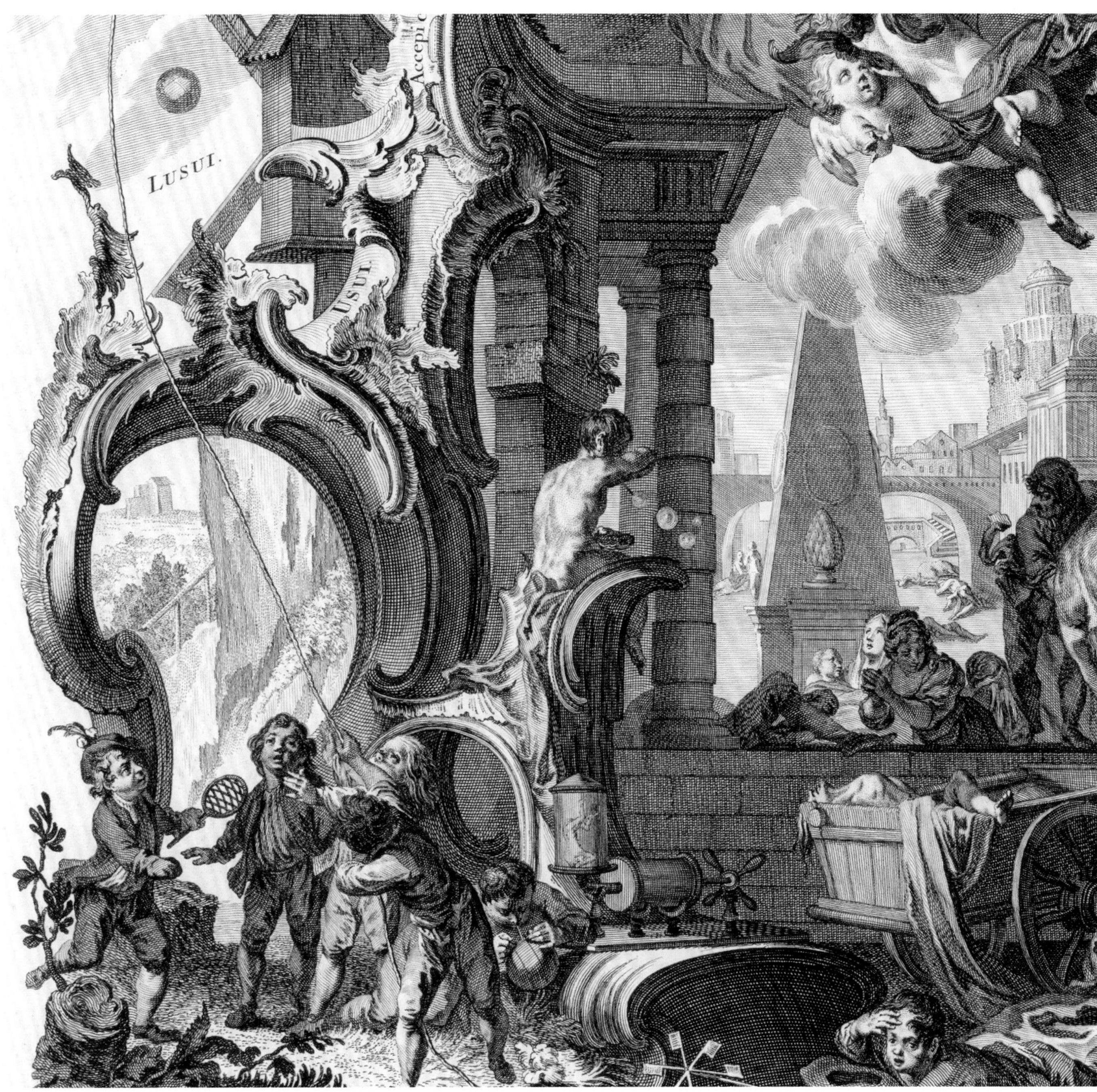

d (Ausschnitt)

Das Blatt mit dem hl. Franz Xaver, dem Beschützer der Missionare und Seefahrer, ist dem Element des Wassers gewidmet (a). Der Heilige schwebt auf einer Wolke über der tosenden See, in der gleich mehrere Schiffe in Seenot geraten sind. Auch die Nebenszenen mit Tritonen, Putten und Nymphen beziehen sich auf das Thema Wasser, ebenso die in das Bild eingefügten Bibelzitate. Die Hauptszene wird links von einer architektonischen und rechts von einer landschaftlichen Struktur eingerahmt. Diese sind jedoch nicht realistisch, sondern als Phantasiegebilde geschaffen und werden ganz von der Rocaille als gestalterischem Element dominiert. So wächst das Muschelornament als eigenständiger, materiell nicht näher definierbarer Bildgegenstand aus den Felsformationen heraus oder besetzt Podeste, Brunnen, Treppen und Gemäuer, wobei es formale Analogien zu den aufgetürmten Wellen, den belaubten Ästen oder gemauerten Voluten bildet. Kunst, Natur und Ornament sind untrennbar miteinander verwachsen und bilden eine neue phantastische (Rokoko-)Realität, in der jede Regelmäßigkeit und jedes Maßhalten für das freie Spiel der Formen aufgegeben zu sein scheint. AM

1 Drei Vorzeichnungen Baumgartners zu dieser Folge sind bekannt: Luft, Erde und Wasser. Vgl. Meisterzeichnungen des deutschen Barock aus dem Besitz der Städtischen Kunstsammlungen Augsburg, Zeughaus, Augsburg 1987, Nr. 99.

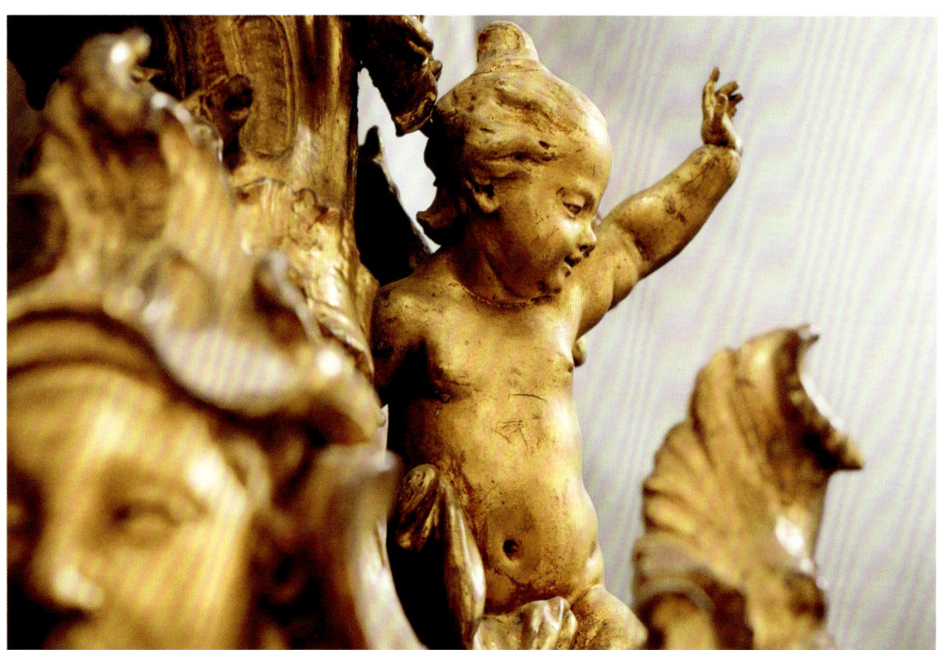

26 JOHANN BAPTIST STRAUB
ZWEI ZIERVASEN DES HOCHALTARS DER ABTEIKIRCHE SCHÄFTLARN

um 1755/56
Holz, vergoldet; 160 x 60/70 x 60 cm (a und b)
Schäftlarn, Abteikirche St. Dionysius und Juliana
Literatur: Lippert 1772, Nr. 52. – Steiner 1974, S. 65 f. – Slg.-Kat. München 1980, S. 52. – Volk 1984, S. 32, 202.

Anstelle von Skulpturen setzte Johann Baptist Straub zwei prachtvolle Vasen zwischen die gestaffelten Säulen des Hochaltars der Abteikirche Schäftlarn, während die Figuren der heiligen Kirchenpatrone neben dem eigentlichen Retabel über den seitlichen Durchgängen positioniert wurden (vgl. Abb. S. 190/191). Die Vasen zeigen einen geschweiften, mit Blattvoluten belegten Fuß und einen zunächst glatten Gefäßkörper. Dieser ist jedoch mit einem bewegten, durchbrochenen Dekor aus Blättern und Rocaillen belegt, der zum Rand hin auskragt und Spangen ausbildet. Die Übergänge zwischen Applikation und organischer Ausbildung der Gefäßformen ist hierbei fließend. Die aus der Vase herausquellenden Blumengebinde werden von der Mündung des Gefäßhalses wie von einer engen Manschette zusammengehalten. Zwischen den Spangen der Vasen kragt seitlich jeweils ein anmutiges Köpfchen hervor. Während eines in den Raum zu lächeln scheint, wendet sich sein Pendant dem Altarblatt zu. An den Seiten sitzt jeweils in spielerischer Pose ein munter gestikulierender Putto auf dem Gefäß.

Der Übergang vom Ornament, das in dreidimensionaler Form raumgreifende Wirkung entfaltet, zur Skulptur ist in diesen Arbeiten Straubs weitgehend verwischt. Das Ornament ist hier nicht schmückendes Beiwerk, sondern konstituierendes Element. Folgerichtig und aus der Druckgraphik abgeleitet ist daher auch die Idee, das alles durchdringende Ornament zusätzliche Funktionen übernehmen zu lassen. So verschmilzt es im oberen Bereich mit dem Gefäß und wird schließlich selbst zu einem Teil der Gefäßwandung. In ihrem Erfindungsreichtum bilden die Vasen einen phantasievoll-heiteren Kontrapunkt zu den mächtigen Säulen des Hochaltars, den sie festlich schmücken. Straub setzte bei seinen Altar- und Ausstattungsentwürfen mehrfach Vasen an exponierten Positionen ein, wo sie immer unverzichtbarer Bestandteil eines feinfühlig komponierten Ensembles sind. SM

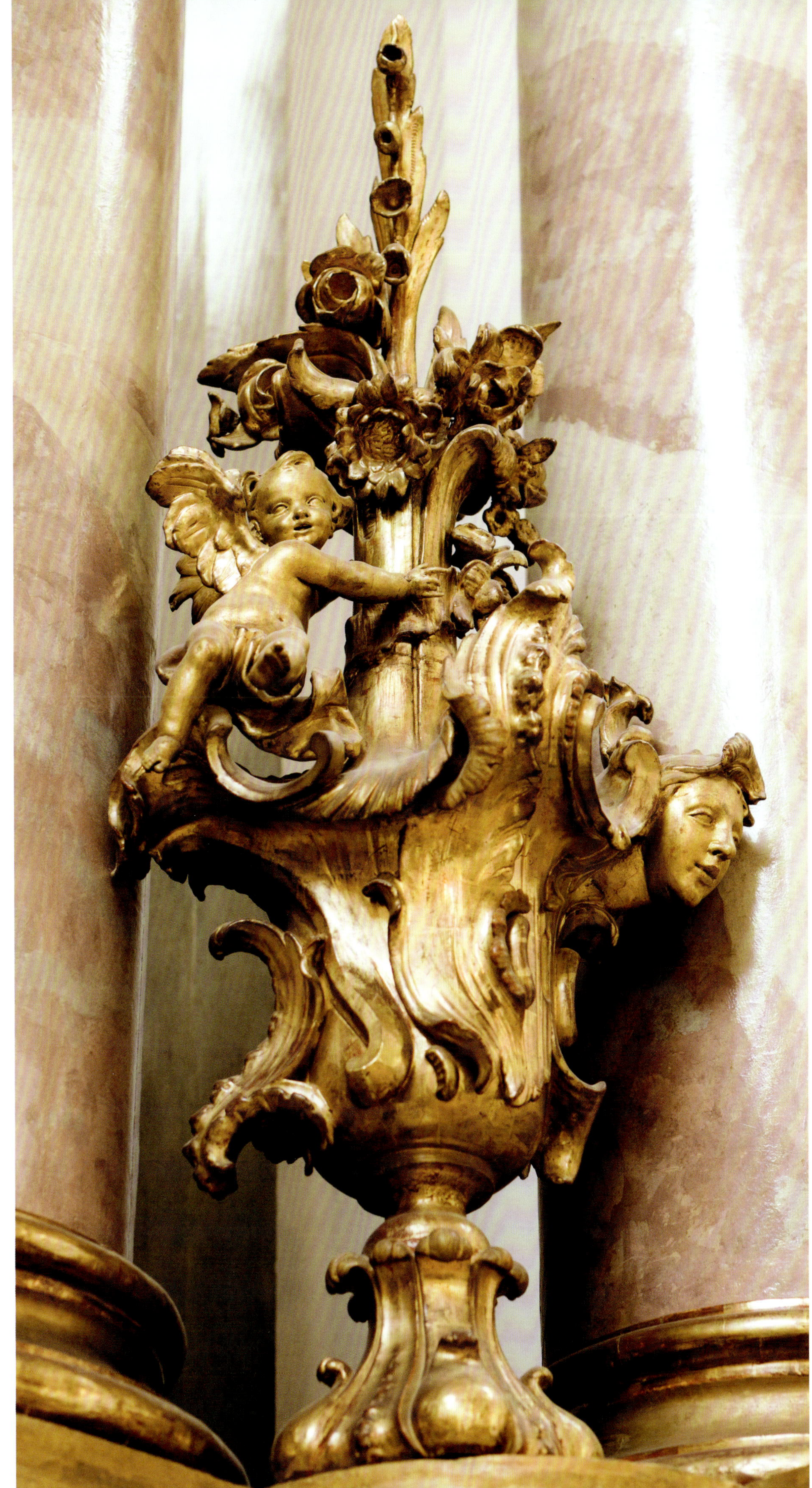

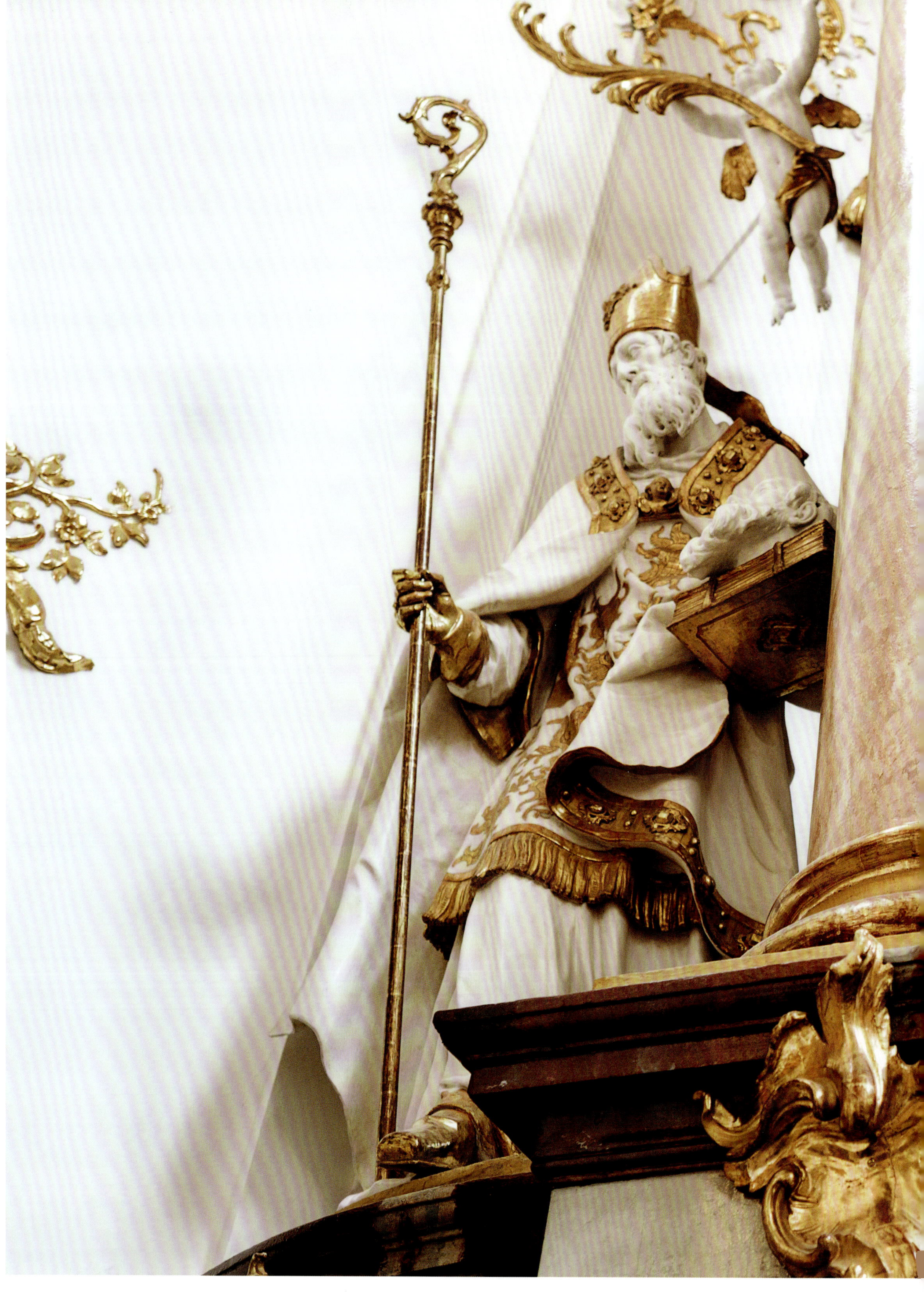

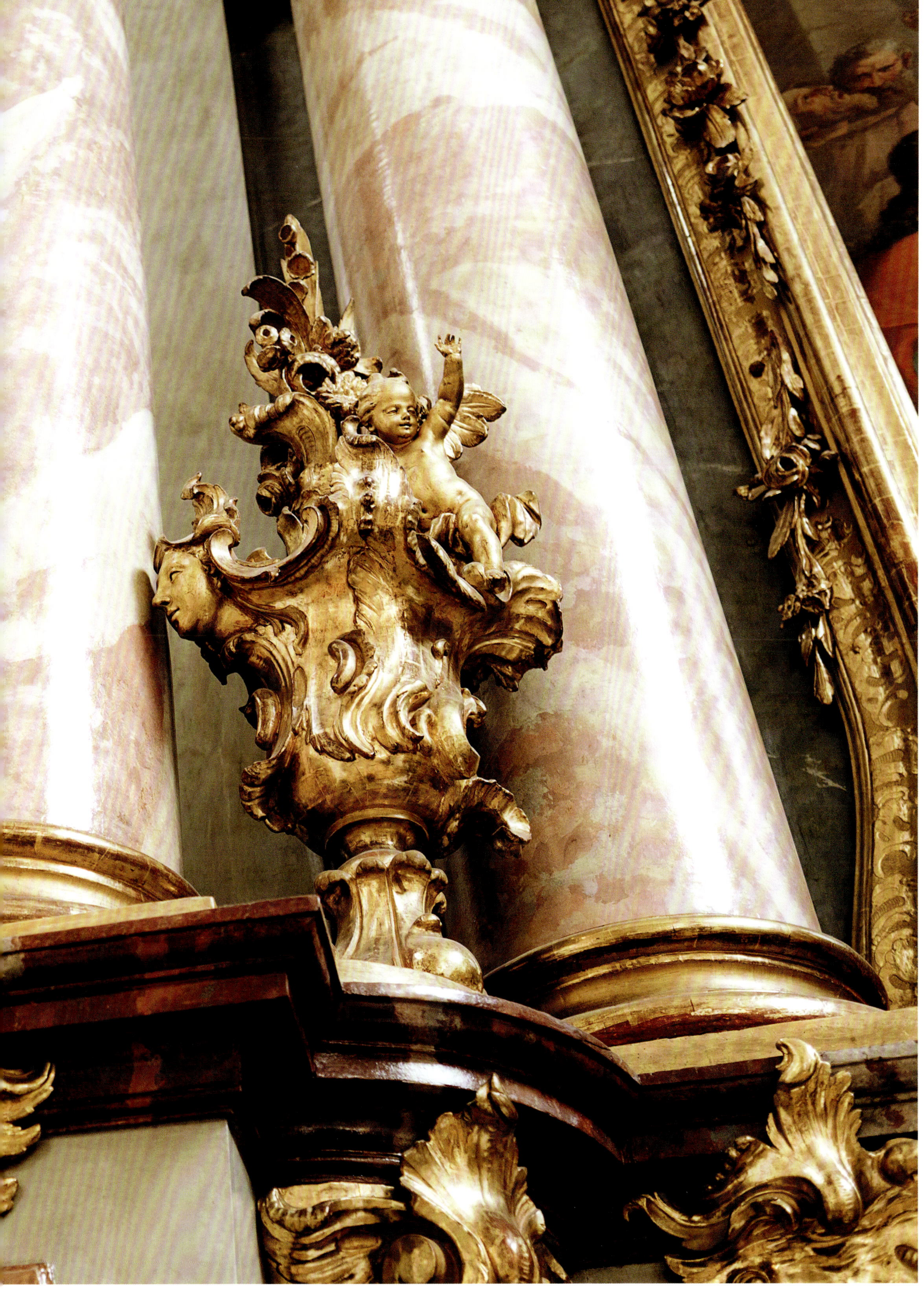

27 JOHANN BAPTIST STRAUB

TABERNAKEL DES ROSENKRANZALTARS DER KLOSTERKIRCHE DIESSEN

um 1740
Holz, gefasst und vergoldet; 222 x 218 x 100 cm
Dießen, Pfarrkirche Mariä Himmelfahrt
Literatur: Lippert 1772, Nr. 53. – Steiner 1974, S. 86. – Volk 1981, S. 63. – Volk 1984, S. 186 f.

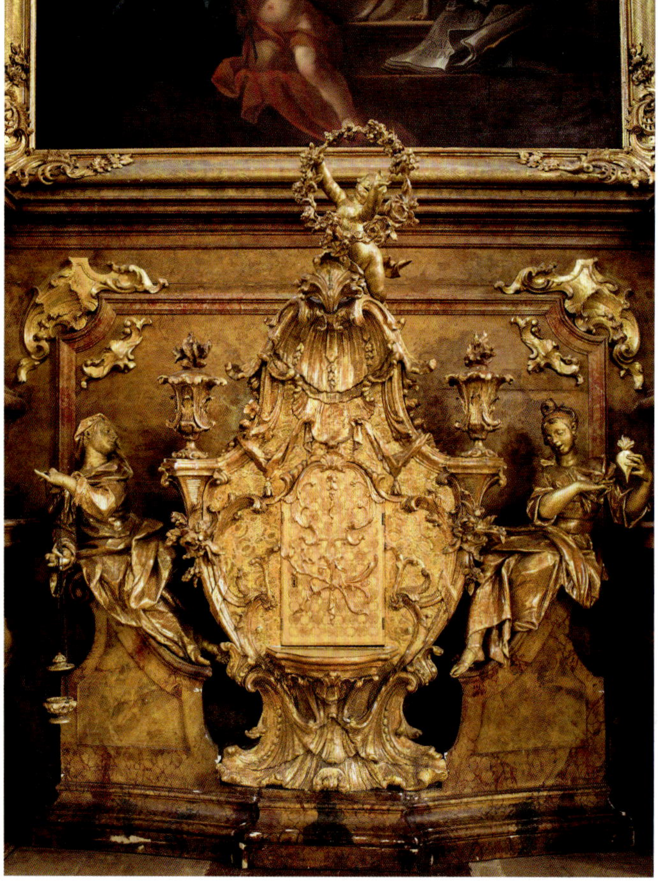

Propst Herculan Karg, der als Bauherr die Stiftskirche der Augustiner-Chorherren in Dießen zu einem Initialbau des kirchlichen Rokoko werden lassen sollte, unternahm zur Vorbereitung seiner ambitionierten Pläne 1733 eine Kunstreise. Diese führte ihn nach München, Innsbruck, Südtirol und vermutlich auch nach Augsburg, denn sein Interesse galt den Künstlern der in jüngerer Zeit geschaffenen Kirchenausstattungen. Er gewann im Zuge dessen die unbestrittenen Meister seiner Zeit, darunter mit größter Wahrscheinlichkeit auch François Cuvilliés d. Ä. (1695–1768), der in der Stiftschronik als Entwerfer des Hochaltares genannt wird und vielleicht darüber hinaus weitere Ausstattungsstücke konzipierte. So mag man auch bei den raffinierten Tabernakelanlagen der zum Chor überleitenden Seitenaltäre, dem Rosenkranzaltar und dem Kreuzaltar Ehrgott Bernhard Bendls (um 1660–1738), zumindest den Einfluss Cuvilliés erkennen, mit dem Straub seit 1736 zusammenarbeitete. Sie sind als Pendants gestaltet und mit eleganten allegorischen Figuren geschmückt.

Der hier gezeigte Tabernakel des Rosenkranzaltars erhebt sich als dreiteiliges Arrangement über einer seitlich zurückschwingenden Sockelzone. Der zentrale Aufbau ist nicht architektonisch, sondern in einer geschweiften Kartuschenform rein aus Ornamenten gebildet, die dennoch fähig sind, tragende Funktionen zu übernehmen. So stehen auf den Spangen, die sich aus dem Muschelsockel entwickeln, dekorative Flammenvasen, und auf der bekrönenden Muschelkalotte balanciert ein Putto (der zweite ist heute verloren) einen aus Rosen und Lilien gewundenen Kranz. Auch mit Quasten beschwerte Tuchgehänge und Blütengirlanden sind an den weit geschweiften Spangen und Muscheln befestigt. Der repräsentative, flächige Aufbau erinnert dabei an ein reich dekoriertes höfisches Wandpaneel, betont durch den fein angelegten Spangendekor der Rücklagen und der Tabernakeltüre.

Auf flankierenden Volutensockeln sitzen in grazilen Posen die allegorischen Frauenfiguren der Anbetung und der Liebe. Die Figur der Anbetung ist in der Hüfte gedreht, wendet sich aber mit dem Haupt wieder zurück, wobei der sanfte Blick der mädchenhaften Gestalt auf den Tabernakel gerichtet ist. Die Kleider sind in weich modellierte Falten gelegt, ein Schleier bedeckt in einer lockeren Draperie das Haar. In ihren Händen hält die junge Frau ein Rauchfass, mit dem sie jedoch nicht, wie etwa der Engel Egid Quirin Asams in Osterhofen, den Tabernakel in ewiger Anbetung beräuchert, sondern das sie mit anmutigen Gesten zur Seite hält. Die rechts sitzende Allegorie der Liebe ist als junges Mädchen mit kunstvoll geschlungenem Haar gezeigt. Verzückt, mit gesenkten Lidern und leicht geöffnetem Mund blickt sie ergriffen zur Mitte hin. Auch ihre Gewänder legen sich in großzügig geführten Draperien um den schlanken Körper. Mit der Rechten weist sie auf das flammende, liebesentbrannte Herz, das sie mit ihrer linken Hand präsentiert. Straub schuf statt der im 18. Jahrhundert häufig anzutreffenden Engel, die in Gesten der Adoration und Devotion den Tabernakel flankieren, mehrmals weibliche Allegorien. So finden sich auch in den Klosterkirchen von Schäftlarn und Polling die Allegorien des Glaubens und der Hoffnung. SM

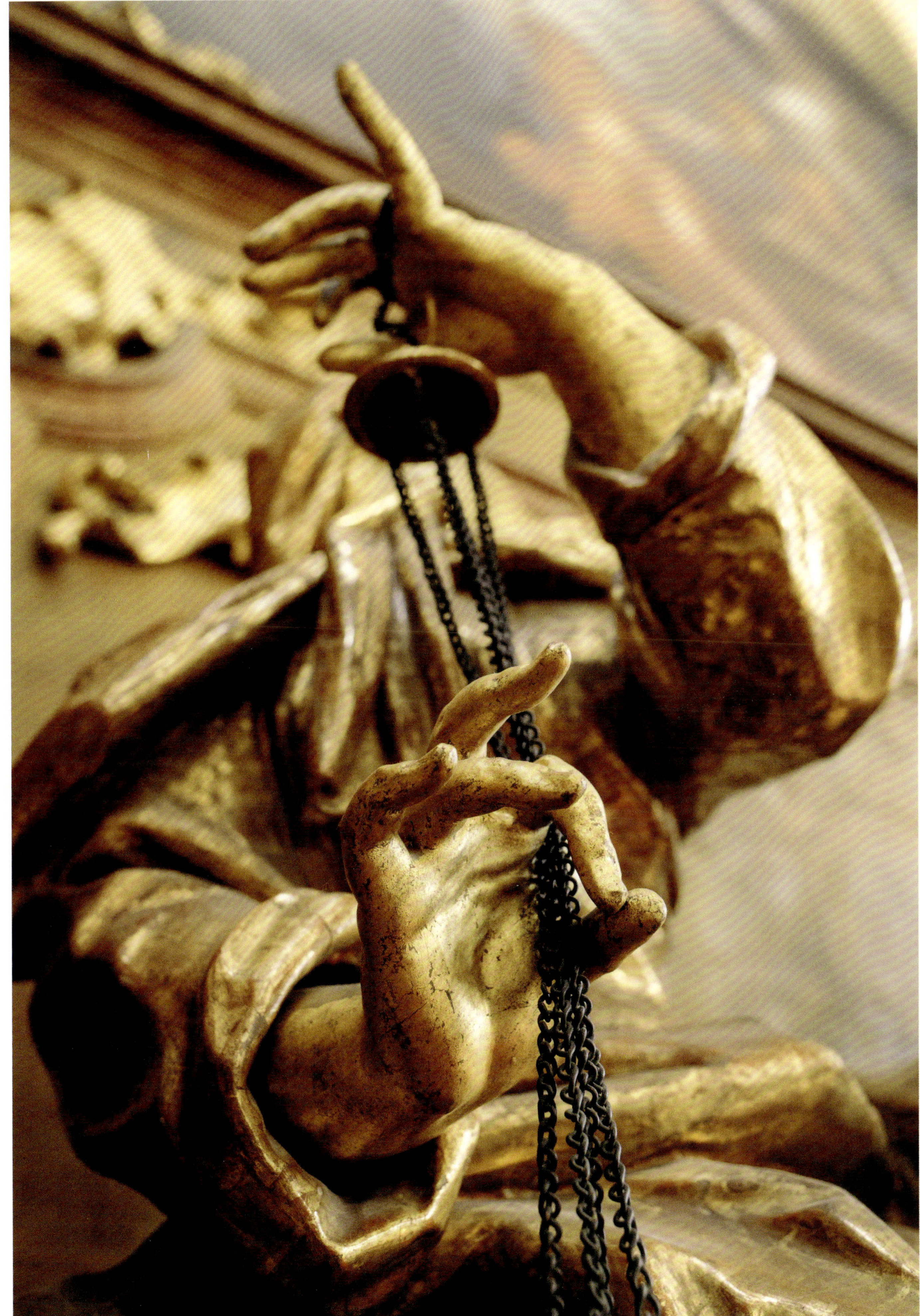

28 JOHANN GEORG LINDT ZUGESCHRIEBEN

TRIUMPH DER MARIA IMMACULATA

um 1760
Fichte (Schrein) und Linde, gefasst und vergoldet; 145 x 110 x 51 cm
Freising, Diözesanmuseum; Inv.-Nr. L 8112 (Leihgabe der Kirchenstiftung St. Wolfgang, Pfarrei Baumburg)
Literatur: Ausst.-Kat. Freising 2010, Nr. IX.41.

Flammende Rocaillen sowie immer neue Variationen von Muscheln und C-Bögen, Rosenblüten und zahlreiche Englein überziehen den prächtigen Schrein, in dessen Zentrum Maria mit dem Jesuskind auf einem hohen Postament steht. Beide zusammen haben den Sieg über die sich zu ihren Füßen windende Schlange errungen: Jesus ersticht sie mit einem langen Kreuzstab, während die Muttergottes mit bloßen Füßen ihren Kopf zertritt. Die Figurengruppe ist von einem Strahlenkranz umrahmt und wird von Engeln auf Wolken begleitet. Der Bildtypus »Maria vom Siege« war im 18. Jahrhundert in Oberbayern verbreitet und zeigt Maria als Immaculata mit dem siegreich kämpfenden Christuskind. Das Zertreten der Schlange geht auf *Genesis* 3,15 zurück und wird seit dem 16. Jahrhundert als Bildmotiv zur Darstellung der Befreiung Mariens von der Erbsünde (*Immaculata* bedeutet »die Unbefleckte«) verwendet.

Auf vier Voluten des Schreins knien Vertreter der damals bekannten Kontinente und verehren die Mutter und das göttliche Kind. An der Vorderseite haben zwei fürstliche Repräsentanten Europas und Asiens Krone beziehungsweise Turban neben sich abgelegt und erweisen der Mutter und ihrem Kind mit inbrünstigen Gesten die Ehre. Auch die in der barocken Vorstellung »wilden« und deshalb nur mit Federrock bekleideten Vertreter der Kontinente Afrika und Amerika haben ihre Federkronen niedergelegt und huldigen der Maria vom Siege. Im Auszug des Schreins, der von einem mit Lambrequins besetzten Baldachin und phantastisch hochzüngelnden Rocailleornamenten abgeschlossen wird, preisen kleine Engel und Cherubim den Namen Mariens, der als verschlungenes Monogramm zu sehen ist. Durch die Buchstaben hindurch erstrahlt die Sonne, auf deren Oberfläche sich ein Gesicht abzeichnet. Vor allem der reich bewegte Zierrat lässt den Schrein insgesamt zu einer Himmel wie Erde umfassenden Huldigung werden, die nie zur Ruhe kommt.

Als Bildhauer wird der in Burghausen tätige Johann Georg Lindt (1733/34–1795) vermutet. Dieser legte besonders viel Wert auf das Ornament, wie man erhaltenen Kostenüberschlägen entnehmen kann.[1] Darin erscheinen auffällig häufig die Worte »Zier«, »Zierwerk«, »Zierrat«, »zierliches« oder »wohlzierliches Gartengeschirr«, »Zierrahmen«, »gezierter Fries«, »gezierter Altar« und Ähnliches. Zwar entstammte Lindt nicht direkt der Münchner Schule, doch verraten seine Werke Kenntnis der Skulpturen von Johann Baptist Straub und Ignaz Günther. Auch erfährt man aus unterschiedlichen Quellen von Reisen, die ihn wohl immer wieder auch nach München führten.

Lindt wurde um 1733/34 in Obervellach in Kärnten geboren und kam nach seiner Lehr- und Wanderzeit nach Burghausen, wo er 1758 in die Werkstatt Johann Jakob Schnabels (gest. 1756) eintrat und dessen Tochter Franziska heiratete. Er erhielt die damals einzige Bildhauergerechtigkeit der Stadt sowie das Bürgerrecht. In den 1770er-Jahren war Lindt Lehrer der Burghausener Zeichnungsschule. 1785 wurde er zum äußeren Rat der Stadt gewählt – ein Amt, das er bis zu seinem Tod 1795 ausübte.

Der gänzlich aus zarten Rokokoornamenten bestehende Schrein, bei dem die architektonische Gliederung völlig überspielt wird, steht für den Siegeszug der Rocaille im 18. Jahrhundert, die aus Frankreich stammte und sich über Augsburg und München in ganz Bayern und darüber hinaus verbreitete. Welche Funktion der Schrein ursprünglich hatte, ist heute nicht mehr eindeutig festzustellen. Seine filigrane Ausarbeitung und die überbordende Rocailleornamentik verleihen ihm den Charakter eines frommen Kunstkammerstücks. Um 1910 wurde der Rokokoschrein vom damaligen Pfarrer von Baumburg erworben und später in einer Fensternische der nahen Wallfahrtskirche St. Wolfgang aufgestellt. CR

---

1 Carl Graepler, Johann Georg Lindt. Ein Beitrag zur Geschichte der bayerischen Plastik im 18. Jahrhundert, München 1954.

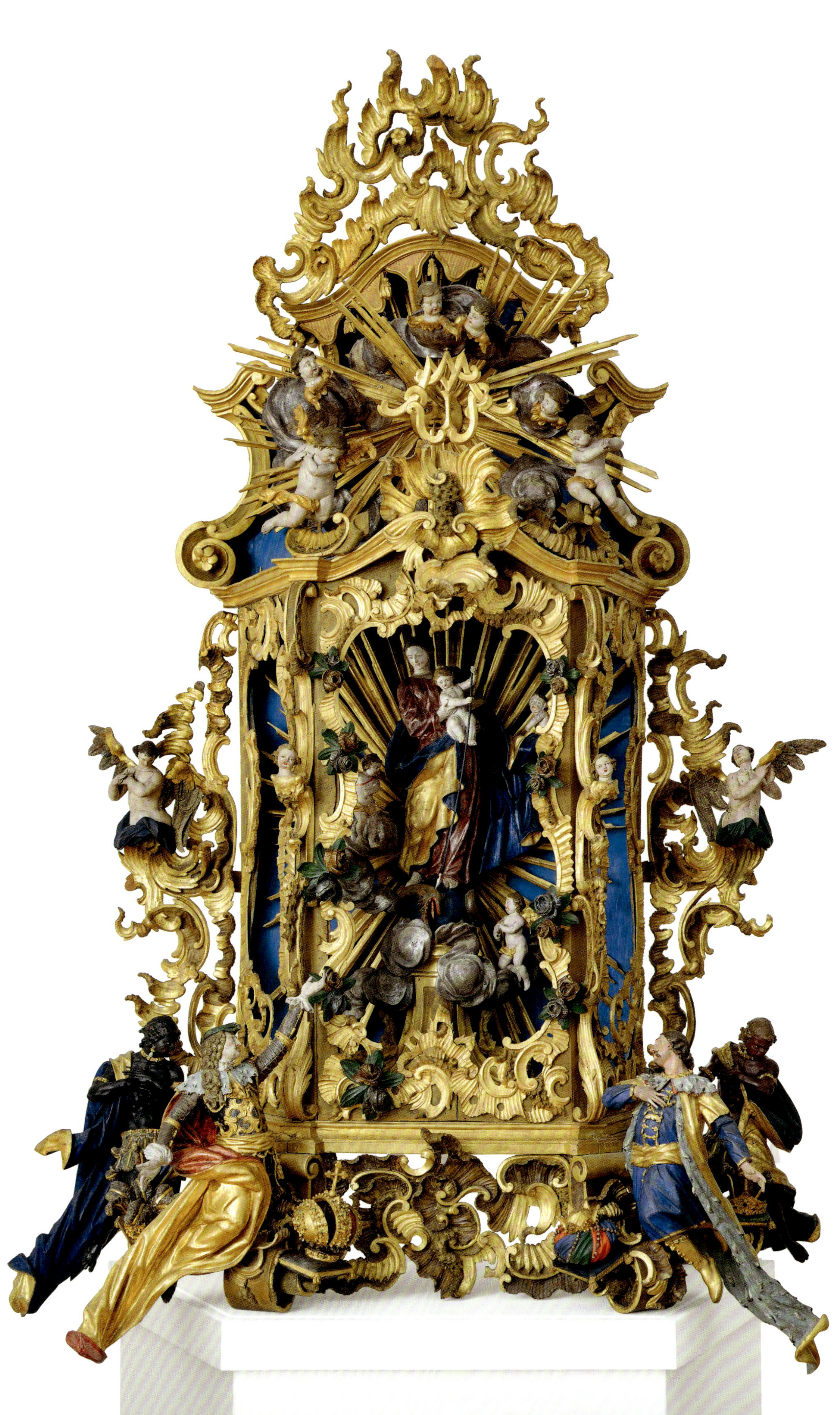

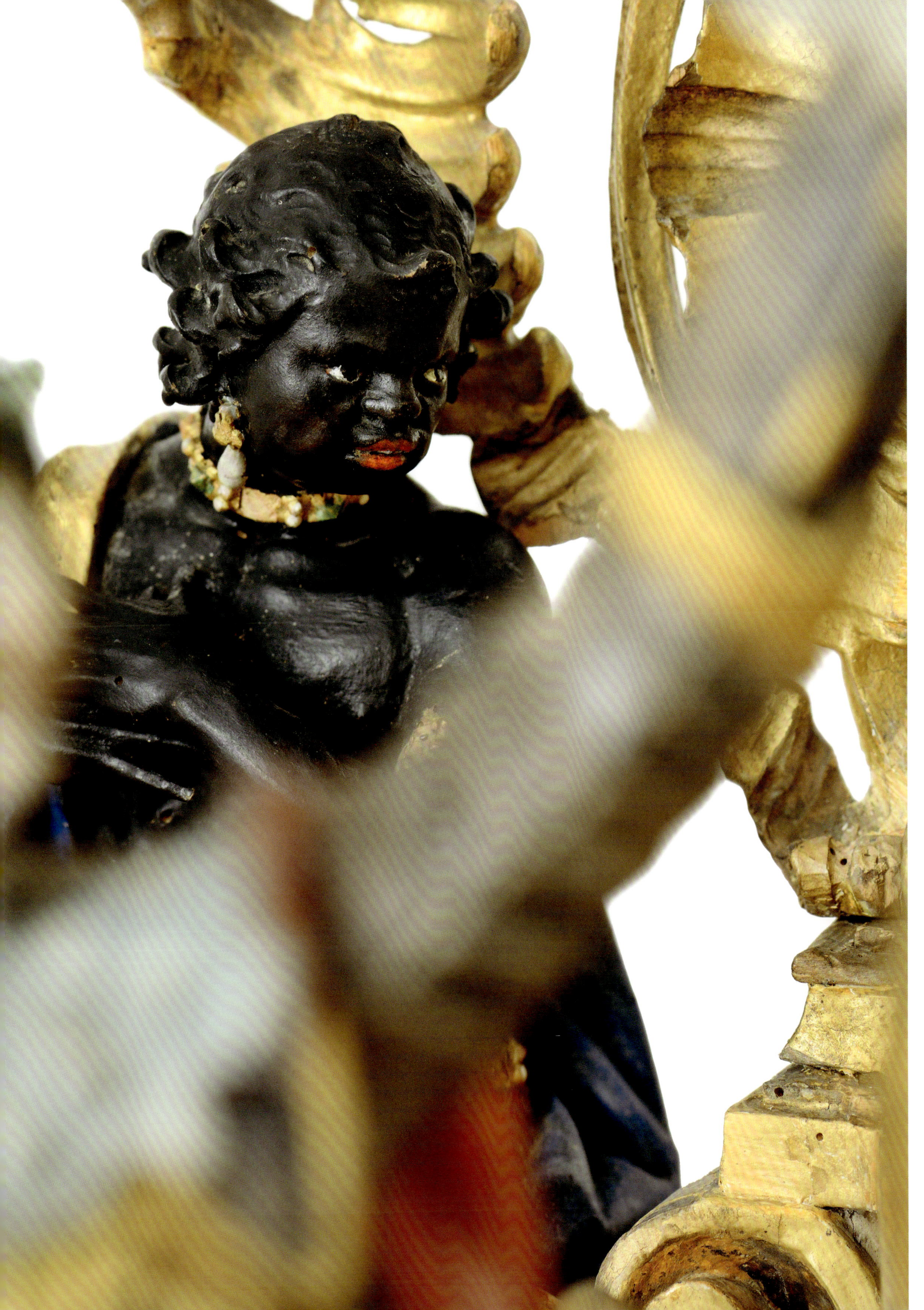

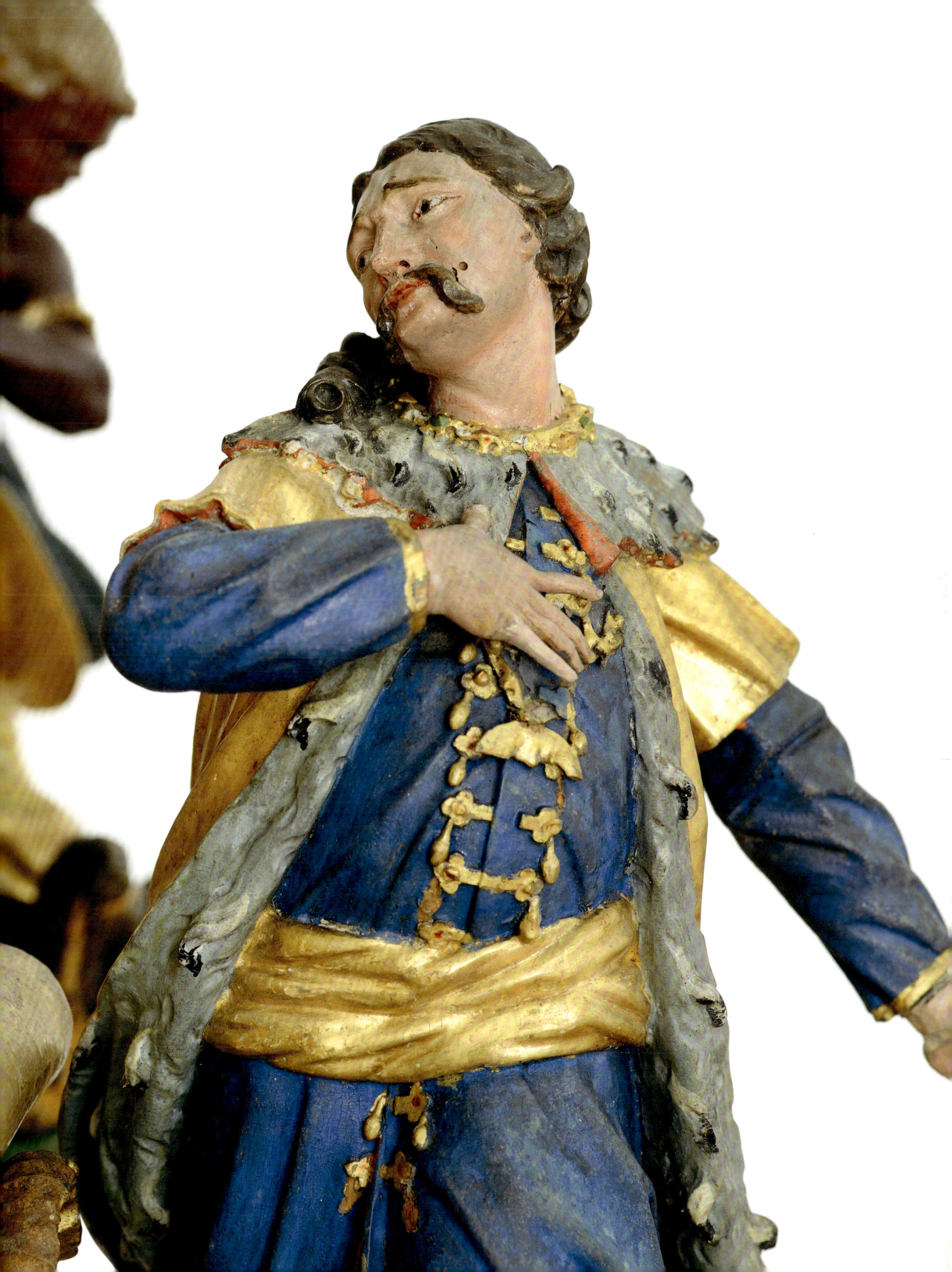

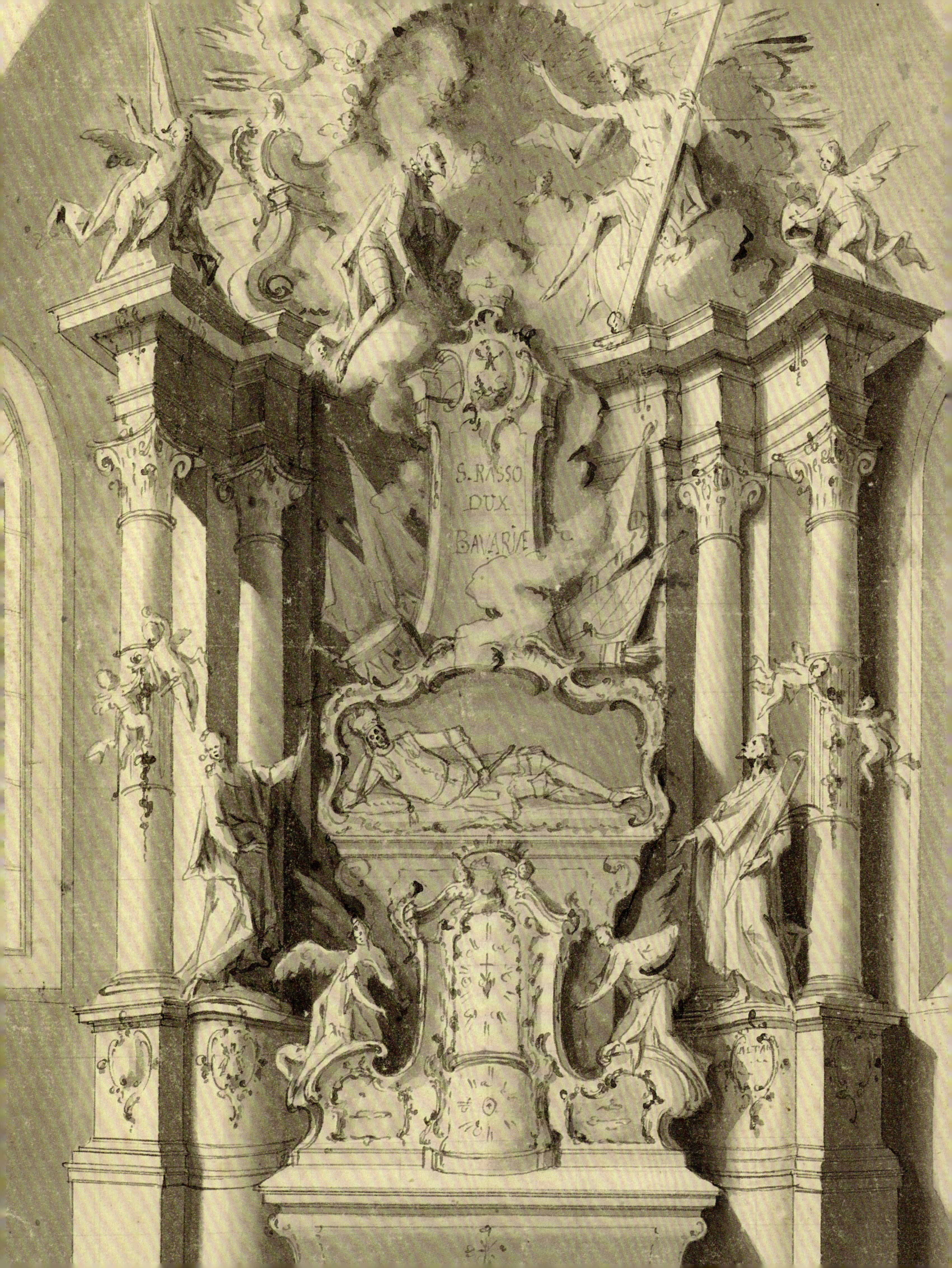
S. RASSO
DUX
BAVARIÆ

VON DER KONKURRENZ ZUR AUSFÜHRUNG
DREI NICHT REALISIERTE ALTARPROJEKTE VON IGNAZ GÜNTHER

Alexander Heisig

Vom Entwurf zur Ausführung – so lautete der Untertitel einer Ausstellung zur *Bayerischen Rokokoplastik*, die 1985 im Bayerischen Nationalmuseum München zu sehen war und erstmals grundlegend die künstlerischen Rahmenbedingungen, das technische Handwerkszeug und die Hintergründe für die Entstehung plastischer Bildwerke im süddeutschen Rokoko in den Blick nahm.[1] Zeichnungen, Skizzen, Risse, Bozzetti und Modelle erlaubten ein näherungsweises Bild von der vielfältigen Arbeit in der Werkstatt eines Bildhauers im 18. Jahrhundert. An diese breite Werkschau knüpfte 1998 die Ausstellung *Triumph der Phantasie. Barocke Altarmodelle von Hildebrandt bis Mollinarolo* im Wiener Belvedere an, welche jedoch mehr auf den österreichischen Kunstkreis und den ästhetischen Eigenwert der Modelle und Entwürfe konzentriert war.[2]

Erweitert durch umfangreiche restauratorische Erkenntnisse der letzten Jahrzehnte ist das Wissen um die Entstehung eines plastischen Bildwerks von der ersten Idee bis zur Ausführung beträchtlich gewachsen. Weniger hingegen wissen wir über die Frage, wie Künstler und Bildhauer überhaupt zu ihren Aufträgen gekommen sind. Heute ist es für öffentliche Gebäude Usus, zwei Prozent der Bausumme für Kunst am Bau aufzuwenden und offene oder geladene Wettbewerbe nach festen Regularien zu veranstalten. Dieses Prozedere lässt oftmals Hintergründe über die Rahmenbedingungen der Auslobung, der eingeladenen Künstler, deren Entwürfe und schließlich der Entscheidung in den Akten aufscheinen. Doch wie verhielt es sich im 18. Jahrhundert? Wer traf die Auswahl und nach welchen Kriterien? Unter welchen Bedingungen fand künstlerische Konkurrenz statt, wenn es sie denn gab? Die ohnehin spärlichen Archivalien schweigen sich in der Regel darüber aus und setzen meist erst mit Verträgen, Rechnungen und Zahlungsbelegen ein, also zu einem Zeitpunkt, an dem die künstlerischen Weichenstellungen längst getroffen waren. Nur in Nebensätzen und vor allem in Klageschriften öffnet sich der Blick hinter das künstlerische Werk und lässt ein faszinierendes Milieu erkennen, das in vielem bis heute nichts an Aktualität verloren hat.

In einer Zeit, in der Bild- und Printmedien noch eine Ausnahme waren, kam insbesondere der Mundpropaganda und der persönlichen Anschauung zentrale Bedeutung zu. Dabei ist es erstaunlich, welch weit gespannte Netzwerke Architekten und Künstler in dieser vordigitalen Zeit unterhielten. Wesentlichen Anteil hieran hatten vor allem die Ordensgemeinschaften, aber auch Adel und Hof.[3] Vielen Aufträgen waren persönliche Empfehlungen vorangegangen, und jedes vollendete Werk war eine neue Referenz, die ihrerseits weitere Aufträge nach sich zog. In den Städten sorgte die zünftische Gewerbeordnung dafür, dass hauptsächlich einheimische Kunsthandwerker zum Zug kamen. Gegen diese meist rigide Marktabschottung[4] setzte der Hof auf die Verleihung des »Hofschutzes«, der zwar weder Aufträge noch Lohn garantierte, aber immerhin freie Berufsausübung ermöglichte. Größte Bedeutung kam schließlich bewährten Arbeitsgemeinschaften zu, die über alle Gewerke hinweg weit über die Landesgrenzen hinaus tätig waren und so Künstler für neue Auftraggeber empfahlen. Erbitterte Konkurrenz, aber auch blanker Brotneid, teilweise noch durch finanziellen Druck und Animositäten der Auftraggeber befördert, waren in diesem System keine Seltenheit.[5] Dies traf kleine wie große Namen gleichermaßen. Bemerkenswerterweise hatte ausgerechnet Ignaz Günther (1725–1775) wiederholt das Nachsehen im Wettstreit mit anderen Bildhauern oder musste sogar in Kauf nehmen, dass seine Entwürfe durch andere Hand zur Ausführung gelangten.

IGNAZ GÜNTHER IN MÜNCHEN

Günthers erste Jahre nach der Niederlassung in München und der Erteilung des Hofschutzes 1754 sind geprägt von einem mühevollen Ringen um Aufträge,[6] bei denen er nicht selten seinem Lehrmeister Johann Baptist Straub (1704–1784) unterlag.[7] Straub stand in den 1740er- und 1750er-Jahren nicht zuletzt auch dank seiner engen Zusammenarbeit mit Johann Michael Fischer (1692–1766) auf der Höhe seines Schaffens. Die Auftragssituation in der Stadt München war schwierig. Die wenigen verbliebenen höfischen Aufgaben[8] bediente der Hofbildhauer Straub, und die zahlreichen Ordenskirchen[9] waren bereits weitgehend zeitgemäß ausgestattet. Lediglich die beiden großen Pfarrkirchen Zu Unserer Lieben Frau und St. Peter boten noch Betätigungsfelder – und genau diese wurden zu Günthers wichtigsten Auftraggebern. Vor diesem Hintergrund ist es leicht nachzuvollziehen, dass sich Günthers Bemühen um Aufträge von Beginn an auch über die Grenzen der Residenzstadt hinaus richtete, wobei er sich hier einer vielfältigen Konkurrenz gegenübersah.[10] Drei nicht realisierte Hochaltarprojekte aus dieser Zeit sind beredte Zeugen dieses schwierigen Anfangs.

SCHONGAU

Anschaulich werden die harten Konkurrenzbedingungen in der Genese des Hochaltarprojekts für die Stadtpfarrkirche Mariä Himmelfahrt zu Schongau (Kat.-Nr. 92). Einem tief greifenden Umbau nach Plänen von Dominikus Zimmermann (1685–1766) in den Jahren von 1748 bis 1754 folgte ab 1758 die Errichtung eines neuen Hochaltars. Dekan Johann Georg Jänker wandte sich an Günther, den er vielleicht noch von dessen Mitarbeit an Straubs Hochaltar der hiesigen Karmeliterkirche Hl. Geist kannte (um 1750).[11] Aus einem der wenigen erhaltenen Briefe Günthers an den Schongauer Dekan vom 30. September 1758 geht nicht nur hervor, dass er selbstbewusst diesen Altar als »ein Werckh dergleichen wenig oder keins auf diser art, in der Nachbarschafft zu finten«[12] einschätzt, sondern dass er auch um sein geistig-künstlerisches Eigentum fürchtet, wenn er schreibt: »Sollte aber witer alles Verhoffen sobalt zu schongau kein Resolution zugewarthen haben, so bitte mein Riß nit aus Handten zulassen, damit solcher nit nachgezeichnet wert, und mir disen Bältist witer zuschicken.«[13] Die Sorge erwies sich nicht als unbegründet, denn mit der Ausführung wurde schließlich der Lokalmatador Franz Xaver Schmädl (1705–1777) aus Weilheim betraut, dessen erhaltener Riss zwar in der Großform erheblich von Günther abweicht, aber dennoch charakteristische Motive aus dessen Entwurf aufgreift wie beispielsweise die Disposition der Figuren in der Mitte und die Spangen über den gekuppelten Säulen (Abb. S. 320).[14]

Der Entwurf für Schongau ist Günthers erstes fassbares Hochaltarprojekt.[15] Er sieht ein monumentales Triumphbogenretabel auf querovalem Grundriss vor, das einen »heiligen

Raum« für die zentrale Marienfigur und den Tabernakel ausbildet. Die strenge Rahmenarchitektur mit ihren flankierenden, gekuppelten Säulen und dem bekrönenden Diadembogen verweist auf Wiener Vorbilder, die er aus eigener Anschauung gekannt haben dürfte.[16] Diesem Typus wird Günther in Variationen durch sein ganzes Œuvre hin verpflichtet bleiben. Schmädls Interpretation hingegen fällt ungleich dekorativer und opulenter aus. Die Fülle an figuralplastischem Schnitzwerk bedient hier noch ein spätbarockes Schmuckbedürfnis, das der reichen Stuckierung Zimmermanns nicht unähnlich ist. Diese stilistische Kongruenz in Verbindung mit dem regionalen Bonus könnten entscheidend für die Auftragsvergabe an Schmädl gewesen sein. Inwieweit ein günstigerer Preis die Vergabe beeinflusste, ist mangels erhaltener Kostenvoranschläge nicht zu sagen. Günther gilt zwar allgemein als hochpreisig, doch gerade in den ersten Jahren seiner Selbstständigkeit musste er auch finanziell in Vorleistung gehen, um sich einen Namen zu machen.[17]

Leicht verändert, gelangte die Schongauer Entwurfszeichnung doch noch zur Ausführung: im Hochaltar der Klosterkirche Altenhohenau am Inn (um 1761), allerdings in einer für Günther seltenen dekorativen Anreicherung. Künstlerische Originalität und Pragmatismus waren auch in Günthers Werkstatt kein Widerspruch. So lässt sich dem oben erwähnten Schreiben an den Schongauer Dekan entnehmen, dass der Entwurfszeichnung für Schongau bereits ein Altarmodell vorausgegangen war, das aber wohl keine Zustimmung gefunden hatte. Auch für dieses fand Günther letztlich einen prominenten Abnehmer: die Wallfahrtskirche Maria Thalkirchen in München.[18]

GRAFRATH

Im zeitlichen Umfeld des Schongauer Entwurfs war Günther mit einem weiteren Hochaltarprojekt beschäftigt, von dem sich ebenfalls ein Riss aus seiner Hand erhalten hat: der Hochaltar für die Wallfahrtskirche St. Rasso zu Grafrath (Abb. 1). Die in den Jahren von 1688 bis 1695 im Auftrag des Augustinerstifts Dießen errichtete Wallfahrtskirche wurde ab 1752 im Sinne des Rokoko grundlegend umgestaltet. Der kunstsinnige Propst Herkulan Karg betraute hiermit Künstler, die sich allesamt kurz zuvor in Dießen bewährt hatten: Johann Michael Fischer, Franz Xaver Feichtmayr (1698–1763), Johann Georg Bergmüller (1688–1762) und Johann Baptist Straub. Während die Raumschale bereits 1753 fertiggestellt war, musste die Errichtung eines neuen Hochaltars aufgrund finanzieller Engpässe warten. Um 1759 wurde dessen Realisierung erneut in Angriff genommen. In diese Zeit datieren die erhaltenen Entwurfszeichnungen Günthers und Straubs (Kat.-Nr. 44, 93, Detail S. 150).

Die Entwürfe wie die Ausführung stellen eine gleichermaßen ingeniöse wie einzigartige Verbindung aus klassischem Säulenretabel, Reliquienschrein und Epitaph dar.[19] Über dem Tabernakel liegen in einem gläsernen Schrein die Gebeine des seligen Rasso, die ihrerseits von einer epitaphartigen Stele, hinterlegt mit Kriegstrophäen, bekrönt wird. Ein Wolkenband nimmt am Schrein seinen Ausgang, umschlingt die Stele und mündet im Auszug, wo der zum Himmel entrückte Rasso kniend vor Christus tritt. Zu Seiten des Schreins stehen die hll. Jakobus minor und Philippus, die alten Patrone der Grafrather Kirche. Die zentrale Präsentation der Gebeine im Hochaltar war bereits im hochbarocken Altar von 1695 vorgegeben. Neu ist die an *theatra sacra* und Heilige Gräber erinnernde Gesamtkonzeption. Die Entwurfszeichnungen Günthers und Straubs entsprechen sich hierin, Unterschiede bleiben im Wesentlichen auf Gesamtproportion und Stellung von Säulen und Assistenzfiguren beschränkt.

Diese weitgehende Übereinstimmung der Entwürfe, die bis in kleinste Details reicht, hat seit Längerem die Vermutung nahegelegt, dass diesen Zeichnungen konkrete Konzepte des Auftraggebers oder gar künstlerische Entwürfe vorausgegangen waren.[20] Dies belegt auch ein Schreiben des Dießener Propstes an den Rat der Stadt München vom 20. August 1759. Darin bittet er um finanzielle Unterstützung, weil die »errichtung eines wohlbestelt und daurhafften neuen Choraltars schon vor ainiger Zeit genohmen und die überschläg vorläufig hieryber verfasset worden« seien, aber die finanziellen Möglichkeiten des Klosters überstiegen.[21] Der Adressat, die Stadt München, unterhielt an der Wallfahrtskirche eine

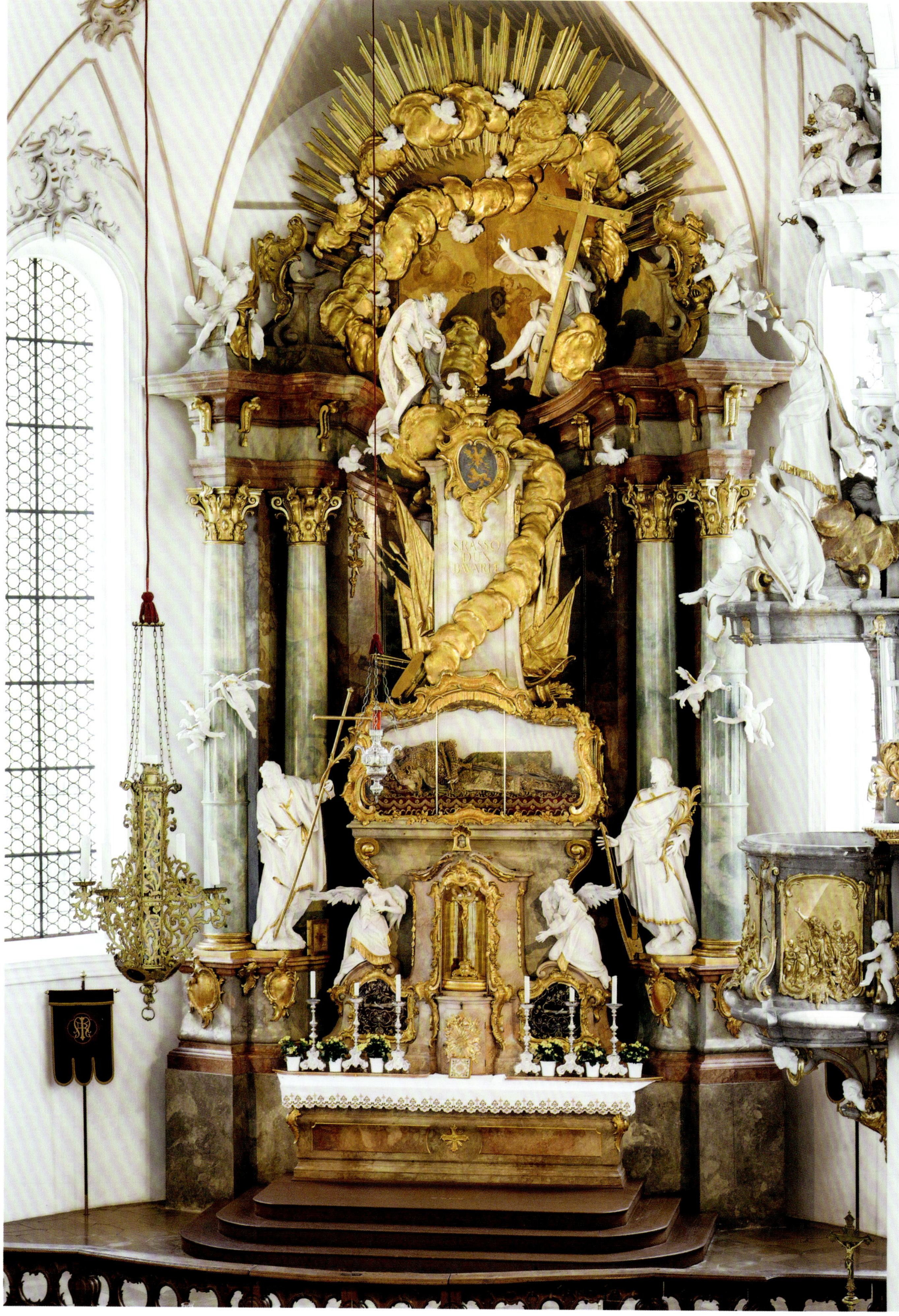
S.RASSO
DUX
BAVARIÆ

reiche Kerzenstiftung, die wiederholt zur Finanzierung der Ausstattung beitrug.[22] Hierin könnte auch ein Indiz für die Beteiligung Günthers an diesem Projekt liegen. In Maria Thalkirchen und St. Peter hatte Günther kurz zuvor im Auftrag der Stadt München eindrucksvolle Zeugnisse seines Könnens abgelegt. Möglicherweise war er nun seitens der den Hochaltar bezahlenden Stadt ins Spiel gebracht worden. Bemerkenswert ist in diesem Zusammenhang, dass Günthers Entwurf im Piedestal das Stadtwappen Münchens zeigt, während hingegen dieses bei Straub fehlt.

Dennoch erhielt letztlich Straub den Auftrag, wobei der ausgeführte Altar wörtlich der Günther'schen Variante entspricht. Das sieht vordergründig danach aus, als habe man sich unrechtmäßigerweise Günthers Entwurf bedient. Aber vielleicht war es auch genau umgekehrt. Denn in enger typologischer Verwandtschaft mit dem Grafrather Hochaltarprojekt steht ein anderes prominentes Werk Straubs, zu dem sich mehrere zeichnerische Entwürfe erhalten haben: das Epitaph der Grafen von Toerring-Jettenbach in der Klosterkirche zu Au am Inn.[23] Da zudem die Planung des Grafrather Hochaltars noch in die Zeit vor Gunthers Niederlassung in München reicht, spricht einiges dafür, dass ein früheres Projekt Straubs den beiden Zeichnungen vorangegangen ist. Günther jedoch verstand es, die geniale Komposition und Ikonographie in eine stringentere Proportion zu übertragen. Dies dürften auch die Auftraggeber erkannt haben, was letztlich zu dieser ungewöhnlichen Konstellation führte.

MÜNCHEN-BERG AM LAIM

Alternative Entwürfe waren nicht selten auch durch konkurrierende Auftraggeber motiviert. Exemplarisch hierfür sei das Hochaltarprojekt für die niederösterreichische Wallfahrtskirche Maria Taferl (1732–1739) genannt. Hier hatten der Passauer Bischof als geistlicher Oberhirte und der Regensburger Bischof als weltlicher Grundherr alle Anstrengungen unternommen, ihre jeweils eigenen Künstler und Architekten durchzusetzen. Das Ergebnis dieses teils mit harten Bandagen ausgetragenen Konkurrenzkampfs ist einer der aufwendigsten, spätbarocken Altaraufbauten, dessen Qualität nicht zuletzt auch diesem Wettstreit zu verdanken ist.[24]

Ein ähnlich prominentes Beispiel für derlei Konkurrenz könnte das nicht realisierte Hochaltarprojekt Ignaz Günthers für die Hof- und Bruderschaftskirche St. Michael im Münchner Stadtteil Berg am Laim darstellen. Die Errichtung dieses Kirchenbaus (Planungen ab 1735, Bauzeit von 1737 bis 1743) stand von Beginn an unter dem Zeichen der Rivalität zwischen den drei wittelsbachischen Brüdern Kurfürst Clemens August von Köln einerseits und Kurfürst Karl Albrecht von Bayern und Fürstbischof Johann Theodor von Freising andererseits, die je eigene Interessen verfolgten und hierfür geschickt ihre Strohmänner einsetzten (Abb. S. 109). Dem umtriebigen Bruderschaftssekretär Franz de Paula Würnzl, der für Clemens August mit aller Kraft den Kirchenbau vorantrieb, stand der Dekan und Pfarrer von St. Peter Dr. Anton Cajetan von Unertl (1685–1753), ein enger Vertrauter Johann Theodors, als erbitterter Kontrahent gegenüber. Die bewegte, bisweilen dramatische Entstehungsgeschichte ist bis heute ein spannendes Zeitdokument und zeigt, wie Künstler zum Spielball der Mächtigen werden konnten.[25]

Mit dem für die Baugestalt verantwortlichen Architekten Johann Michael Fischer waren die von ihm bevorzugten Hofkünstler Johann Baptist Zimmermann (1680–1758) für Stuck und Fresken und Johann Baptist Straub für die Ausstattung der Kirche gesetzt. Insbesondere mit Straub verband Fischer eine langjährige, enge Arbeitsgemeinschaft,[26] die auch über den kurbayerischen Raum hinausreichte (vgl. das unausgeführtes Hochaltarprojekt für die Klosterkirche Zwiefalten, Kat.-Nr. 42, 43). Bereits ab 1742 war Straub in Berg am Laim beschäftigt, zunächst mit der Fassadenfigur des hl. Michael (1742/43), dann mit den vier kleineren Seitenaltären in den Diagonalkonchen des Gemeinderaums (1743–1745) und schließlich mit den beiden großen, querstehenden Nebenaltären (1758/59, Fassung 1762). In Anbetracht dessen lag es natürlich nahe, dass Straub auch den Hochaltar ausführen sollte. Erste Entwürfe Straubs hierzu dürften schon in den späten 1740er-Jahren entstanden sein.[27]

1 Johann Baptist Straub, Hochaltar der Wallfahrtskirche St. Rasso, Grafrath, 1759/60

Umso mehr verwundert es, dass nun im Jahr 1760 Ignaz Günther eine Entwurfszeichnung für den Hochaltar in Berg am Laim vorlegte (Abb. 2). Das prachtvolle Blatt belegt Günthers herausragende, graphische Meisterschaft, die – anders als bei Straub – große malerische Qualitäten von hoher Suggestionskraft aufweist. Auffällig an Günthers Entwurf für Berg am Laim ist die für das reife Rokoko geradezu anachronistische Verwendung von vier gewendelten Säulen, die gemeinsam mit dem vollständig architekturlosen Auszug unverkennbar dem Typus des Ziboriumaltars in der Tradition von Gianlorenzo Berninis *baldachino* verpflichtet ist. Günther knüpft hier bemerkenswerterweise unmittelbar an Altarbauten Egid Quirin Asams (1692–1750) an (vgl. die Münchner Asamkirche). Gegenüber dieser sehr repräsentativen Haltung nehmen sich Straubs Entwürfe wie auch deren Ausführung bei aller Monumentalität und dekorativen Vielfalt erheblich zurückhaltender und klassischer aus (Kat.-Nr 45, 46).[28] Zwar verwendet auch Straub in seinem ersten Entwurf für Berg am Laim, ähnlich wie bei seinem Hochaltar in Fürstenzell (Kat.-Nr. 40), zwei gewendelte Säulen, doch bleiben diese zusammen mit dem Figurenschmuck in der Fläche, während Günthers Aufbau eindeutig raumgreifend konzipiert ist. Hierin liegt auch einer der wesentlichen Unterschiede in der Auffassung der Altaraufbauten Straubs und Günthers: Straub bildet wohlproportionierte Retabel mit ausgewogenem Dekorum, die immer wandgebunden sind, wohingegen Günther – ähnlich wie Asam – die räumliche Tiefe sucht. Straub baut Retabel, Günther Ziborien. Diese Räumlichkeit ist für Günther geradezu zwingend, um seinen meist sehr autonomen Skulpturen Platz zur plastischen und geistigen Entfaltung zu geben. Seine Altaraufbauten sind regelrechte Schreine für seine Figuren. Damit tritt er jedoch eindeutig in Konkurrenz zur Architektur. Dies konnte dem Architekten Fischer nur bedingt recht sein, der auch mit den plastischen Raumbildern der Brüder Asam seine Schwierigkeiten hatte (vgl. die Kirche in Osterhofen). Straubs Entwurf hingegen beschränkt sich auf seine Aufgabe, einen wirkmächtigen Raumabschluss zu schaffen, der sich harmonisch in das queroblonge Presbyterium fügt und damit Fischers gestaffelter Architekturkomposition gerecht wird.

Doch wie kam Günther überhaupt dazu, einen Entwurf für dieses Projekt vorzulegen? Einiges spricht dafür, dass ihn die »Anti-Clemens-August-Partei« ins Spiel brachte. So hatte Günther seit 1754 mehrere Arbeiten für St. Peter in München im Auftrag des dortigen Dekans Joseph Ignaz von Unertl (1725–1759), Nachfolger und Neffe des oben genannten Anton Cajetan, ausgeführt.[29] Ferner war Günther seit 1757 auch für den Freisinger Fürstbischof Johann Theodor an der plastischen Ausgestaltung von dessen Hofgarten in Ismaning beteiligt (die Planung oblag Cuvilliés).[30] Als ehemaliger Werkstattmitarbeiter Straubs in den Jahren von 1743 bis 1750 dürfte er jedenfalls nicht nur mit dem Entwurfsprozess für St. Michael vertraut, sondern vielleicht auch an der Ausführung der kleinen Seitenaltäre mitbeteiligt gewesen sein.

Dennoch setzte sich letztlich Straub in Berg am Laim durch (Kat.-Nr. 46). Zu offensichtlich ist der Widerspruch des Günther'schen Konzepts zur bereits gebauten Architektur Fischers und der schon vollendeten Ausstattung Straubs. Die im 18. Jahrhundert immer wieder geäußerte Forderung nach »conformitaet«, der überholte barocke *baldachino*, aber wohl auch die ersten Vorboten des Klassizismus dürften gegen diesen Entwurf Günthers gesprochen haben. Auffallend ist jedoch, dass der Entwurf für Berg am Laim relativ einsam in Günthers Schaffen steht. Denn in seinen nun folgenden, großen Altarbauten in Rott am Inn (1759–1762), Freising-Neustift (um 1765), Starnberg (um 1765–1768) und Mallersdorf (um 1768) bleibt Günther zwar dem Ziborium treu, trägt aber dem sich wandelnden Zeitgeschmack Rechnung und wird damit sogar zu dessen frühem Protagonisten.

Abschließend gilt es festzuhalten, dass die nicht realisierten Projekte zu Schongau, Grafrath und München-Berg am Laim nicht nur Günthers frühe künstlerische Meisterschaft belegen, sondern auch Zeugnis von seinem schwierigen beruflichen Start geben. Erst die 1760er-Jahre werden das Jahrzehnt Günthers, das ihm nicht nur volle Auftragsbücher beschert, sondern ihn und das bayerische Rokoko seinem Zenit entgegenführt.

2 Ignaz Günther, Entwurf für den Hochaltar von St. Michael, München-Berg am Laim, 1760

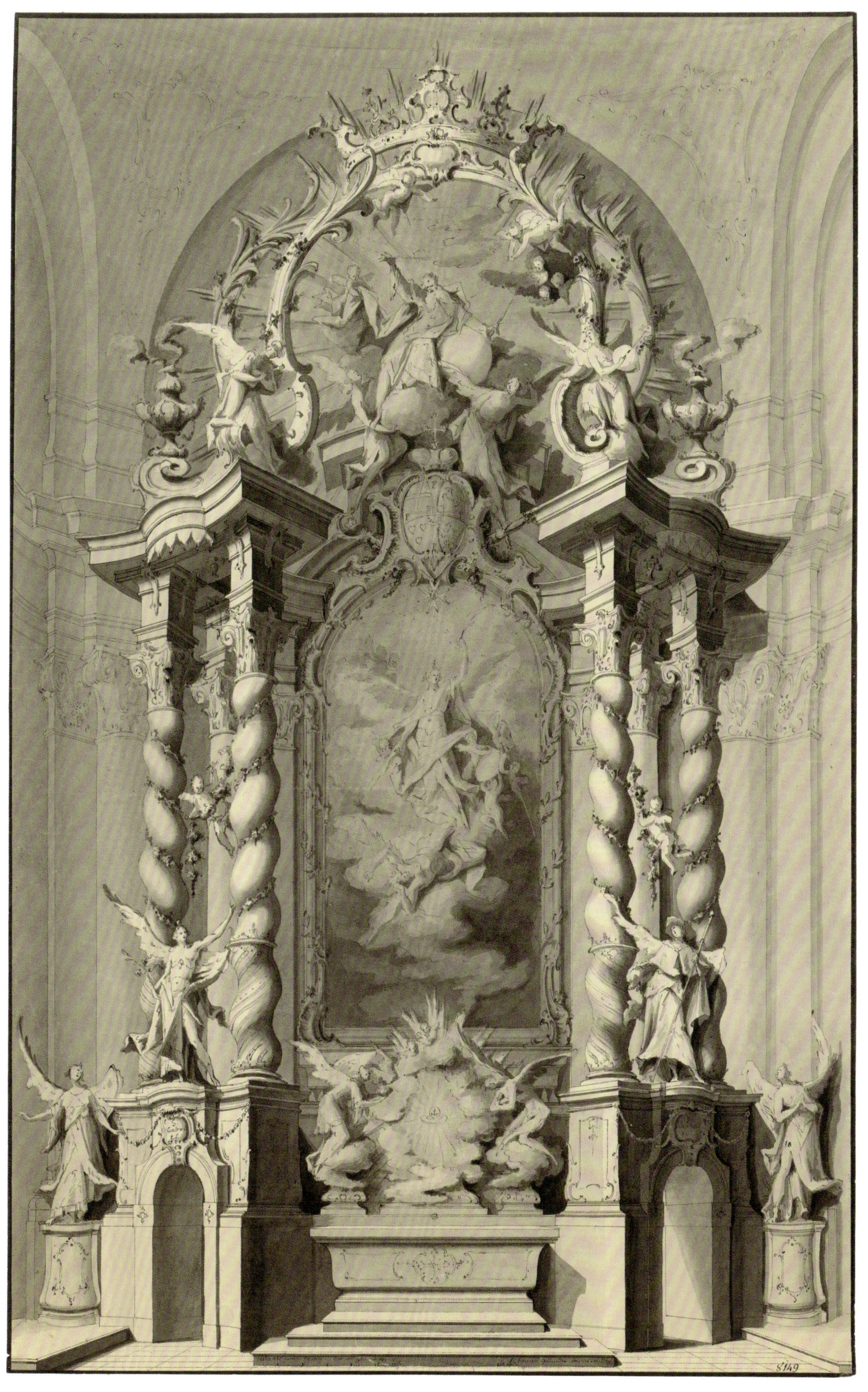
8149

1 Ausst.-Kat. München 1985.
2 Triumph der Phantasie. Barocke Modelle von Hildebrandt bis Mollinarolo, Österreichische Galerie Belvedere, Wien 1998.
3 Beispielhaft für den Einfluss der Orden seien die engen Verbindungen der Benediktiner genannt, denen die Brüder Asam nicht nur eine beträchtliche Zahl an Werken, sondern auch eine weit über den bayerischen Raum hinausreichende Tätigkeit verdankten: Ensdorf, Michelfeld, Weltenburg, Weingarten, Einsiedeln, Kladruby, Břevnov, Wahlstatt usw.
4 Das 18. Jh. ist geprägt von endlosen Klagen und Prozessen seitens der Zünfte gegen freie Künstler, die meist die qualitätvolleren Werke schufen und deshalb in ihren Arbeitsmöglichkeiten beschränkt werden sollten.
5 Beispielhaft ist hier die Entstehungsgeschichte des Hochaltars der Pfarrkirche Andrichsfurt im Innviertel zu nennen. Vgl. Alexander Heisig, Joseph Matthias Götz 1696–1760. Barockskulptur in Bayern und Österreich, Regensburg 2004, S. 210–212. Bezeichnenderweise wussten auch damals die Verantwortlichen um die bisweilen unlauteren Methoden. So stellte der Münchner Geheime Rat fest, dass es »offtermals geschichet, daß ainer dem anderen zugegen die Arbeith wolfeiller ybernimmet, aber auch in der That selbsten hernach minderst qualificiret auslifert«.
6 Die grundlegenden Monographien zu Ignaz Günther sind nach wie vor Woeckel 1975a und Volk 1991a.
7 Zu nennen sind die Kanzel von St. Anna im Lehel, München (1756), der Hochaltar von St. Rasso in Grafrath (1759) und der Hochaltar von St. Michael in München-Berg am Laim (1760).
8 Nach dem verlorenen Österreichischen Erbfolgekrieg (1740–1748) war der wittelsbachische Hof zu erheblichen Sparmaßnahmen gezwungen. Neben der Ausschmückung des Nymphenburger Schlossgartens war die Ausgestaltung des von François Cuvilliés erbauten Residenztheaters (1751–1755) seine einzige bedeutendere Bauaufgabe.
9 Franziskanerkirche (abgebrochen, 1714–1718), Dreifaltigkeitskirche (ehem. Karmelitinnen, 1711–1718), St. Anna im Lehel (ehem. Hieronymiten, 1725–1730), Damenstiftskirche St. Anna (ehem. Salesianerinnen, 1732–1735), Heilig-Geist-Spitalkirche (1727–1730), St. Jakob am Anger (ehem. Klarissinnen, 1733).
10 Günthers erster prominenter Auftrag ist die plastische Ausgestaltung des nicht erhaltenen Hochaltars der Stiftskirche St. Andreas in Freising ab 1755. Vgl. hierzu Volk 1992. Zeitgleich entsteht der ebenfalls nicht erhaltene Hochaltar für die Pfarrkirche Bad Aibling (1755/56).
11 Vgl. Volk 1984, S. 202 f.
12 Schongau, Pfarrarchiv (Bauakten von 1750); zitiert nach Woeckel 1975a, S. 557 f.
13 Ebd.
14 Woeckel 1975a, S. 268. Der undatierte Riss von Franz Xaver Schmädl befindet sich im Tiroler Landesmuseum Ferdinandeum Innsbruck (Inv.-Nr. A 121). Die Ausführung des Hochaltars dürfte zwischen 1758 und 1760 erfolgt sein.
15 Vgl. Volk 1992. Über das Aussehen des bereits um 1755 zu datierenden Hochaltars für die Stiftskirche St. Andreas zu Freising ist nichts bekannt. Der Altar wurde 1804 nach Partenkirchen versteigert, wo er 1865 einem Brand zum Opfer fiel. Historische Fotografien sind nicht bekannt.
16 Vorbildhaft waren vor allem Werke von Matthias Steinl, Antonio Beduzzi und Giuseppe Galli-Bibiena. Von Letzterem stammt der Hochaltar der Kirche der Barmherzigen Brüder in Wien (1733–1735), der große Verwandtschaft in der Gesamtkonzeption aufweist.
17 Archiv des Erzbistums München und Freising, München (Akte Freising, St. Andreas A 469); zitiert nach Volk 1992, S. 65: So schrieb Günther im Rahmen des nicht erhaltenen Hochaltars für die Stiftskirche St. Andreas in Freising an den Maler Joseph Anton Wunderer: »Was dan der Kosten der Arbeith betrifft, hoffe ein Contento zu geben, dan ich jetzt guet und wohlfeil arbeith mues, umb mich bekannt zumachen.«
18 Schongau, Pfarrarchiv (Bauakten von 1750); zitiert nach Woeckel 1975a, S. 558: »mein in schongau gehabtes Model hat schon ein Liebhaber da ein altar nach Thal Kirch, negst hir gemacht wirt, und guet das es mit mir genomen nach haus.«
19 Nach Woeckel 1975a, S. 286, gehört der Grafrather Hochaltar zum »Typus des Epitaph-Altars«, der im 18. Jh. vor allem in den Kombinationen aus Bischofsepitaphien und Seitenaltären in Bischofskirchen (z. B. in Trier) anzutreffen ist. Vorbildhafter erscheint meines Erachtens jedoch der Kolomani-Altar in der Klosterkirche zu Melk, der 1711 von Antonio Beduzzi entworfen und von 1730 bis 1736 ausgeführt wurde. Der monumentale Seitenaltar birgt im unteren Bereich den Schrein des hl. Koloman, über dem sich ein großer Obelisk als memoriales Symbol erhebt. Diesen bedeutenden Altar könnten sowohl Straub wie Günther aus eigener Anschauung gekannt haben.
20 Vgl. dazu Steiner 1974, S. 116, Ausst.-Kat. München 1985, S. 149, und Volk 1991a, S. 19.
21 Stadtarchiv München, Kultusstiftungen 861/110, Rechnung der Kerzenstiftung Grafrath 1759; zitiert nach: Grafrath, Wallfahrtskirche zum hl. Rasso. Dokumentation zur Bau- und Restaurierungsgeschichte, erstellt von Maria Hildebrandt, München 1996 (Typoskript), S. 19 f.
22 Diese finanzielle Förderung zeigt sich deutlich in der prominenten Platzierung des Münchener Stadtwappens am Chorbogen der Grafrather Wallfahrtskirche.
23 Vgl. Volk 1984, S. 35, 184 f. Für das Epitaph der Grafen von Toerring-Jettenbach in der Klosterkirche Au am Inn haben sich mehrere Vorzeichnungen im Staatsarchiv München, Familienarchiv Toerring-Jettenbach, erhalten. Unter den sehr unterschiedlichen und auch von der Ausführung deutlich abweichenden Rissen befindet sich eine Zeichnung, die eine auffallend enge Verwandtschaft mit der Mitte des Hochaltars zu Grafrath aufweist. Die Entwurfsskizze dürfte nach Volk um 1757/58 entstanden sein.
24 Zur Entstehungsgeschichte des Hoch- und Gnadenaltars in Maria Taferl siehe Heisig 2004, S. 239–241.
25 Zur Baugeschichte und deren Hintergründen vgl. Stalla 1989.
26 Vgl. Volk 1984, S. 8. Bereits 1737 ist Fischer Trauzeuge bei Straub. Wichtige gemeinsame Werke sind u. a. die Kirchen in Dießen (1739–1741), Fürstenzell (1741–1745), Schäftlarn (1755–1762) und Altomünster (1765–1768).
27 Ausst.-Kat. München 1985, S. 155.
28 Bedauerlicherweise sind die Risse nicht datiert, sodass deren zeitliche Einordung innerhalb des langen Entwurfsprozesses nicht möglich ist.
29 Zu nennen sind hier der Wachsenstein-Epitaph (1755), der Sigismund-Altar (1755), der Johannes-Altar (1756), der Corpus-Christi- und der Mariahilf-Altar (1754–1758). Später folgen noch der Epitaph für Dekan Joseph Ignaz von Unertl (1759/60), der Armeseelen-Altar (1761) und die Erweiterung des Chorgestühls (1767).
30 Vgl. Volk 1991a, S. 28, 40.

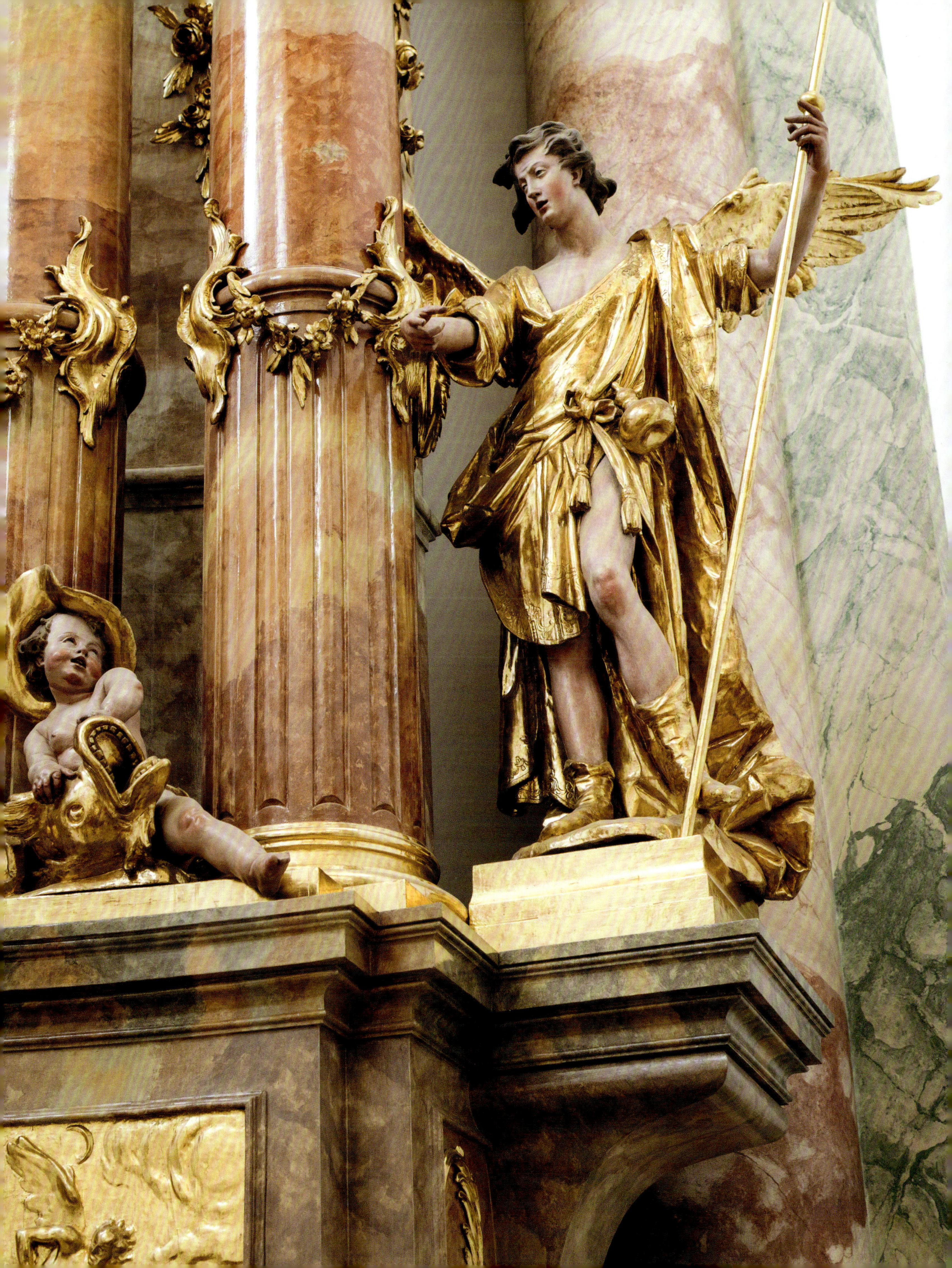

OBERFLÄCHE UND FASSUNG Die farbliche Gestaltung von Rokokoskulpturen durch Fassungen ist wesentlicher Bestandteil ihrer künstlerischen Aussage. Ungefasste Skulpturen sind im 18. Jahrhundert die Ausnahme und beschränken sich meist auf kleinformatige Werke aus Edelhölzern. Da die strengen Zunftordnungen den Bildhauern das eigenhändige Fassen ihrer Arbeiten untersagten, wurde dies von spezialisierten Fassmalern und Vergoldern ausgeführt. Überlieferte und bewährte Techniken wurden im Rokoko nochmals weiterentwickelt. Durch mehrere aufeinander abgestimmte lasierende Farbschichten, oft mit glänzenden Überzügen versehen und mit Auflagen aus Edelmetall ergänzt, wurden besonders fein differenzierte Oberflächen geschaffen. Ziel der Fassungen ist es, das Trägermaterial Holz zu kaschieren und ein anderes Material zu imitieren beziehungsweise zu suggerieren. So erwecken polierte Weißfassungen den Anschein von wertvollen und beständigen Materialien wie Marmor und Alabaster. Darüber hinaus hat die Gestaltung auch eine ikonologische Dimension, weshalb versilberte und vergoldete Oberflächen gleichermaßen für materielle und ideelle Wertigkeit stehen können. Zu den besonderen Leistungen der Rokokofassungen gehört die Imitation von menschlicher Haut, das sogenannte Inkarnat, und von Kleidung, die durch aufwendige Gestaltung und bewusst genutzte Lichtreflexion den Anschein von Stoff erhielt. Die zeitgenössische Wertschätzung der Fassung ist durch die hohen Kosten dokumentiert, die den Preis der Bildhauerarbeit um ein Vielfaches übertrafen.

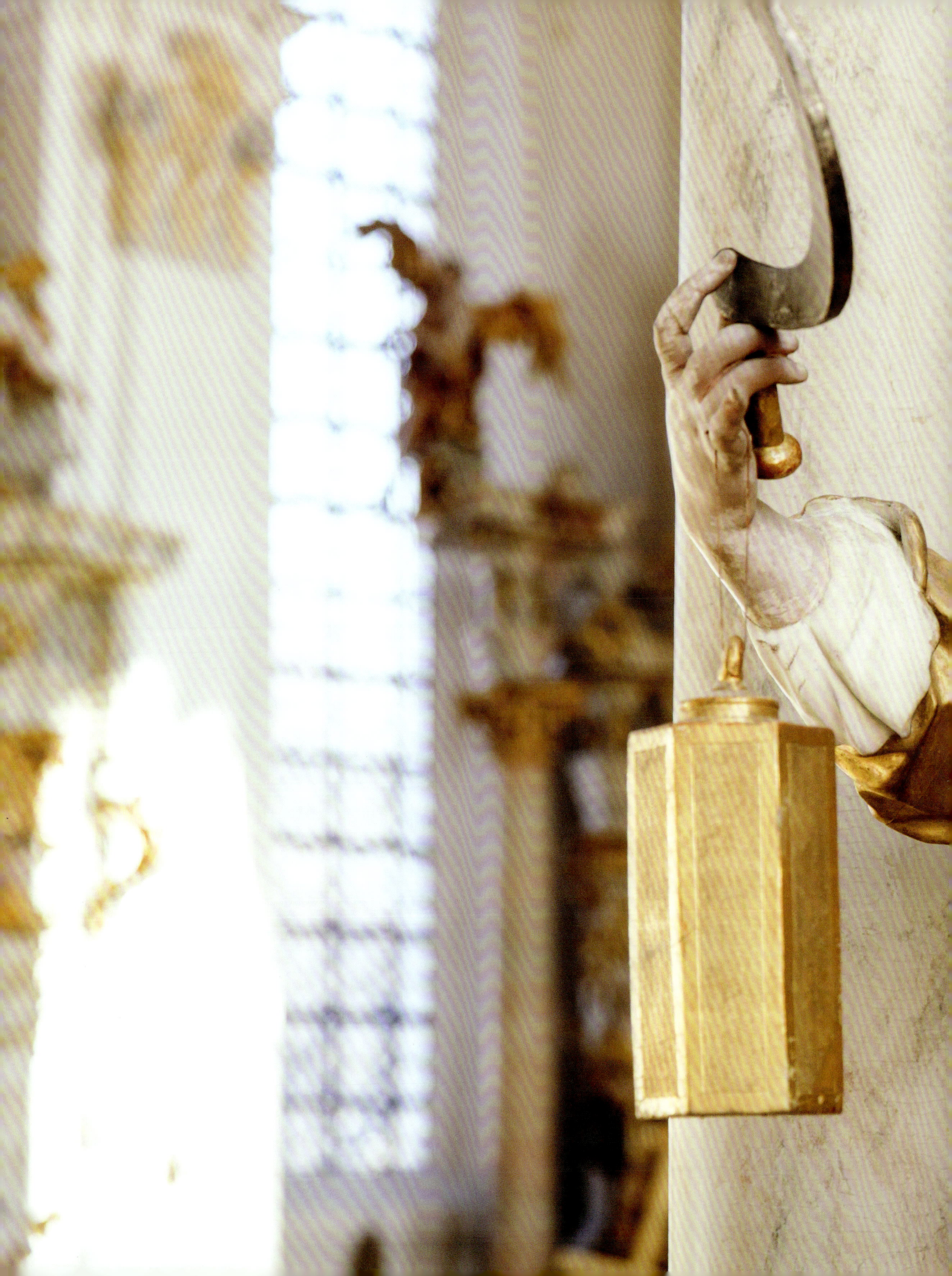

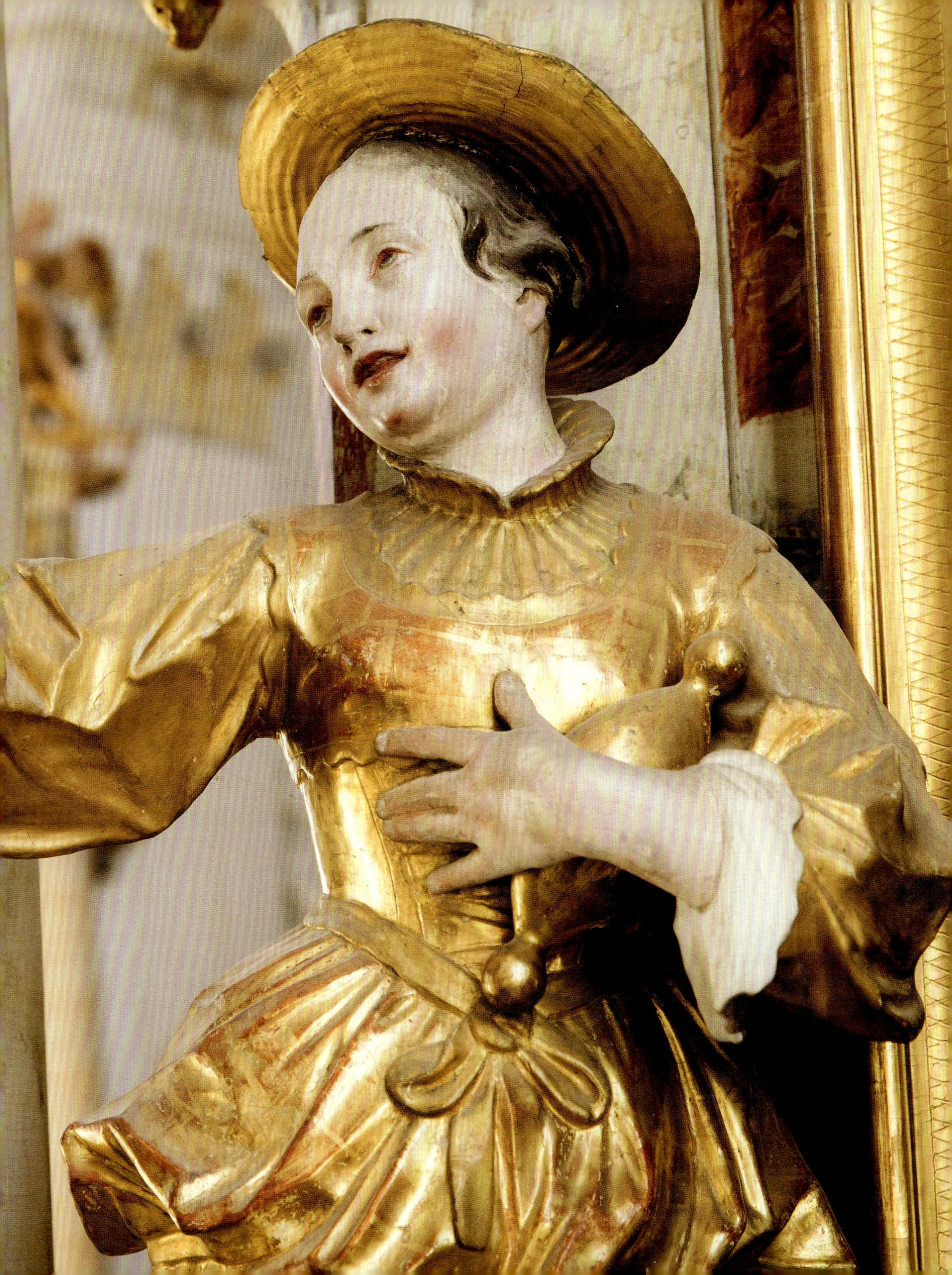

29 JOHANN BAPTIST STRAUB

RENNSCHLITTEN MIT DIANA UND PUTTO

um 1740
Holz, gefasst, teilweise vergoldet, roter Samt, Bärenfell; 252 x 128 x 275 cm
München, Bayerische Verwaltung der staatlichen Schlösser, Gärten und Seen, Schloss Nymphenburg, Marstallmuseum; Inv.-Nr. WAF B 4

Literatur: Heinrich Kreisel, Prunkwagen und Schlitten, Leipzig 1927, S. 158, Taf. 50a. – Woeckel 1975c, S. 30 f., Abb. 4, 7–11, 14, 15. – Volk 1981, Nr. 46. – Volk 1984, S. 197, Abb. 69, 70. – Rudolf H. Wackernagel (Hg.), Staats- und Galawagen der Wittelsbacher. Kutschen, Schlitten und Sänften aus dem Marstallmuseum Schloss Nymphenburg, Stuttgart 2002, Bd. 2, Nr. 9.

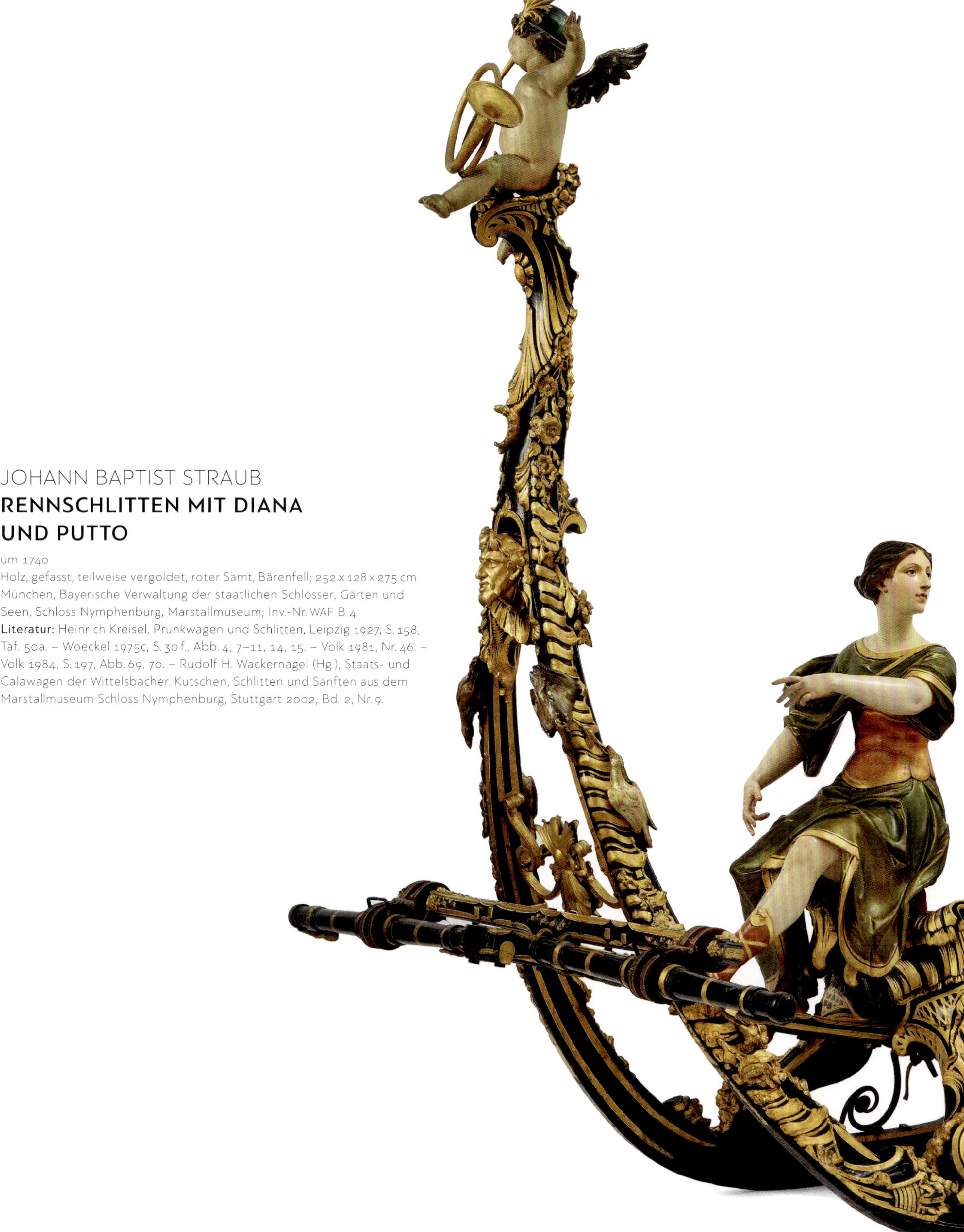

Nach seiner Rückkehr aus Wien 1734 war Johann Baptist Straub (1704–1784) regelmäßig für den kurbayerischen Hof tätig, wo man seine Arbeit offenbar so schätzte, dass der Bildhauer am 7. Juni 1737 »hofbefreit« wurde. Dies bedeutet, dass Straub nun zum Hofgesinde zählte und von den strengen städtischen Zunftregeln befreit war. Er erhielt jedoch kein festes Salär wie ein Hofbildhauer, sondern musste nach wie vor selbst Aufträge zum Lebensunterhalt akquirieren. Vor allem die Beschreibung Johann Caspar von Lipperts (1729–1800) im *Augsburgischen Kunstblatt* vom 31. Juli 1772, gleichsam die erste monographische Würdigung des Künstlers, kann uns heute noch ein Bild dieser für Straub so wichtigen Tätigkeit im höfischen Auftrag geben.[1] So erwähnt Lippert unter anderem eine Springbrunnen-Venus für das Holnsteinische Palais (1737), die Figuren der Trauergerüste für Kaiser Karl VII. (1745) und seine Gemahlin Maria Amalia (1757) sowie das Herzmonument für Karl in Altötting (1745–1749), ferner den Figurenschmuck im Cuvilliés-Theater (1753), zwei Brunnen mit Tritonen (1763?) sowie die Standbilder von Pluto und Proserpina für den Nymphenburger Park (1771). Bemerkenswert an der Aufzählung ist vor allem die große Bandbreite der Tätigkeiten, die viele Techniken und Gattungen der Ausstattungskunst des 18. Jahrhunderts umfasst. Ein Großteil der im Auftrag des Hofes geschaffenen Werke hat die Zeit leider nicht überdauert – umso glücklicher der Umstand, dass sich einer der von Lippert ebenfalls erwähnten, für den kurbayerischen Hof geschaffenen »Paradeschlitten und Paradewaegen« erhalten hat.

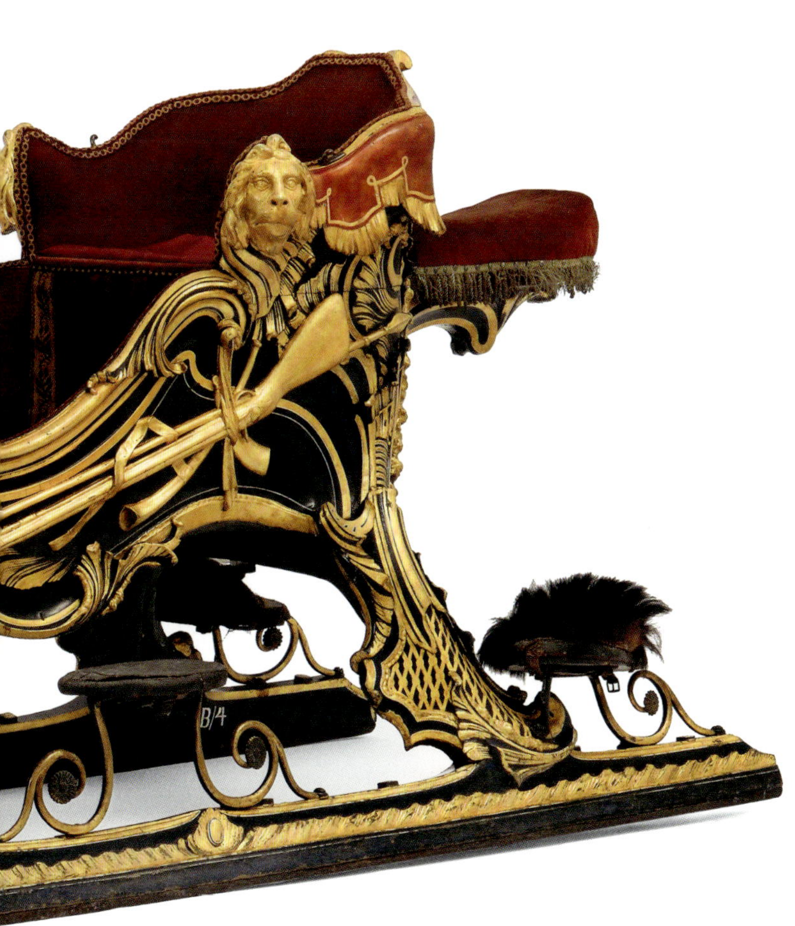

Straubs Diana-Schlitten, »einer der schönsten Figurenschlitten, die überhaupt bekannt sind«,[2] ist ein sogenannter Renn- oder Karussellschlitten, der bei höfischen Vergnügungen wie Ringstechen oder Fasnachtszügen zum Einsatz kam. Im Schlittenkasten nahm die Dame Platz, während der Kavalier, hinten rittlings auf der Pritsche sitzend, das Gefährt lenkte. Diese Schlitten waren häufig mit reichem Figurenschmuck ausgestattet, der Anlass für sehr aufwendige und phantastische Gestaltungen bot. So ist im Dresdner Rüstkammerinventar von 1606 beispielsweise ein Schlitten mit »Bergwergk und wilden Tieren«[3] aufgeführt. Während im 17. Jahrhundert die skulpturale Ausstattung häufig komplett mit dem Kasten verschmolzen war, sodass der ganze Schlitten die Form einer Figur oder eines Tieres hatte, wurde im 18. Jahrhundert die Skulptur wieder deutlicher isoliert. Entsprechend ist auch Straubs Jagdgöttin Diana vorne als eigenständige Figur auf dem Schlitten platziert (vgl. Abb. S. 8). Den Zusammenlauf der Kufen bekrönt hoch oben ein mit Jagdhorn und -hut ausstaffierter Putto, der Kasten ist mit Jagdutensilien verziert: Bogen, Köcher und Spieß auf der einen Seite sowie Flinte, Spieß und Signalhörner auf der anderen. Blumengirlanden und Gehänge mit erlegten Vögeln schmücken die Kufen. Das Gefährt könnte einst Maria Amalia (1701–1756) gehört haben, der Gemahlin des Kurfürsten Karl Albrecht, die eine leidenschaftliche Jägerin war.

Der Schlitten ist trotz seiner sicher intensiven Beanspruchung sehr gut erhalten, allein Fassung, Textilien und Deichsel sind nicht mehr original, sondern stammen aus dem 19. Jahrhundert. Gerüst, Kasten und Kufen sind vollständig mit geschnitzten Ornamenten überzogen, die nicht einfach aufgesetzt wirken, sondern mit den konstruktiven Elementen zu einer Einheit verschmelzen. Die fleischigen, längs geriefelten Muschel- oder Blattgebilde in Kombination mit knorpeligen Stäben und Gittermotiven repräsentieren dabei eine frühe Form der Rocaille. Der Schlitten wird aufgrund dieser Ornamentik und der Gestaltung der Figuren in die gleiche Zeit datiert wie Straubs Arbeiten für die Klosterkirche in Dießen (1738–1740). Das Zusammenwachsen von Ornament und Konstruktion zu einer unauflöslichen ästhetischen Einheit gilt dabei als Errungenschaft Straubs, welche die Hochphase des Münchner Rokoko einleitet. AM

1 Lippert 1772.
2 Peter Volk in Wackernagel 2002 (siehe Literatur), S. 108.
3 Kreisel 1927 (siehe Literatur), S. 146.

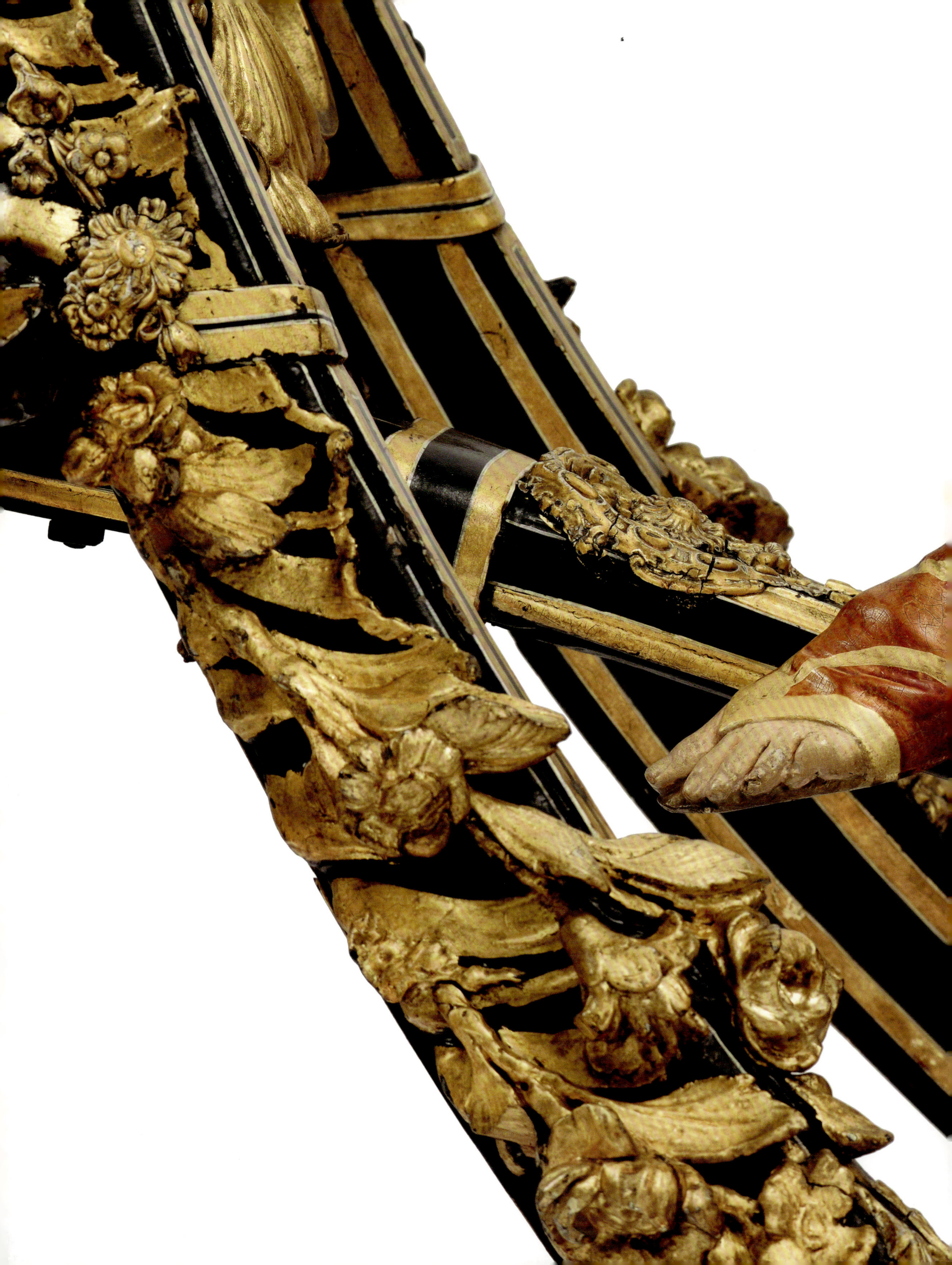

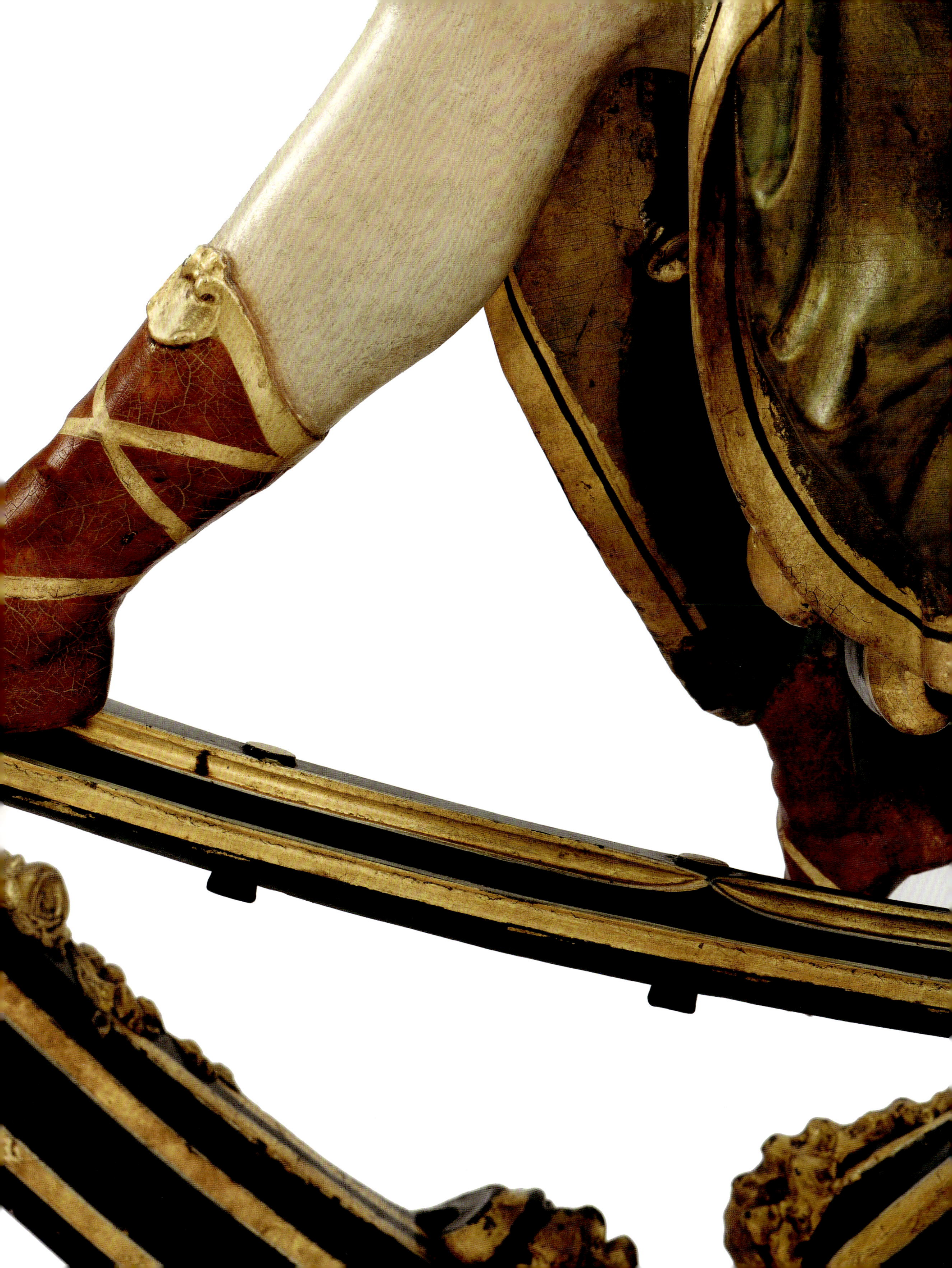

30 JOHANN BAPTIST STRAUB
KLEINES MONUMENT FÜR KAISER KARL VII.

1744
Roter, rosa und weißer Marmor; Statuetten: Holz, teilweise vergoldet; 87,5 × 35 × 21 cm
Bezeichnet auf dem Obelisken: »QVanDo IVstItIs/partes/fortVna seqVetVr/posthVMa stirps ANNÆ/fVnC tVa sCeptra/feret/AUGUSTISSIMO/CAROLO. VII./ROM:IMPERATORI./FERD: I. ANNÆ Regiæ/UNICO HÆREDI/hunc iconismum./offert/Devotisimus Servus/Thadæus Faistenberger/Consil: æt: et Secretarius/intimus«; auf dem linken Spruchband: »EX THALAMO/EX CALAMO«; auf dem rechten Spruchband: »[...] qui nascen abillis [...]/IMPERIUM sind [...]«
Privatbesitz
Literatur: Woeckel 1975c, S. 31 f., Abb. 17. – Volk 1984, S. 194, Abb. 96.

Ein einzigartiges Zeugnis – sowohl in künstlerischer als auch historischer Hinsicht – ist das *Kleine Monument für Kaiser Karl VII.* Das aus Marmor gearbeitete Miniaturdenkmal in Form eines von Personifikationen flankierten Obelisken ist kein Modell für eine Realisierung in größerem Format. Vielmehr handelt es sich um ein fertig ausgeführtes und eigenständiges Kunstwerk, das einst als Tafelaufsatz gedient haben könnte. Wie über die zahlreichen Inschriften zu erfahren ist, handelt es sich um eine Verherrlichung des bayerischen Kurfürsten Karl Albrecht (1697–1745), der seit 1742 als Karl VII. die Kaiserwürde innehatte. Seine Wahl zum Kaiser war möglich geworden, nachdem 1740 das Haus Habsburg in männlicher Linie ausgestorben war. Daraufhin hatten mehrere europäische Fürsten ihre Ansprüche auf die Nachfolge angemeldet, was zum Österreichischen Erbfolgekrieg (1740–1748) führte. Während des wechselvollen Kriegsverlaufs gelang es dem bayerischen Kurfürsten, sich am 12. Februar 1742 in Frankfurt am Main als zweiter Wittelsbacher zum Kaiser des Heiligen Römischen Reiches krönen zu lassen. Bayern jedoch wurde noch am selben Tag von österreichischen Truppen besetzt, sodass der Kaiser zunächst außerhalb seines Stammlandes weilen musste und erst am 23. Oktober 1744 in München einziehen konnte.

Genau in diesem Jahr schuf Johann Baptist Straub (1704–1784) sein Monument, wie das Chronostichon im ersten Teil der Inschrift belegt. Entsprechend seines neuen Rangs wird Karl VII. mit dem Ehrentitel »ehrwürdigster« oder »kaiserlichster« (augustissimus) versehen. Um seine Ansprüche zu untermauern, befindet sich direkt über dem Kaisertitel eine Doppelgemme mit den Bildnissen von Kaiser Ferdinand I. (1503–1564) und Anna von Böhmen-Ungarn (1503–1547). Deren Tochter Anna hatte einst den nachmaligen bayerischen Herzog Albrecht V. geehelicht und so eine Erbfolge begründet, durch die 200 Jahre später Kurfürst Karl Albrecht seine Ansprüche auf die Kaiserkrone und Teile der österreichischen Erblande ableiten wird. Diese dynastischen Ansprüche sind im kaiserlichen Doppeladler symbolisiert, der mit dem kurbayerischen Wappen auf der Brust die Spitze des Obelisken ziert, sowie in den beiden weiblichen Personifikationen, von denen die linke mit Kurhut die Kaiserkrone präsentiert, während die rechte mit Füllhorn, Weltkugel und *Corona turrita* das Imperium Romanum verkörpert. Schließlich ist auch der Obelisk selbst ein kaiserliches Symbol, verweist er doch auf die monumentalen ägyptischen Obelisken, die in antiker Zeit von den römischen Kaisern in den Arenen und auf den Foren Roms aufgestellt wurden.

Der Auftraggeber des Werks ist ebenfalls durch eine Inschrift dokumentiert. Es handelt sich dabei um den Wirklichen Geheimen Rat und Geheimen Ratssekretär Thaddäus Faistenberger (1683–1761), Sohn des Hofbildhauers Andreas Faistenberger (1646–1735), der Straub 1734/35 aus Wien in seine Werkstatt geholt hatte.

Die im Marmormonument verkörperten Ansprüche wurden jedoch bald von der Wirklichkeit überholt: Bereits am 20. Januar 1745 starb Karl VII. in München und mit ihm auch die ehrgeizigen Ambitionen der Wittelsbacher auf die Kaiserwürde. Während der Leichnam in der Theatinerkirche beigesetzt wurde, bestattete man sein Herz in der Gnadenkapelle von Altötting, wofür Straub von 1745 bis 1749 ein Bleigussmonument mit der Büste des Kaisers schuf.[1] AM

1 Volk 1984, S. 183, Abb. 97.

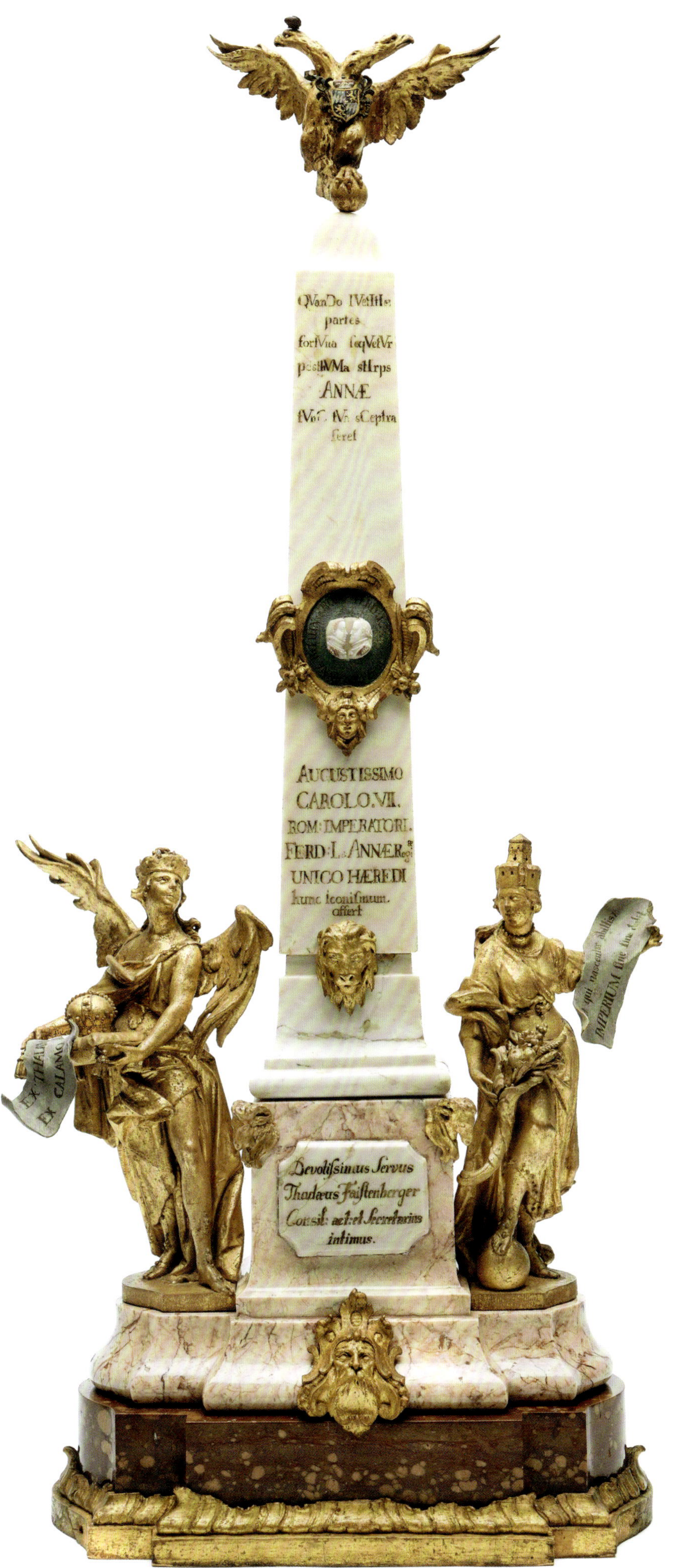
ANNÆ
AUGUSTISSIMO
CAROLO.VII.
ROM: IMPERATORI.
UNICO HÆREDI
Devotissimus Servus
Thadæus Faistenberger
intimus.

31 JOHANN BAPTIST STRAUB

ZWEI ENGEL MIT MARIANISCHEN INSCHRIFTEN

um 1740/45
Holz, versilbert, stellenweise vergoldet, mit gelblichem Überzug;
117 x 102,5 x 39 cm (Engel nach rechts), 42 x 38,3 x 37,8 cm (Sockel);
111,3 x 100 x 67 cm (Engel nach links), 42 x 38,4 x 39,5 cm (Sockel)
Bezeichnet jeweils auf den Sockeln: »ELECTA UT SOL«
Landshut, Ursulinenkloster
Literatur: Giedion-Welcker 1922, S. 32 f., Abb. 47 f. – Steiner 1974, S. 76. – Volk 1984, S. 191, Abb. 80. – Ausst.-Kat. Landshut 1998, S. 207–210, Nr. 9.

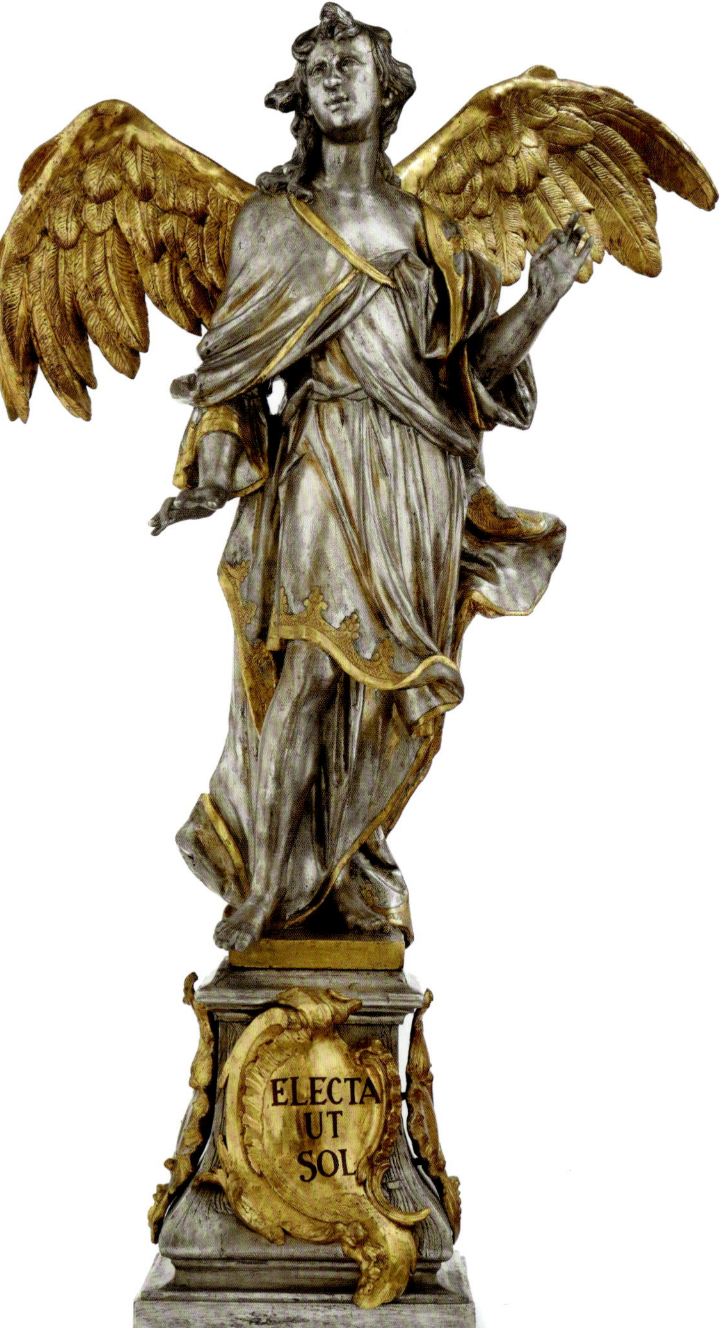

Die beiden schlanken Engel mit ausgebreiteten Flügeln gehören zu den schönsten Figuren Johann Baptist Straubs (1704–1784). Ihre Fassung imitiert teilvergoldete Silberplastik. Die beiden Skulpturen stehen jeweils auf einem eingezogenen Sockel mit Rocaillekartusche. Die Sockelaufschriften sind erneuert, doch alte Fotos lassen erkennen, dass vormals »ELECTA UT SOL« nur auf einer Kartusche stand, während auf der zweiten »PULCHRA UT LUNA« zu lesen war – beides Zitate aus der Lauretanischen Litanei. Hierbei handelt es sich um Preisungen Marias nach dem Lob der Braut im *Hohelied Salomos* (6,9): »Wer ist diese, welche dort hervortritt gleich der aufsteigenden Morgenröte, schön wie der Mond, auserkoren wie die Sonne.« Die unterlebensgroßen mobilen Skulpturen gehören zu einem kostbaren marianischen Ensemble und flankieren ein besonders verehrtes Marienbild.

Wenngleich archivalische Belege fehlen, so führt doch Johann Caspar Lippert in seiner Liste der Werke Straubs von 1772, also noch zu Lebzeiten des Künstlers, unter Nr. 62 an: »Für das Kloster der Urselinerinnen zu Landshut zwey lebensgroße Engel mit Kennzeichen der Lauretanischen Lytaney.«[1] Als Datierung sind die Jahre um 1740/45 anzunehmen. Das legen ähnlich gelängte und schräg gestellte Rocaillekartuschen nahe, wie sie auf den Sockeln von zwei weiteren Werken Straubs zu finden sind: dem Herzmonument für Kaiser Karl VII. in der Gnadenkapelle von Altötting (um 1745/47) und dem Erinnerungsmal für Herzog Welf VI. in der ehemaligen Klosterkirche von Steingaden (um 1747). In beiden Fällen erscheinen diese aber stilistisch noch etwas weiterentwickelt. PV

---

1 Lippert 1772, S. 62.

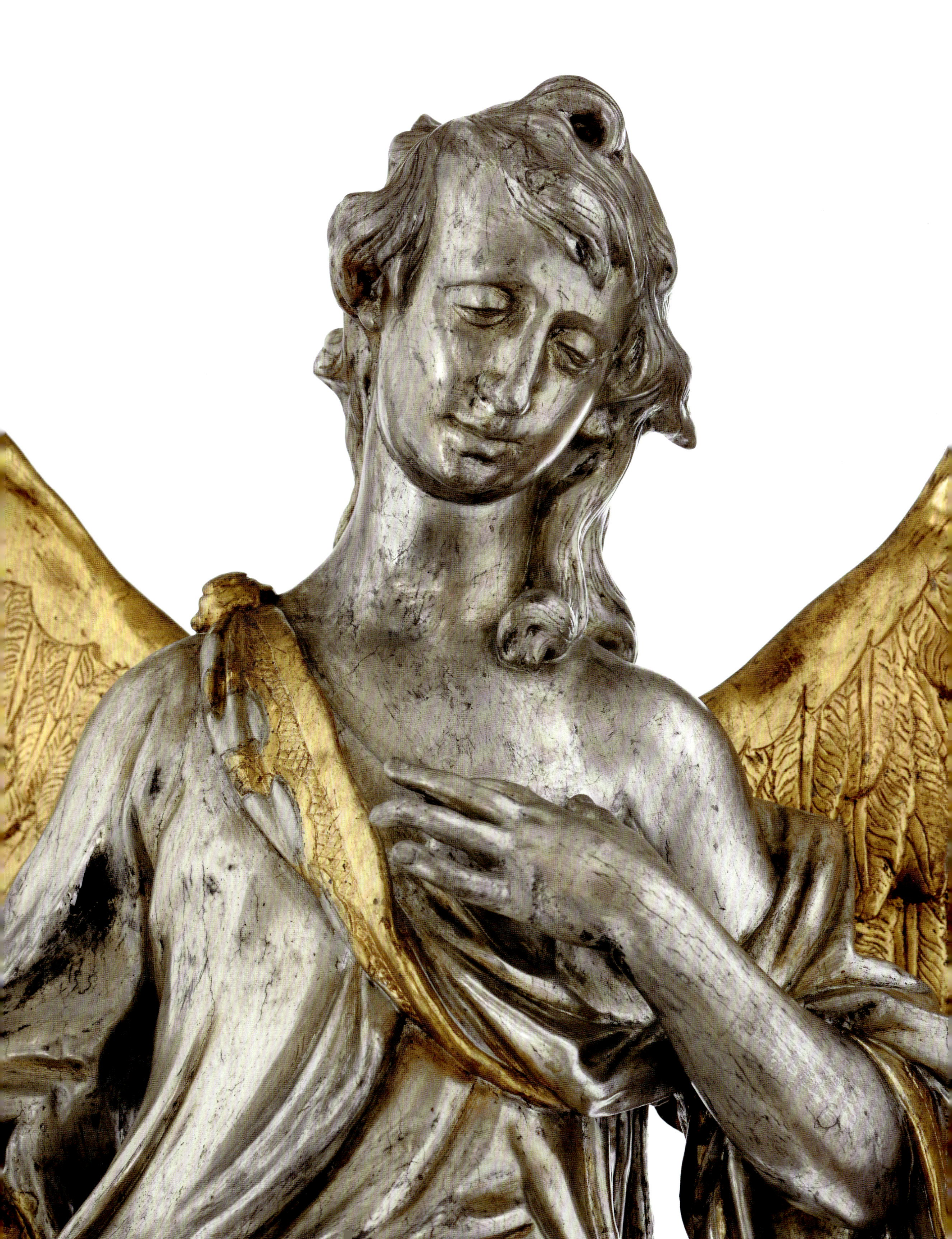

32

172

J. B. STRAUB

JOHANN BAPTIST STRAUB
»GLORIAENGEL«

um 1738/40 oder 1740/50
Holz, schauseitig farbig gefasst, Gewand und Blumenkranz vergoldet; 150 x 128 cm
Dießen, Pfarrkirche Mariä Himmelfahrt
Literatur: Steiner 1974, S. 76 f., Abb. 54. – Volk 1984, S. 187, Abb. 155 f. – Norbert Lieb, Dießen am Ammersee, 8. Auflage, München/Zürich 1986.

Woher der jugendliche Engel ursprünglich stammt, ist unbekannt. Heute schwebt er in Anlehnung an Taufengel protestantischer Kirchen frei über dem Taufbecken des Dießener Marienmünsters in der nördlichen Kapelle der Vorhalle. Er gehörte zweifelsohne formal wie ikonographisch in einen nicht mehr erhaltenen, größeren Zusammenhang. Denn ein Teil der Rückseite ist abgeflacht und der rechte Flügel am Ansatz so beschnitten, dass er nicht direkt am Engel, sondern an einem Teil des nicht mehr erhaltenen Ensembles befestigt gewesen sein musste; erst später wurde dann der Flügel auf den Rücken des Engels montiert. Die Skulptur dürfte aufgrund der ikonographischen Details eher zu einem Altar als zu einer Kanzelbekrönung gehört haben. Dem Engel ist eine Rose ins Haar gebunden, was darauf hindeutet, dass er an einem Marienaltar angebracht war. Wegen seiner marianischen Symbolik hatte man ihm im 19. Jahrhundert ein Spruchband mit der Aufschrift »Gloria in excelsis deo« in die Hände gegeben und ihn damit zu einem Gloriaengel des Weihnachtsgeschehens gemacht. Aufgrund der für die Dießener Kirche sonst nicht üblichen Farbfassung der Skulptur nimmt man an, dass der Engel von einem Altar im Kloster stammen könnte, der im Zuge der Säkularisation verloren ging. Stilistische Übereinstimmungen mit den Engeltypen, die Straub für die Seitenaltäre und die Kanzel der Kirche schuf, sprechen für eine Datierung in dieselbe Zeit, also um 1738/40, denkbar ist aber auch eine Entstehung zwischen 1740 und 1750.[1]

Der gerade aus Wien zurückgekehrte Johann Baptist Straub (1704–1784) war kurz vor der Auftragsvergabe zum Hofbildhauer ernannt worden. Seine Beteiligung in Dießen unter dem Architekten Johann Michael Fischer (1692–1766), mit dem er in den nächsten Jahrzehnten noch viele weitere Projekte realisieren sollte, verhalf ihm zum Durchbruch. Straub steht hier also am Beginn seiner Laufbahn, die von kirchlichen Auftraggebern maßgeblich gefördert wurde. Die damalige Stiftskirche der Augustiner-Chorherren in Dießen gehört zu den Initialbauten der Rokokokunst in Bayern.

Der Engel wurde vor 1984 restauriert, wobei die weitgehend erhaltene Originalfassung freigelegt wurde. Allerdings nahm man ihm damals sowohl das Schriftband als auch ein die Draperie haltendes Band ab, das schräg über der Brust verlief.[2]

In der Nacktheit von Engeln kommt, so der Mailänder Erzbischof Federico Borromeo (1564–1631), deren Freiheit von menschlichen Nöten zum Ausdruck. Auch Straubs Engel ist unbekleidet, seine Gestalt jugendlich schlank mit weichen Rundungen, das Gesicht ebenmäßig und ohne Makel. CR

1 Volk setzt im Gegensatz zu Steiner die Entstehungszeit ohne weitere Erläuterung später an.

2 Volk verweist noch auf einen weiteren, abgelaugten Engel in Dießener Privatbesitz, den er dem Ensemble um den Gloriaengel zuordnet.

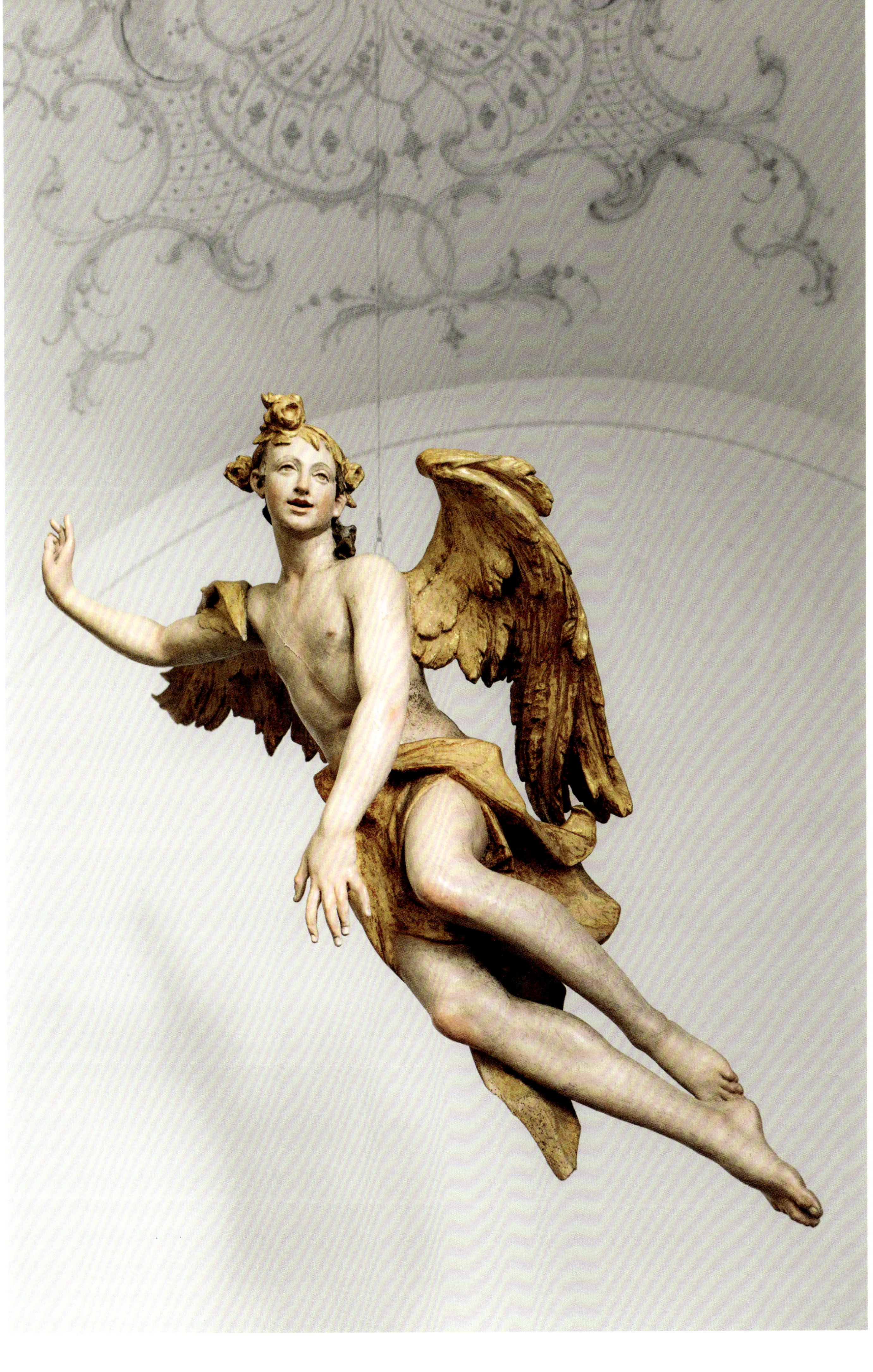

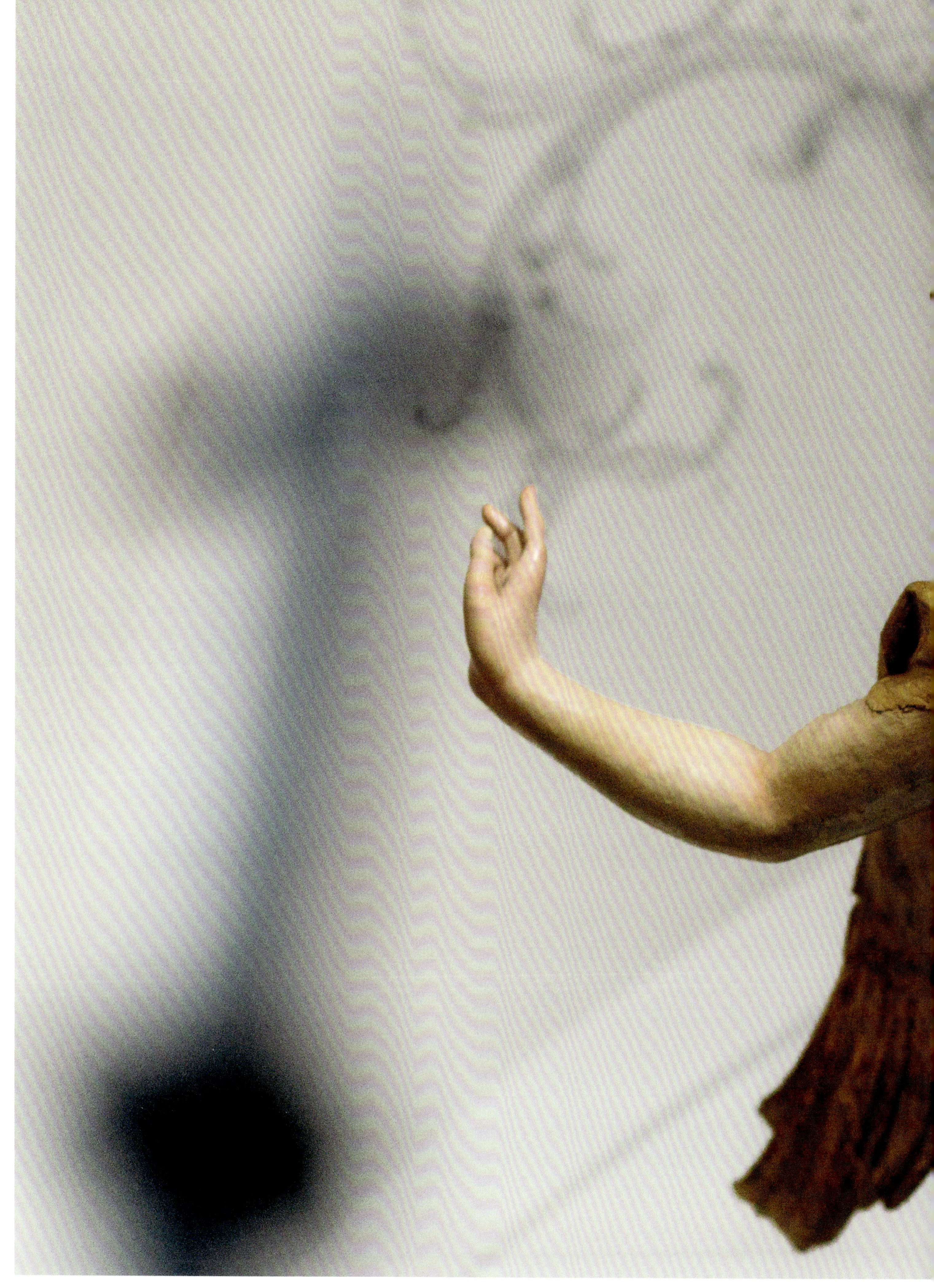

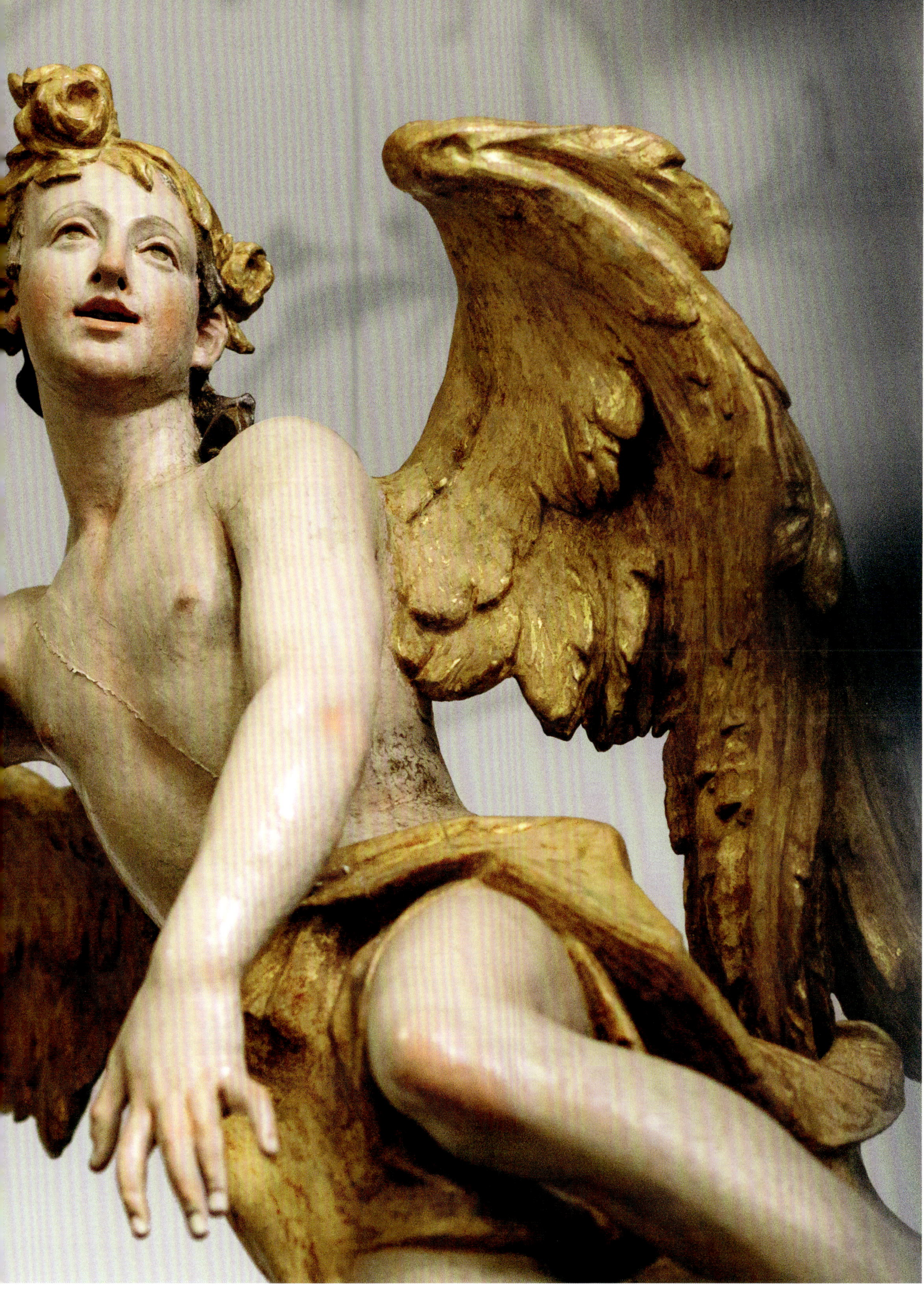

33 JOHANN BAPTIST STRAUB

CHRISTUS AN DER GEISSELSÄULE, »WIESHEILAND«

um 1757
Holz, farbig gefasst; 132 x 60 x 50 cm
Reisach am Inn, Klosterkirche der Karmeliten
Literatur: Thomas und Helene Finkenstaedt, Die Wieswallfahrt. Ursprung und Ausstrahlung der Wallfahrt zum Gegeißelten Heiland, Regensburg 1981. – Steiner 1982, S. 90 f., Abb. 55.– Volk 1984, S. 201 f., Abb. 109. – Volk 1988, S. 7 f., 10, Abb. 6, 8. – Hans Pörnbacher, »Die neue Wallfahrt auf der Wies«. Zur 250-Jahr-Feier der Übertragung des Gnadenbildes in die Wieskirche am 31. August 1979, Weißenhorn 1999.

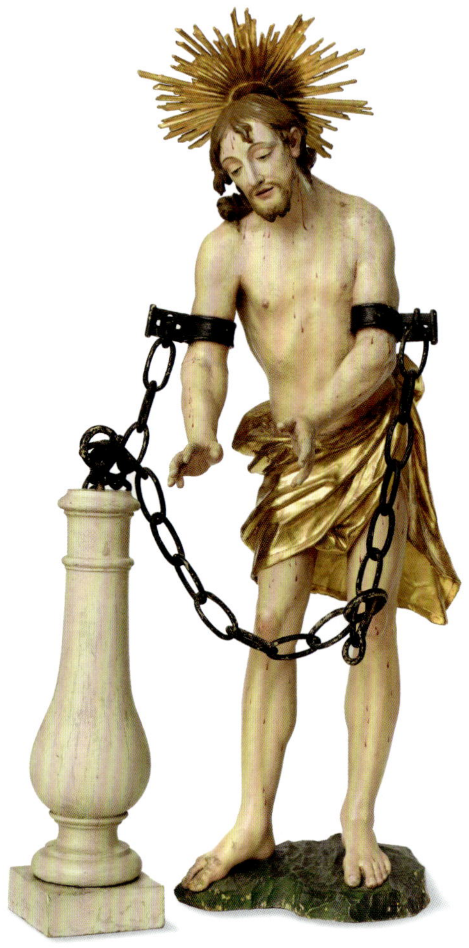

Eines der populärsten und zugleich ungewöhnlichsten Gnadenbilder des bayerischen Rokoko ist das des Gegeißelten Heilands aus der Wieskirche bei Steingaden (vgl. Abb. S. 42/43), des sogenannten Wiesheilands. Von Johann Baptist Straub (1704–1784) stammt eine Devotionalkopie dieses Gnadenbildes für die Klosterkirche der Unbeschuhten Karmeliten in Reisach am Inn (bis 1802 Kloster Urfahrn genannt). Für diese Kirche hatte er mit seiner Werkstatt zwischen 1747 und 1757 die vier Reliefaltäre des Gemeinderaums und die Skulpturen der hll. Antonius von Padua und Kajetan sowie ein Kruzifix mit der Schmerzhaften Muttergottes und ein Choraltärchen geschaffen. Obwohl die Skulptur des Wiesheilands 1772 in einer Publikation zu Straub nicht erwähnt wird, gilt seine Autorenschaft als unbestritten.[1] Eine vergleichbare Figur des Wiesheilands, die sich im Depot der Bayerischen Verwaltung der staatlichen Schlösser, Gärten und Seen in Schloss Schleißheim befindet, wurde Straub zugeschrieben und mit der 1772 aufgeführten Ecce-Homo-Darstellung des Kalvarienbergs bei Schleißheim identifiziert.[2] Die heutige Aufstellung der Skulptur am Altar der hl. Anna dürfte nicht der ursprünglichen entsprechen. Die erhaltenen Armschellen und Ketten, die wie beim originalen Gnadenbild eigentlich eine Montierung der beiden Oberarmschellen an einer Rückwand erfordern würden, lassen auf eine architektonische Einbindung der Skulptur in eine Mauernische (eventuell sogar als Kerkerwand gestaltet) oder auf eine Präsentation in einem Schrein schließen.

Ikonographisch orientiert sich die Straub'sche Skulptur zunächst sehr eng am Vorbild in der Wieskirche, mit dem leicht nach links und nach vorne gebeugten Oberkörper, dem seitlich geknoteten Lendentuch, den nach vorne ausgestreckten und geöffneten Händen und der balusterförmigen Geißelsäule. Diese ikonographische Disziplin gehört zum Wesen der Devotionalkopie, um so den Gläubigen die Wiedererkennbarkeit und Identifikation mit dem Urbild zu ermöglichen. Straub unterwirft sich jedoch nur in formalästhetischer Hinsicht dieser Regel und geht in seiner künstlerischen Ausgestaltung des Themas ganz eigene Wege. Der Grund dafür liegt in Aussehen und Genese des Originals. Dieses war 1730 von einem Frater des Prämonstratenserklosters Steingaden aus verschiedenen, im Kloster vorhandenen Teilen notdürftig zusammengesetzt worden, da man für die Karfreitagsprozession eine Tragefigur des Geißelheilands benötigte. Bereits nach drei Jahren wurde die Figur jedoch wegen ihres als unwürdig empfundenen Aussehens aussortiert und in einer Abstellkammer deponiert. Nachdem sie kurzzeitig auch als Kinderspielzeug gedient hatte, wurde sie 1738 an Maria Lori, der Bäuerin auf der Wies, verschenkt. In deren Haus soll sich dann im selben Jahr das sogenannte Tränenwunder ereignet haben, das schließlich zur größten Wallfahrtsbewegung des Rokoko im Kurfürstentum und zum Bau der Wieskirche führte. Wie viele seiner Zeitgenossen, so versucht auch Straub, die Schwächen des Originals mit seinen künstlerischen Mitteln zu kompensieren. Den im Original sehr ungelenk und summarisch wirkenden Körperbau wandelt Straub in einen anatomisch fein ausgearbeiteten Akt, die maskenhafte Physiognomie formt er zu einer sensiblen Studie des in sich gekehrten Jesus, den er ganz in der Theologie und Frömmigkeit der Zeit als unschuldig leidendes Gotteslamm interpretiert. In dieser künstlerischen Gestaltungsfreiheit geht Straubs Schüler Ignaz Günther bei seinem 1754 geschaffenen und heute im Detroit Institut of Arts befindlichen Wiesheiland einen entscheidenden Schritt weiter. Er lässt Christus statt nach links nach rechts blicken und verleiht der Skulptur durch diesen Kunstgriff eine erstaunliche innere Dynamik und Präsenz, die nun ganz dem Geist subtiler Empfindsamkeit entspricht. In dieser wie auch in der Straub'schen Version wird deutlich, wie sehr im Rokoko die ikonographischen und formalen Grenzen tradierter Andachtsbilder bewusst ausgereizt und überschritten werden. CK

1 Lippert 1772, unter den Nummern zum Kloster Urfahrn, Nr. 64 und 65, wird der Wiesheiland nicht genannt.
2 Steiner 1982, S. 90 f.; Lippert 1772, Nr. 71.

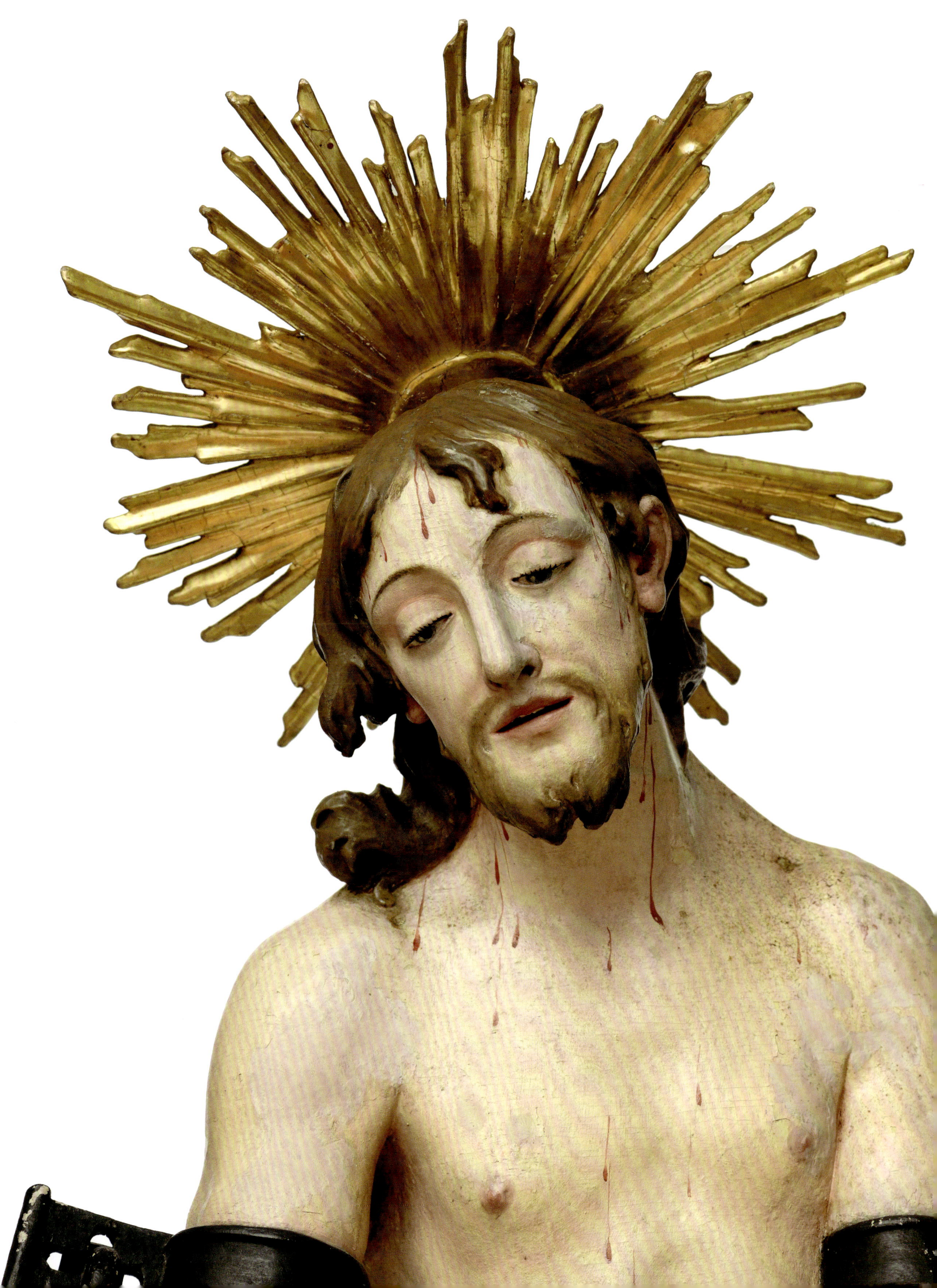

34 JOHANN BAPTIST STRAUB
HLL. AGATHE UND FLORIAN

1745/49
Lindenholz, weitgehend erneuerte Polierweißfassung und Vergoldung;
a 162 x 63 x 47 cm (Agathe)
b 176 x 75 x 44 cm (Florian)
Tegernsee, Pfarrkirche St. Quirinus

35 JOHANN BAPTIST STRAUB
HLL. SEBASTIAN UND ROCHUS

1745/49
Lindenholz, weitgehend erneuerte Polierweißfassung und Vergoldung;
a 162 x 66 x 45 cm (Sebastian)
b 161 x 68 x 48 cm (Rochus)
Tegernsee, Pfarrkirche St. Quirinus

Literatur: Lippert 1772, Nr. 50, 51. – Pirmin Lindner, Historia monasterii Tegernseensis [Teil 1], in: Beiträge zur Geschichte, Topographie und Statistik des Erzbistums München und Freising 7 (1901), S. 179–258, hier Nr. 87, 90, 95, 107. – Pirmin Lindner, Historia monasterii Tegernseensis [Teil 2], in: Beiträge zur Geschichte, Topographie und Statistik des Erzbistums München und Freising 8 (1903), S. 78–286, hier Nr. 272, 292, 570. – Giedion-Welcker 1922, S. 29 f., 71, Abb. 38–41. – Steiner 1974, S. 11, 80 f., 110, Abb. 69. – Volk 1984, S. 23 f., 203, Abb. 18, 99–102. – Roland Götz, Leuchtende Geschichts-Bilder. Zur Geschichte der Tegernseer Gedächtnisfenster von 1879, in: Beiträge zur altbayerischen Kirchengeschichte 45 (2000), S. 211–248, hier S. 246 f. – Roland Götz/Sylvia Kaufmann (Red.), Der wiedergewonnene Himmel. Bilder zur Restaurierung der Pfarrkirche St. Quirinus in Tegernsee 1998–2004, Tegernsee 2004, S. 44 f. – Jahrbuch der Bayerischen Denkmalpflege 62/63 (2008/2009), Berlin/München 2010, S. 142 f.

Die vier Statuen entstanden im Kontext der Millenniumsfeier der Benediktinerabtei Tegernsee.[1] 1746 beging das rangerste Kloster Kurbayerns das 1000-jährige Jubiläum seines Bestehens, näherhin der Weihe der ersten Klosterkirche. Die bestehende Klosterkirche, ein spätgotischer Bau, war bereits in den Jahren 1687 bis 1694 durch oberitalienische Künstler in frühbarockem Stil umgestaltet und durch Hans Georg Asam (1649–1711) mit Fresken ausgestattet worden. Zum Jubiläum erfolgte keine grundlegende Neugestaltung, nur eine zurückhaltende Anpassung an den inzwischen gewandelten Geschmack. Der bisher weiße Stuck wurde gelb-rosa getönt, zwei neue Altäre errichtet, die Zierden der übrigen vergoldet, der Marmorfußboden erneuert, die beiden Orgeln renoviert, neue Reliquiare und Paramente angeschafft. Das anspruchsvollste, zum Teil von Stiftern finanzierte Projekt war die bauliche Erweiterung und künstlerische Neugestaltung zweier Seitenkapellen zu Ehren des Klosterpatrons, des römischen Märtyrers Quirinus, und des Ordensvaters Benedikt. Bereits 1743 wurde »H. Gunzrhainer« (wohl eher Ignaz Anton als Johann Baptist Gunetzrhainer) für ein »modell [...] zu S. Quirini capell« entlohnt; 1745 standen zumindest die Rohbauten. Doch verzögerte sich die Fertigstellung wegen des Österreichischen Erbfolgekrieges (1740–1748), sodass die beiden Altäre erst im Dezember 1748 geweiht werden konnten. Auch 1749 wurden noch Ausgaben für die Kapellen abgerechnet.

Die Kapellen erhielten eine Stuckausstattung vom Wessobrunner Johann Georg Üblher (1703–1763) und seiner Werkstatt sowie Altaraufbauten aus Tegernseer Marmor beziehungsweise Stuckmarmor. Auf den Altären sollten prominente Reliquien der Titelheiligen jeweils in Verbindung mit einer Silberbüste präsentiert werden. Die Büste des hl. Quirinus existierte bereits, für die des hl. Benedikt schuf Johann Baptist Straub (1704–1784) das Holzmodell, das dann 1765 bis 1767 vom Münchner Goldschmied Joseph Reichenzein (um 1715–1780) in Silber umgesetzt, jedoch 1801 (ebenso wie die Quirinus-Büste) bei der Silberablieferung im Vorfeld der Säkularisation eingezogen und eingeschmolzen wurde, sodass seitdem auf dem Altar wieder Straubs silbern gefasste Holzbüste steht. In den Kapellen fand die Verehrung der beiden Heiligen, die seit 1732 (Quirinus) bzw. 1735 (Benedikt) auch von eigenen Bruderschaften getragen wurde, ihren neuen Ort.

Die mittig platzierten Büsten der Titelheiligen wurden durch je zwei fast lebensgroße Statuen von Heiligen flankiert, deren Feste im liturgischen Kalender des Klosters durch eigene Prozessionen ausgezeichnet waren: *Sebastian* und *Rochus* (auf dem Quirinus-Altar) wurden um Abwendung der Pest, *Agathe* und *Florian* (auf dem Benediktus-Altar) um Verschonung vor Bränden gebeten.[2] Die Zuordnung der Paare zu den Altären geht aus den erhaltenen Weihenotizen eindeutig hervor.

Als Straubs kompositorische Vorbilder für *Sebastian* und *Rochus* sind zwei 1696/97 für die Münchner Herzogspitalkirche geschaffene Statuen von Andreas Faistenberger (1646–1735) feststellbar (heute in St. Michael in Berg am Laim), doch zeichnen seine Figuren sich durch stärkere Bewegtheit aus. Nach künstlerischer Handschrift und Qualität gelten *Rochus* und *Agathe* nicht nur als eigenhändige Werke Straubs, sondern auch als mit die schönsten aus seiner mittleren Schaffenszeit, während für *Sebastian* und *Florian* die weitgehende Ausführung durch Werkstattmitarbeiter (möglicherweise Franz Xaver Schmädl) angesetzt wird.

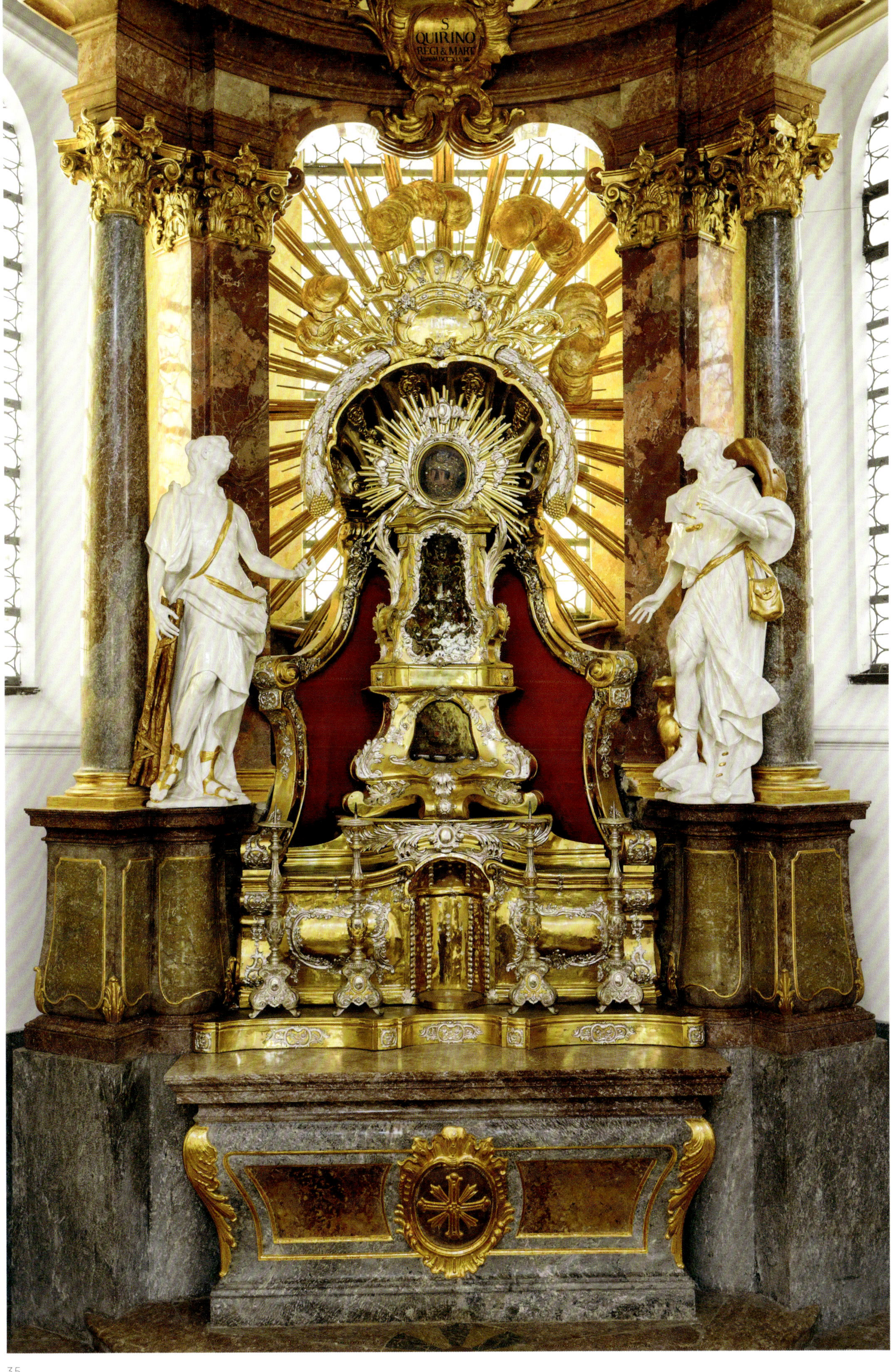

35

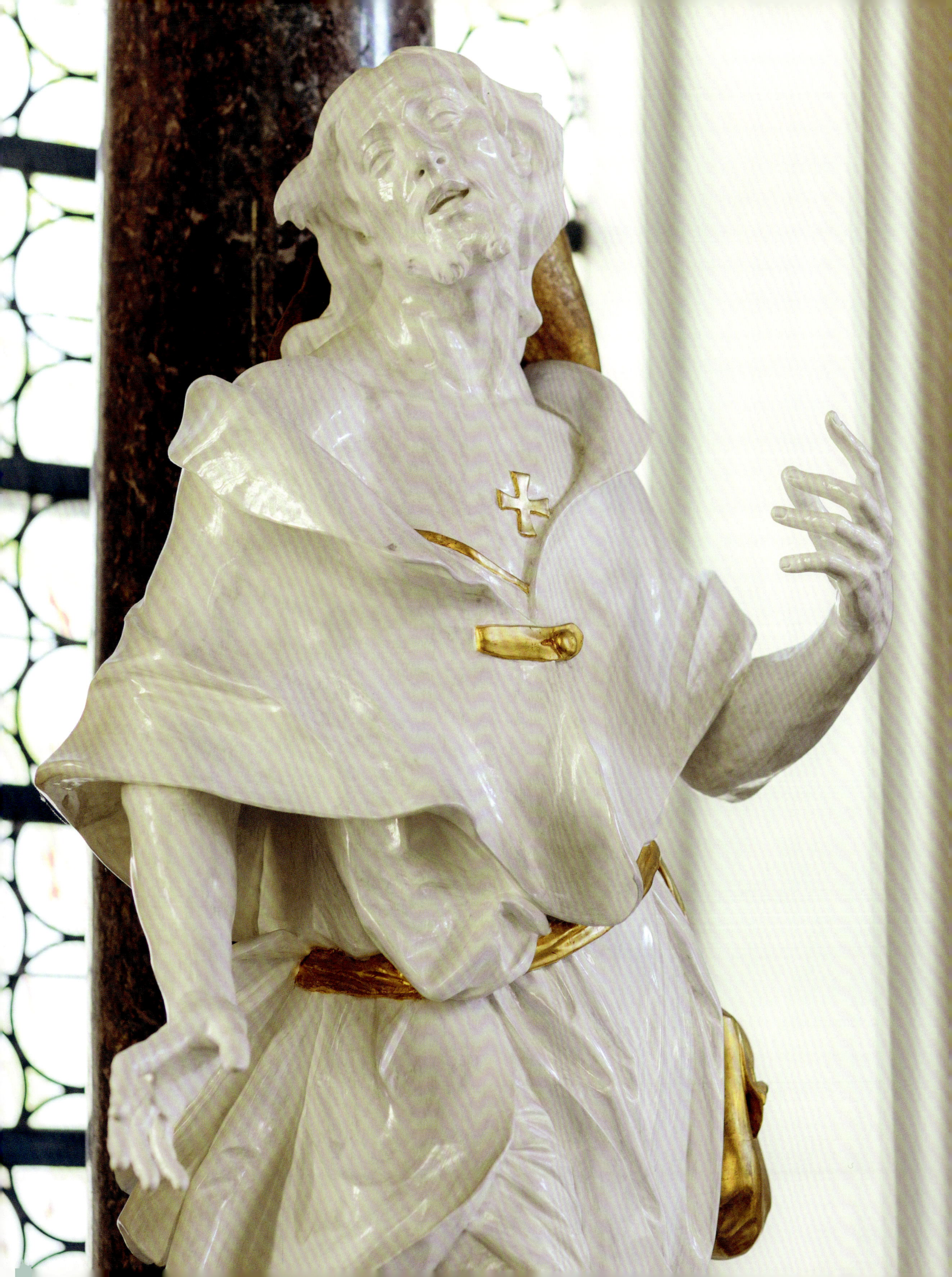

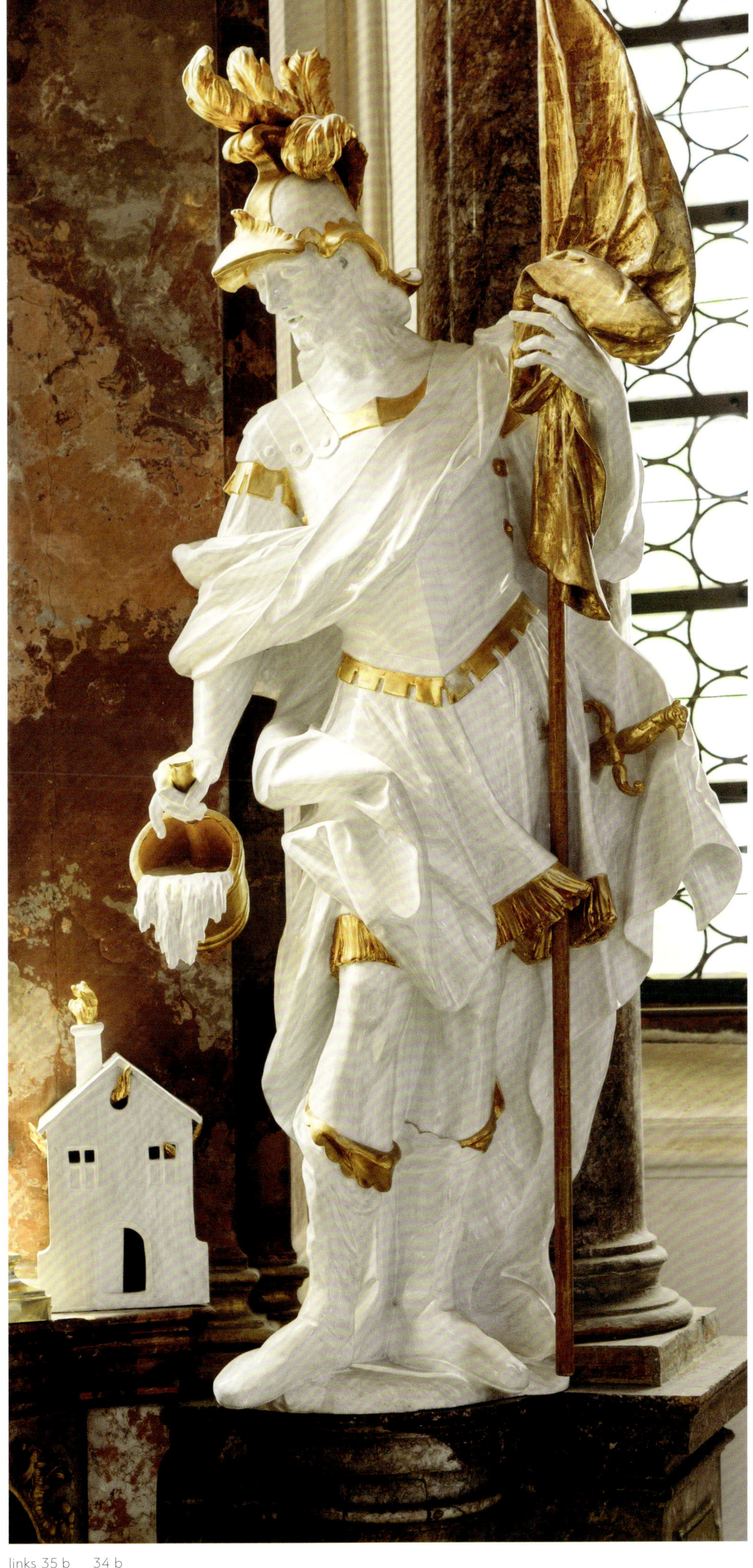

links 35 b 34 b

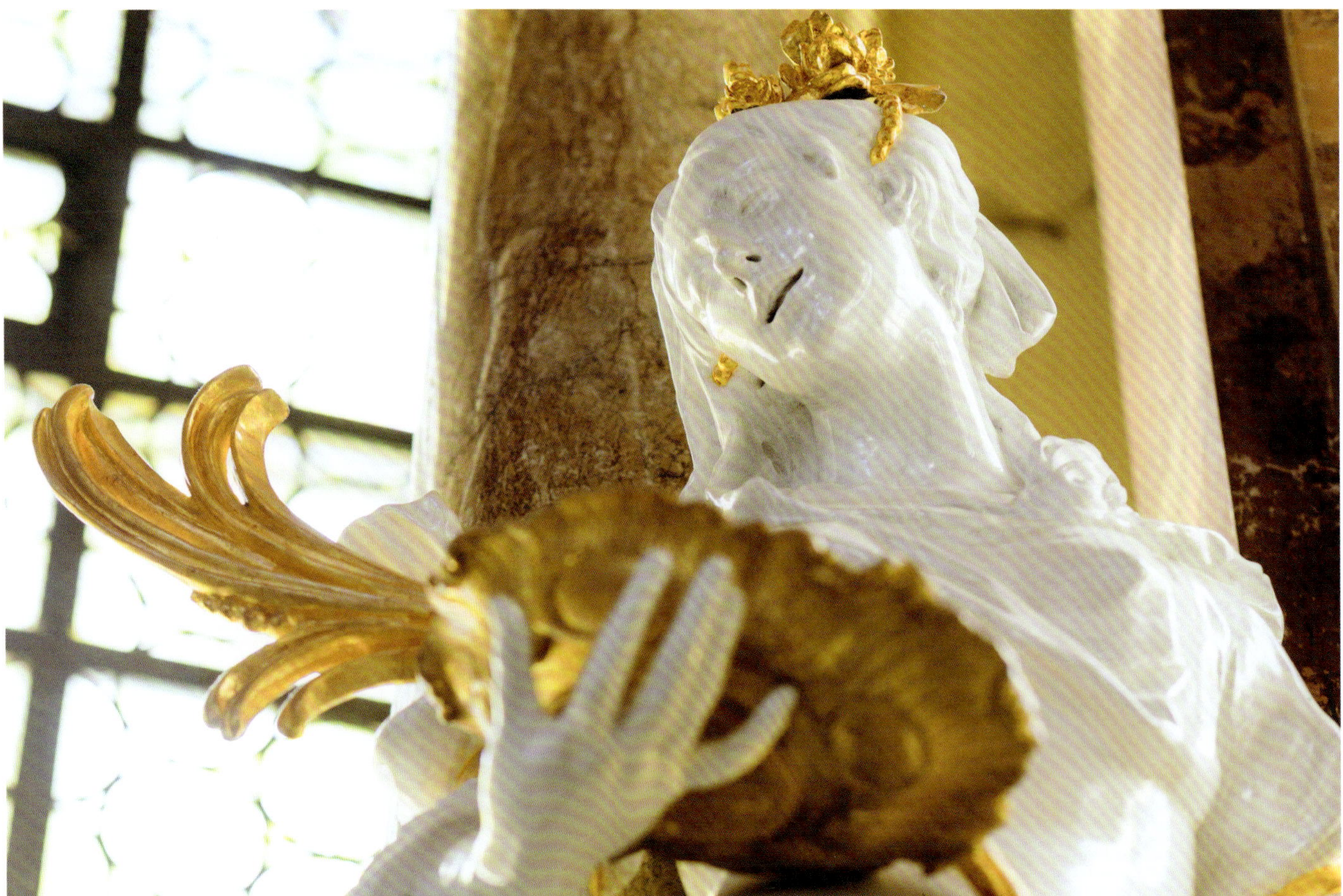

Weiß gefasst stehen die Figuren auf ihren Marmorpostamenten im Licht der stark durchfensterten Kapellen. Vergoldungen setzen einige Akzente an der antikischen Bekleidung; die Attribute sind fast vollständig vergoldet. *Sebastian*, als weitgehend nackter Jüngling dargestellt, hält mit seiner Rechten ein Bündel von Holzknüppeln, den Werkzeugen seines Martyriums. *Rochus* trägt ein Pilgergewand, der Pilgerhut hängt in seinem Rücken. Auf der Brust leuchtet golden das kreuzförmige Mal, das der Heilige der Legende nach von Geburt an trug. Das rechte Bein ist unbekleidet nach vorne gestellt, zeigt jedoch nicht die übliche Pestbeule. Der Hund, der dem selbst erkrankten Helfer der Pestkranken Brot bringt, ist durch seine Vergoldung als Attribut charakterisiert. *Agathe* – mit ihrer mädchenhaften Ausstrahlung eine der anmutigsten Frauenfiguren Straubs – weist auf goldenem Tablett die Brüste vor, die man ihr bei ihrem Martyrium abschnitt. Ihr Pendant *Florian* ist durch Rüstung, üppig fallenden Mantel und den Helm mit goldenem Federbusch als römischer Soldat gekennzeichnet. In der Linken hält er eine Fahne, mit der Rechten gießt er aus vergoldetem Schaff Wasser auf das kleine weiße Haus, das separat auf dem Altar steht und aus dessen Kamin und Fenstern goldene Flammen schlagen.

1879 wurden beim Einbau von neuromanischen Buntglasfenstern in die Rokoko-Kapellen Straubs Figuren von den Altären genommen. 1902 auf dem Kirchenspeicher »wiedergefunden«, erfuhren sie eine durchgreifende Restaurierung in der Mayer'schen Hofkunstanstalt in München, wobei die Erstfassung und eine klassizistische Überfassung von 1824/25 fast vollständig beseitigt und durch eine dicke, die Details von Straubs Schnitzkunst verdeckende Neufassung ersetzt wurden.[3] Neue Aufstellungsorte waren Konsolen an den Langhauspfeilern der Kirche. Im Zuge der Kirchenrenovierung zur 1200-Jahr-Feier Tegernsees 1946 kamen die Figuren, mit Lack erneut überfasst, im Jahr 1948 wieder in die Kapellen (aus denen die unpassenden Fenster entfernt worden waren), allerdings auf die jeweils falschen Altäre. Angesichts der künstlerischen Bedeutung der Skulpturen entschloss man sich bei der jüngsten Innenrenovierung der Kirche (1998–2004), die verschmutzte und stumpf gewordene Sichtfassung abzunehmen. Die dabei freigelegten Partien der Erstfassung (u. a. im Bereich der rechten Brustseite *Sebastians*) wurden – soweit nötig retuschiert – in eine Neufassung nach Befund integriert, sodass die Oberflächen mit dem an Marmor oder Porzellan erinnernden Glanz nun wieder denen der Entstehungszeit entsprechen. 2008 kehrten die Figuren nach rund 130 Jahren wieder an ihre ursprünglichen Standplätze auf den Altären der Rokoko-Kapellen zurück. RG

---

1 Vgl. Bayerisches Hauptstaatsarchiv, Landshuter Abgabe Rep. 46/II Nr. 727 (Abteirechnung 1743), Nr. 772 (Hausrechnungen 1748, 1749); Bayerisches Hauptstaatsarchiv, KL Fasz. 736 Nr. 51 sowie Bayerisches Hauptstaatsarchiv, KL Fasz. 875 Nr. 518.

2 Vgl. Archiv des Erzbistums München und Freising, KA 320 Nr. 1 (*Matricula anniversariorum, aliarumque obligationum monasterii Tegernseensis, renovata anno MDCCXXII*).

3 Vgl. Bayerisches Landesamt für Denkmalpflege, Dokumentationsarchiv, Tegernsee St. Quirinus, Untersuchungsbericht Straub-Skulpturen (Laura Resenberg/Susanne Graner/Ernst Striebel) 1998.

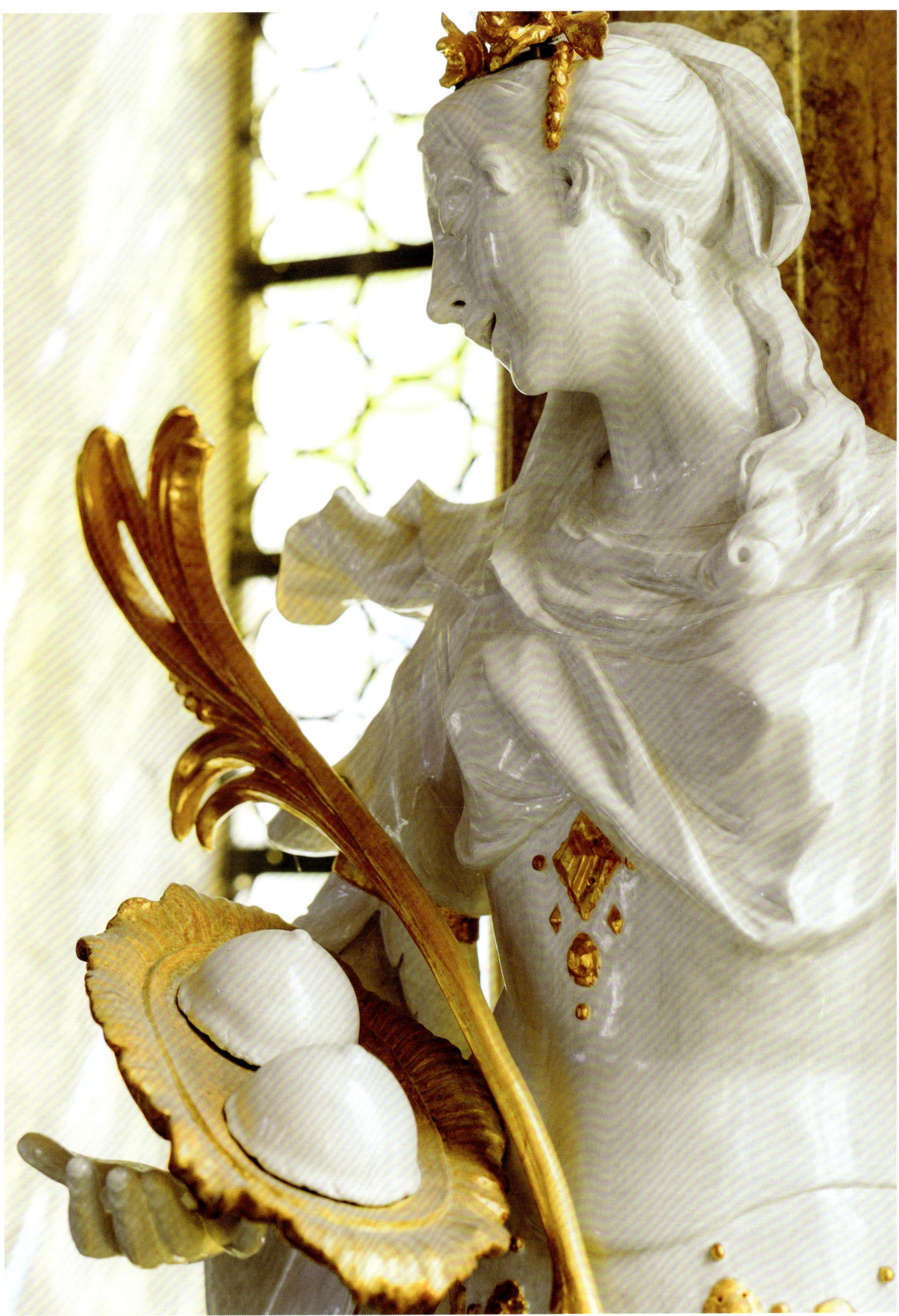

34 a

36 JOHANN BAPTIST STRAUB

HL. JOHANNES VON NEPOMUK

184

um 1751
Holz, farbig gefasst; 96,5 x 44 x 29,5 cm
Freising, Diözesanmuseum; Inv.-Nr. D 7361
Literatur: Lippert 1772, S. 58, Nr. 10 – Woeckel 1964, S. 13–16. – Steiner 1974, S. 107 f. – Diözesanmuseum Freising. Christliche Kunst aus Salzburg, Bayern und Tirol. 12. bis 18. Jahrhundert, München/Zürich 1984, S. 230. – Volk 1984, S. 40. – Woeckel 1984, S. 68 f.

Die Skulptur des hl. Johannes von Nepomuk, der von einer Personifikation der Moldau getragen wird, steht in engem Zusammenhang mit einer Münchner Brunnenfigur, zu der Johann Baptist Straub (1704–1784) 1751 beauftragt wurde. Wie in dem erhaltenen Entwurf (Kat.-Nr. 38) scheint der Fluss, der als bärtiger alter Mann charakterisiert ist, sich aufzurichten und auf seiner Schulter den kraftlosen Körper des Heiligen emporzuheben. Das Flussbett wird durch Steine und Korallenäste dargestellt, während sich kräftige Schilfblätter an der Gruppe emporschlängeln. Die Personifikation der Moldau ist als klassisch anmutender, männlicher Akt gebildet, im Gegensatz dazu ist der jugendliche Johannes von Nepomuk der Tradition gemäß in Soutane, Rochett und Beffchen als Priester gekleidet. Darüber hinaus trägt er einen üppigen, aus Hermelinpelz gearbeiteten Schulterumhang, die Almutia, die ihn als Domherren kennzeichnet. In ruhigen, langgezogenen Bahnen führen die Draperien über die Beine des Heiligen, nur sein Umhang ist etwas nach rechts umgeschlagen und bildet die kompositorische Gegenbewegung zur Pose des Flussgottes. Die verhaltenen Bewegungsmotive finden ihre Entsprechung in der Innerlichkeit des Märtyrers, der hier, im Gegensatz zu den Entwürfen Straubs, nicht als Toter mit gefesselten Händen gezeigt ist, sondern vielmehr als Geistlicher, der mit gesenktem Blick im Gebet versunken ist. Vielleicht befand sich ursprünglich in seinen Händen ein kleines Kruzifix. Die Geste des Emporhebens zeigt hier weniger den vergänglichen Moment des Bergens eines Leichnams, sondern verweist vielmehr auf den der Verklärung entgegenstrebenden Heiligen.

Aus welchem Kontext die Skulptur stammt und in welcher Funktion sie verwendet wurde, ist nicht eindeutig geklärt. Zum einen glaubt man in ihr die ehemalige Brunnenfigur Straubs erkannt zu haben – allerdings scheint die Figur als allansichtige Brunnenfigur für einen öffentlichen Platz zu klein zu sein, zudem ist ihre Vorderansicht deutlich betont, während die Rückseite, vor allem in den unteren Bereichen, nur summarisch und in kantigen, unentschiedenen Formen ausgearbeitet wurde. Daher sieht man zum anderen in dieser Figur eher eine Arbeit in der Nachfolge Straubs, die sich an dessen Münchner Brunnengruppe orientiert.

Die ursprüngliche Skulptur, die eine Darstellung Neptuns von Andreas Faistenberger (1646–1735) ersetzte, ist archivalisch belegt und auch in dem oben genannten Entwurf überliefert. Darüber hinaus schuf Straub im Vorfeld sicher mehrere variierende Bozzetti, von denen sich ebenfalls ein Exemplar erhalten hat (Kat.-Nr. 37). Ein weiterer plastischer Entwurf erscheint in einem Gemälde des Hofmalers Balthasar Augustin Albrecht (1687–1765), das den Bildhauer in seinem Atelier zeigt, umgeben von eigenen Arbeiten für den öffentlichen Raum (Kat.-Nr. 3). SM

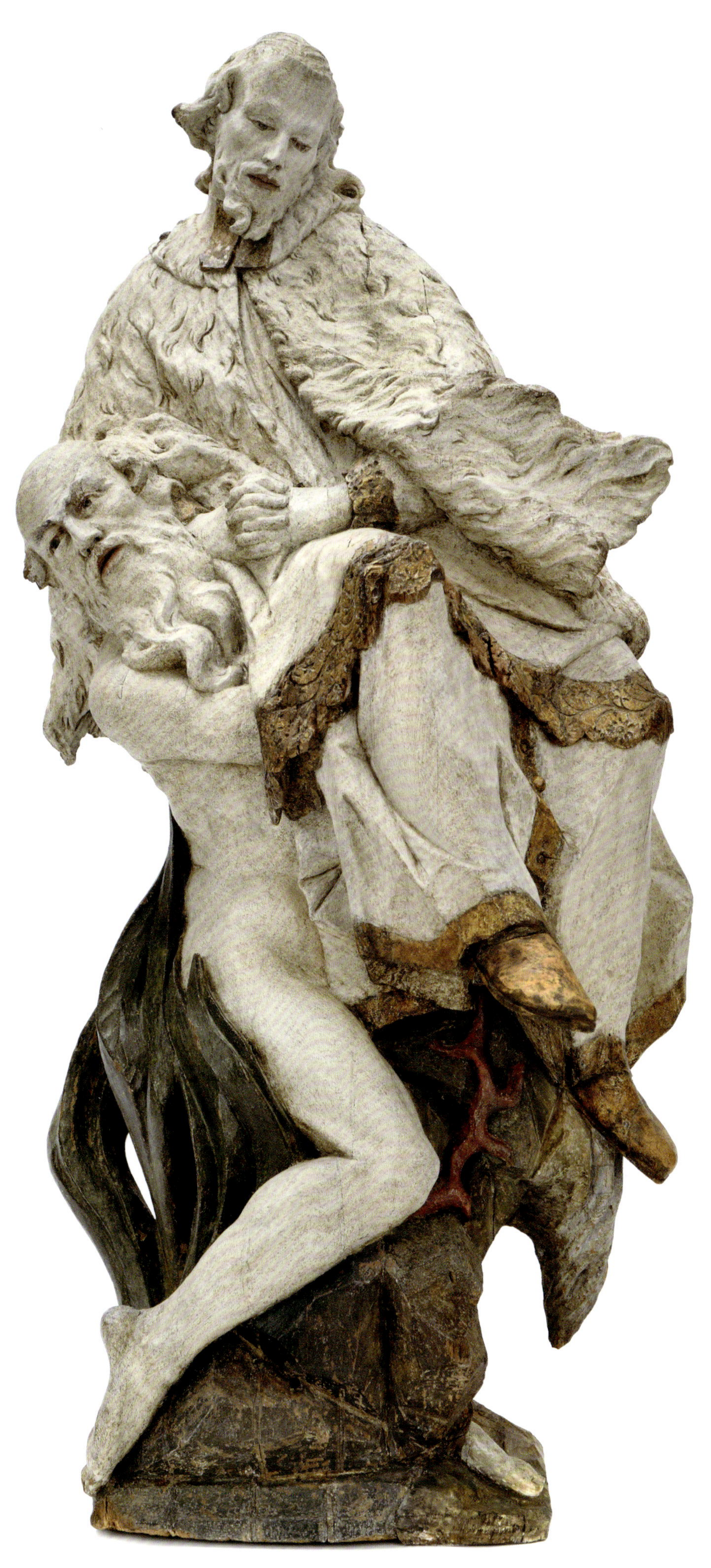

37 JOHANN BAPTIST STRAUB

ENTWURF FÜR DEN EHEMALIGEN NEPOMUKBRUNNEN VOR DEM MÜNCHNER JESUITENKOLLEG

um 1751
Feder in schwarz, grau laviert und aquarelliert; 42,4 x 28,9 cm
Bezeichnet: »I.ST.«
München, Staatliche Graphische Sammlung; Inv.-Nr. 32210 Z
Literatur: Woeckel 1964, S. 12–14. – Steiner 1974, S. 107 f. – Volk 1984, S. 193 f. – Woeckel 1984, S. 68 f. – Ausst.-Kat. München 1985, Nr. 171. – Ausst.-Kat. München/Prag 1993, S. 212 f.

38 JOHANN BAPTIST STRAUB

BOZZETTO FÜR EINE SKULPTUR DES HL. JOHANNES VON NEPOMUK

um 1751
Holz; 11,5 cm
Augsburg, Kunstsammlungen und Museen, Maximilianmuseum; Inv.-Nr. 6269
Literatur: Lippert 1772, Nr. 10. – Woeckel 1964, S. 9–17. – Steiner 1974, S. 107 f. – Volk 1984, S. 193. – Woeckel 1984, S. 68 f. – Ausst.-Kat. München 1985, Nr. 170. – Ausst.-Kat. München/Prag 1993, S. 210 f.

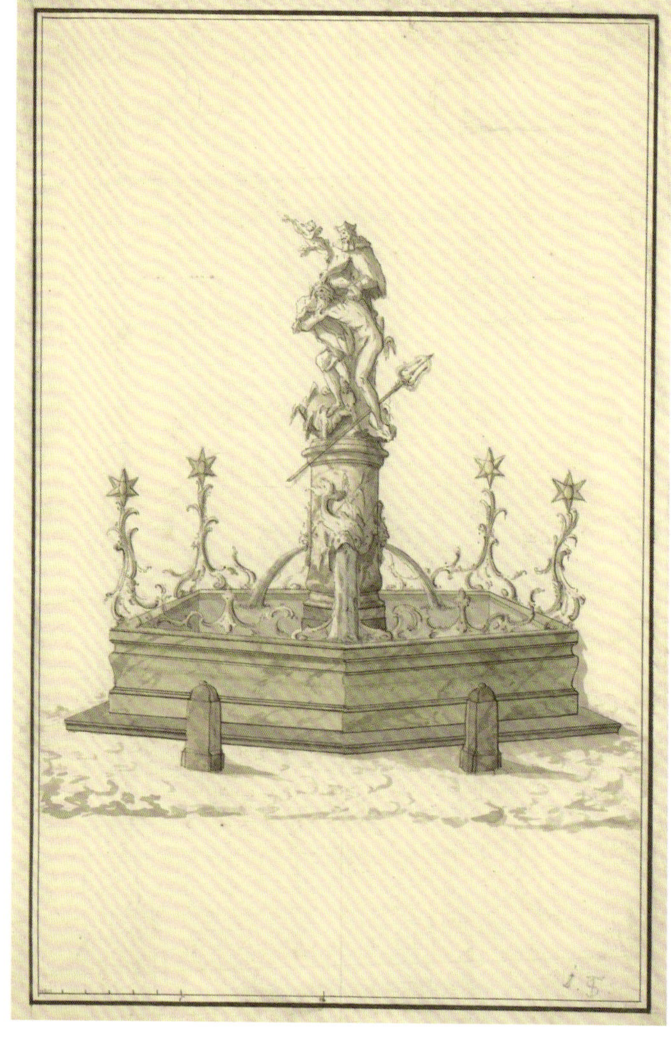

Johann Baptist Straub (1704–1784) schuf für die Stadt München vier überlebensgroße Brunnenfiguren. Neben drei Skulpturen antiker Götter fertigte er eine Figur des hl. Johannes von Nepomuk für den Brunnen vor dem Jesuitenkolleg. Johannes von Nepomuk, der als Generalvikar in einen Konflikt mit dem böhmischen König Wenzel IV. geriet, wurde im März 1393 verhört, gefoltert und schwer verletzt von der Prager Karlsbrücke in die Moldau geworfen, in der er schließlich ertrank. Seine von den Jesuiten besonders geförderte Verehrung seit Mitte des 17. Jahrhunderts mündete 1729 in die Heiligsprechung. Bereits knapp zwei Monate später wurde Johannes von Nepomuk von Kurfürst Karl Albrecht neben Maria und den hll. Benno und Joseph zum bayerischen Landespatron und gleichzeitig zum Stadtpatron Münchens ernannt. Die Jesuiten wählten ihn 1732 außerdem zum »Patronus minor principalis S. J.«.[1]

Der gezeichnete Entwurf zu dem ihm gewidmeten Brunnen zeigt das mittelalterliche sechseckige Wasserbecken mit einem aufgesetzten, aus Eisen geschmiedeten Gitter, das zu Rocaillen und Spangen gefügt ist und sternförmige Laternen trägt. Diese erinnern an die legendäre Auffindung des Leichnams, da Sterne über dem Wasser der Moldau geleuchtet haben sollen, nachdem Johannes von Nepomuk hineingestürzt worden war. An der mittig platzierten gedrungenen Säule dienen je zwei Maskarons und Delphine als Wasserspeier. Die bekrönende Figurengruppe zeigt eine Personifikation der Moldau, die den an den Handgelenken gefesselten Leichnam des hl. Johannes von Nepomuk auf den

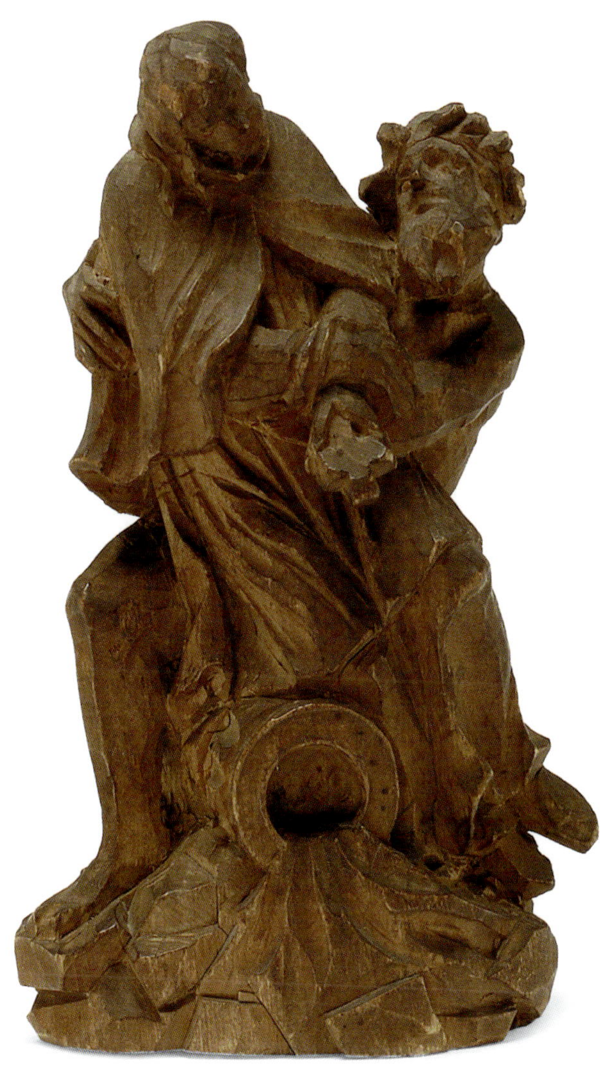

Schultern trägt. Ein Putto begleitet den als Domherr gekleideten Heiligen und präsentiert ihm ein Kreuz; als Kontrapunkt zu dieser Bewegung dient der Dreizack zu Füßen des Flussgottes.

Betrachtet man den dazugehörigen Holzbozzetto, werden im Vergleich zur Zeichnung einige Änderungen in der Komposition deutlich. Die Personifikation der Moldau, mit einem Knie auf die felsige Plinthe gestützt, scheint den Leichnam des Heiligen unter großen Anstrengungen emporzuheben. Dessen Körper ist vollkommen leblos, der Kopf ohne Birett auf die rechte Schulter gesunken. Das Antlitz der Moldau ist wiederum deutlich von Empathie und Trauer geprägt. Es ist erstaunlich, wie in dieser miniaturhaften bildhauerischen Skizze nicht nur die Komposition der Gruppe und die Ponderation der beiden Figuren geklärt, sondern auch Charakterisierung und Beseelung der Protagonisten sichtbar werden. Der im Vergleich zur Zeichnung stärkeren Betonung der Innerlichkeit und Ruhe entspricht die Bändigung des Wassers, das nicht ungezügelt sprudelt, sondern in einem Rückgriff auf ein antikes Motiv als Strom aus einem Gefäß gebändigt ist. Inhaltlich hat dies eine deutliche Akzentverschiebung zur Folge: Während der Bozzetto mit dem Motiv des Todes und des Bergens des Leichnams das Mitgefühl des Betrachters anzusprechen vermag, wird in dem gezeichneten Entwurf das triumphale Moment des Märtyrertodes und der Verklärung des Heiligen in den Vordergrund gestellt. SM

1 Vgl. dazu auch den Beitrag von Christoph Kürzeder, S. 211–219.

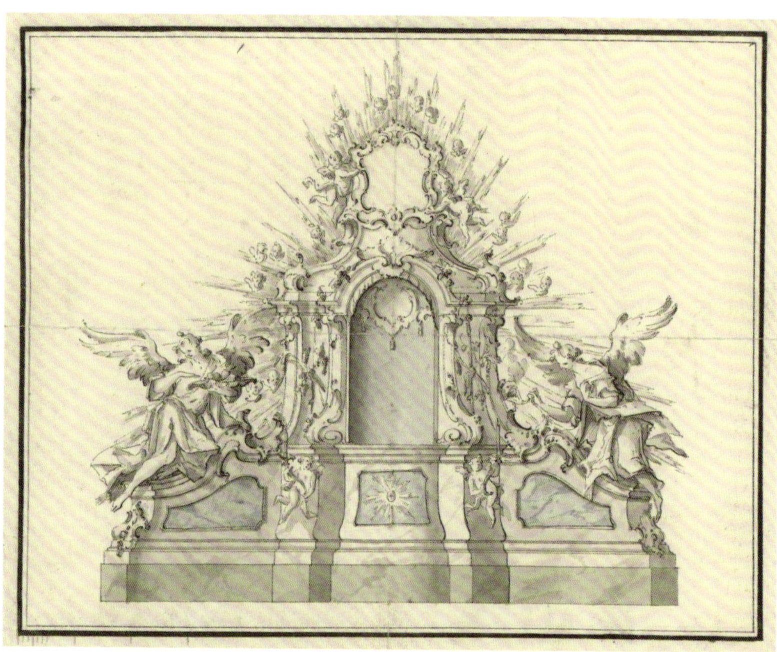

39

JOHANN BAPTIST STRAUB
ENTWURF FÜR EINEN TABERNAKEL

um 1740/45
Feder in Schwarz, grau laviert, stellenweise hellblau und hellgrün aquarelliert; 23,1 x 29,2 cm
München, Staatliche Graphische Sammlung; Inv.-Nr. 30496 Z
Literatur: Steiner 1974, S. 113, Abb. 117. – Woeckel 1975a, S. 208, Abb. 142. – Volk 1984, S. 194, 207, Abb. 42. – Ausst.-Kat. München 1985, Nr. 207.

Der Entwurf Johnn Baptist Straubs (1704–1784) für einen Tabernakel konnte bis heute nicht überzeugend einem konkreten Altar zugeordnet werden. Vermutungen, die Zeichnung könne im Zusammenhang mit dem Hochaltar von St. Anna im Lehel entstanden sein, lassen sich durch den heutigen Denkmälerbestand nicht bestätigen, da die Analogien zum dortigen Werk zu allgemein bzw. die Differenzen zu groß sind. Schließlich ist die Komposition mit den beiden auf Voluten knienden Anbetungsengeln rechts und links der Aussetzungsnische eine weit verbreitete künstlerische Lösung, die sich beispielsweise ganz ähnlich auch in Fürstenzell (1741–1745) oder in Grafrath (1759/60) findet.

Analogien im Duktus und in der Zeichentechnik zu Straubs Entwurf für die Chorschranke in Fürstenzell (um 1741; Kat.-Nr. 41) und zum Entwurf für den Kreuzaltar der Klosterkirche Zwiefalten (um 1745) führten zu einer Datierung des Blattes in die erste Hälfte der 1740er-Jahre.

Die mit beweglicher, aber sicherer Feder sorgsam und dicht ausgeführte Zeichnung wurde stellenweise mit einer zartfarbigen Lavierung versehen, die der Darstellung eine bildmäßige Erscheinung verleiht und dem Auftraggeber einen guten Eindruck vom projektierten Werk zu geben vermag.

Vor allem die dynamische Ausdruckskraft der Strahlengloriole und das üppig vertretene Ornament machen das Blatt zu einem eindrücklichen Zeugnis der Zeichenkunst des Bildhauers. Im Verschmelzen von Architektur, Ornament und Skulptur zu einer künstlerischen Einheit verdeutlicht es darüber hinaus ein ästhetisches Prinzip, das nicht nur für Straub, sondern für die ganze Epoche des Rokoko prägend ist. AM

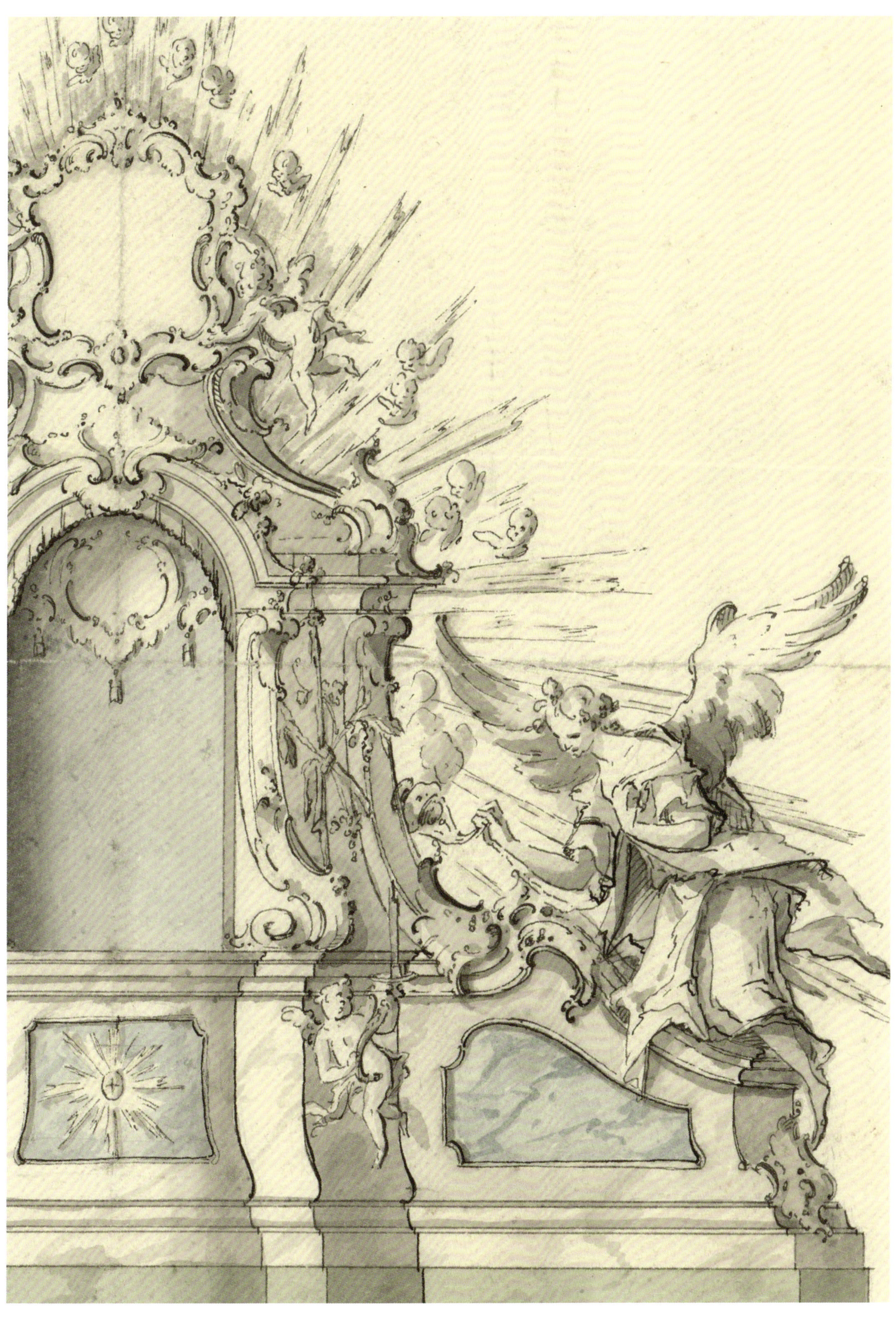

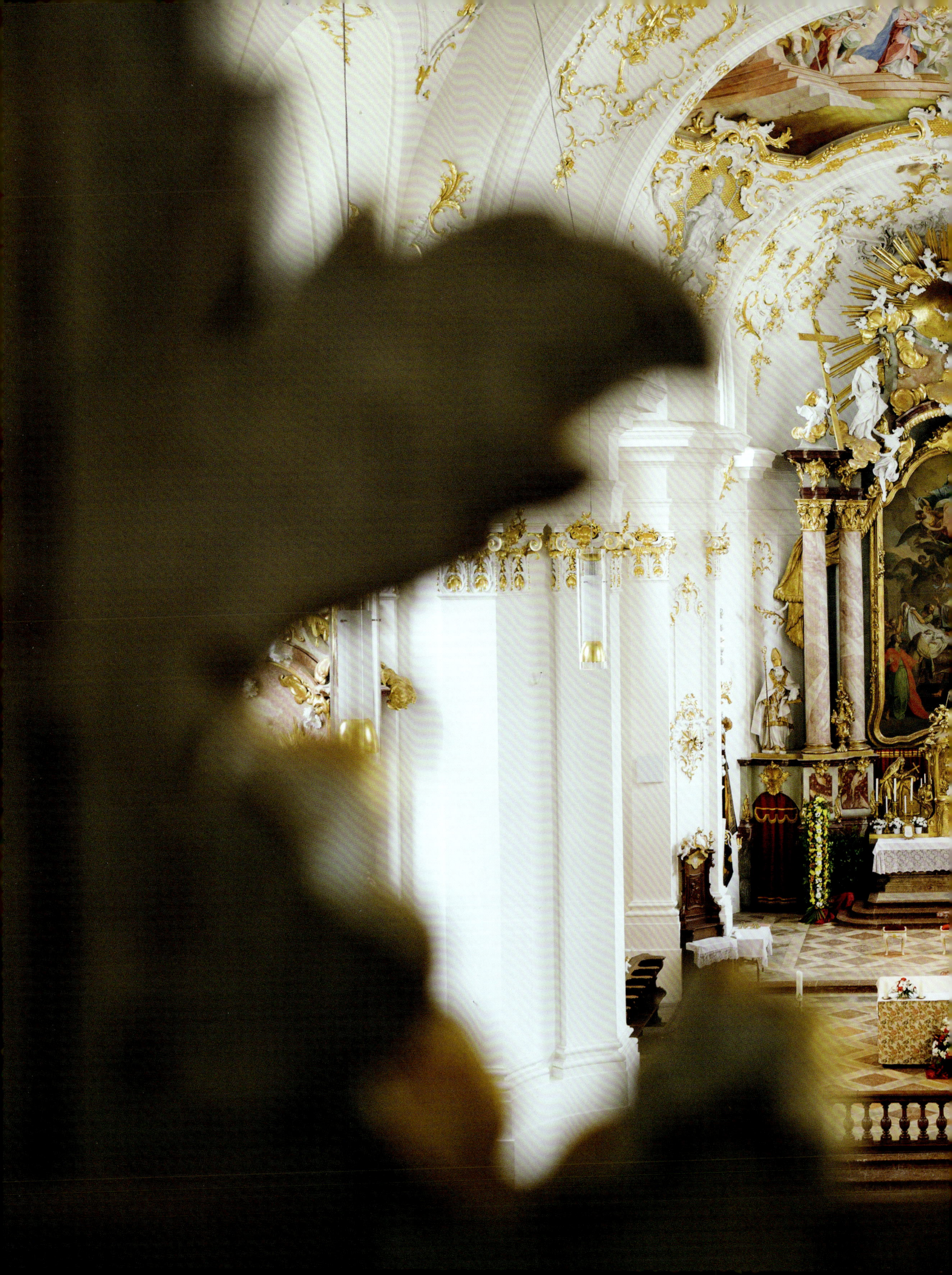

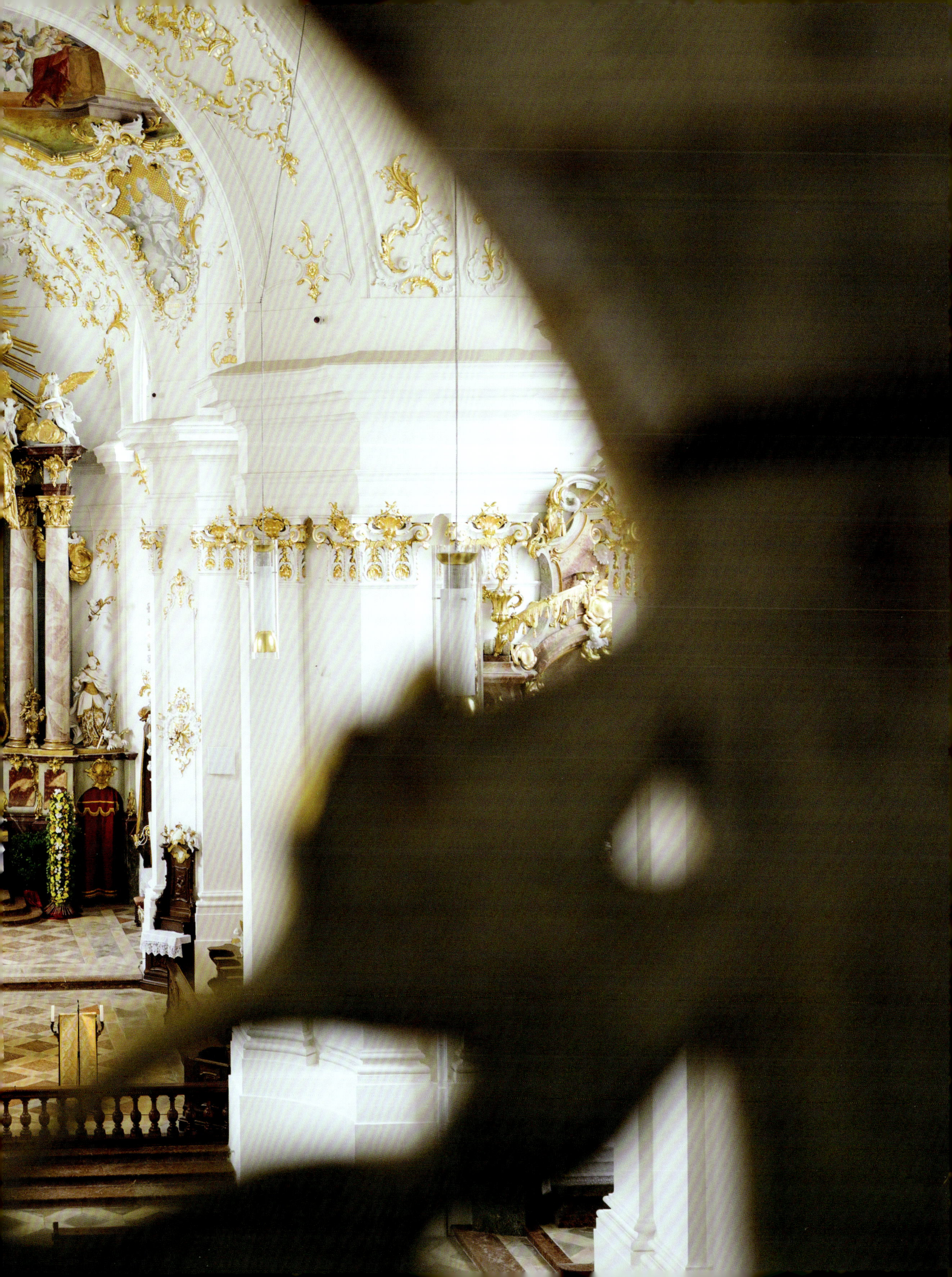

40 JOHANN BAPTIST STRAUB

ENTWURF FÜR DEN HOCHALTAR DER KLOSTERKIRCHE IN FÜRSTENZELL

linke Hälfte
1741/45
Feder in Schwarz über schwarzer Kreide; 74,7 x 24 cm
Bezeichnet links: »Wan disser altar gemacht wirdt so schnidt man in der mit von/ein ander undt schickht mir den halben Thail undt zwar disse Seiten«, Maßskala mit Beischrift: »Minchner Schu«; unten: »Fürsten Zell«
Frankfurt am Main, Städel Museum; Inv.-Nr. 15294
Literatur: Klessmann 1956, S. 83–86, Abb. 10. – Slg.-Kat. Frankfurt 1973, Nr. 2044, Taf. 192. – Steiner 1974, S. 113, Abb. 119. – Volk 1984, S. 32 f., 189, Abb. 35. – Ausst.-Kat. München 1985, Nr. 95. – Slg.-Kat. Frankfurt 2003, Nr. 8.

41 JOHANN BAPTIST STRAUB

ENTWURF EINER MENSA MIT TABERNAKEL UND SEITLICHEN DURCHGÄNGEN FÜR DIE KLOSTERKIRCHE IN FÜRSTENZELL

um 1741
Feder in Schwarz, grau laviert, stellenweise hellblau und hellgelb aquarelliert; 25,7 x 37,1 cm
Bezeichnet unten mit Maßskala
München, Staatliche Graphische Sammlung; Inv.-Nr. 30495 Z
Literatur: Klessmann 1956, S. 85. – Steiner 1974, S. 113, Abb. 116. – Volk 1984, S. 189, Abb. 36. – Ausst.-Kat. München 1985, Nr. 206.

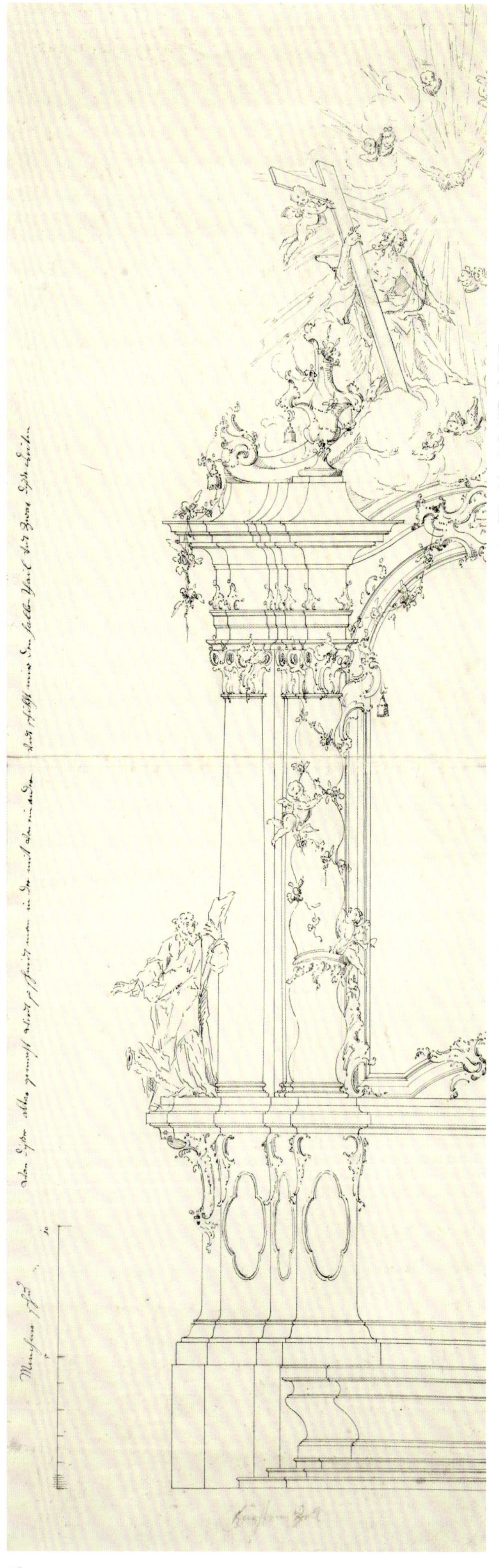

40

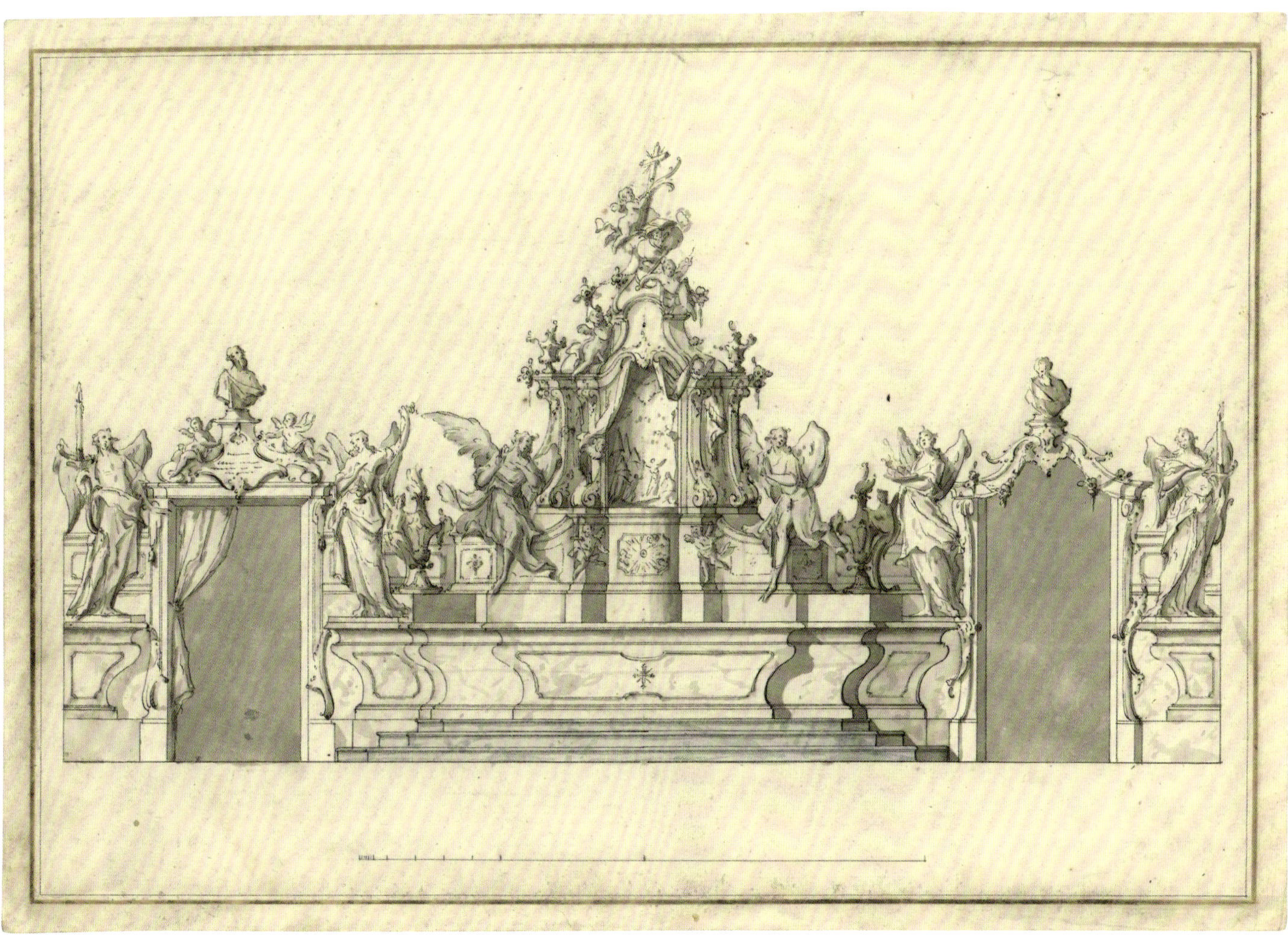

41

Der nur als linke Hälfte erhaltene Entwurf für den Hochaltar der Klosterkirche in Fürstenzell ist ein interessanter Beleg für die Arbeitspraxis in den Werkstätten der Bildhauer (Kat.-Nr. 40). Denn hier war kein Vandalismus oder säumiger Sammler am Werk: Wie am linken Rand vermerkt, sollte bei gewünschter Realisierung des Projekts das Blatt in der Mitte geteilt und die linke Hälfte dem Entwerfer wieder zurückgeschickt werden. Auf diese Weise erhielten sowohl der Auftraggeber als auch der ausführende Künstler einen Beleg über die auszuführenden Arbeiten. Die Zeichnung diente damit nicht nur als Arbeitsvorlage, sondern gleichzeitig als eine Art Vertrag.

Johann Baptist Straubs (1704–1784) Entwurf ist ganz auf diese Funktion ausgerichtet: Ohne Lavierungen und strikt auf das Liniengerüst beschränkt, gibt er eine nüchterne Bestandsaufnahme des zu realisierenden Projekts. Wichtiger als effektvolle räumliche Modellierungen war dabei die präzise Wiedergabe der einzelnen Bauteile mit den genauen Proportionen und Maßen.

Der Hochaltar in Fürstenzell ist der früheste bekannte Altar Straubs. Der Bildhauer schuf ihn im Auftrag Johann Michael Fischers (1692–1766), der seit 1740 mit dem Bau der Klosterkirche betraut war. 1745 müssen die Arbeiten beendet gewesen sein, da in diesem Jahr für die Fassung ein Betrag von 813 Gulden plus 314 Gulden für die Vergoldung ausgezahlt wurde. Straub erhielt lediglich 755 Gulden – ein bemerkenswertes Zeugnis über die unterschiedliche Vergütung der verschiedenen, am Altarbau beteiligten Gewerke.

Neben dem Hochaltar entwarf Straub auch den prächtigen, von zwei Engeln flankierten Tabernakel (Kat.-Nr. 41). Dieser soll bereits 1741 fertiggestellt, jedoch erst 1743 nach Fürstenzell geliefert worden sein. Straub wurde dafür mit 400 Gulden entlohnt. Der Entwurf sieht für den Tabernakel einen pyramidenförmigen Aufbau vor, der von einer Engelsgruppe mit den Attributen von Glaube (Kreuz), Hoffnung (Anker) und Liebe (Herz) bekrönt wird. Die Aussetzungsnische ziert ein Relief mit der Mannalese. Die seitlichen Durchgänge einer Chorschranke werden jeweils von Engeln flankiert, über den Türen sind Heiligenbüsten postiert, wobei links und rechts alternative Gestaltungsweisen vorgeschlagen werden. Am Ende wurde die Anlage jedoch nicht vollständig realisiert: Vermutlich verzichtete man aus Platzgründen auf die Chorschranke und setzte Mensa und Tabernakel direkt vor den Altar.

Die lavierte und aquarellierte Zeichnung unterscheidet sich in ihrem Charakter deutlich vom Entwurf für das Hochaltarretabel. Mit der detaillierten, fast bildmäßigen Durcharbeitung steht in diesem Fall die plastische Wirkung der Bauteile und Figuren im Vordergrund. Es handelt sich wohl um eine »Bestellzeichnung«, die dem Auftraggeber einen realistischen Eindruck des geplanten Werks vermitteln sollte. AM

42 JOHANN BAPTIST STRAUB
ENTWURF FÜR EINEN HOCHALTAR (ZWIEFALTEN?)

1745/50
Feder in Braun über schwarzem Stift; 74,4 × 44,7 cm
Bezeichnet verso: »Hochaltar Zwifalten«
Frankfurt am Main, Städel Museum; Inv.-Nr. 15297

43 JOHANN BAPTIST STRAUB
ENTWURF FÜR EINEN HOCHALTAR (ZWIEFALTEN?)

1745/50
Feder in Grau, grau laviert, hellgrün, mattrot und gelb aquarelliert; 73 × 46 cm
Frankfurt am Main, Städel Museum; Inv.-Nr. 15299

Literatur: Klessmann 1956, S. 87–89, Abb. 12, 14. – Slg.-Kat. Frankfurt 1973, Nr. 2046, 2048. – Steiner 1974, S. 114 f. – Volk 1984, S. 35 f., 206, Abb. 3. – Ausst.-Kat. München 1985, Nr. 162, 164. – Slg.-Kat. Frankfurt 2003, Nr. 9a, 9b. – Maier 2012, S. 127–129, Abb. 109, 111.

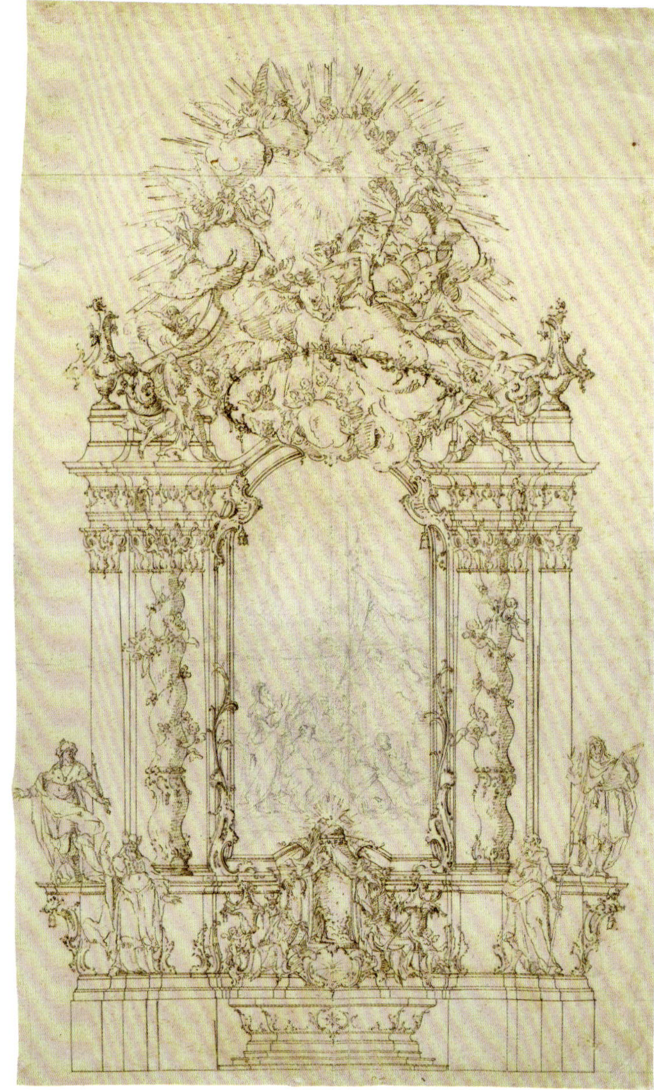
42

Die beiden Zeichnungen repräsentieren zwei verschiedene Stadien im Entwurfsprozess eines monumentalen Hochaltars. Der mit Feder in Braun ausgeführte Riss (Kat.-Nr. 42) ist mit raschen Strichen zu Papier gebracht, die teilweise nur skizzenhaft angedeutet sind oder von der vorbereitenden Stiftzeichnung abweichen. Der Entwurf scheint eine relativ frühe Planungsphase festzuhalten. Eindeutig später ist der lavierte Riss desselben Altars entstanden (Kat.-Nr. 43). Jetzt sind alle Linien präzise gesetzt, die Details sauber ausgeführt und durch die Lavierung plastisch hervorgehoben, wobei die stellenweise bunt aquarellierte Marmorierung sogar die Materialität der in Stuckmarmor auszuführenden architektonischen Teile evoziert.

Auch in der Komposition lassen sich Unterschiede zwischen den beiden Zeichnungen festmachen. Während am Grundaufbau festgehalten wurde, ändert sich das Figurenpersonal und ihre Positionierung. So erscheint in der späteren Fassung rechts anstelle eines nicht näher bestimmten Propheten Jakob im Kampf mit dem Engel. Und im Auszug verzichtete Johann Baptist Straub (1704–1784) auf den monumentalen Rosenkranz und fügte links im Gebälk einen Engel sowie rechts den Erzengel Michael im Kampf gegen Satan hinzu.

Es ist nicht bekannt, für welche Kirche Straub diesen Hochaltar konzipiert hat. Eine Aufschrift auf der Rückseite von Kat.-Nr. 42 nennt »Zwifalten«, wo der Bildhauer jedoch niemals tätig war. Dennoch sprechen einige Hinweise für eine solche Lokalisierung. So war seit 1741 der Architekt Johann Michael Fischer (1692–1766), mit dem Straub bereits in Fürstenzell gearbeitet hat (vgl. Kat.-Nr. 40, 41), für den Neubau der dortigen Klosterkirche verpflichtet. Womöglich hat sich Straub auf Veranlassung Fischers um die Ausführung dieses attraktiven Auftrags in Zwiefalten beworben. Offenbar war ihm dabei aber kein Erfolg beschieden: Der schließlich durch Johann Joseph Christian (1706–1777) und Johann Michael Feichtmayr (1709–1772) 1754 ausgeführte Hochaltar hat nichts mit Straubs Entwürfen gemein. AM

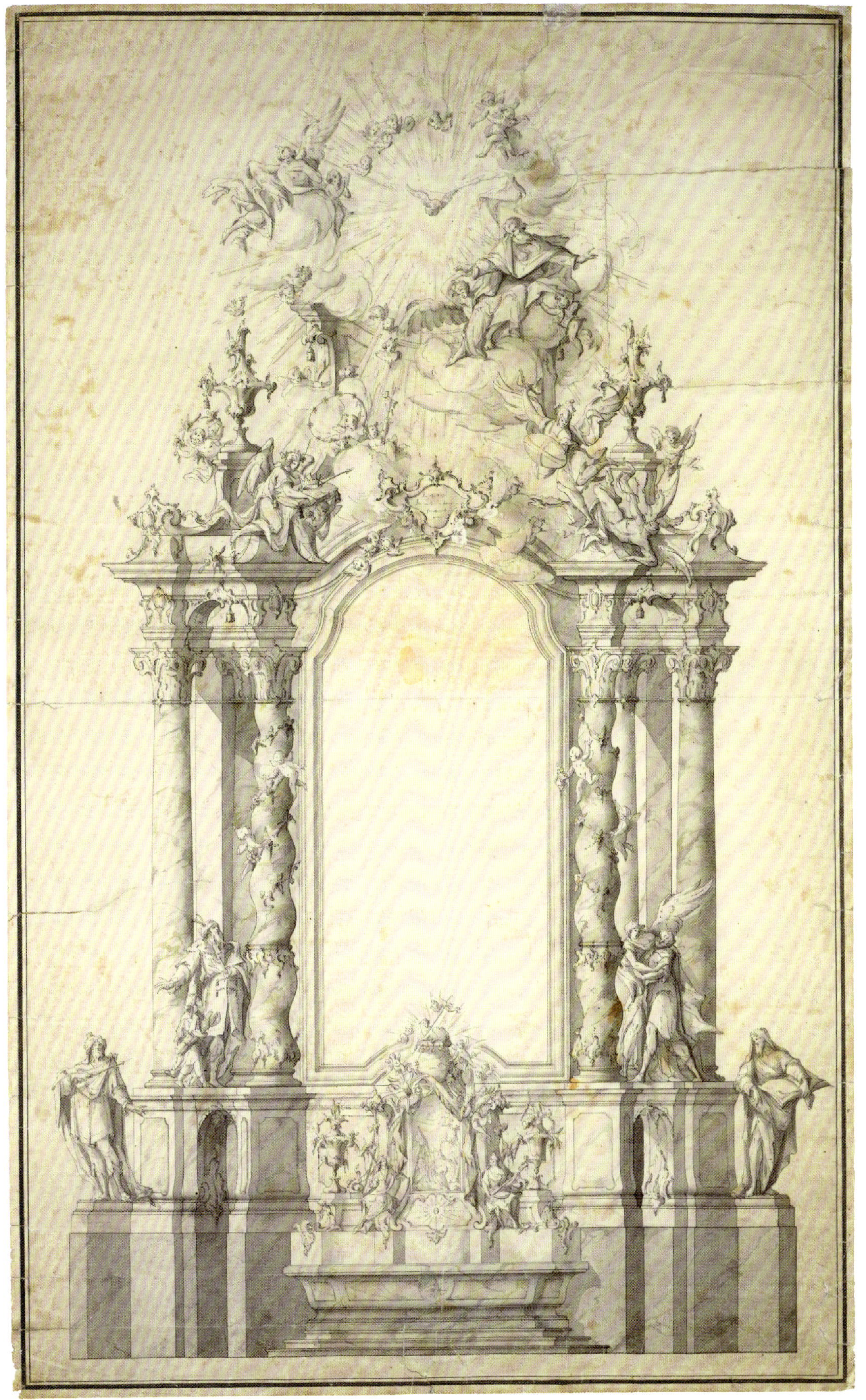

43

44 JOHANN BAPTIST STRAUB

ENTWURF FÜR DEN HOCHALTAR VON ST. RASSO IN GRAFRATH

um 1759
Feder in Schwarz, grau laviert, stellenweise blau, rosa und gelb aquarelliert; 51,2 x 35,2 cm
Bezeichnet auf der Stele: »S./GRAF/RATH«
München, Staatliche Graphische Sammlung; Inv.-Nr. 30493 Z
Literatur: Steiner 1974, S. 116. – Woeckel 1975a, S. 286 f., Abb. 224. – Volk 1984, S. 190, Abb. 40. – Ausst.-Kat. München 1985, Nr. 167.

Am 1. August 1759 erhielt Johann Baptist Straub (1704–1784) den Auftrag, innerhalb eines Jahres für die Wallfahrtskirche St. Rasso in Grafrath, die damals zum Kloster Dießen gehörte, einen neuen Hochaltar zu bauen. Den Vertrag unterzeichneten außer dem Bildhauer auch der Dießener Propst Bertholdus und Joseph Anton Edler von Schönberg, Oberlandesbürgermeister der Stadt München, die den Altar stiftete. Straub sollte für alle anfallenden Arbeiten mit 950 Gulden entlohnt werden.

Tatsächlich hat sich von Straub auch eine Entwurfszeichnung erhalten, die eindeutig diesem Projekt zuzuordnen ist. Sie zeigt den Altar mit je zwei monumentalen, auf hohen Postamenten stehenden Säulen, die von den hll. Philippus und Jakobus, den ehemaligen Nebenpatronen der Kirche, flankiert werden. Im Zentrum befindet sich anstelle eines Altarblatts ein Sarkophag mit gläserner Front, in dem die Gebeine des hl. Rasso präsentiert werden. Darüber erhebt sich eine Stele mit dem Namen des Heiligen, in der seitlich Standarten, Fahnen und Trompeten, die Attribute des Ritterheiligen, stecken. Die Zeichnung ist in zarten Tönen farbig aquarelliert, was ihr einen bildmäßigen Charakter verleiht.

Ein Blick auf den 1759/60 realisierten Altar (S. 154, Abb. 1) zeigt jedoch, dass dieser nicht den Vorgaben in Straubs Zeichnung folgt, sondern eindeutig auf einen Entwurf Ignaz Günthers zurückgeht (Kat.-Nr. 93). Beide Risse stimmen zwar in den wesentlichen Elementen überein, in Details wie der Platzierung der beiden Heiligenfiguren und der Gestaltung der Sockelzone weichen sie jedoch auch deutlich voneinander ab. Grundsätzlich lässt sich festhalten, dass Günthers Zeichnung den Altar mit seinen plastischen Qualitäten eher als eigenständiges architektonisches Element auffasst, während Straubs Komposition weniger raumgreifend konzipiert ist. Weshalb Straub, den man ja offensichtlich als ausführenden Meister bevorzugte, dann aber nach dem Entwurf seines ehemaligen Schülers und jüngeren Konkurrenten arbeitete, ist nicht bekannt. Vermutlich sprach die langjährige Erfahrung des 55-Jährigen mit solch umfangreichen Projekten für seine Beauftragung.[1] AM

1 Vgl. auch den Beitrag von Alexander Heisig, S. 151–158, zur Konkurrenz zwischen den Bildhauern.

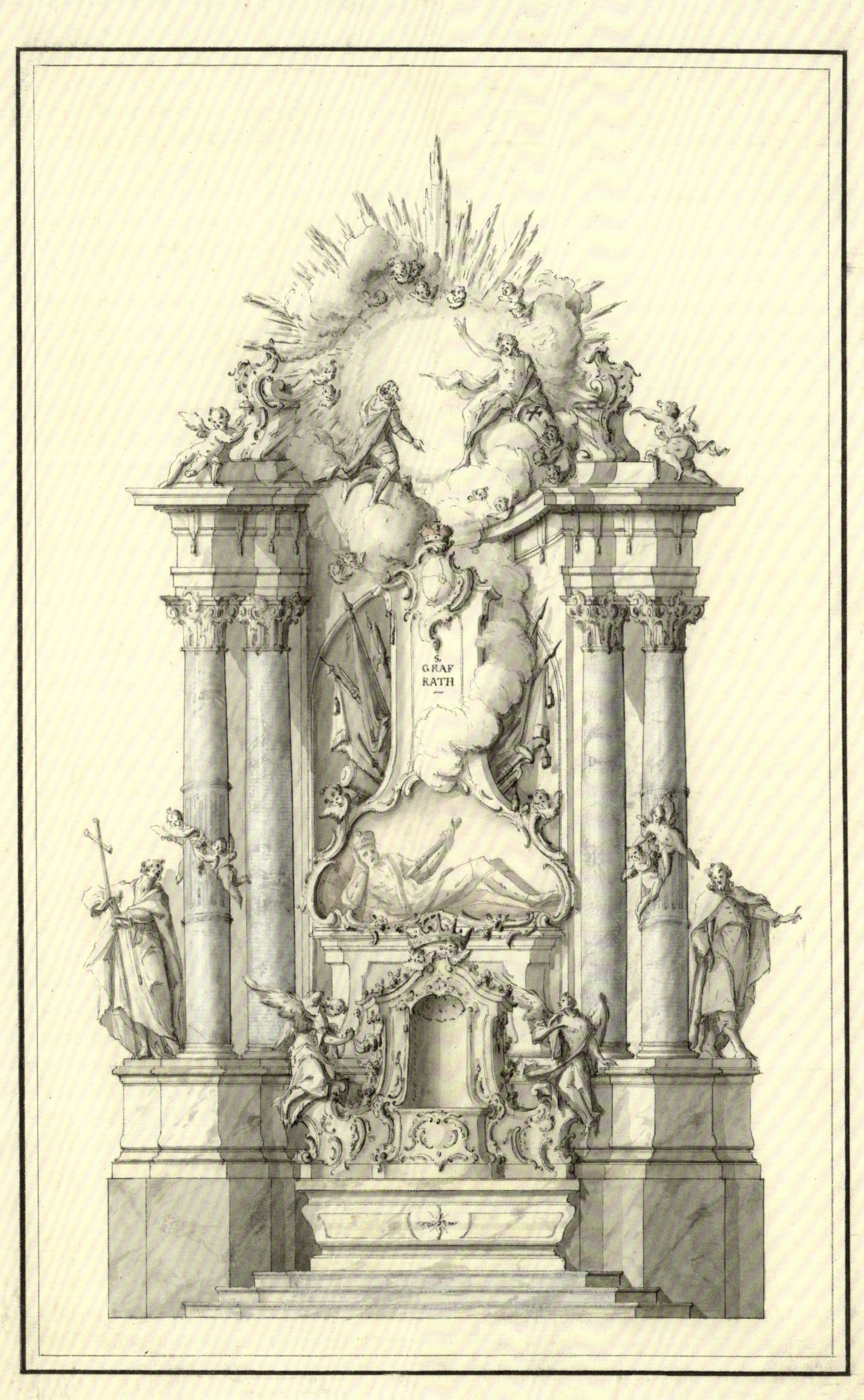
S.
GRAF
RATH

45 JOHANN BAPTIST STRAUB

ENTWURF FÜR DEN HOCHALTAR VON ST. MICHAEL IN BERG AM LAIM

nach 1760
Feder in Grau, grau laviert; 60,5 x 35,1 cm
Bezeichnet unten rechts: »J: Babist Straub/Churfrtl. Hofbildhauer in/Cöllen u. Minchen«
München, Staatliche Graphische Sammlung; Inv.-Nr. 30492 Z
Literatur: Klessmann 1956, S. 73–80, Abb. 2. – Steiner 1974, S. 114, Abb. 120. – Woeckel 1975a, S. 313 f., Abb. 244. – Volk 1984, S. 200, Abb. 167. – Ausst.-Kat. München 1985, Nr. 173. – Stalla 1989, S. 153–156, Abb. 66.

46 JOHANN BAPTIST STRAUB

ENTWURF FÜR DEN HOCHALTAR VON ST. MICHAEL IN BERG AM LAIM

1766/67
Feder in Grau über schwarzem Stift, quadriert; 57,1 x 34,6 cm
Bezeichnet auf rotem Siegel unten links: »IOSEPHSBVRG. ARCHI-. CONFRAT. S.MICHAEL«
Frankfurt am Main, Städel Museum; Inv.-Nr. 15295
Literatur: Klessmann 1956, S. 73–80, Abb. 3. – Slg.-Kat. Frankfurt 1973, Nr. 2045. – Steiner 1974, S. 114. – Woeckel 1975a, S. 314 f., Abb. 243. – Volk 1984, S. 200, Abb. 44 (Detail). – Ausst.-Kat. München 1985, Nr. 174. – Stalla 1989, S. 153–156, Abb. 67.

Die Planungen für den Hochaltar von St. Michael in Berg am Laim zogen sich über 20 Jahre hin: Bereits 1751 reichten sowohl Johann Baptist Straub (1704–1784) als auch Johann Michael Feichtmayr (1709–1772) Entwürfe ein, die jedoch nur aus den Quellen bekannt sind. Um 1760 entstanden zwei weitere Entwurfszeichnungen, dieses Mal von Ignaz Günther (Kat.-Nr. 94) und Straub (Kat.-Nr. 45), der auf Grundlage eines weiteren Risses (Kat.-Nr. 46) 1767 den Altar schließlich ausführte (Abb. S. 109). Es kam offenbar häufiger vor, dass für einen Auftrag Vorschläge von zwei Künstlern eingeholt wurden, wie auch die Risse Straubs und Günthers von 1759 für St. Rasso in Grafrath belegen (Kat.-Nr. 44 und 93). Für seine Arbeit am Hochaltar in St. Michael wurde Straub mit 1700 Gulden entlohnt – mehr als sein Konkurrent Günther jemals für vergleichbare Aufträge erhalten sollte.[1]

Die um 1760 datierte Zeichnung aus der Staatlichen Graphischen Sammlung in München (Kat.-Nr. 45) signierte Straub stolz als »kurfürstlicher Hofbildhauer in Köln und München«. Er erhielt diesen Titel wegen seiner Entwürfe für drei Prunköfen, die er um 1741 für Schloss Augustusburg im rheinischen Brühl geschaffen hatte. Die lavierte Zeichnung zeigt den Altar mit je einer gedrehten und einer geraden Säule auf jeder Seite, davor die monumentalen Statuen der Erzengel Gabriel links und Raphael rechts. Im Auszug thront Gottvater auf der Weltkugel, hinterfangen von einer Strahlengloriole, der Tabernakel ist mit einer eigenen Skulpturengruppe mit Christus in Emmaus ausgestattet.

Der zweite, wohl 1766 entstandene Entwurf aus dem Germanischen Nationalmuseum in Nürnberg (Kat.-Nr. 46) sieht für den Altar zwei gerade Säulen vor, die im unteren Drittel kannelliert

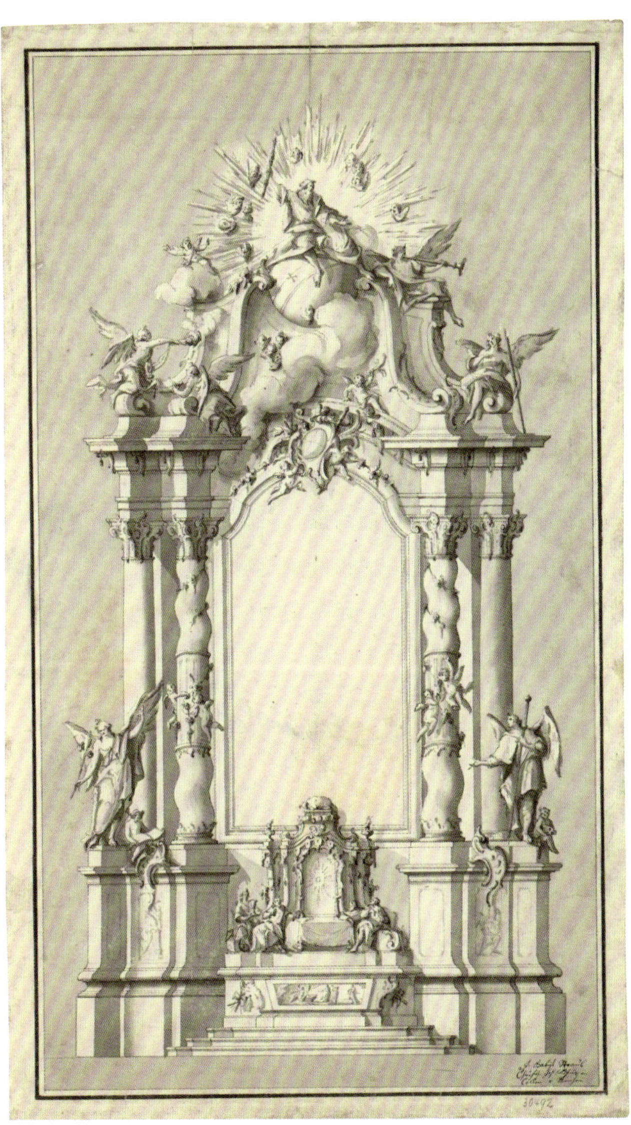

45

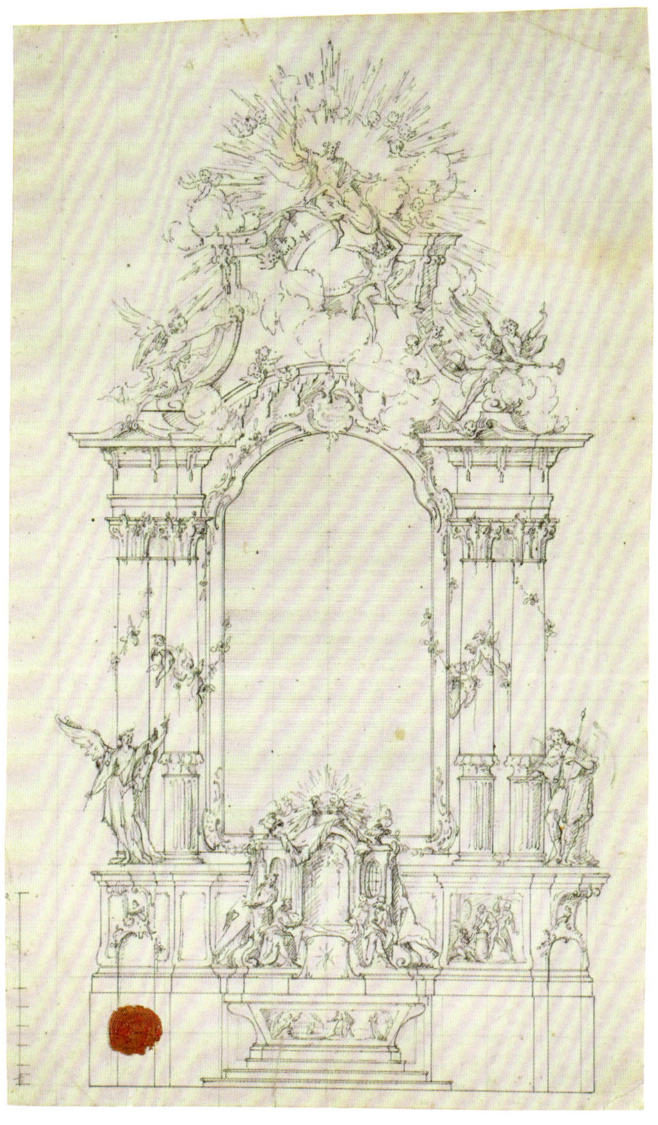

46

sind. Auch finden sich nun in der hohen Sockelzone rechts und links zwei rundbogige Durchgänge, die vermutlich durch Günthers Konkurrenzentwurf (Kat.-Nr. 94) angeregt wurden. Für die Säulenstellung bietet Straubs Zeichnung zwei verschiedene Lösungen an: In der linken Hälfte ist die innere Säule etwas nach vorne gesetzt, in der rechten stehen beide Stützen in einer Raumebene, wie es schließlich auch im fertigen Altar realisiert wurde. Unterschiede zum früheren Riss bestehen auch in dem skizzenhaften lockeren Duktus und dem Verzicht auf eine Lavierung. Die über das gesamte Blatt gelegte Quadrierung deutet bereits auf die praktische Umsetzung hin. Das rote Siegel der Michaelsbruderschaft macht aus dem Entwurf eine Art Vertrag, mit dem die verabschiedete Version bestätigt wird.

Vermutlich schuf Straub auch ein plastisches Modell des projektierten Altars – zumindest haben sich verschiedene Bozzetti des Figurenschmucks erhalten. Darunter auch zwei kleine Terrakottaplastiken der beiden Putti, die im fertigen Werk die Attribute der Erzengel auf spielerische Art präsentieren (Kat.-Nr. 49). Interessanterweise tauchen diese heute so populären Elemente in keinem der erhaltenen Entwürfe auf. Ob sie einer späteren Planungsphase entstammen oder als Detail schon immer feststanden, muss offenbleiben. AM

1 Zur Konkurrenz zwischen den Bildhauern vgl. auch den Beitrag von Alexander Heisig, S. 151–158.

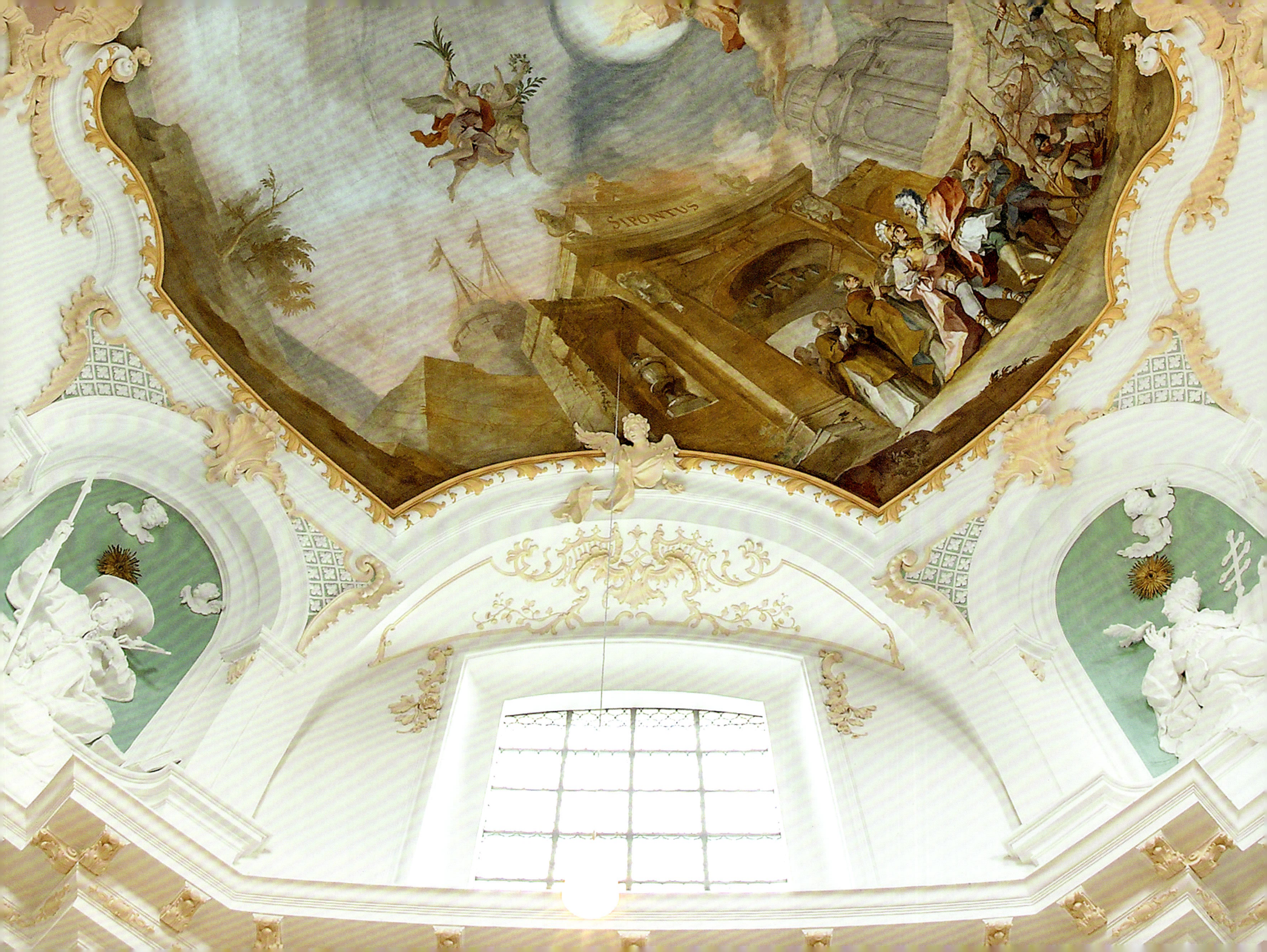
SIPONTUS

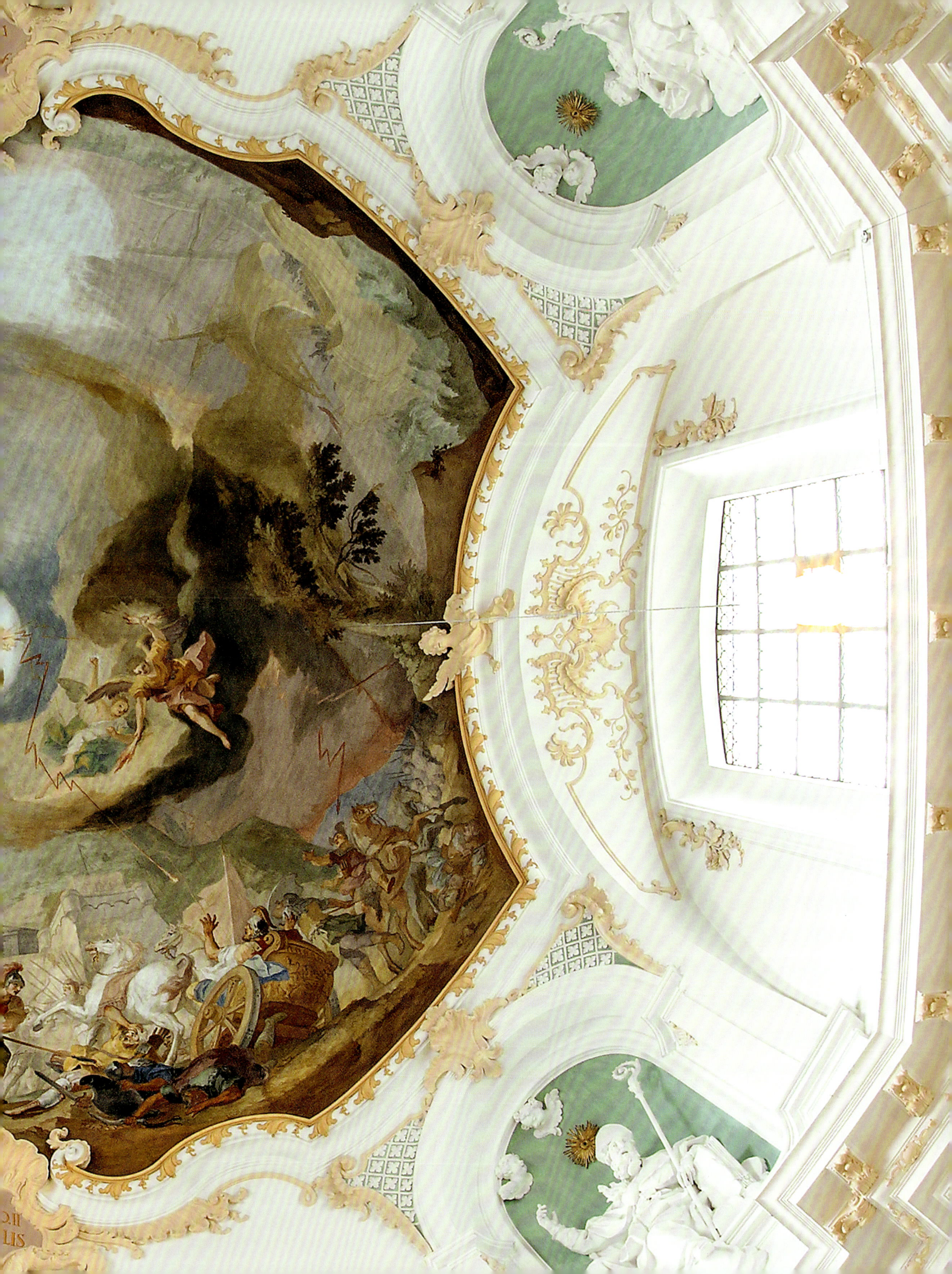

47 JOHANN BAPTIST STRAUB

ZWEI BOZZETTI FÜR PUTTI MIT FISCH UND BUCH

um 1767
Terracotta, gefasst
a 10 cm (Putto mit Fisch)
b 11,5 cm (Putto mit Buch)
München, Bayerisches Nationalmuseum; Inv.-Nr. Ker 4119, 4120
Literatur: Volk 1981, S. 67. – Volk 1984, S. 200. – Ausst.-Kat. München 1985, Nr. 167 f. – Ausst.-Kat. Freising 2010, S. 421 f.

48 HL. ERZENGEL RAPHAEL MIT PUTTO

um 1767
Holz, farbig gefasst und vergoldet
a 220 x 220 x 140 cm (Raphael)
b 85 x 105 x 70 cm (Putto mit Fisch)
München-Berg Am Laim, Pfarrkirche St. Michael

49 HL. ERZENGEL GABRIEL MIT PUTTO

um 1767
Holz, farbig gefasst und vergoldet
a 205 x 200 x 92 cm (Gabriel)
b 76 x 110 x 55cm (Putto)
München-Berg am Laim, Pfarrkirche St. Michael

Literatur: Lippert 1772, S. 61, Nr. 48. – Volk 1981, S. 67. – Volk 1984, S. 199.

Wie auf einer Bühne treten in der Kirche die beiden Erzengel *Gabriel* und *Raphael* am Hochaltar auf, dessen Altargemälde von Johann Andreas Wolff (1652–1716) den Erzengel Michael im Kampf mit Luzifer zeigt (Abb. S. 109). In angedeuteter Schrittstellung sind die Dargestellten zur Mitte hin gewandt. Sie erscheinen beide als junge Männer, wobei *Gabriel* etwas weiblichere Züge aufweist. Die vergoldeten Gewänder sind jeweils über dem linken Oberschenkel gerafft und fallen in scharf gezogenen Graten und gebrochenen Flächen bis zum Boden. Fein gravierte Säume, Fransen und Schleifen betonen die kostbare Erscheinung der Bekleidung, die Brust und Arme weitgehend unbedeckt lässt. Mächtige, in den Raum ausgreifende Schwingen zeichnen die Dargestellten als Himmelsboten aus. *Gabriel* hält in seiner Hand eine Lilie und präsentiert sie einem mädchenhaften Putto (Kat.-Nr. 49). Dieser verbildlicht mit einem zu einem schmalen Streifen reduzierten Mieder, unter dem ein Kleid hervorschaut, und einer Rose im Haar Maria. Demütig hat er die rechte Hand an die Brust geführt und hält mit der linken ein aufgeschlagenes Buch mit der für den Betrachter sichtbaren Inschrift »ecce ancilla domini«, der Antwort Mariens auf die Verkündigung des Erzengels (*Lukas* 1,38), in der sie sich als Magd des Herrn bezeichnet. Weitaus energischer blickt der Erzengel *Raphael*, der mit Pilgerflasche und Stab gezeigt wird, zu seinem Gefährten (Kat.-Nr. 48). Der kleine, als Knabe charakterisierte Putto sitzt hier anstelle des

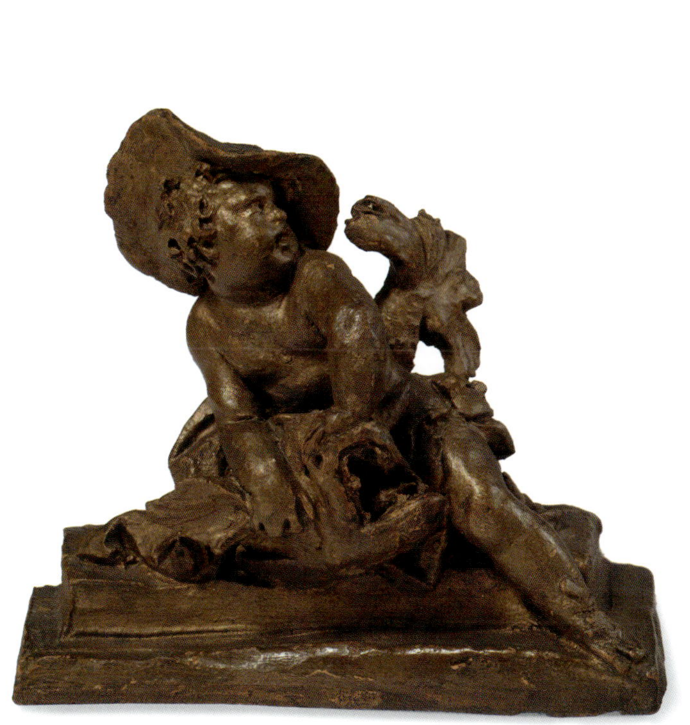

47 a

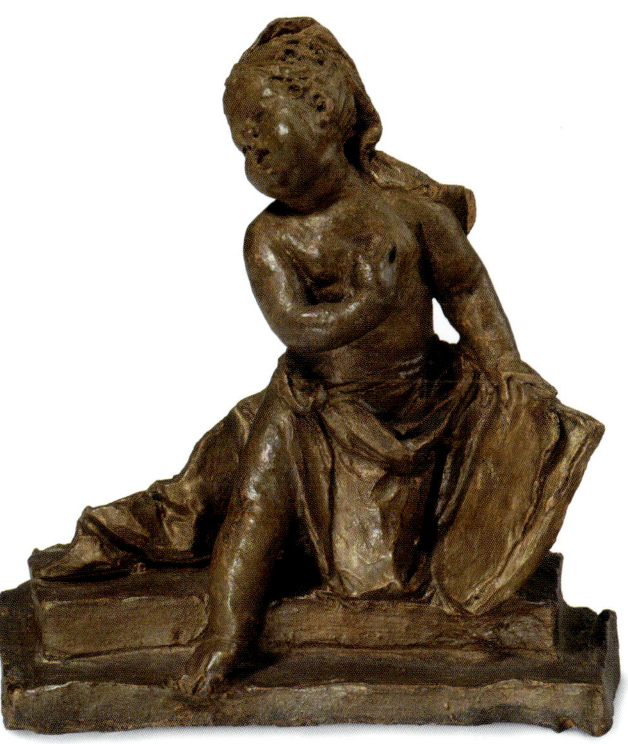

47 b

Tobias, den der Erzengel gemäß biblischer Überlieferung auf einer Reise begleitet hat. Angekommen am Tigris wies der Engel Tobias an, seinem Vater die Galle eines Fisches zu bringen, um diesen von seiner Blindheit zu heilen (*Tobit* 6,1–9). Der Putto, der mit einer vergoldeten Draperie und einem breitkrempigen Wanderhut nur spärlich bekleidet ist, scheint sich jedoch lieber im Spiel mit dem Fisch zu beschäftigen und sich gegen die Anweisungen zu sträuben (vgl. Abb. S. 159).

Johann Baptist Straub (1704–1784) setzte die beiden sympathischen Putti ein, um die beeindruckenden Engelserscheinungen näher zu bezeichnen. Er fand damit außerdem einen Weg, den monumentalen Figuren charaktervolle Lebendigkeit zu verleihen und sie schlüssige, nachvollziehbare Gesten ausführen zu lassen, ohne sie in einen größeren erzählerischen Kontext einzubinden. Dies konnte nur mithilfe dieser spielerisch aufgefassten Allusionen gelingen.

In den miniaturhaften Bozzetti zu den beiden Putti, die eventuell Teil der figürlichen Ausstattung eines Altarmodells waren, sind Pose und Charakter der Figuren bereits angelegt (Kat.-Nr. 47). Nur wenige Details hat der Künstler bei der Ausführung verändert: So sind vor allem die raumgreifenden Attribute gedreht, sodass sie nun parallel zur Altararchitektur angeordnet sind und dem Betrachter deutlicher vor Augen geführt werden. SM

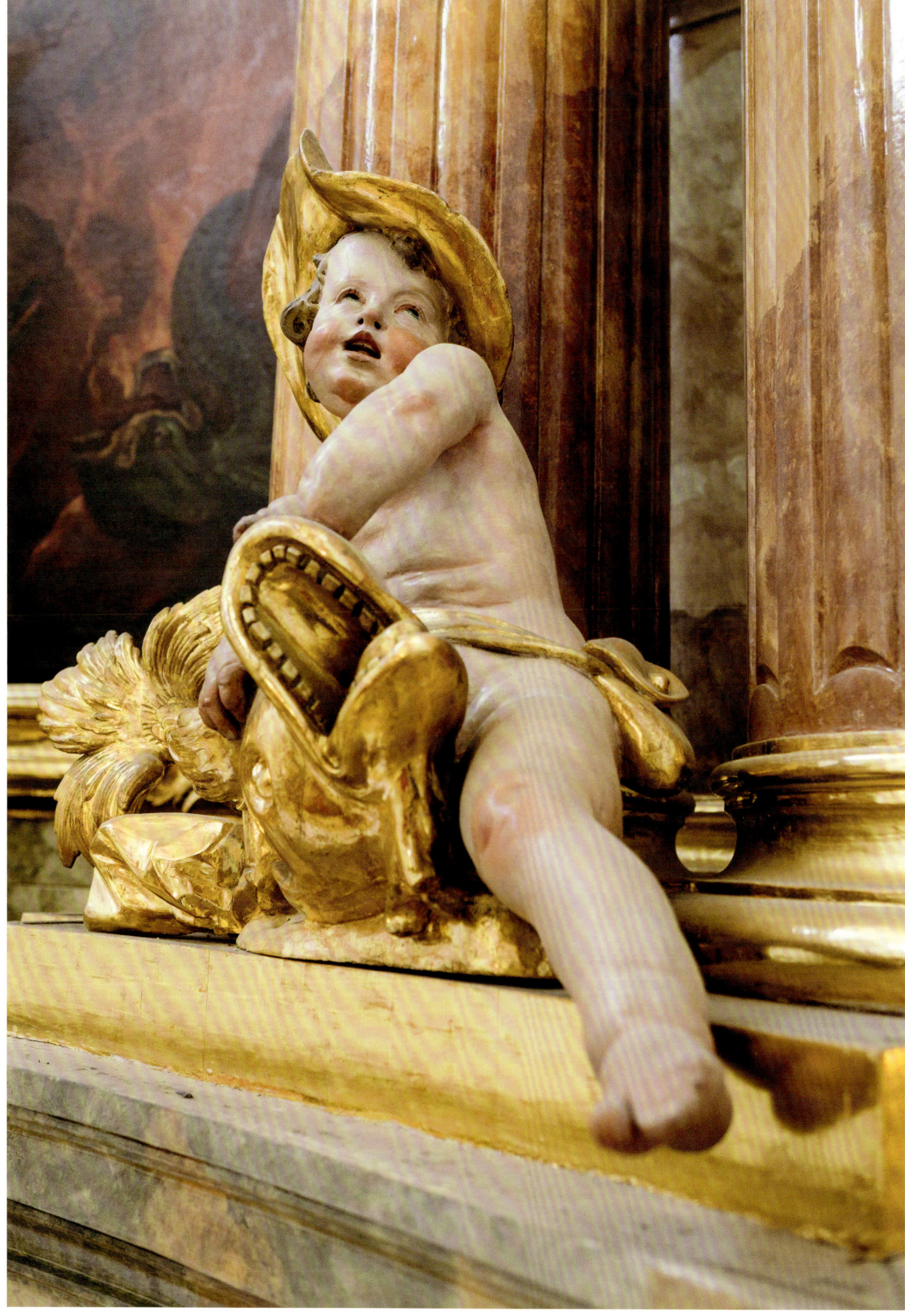

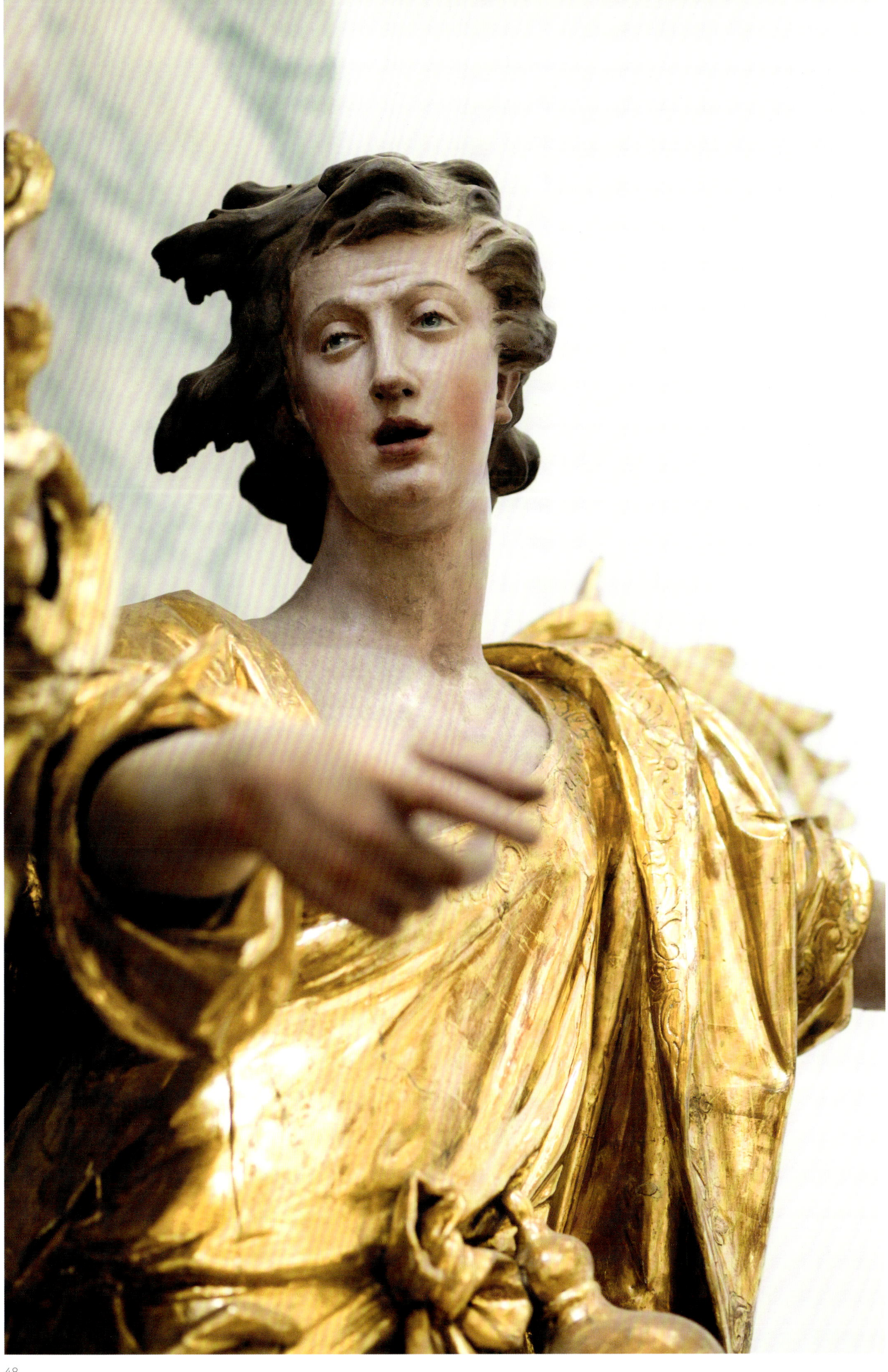

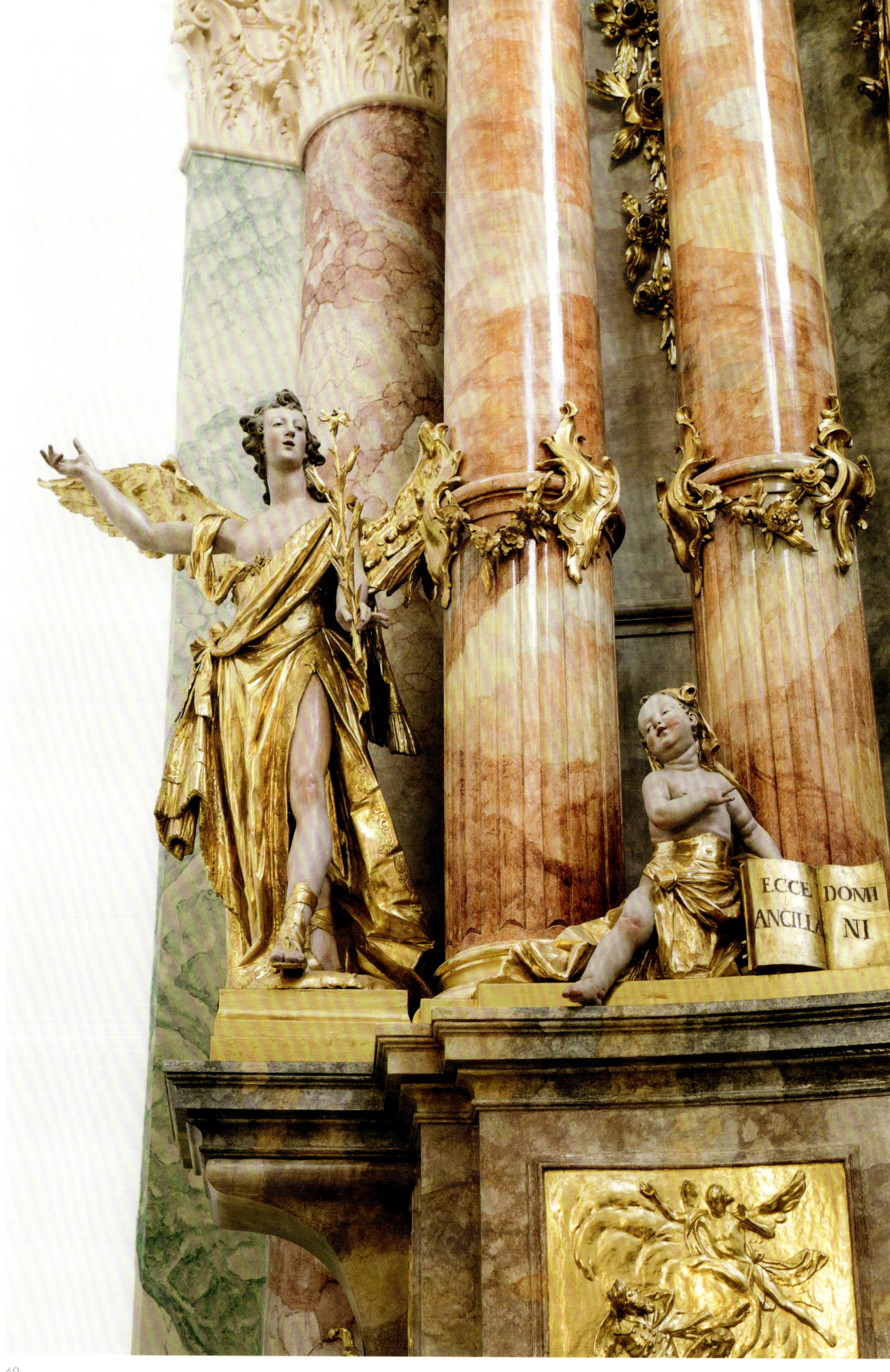

49

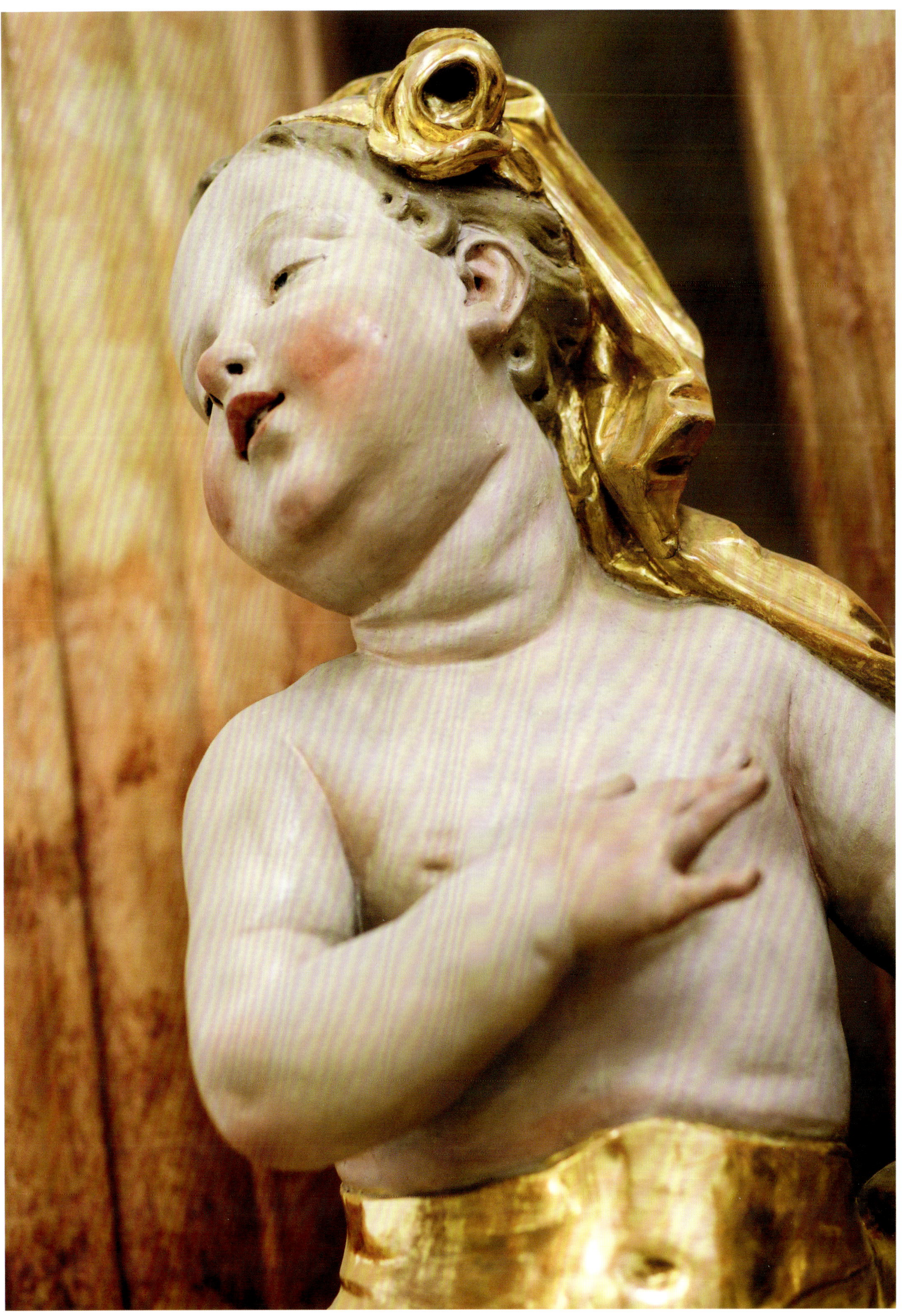

49

50

JOHANN BAPTIST STRAUB

ALLEGORIE DES GLAUBENS

um 1775
Ton, gebrannt; 27,5 × 23,5 × 14 cm
Nürnberg, Germanisches Nationalmuseum; Inv.-Nr. Pl.O. 326
Literatur: Maria Pötzl-Malikova, Franz Xaver Messerschmidt, Wien/München 1982, S. 54 f., Nr. 153. – Volk 1984, Abb. 51, S. 41, 201. – Ziegler 1984, S. 24 f. – Ausst.-Kat. München 1985, Nr. 280. – Slg.-Kat. Nürnberg 2005, Nr. 131. – Slg.-Kat. Nürnberg 2010, S. 381, Nr. 785.

Als ein absoluter Sonderfall, der weder im Œuvre Johann Baptist Straubs (1704–1784) noch im gesamten zeitgenössischen Kunstschaffen Süddeutschlands Parallelen findet, darf die *Allegorie des Glaubens* gelten. Straub schuf die Büste aus rötlichem Terrakotta als Modell für das Grabmal seiner Ende 1774 verstorbenen zweiten Frau Maria Theresia vermutlich zu Beginn des Jahres 1775. Die Ausführung in Marmor erfolgte durch Straubs Neffen Franz Xaver Messerschmidt (1736–1783), der jedoch eine recht freie und deutlich klassizistische Umsetzung des Vorbildes realisierte. Das Aussehen des bereits 1789 wieder aufgelassenen Grabmals ist durch den Münchner Historiker Lorenz von Westenrieder (1748–1829) überliefert, der es 1782 ausführlich beschreibt.[1]

Straubs Terrakottabüste zeichnet sich durch eine für die Zeit ungewöhnliche formale Strenge aus. Mit ihrem vollkommen geschlossenen Umriss, der konsequenten Frontalität und dem horizontalen unteren Abschluss entsteht der Eindruck erratischer Ruhe. Der Blick des Betrachters kann sich ganz den ebenmäßigen Zügen der jungen Frau widmen, die eine ernste, fast schwermütige Verschlossenheit und Würde ausstrahlt.

Straub verzichtet fast vollständig auf Attribute. Unübersehbar ist jedoch das schwere, quer gelagerte Buch mit ehemals sieben Siegeln, das am Jüngsten Tag durch das Lamm Christus geöffnet werden wird. Seine Bedeutung wird hier als »Basis« des Glaubens geradezu sinnfällig gemacht. Das apokalyptische Buch findet sich in zahlreichen Werken der Zeit, etwa mit dem darauf präsentierten Lamm in der Tabernakelgruppe aus Maria Thalheim von Christian Jorhan (Kat.-Nr. 51). Auch Johann Baptist Straubs Allegorie des Glaubens vom Tabernakel des Pollinger Hochaltars (1763/64) ist das Buch mit sieben Siegeln beigefügt.[2] Die Verwendung im sepulkralen Kontext und die Kombination mit einer Büste sind hingegen eine vollkommen freie Interpretation des sakramentalen Motivs, die keine Parallelen hat.

Die zeituntypische Gestaltung der Büste führte dazu, dass sie noch um 1900 ins 14. oder 15. Jahrhundert datiert wurde. Tatsächlich scheint sie spätgotischen Reliquienbüsten oder italienischen Büsten des Quattrocento deutlich näherzustehen als den formal bewegten und emotional aufgeladenen Werken des Rokoko. Auch wenn die Wahl des Stilmodus durch die Funktion der *Allegorie* als Modell für eine Funeralplastik bedingt ist, weist dieses Alterswerk Straubs bereits auf die ästhetischen Ideale des kommenden Klassizismus hin. AM

1 Vgl. Lorenz Westenrieder, Beschreibung der Haupt- und Residenzstadt München, München 1782, S. 162 f. Zum Grabmal vgl. auch Claudia Denk/John Ziesemer, Kunst und Memoria. Der Alte Südliche Friedhof in München, Berlin/München 2014, S. 201–203.

2 Vgl. Volk 1984, Abb. 159, S. 201.

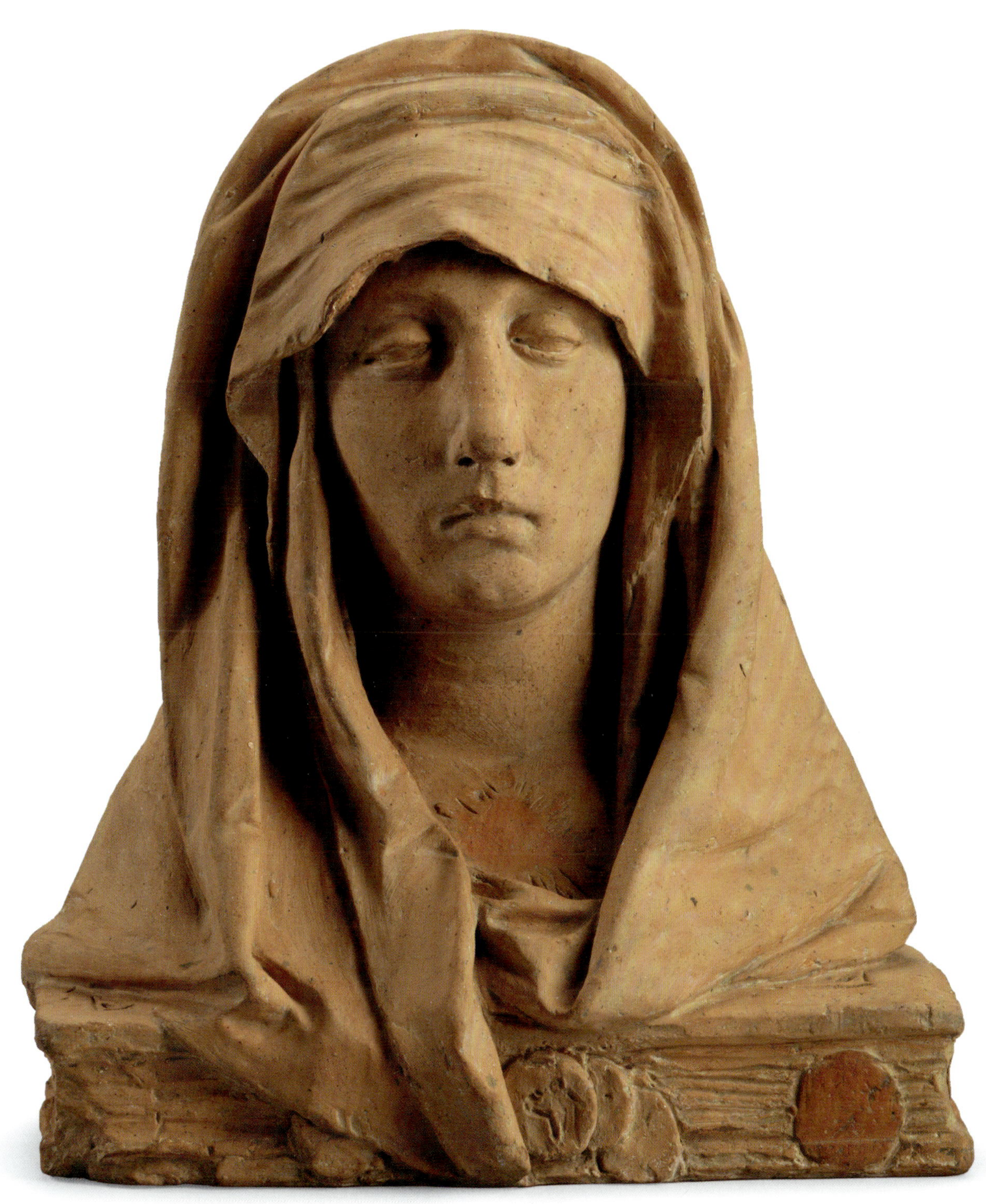

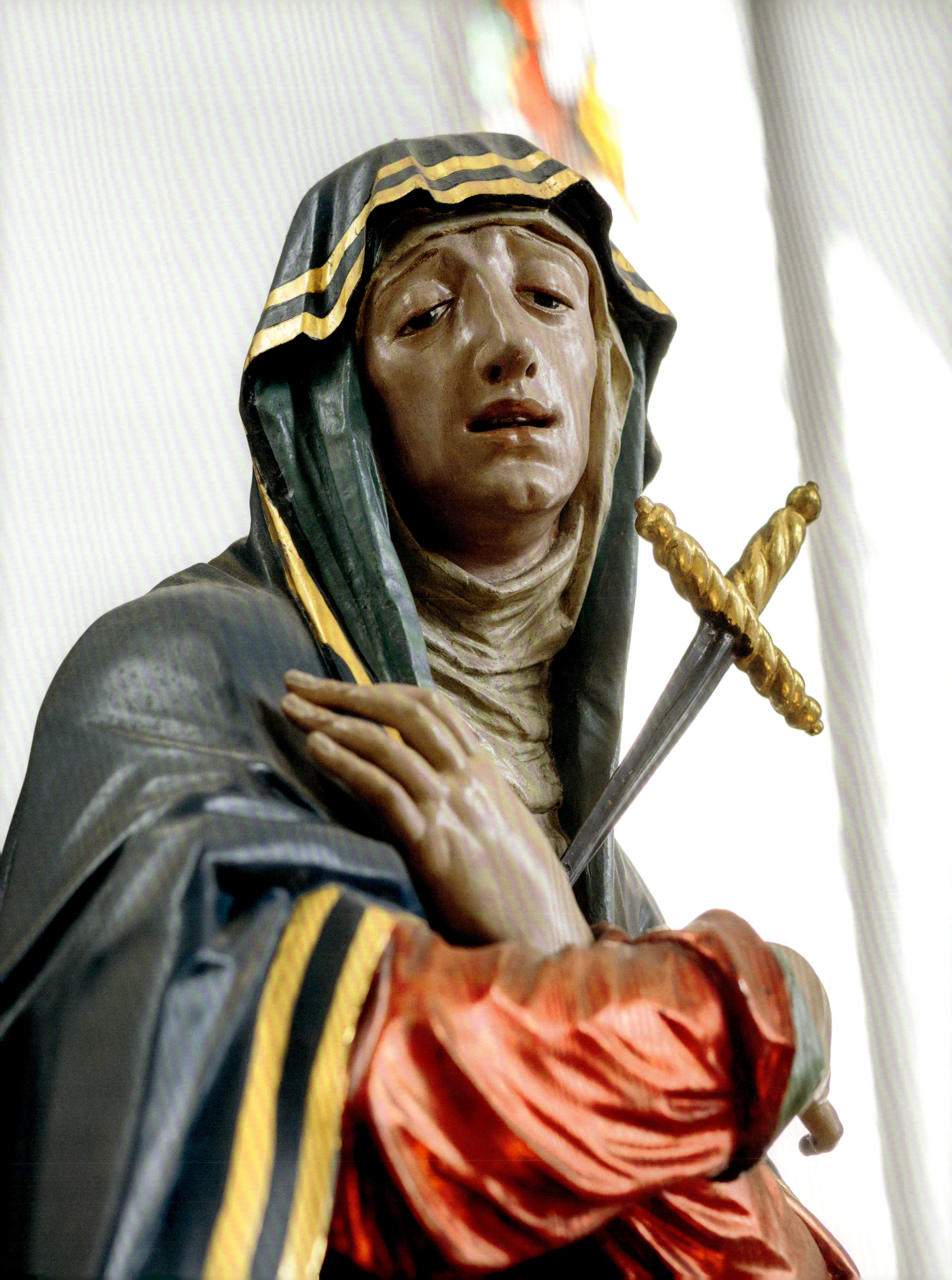

WETTERLÄUTEN IN FREISING UND MR. BURNEYS TODESANGST

PHÄNOMENE DER FRÖMMIGKEIT IM ROKOKO

Christoph Kürzeder

Am Abend des 24. August des Jahres 1772 legt das Floß, das den englischen Musikhistoriker und Komponisten Charles Burney (1726–1814) auf der Isar und Donau von München nach Wien bringen soll, in Freising an. Der Eindruck, den die fürstbischöfliche Residenzstadt bei ihm hinterlässt, ist nachhaltig, und das, obwohl er während seines zwölfstündigen Aufenthaltes seine Kajüte auf dem Floß nicht verlässt. Der Grund dafür ist pure Todesangst, denn in dieser Nacht tobte »das heftigste Gewitter, mit Donner, Blitz, Regen und Wind [...], dessen ich mich jemals erinnre«, wie er in seinem 1773 auf Deutsch erschienenen *Tagebuch seiner musikalischen Reisen* schreibt.[1] An die Schilderung dieses dramatischen Erlebnisses knüpft er eine sehr aufschlussreiche Äußerung über die Dominanz der Religion im Kurfürstentum Bayern sowie die aus seiner Sicht daraus resultierende Bildungsferne und ökonomische wie kulturelle Rückständigkeit: »Man hatte mir gesagt, die Bayern wären in der Philosophie und andern nützlichen Wissenschaften, wenigstens drey hundert Jahre weiter zurück, als die übrigen Europäer. Man kanns ihnen nicht ausreden, die Glocken zu läuten, so oft es donnert, oder sie dahin bringen, daß sie an ihren öffentlichen Gebäuden Blitzableiter anbrächten; obgleich die Gewitter hier so gefährlich sind, daß das vergangne Jahr in dem Churfürstenthum Bayern nicht weniger als dreyzehn Kirchen dadurch verheert worden; die Erinnerung hieran war eben nicht sehr geschickt, mich zu beruhigen. Die ganze Nacht durch bimmelten die Freysinger mit ihren Glocken, [um] mich an ihre Furcht zu erinnern, und an die wirkliche Gefahr, worinn ich schwebte.«[2]

Der Anglikaner Burney wiederholt hier einmal mehr den im 18. Jahrhundert zunächst besonders von Kreisen protestantischer Aufklärer weitverbreiteten und bewusst gepflegten Topos einer von Magie und Aberglaube durchdrungenen katholischen Frömmigkeit, die ihrem Wesen nach irrational und fortschrittsfeindlich sei. Nicht zufällig begleitete die Diskussion um Sinn und Unsinn des Wetterläutens fast das gesamte Zeitalter der Aufklärung in Bayern. Sie zeigt, wie sehr ab den 1720er-Jahren das tradierte religiöse Weltbild und die damit verbundene katholische Frömmigkeitspraxis immer mehr mit den sich etablierenden Naturwissenschaften und den neuen philosophischen Strömungen der Aufklärung in Konflikt gerieten und teilweise auch kollidierten.[3] Ein entscheidender Grund dieses Widerstreits lag in der dominierend gegenreformatorischen Intention barocker Frömmigkeitskultur in

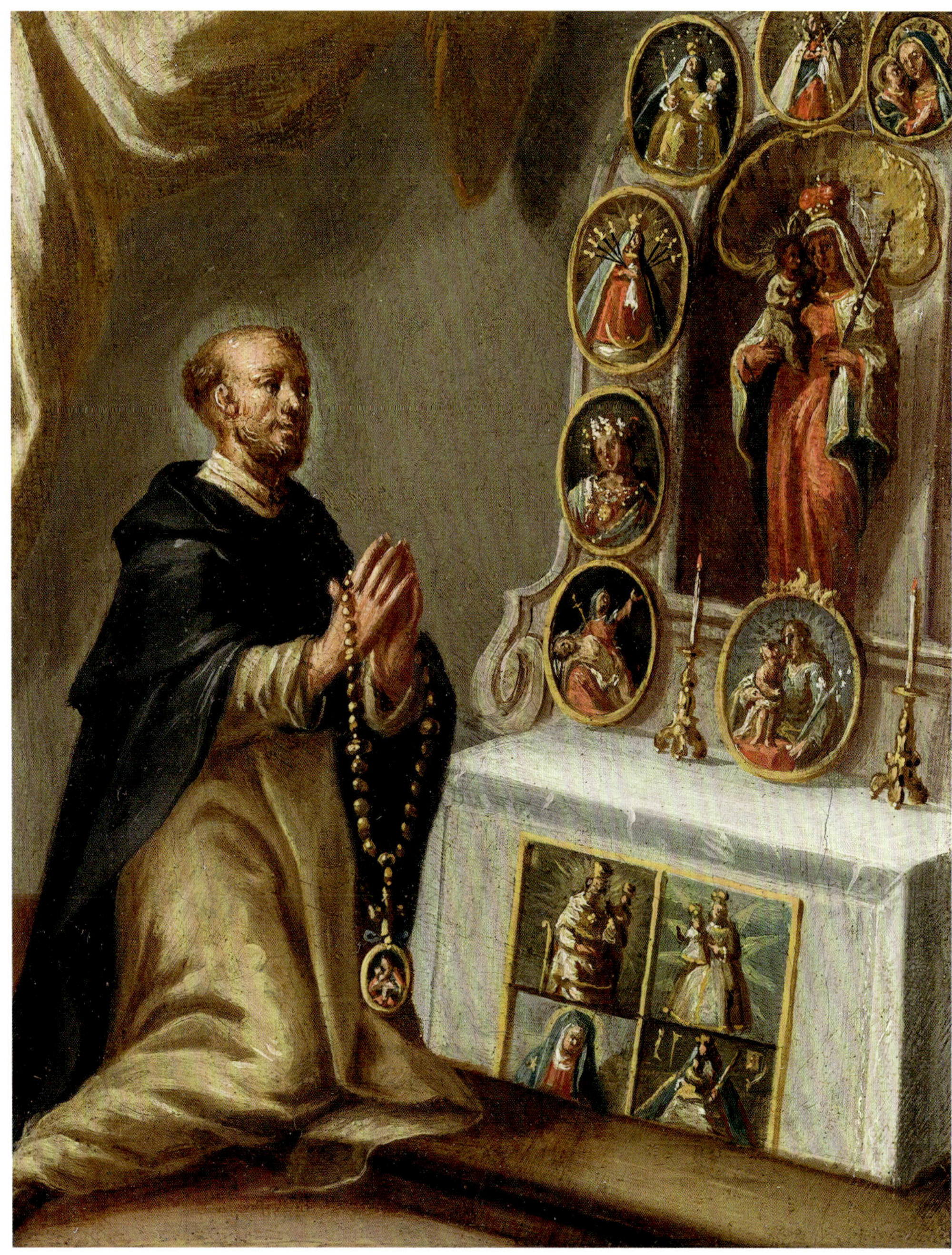

den katholischen Gebieten Bayerns. Diese zielte nach außen auf eine klare Abgrenzung zu den aus der Reformation hervorgegangenen Glaubensgemeinschaften, deren Theologie und Glaubenspraxis ab. Nach innen aber führte sie zur Herausbildung einer genuin katholischen Identität, die sich auf alle Lebensbereiche der Menschen erstreckte, eine immense kultur- und mentalitätsprägende Kraft entfaltete und schließlich einen klar definierten, geschlossenen katholischen Kulturraum begründete. Wäre Herr Burney katholisch gewesen, wäre ihm während des Unwetters ein großes Repertoire an religiös motivierten Kulturtechniken und -objekten als Teil einer persönlichen Heilsstrategie zur Verfügung gestanden: Zum Klang der Freisinger Glocken hätte er zumindest einen Rosenkranz gebetet, vielleicht eine geweihte schwarze Wetterkerze entzündet, eine Heiligenmedaille bzw. ein Amulett mit dem Agnus Dei oder besser noch mit einem Kreuzpartikel umklammert oder in Todesangst eine Wallfahrt zu einem Gnadenort gelobt.

1 Ein Dominikanermönch betend vor einem Altar mit zwölf der wichtigsten marianischen Gnadenbilder Bayerns, Öl auf Leinwand, Mitte 18. Jh., Privatbesitz

RELIGION UND AUFKLÄRUNG – GLAUBE UNTER HOCHSPANNUNG

Mit dieser kurzen Episode sind in groben Zügen die Koordinaten skizziert, innerhalb derer sich die Frömmigkeitskultur des Rokoko bewegt: konservativ-beharrende, bisweilen reaktionäre Kräfte – vertreten vor allem durch die Jesuiten und die Bettelorden –, die die gegenreformatorische Theologie, Pastoral und Glaubenspraxis vehement verteidigten, auf der einen und fortschrittliche, aufgeklärte Strömungen auf der anderen Seite. Hier sind es vor allem die Prälatenorden wie die Benediktiner und Augustiner-Chorherren sowie Teile des Weltklerus, die sich ab den 1740er-Jahren für die Rezeption und Integration neuen philosophischen Gedankengutes – besonders der Philosophie Christian Wolffs – in die theologische Lehre und Praxis einsetzten.[4] Am Ende der Epoche werden 1773 die Auflösung des Jesuitenordens und eine Flut staatlicher und kirchlicher Verordnungen stehen, die viele Formen der Frömmigkeit mit dem Verdikt der Unwürdigkeit, der Unvernunft und des Unökonomischen belegen und deshalb einschränken oder ganz verbieten.

In diesem weltanschaulich hoch aufgeladenen Spannungsfeld zweier entgegenwirkender Kräfte entwickelt sich in den katholischen Gebieten Süddeutschlands das kirchliche Rokoko. Die Frage, ob sich daran auch ein eigener Frömmigkeitsstil, eine dezidiert zu definierende »Rokokofrömmigkeit« knüpft, scheint mit Blick auf das Raumkonzept der Rokokokirche positiv beantwortet werden zu können.[5] Was für die Kunst unbestritten gilt, nämlich die Entstehung des Rokoko aus dem Barock, gilt auch für die Frömmigkeitspraxis: Alle charakteristischen Elemente, wie die ausgeprägte Heiligenverehrung, das blühende Wallfahrtswesen (Abb. 1) und die verschiedenen Formen liturgischer Spiel- und Schaufrömmigkeit, sind noch ganz dem barocken, gegenreformatorischen Geist verpflichtet und erreichen sogar in der Jahrhundertmitte ihren Höhepunkt. Trotzdem gibt es auffällige Merkmale, die Rückschlüsse auf eine spezifische Frömmigkeit des Rokoko und deren Reflex auf Kunst und Kultur der Zeit zulassen.

POLITIK UND FRÖMMIGKEIT – DAS SCHWEIGEN DES HL. JOHANNES VON NEPOMUK

Er ist zweifellos der »Modeheilige« des 18. Jahrhunderts schlechthin, der hl. Johannes von Nepomuk, der auch zum letzten großen Volksheiligen der Epoche werden sollte und dessen Verehrung untrennbar mit dem Rokoko verbunden ist. Seine Seligsprechung im Jahr 1719 und die Heiligsprechung am 19. März 1729 lösten besonders in Bayern und in den Habsburger Erblanden eine vorher nicht gekannte Verehrungswelle aus, die auf allen Ebenen religiöser Kultur ihren Niederschlag fand. Dies konnte allerdings nur gelingen, weil mit diesem neuen Heiligen eine Symbol- und Identifikationsfigur geschaffen wurde, die in der Phase der Frühaufklärung und noch ganz im Sinne der Gegenreformation sowohl politische als auch religiöse Interessen zu bedienen vermochte, bevor beide Sphären sich im Laufe der fortschreitenden Aufklärung immer mehr voneinander entfernten und schließlich ab den 1760er-Jahren immer mehr in Opposition zueinander gerieten.

Der Legende zufolge wurde der Heilige im Jahr 1393 in Prag auf Befehl König Wenzels IV. von der Karlsbrücke gestoßen und in der Moldau ertränkt, nachdem er die Preisgabe des Beichtgeheimnisses verweigert hatte, durch die sich der König Beweise für die mutmaßliche Untreue seiner Frau, der bayerischen Wittelsbacher-Prinzessin Sophie, erhofft hatte.[6] Zwei Motive der Legende wurden im Kurfürstentum religiös und politisch besonders wirksam: zum einen die strikte Bewahrung des Beichtgeheimnisses, die eine ausgefeilte Beichtkatechese und geradezu eine Imagekampagne für das seit der Reformation immer wieder in Misskredit geratene Bußsakrament nach sich zog, und zum anderen die wittelsbachische Abstammung der Prinzessin, durch die das Martyrium des Heiligen zu einem gleichsam patriotischen Opfertod stilisiert wurde.[7] Bereits drei Monate nach der Heiligsprechung, am 25. Juni 1729, wurde deshalb Johannes von Nepomuk in der Stifts- und Pfarrkirche Unserer Lieben Frau in München zum Stadt- und Landespatron erhoben und mit einer Festoktav gewürdigt. Seiner Verehrung kam dadurch eine klare politische, ja staatstragende Bedeutung zu.

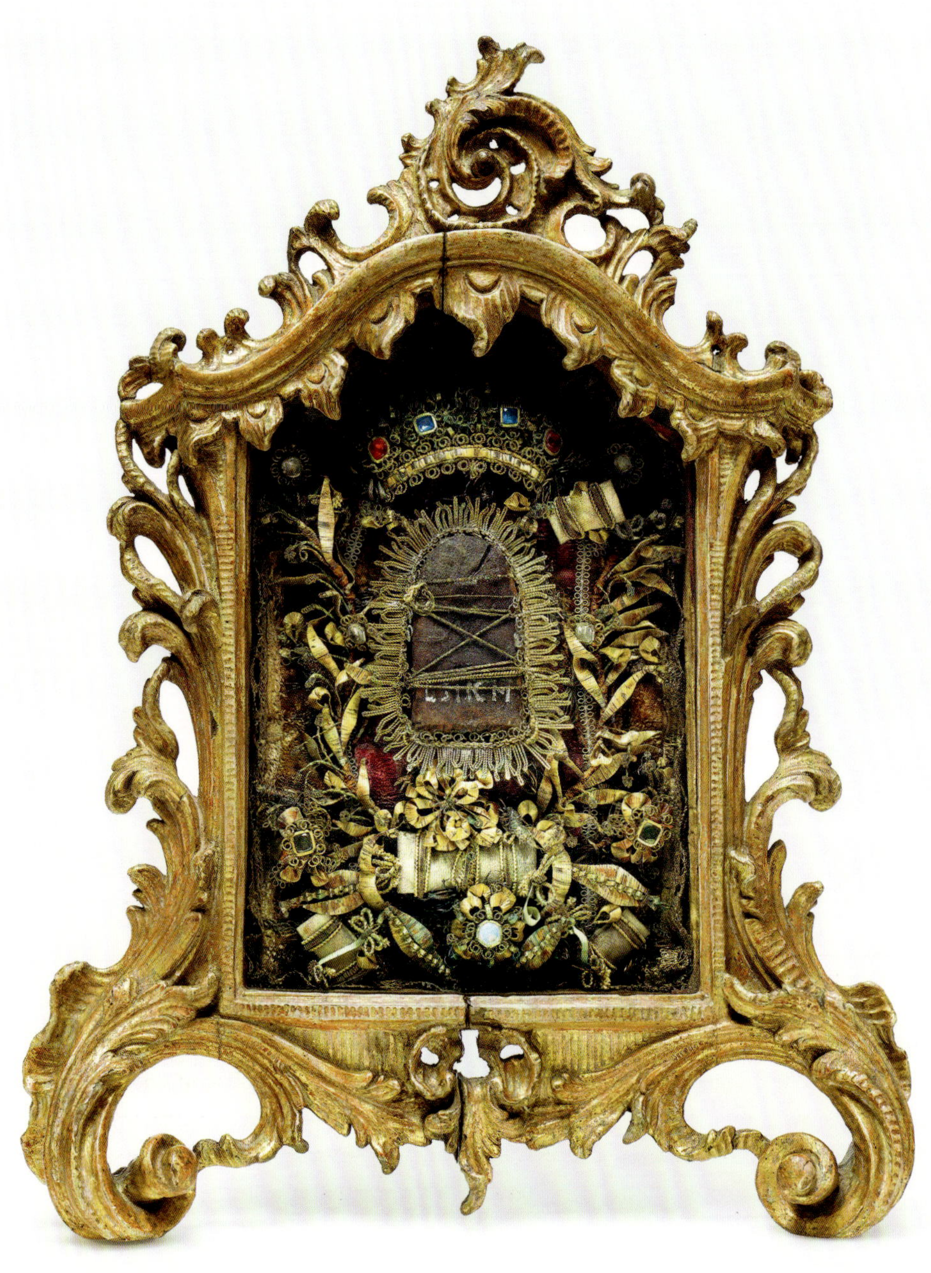

2 Tafelreliquiar mit Nepomukszunge und weiteren Reliquien in Klosterarbeit, München um 1760, Freising, Diözesanmuseum

Die Entscheidung Egid Quirin Asams (1692–1750), seine seit 1731 geplante und 1733 begonnene Privatkirche neben seinem Wohnhaus in der Münchner Sendlinger Gasse dem Prager Heiligen zu weihen (S. 54, Abb. 1), kam also nicht von ungefähr. Auch wenn die Patronatswahl vor allem als Ausdruck seiner persönlichen Frömmigkeit gelten darf, war sie auch ein geschickter Schachzug. Asam konnte auf diese Weise die damals einflussreichsten Förderer der Johann-Nepomuk-Verehrung in München, den Kurfürsten Karl Albrecht (1697–1745) und den Freisinger Fürstbischof Johann Theodor (1703–1763), für die notwendigen kirchlichen und staatlichen Genehmigungen seines ehrgeizigen, aber in der Bürgerschaft umstrittenen Projektes einer Privatkirche mit eigener Grablege gewinnen. Das ikonographische Programm der Kirche mit einer hoch komplexen Bußkatechese, die noch ganz im Geist gegenreformatorischer Theologie verhaftet ist, markiert deutlich die frömmigkeitsgeschichtliche Schwelle vom Spätbarock zum Rokoko. Die heroische und triumphale Grundstimmung der *Ecclesia militans*, der streitenden Kirche, wird hier noch einmal zum Leitthema und Gestaltungsprinzip. Der verlockende Gedanke einer sakramental begründeten Glaubens- und Heilssicherheit, deren Garant der Priesterheilige Johannes von Nepomuk ist, wird dagegen besonders in dessen monumental-kraftvollen Skulptur augenfällig, die Asam für den Garten seines Wohnhauses schuf (Kat.-Nr. 14).

Diese Stilisierung des Heiligen zu einem umfassenden Heilsbringer ist Teil einer komplexen und zunehmend gegenaufklärerischen Kampagne. Dass die Jesuiten als Beichtväter und Seelenführer der adeligen und bürgerlichen Eliten ganz eigene Interessen damit verknüpften, liegt auf der Hand. Mit ihrer ausgeprägten publizistischen Tätigkeit im Bereich der Hagiographie und Andachtsliteratur unterstützten sie die rasche und flächendeckende Popularisierung des Johann-Nepomuk-Kultes.[8] Die dabei propagierten Patronate des Heiligen sind umfassend und rühren an den Fundamenten menschlicher Existenz: Als Garant für eine vollständige und damit sakramental gültige Beichte, die als unbedingte Voraussetzung für das ewige Heil galt, wurde er zugleich zu einem der großen Sterbepatrone und damit zum himmlischen Fürsprecher in der Todesstunde. Sein Martyrium machte ihn zum Beschützer vor allen Wassergefahren. Das auf Brücken, an Flüssen und Brunnen (Kat.-Nr. 36–38) im Kurfürstentum omnipräsente Standbild des Heiligen wurde in der Jahrhundertmitte zu einem der wichtigsten katholischen Bekenntnis- und Schutzzeichen im öffentlichen Raum.

Für die persönliche Frömmigkeit spielte jedoch ein eher ungewöhnliches Attribut die entscheidende Rolle, nämlich die Zunge des Heiligen. Diese galt seit der ersten Exhumierung des Leichnams 1719 als unversehrt und war im Zuge des Selig- und Heiligsprechungsprozesses als wichtigste Kronzeugin des bewahrten Beichtgeheimnisses gewertet worden.[9] Nachbildungen dieser Hauptreliquie aus Wachs oder Metall wurden zu den begehrtesten und weitverbreitetsten persönlichen Andachtsgegenständen des 18. Jahrhunderts. Sie sollten ihre Besitzer nicht nur zum regelmäßigen Empfang des heilsnotwendigen Bußsakraments ermahnen, sondern vor allem vor Verleumdung, übler Nachrede und schädlichen Gerüchten schützen (Abb. 2).[10] Einer der einflussreichsten politischen Funktionäre am Münchner Hof des 18. Jahrhunderts, Graf Johann Maximilian IV. von Preysing-Hohenaschau (1687–1764), erwähnt in dem von ihm verfassten Nachlassinventar seiner 1721 verstorbenen ersten Frau Maria Anna ausdrücklich eine Nepomukszunge, die am persönlichen Rosenkranz der Verstorbenen befestigt und laut Inventareintrag »an die Zung des hl. Joan[n]es von Nepomuck angerüehret«[11] war. Im selben Verzeichnis beschreibt er auch seinen »ordinari Roßencrantz«, an dem ebenfalls »ein kleine Zung so an iener des hl: Johannes von Nepomuc angerüehret«[12] hing. Sein Neffe und Erbe Johann Maximilian V. von Preysing-Hohenaschau wird, der Familientradition der Johann-Nepomuk-Verehrung folgend, noch im Jahr 1766 eine der elegantesten Kleinskulpturen des Heiligen für die Hauskapelle des Münchner Palais Preysing in Auftrag geben – im Sockel der Figur, aufwendig gerahmt, ist eine aus Wachs gefertigte Nepomukszunge eingefügt (Kat.-Nr. 103).

EMOTION UND FRÖMMIGKEIT – MARIAS SCHMERZ UND SCHÖNHEIT

Während mit Johannes von Nepomuk ein vollkommen neuer Heiligentypus für das 18. Jahrhundert kreiert wurde, scheinen andere Frömmigkeitsformen des Rokoko auf den ersten Blick eine lineare Fortführung barocker, gegenreformatorischer Motive zu sein. Bei näherer Betrachtung fallen jedoch auch hier eindeutige Akzentverschiebungen auf. An erster Stelle stehen hier zweifellos verschiedene Arten der Marienverehrung. Zwei ikonographische Bildtypen, die phänomenologisch nicht unterschiedlicher sein könnten, prägten das Marienbild und die Marienfrömmigkeit der Epoche besonders nachhaltig: die von Trauer und Schmerz geplagte Muttergottes unter dem Kreuz (Kat.-Nr. 111) und die höfisch-elegante, jugendliche Maria Immaculata, die Unbefleckte Empfängnis mit der Paradiesschlange unter ihren Füßen (Kat.-Nr. 18, 28, 76, 77, 104, 121).

Die große Verehrung der trauernden Gottesmutter in Kurbayern ist untrennbar mit dem bedeutendsten Münchner Gnadenbild des 18. Jahrhunderts verbunden, der Schmerzhaften Muttergottes aus der Herzogspitalkirche (Abb. 3). Das Ursprungswunder dieses Gnadenbildes, die sogenannte Augenwende, ist ganz in der religiös-mystischen Grundstimmung des Spätbarock verwurzelt, die mit einer starken Emotionalisierung des Glaubenslebens einher-

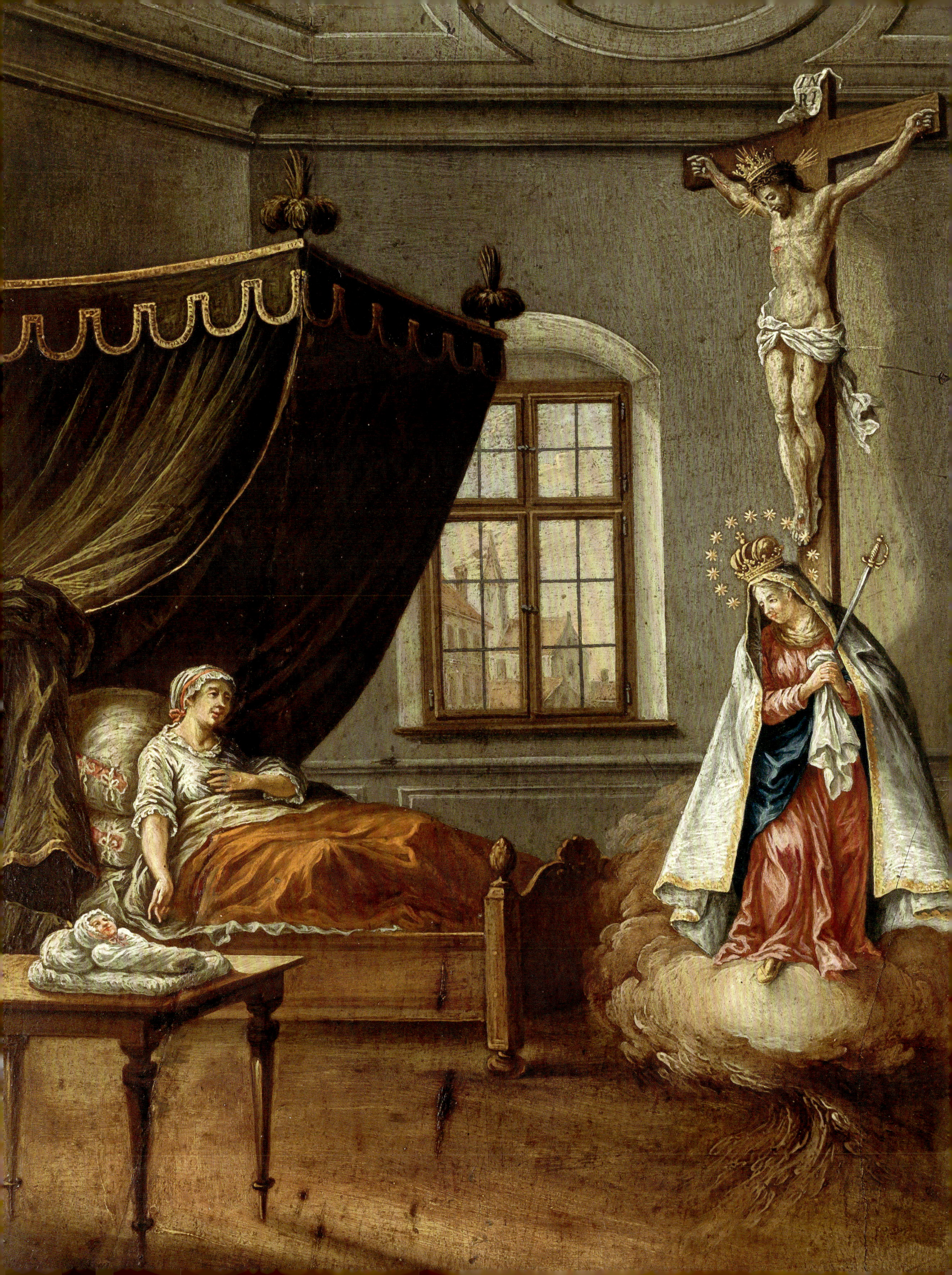

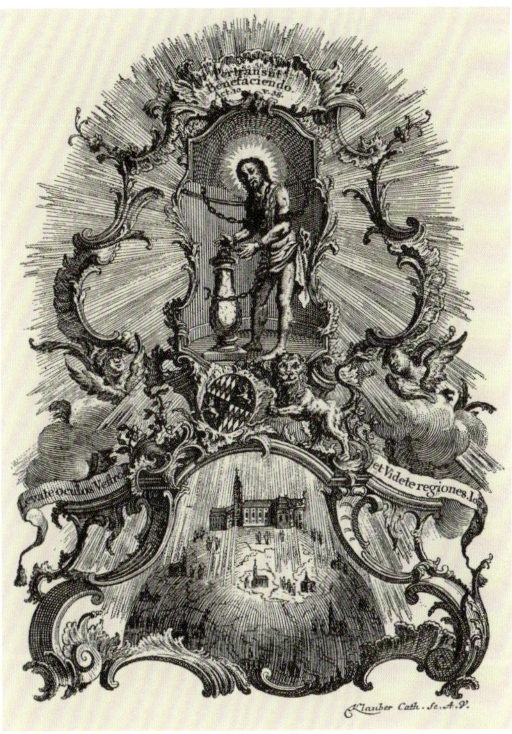

4

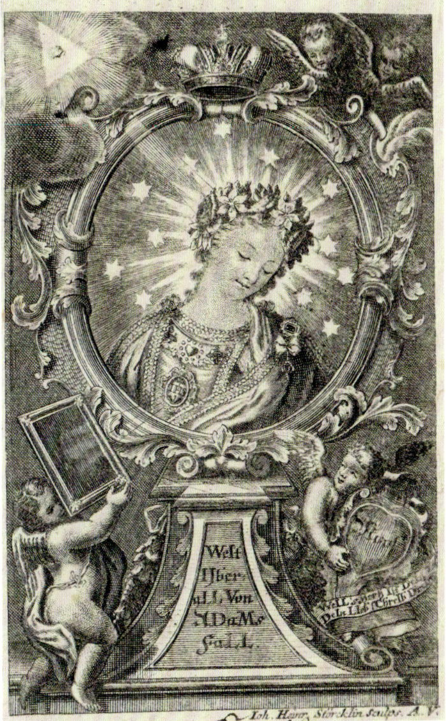

5

3 Votivbild, Wöchnerin mit Erscheinung des Gnadenbildes der Schmerzhaften Muttergottes aus der Herzogspitalkirche München, Öl auf Holz, München um 1780, Freising, Diözesanmuseum

4 Andachtsbildchen mit Darstellung des Gnadenbildes des Gegeißelten Heilands von der Wies, Kupferstich von Joseph Sebastian Klauber, Augsburg um 1760

5 Andachtsbildchen mit Darstellung des Gnadenbildes von Wessobrunn, Kupferstich von Johann Heinrich Störcklin, Augsburg um 1720, Freising, Diözesanmuseum

ging.[13] Neben den theatralischen Inszenierungen von Prozessionen und geistlichen Spielen prägten vor allem Gnaden- und Andachtsbilder aus dem Themenkreis der Inkarnation und Passion das religiöse Empfinden der Gläubigen. Immer häufiger wurde dabei das Objekt zum handelnden und fühlenden Subjekt und damit zum Beweis göttlichen Wirkens in dieser Welt. Das Wunder der Augenwende im Januar 1690 steht somit am Anfang einer wahren »Verlebendigungswelle« von Bildern: Noch im selben Jahr wird die Mystikerin Maria Anna Lindmayr (1657–1726) am Freitag vor Weihnachten beim Betrachten ihres persönlichen *Ecce-Homo*-Bildes erleben, »wie Christus in diesem Bilde so stark zu weinen anfing, daß es zum Erbarmen war, und das heilige Bild ganz anschwoll von dem bitterlichen Weinen, so daß ich fürchtete, das Glas, welches davor war, müsse zerspringen«.[14]

Im Bildnis des Gegeißelten Heilands in der Wies bekam die Herzogspitalmadonna ab 1740 ihr christologisches Pendant (Abb. 4, Kat.-Nr. 33). Im Gesicht des Christus an der Geißelsäule, der drei Jahre bei der Karfreitagsprozession des Prämonstratenserklosters Steingaden mitgetragen und dann wegen seines als unwürdig empfundenen Aussehens verschenkt worden war, entdeckte seine neue Besitzerin, die Wiesbäuerin Maria Lori, im Juni 1738 »einige Tropffen in dem Angesicht der Bildnuß, welche sie vor Zährer haltete«[15]. Dieses Tränenwunder wird die letzte große flächendeckende Wallfahrtsbewegung im Kurfürstentum vor der Säkularisation auslösen. Und mit der von 1745 bis 1754 in der Wies bei Steingaden erbauten Wallfahrtskirche schufen die Brüder Johann Baptist und Dominikus Zimmermann (1680–1758 und 1685–1766) einen heiteren Rokokofestsaal, der in der Sprache der Architektur und Kunst die Grundbotschaft des Christentums – die Überwindung von Leiden und Tod durch Auferstehung und Erlösung – auf einzigartige Weise feiert.

Heilsoptimismus sowie Stärke im und durch den Glauben charakterisieren auch das zweite epochenprägende Marienbild, das der Maria Immaculata. 1708 hatte Papst Clemens XI. das Fest der Unbefleckten Empfängnis Mariens zum gebotenen Feiertag für die ganze katholische Kirche erhoben. Obwohl das Dogma der Erbsündenfreiheit erst 1854 verkündet wurde, hatte er damit die jahrhundertelang schwelende und sich im 17. Jahrhundert vehement zuspitzende theologisch-dogmatische Kontroverse über dieses Thema beendet. Die Verehrungsformen dieses Glaubensgeheimnisses, die sowohl von militant-kämpferischen als auch sensibel-empfindsamen Anteilen bestimmt waren, erscheinen so facettenreich und widersprüchlich wie die Epoche selbst. So stellte Kurfürst Karl Albrecht den 1729 von ihm wiedergegründeten Ritterorden vom Heiligen Georg »unter den Titel deren Beschützern der unbefleckten Empfängnis der allerseligsten Jungfrauen Mariae«[16] und erklärte damit die Verteidigung des späteren Dogmas zur Staatsraison und unbedingten Pflicht seiner adeligen Eliten.

Jenseits dieses elitär-höfischen Zirkels formierten sich jedoch auch ganz populäre Laienbewegungen mit demselben Anliegen. Die bedeutendste, die Bruderschaft zur Unbefleckten Empfängnis von Wessobrunn, wurde bereits im Jahr 1711 in Verbindung mit der dortigen Wallfahrt gegründet. Bis zur Jahrhundertmitte wird sie ca. 600 000 Mitglieder zählen, darunter auch die gesamte kurfürstliche Familie. Im Zentrum von Wallfahrt und Bruderschaft steht das in Wessobrunn verehrte Gnadenbild der *Mutter der schönen Liebe* (Abb. 5), ein Brustbild der jungfräulichen Gottesmutter als einer schönen, jungen höfischen Dame mit einem Kranz aus Rosen und Lilien im Haar. Die große Popularität des Bildes wird bereits von Zeitgenossen auf die dargestellte weibliche Schönheit zurückgeführt, die politisch und theologisch gleichermaßen korrekt mit dem marianischen Lobpreis »Tota pulchra es Maria« begründet wird. Darin wird Maria als die vom Makel der Erbsünde freie und deshalb perfekte, makellose Schönheit verehrt. Gepaart mit der ihr zugesprochenen Macht, das Böse endgültig zu vernichten, wurde die Gestalt der Maria Immaculata zum großen Sehnsuchtstopos der Zeit, in dem die Folgen des Sündenfalls – Schuld und Sünde, Krankheit und Tod – in eine große Erlösungsvision münden.

EINE EPOCHE GEHT ZU ENDE – DAS STERBEN DES KURFÜRSTEN

Die Realität von Krankheit und Tod und deren Bewältigung blieben dennoch die größte Herausforderung für die Gläubigen, und so galt das gottgefällige Sterben als die letzte und entscheidende Bewährungsprobe persönlicher Frömmigkeit. Am 30. Dezember 1777 liegt der an Pocken erkrankte 50-jährige Kurfürst Maximilian III. Joseph im Sterben. Die letzten Stunden seines Lebens sind das wohl eindrücklichste Zeugnis für den Anachronismus religiöser Kultur im Rokoko. Obwohl er ein aufgeklärter Herrscher war, der tiefgreifende politische, ökonomische und religiöse Reformen durchgesetzt und 1759 mit der *Churbaierischen Akademie* die einflussreichste und fortschrittlichste wissenschaftliche Einrichtung des Landes gegründet hatte, blieb er angesichts des Todes genau den Vorstellungen traditioneller, barocker Frömmigkeit verhaftet, die von den Aufklärern leidenschaftlich angeprangert und bekämpft wurden: Nachdem er am frühen Morgen des 30. Dezembers die Sterbesakramente empfangen hatte, brachte man aus der Frauenkirche den als wunderkräftig geltenden »Benno-Stab an das Bette des Fürsten«,[17] während draußen in einer Bittprozession »die Statue des Landespatron in priesterlichem Pomp« durch die Stadt getragen wurde. Jedoch war »das heilige Zutrauen auf dieses geistliche Mittel [...] ohne Wirkung«. »Um 11 Uhr forderte der fromme sterbende Fürst das Bildniß Mariä aus dem Herzogspitale«, das der Kurfürst zeitlebens besonders verehrt und an dessen Altar er jeden Samstag die Messe gehört hatte.[18] »Man brachte es vor sein Bette, durch die Krümmungen seines Mundes, und einige unverständliche Tönne konnte man seine inbrünstige Andacht abnehmen. Nach einer kleinen Viertelstund trug man die Statue in die Kirche zurück.« Eine Stunde später war der Kurfürst tot.

Erst unter seinem Nachfolger Karl Theodor (1724–1799) wird 1783 das von Charles Burney so beklagte und sechzig Jahre lang eifrig diskutierte Wetterläuten durch ein kurfürstliches Mandat verboten.

1 Charles Burney, Carl Burney's, der Musik Doctors, Tagebuch seiner Musikalischen Reisen Durch Flandern, die Niederlande und am Rhein bis Wien, Bd. 2, Hamburg 1773.

2 Ebd., S. 133.

3 Eine der ersten wissenschaftlichen Abhandlungen, in denen die Praxis des Wetterläutens kritisch betrachtet wird, erscheint bereits im Jahr 1725. Vgl. Parnassus Boicus, Oder Neueröffneter Musen-Berg, Worauff Verschiedene Denck- und Leßwürdigkeiten auß der gelehrten Welt, zumahlen aber auß denen Landen zu Bayrn, abgehandlet werden, Bd. 3, München 1725/26, 13. Unterredung, 95. Bericht »Von seltsamber Würckung eines Donners, und Sturmwinds zu Pestenacker in Bayrn«, S. 56–60.

4 Harm Klueting (Hg.), Katholische Aufklärung – Aufklärung im katholischen Deutschland (Studien zum achtzehnten Jahrhundert, 15), Hamburg 1993.

5 Vgl. dazu den Beitrag von Norbert Jocher, S. 111–122.

6 Die neuere Geschichtsforschung hat nachgewiesen, dass es sich bei diesem »Martyrium« um einen politisch motivierten Mord handelte, da Johannes von Nepomuk als Generalvikar des Prager Erzbischofs Johannes von Jenstein die Besitz- und Investiturrechte der Kirche gegen die Einflussnahme des Königs verteidigte.

7 Bezeichnend hierfür ist der Titel des Theaterstückes *Der Heilige Johannes von Nepomuc Ein getreuer Beschützer deß Bayrischen Namens und Unschuld*, das im September 1729 im Landshuter Jesuitengymnasium aufgeführt wurde.

8 Wie überaus produktiv verschiedene Autoren der Gesellschaft Jesu an diesem Popularisierungsprozess bereits seit der Mitte des 17. Jhs. mitgewirkt haben, zeigt die erstaunlich große Anzahl der Publikationen. Vgl. dazu Anton Pinsker, Die Gesellschaft Jesu und der hl. Johannes von Nepomuk, in: 250 Jahre hl. Johannes von Nepomuk, Salzburg 1979, S. 58–68, hier S. 60–66.

9 Dies wurde von vereidigten Ärzten, die bei der Exhumierung anwesend waren, laut Selig- und Heiligsprechungsprotokollen auch so bezeugt. Bei einer medizinisch-anthropologischen Untersuchung wurde 1973 festgestellt, dass es sich bei der Zungenreliquie um rückgebildetes, eingetrocknetes Gehirngewebe handelt. Vgl. dazu Emanuel Vlček, Protokoll über die Untersuchung der Gebeine des hl. Johannes von Nepomuk, in: 250 Jahre hl. Johannes von Nepomuk, Salzburg 1979, S. 5–12, hier S. 11.

10 Bezeichnend ist in diesem Zusammenhang, dass der seit Jahrhundertbeginn zunehmend in der Kritik stehende Jesuitenorden den Heiligen 1732 ausdrücklich zu seinem Patron und Beschützer gegen falsche Anschuldigungen und Verleumdungen erwählte.

11 Zitiert nach Stefan Pongratz, Adel und Alltag am Münchener Hof. Der Schreibkalender des Grafen Maximilian IV. Emanuel von Preysing-Hohenaschau (1687–1764) (Münchner Historische Studien: Abteilung Geschichte, 21), Kallmünz 2013, S. 414.

12 Ebd., S. 416.

13 Am 21. Januar 1690 beobachtete ein 10-jähriges Mädchen während des Gebets vor dem Andachtsbild, dass die Marienfigur ihre Augen bewegte und sich in der Kirche umsah. Bereits ein Jahr später, im April 1691, wurde das Wunder kirchlich anerkannt.

14 Zitiert nach Franz Joseph Nock, Leben und Wirken der Dienerin Gottes Maria Anna Josepha a Jesu Lindmayr [...], Regensburg 1887, S. 138 f. Das Bild kam 1804 vom Münchner Karmelitinnenkloster in die Klosterkirche von Pielenhofen. Zu den bedeutendsten Nachfolgewundern der Herzogspitalmadonna zählen die weinenden Gnadenbilder der Schmerzhaften Muttergottes von Murnau (1703) und Steinbach (1730). Die letzte kirchlich anerkannte Augenwende der Epoche ereignete sich im April 1783, in der Hochphase der aufklärerischen Kritik, am Seitenaltarbild der *Beweinung Christi* in der Münchner Peterskirche. Zur aufklärerischen Polemik siehe Martin Falbisoner, Religiöse Tradition und aufgeklärte Presse im Kurfürstentum Bayern. Untersuchung zur Kritik an Wallfahrten und weiteren Bräuchen und Formen populärer Frömmigkeit im 18. Jahrhundert, LMU-Publikationen / Geschichts- und Kunstwissenschaften Nr. 22 (2003), S. 97–101, http://epub.ub.uni-muenchen.de.

15 Neu-entsprossene Gnaden-Blum auf der Wis. Das ist kurtzer Unterricht des Ursprungs [...], Erster Theil, Augsburg 1746, S. 25.

16 Vgl. dazu Agenda des Churfürstlich-Baierisch-Militärischen hohen Ritter-Ordens deß heiligen Ritter und Martyrers GEORGII unter dem Titel deren Beschützern der unbefleckten Empfängniß der allerseligsten Jungfrauen MARIAE, [o. Ort, o. Jahr].

17 Tagebuch von der lezten Krankheit Maximilian des III. Herzogen und Kurfürsten in Baiern [...], Frankfurt a. M. 1778. Alle weiteren Zitate sind derselben Quelle entnommen.

18 Als sehr persönliches Zeichen seiner Devotion zur Schmerzhaften Muttergottes komponierte Kurfürst Maximilian III. Joseph 1766 sogar ein *Stabat Mater*.

SPIEL UND HEITERKEIT Die kirchliche Kunst des Spätbarock ist noch klar vom kämpferischen und triumphalen Grundzug der Gegenreformation geprägt. Im Rokoko dagegen werden die Kirchenräume und ihre Ausstattungen lichter, leichter und bewegter. Die Skulpturen sind dabei Teil einer scheinbar spielerischen Inszenierung. Diese orientiert sich nicht nur an der überlieferten Ikonographie, sondern auch an der zeitgenössischen höfischen Festkultur und ihrer Vorliebe für Theater und Rollenspiele. Damit brechen Auftraggeber und Künstler bewusst mit Konventionen und dogmatischen Bildformen. Die Nichtdarstellbarkeit des Göttlichen scheint im Rokoko konsequent in eine radikale Vermenschlichung göttlicher und heiliger

Personen zu münden. Die entsprechenden künstlerischen Stilmittel sind die ironische Brechung und die Überzeichnung von Charakteren. Elegante Posen und exaltierte Gesten sind deshalb mehr als Attitüde oder künstlerische Laune. Sie versuchen, überzeitliche göttliche Wahrheiten in menschlich verständlichen Formen auszudrücken, wodurch hoch komplexe und fein komponierte Bildprogramme entstehen. Auch das vermeintlich unbeschwerte kindliche Spiel der den Kirchenraum bevölkernden Engel und Putti erschöpft sich nicht im Selbstzweck. Sie kommentieren und übersetzen Theologie und Liturgie in spielerisch-heiterer Weise und betreiben damit eine sinnliche und attraktive Form der Volkskatechese.

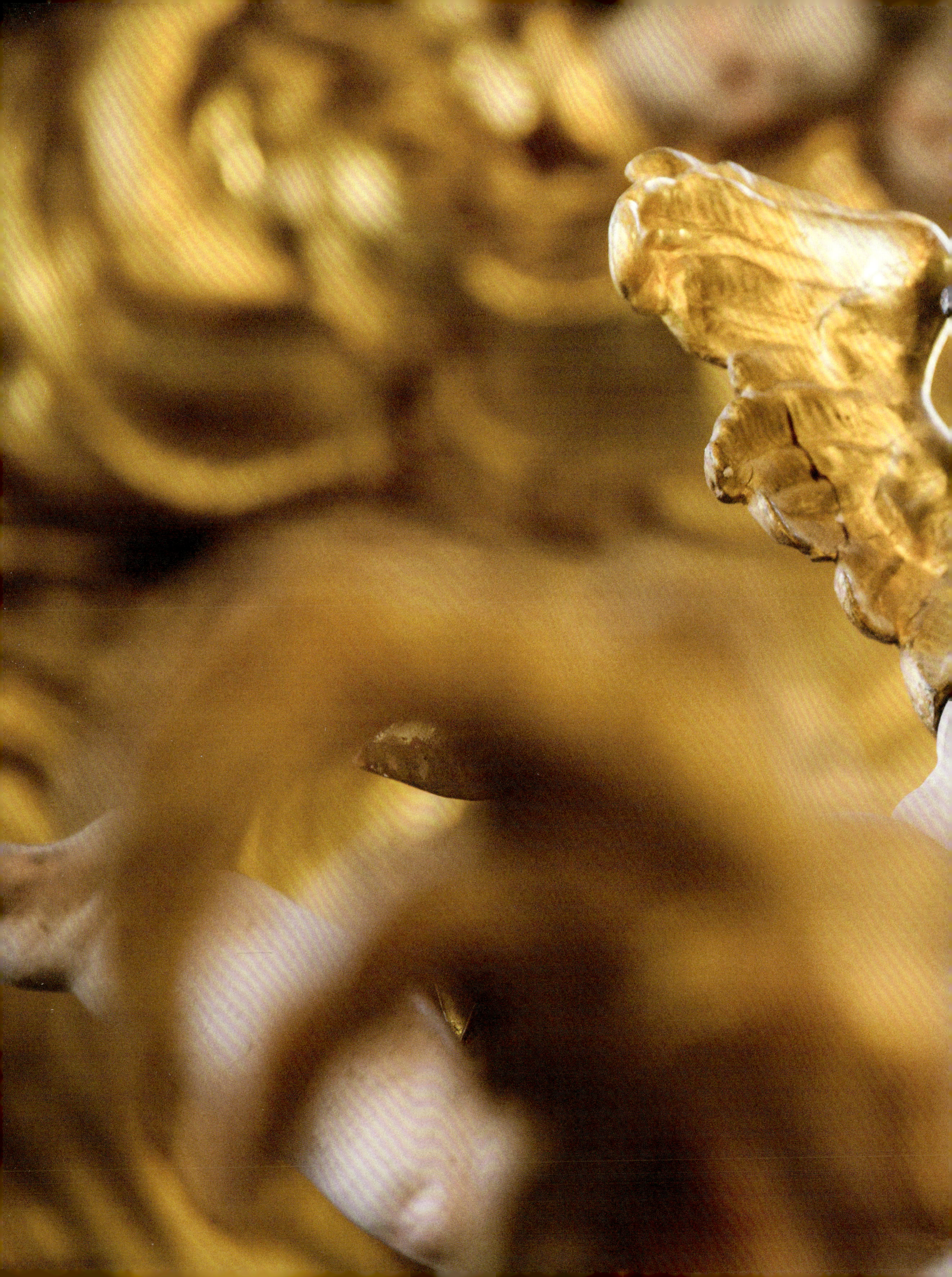

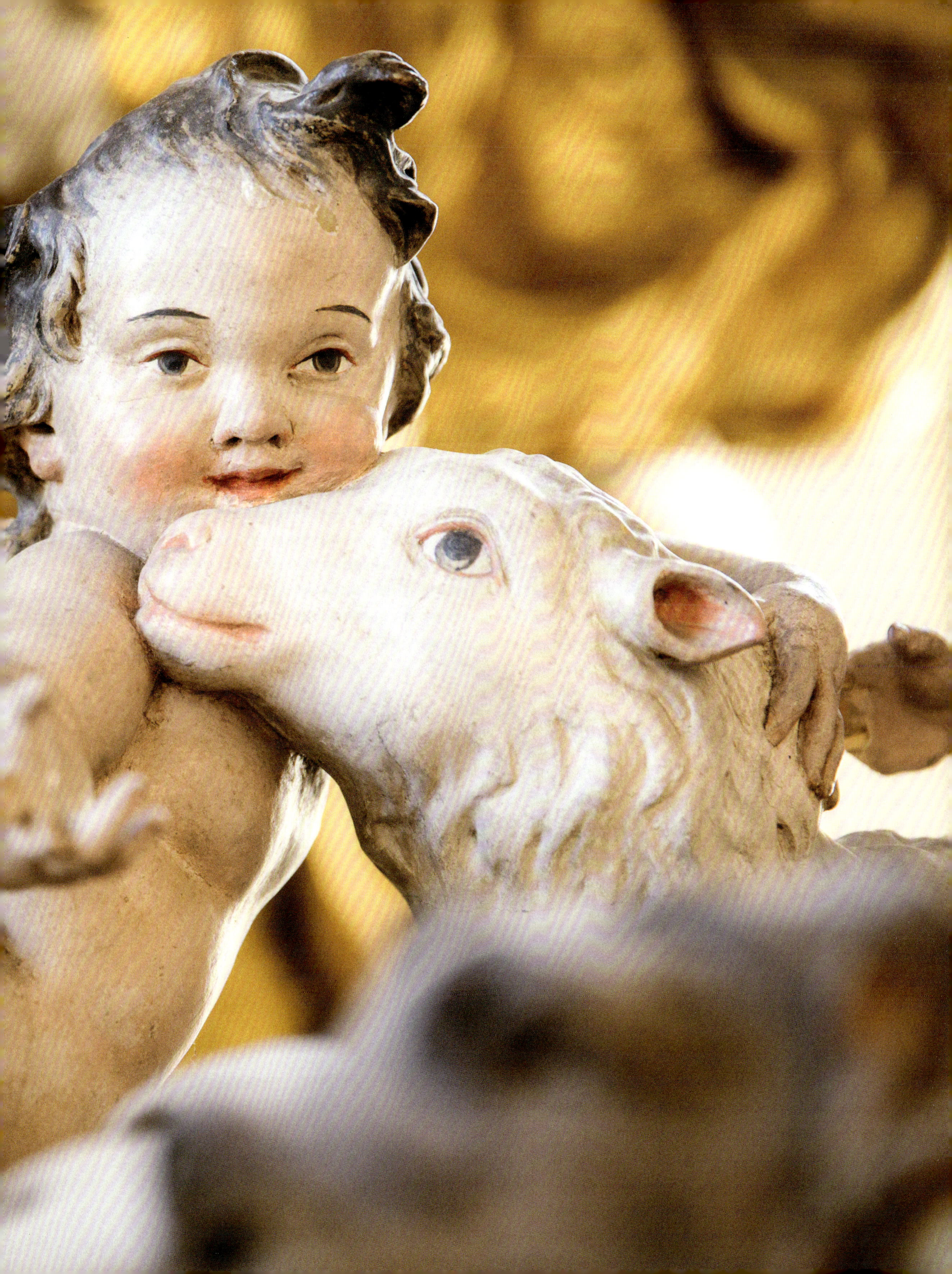

51 CHRISTIAN JORHAN D. Ä.

TABERNAKELBEKRÖNUNG MIT LAMM GOTTES UND VIER PUTTI

1765
Laubholz, gefasst; 70 x 98 x 42 cm
Maria Thalheim, Wallfahrtskirche Mariä Himmelfahrt
Literatur: Schindler 1985, S. 24. – Schmidt 1986, S. 105, Abb. S. 102, 103. – Peter B. Steiner, Christian Jorhan. Bildhauerarbeit und Kirchenzier, in: Ausst.-Kat. Landshut 1998, S. 31–41, hier S. 31 f., Abb. 22. – Volk 1998 a, S. 18, Abb. 6.

Für die Wallfahrtskirche in Maria Thalheim schuf Christian Jorhan (1727–1804) zwischen 1765 und 1770 die Skulpturen für das Orgelgehäuse, den Tabernakel, die Kanzel und die sechs Seitenaltäre (vgl. Abb. S. 110). Wie bereits in der Pfarrkirche von Buch am Buchrain (1760) arbeitete er hier mit dem Kistler und Altarbauer Matthias Fackler (1721–1792) und dem Fassmaler Franz Xaver Zellner (1738–1788) zusammen, die mit ihm parallel auch die Kirche in Altenerding neu ausgestalteten. Im Œuvre Jorhans bilden die Ausstattungen der Kirchen von Thalheim und Altenerding Höhe- und Wendepunkt zugleich. Bedingt durch die ab 1770 greifenden staatlichen Verordnungen (hier vor allem das Generalmandat vom 4. Oktober 1770), welche die Genehmigungen und Finanzierungen kirchlicher Bauvorhaben erheblich erschwerten und die künstlerische Freiheit stark einschränkten, wurden beide Projekte zu seinen letzten großen Rokokoausstattungen.

Laut Kostenvoranschlag vom Dezember 1764 plante Jorhan ursprünglich für den Tabernakelaufsatz eine reduziertere Gruppe – ähnlich der in Altenerding – mit lediglich »zwey Engl, das Lam Gottes ein säul das Buech mit 7 Sigul [...] sambt aller zukerung«.[1] Der schriftliche Entwurf, die Altenerdinger Ausführung sowie eine weitere verwandte Gruppe, die sich heute im Württembergischen Landesmuseum in Stuttgart befindet, zeugt vom großen Einfluss Johann Baptist Straubs auf Jorhan, in dessen Werkstatt er zwischen 1752 und 1755 als Geselle gearbeitet hatte. Der von Straub um 1755 für den Hochaltar der Klosterkirche von Schäftlarn geschaffene Tabernakelaufsatz dürfte als direktes Vorbild gedient haben. Die Modifizierung des ersten Entwurfs zur endgültigen Ausführung ist bereits im wenig später verfassten Kostenvoranschlag des Fassmalers Franz Xaver Zellner belegt. Er beschreibt die Gruppe detailgenau: »[...] auf der Höche das ligente Lamb mit der Bäbstlichen Bulla, sambt einen umbfangenten Schein, und 4 Kündln, eines in der hand habenten Fahnen, das anderte ein Brinentes Hertz.«[2] Die beiden Attribute Fahne und brennendes Herz sowie die sieben Siegel des Buches und der Strahlenkranz sind heute verloren.

Jorhan hat sich mit der Vierzahl der Engel am Text der Thronsaalvision aus der Geheimen Offenbarung 4,1–5,14 orientiert, in der von den »vier Wesen« und dem geschlachteten

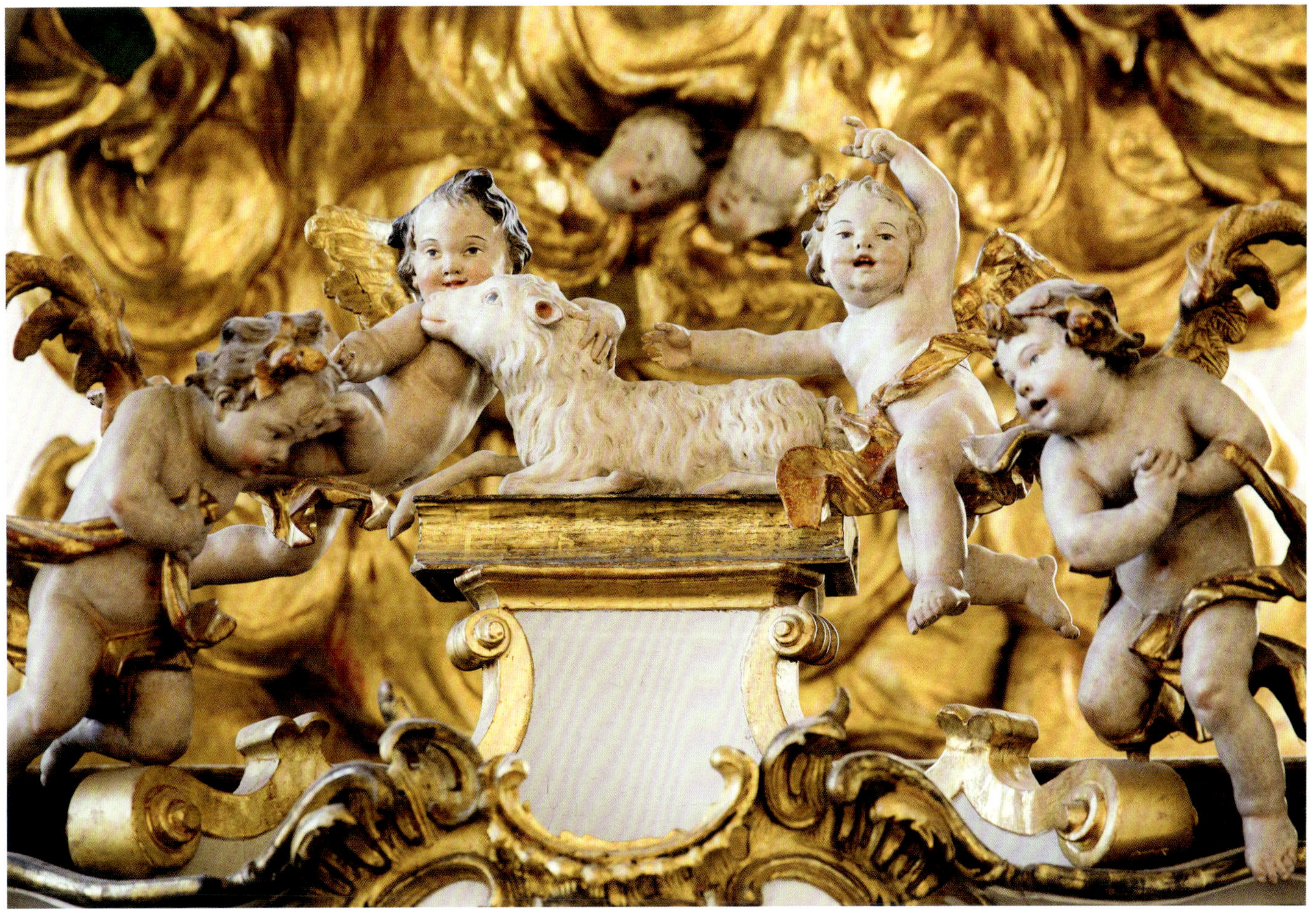

Lamm in ihrer Mitte die Rede ist (*Offenbarung* 5,6). Bereits in der frühchristlichen Exegese und Theologie wird Christus mit diesem Lamm gleichgesetzt. In der Liturgie wird es deshalb zum wichtigsten Zeichen für das Geheimnis der Eucharistie. Während die theologische Reflexion der Textvorlage sowie die daraus erwachsenen liturgischen und künstlerischen Sprachformen auch in nachtridentinischer Zeit eindeutig von der Schwere des Opfergedankens dominiert sind, tritt im Rokoko immer mehr der Erlösungsgedanke des eucharistischen Sakramentes in den Vordergrund. Jorhan setzt diesen Gedanken sehr konsequent ins Bild, indem er die vier ehrfurchtgebietenden Wesen der Apokalypse in ein spielendes und heiter gestimmtes Himmelsvolk von Kinderengeln verwandelt, das sich in verschiedenen kindlichen, jedoch bedeutsamen Gesten um das zutrauliche Lamm gruppiert: So blickt der linke Engel neugierig hinab zum Mysterium der Eucharistie, das nach tridentinischem Ritus direkt darunter, am Altar vor dem Tabernakel, gefeiert wurde. Er steht daher für das »Schauen, um zu begreifen«, das in der barocken Frömmigkeit eine entscheidende Rolle spielt. Für die dem Schauen komplementär zugeordnete Anbetung der Eucharistie steht das kniende Engelchen gegenüber. Darüber weist der Engel mit dem nach oben gerichteten Zeigegestus darauf hin, dass alles, was hier am Altar geschieht, nur im Horizont göttlicher Wahrheit und Ewigkeit zu verstehen ist. Der das Lamm zärtlich umarmende Engel steht schließlich für die innige Vereinigung der Gläubigen mit Christus in der Eucharistie.

Jorhan hat hier sehr radikal ein entscheidendes Wesensmerkmal kirchlicher Rokokokunst umgesetzt: den unkonventionellen und kreativen Umgang mit tradierten theologischen und ikonographischen Vorstellungen und der damit einhergehenden Befreiung vom Dogmatismus gegenreformatorischer Bildprogramme. So konnte er auf sehr menschlich nachvollziehbare Weise und ohne katechetischen Zeigefinger zentrale theologische Gedanken der katholischen Sakramentenlehre als eine heitere bukolische Szenerie gestalten. CK

---

1 Staatsarchiv Landshut: Regierung Landshut 4120.
2 Ebd.

52 CHRISTIAN JORHAN D. Ä.

VIER PUTTI MIT ATTRIBUTEN VOM KORPUS DER KANZEL

um 1770
Holz, farbig gefasst; 54 × 43 × 24 cm (a), 53 × 50 × 32 cm (b), 53 × 44 × 36 cm (c), 65 × 43 × 40 cm (d)
Maria Thalheim, Wallfahrtskirche Mariä Himmelfahrt
Literatur: Schindler 1985, S. 29–31, Abb. S. 31.

Bis zu den Reformen des Zweiten Vatikanischen Konzils (1962–1965) war die Kanzel in den katholischen Kirchenräumen der zentrale Ort der Verkündigung. Die von dort gehaltene Predigt war im tridentinischen Ritus das einzige volksprachliche Element in der sonst ausschließlich in lateinischer Sprache gefeierten Liturgie. Diese wichtige katechetische Funktion der Kanzel bestimmt nicht nur die erhöhte und zentrale Lage in den Kirchenräumen, sondern auch den architektonischen Aufbau und die künstlerische Ausgestaltung. In Wallfahrtskirchen hatten die Kanzeln jedoch noch eine weitere Funktion. Von dort wurden zum Beweis der Wunderkraft des Gnadenbildes und zur Belebung der Wallfahrt an den sogenannten Konkurstagen, den wichtigen Wallfahrts- und Festtagen, öffentlich die Gebetserhörungen und Wunder verlesen. In Maria Thalheim geschah dies vor allem am Fest Mariä Himmelfahrt, dem Patroziniumstag der Kirche, und an den großen Marienfesten. Von diesen Funktionen geprägt werden die Kanzeln des 18. Jahrhunderts immer mehr zu Bildträgern mit einem oft vielschichtigen, von Theologie und Rhetorik geprägten, ikonologischen Programm.

Christian Jorhan (1727–1804) und sein kongenialer Altarbauer Matthias Fackler (1721–1792), deren bekannteste Kanzeln die beiden spektakulären Schiffskanzeln von Niederding (1761) und Altenerding (1767) sind, haben in Thalheim den eher konventionellen Typus einer freitragenden Kanzel mit Korpus, Dorsale und Schalldeckel in Form eines Baldachins mit Bekrönung gewählt. Wie bereits bei der Tabernakel-Bekrönung (vgl. Kat.-Nr. 51) sind die Putti des Kanzelkorpus und des Schalldeckels nicht nur skulpturale Dekoration. In ihrer kindlichen Unschuld sind sie Träger wichtiger theologischer Botschaften, die sich in spielerischen Gesten und in der Präsentation von Symbolen und Attributen ausdrücken. Während die vier Putti der Schalldeckelbekrönung mit ihren heraldischen Attributen kirchlicher Hierarchie eindeutig den vier Kirchenvätern (von links) Augustinus, Gregor, Hieronymus, und Ambrosius zuzuordnen sind und damit die theologische Legitimation der Lehrtradition der Kirche und deren Verkündigungsauftrag triumphierend und raumdominierend repräsentieren, sind die vier Kinderengel des Kanzelkorpus in ihrer ikonologischen Funktion zunächst nicht so eindeutig. Alle vier sind dem Kirchenraum zugewandt und blicken freundlich und ermunternd auf die Zuhörer in den Kirchenbänken herab. Die in der Literatur immer wieder vermutete Zuordnung der vier Attribute – Totenschädel, Löffel, Waage und Fisch – zu den Kirchenvätersymbolen des Schalldeckels ist lediglich für den Totenschädel als Attribut des hl. Hieronymus und mit Einschränkungen auch für den Löffel als Symbol für den hl. Augustinus denkbar.

Einen wichtigen Schlüssel zum Verständnis bilden die drei Reliefs des Kanzelkorbes, die von den vier Engeln flankiert werden und im Zentrum die Verklärung Jesu zeigen, links den Sämann und rechts den Schnitter, der die Ernte einholt. Die Grundthemen und literarischen Vorlagen der Kanzel sind damit festgelegt: die Autorität des priesterlichen Verkündigungs- und Predigtamts, das mit dem zentralen Gotteswort der Verklärung, »Das ist mein geliebter Sohn, auf ihn sollt ihr hören« (*Markus* 9,7), legitimiert wird, und die Rezeption des Gehörten durch die Gläubigen. Dieses wird im Gleichnis des Sämannes und der reichen Ernte ausgedrückt und ist ein Kernthema in der großen Gleichnisrede Jesu über das Himmelreich (*Matthäus* 13,1–53). In diesem Horizont werden auch die Putti des Kanzelkorbs mit ihren Attributen verständlich, die auf verschiedene Aspekte der Verkündigung und deren Rezeption sowie ihre heilsbringende Wirkung hinweisen: Der ganz links auf dem Gesims des Kanzelkorbs sitzende Putto mit dem Totenschädel verweist auf die Vergänglichkeit alles Irdischen, die mit dem Hören auf das heilbringende Gotteswort überwunden werden kann. Er präsentiert deshalb den Totenschädel nicht als mahnendes Vanitassymbol, sondern legt ihn mit vom Betrachter abgewendeter Front nach hinten ab. Mit dem Paulus-Wort »Was gesät wird, ist verweslich, was auferweckt wird, unverweslich« (1. *Korinther* 15,41) ist auch die Beziehung zum Relief des Sämannes hergestellt. Dieses Prinzip wird auch auf der gegenüberliegenden Seite verfolgt. Dem Relief des Schnitters mit der reichen Ernte ist der Putto mit dem Fisch zugeordnet. Der reiche Fischfang gehört zum festen ikonographischen Programm süddeutscher Kanzeln des Barock und Rokoko und hat seine eindrücklichste künstlerische Umsetzung in den bereits erwähnten Schiffskanzeln gefunden. Der dritte Putto, links neben ihm, führt das Thema des gerechten Lohnes am Tag der Ernte, des Jüngsten Gerichtes, weiter aus und präsentiert deshalb den Zuhörern im Kirchenraum in zugewandtem Gestus eine Waage. Ihm gegenüber sitzt auf der unteren Gesimsvolute des Kanzelkorbs der vierte Putto, der in seiner linken Hand einen Löffel hält, während er mit seiner Rechten zum Putto mit dem Totenkopf weist. Mit einem sanften Lächeln blickt er über den Löffel hinweg hinab zu den Gläubigen und erinnert sie damit an den zentralen Gedanken der Verkündigung als geistliche Nahrung, gemäß dem Christuswort: »Der Mensch lebt nicht nur vom Brot, sondern von jedem Wort, das aus Gottes Mund kommt« (*Matthäus* 4,4). CK

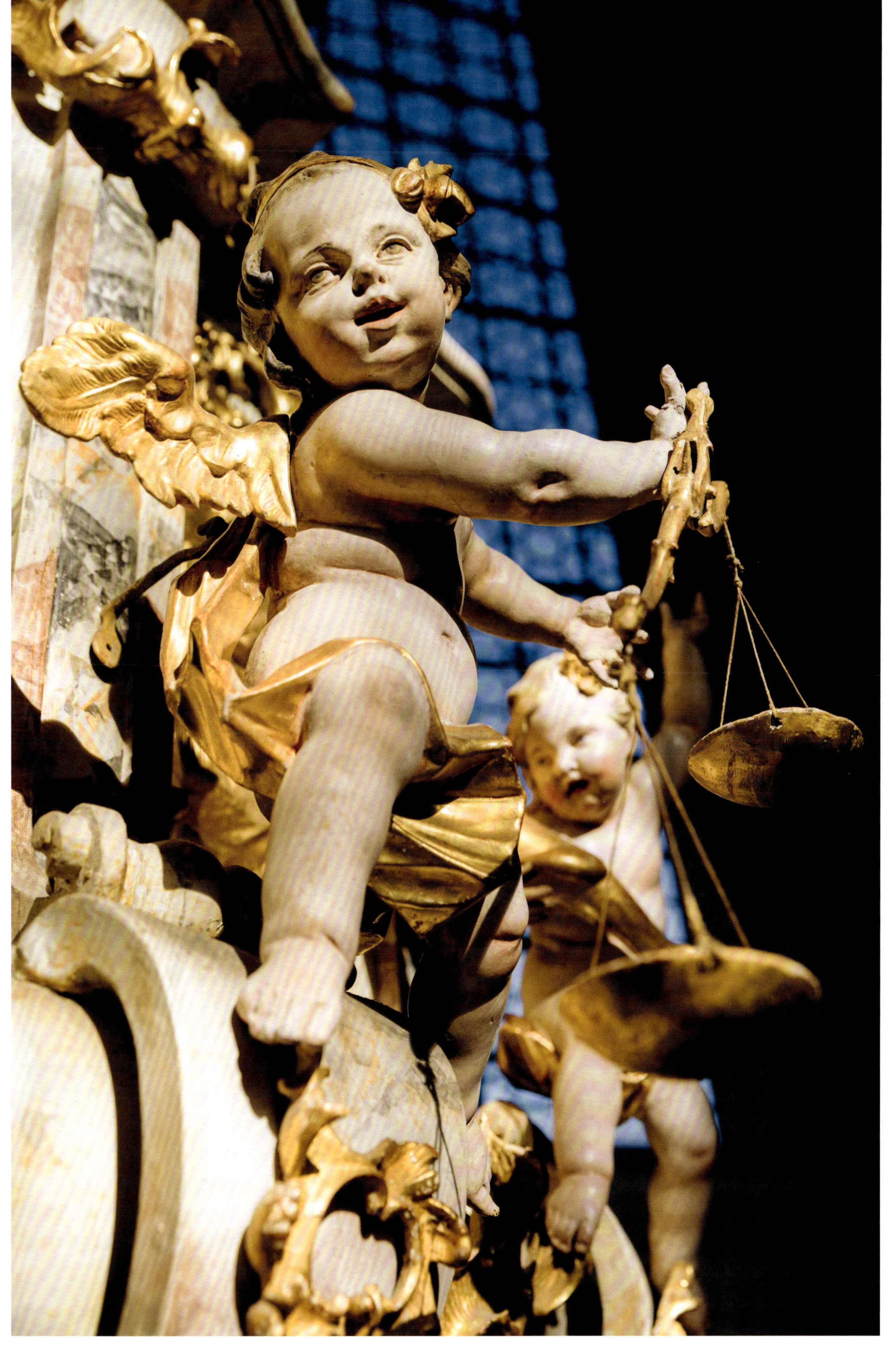

53 CHRISTIAN JORHAN D. Ä.

CHERUB VOM ALTAR DES HL. JOHANNES VON NEPOMUK

um 1770
Holz, farbig gefasst und vergoldet; 35 x 22 cm
Maria Thalheim, Wallfahrtskirche Mariä Himmelfahrt
Literatur: Unveröffentlicht.

Zu den charakteristischsten Schöpfungen des Rokoko gehören die »Engls köpfen und Fligente Kündl«,[1] die raumfüllend auch die Wallfahrtskirche Maria Thalheim bevölkern. Weit über ihre offensichtliche dekorative Funktion hinaus übernehmen sie wichtige ikonographische Rollen, die entscheidende, meist theologische Botschaften des Kirchenraumes verstärken und verdeutlichen sollen. Während Engel und Putten mit ihrem ganzen Körper agieren, sind die körperlosen Cherubim auf Mimik und Flügelgestik reduziert. Christian Jorhan (1727–1804) geht mit dieser Aufgabenstellung souverän und spielerisch um. Der Cherub, der an exponierter Stelle an einer Säulenvolute des Nepomuk-Altars den Kirchenraum überblickt, entspricht mit seinem blütengeschmückten Stirnband, den geröteten Wangen und fein ausgearbeiteten Flügeln ganz dem Ideal eines Rokoko-Engleins. Stilprägend war hier Ignaz Günther, dessen Cherubsköpfchen geradezu zum Markenzeichen des Münchner Rokoko wurden. Jorhan hat diesen Typus immer wieder aufgegriffen und ihnen trotz der reduzierten Möglichkeiten individuelle Funktionen zugewiesen. Doppelbödig erscheint die Botschaft des Cherubs, der einen Flügel im Gestus des Schweigens vor seinen Mund hält und damit die Eintretenden zunächst zur ehrfürchtigen Ruhe im Kirchenraum mahnt. Gleichzeitig verweist er im Kontext des hl. Johannes von Nepomuk auf die wichtigste Grundtugend des Heiligen, das Schweigen. Für sein standhaftes Stillschwiegen, mit dem er das Beichtgeheimnis bewahrt hatte, erlitt der hl. Johannes von Nepomuk das Martyrium und wurde so zum großen Beichtpatron und Beschützer gegen üble Nachrede. So eröffnet sich im unscheinbaren und zufällig scheinenden Gestus des kleinen Cherubs die Fähigkeit vieler Rokokokünstler, mit kleinen Gesten große Zusammenhänge zu illustrieren. Dass sich der Thalheimer Cherub direkt gegenüber der Kanzel befindet, ist zudem nicht zufällig. Die oft Stunden dauernden Predigten strapazierten sicherlich auch die Aufmerksamkeit vieler Zuhörer und führten zu Ermüdungserscheinungen, die der Geste des Cherubs eine zusätzliche und sehr menschliche Bedeutung verleihen. Wieder einmal offenbart sich hier die spielerisch-ironische Dimension des ländlichen Rokoko, nämlich auch den Ernst und die Würde der Liturgie augenzwinkernd aufzulösen. CK

1 Staatsarchiv Landshut: Regierung Landshut 4120, Kostenvoranschlag des Fassmalers Franz Xaver Zellner von 1765 zur Fassung der Orgel in Maria Thalheim.

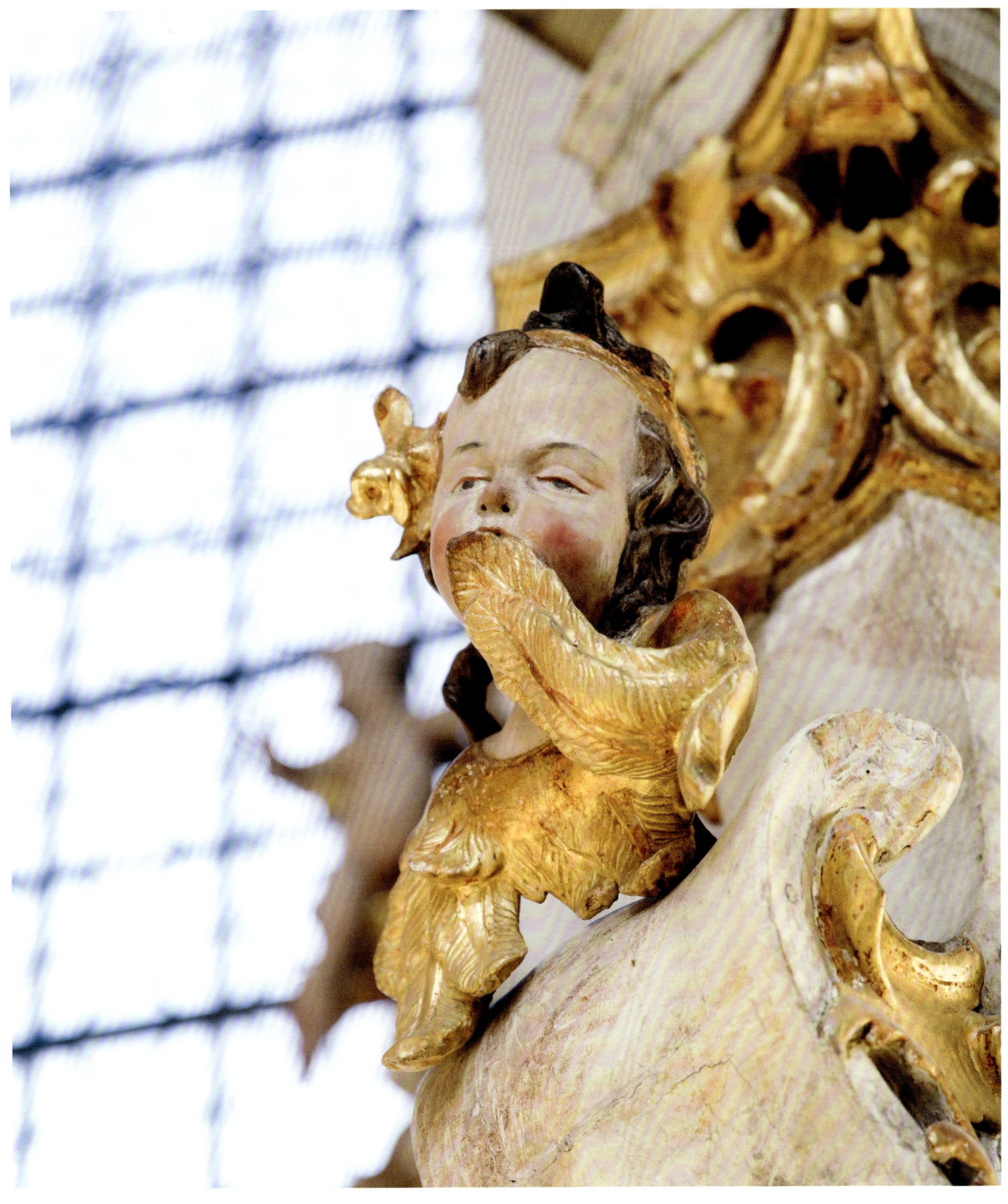

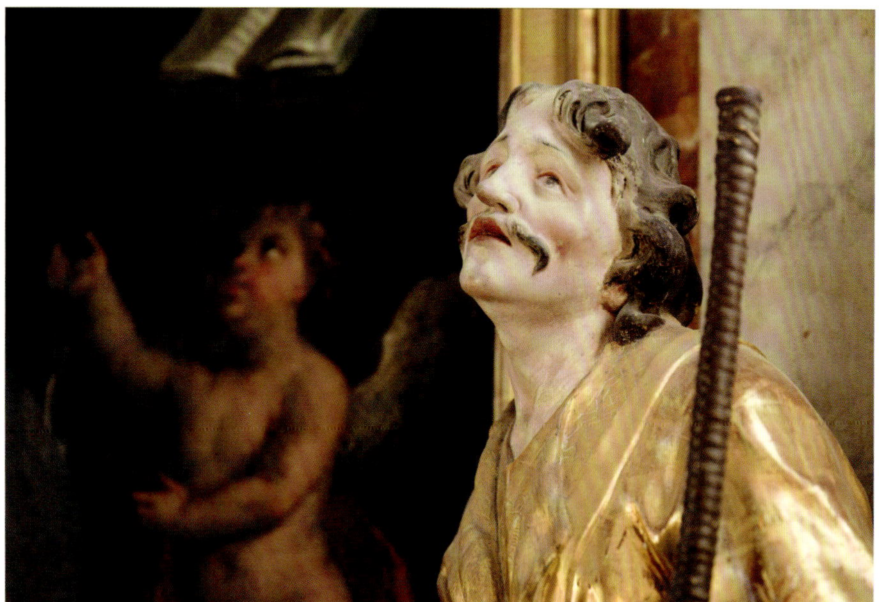

54

CHRISTIAN JORHAN D. Ä.

HLL. NOTBURGA UND WENDELIN

um 1770
Holz, farbig gefasst und vergoldet
a 142 × 65 × 55 cm (Notburga)
b 142 × 55 × 43 cm (Wendelin)
Maria Thalheim, Wallfahrtskirche Mariä Himmelfahrt
Literatur: Schindler 1985, S. 26 f., Abb. S. 26. – Schmidt 1986, S. 106, Abb. S. 107.

Der erste rechte Seitenaltar der Wallfahrtskirche Maria Thalheim ist dem Viehpatron Leonhard geweiht. Passend zu diesem Patronat, das den existenziellen Bedürfnissen der meist bäuerlichen Bevölkerung des Erdinger Landes entspricht, stehen als Assistenzfiguren der Hirtenheilige Wendelin rechts und die Patronin der Mägde, die hl. Notburga, links am Altar. Der hl. Wendelin war der Legende zufolge ein schottischer Königssohn des sechsten Jahrhunderts, der seine Königswürde ablegte, um als gottgeweihter Eremit und Hirte zu leben. Mittelpunkt seiner Verehrung ist das Grab des Heiligen in St. Wendel (Saarland). In Bayern wird er seit dem späten Mittelalter als Viehpatron und Patron der Hirten, Schäfer und männlichen Dienstboten verehrt. In bäuerlichen Landkirchen ist ihm – oder, wie in Rott, dem hl. Isidor (Kat.-Nr. 82) – die hl. Notburga als weibliches Pendant gegenübergestellt. Beide vertreten damit im vorrangig landwirtschaftlich geprägten Kurfürstentum den wichtigen Stand der bäuerlichen Dienstboten.

Die Thalheimer Skulpturen zählen zu den ausdrucksstärksten Werken des Landshuter Meisters und stehen paradigmatisch für seine ganz eigene Interpretation des Münchner Rokoko. Der gestalterische Grundduktus imitiert die sogenannten Schäferspiele des Rokoko, die zum festen Repertoire des höfisch-adligen Amüsements gehörten. So orientiert sich zwar die Kleidung der beiden an der bäuerlichen Tracht der Zeit, in ihrer durchweg goldenen Pracht und feinen Ausgestaltung wirken sie jedoch wie Kostüme eines Rollenspieles und stehen im krassen Gegensatz zur Lebensrealität von Knechten und Mägden des 18. Jahrhunderts. Theaterhaft sind auch die eleganten Posen und Gesten, die im Verständnis der Zeit Beseelung und inneren Affekt ausdrücken, was bei der mädchenhaften Notburga in einer koketten Heiterkeit gipfelt. Auch die Attribute (Wendelin mit Schalmei, Notburga mit Brot, Sichel und Schraubflasche) sind Teil dieser erzählerischen Inszenierung und geben in ihrem Realismus der Szene die Präsenz, die im Rokoko das Wesen eines Andachtsbildes ausmacht.

Eine zweite Notburga Christian Jorhans (1727–1804) befindet sich im Germanischen Nationalmuseum in Nürnberg.[1] Diese Skulptur unbekannter Herkunft orientiert sich noch stark an der Thalheimer Version und gilt als eine seiner spätesten Rokokoskulpturen, bevor Jorhans Kunst ab den 1780er-Jahren einen stark klassizistischen Impetus erhält. Im Unterschied zur Thalheimer Notburga erscheint ihre Kleidung realistischer, ihrer Pose fehlt die kokette Leichtigkeit und der Sockel ist nicht mehr als ornamental-quellende Rocaille gestaltet, sondern als schlichte Standfläche.

Die Thalheimer Skulpturen sind Teil eines grandiosen Raumprogramms. Die Wallfahrtskirche wurde im Zug ihrer Umgestaltung im Geiste des Rokoko von 1765 bis 1770 in einen marianischen Thronsaal verwandelt. Das Jorhan'sche Skulpturenprogramm der Seitenaltäre orientiert sich an den Anrufungen der Lauretanischen Litanei, in denen Maria als himmlische Königin gepriesen wird. CK

---

1 Inv.-Nr. Pl.O.302.

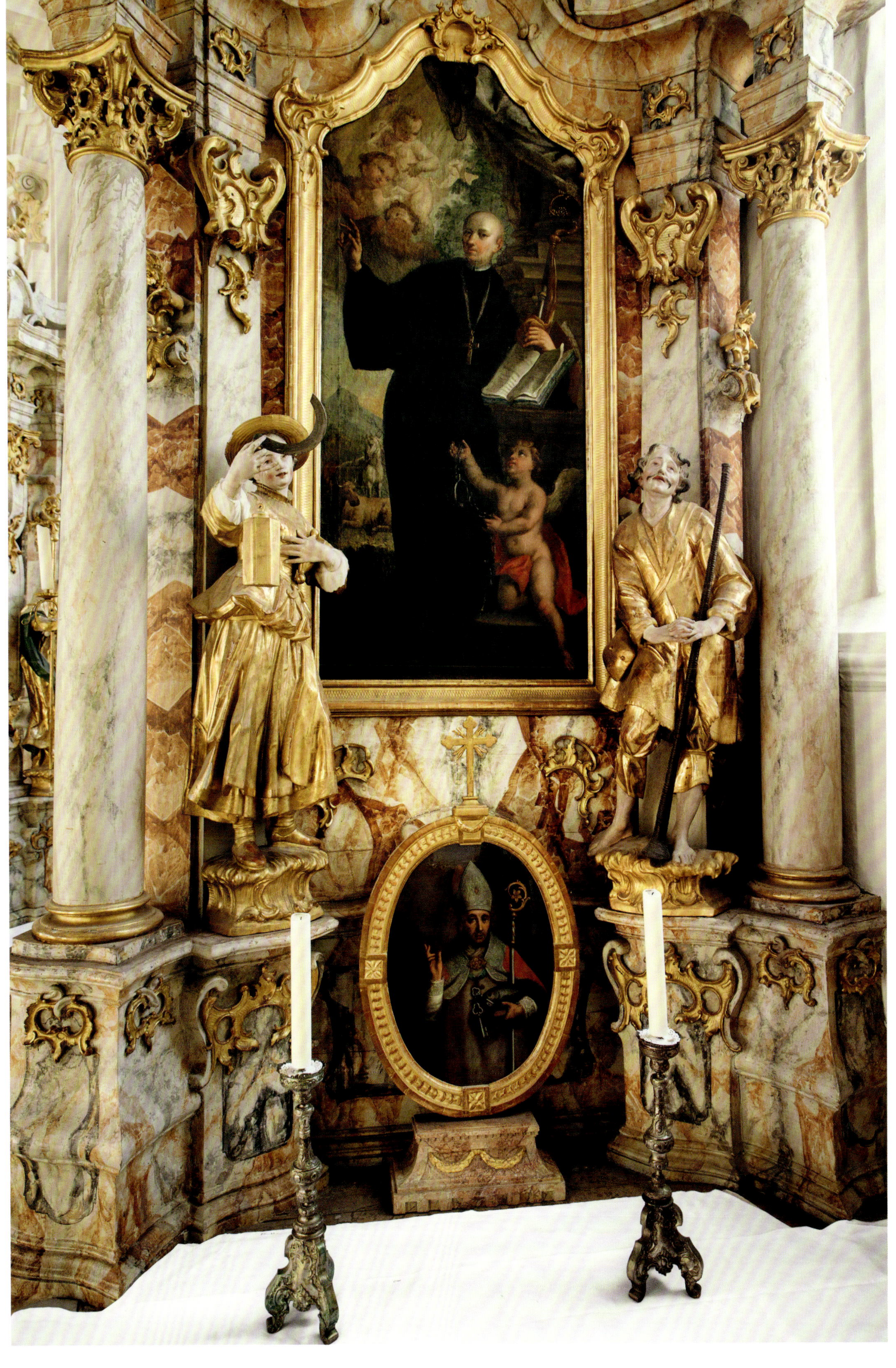

55 CHRISTIAN JORHAN D. Ä.

DIE VIER EVANGELISTEN

a Matthäus
b Markus
c Lukas
d Johannes
um 1770
Linden- und Nadelholz, farbig gefasst; 95 × 51 × 42 cm (a), 94,5 × 53 × 43 cm (b), 96,5 × 51 × 37,5 cm (c), 95 × 52 × 40 cm (d)
Riding, Pfarrkirche St. Georg
Literatur: Schmidt 1986, S. 166–171. – Thomas Ino Hermann, Riding. Pfarrkirche St. Georg, Evangelistenbüsten, in: Kultraum Kulturraum. Kirchliche Denkmalpflege im Erzbistum München und Freising, München 2011, S. 82–83. – Denkmalpflegeheft (http://www.erzbistum-muenchen.de/media/pfarreien/media13621120.PDF) [19.09.2014].

Die um 1770 entstandenen Büsten atmen trotz ihrer späten Entstehungszeit noch ganz den Geist des bayerischen Rokoko. Christian Jorhan (1727–1804) stellte die Evangelisten als Halbfiguren auf geschweifte, mit Rocaillen und ihren jeweiligen Symbolen verzierte Sockel. Die Nahtstelle zwischen Figur und Sockel wird durch Wolken kaschiert, was auch den Eindruck einer visionären Erscheinung hervorruft. Ursprünglich hielten die vier Evangelisten Schreibutensilien in ihren Händen, die heute jedoch verloren sind. Die Heiligen *Matthäus, Markus, Lukas* und *Johannes* sind individuell charakterisiert. Sie gestikulieren raumgreifend und scheinen das Evangelium miteinander zu diskutieren, doch ihre Ausdrucksweise ist unterschiedlich beherzt. Wirkt *Matthäus* ganz in sich versunken und zögerlich, vermittelt *Markus* mit seinen weit geöffneten Augen, dem flatternden Gewand und der bauschigen Wolke einen Zustand heller Erregung. Da die Figuren zudem in verschiedenen Lebensaltern dargestellt sind, ist es durchaus möglich, dass sich auch die Lehre von den vier Temperamenten in ihnen spiegelt. Demnach würden von *Johannes*, dem Sanguiniker und Repräsentanten der ersten Lebensphase, über den Choleriker *Markus* und den melancholischen *Lukas* im Erwachsenenalter bis hin zum Phlegmatiker im Greisenalter, dargestellt im *Matthäus*, die Evangelisten in eine universelle Kosmologie eingespannt werden, was den Gültigkeitsanspruch ihrer Evangelien nur vertieft.

Bemerkenswert ist der im Verhältnis sehr gute Erhaltungszustand der originalen Fassung in den Gesichtern. Allerdings ist das ursprüngliche Erscheinungsbild anhand der Farbreste in den Kleidungen und an den Sockeln leider nicht mehr ablesbar.

Möglicherweise standen die Chronisten des Lebens Christi auf Nebenaltären, je zwei rechts und links vom Tabernakel. Doch ist es auch denkbar, dass sie an einer Kanzel, dem Ort der Verkündigung des Evangeliums, angebracht waren. Durch ihre Lebendigkeit müssen sie beeindruckend auf die Gläubigen gewirkt haben. Diese Bilderfindung Jorhans genoss wohl auch einige Beliebtheit unter den Zeitgenossen, schuf er doch ähnliche Büsten bereits für die Geschichtsschreiberkapelle Erding, die Pfarrkirche Offenstetten, Maria Thalheim und später auch für die Pfarrkirche Altfrauenhofen. Weitere Büsten befinden sich gegenwärtig in St. Margareth in Grüngiebing. KT

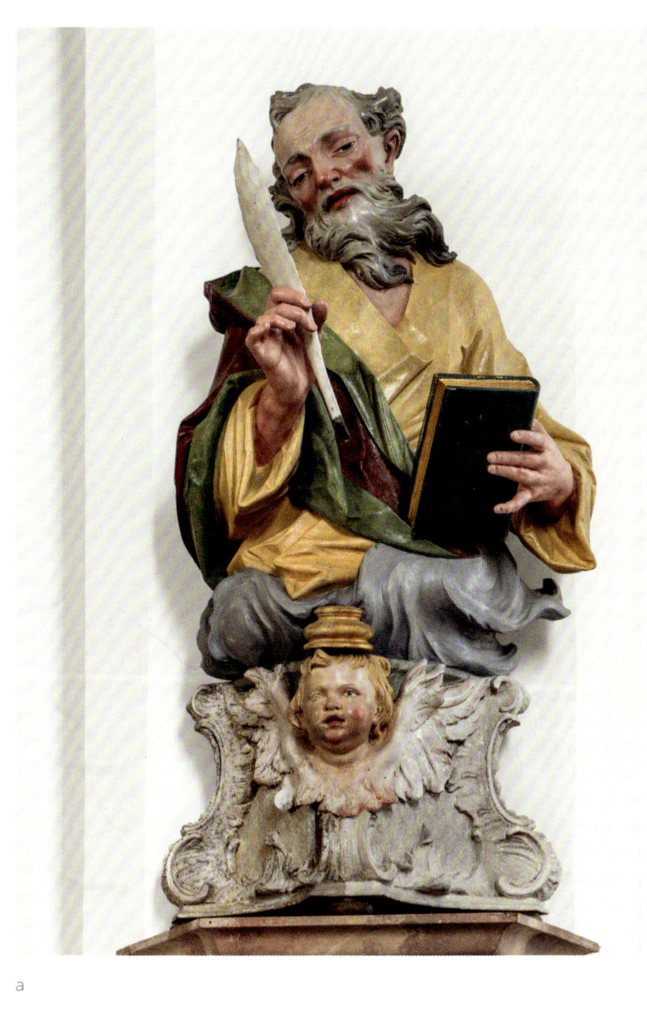

a

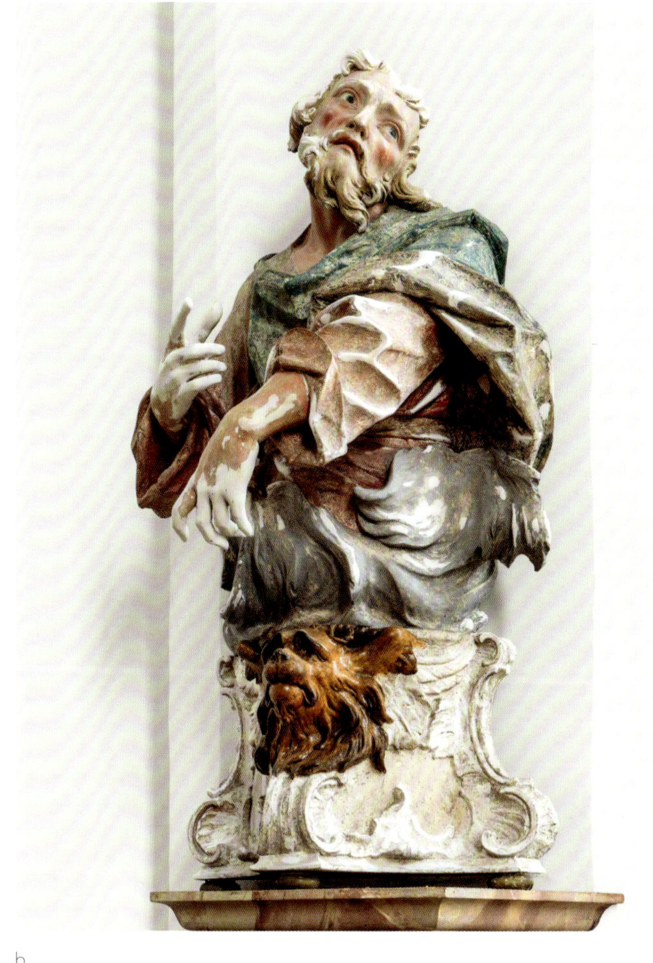

b

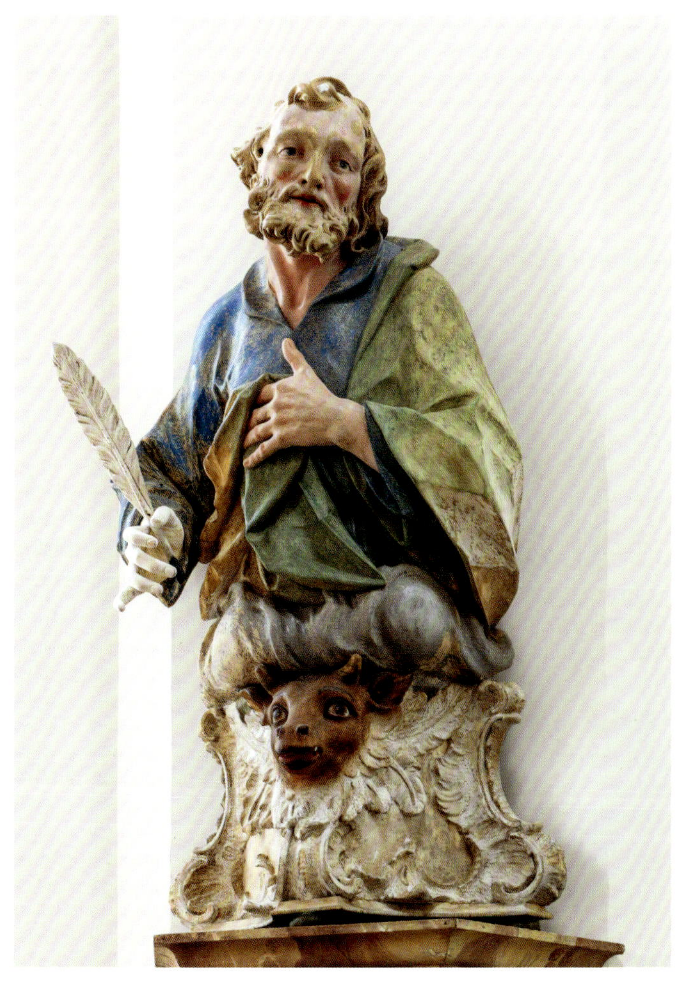

c

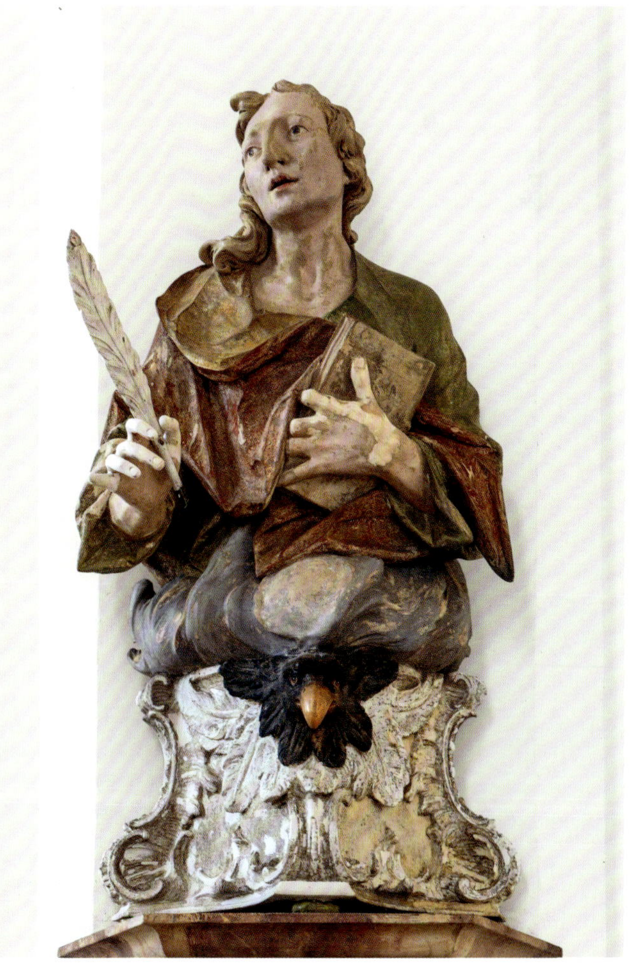

d

56 CHRISTIAN JORHAN D. Ä.

DIE VIER JAHRESZEITEN

a Frühling
b Sommer
c Herbst
d Winter
1780/81
Laubholz, gefasst; 110 × 49,5 × 36 cm (a), 108,5 × 49,5 × 28,5 cm (b), 111 × 51,5 × 29 cm (c), 114,5 × 53 × 27 cm (d)
Landshut, Bayerische Verwaltung der staatlichen Schlösser, Gärten und Seen, Stadtresidenz; Inv.-Nr. LaRes P3–6
Literatur: Ausst.-Kat. Landshut 1998, Nr. 46.

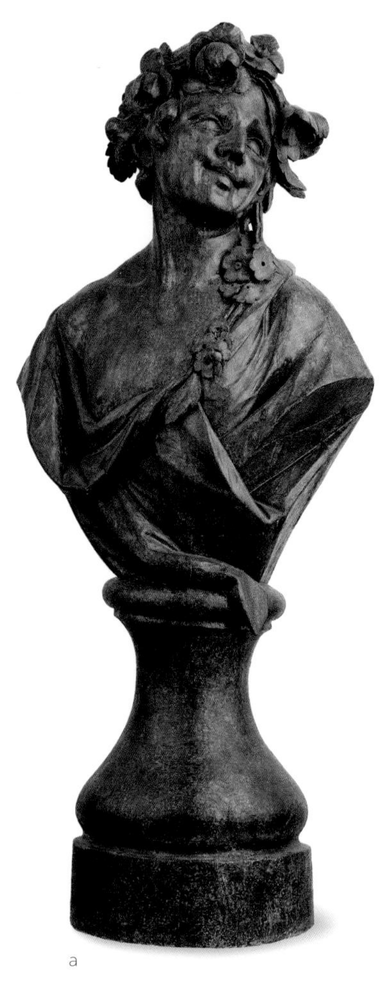

a

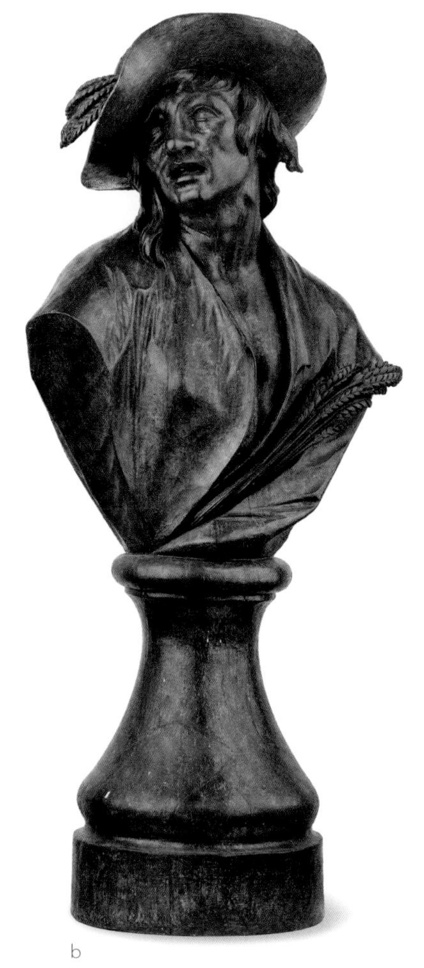

b

Wo auch immer die Gesellschaft des 18. Jahrhunderts sich im festlichen profanen Rahmen bewegte, begegnet einem das Motiv der vier Jahreszeiten. Allerortens wird dieses Thema in den schönen Künsten rezipiert, ob in der Musik (*Le quattro stagioni* von Antonio Vivaldi), der Poesie (*Seasons* von James Thomson) oder eben auch in der bildenden Kunst.[1]

Christian Jorhan (1727–1804) schuf die Folge der *Vier Jahreszeiten* für die Stadtresidenz in Landshut, die von 1780 bis 1781 für repräsentative Zwecke umgestaltet wurde. Anklingend an traditionelle Herrscherporträts, verwandelte er die Personifikationen in vier männlichen Büsten, die für die Nischen der Westhalle geschaffen wurden. Dieser Aufstellung entsprechend, sind sie nur dreiviertelrund und auf Untersicht angelegt. Eine dunkle, blauschwarz-grün changierende Blattmetallauflage imitiert bronzene Gartenplastik. Damit nimmt Jorhan Bezug auf die Jahreszeitenallegorien, die im Barock zahlreiche Schlossgärten schmückten. Dort wurde das Thema mythologisch-allegorisch und zur fürstlichen Selbstdarstellung ausgedeutet. Dass Jorhan diese Tradition aufgreift, zeigt das volle, runde, zufriedene Gesicht des Herbstes: Bekränzt mit Wein und umrankt von Fruchtgirlanden, erinnert er an Bilder des Bacchus (Kat.-Nr. 56 c).

»Jorhan besitzt einen durchdringenden Geist, den sein kuenstlicher Meissel in allen Arbeiten umgetauscht verbreitet, – ein Meister in Affekt, und Stellungen – jeder Gesichtszug drueckt das innerste der Geschichte aus, so, wie Lebhaftigkeit und Ernst der Natur am aehnlichsten kommen, […].«[2] Diese zeitgenössische Beobachtung trifft auf die *Vier Jahreszeiten* des Künstlers insbesondere zu, da sich aller Ausdruck in den Gesichtern der Perso-

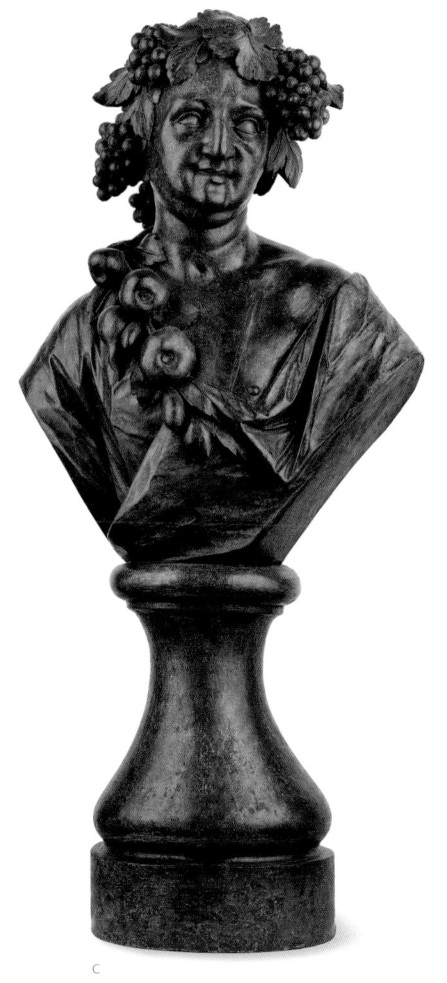

c

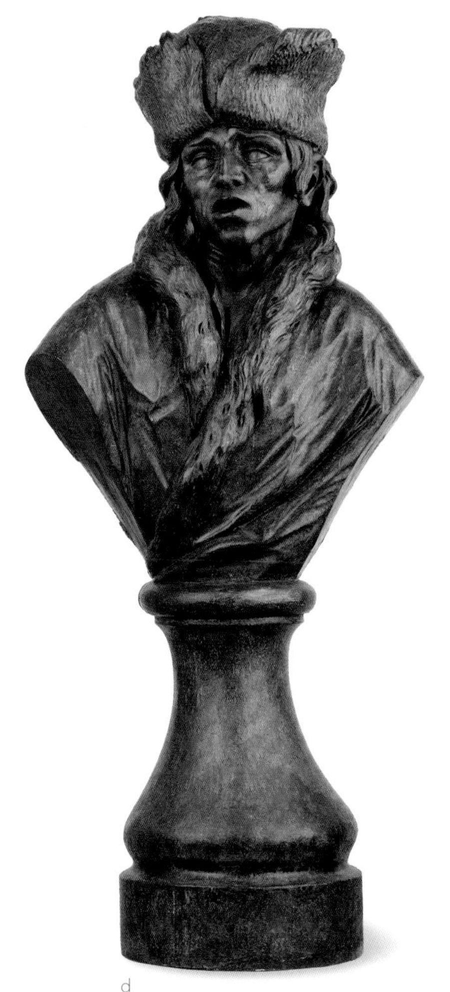

d

nifikationen konzentriert. Die Physiognomien sind extrem ausgebildet und spiegeln unterschiedliche Seelenzustände wie Freude oder Leid wider. Es ist eine Viererreihe starker Charakterstudien, wie sie in Christian Jorhans Werk immer wieder in verschiedenen Kontexten auftaucht (vgl. Kat.-Nr. 55).

Der Bildhauer kannte wahrscheinlich auch Franz Anton Bustellis kleine, lebhafte Porzellanfiguren der Jahreszeiten, die zur Unterhaltung bei Tische konzipiert wurden.[3] Die Büstenform, die runden Sockel, die Neigung der Köpfe, der Haarschmuck, insbesondere der breitkrempige Hut des Sommers finden sich schon bei diesem 20 Jahre älteren Beispiel. Der expressive, fast groteske Ausdruck in den Gesichtern der Landshuter Büsten erinnert hingegen an die Charakterköpfe Franz Xaver Messerschmidts (1736–1783), wie Jorhan ein Schüler Johann Baptist Straubs; sie entstanden von 1770 bis 1783 und wurden unter anderem auch in schwarzem Zinnguss ausgeführt.

Obwohl die ausdrucksvollen Mienen der Büsten Jorhans den glatten, »edlen« Gesichtern des anbrechenden Klassizismus konträr gegenüberstehen, lassen sie in ihrem strengen formalen Aufbau, in der Einfarbigkeit und der wenig raumgreifenden Gestaltung bereits auch frühklassizistische Tendenzen erkennen. KT

1 Vgl. dazu Die vier Jahreszeiten im achtzehnten Jahrhundert, Colloquium der Arbeitsstelle 18. Jahrhundert, Schloß Langenburg 1983, Heidelberg 1986.

2 Beschreibung der churfuerstlichen Haupt= und Regierungs=Stadt Landshut von Franz Sebastian Meidinger, Stadtprokurator allda 1785. Landshut, zitiert nach Ausst.-Kat. Landshut 1998, S. 15.

3 Vgl. Ausst.-Kat. München 2004, Nr. 177–183.

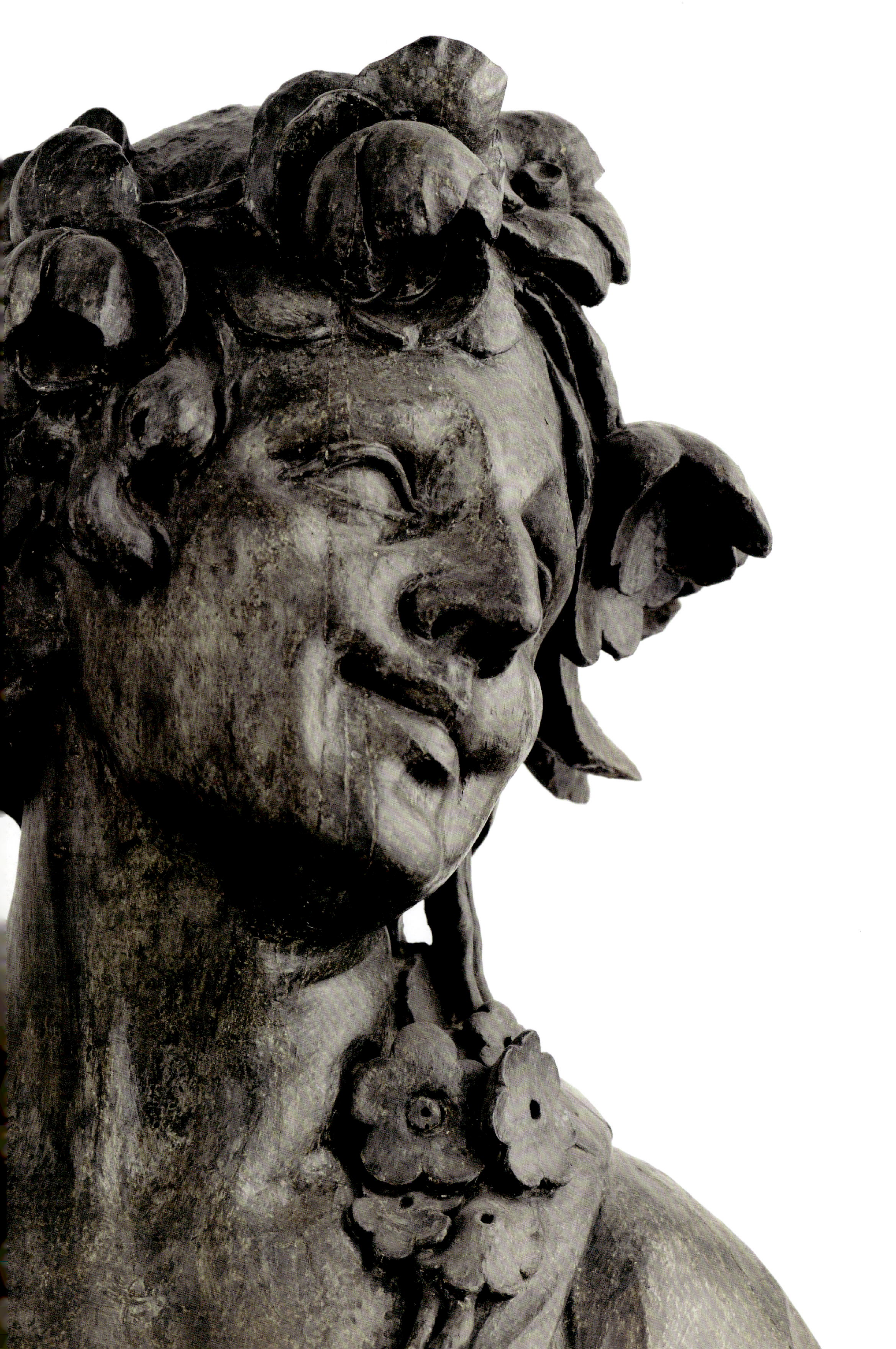

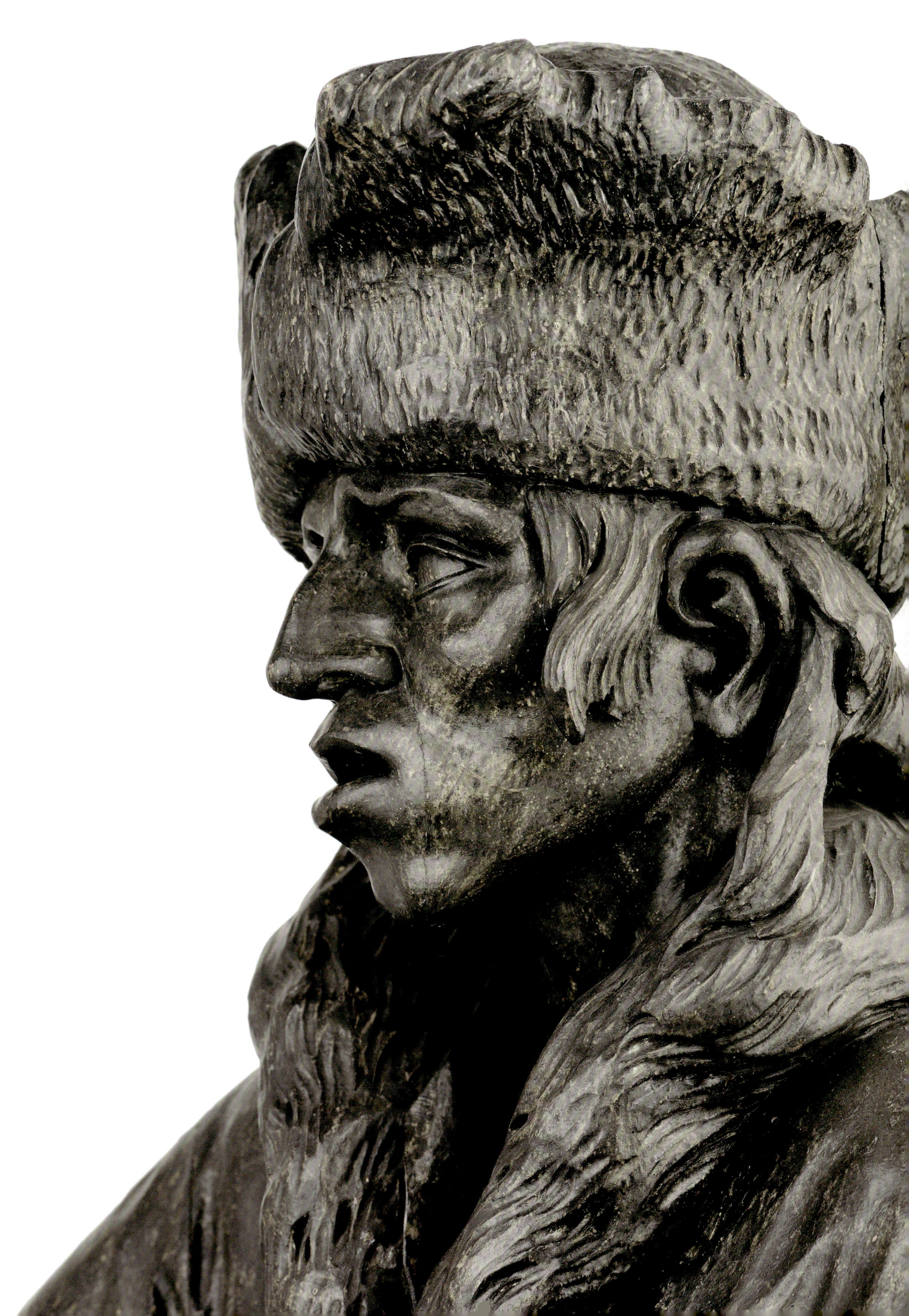

57 FRANZ XAVER SCHMÄDL
PUTTO MIT FEDERSCHMUCK

1745/46
Holz, gefasst und vergoldet; 78 x 40 x 30 cm
Rottenbuch, Pfarrkirche Mariä Geburt
Literatur: Ausst.-Kat. Freising 2010, S. 418 f.

Als das Augustiner-Chorherrenstift Rottenbuch im Zuge der Säkularisation 1803 aufgehoben wurde und die Klosterkirche zukünftig als Pfarrkirche dienen sollte, brach man die bis dahin bestehende Pfarrkirche St. Ulrich ab. Dort stand bis zu jenem Zeitpunkt auf dem linken Seitenaltar ein mit der Liegefigur des hl. Franz Xaver ausgestatteter Glasschrein, der in die Klosterkirche transferiert und auf dem neu gestalteten Josephsaltar aufgestellt wurde.

Dieser Schrein wird flankiert von zwei Putti, die dem Jesuitenheiligen als allegorische Hinweise zugeordnet sind und sich auf seine unermüdliche missionarische Tätigkeit in Asien beziehen. Der hier gezeigte Putto ist als kniendes Kleinkind dargestellt, das mit einer vergoldeten Draperie nur knapp bekleidet ist. Er hat das Köpfchen nach außen gewendet und blickt andächtig-bittend zum Himmel, während er als Zeichen der Taufe auf die wassergefüllte Muschel in seiner rechten Hand deutet. Als Verweis auf die fernen Länder, in denen der hl. Franz Xaver den christlichen Glauben verkündet hat, trägt er einen Kopfschmuck aus farbig gelüsterten Federn. Er erinnert damit an Darstellungen der vier Erdteile, die im 18. Jahrhundert immer wieder auch durch Putti verkörpert wurden, so zum Beispiel an der Ehrgott Bernhard Bendl (um 1660–1738) zugeschriebenen Kanzel der Wallfahrtskirche in Klosterlechfeld. Sein Pendant, ein Putto mit Pilgerumhang, hält in der linken Hand einen vergoldeten Krebs, der dem Heiligen der Legende nach ein Kreuz wiedergebracht haben soll, das diesem während eines Sturmes ins Wasser gefallen war. Gemeinsam werben die beiden liebenswerten Gestalten mit spielerischen Gesten um Aufmerksamkeit für die Figur im Schrein, die den hl. Franz Xaver in seiner einsamen Sterbestunde auf der Insel Sancian vor der chinesischen Küste darstellt. SM

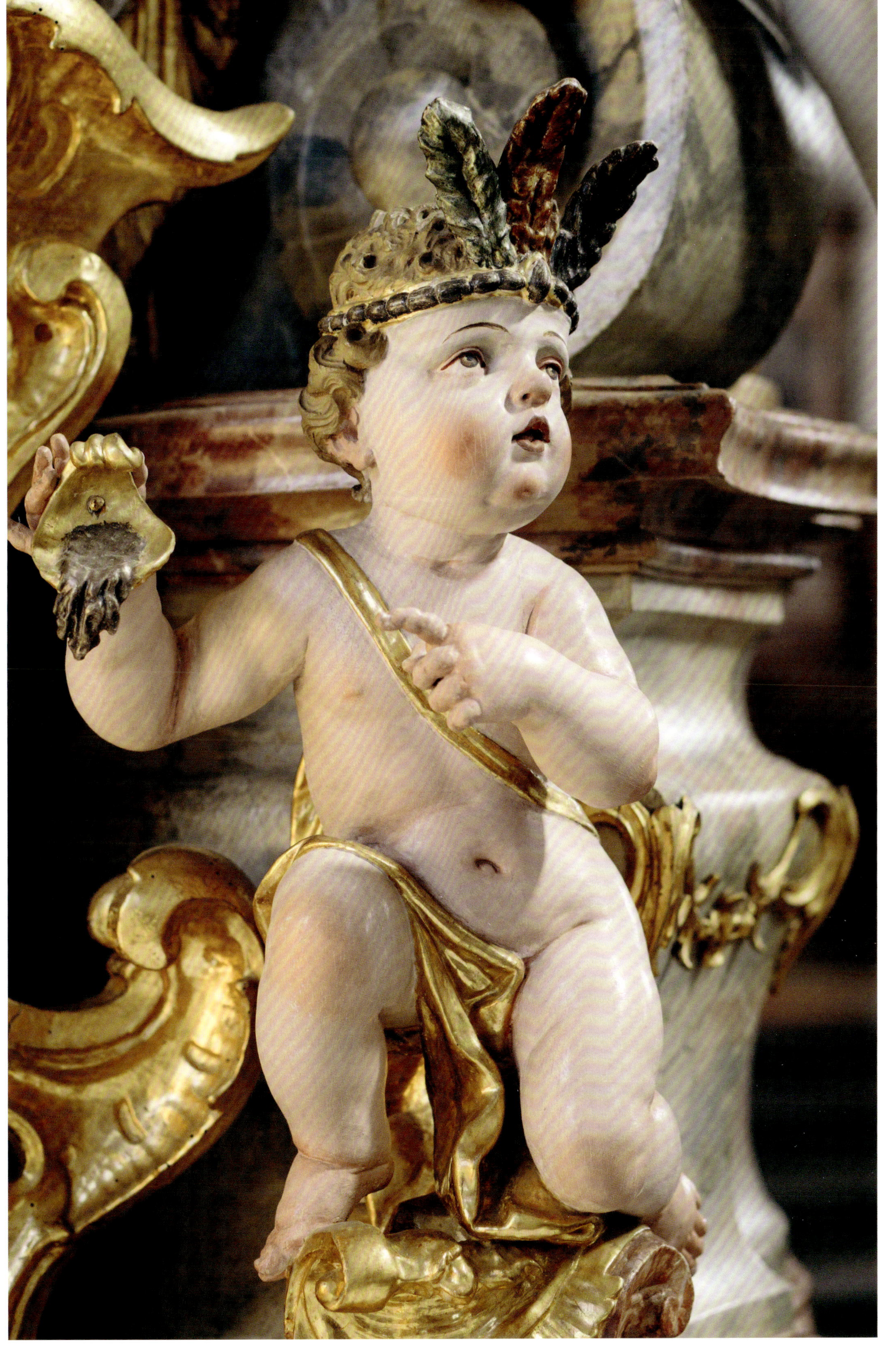

58 FRANZ XAVER SCHMÄDL

JOHANNES DER TÄUFER UND JOHANNES DER EVANGELIST

240

um 1758
Laubholz, farbig gefasst
a 205 x 128 x 80 cm (Täufer)
b 192 x 120 x 92 cm (Evangelist)
Bezeichnet auf dem Schriftband des Täufers: »ECCE AGNUS DEI«
Peiting, Pfarrkirche St. Michael
Literatur: Grotemeyer 1928, S. 31. – Norbert Jocher, Katholische Pfarrkirche St. Michael Peiting, München/Zürich 1989, S. 16, Abb. S. 12 f.

Den Hauptaltar der Peitinger Pfarrkirche schuf Franz Xaver Schmädl (1705–1777) ursprünglich für das südliche Querschiff der Klosterkirche Rottenbuch. Doch schon 1806, im Zuge der Säkularisation, wurde er nach Peiting verkauft. Seine beiden rahmenden Assistenzfiguren, *Johannes der Täufer* und *Johannes der Evangelist*, führen das Können eines außerhalb des Münchener Künstlerkreises gereiften Bildhauers vor.

Beide Figuren stehen sicher im Kontrapost. Das je äußere Spielbein ist auf einer Plinthenerhöhung abgestellt. Unruhe erzeugen dagegen die aufgewühlten Gewänder, die raumausgreifend um die Körper drapiert sind und förmlich zur Mitte hinstreben. Auch ihre Köpfe, die sich entgegen den leicht nach außen gedrehten Körpern zum Altar wenden, sorgen für Spannung.

Johannes der Täufer wird von Schmädl sehr körperhaft, erotisch-sinnlich wiedergegeben (a). Sein muskulöser, kräftiger Körper ist fast unbekleidet. Sehnen und Adern zeichnen sich im Hals- und Unterarmbereich deutlich ab und lassen, unterstützt vom hellen Inkarnat, den Propheten zugleich verletzlich wirken. Ein Fellüberwurf, dessen wollige Struktur trotz Vergoldung ausgearbeitet ist, offenbart *Johannes'* Körper mehr, als dass er ihn schützt. Letztlich ist es ein Akt in Bewegung, der im Geiste des Rokoko eine körperliche Präsenz des Heiligen im Kirchenraum vermitteln soll und sich an der Grenze zum Sinnlich-Profanen bewegt. In der rechten Hand hält die Figur einen Kreuzstab, um den sich das Schriftband »Siehe, das Lamm Gottes« windet. Seine Linke verweist darauf, denn mit dieser Prophezeiung hatte der Täufer am Anfang der

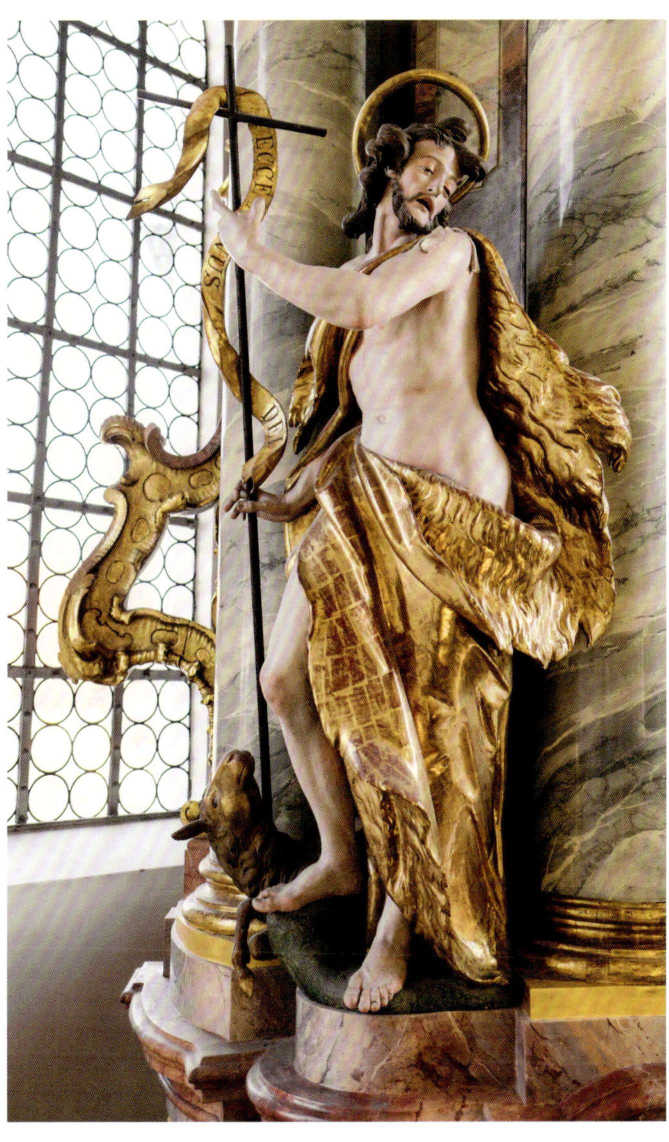

a

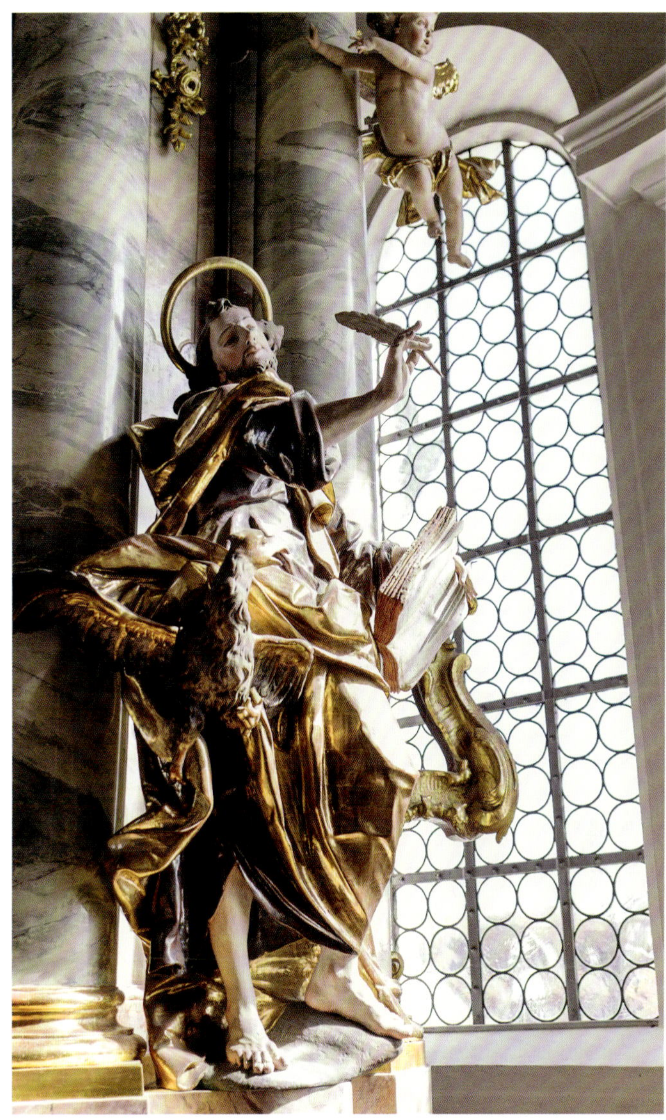

b

Heilsgeschichte Jesus als den Erlöser der Menschen ankündigt. Auch ein aufblickendes Lamm fügte Schmädl, der ikonographischen Tradition gemäß, unter den Kreuzstab hinzu. *Johannes* selbst allerdings hält den Kopf geneigt und sieht mit nur leicht geöffneten Augen auf den Tabernakel, in dem das wahre Lamm Gottes, Christus, in Gestalt der konsekrierten Hostie aufbewahrt wird. Des Täufers dramatisierend weit geschlungene Draperie, sein wild aufgebauschtes Haar, die bloße Haut und der hingebungsvolle Blick zeigen *Johannes* als einen Menschen und nicht mehr als einen Typus, der »mit Leib und Seele« für seine Sache eintritt.

Was der Täufer verkündete, erlebte der Lieblingsjünger Jesu und schrieb es für die Nachwelt nieder. Die Evangelistenfigur (b) erscheint vergeistigter als die Figur des Propheten. Der Körper ist bekleidet, der Fokus liegt auf dem Gesicht. Aus halbgeöffneten Augen schweift *Johannes'* Blick verklärt in die Ferne. Die Stirn kräuselt sich leicht. Es könnte der Moment auf Patmos dargestellt sein, in welchem der Heilige seine Vision empfängt. In der ausgestreckten Hand hält er eine Feder, bereit, das Evangelium niederzuschreiben. Sein Attribut, der Adler, begutachtet das schon Niedergeschriebene. Er flattert mit der Gewanddraperie auf und sorgt für Dramatik in der Szene. Formal ist dieser *Johannes* die fast spiegelbildliche Figur zu Schmädls *Petrus* in der Oberammergauer Pfarrkirche St. Peter und Paul, lediglich Arme und Gewand sind individuell den Attributen angepasst. Und doch ist der Jünger so überzeugend charakterisiert, dass man meinte, es könne gar nicht anders sein. KT

59

FRANZ XAVER SCHMÄDL

RAHMEN FÜR EIN MARIENGNADENBILD

1760
Holz, farbig gefasst, vergoldet und versilbert; 210 x 180 x 55 cm
Oberammergau, Pfarrkirche St. Peter und Paul
Literatur: Unveröffentlicht.

Der großformatige Rokokorahmen ist Teil des Altars des hl. Antonius von Padua in Oberammergau, wo er sich unterhalb des Altarbildes befindet. Vermutlich wurde er eigens für das sich darin befindliche Gnadenbild geschaffen. Es handelt sich hierbei um eine barocke Devotionalkopie des Gnadenbildes *Salus Populi Romani* (Beschützerin des Römischen Volkes), einer seit jeher hoch verehrten Ikone der Maria mit dem Kind aus der Basilika Santa Maria Maggiore in Rom.

Die Elemente der detailreichen Rahmenausschmückung nehmen auf die Gottesmutter Bezug. Das Marienmonogramm ist einer Mondsichel aufgesetzt und bekrönt den inneren Teil des Bilderrahmens, hinterfangen von einem Strahlenkranz. Es sind die Symbole der apokalyptischen Frau aus der Offenbarung des Johannes, welche seit dem 5. Jahrhundert mit Maria identifiziert wurde. Zwei auf Windwirbeln herbeirauschende Putti bringen Zeichen ihres Königtums und ihrer Liebe zu Gott: ein Zepter und ein flammendes Herz. Zusätzlich wird das Gnadenbild in dem voluminösen Rahmen von einem mit Rosenmustern verzierten Baldachin beschirmt. Dieser steht einerseits in einer geläufigen, Marias Würde und Ehre hervorhebenden Darstellungstradition. Andererseits wird er durch zwei Cherubköpfe so aufgefächert, dass er die Sicht auf das Jesuskind mit seiner Mutter als Einblick inszeniert. Der Behang veranschaulicht so die Offenbarung des unsichtbaren Gottes durch Maria.

An diesem Franz Xaver Schmädl (1705–1777) zugeschriebenen Werk lassen sich die Besonderheiten der Bildschnitzkunst des Rokoko hervorragend zeigen. In vielfältiger Gestalt winden sich Rocailleornamente und sogenannte C-Bögen über den Rahmen. Auch die für die Epoche so typische Asymmetrie ist an diesem Werk besonders auffällig. Selbst das Marienmonogramm kippt leicht von der Mondsichel. Kein Ornament ist spiegelbildlich oder gar identisch. Und die Engelchen, welche keinesfalls fehlen dürfen, tragen sogar individuelle Frisuren. KT

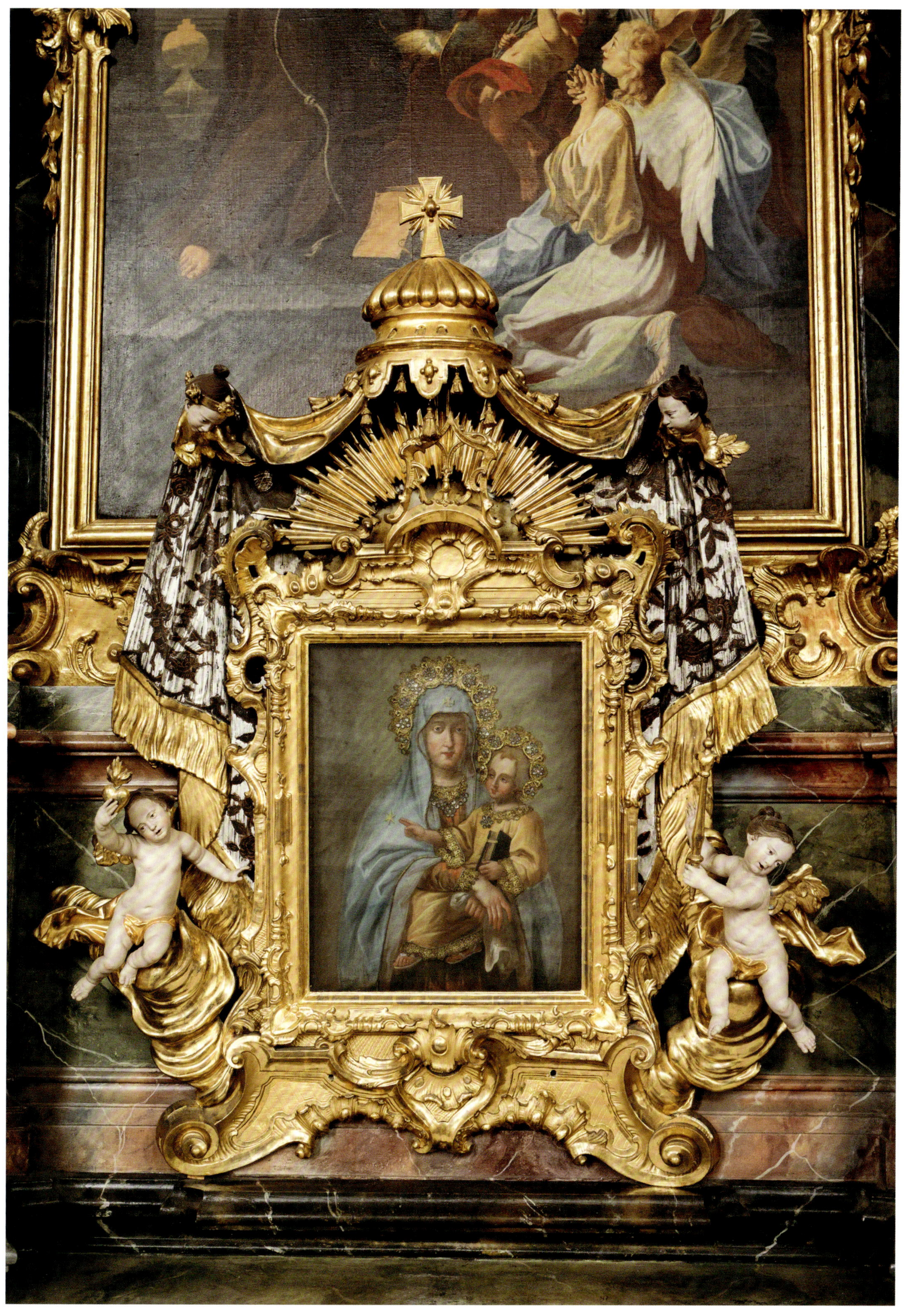

60 JOSEPH GÖTSCH

SCHUTZENGELGRUPPE

1763–1766
Holz, farbig gefasst; 159 x 122 x 42 cm
Rott am Inn, Pfarrkirche St. Peter und Paul
Literatur: Unger 1972, S. 40–41, 99, Abb. 50.

Joseph Götschs (1728–1793) Schutzengel ist fast lebensgroß. Er führt ein etwa zweijähriges Kind an der Hand, dessen Augen konzentriert seinem Fingerzeig zum Himmel, zu Gott, folgen. Selbstvergessen liegt die Zunge des Kindes im leicht geöffneten Mundwinkel, seine Wangen glühen – Götsch zeigt sich hier als ein guter Beobachter kindlicher Eigenarten, die er naturalistisch wiederzugeben vermag. Die aufs Herz gelegte Hand, sein weißes Kleid mit floraler Ornamentik sowie die Blume im Haar symbolisieren die Unschuld des Kindes. Der Verweis des Engels nach oben lehrt das Kind, stellvertretend für die Betrachter, seinen Lebensweg im gläubigen Vertrauen auf Gott zu gehen.

Das fein gezeichnete Gesicht des Himmelsboten orientiert sich stark an der Ästhetik Günther'scher Figuren. Trotz ihrer Größe scheinen die Flügel des Engels sehr leicht und fedrig. Während sich der rechte im Windstoß ausbreitet, legt sich der linke um den Oberkörper und schließt Engel und Kind schützend zu einer Einheit zusammen. Die Schutzengelgruppe ist in einem Moment des Innehaltens dargestellt. Sie strahlt eine große Ruhe und Innerlichkeit aus. Von der vertrauensvollen Zusammenkunft ablenkende Details fehlen – etwa die Gefahr symbolisierende Schlange oder das zum Laufen geraffte Gewand, beides Elemente, die Ignaz Günther in seiner Schutzengelgruppe von 1763 darstellte.

Joseph Götsch arbeitete mehrfach mit Ignaz Günther zusammen, so auch zwischen 1762 und 1766 in Rott am Inn. Hier schuf Götsch unter anderem diese Schutzengelgruppe, die sich stark an dem fast übermächtigen Vorbild Günthers orientiert. Von dessen Skulpturengruppe aus dem Jahr 1763, welche sich heute im Museum der Marianischen Männerkongregation im Münchner Bürgersaal befindet, hat sich in der Staatlichen Graphischen Sammlung München Günthers zeichnerischer Entwurf erhalten, der zum Teil von der bildhauerischen Ausführung abweicht. Götsch kannte sicherlich sowohl die Zeichnung als auch die Skulpturengruppe, da sich bei ihm gestalterische Elemente von beiden Arbeiten wiederfinden. Abgesehen vom Standmotiv weist Götschs Schutzengel darüber hinaus bemerkenswerte Ähnlichkeit mit der Gestalt des Erzengels Gabriel aus Günthers Weyarner Verkündigungsgruppe von 1764 auf, sodass seine Schutzengelgruppe möglicherweise um 1765 zu datieren ist.

Heute steht sie als linke Assistenzfigur am Benedikt-Altar, als Pendant eines Engels mit Benediktinerregel. Die bayerische Benediktinerkongregation wurde 1684 unter dem Patronat des heiligen Schutzengels gegründet und trug wesentlich zur schnellen Verbreitung des ikonographischen Motivs in ihren Klöstern und Kirchen bei. Schutzengeldarstellungen, die inhaltlich und formal an Bilder des Erzengels Raphael mit Tobias anknüpften, wurden im Barock und Rokoko auch durch die Andachtsgraphik sehr populär. KT

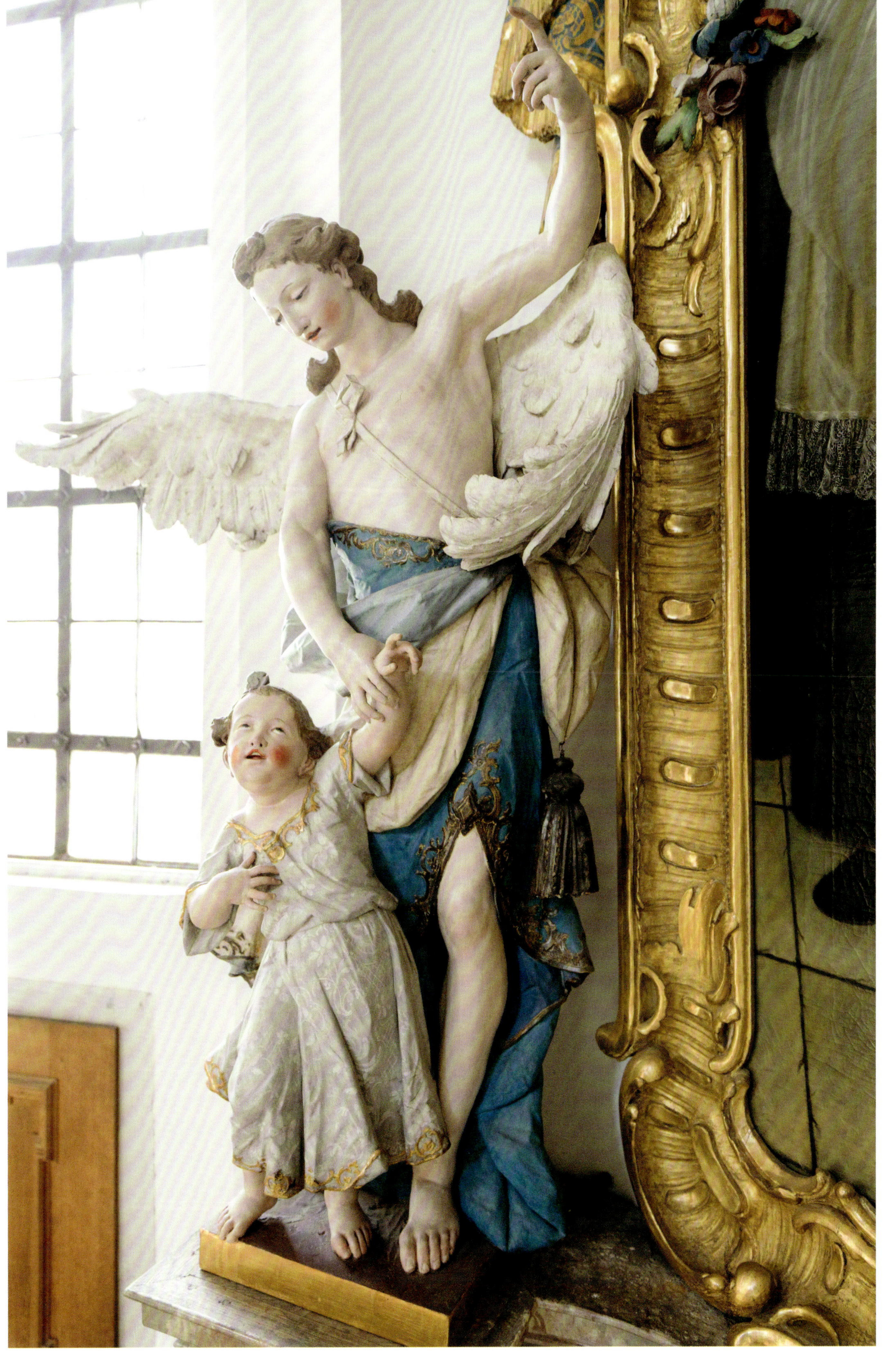

61 JOSEPH GÖTSCH

DIE VIER LETZTEN DINGE

1765
Lindenholz, ungefasst (1960 abgebeizt); je ca. 50 x 21 x 17 cm (a–d)
Rott am Inn, Pfarrkirche St. Peter und Paul
Literatur: RDK, Bd. 4, 1958, Sp. 15–18. – Unger 1972, S. 47–49, 99, Abb. 60–66. – Staatliches Hochbauamt Rosenheim (Hg.), Ehemalige Klosterkirche Rott am Inn. Dokumentation der Restaurierung 1994–2002, Lindenberg im Allgäu 2002, S. 66 f. – Heisig 2005, S. 22. – Ausst.-Kat. Freising 2010, Nr. IX.27.

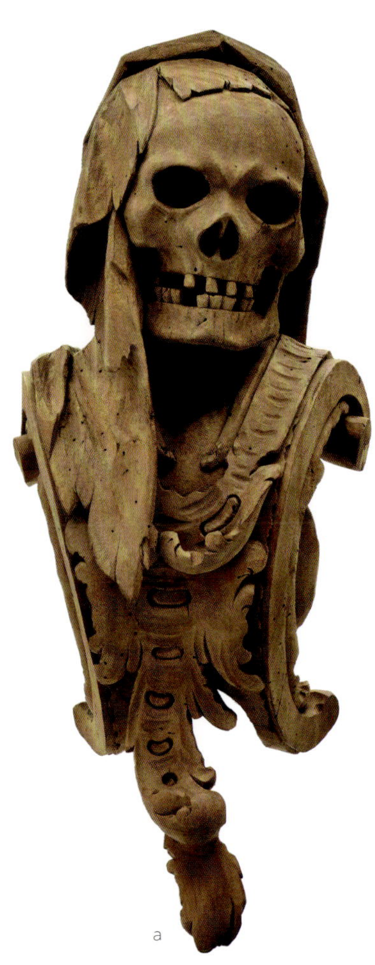
a

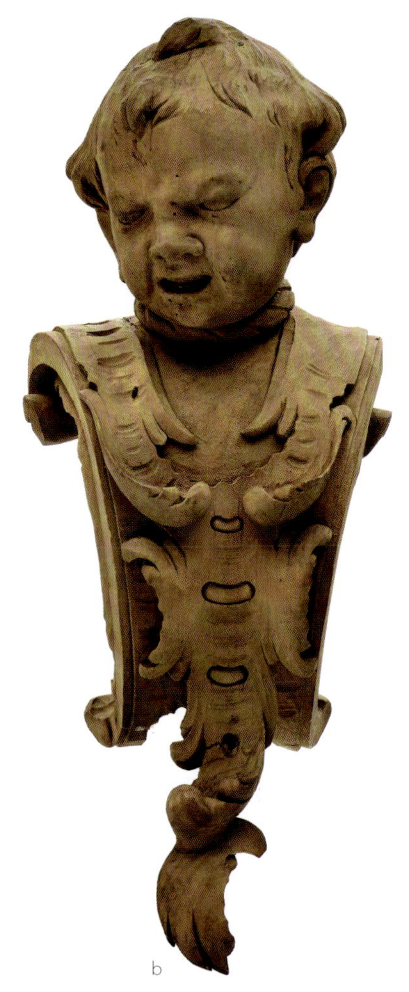
b

Die ursprünglich acht Konsolbüsten, von denen nur noch sieben erhalten sind, stammen aus der Vorhalle der Klosterkirche in Rott am Inn. Je paarweise an vier Beichtstühlen angebracht, bekrönen und vollenden sie im oberen Teil die Rocaille der Stuhlwangen. Die weitgehend offen gestalteten Beichtstühle sind im Werk von Joseph Götsch (1728–1793) von herausragender künstlerischer Bedeutung. Auf gelungene Weise demonstrieren sie das Zusammenspielen und Ineinanderfließen von Architektur, Ornament und skulpturaler Dekoration.

In die Pfeiler eingepasst, stehen die vier Beichtstühle direkt unter den Skulpturen reuiger Sünder und lassen das Thema der Vorhalle – Besinnung und Buße – offensichtlich werden. Die *Vier letzten Dinge* – Tod, Gericht, Himmel und Hölle – sind ein Leitmotiv barocker Frömmigkeit und Andacht. Die dargestellten Köpfe an den Beichtstühlen veranschaulichen entsprechend der katholischen Lehre den Weg der verstorbenen Seelen im Jenseits. Je ein Thema der *Vier letzten Dinge* wird pro Beichtstuhl mit einem Paar dargestellt. Ihre Ausdrucksstärke und Dramatik wird gesteigert durch die Wahl von Kleinkindgesichtern, die uns sonst vor allem als fröhliche Putten im Kirchenraum begegnen.

Das erste Paar zeigt den Tod selbst. Unter zurückgezogenen Leichentüchern starren zwei Skelettschädel grimmig aus den Augenhöhlen (a). Der Ausdruck wird verstärkt durch die aufeinandergebissenen lückenhaften Zahnreihen. Dagegen wenig eindeutig sind die beiden pausbäckigen Kinderköpfe des Jüngsten Gerichts. Mit verkniffenen Mienen – ein Putto hat bereits eine Schlinge um

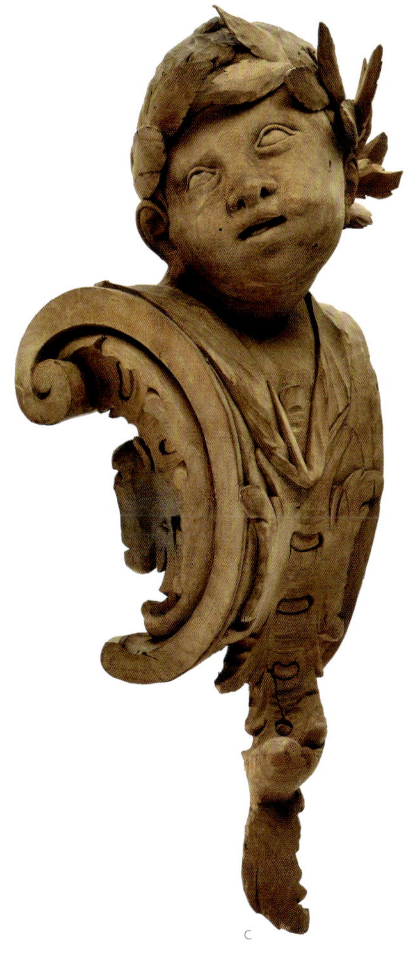

c

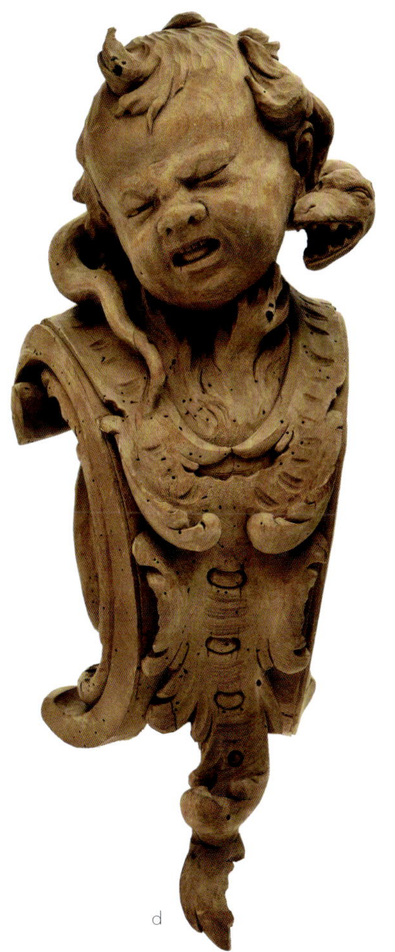

d

den Hals (b) – warten sie auf ihr Urteil. Vorbedingung eines Einzugs ins Paradies ist das in den dekorierten Beichtstühlen gespendete Bußsakrament, durch dessen Empfang reuige Sünder Vergebung ihrer Sünden und Lossprechung erfahren, um im Gericht bestehen zu können. Ein Putto schaut schon verzückt gen Himmel, sein Kopf ist bekrönt mit dem Zeichen des Sieges und des Lebens, einem Lorbeerkranz (c). Im anderen Falle wartet auf die verstorbene Seele die Verdammnis. Auf und um die gequälten Gesichter winden sich Schlangen. Flammen züngeln die Hälse empor, ein Haarwirbel stellt sich sogar zu einem Teufelshorn auf (d).

Nachdem dieses Spektrum an Seelenzuständen, am passenden Ort vorgeführt, zur Besinnung und Buße gemahnt hat, führt der Weg den Besucher in den strahlenden Rokokohimmel des Kircheninneren. Eindrucksvoll wird in Rott am Inn auch durch Götschs Ikonographie der Beichtstühle das Kirchendogma »extra ecclesiam salus non est« (Außerhalb der Kirche gibt es kein Heil),[1] ein im Rokoko immer noch wichtiges Leitprinzip, veranschaulicht.

Das ikonographische Motiv der *Vier letzten Dinge* taucht bereits bei Egid Quirin Asam an den Beichtstühlen der Münchner St. Johannes von Nepomuk-Kirche auf. Auch Joseph Deutschmann (1717–1787) hat 1747 und um 1760 Beichtstühle in Fürstenzell und Aldersbach mit entsprechenden Allegorien bestückt. KT

---

1 Aus den Briefen des hl. Thascius Caecilius Cyprianus, Bischof von Karthago, ep. 73,21, zitiert nach Bibliothek der Kirchenväter, Bd. 31, München 1928, S. 352.

PORZELLAN Mit seiner glasierten Oberfläche und den leuchtenden Farben galt Porzellan im 18. Jahrhundert als begehrtes Luxusgut. Gefäße und Kleinskulpturen aus dem »weißen Gold« waren fester Bestandteil höfischer Tischdekorationen, wegen ihrer ästhetischen Reize wurden sie bewundert und boten Anlass zur Unterhaltung. Das Verfahren für die Herstellung von Porzellan aus den Rohstoffen Quarz, Feldspat und Kaolin war seit Jahrhunderten nur in China bekannt. Lange experimentierte man in Europa mit Rezepturen und Techniken, bis 1710 unter August dem Starken im sächsischen Meißen endlich die erste Porzellanmanufaktur gegründet wurde.

Kurfürst Maximilian III. Joseph richtete sodann 1747 die erste »Porcelain-Fabrique« in München ein. Standort war zunächst Schloss Neudeck, bevor 1761 die Porzellanmanufaktur aus Platzgründen nach Nymphenburg zog. In diesen frühen Jahren war es vor allem Franz Anton Bustelli, der die besondere Ästhetik der Porzellanplastik am deutlichsten prägte. Mit seinen höchst ausdrucksstarken und kunstvollen Figuren avancierte er zu einem der bedeutendsten Künstler des Münchner Rokoko. Seine höfisch-eleganten Gestalten scheinen die Werke von Holzbildhauern wie Ignaz Günther nachhaltig beeinflusst zu haben.

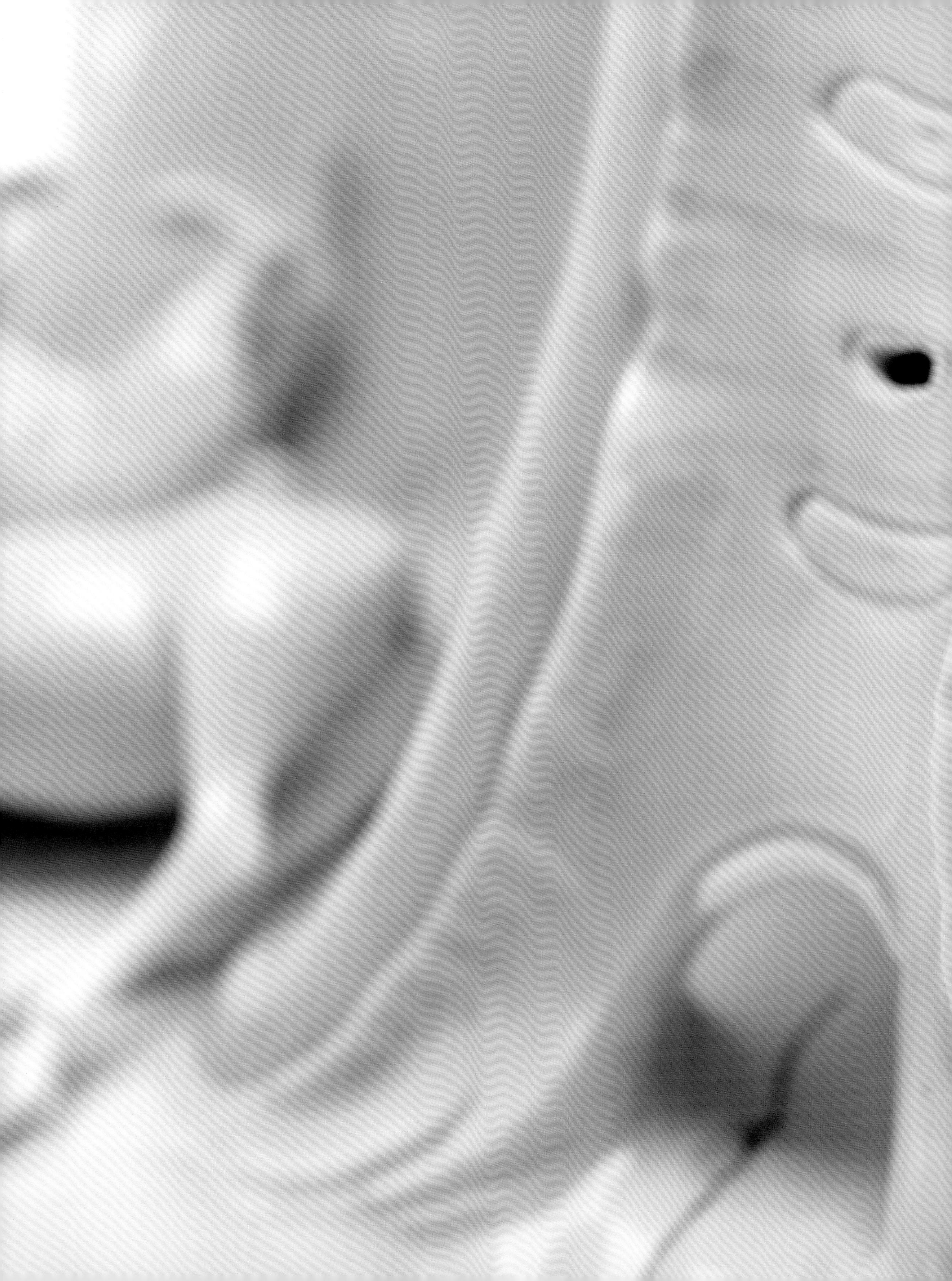

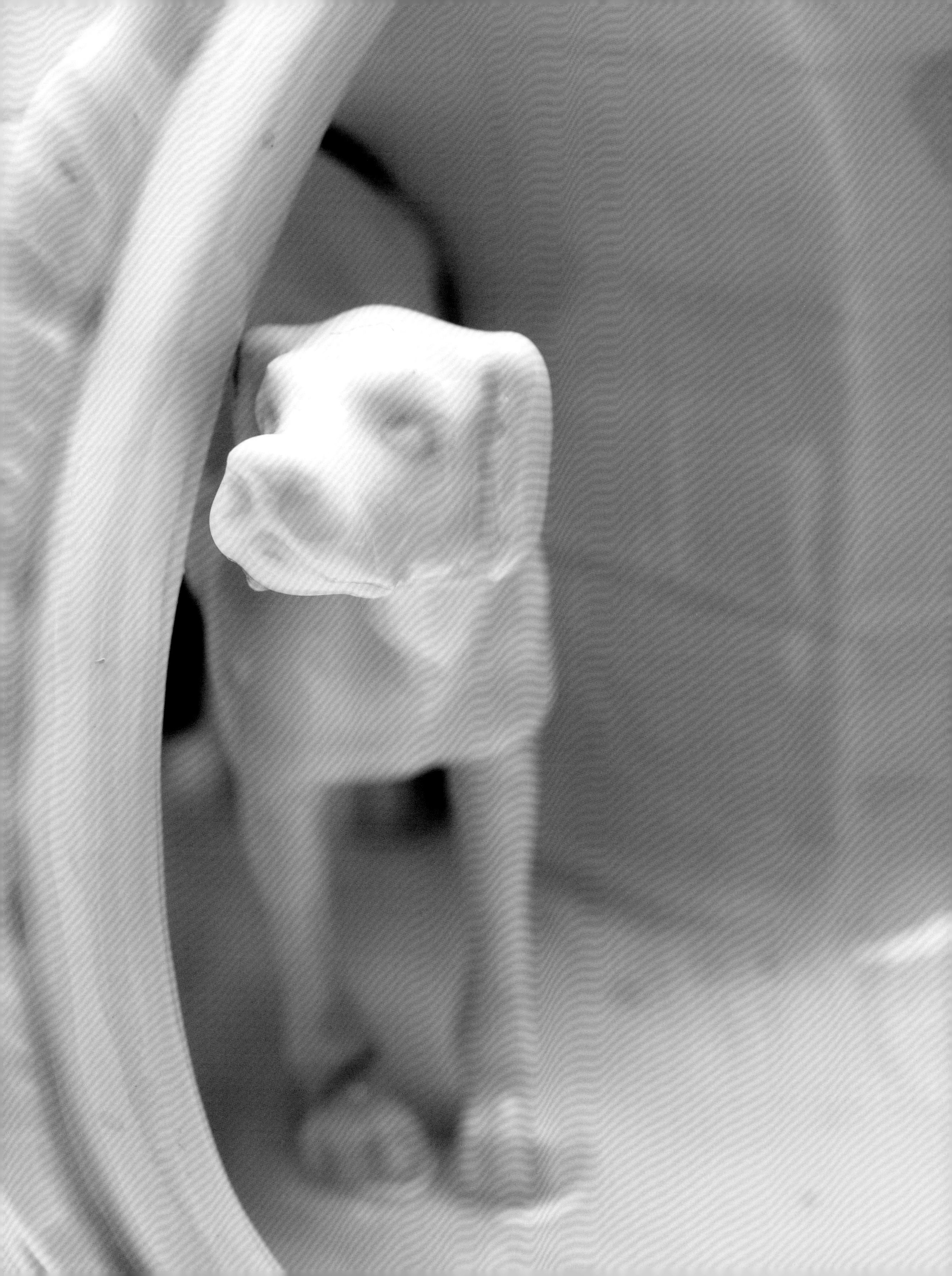

62 FRANZ ANTON BUSTELLI
GROSSES KRUZIFIX

Modell August/Dezember 1755; Ausformung nach 1780
Hartporzellan, unbemalt, Biskuitporzellan (INRI-Tafel), Holz;
66 cm (gesamt), 35,5 cm (Korpus)
Marke durch Montierung nicht sichtbar
München, Bayerisches Nationalmuseum; Inv.-Nr. Ker 2268
Literatur: Ausst.-Kat. München 2004, Nr. 91. – Volk 2004. – Volk 2007b, S. 83–85, Abb. 5.

Die Kreuzigungsgruppe mit Maria und Johannes, zu der dieses Kruzifix als zentrales Motiv gehört, zählt zu den frühen Arbeiten des Bildhauers Franz Anton Bustelli, der am 3. November 1754 seinen Dienst als »Figurist« in der Porzellanmanufaktur antrat, die im ehemaligen Jagdschloss Neudeck in der Au untergebracht worden war. Bis zu seinem Tod am 18. April 1763 in einem uns unbekannten Alter schuf er knapp 150 figürliche Modelle, die ihn zu einem der besten Vertreter süddeutscher Rokokokunst machen.

Das Kruzifix im Dreinageltypus, das »höchste künstlerische Ambitionen verrät«,[1] stellt Christus noch lebend dar, den Kopf mit leicht geöffneten Augen nach rechts vorne geneigt. Auf den Locken des bärtigen Christus liegt die Dornenkrone, das ausgemergelte Gesicht zeigt die Spuren der Erschöpfung. Dagegen verweisen die V-förmig emporgestreckten Arme und die Handflächen mit gestreckten Fingern auf den Triumph des Erlösers über den Tod. Noch windet sich der muskulöse, von hervortretenden Adern durchzogene Korpus in einer spannungsreichen Torsion: Sie geht über den nach links gedrehten Oberkörper mit dazu in Gegenrichtung geschwungenen Hüften in die Beine über, wobei das linke über dem rechten leicht angewinkelt ist. Über der rechten, leicht angehobenen Hüfte hält ein geknotetes Band das Lendentuch in Schüsselfalten, dessen eines Ende zwischen den Beinen durchgezogen ist und seitlich dekorativ ausschwingt. Bustelli stellt sein Können durch die kleinteilige Oberflächenbehandlung »detailverliebt«[2] in den Vordergrund.

Der letzte Blick und die letzten Worte – erkennbar an den geöffneten Lippen und Zähnen – des Sterbenden gelten seiner Mutter Maria, die in einer Gruppenaufstellung rechts unterhalb positioniert ist und schmerzerfüllt aufsieht, die Hände zum Gebet gefaltet. Ergänzt um die Figur des Johannes, der ergriffen seine rechte Hand an die Brust führt und zu Jesus aufblickt, eignete sich die Gruppe sehr gut für Hausaltäre, deren schönstes Beispiel ein weiß-gold gefasstes Aufsatzmöbel von 1761 für den Freisinger Weihbischof Franz Ignaz von Werdenstein ist, das heute dem Museum Legion of Honor in San Francisco gehört.[3]

Die zwar archivalisch nicht dokumentierbare Ausbildung Bustellis in einer Münchner Bildhauerwerkstatt wird durch die einzigartige Darstellung der menschlichen Anatomie dieses Heilands und der Assistenzfiguren glaubhaft bestätigt. Sollte sie in der Werkstatt des Hofbildhauers Johann Baptist Straub gewesen sein, hätte er gewiss auch Ignaz Günther gekannt. AZ

1 Volk 2004, S. 55.
2 Volk 2007b, S. 87.
3 Vgl. Ausst.-Kat. München 2004, S. 191, Nr. 87–90.

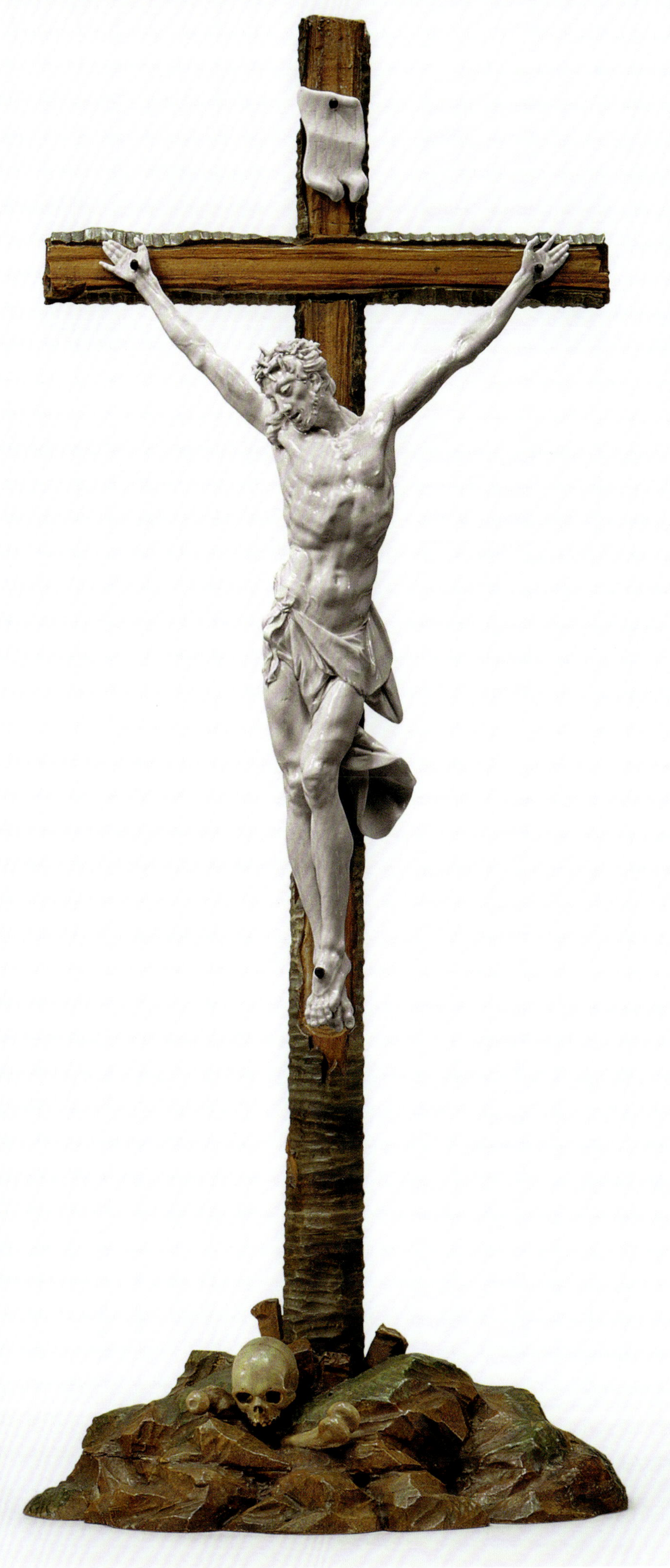

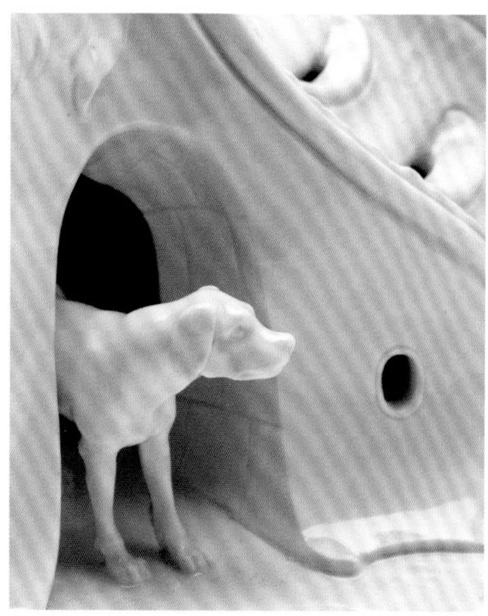
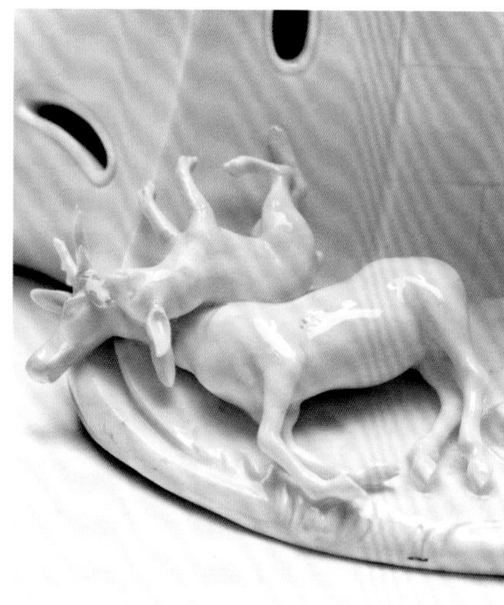
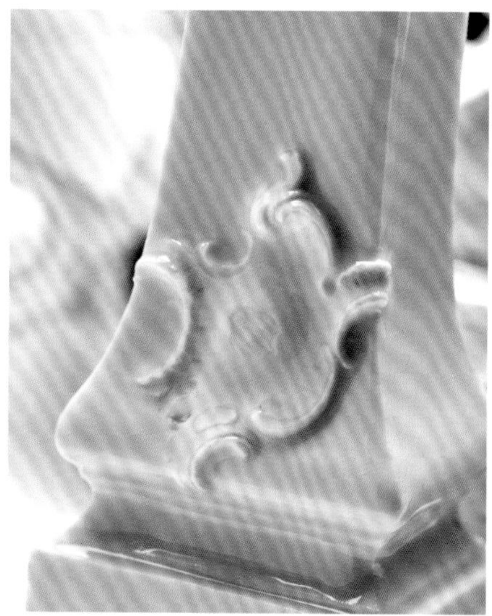

63 FRANZ ANTON BUSTELLI

JAGDAUFSATZ

Modell 1759; Ausformung um 1760
Hartporzellan, unbemalt; 28 cm
Marke: eingepresster Rautenschild
München, Bayerische Verwaltung der staatlichen Schlösser, Gärten und Seen, Residenz; Inv.-Nr. Res.Mü.K.I.Ny.35 (WL)
Literatur: Ziffer 2004, bes. S. 204, Nr. 106.

Im fünften Jahr nach seinem Eintritt in die Nymphenburger Porzellanmanufaktur modellierte Franz Anton Bustelli (gest. 1763) den Jagdaufsatz als seine größte der sogenannten Liebesgruppen. Rocaillen bilden die Aufgänge und Bänke zu einem erhöhten Rastplatz, auf dem sich ein Paar in Reitkostümen der Zeit zum Essen und Trinken niedergelassen hat. Der Kavalier ist im Begriff, der Dame ein Stück Schinken abzuschneiden, doch diese wehrt mit einem Lächeln ab. Zu ihren Füßen stehen eine Weinflasche, Becher und Brot. Drei Jagdhunde warten am Fuß der Treppe und in den Bogengängen unter dem Rastplatz auf den Fortgang der Jagd (vgl. Abb. S. 250/251). Die Architektur mit kleinen Rundbögen, aus denen die Hunde herausschauen, lässt an die Hundekojen der Amalienburg (1734–1739) im Nymphenburger Schlosspark denken. Die Jagdbeute, ein Hase und ein Reh, liegt zu Füßen des vasenbekrönten Postaments, das der Dame im Rücken etwas Halt bietet und zugleich den Fixpunkt der ansonsten so bewegten Komposition bildet. Der Ausgang dieses zweisamen Picknicks liegt im Ungewissen. Die Jagd dient hier als erotisches Sinnbild, in dem der Jagderfolg mit Liebesglück gleichgesetzt wird.

Die Anregung, die Rocaille als architektonisches Gestaltungselement zu verwenden, könnte auf die graphischen Vorlagen des Augsburger Kupferstechers Johann Esaias Nilson (1721–1788) zurückgehen, insbesondere auf ein Blatt der Serie *Caffe The und Tobac Zierathen* (1752/56).[1] Dort rastet ein Kavalier mit Pfeife und Gewehr auf einer aus Rocaillen gebildeten Bank, hinter der sich ein Postament erhebt (Kat.-Nr. 24). Auch die Jagdhunde und eine Dame im Reitkostüm erinnern an Bustellis Figurengruppe.

Eine fast identische Ausformung der Porzellangruppe befindet sich im Victoria and Albert Museum in London, ein ähnlicher Jagdaufsatz im Bayerischen Nationalmuseum in München. Eine bemalte Jagdgruppe existiert im Pariser Musée des Arts Décoratifs. Je nach Wunsch und Vermögen des Bestellers konnten das Figurenprogramm und Einzelheiten der Dekoration entsprechend variiert werden.

Tafelaufsätze aus Zucker, Tragant oder Porzellan wurden mit dem letzten Gang der fürstlichen Tafel, dem Dessert, serviert. Die dargestellten Szenen, häufig amouröser Natur, dienten der Unterhaltung der Tischgesellschaft. Es darf als gesichert gelten, dass Bustellis Jagdaufsatz bei Festessen der Jagdgesellschaften der bayerischen Kurfürsten, vielleicht im Spiegelsaal des Jagdschlösschens Amalienburg, Verwendung fand. FU

1 Vgl. Hantschmann 2004a, S. 47 f.

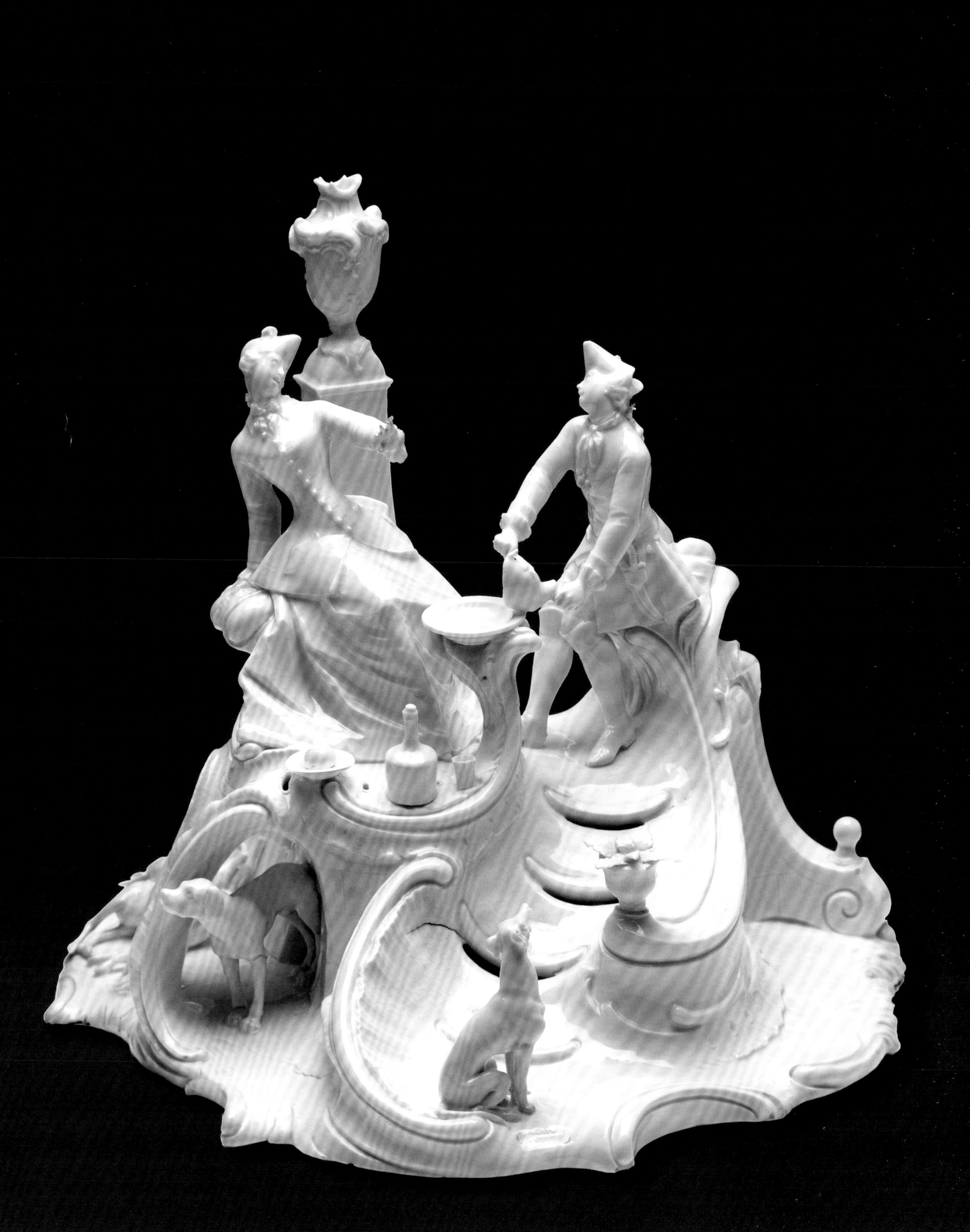

64 FRANZ ANTON BUSTELLI
DER GESTÖRTE SCHLÄFER

Modell um 1756; Ausformung und Bemalung um 1770/75
Hartporzellan mit Aufglasurfarben und Gold; 24,1 cm
Marke: eingepresster Rautenschild
München, Bayerisches Nationalmuseum; Inv.-Nr. Ker 4028
Literatur: Ziffer 2004, Nr. 102. – Hantschmann 2004 a, S. 42, 47 f.

Am 22. Juni 1756 wurden auf Befehl des bayerischen Kurfürsten Maximilian III. Josephs (1727–1777) von der kurbayerischen Porzellanmanufaktur in Neudeck »zwei Schäfereyen« zu je 75 Gulden und ein »amoureux Stuckh« zu 50 Gulden in bemalten Versionen an den Dresdener Hof gesandt. Es waren Geschenke an seine Schwester, die sächsische Kurprinzessin Maria Antonia Walpurgis (1724–1780), die 1747 in der sächsisch-bayerischen Doppelhochzeit dem sächsischen Kurprinzen Friedrich Christian (1722–1763) vermählt wurde, während er selbst, der junge Kurfürst Bayerns, zeitgleich die sächsische Prinzessin Maria Anna (1728–1797) ehelichte.

Bei den genannten Modellen handelt es sich um drei von vier sehr amüsanten Figurengruppen, die Franz Anton Bustelli (gest. 1763) gerade neu entworfen hatte. Er stellte damit, noch keine zwei Jahre an der Manufaktur, seine technisch wie künstlerisch große Meisterschaft sehr eindrucksvoll unter Beweis. Inhaltlich griff er dabei ein zu jeder Zeit aktuelles Thema auf: die – hier aus unterschiedlichen Gründen nicht erfüllte – Liebe. Bustelli setzte es auf das Reizvollste um: Dabei versetzte er die Protagonisten in das damals so beliebte Idyll des Schäferspiels, bezog, wie so oft, je zwei seiner Gruppen aufeinander und stellte sie in eine spannungsreiche Abfolge.

Bei der hier vorgestellten Gruppe handelt es sich um eine der »Schäfereyen«: eine junge Schäferin sitzt vor einem ruinösen, mit Moos bewachsenen Obelisken auf einer Rasenbank und blickt sehnsüchtig zu einem selig schlafenden jungen Herren, den sie durch Gesang und Xylophonspiel aufzuwecken sucht. Doch trotz der geringen Distanz zwischen beiden bemerkt er sie nicht. Wie sein Hund schlummert er sanft weiter, liegt völlig entspannt wie in einer eigenen Welt, hingegossen in einem aus zwei riesigen C-Bögen bestehenden möbelartigen Gebilde. Bei dem Pendant dazu ist der Schläfer aufgewacht und versucht das Gesicht der sich schreiend abwendenden Schönen zu sich zu drehen, um einen Kuss zu erhaschen, wobei der Hund ihn anbellt.[1] Auch hier ist der labile Sitz aus großen C-Bögen gestaltet.

Die Idee, übergroße C-Bögen und Rocaillen als funktionales Element dominant in die Gestaltung einzubinden, dürfte auf graphische Vorlagen des Augsburger Kupferstechers Johann Esaias Nilson (1721–1788) zurückgehen, die Bustelli mit Sicherheit gut kannte. Nachweislich besaß Bustelli persönlich ein mit Widmung versehenes Blatt Nilsons, und in der Manufaktur sind bis heute mehrere seiner Radierungen erhalten. Vergleichbar sind vor allem die Blätter der etwa zeitgleichen Serie *Caffe The und Tobac Zierathen*, von denen eines sogar ein ähnliches Liegemotiv des Herren aufweist (Kat.-Nr. 24). Doch gehen Bustellis einfühlsame Kompositionen weit darüber hinaus. Der stets spannungsreich gewählte Moment der Darstellung, die lebendig geschilderte Situation, der besondere Witz in vielen Details und auch die geschmeidige Modellierung der grazilen Figuren verleihen den Liebesgruppen Bustellis einen ganz besonderen Reiz. Dies bestätigt auch der Vergleich mit der etwa 15 Jahre älteren Meißener Version eines stürmischen Galans, die – möglicherweise im Auftrag des mit der sächsischen Schwiegerfamilie wetteifernden Kurfürsten – die Anregung zu Bustellis Beschäftigung mit dem Liebesthema geliefert haben mag. Denn Bustelli übernahm das Meißener Sujet in einer seiner Liebesgruppen,[2] gestaltete es aber wesentlich dramatischer und überspitzter und damit überzeugender. Tatsächlich gehören die Liebesgruppen Bustellis zu den köstlichsten Porzellangruppen des 18. Jahrhunderts. KH

1 Vgl. Ausst.-Kat. München 2004, Nr. 103, 104.
2 Ebd., S. 42, Abb. 22, und Nr. 101.

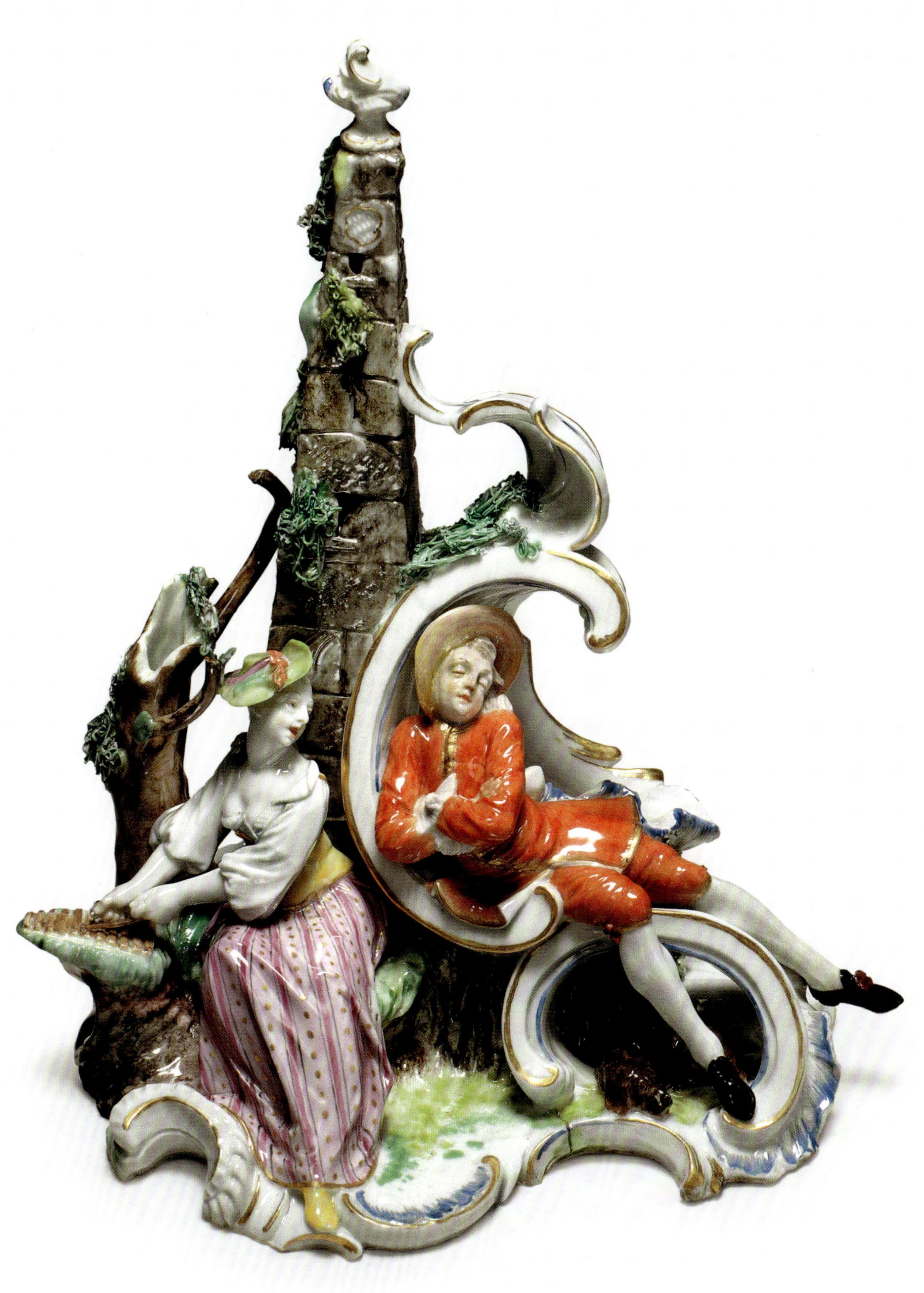

65 FRANZ ANTON BUSTELLI
MEZZETINO UND LALAGÉ AUS DER COMMEDIA DELL'ARTE

Modell 1759/60; Ausformung um 1760/65
Hartporzellan, unbemalt
a 19,8 cm (Mezzetino)
b 20 cm (Lalagé)
Marke: eingepresster Rautenschild
München, Bayerische Verwaltung der staatlichen Schlösser, Gärten und Seen, Residenz; Inv.-Nr. Res.Mü.K.I.Ny.48 (WL) (Mezzetino), Res Mü.K.I.Ny.47 (WL) (Lalagé)
Literatur: Hantschmann 2001. – Hantschmann 2004 b, Nr. 152, 155.

Zum Hauptwerk Franz Anton Bustellis (gest. 1763), der Ende 1754 in der noch jungen kurbayerischen Porzellanmanufaktur als Modelleur eingestellt wurde, gehören 16 Figuren aus der Commedia dell'Arte. Der Bildhauer entwarf und modellierte die Figuren noch am ersten Standort der Manufaktur, in dem heute nicht mehr existenten Schloss Neudeck in der Au. Erst 1761 zog die Porzellanmanufaktur in das nördliche Rondell von Schloss Nymphenburg, wo sie heute noch arbeitet.

Charakteristisch für Bustelli ist die äußerst lebhafte Gestaltung der Figuren, die durch sprechende Gesten und Körperhaltungen miteinander in Dialog treten. Kostbare Porzellanfiguren zierten in der Barockzeit die höfische Desserttafel und sorgten zugleich für Unterhaltung. Nicht zufällig bezeichnete Bustelli seine Komödienfiguren im Formenverzeichnis der Münchner Manufaktur von 1760 als »16 Stukh Pantomin Figuren«.[1] Ihre Gebärden sind derart sprechend und lebendig, dass sie auch ohne Worte die höfische Tafel zur Bühne machten.

Die Commedia dell'Arte kam im 16. Jahrhundert in Italien als ein Stegreif-Theater auf, in dem stets dieselben Charaktere in wiedererkennbaren Kostümen auftreten und die Rahmenhandlung, eine vielschichtige Liebesgeschichte, vorgegeben ist. Schon bald entwickelte sich die italienische Komödie zum höfischen Amüsement, ihre charakteristischen Rollen wurden in Kupferstichserien veröffentlicht, und mit der Gründung der ersten europäischen Porzellanmanufakturen griffen die Modellmeister das Thema auch in der Keramik auf. Im Nachlass von Bustelli fanden sich »288 allerhand Kupferstich«, darunter auch zwei Blätter des Augsburger Stechers und Verlegers Martin Engelbrecht (1684–1756) mit Figuren aus der Commedia dell'Arte. Auf diesen Stichen sind »Le Mesetin« (Mezzetino) und »Lalage« zwar namentlich bezeichnet,[2] doch erst Bustelli vermochte den steifen Kostümfigurinen Leben einzuhauchen.

Gerade Bustellis weiß belassene Figuren zeigen noch die kleinsten Details der feinen Modellierung. Bei genauer Betrachtung erkennt man, dass sich *Mezzetino* und *Lalagé* als Harlekin und Harlekine verkleidet haben.[3] Er trägt als einzige der 16 Komödienfiguren eine bis über die Nase reichende Maske. Seine Rolle als Harlekin verrät zudem die Narrenpritsche, die in dem tief geschnallten Gürtel steckt. *Lalagé*, die diese an ihrer linken Hüfte trägt, ist in einen wadenlangen Rock mit tief ausgeschnittenem Caraco gekleidet. Erst im Dialog der beiden Figuren wird die Handlung deutlich. Während *Mezzetino* ein Affenjunges wiegt, das wie ein Baby ausstaffiert ist, nähert sich *Lalagé* mit elegant tänzelnden Schritten, wobei ihr Rock weit ausschwingt. In der linken Hand hält sie kokett über ihrer Hüfte eine Schüssel mit Brei und in der erhobenen Rechten einen Löffel, um bei nächster Gelegenheit das Affenkind zu füttern. Gleich wird sich auch *Mezzetino* ihr zuwenden und einen Blick in ihr Dekolleté erhaschen.

Die Kombination des Harlekins mit einem Äffchen war aus der Druckgraphik bekannt und wurde auch in die Porzellanplastik übertragen.[4] Doch erst Bustellis elegante Figuren lassen das burleske Schauspiel zu einem feinsinnigen, höfischen Theater mit hintergründigen Anspielungen werden. GS

1 Friedrich H. Hofmann, Geschichte der Porzellanmanufaktur Nymphenburg, Bd. 3, Leipzig 1923, S. 396.
2 Vgl. Ausst.-Kat. München 2004, S. 35 und Abb. 16.
3 Vgl. ein staffiertes Figurenpaar in: Ausst.-Kat. München 2004, Abb. S. 295.
4 Etwa von Johann Joachim Kändler in Meißen, vgl. Meredith Chilton, Harlequin Unmasked. The Commedia dell'Arte and Porcelain Sculpture. New Haven/London 2001, S. 135 f.

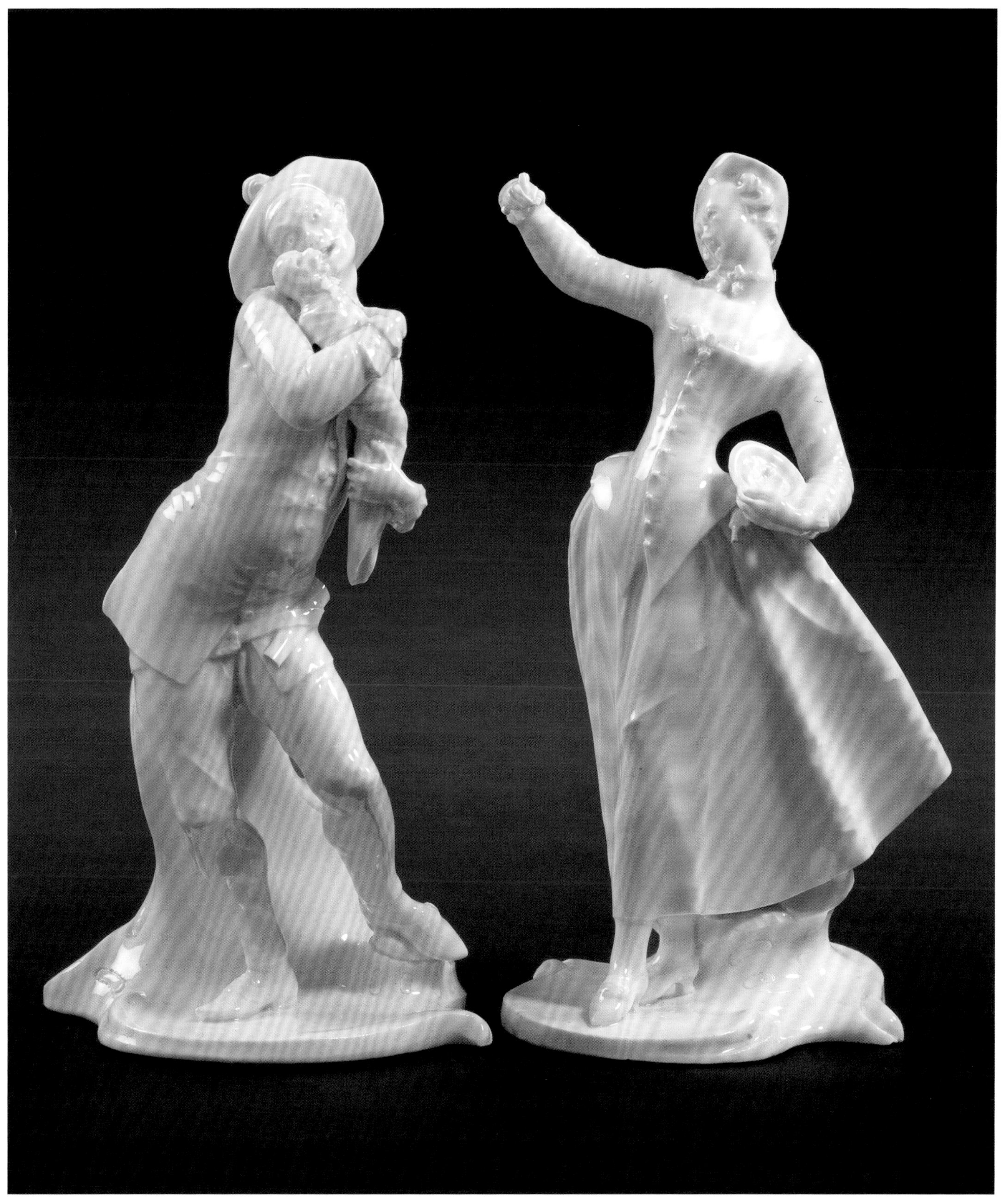

66 FRANZ ANTON BUSTELLI
ISABELLA UND OCTAVIO AUS DER COMMEDIA DELL'ARTE

Modell 1759/60; Ausformung und Bemalung um 1760/65
Hartporzellan mit Aufglasurfarben und Gold
a 19,5 cm (Isabella)
b 19,1 cm (Octavio)
München, Bayerisches Nationalmuseum;
Inv.-Nr. Ker 2106 (Isabella), 71/494 (Octavio)
Literatur: Hantschmann 2001. – Hantschmann 2004 b, Nr. 134, 137.

Zu den elegantesten und raffiniertesten Figuren, die der Modellmeister Franz Anton Bustelli (gest. 1763) für die kurbayerische Porzellanmanufaktur entworfen hat, gehören seine 16 »Pantomin«-Figuren, eine Serie von Schauspielern der italienischen Commedia dell'Arte. Bustelli schuf sie 1759 oder 1760, also noch bevor das Unternehmen 1761 von Schloss Neudeck nach Nymphenburg umzog. Das Ensemble war als Tafelaufsatz für die höfische Desserttafel konzipiert. Entsprechend hat Bustelli die Figuren allansichtig gestaltet. Dabei hat er sie, wie meist, als Paare komponiert, die zusammen eine kleine Geschichte erzählen, die in einem interessanten Moment eingefangen ist. Trotz ihres kleinen Formats zeigen die Figuren, wie genau Bustelli die Bewegungen seiner Protagonisten studierte und in dem weichen Ton mit großer Geschmeidigkeit und Lebendigkeit umsetzte.

Isabella und Octavio sind das Liebespaar und damit die Hauptpersonen der Commedia dell'Arte. Um sie scharen sich die übrigen sieben Paare als Eltern, Freunde oder Diener (Kat.-Nr. 65), helfen ihnen oder aber treiben auch ihr eigenes, manchmal intrigantes Spiel. Wie die Tändelei zwischen Isabella und Octavio ausgehen wird, ist noch nicht entschieden. Der elegant gekleidete Galan wirft Isabella zwar mit verzücktem Blick eine Kusshand zu, was laut der damals gängigen Abhandlungen über Rhetorik und Gestik »adoro« bedeutet, also: ich bete an.[1] Doch scheint er eher schüchtern zu sein, von seiner gezierten Körperhaltung her zu urteilen: den eng voreinander gestellten Beinen, dem zur Seite gedrehten Oberkörper und der in die Hosentasche gesteckten Linken. Da die linke Hand in der Rhetorik auch negativ besetzt sein kann, könnte der Umstand, dass Octavio sie nicht zeigt, auch als Hinweis darauf gewertet werden, dass er etwas zu verbergen hat, möglicherweise seine nicht ganz ernst gemeinten Absichten. Tatsächlich muss Bustelli die Bedeutung vieler Gesten geläufig gewesen sein, die damals in reich bebilderten Theater- und Rhetorikhandbücher festgelegt waren. Denn zur Verdeutlichung einer Aussage setzte er immer wieder neben der Körpersprache auch ganz gezielt besondere Gesten ein. Deren Kenntnis bestätigt uns, was Bustelli allein durch seine sensible Körpergestaltung bereits zum Ausdruck zu bringen vermochte. So erkennt man bei Isabella an ihrem zurückweichenden Oberkörper und am Schwung ihres Rockes, dass sie von ihren Gefühlen hin und hergerissen ist und sich deshalb vor und zurück wiegt. Sie kann ihren Blick nicht von Octavio lassen, bedeutet ihm aber mit ihrer Linken »adagio«, also langsam vorzugehen, während ihre Rechte ihren Wunsch verrät: eine eheliche Verbindung, denn Zeigefinger und Daumen formen sachte einen Ring.

Stilistisch sind *Isabella* und *Octavio* ein guter Beleg für die immer wieder betonte enge Verwandtschaft zwischen Bustelli und der zeitgenössischen bayerischen Rokoko-Großplastik. Vergleicht man sie zum Beispiel mit den Heiligen Notburga und Isidor von Ignaz Günther in Rott (Kat.-Nr. 82), findet man viele ähnliche Gestaltungselemente: die gezierte grazile Körperhaltung mit dem durch Bewegung motivierten Schwung der Gewänder, die deutliche Wendung des Kopfes mit dem intensiven Blick, der ebenso Emotionen ausgedrückt wie der momenthafte, oft leicht geöffnete Mund. Dabei sind die Körperachsen bei Bustelli, wohl aufgrund ihrer allansichtigen Aufstellung auf der Tafel, noch stärker gegeneinander gedreht als bei Günther. Vergleichbar ist auch die sehr feine, dem Gewand entsprechende Bemalung der Porzellanfiguren, bei der man das Rauschen des Seidenstoffes förmlich zu hören vermeint, sowie die zarte Betonung des Inkarnats, die für die fast porzellanartige Bemalung der großformatigen Holzplastiken vorbildhaft gewesen sein könnte (vgl. etwa Kat.-Nr. 60). KH

1 Vgl. zum Folgenden Hantschmann 2004 b, S. 256–260 a, mit weiterführender Literatur.

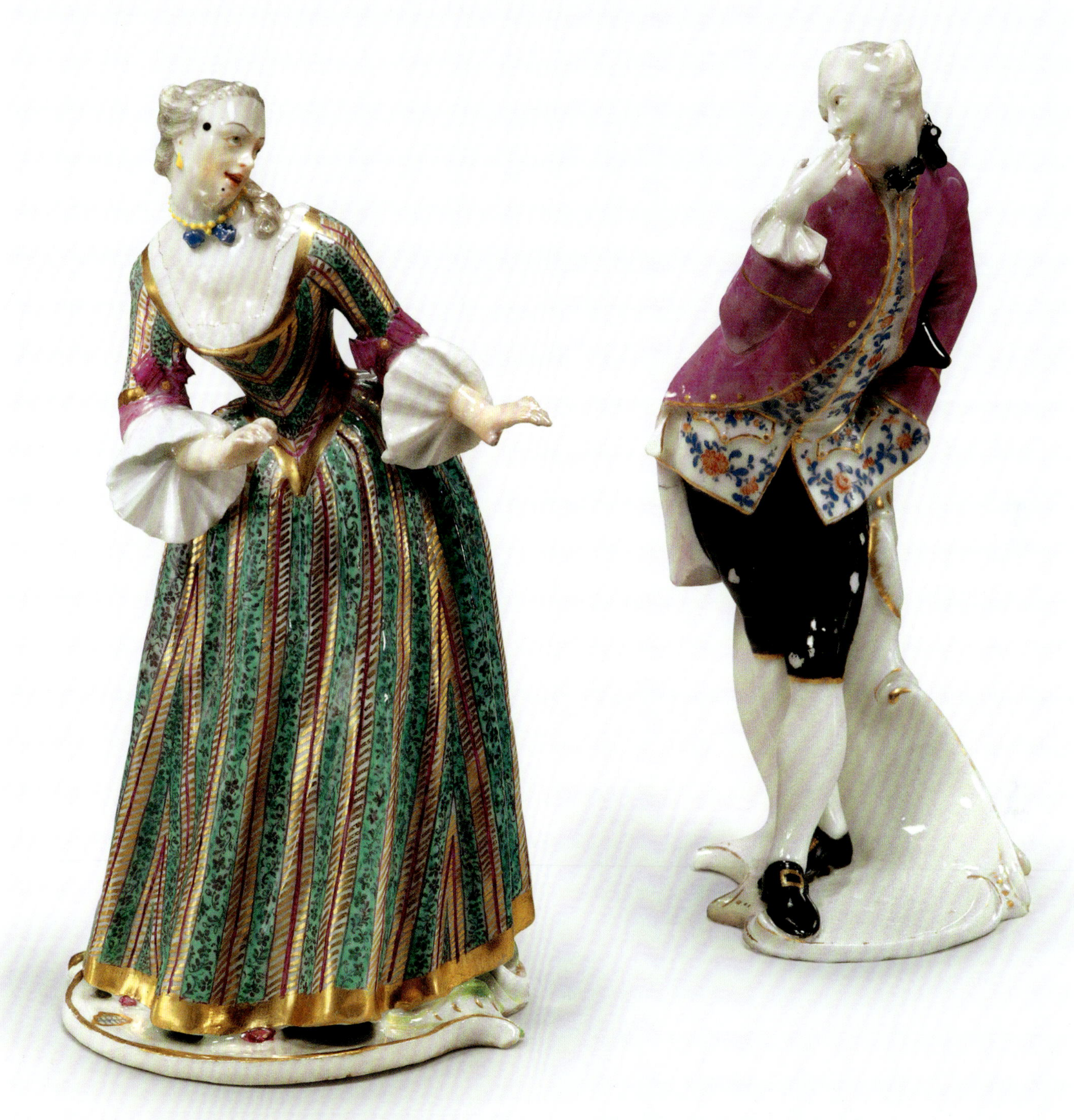

67

FRANZ ANTON BUSTELLI

ZWEI GROSSE KINDERBÜSTEN

Modelle Anfang 1761; Ausformung, um 1765
Hartporzellan; je 25,5 cm (a, b)
Marke: eingepresster Rautenschild und Ritzzeichen
München, Bayerisches Nationalmuseum; Inv.-Nr. Ker 3619 und Ker 3620
Literatur: Katharina Hantschmann, Büsten, in: Ausst.-Kat. 2004, S. 324–328, Nr. 185–188.

Anfang 1761, kurz vor dem Umzug der Manufaktur nach Nymphenburg, hat Franz Anton Bustelli (gest. 1763) »2 große gekleidete Bruststück-Kindln« entworfen, ein damals in Porzellan eher seltenes Sujet. Es handelt sich dabei um eine große Knaben- und eine große Mädchenbüste, die lebendig modelliert und durch Schulter- und Kopfhaltung sowie ihren Blick einfühlsam aufeinander bezogen sind. Die beiden höfisch gekleideten Kinder sind sehr genau beobachtet: Sie scheinen sich gegenseitig zu necken, wobei der Junge forscher ist, während das Mädchen leicht irritiert zurückweicht und wie zum Schutz die linke Schulter nach oben zieht. Mit ihren Pausbacken, den schräg gestellten Augen und dem leicht geöffneten Mund erinnern die beiden Porzellanbüsten sofort an die in der bayerischen Rokokoplastik als Putten oder Engel geläufigen Kinderdarstellungen.

Vieles spricht dafür, dass es sich bei den Büsten um konkrete Porträts handelt, sehr wahrscheinlich zwei der Kinder des sächsischen Kurprinzen Friedrich Christian (1722–1763) und seiner bayerischen Gattin Maria Antonia Walpurgis (1724–1780). Der Kurprinz hielt sich aufgrund des Siebenjährigen Krieges von 1760 bis 1762, und damit zur Entstehungszeit der Büsten, zusammen mit seiner Familie und auch seinen sechs nicht verheirateten Geschwistern im Exil in München auf. Hier war seine Schwester Maria Anna (1728–1797) mit dem bayerischen Kurfürsten Max III. Joseph (1727–1777) verheiratet, der gleichzeitig auch der Bruder seiner Gattin war. In einer bayerisch-sächsischen Doppelhochzeit hatten die beiden Geschwisterpaare 1747 gegenseitig geheiratet und damit die bestehenden guten Beziehungen zwischen Sachsen und Bayern gefestigt.

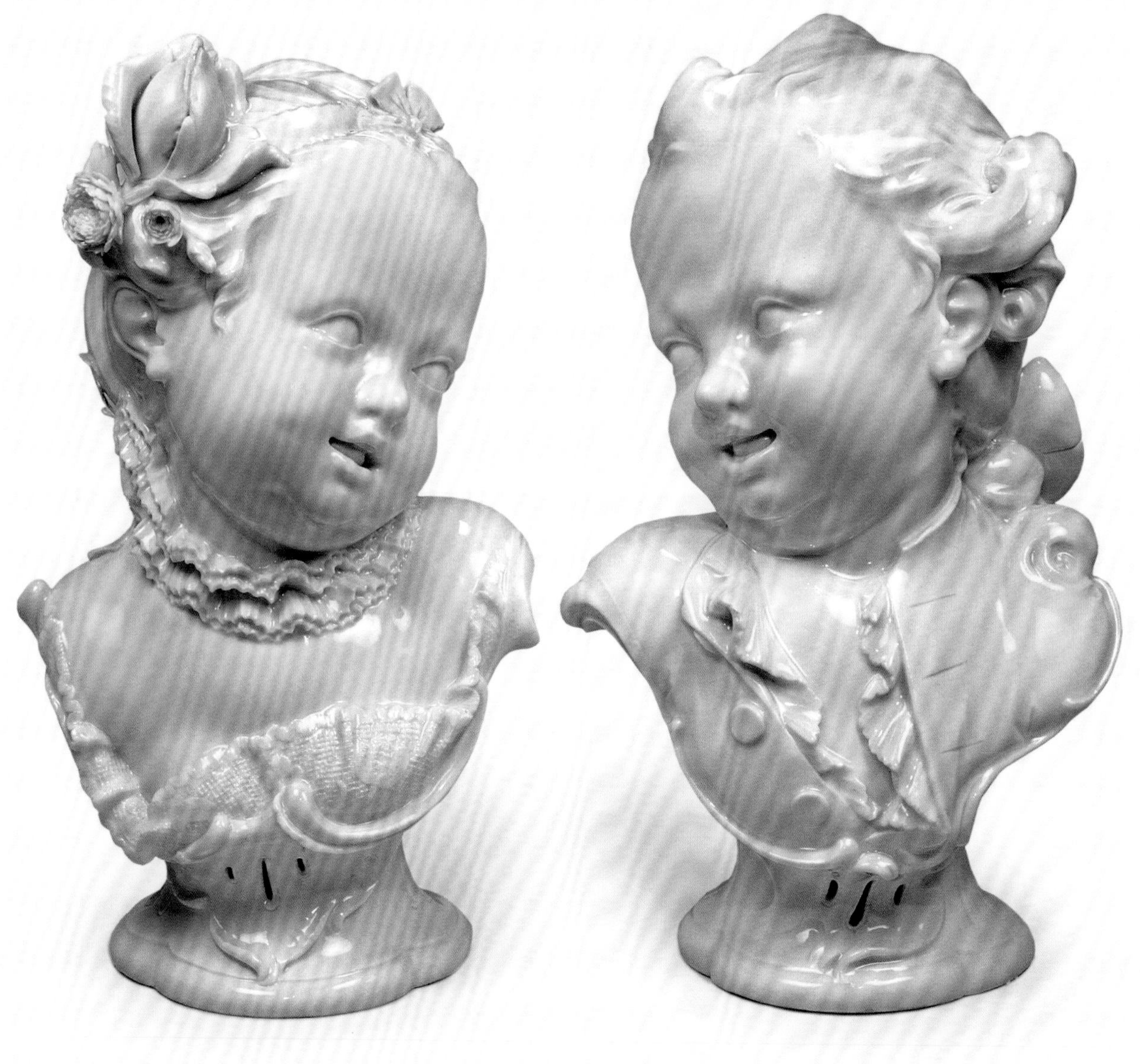

Für die Identifizierung der Kinder spricht auch der Umstand, dass Bustelli bei den Büsten sichtlich Bezug nimmt auf zwei weitere Kinderbüsten aus Meißener Porzellan, die Johann Joachim Kaendler (1706–1775) 1753 geschaffen hat. Diese stellen eine Nichte und einen Neffen der bayerischen Kurfürstin und ihrer sächsischen Geschwister dar, nämlich die Prinzessin Marie Zéphirine de Bourbon[1] und den Prinzen Louis Charles de Bourbon, die Kinder ihrer nach Frankreich verheirateten Schwester Maria Josepha, die Gattin des Dauphin Louis von Frankreich. Möglicherweise war es die selbst kinderlose bayerische Kurfürstin, die die Porträts ihrer sächsischen Neffen in Auftrag gegeben hat, auch wenn die Zuordnung der Kinder anders als in Meißen in den Akten der Nymphenburger Manufaktur keinen Niederschlag gefunden hat. Vom Alter her zu schließen könnte es sich um die dreijährige Prinzessin Maria Amalie von Sachsen und ihren zweijährigen Bruder Maximilian handeln. Das gerade neu geborene Schwesterchen Maria Anna kommt noch nicht in Betracht, während der fünfjährige Prinz Anton wohl schon zu groß ist.

Im Vergleich zu den Meißener Büsten werden die besonderen Gestaltungsqualitäten Bustellis augenfällig: Seine Porträts haben viel mehr Leben und wirken durch die starke Drehung ihrer Schultern und ihren lebhaften Blick wesentlich spontaner und im Moment erfasst als die Meißener Kinder, die eher melancholisch aneinander vorbeischauen. Gerade in der genauen Erfassung des Augenblicks mit jeder kleiner Regung des Körpers und der Mimik liegt Bustellis Meisterschaft. KH

1 Ausst.-Kat. München 2004, Abb. 24.

FRANZ ANTON BUSTELLI

DREI PUTTI AUS DER SERIE *OVIDISCHE GÖTTER*

München, Privatsammlung

68 PUTTO ALS AMPHITRITE

Modell 1755/57; Ausformung und Bemalung 1758/60
Hartporzellan mit Aufglasurfarben und Gold; 10,8 cm
Bezeichnet auf dem Sockel: »L.« in Gold für
Georg Christoph Lindemann
Marke: eingepresstes Rautenschild, Gold umrandet;
auf der Unterseite: eingepresste Massezahl »2«

69 PUTTO ALS CYBELE

Modell 1755/57; Ausformung und Bemalung um 1760
Hartporzellan mit Aufglasurfarben und Gold; 10,8 cm

70 PUTTO ALS PANDORA

Modell 1755/57; Ausformung und Bemalung 1755/57
Hartporzellan mit Aufglasurfarben und Gold; 10,2 cm

Literatur: Alfred Ziffer, Putten als Götter und Heroen, in: Ausst.-Kat. München 2004, S. 120–125, Nr. 16, Nr. 23 f., Nr. 40.

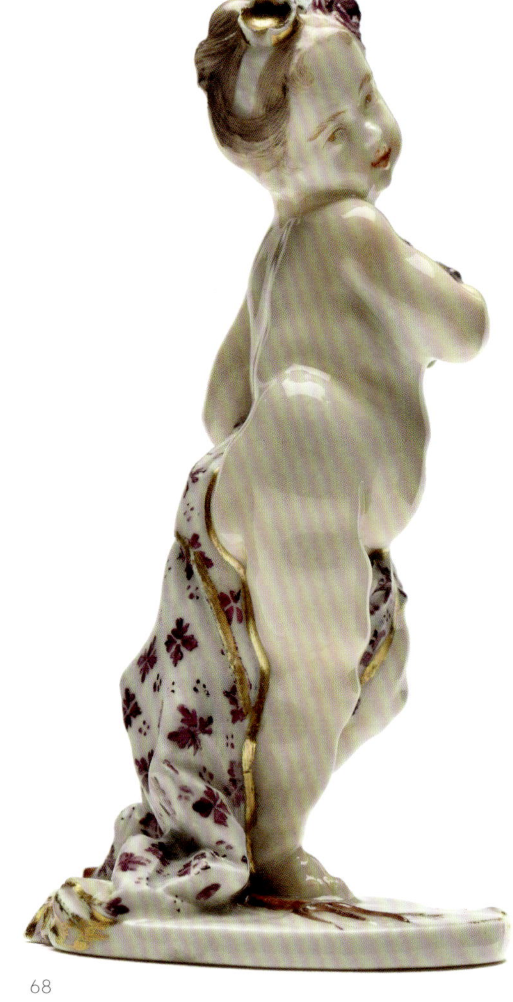

68

Nachdem die 1747 von Kurfürst Max III. Joseph in Neudeck gegründete Porzellanmanufaktur erst 1754 in Kenntnis des Arkanums ihre Produktion aufnehmen konnte, waren die Figuren für ein Gartendessert anlässlich der Vermählung einer bayerischen Prinzessin mit dem Markgraf von Baden im Sommer 1755 der erste umfangreiche Auftrag einer Tafeldekoration. Die höfischen Figuren stammen sowohl von dem Wiener Modelleur Joseph Ponhauser als auch dem jungen Bildhauer Franz Anton Bustelli (gest. 1763), der seine Ausbildung vermutlich bei dem Hofbildhauer Johann Baptist Straub gerade abgeschlossen hatte. Dessen Werkstatt hatte kurz zuvor die Schnitzereien am Münchner Hoftheater, dem heutigen Cuvilliés-Theater, ausgeführt. Die dort mit dem Kurhut spielenden Putten könnten Bustelli zu seiner ersten Serie *Ovidische Götter* für einen Konfektaufsatz zum Dessert angeregt haben, der zwischen 1755 und 1757 entstand. Die kindlich-weich modellierten Putten stellen durch ihre Attribute Götter und Heroen der Antike dar. Mit einem Lächeln auf den Lippen drehen und wenden sich diese lebensvollen Kinderfiguren, die bislang in der christlichen und profanen Ikonographie nur Assistenzaufgaben hatten, nun im Kostüm der olympischen Götter auf der Tafel wie auf einer Bühne. Seit jeher waren Allegorien der klassischen Antike zur Betonung der Fürstentugenden aus keiner deutschen Hofkonditorei wegzudenken, wenn es galt, den Herrscher zu würdigen. Aber es war Bustellis Idee, mit dieser Repräsentation kindliche Putten zu betrauen. Nimmt man an, dass die Tafel im Steinernen Saal von Schloss Nymphenburg stand, dessen Deckengemälde von Johann Baptist Zimmermann (1680–1758) aus dem Jahr 1755 das Reich der Nymphe Flora mit

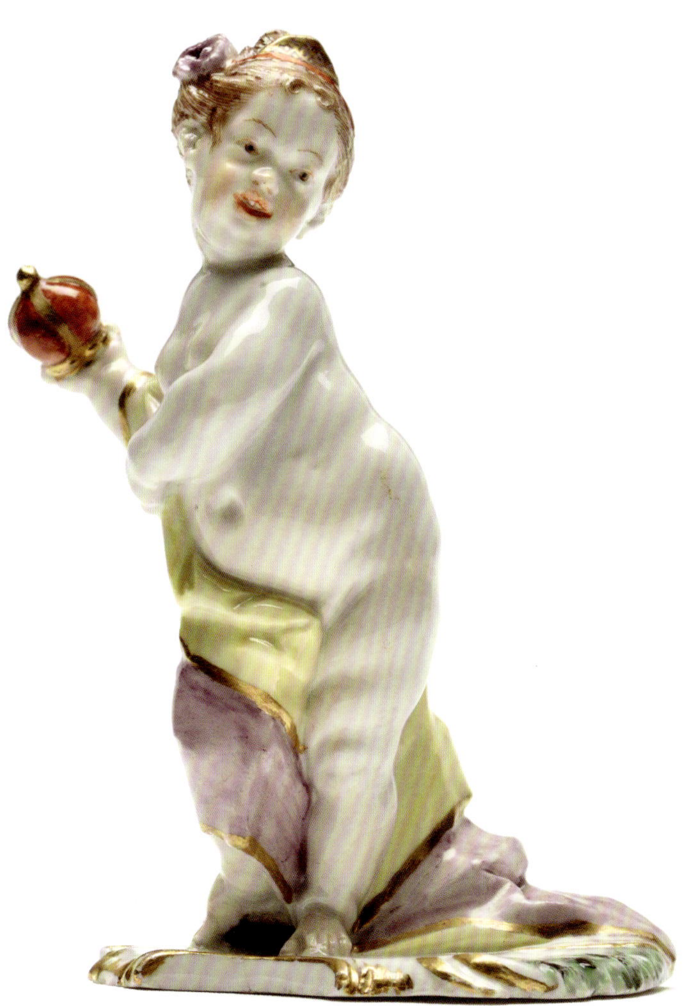

70

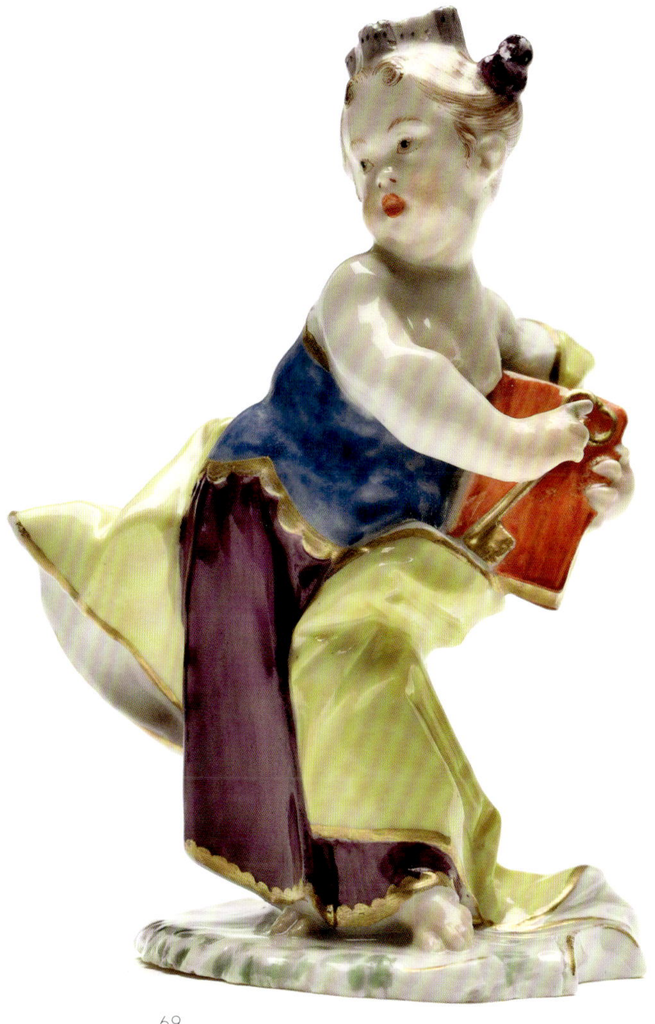

69

Schloss und Garten gleichsetzte, wird die Thematik deutlich: Über der Landschaft thronen auf Wolken Jupiter und Juno, die von Flora, Merkur und Saturn, aber auch Apollo, Bacchus, Ceres, Mars und weiteren Göttern begleitet werden. Von den einst »26 Götter Figurlen, 1ste Sorte, ovidische Götter vorstellend« sind bis heute nicht alle bekannt, aber *Amphitrite* wird durch den auf dem Boden liegenden Dreizack Neptuns, als dessen Gemahlin bestimmbar. *Cybele* trägt auf dem Haupt nicht nur eine Stadtmauer als Krone, sondern auch im Arm ein Buch mit Schlüssel, mit dem sie die Erde im Frühjahr aufschließt und die Fruchtbarkeit symbolisiert. *Pandora* als erste Stammmutter des weiblichen Geschlechts erhielt von allen Göttern immer das Beste – aber auch alles Übel der Welt, das in einer Büchse eingeschlossen war, die sie in der rechten Hand von sich weghält (vgl. Abb. S. 12).

Die Mode, Kinder zu verkleiden und so in Rollen schlüpfen zu lassen, wurde in Porzellan erstmals in der Meißener Manufaktur um 1750 ausgeführt, vermutlich auf Anregungen von Pariser Händlern. Die Serie *Verkleidete Amoretten* umfasste Berufsdarstellungen, aber auch Allegorien von Jahreszeiten und den Fünf Sinnen. Sie wurde sehr bald in Berlin, Frankenthal und anderen Manufakturen kopiert, jedoch nur in Nymphenburg erhob Bustelli seine Protagonisten zu kleinen Göttern.

Der aus Sachsen stammende Porzellanmaler Georg Christoph Lindemann (um 1735–1780), der die *Amphitrite* farblich gestaltete, war von Januar 1758 bis Mai 1760 in Neudeck tätig, bevor er nach Stationen in Ludwigsburg, Höchst, Paris und Weesp bei Amsterdam von 1767 bis zu seinem Tod im Juni 1780 als Direktor die Manufaktur Tervueren bei Brüssel leitete. AZ

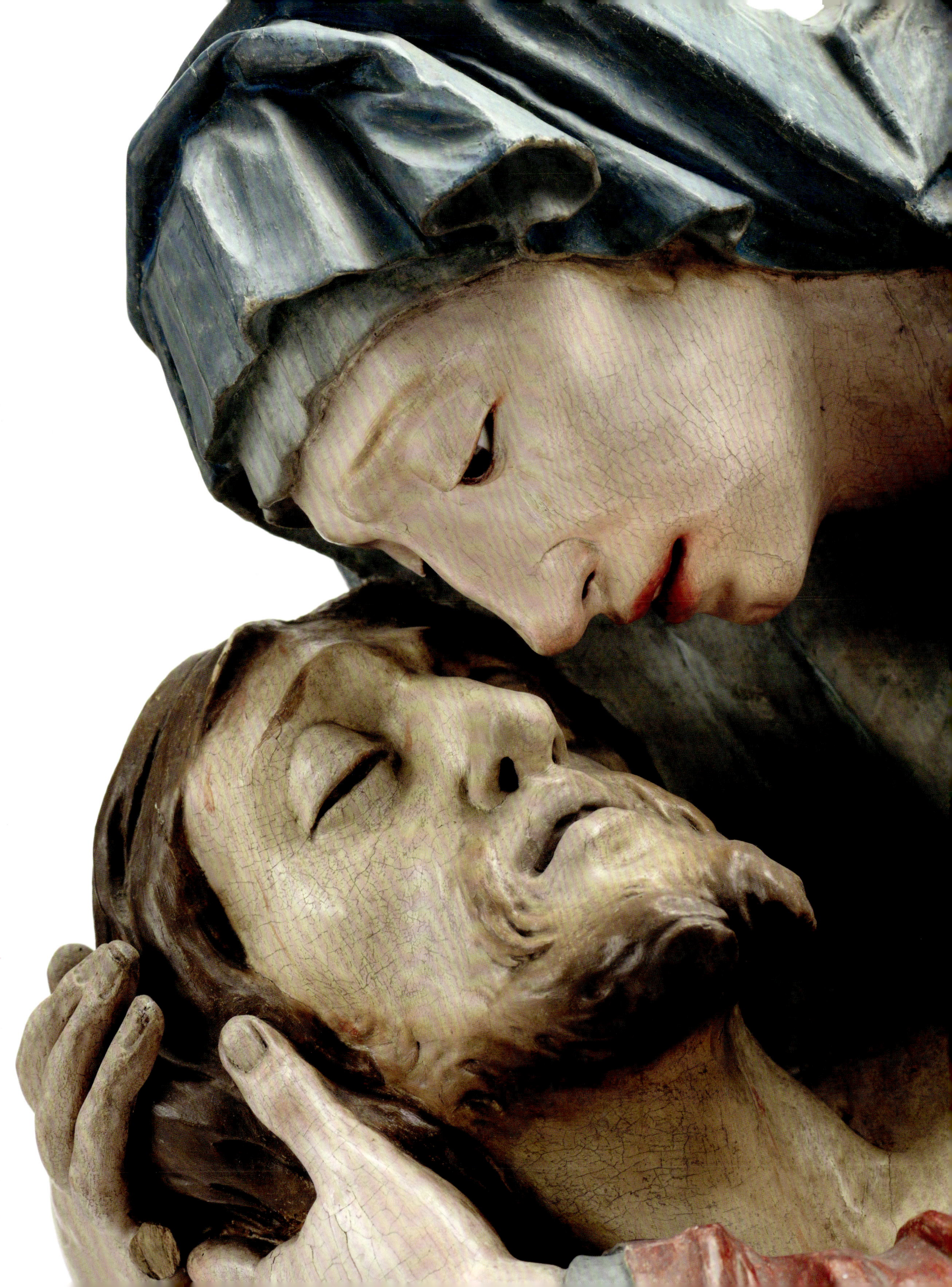

»DAS DAS WERKH DEN MEISTER LOBEN WURT«[1]

ANMERKUNGEN ZU FASSUNGEN VON SKULPTUREN IGNAZ GÜNTHERS

Rupert Karbacher

Fassung ist der fachtechnisch korrekte Begriff für die monochrome beziehungsweise polychrome Bemalung unterschiedlicher Materialien. Ignaz Günther (1725–1775) und seinen Bildhauerkollegen erlaubten die Zunftregeln des 18. Jahrhunderts nicht, ihre Werke eigenständig zu fassen. Diese Tätigkeit blieb dem Fassmaler und Vergolder vorbehalten, der meist nur als »Mahler« bezeichnet wurde. Bezahlt wurde dieser in der Regel besser als der Bildhauer.

Im 19. Jahrhundert und bis in die Mitte des 20. Jahrhunderts zählte allein der Wert der geschnitzten Form, die Fassung erfuhr keinerlei Wertschätzung. Entsprechend wurden viele Kunstwerke abgelaugt und neu gefasst oder holzsichtig belassen. Durch die Forschungen von Kunsthistorikern und Restauratoren sowie die Einrichtung des Studiengangs Restaurierung änderte sich die Wahrnehmung etwa ab der zweiten Hälfte des 20. Jahrhunderts. Heute können Fassungen durch naturwissenschaftliche Untersuchungen zeitlich eingegrenzt werden, Archivalien oder Signaturen lassen die Zuordnung an bestimmte Fassmaler zu. Der Autor nimmt seine langjährige Beschäftigung mit Fassungen an Skulpturen Ignaz Günthers zum Anlass, Werke, deren Autoren nicht belegt sind, einem Fassmaler zuzuordnen. Die Grundlage hierfür bilden Untersuchungsergebnisse an Fassungen, deren Urheber archivalisch belegt sind.

Die Zusammenarbeit Ignaz Günthers mit zahlreichen Fassmalern ist belegt. Bekannt sind: Burchard Bichler, Augustin Joseph Demmel, Johann Damianus (auch Johann Baptist) Escherich, Franz Gabriel Gaulrapp, Joseph Hepp, Johann Michael Kaufmann, Johann Georg Leyrer, Johann Georg Mittendorfer, Nikolaus Nepaur, Sebastian Schreiner, Joseph Anton Wunderer, Sebastian Zobel und Mathias Zwerger.[2] Gewöhnlich erfolgte die Ausbildung eines Fassmalers zum Gesellen in der Werkstatt eines Fassmaler- und Vergoldermeisters. Als Nebentätigkeit wurden Skulpturenfassungen auch von Malern übernommen, die überwiegend Gemälde ausführten. Anhand von Fassungen Augustin Demmels und Nikolaus Nepaurs soll aufgezeigt werden, wie sich der Werdegang eines Fassmalers und Vergolders und der eines Malers, der auch künstlerisch gestaltet, an den Fassungen ablesen lassen.

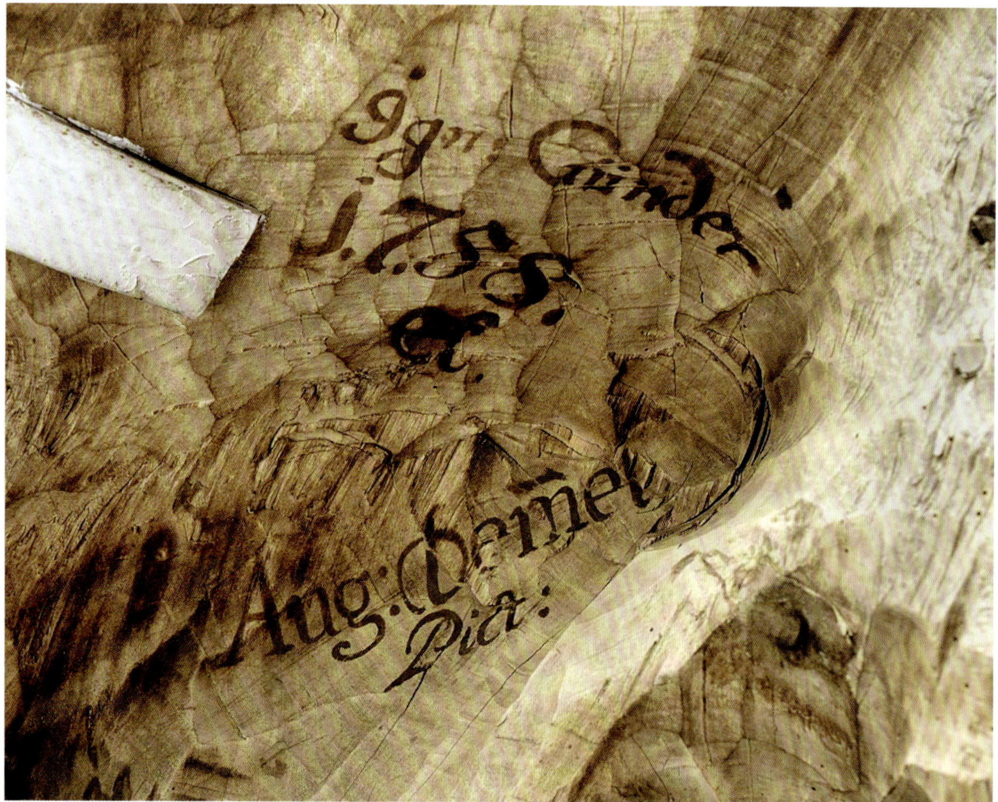

1 Ignaz Günther, Pietà, Signaturen in der Aushöhlung, Eiselfing, Pfarrkirche St. Rupertus

Augustin Demmel und Nikolaus Nepaur hatten offensichtlich über die berufliche Zusammenarbeit hinaus ein freundschaftliches Verhältnis zu Ignaz Günther. Nach seinem Tod betreuten sie seine vier Vollwaisen.[3]

Nikolaus Nepaur wird in den Quellen als »Mahler« und Vergolder bezeichnet. Sein Geburtsdatum ist nicht bekannt, belegt sind für ihn lediglich seine Heirat mit Elisabeth Schauer im Jahre 1754 und mehrere Adressen in München. Die Zusammenarbeit mit Ignaz Günther ist für die Ausstattung der Frauenkirche, für Vergoldungsarbeiten im Bürgersaal, für den Arme-Seelen-Altar in der Peterskirche in München und die Skulpturen Ignaz Günthers in der Kirche des Augustiner-Chorherrenstifts in Weyarn nachgewiesen.[4]

Augustin Demmel, geboren im Jahre 1734, gestorben 1789, war Mitarbeiter des »churfürstlichen« Malers Joseph Geiger und erlangte 1786 den Titel »hofbefreiter Maler«. Seine zweite Ehefrau Maria Anna Eva war eine Tochter des Hofbildhauers Johann Baptist Straub. Neben mehreren Deckengemälden führte Demmel die architektonischen Wandmalereien an der Fassade des Münchner Rathauses im Louis-Seize-Stil aus. Die Zusammenarbeit mit Günther ist im Jahr 1758 für die Pietà in Eiselfing bei Wasserburg (Kat.-Nr. 115), ein Jahr später für die Ausstattung der Schlosskapelle in Sünching und in den Jahren 1762 bis 1766 für die den hll. Leonhard und Isidor geweihten Seitenaltäre in der Pfarrkirche von Rott am Inn archivalisch belegt (Kat.-Nr. 82). 1763/64 arbeiteten die beiden in der kath. Pfarrkirche St. Johannes Baptist in Griesstätt (Baldachin und Tabernakel des Hochaltars) zusammen, 1765 wird Augustin Demmel für »die Faßmalerarbeiten an den sechs bis dahin fertiggestellten Nebenaltären mit 200 fl und abschließend 1766 mit 405 fl« in der Pfarrkirche St. Anianus und Marinus in Rott am Inn (1759–1763) bezahlt.[5] 1775/76 führte er Vergoldungsarbeiten am Bennobogen in der Münchner Frauenkirche aus.[6]

Die Signatur des Fassmalers Augustin Demmel neben der des Bildhauers: »Ign: Günder/1.7.58./et/Aug:Demel/Pict.« in der Aushöhlung der Pietà aus der kath. Pfarrkirche St. Rupertus in Eiselfing stellt eines der wenigen überlieferten Beispiele dar, an denen der Bildhauer und der Fassmaler eine Skulptur gemeinsam signierten (Abb. 1).[7] Günther lädt Demmel mit dem von ihm geschriebenen »et« ein, mit seinem Namen zu zeichnen, und zeigt damit, dass er dessen Arbeit schätzt.

Die Restaurierungen der Eiselfinger Pietà von 1973 durch Fritz Buchenrieder und 1996 durch das Atelier Ernst in München brachten wichtige Ergebnisse zur Fasstechnik Augustin Demmels. Hermann Kühn stellte bei der Auswertung der Querschliffe an dem Inkarnat Mariens, an deren Kopftuch, an dem Inkarnat Christi und dessen Lendentuch auf der gräulich-beigen Grundierung eine Bleiweißschicht mit einer zusätzlichen Bindemittelschicht fest.[8] Die mikrochemische Untersuchung der Bindemittel ergab, dass Demmel zur Gestaltung glänzender oder matter Oberflächen unterschiedliche Bindemittel verwendete. Die hellgraue Grundierung bezog er bei der Fassung des Sockels als farbigen Untergrund ein. Marias Augen bestehen aus Glas, sie sind mit einem pigmentierten, wachshaltigen Kitt rückseitig in die geschnitzten Öffnungen der Aushöhlung eingesetzt. Plastische Tränen und Glasaugen verstärken ihren Trauergestus.[9]

Die in Rott am Inn von Demmel gefassten Skulpturen zeichnen sich durch ihre außerordentliche Qualität und die Raffinesse der Farbzusammenstellung aus. Die Struktur des Pinselauftrags der Grundierung wird im Zusammenhang mit den imitierten Stofflichkeiten bewusst eingesetzt. Unter den Inkarnaten ist diese glatter geschliffen als unter den übrigen Fassungsbereichen. Von beispielloser Eleganz ist die Farbigkeit der Fassung. Demmel variiert Farbtöne in hellere, dunklere, kühlere und wärmere Bereiche. Die glänzenden Inkarnate unterlegt er mit Bleiweiß sowie einer zusätzlichen Bindemittelschicht und kombiniert sie mit matten-schweren und glänzenden-leichten Fassungen der Gewänder. Die graue Grundierung bezieht er bewusst als farbigen Untergrund ein. Seine Maltechnik variiert er von nass in nass zu Farbaufträgen auf abgetrocknetem Untergrund.[10] Demmel ändert auch während des Fassvorgangs den Aufbau und die Farbigkeit, darüber hinaus wechselt er von einschichtigen zu mehrschichtigen Farbaufträgen.[11] Die Oberflächentextur der imitierten Materialien gestaltet er durch die gezielt eingesetzte Pinselstruktur.

In Rott am Inn entdeckte man anlässlich der letzten Restaurierung an den zum Anna-Altar gehörenden Skulpturen mittels Infrarotuntersuchungen auf der Grundierung der hl. Katharina die Farbangabe »blau …«, an der hl. Elisabeth »Gold«, »Silwer« und »roth Wasserfarb«.[12] Dies deutet darauf hin, dass es sich um Anweisungen für einen Mitarbeiter handelt, zumal die Fassungen der von Joseph Götsch geschnitzten Skulpturen qualitativ hinter den von Ignaz Günther geschnitzten zurückbleiben.[13]

Für die Kirche des Augustiner-Chorherrenstifts St. Peter und Paul in Weyarn hat Ignaz Günther den Hochaltartabernakel, den Valerius-Schrein, die Maria vom Siege, eine Pietà, eine Verkündigung Marias und ein Kruzifix geschaffen. Archivalien belegen, dass Nikolaus Nepaur von 1763 bis 1765 diese Skulpturen gefasst hat. Betrachtet man seine Fassungen im Vergleich zu Demmels Fassungen, so wird deutlich, dass diese technisch wesentlich einfacher ausgeführt wurden. Nepaur behält innerhalb der Fassung einer Skulptur eine Maltechnik bei, so trägt er zum Beispiel die Blutstropfen und die blauen Betonungen des nicht mehr durchbluteten Inkarnats nass in nass auf (Abb. 2, 3). Eine mit Grundierung aufgetragene und gravierte Ornamentform verwendete er als Saum begleitendes Ornament an der Pietà (am Gewand Marias) und an der Verkündigungsgruppe (am Gewand des Engels) (Abb. 4). Nepaur kannte die Fassungen Augustin Demmels und versuchte diese offenbar zu kopieren, wobei er die identischen und für das 18. Jahrhundert typischen Materialien verwendet. Aufgrund seiner handwerklichen Ausbildung verfügte er aber weder über die notwendigen anatomischen und maltechnischen Kenntnisse noch über eigenständige künstlerische Ideen.

Der Fassmaler des lebensgroßen Kruzifixes, das Ignaz Günther der Hl.-Kreuz-Kirche seiner Heimatgemeinde Altmannstein im Jahr 1764 vermachte, ist nicht bekannt. Die Schenkung ist durch eine auf der Rückseite des Titulus angebrachte Urkunde belegt: »Dises CrusifVix gemacht, Und gefast Und hergeschenckht der Kunst Reiche Herr Franz Ignaty gündter Bilthauer in München gebürtiger schreiners sohn alhier in altmannstein, anno: 1764 den 29. abril.« Dabei wird das Wort »gefast« nicht als Beleg einer eigenhändigen Fassung verstanden, sondern so interpretiert, dass Günther das Kruzifix auf eigene Kosten fassen ließ.[14] Die aufwändige Fasstechnik entspricht der bildhauerischen Qualität, sie baut auf deren Realismus auf. Vermittelt wird das Bild eines Verstorbenen, bei dem die Leichenstarre

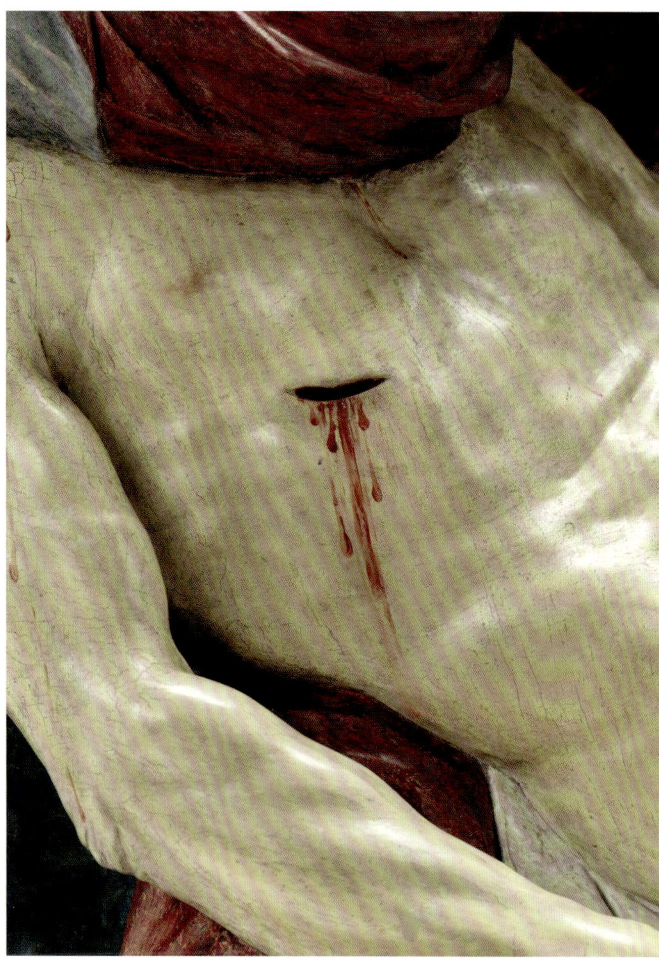

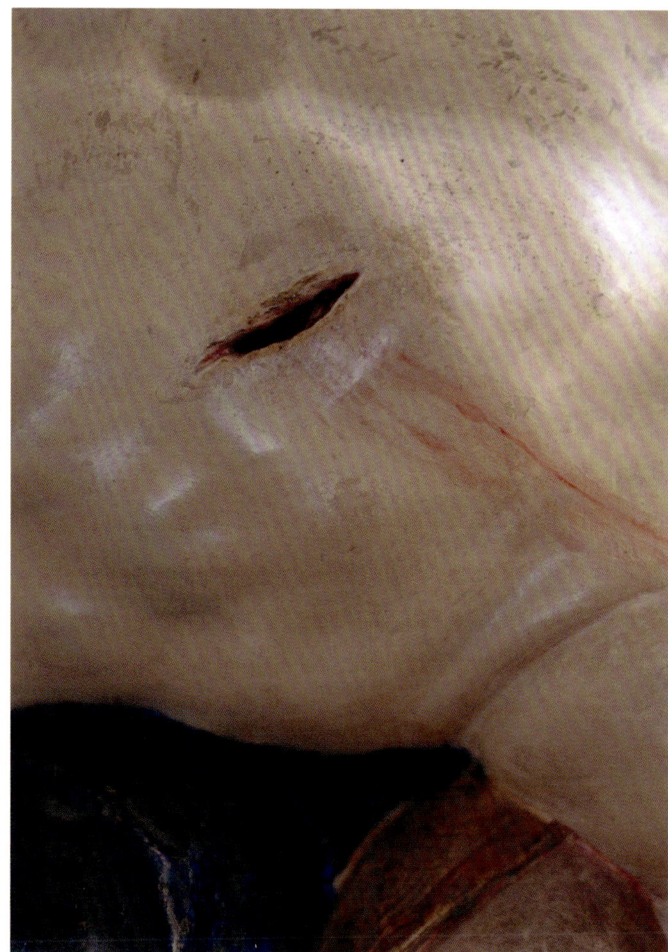

einzutreten beginnt. Die blauen Adern, Lasuren an Gelenken, Wangenknochen, Rippen und Füßen sind auf den abgetrockneten blassen Inkarnatston aufgetragen. Die Pinselstruktur des Inkarnates folgt der bildhauerischen Form, sie wechselt zwischen glatteren Stellen an der Brust und pastosen an den Oberschenkeln. Analog zu dem Befund an der Fassung der Pietà in Eiselfing und der Skulpturen in Rott am Inn liegt unter der farbgebenden Inkarnatschicht eine Bleiweißschicht mit einer transparenten, in Wasser quellbaren Isolierschicht. Die aus Holz geschnitzten Tropfen sind unterhalb der Brustwunde aufgeleimt, grundiert, mit Bleiweiß unterlegt und isoliert. Die hellrote Untermalung wird durch einen roten Farblack veredelt.[15] Die rein malerisch ausgeführten Tropfen, die sich unterhalb der geschnitzten auf dem Inkarnat fortsetzen, wirken aus der Distanz plastisch. Sie weisen – ähnlich echten angetrockneten Blutstropfen – auf einer Seite einen höheren und auf der anderen einen flacher auslaufenden plastischen Wulst aus rotem Farblack auf. In der Mitte der Tropfen schimmert der Ton des Inkarnates durch. Neben den Blutbahnen der Wunden ist, kaum wahrnehmbar, nass in nass ein rosafarbener Inkarnatton aufgetragen, der sich partiell mit dem roten Farblack schlierig vermischt hat und wohl eine stärkere Durchblutung andeuten soll (Abb. 5). Das rötlich braun gestreifte Lendentuch nimmt Bezug auf orientalische Stoffe und verweist damit auf den Ort der Kreuzigung. Seine rötlich braunen Streifen sind nass in nass auf den ockerfarbigen Untergrund gemalt und vermitteln den Eindruck glatter, eingewebter Streifen. Die Kordel, die das Lendentuch hält, besteht aus einem aufgenagelten Hanfseil, das grundiert und in einem hellen Braun gefasst ist. Haare und Bart sind nach dem Auftrag des Inkarnates einschichtig pastos aufgemalt. Die handgeschmiedeten Nägel des Altmannsteiner Kreuzes waren über einer Zinnfolie (?) mit einem gelben Lack überzogen und wirkten dadurch goldfarben.[16] Die für die Inkarnatpartien beschriebene Bleiweißunterlegung spart Haare und Lendentuch aus. Die graue Grundierung wird analog zu der für die Eiselfinger Pietà und die

2 Ignaz Günther, Christus, Brustwunde, Eiselfing, Pfarrkirche St. Rupertus

3 Ignaz Günther, Pietà, Christus, Brustwunde, Weyarn, Augustiner-Chorherrenstiftskirche St. Peter und Paul

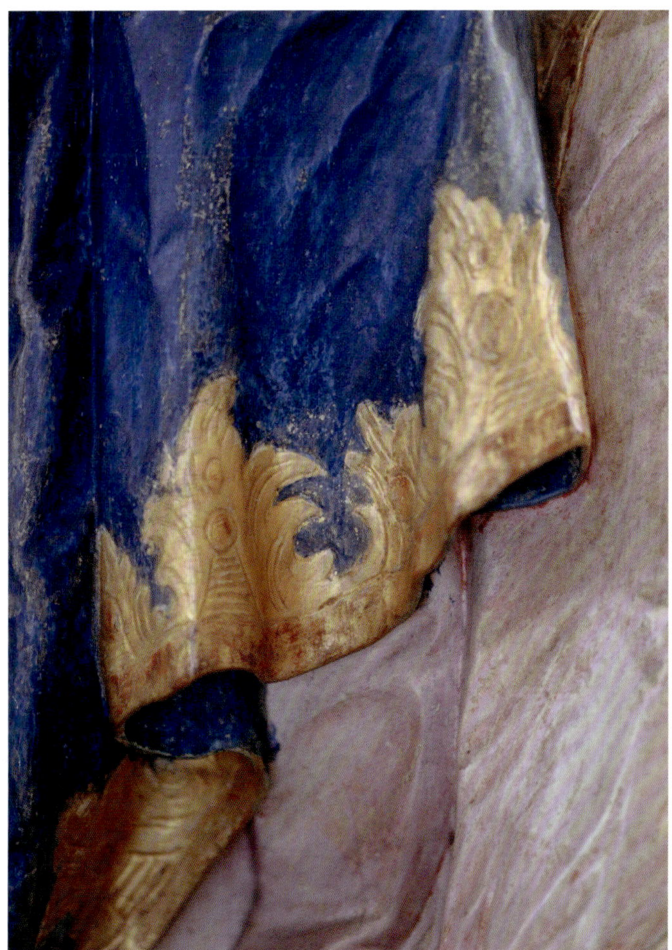

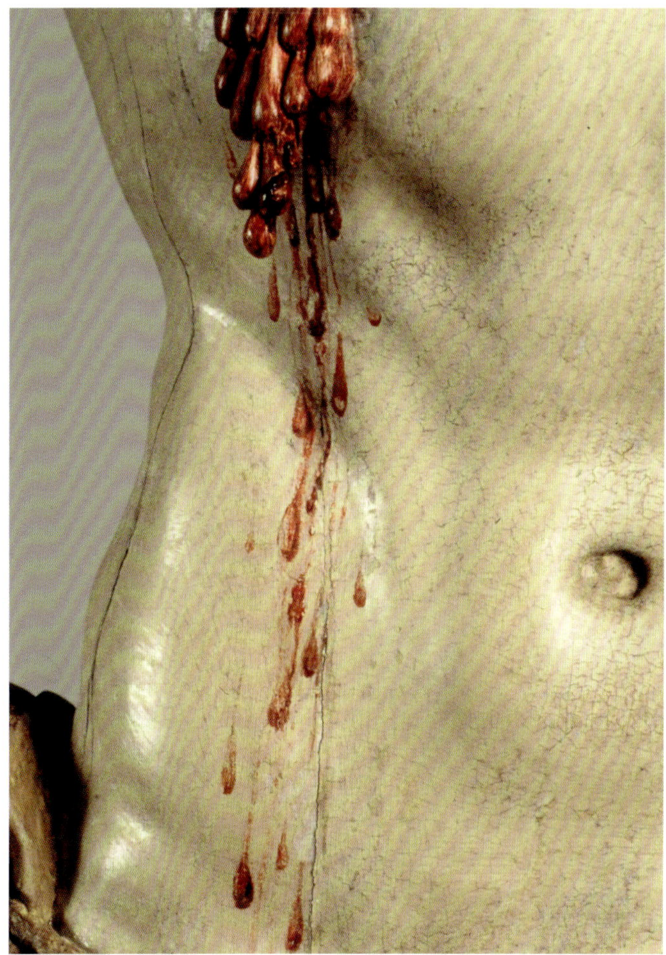

4 Ignaz Günther, Pietà, Maria, Umhang außen, Saum begleitendes Ornament, Weyarn, Augustiner-Chorherrenstiftskirche St. Peter und Paul

5 Ignaz Günther, Kruzifix, Brustwunde, Altmannstein, Hl.-Kreuz-Kirche

Skulpturen in Rott am Inn beschriebenen Fasstechnik als »farbige Unterlegung« eingesetzt.[17] Diese Fassung fügt sich nahtlos in die Fasstechnik Augustin Demmels ein und wird ihm deshalb zugeordnet.

Johannes Taubert vertrat die Meinung, dass es »Güntherfassungen« gibt. Dies würde bedeuten, dass der Bildhauer Einfluss auf die Gestaltung der Fassung genommen hat, Nachweise hierfür fehlen jedoch. Die Farbigkeit von Günthers Skizzen darf nicht in Zusammenhang mit den ausgeführten Skulpturen verstanden werden.[18]

Günther war unter anderem für den Entwurf der Innenausstattung der heutigen Pfarrkirche St. Marinus und Anianus in Rott am Inn sowie für die Umgestaltung der Innenausstattung der heutigen Metropolitankirche Unserer Lieben Frau in München 1770 bis 1773 verantwortlich. In einer handschriftlichen Notiz auf der Rückseite einer Entwurfszeichnung für die Dreifaltigkeitsgruppe in Rott hält er fest: »wan ein solcher altar nach newes Mod von Bilt[hauer] Kist[ler] Vnd Mahler/Von Altarstein Bis obenauf mus hergestelt werden were […]/die arbeith wurt Von dauerhafftem Holz/der Marmor wurt Naturartig tratiert/in glänz geschliffn das Golt Mat V[nd]/glanz nach Moderner Manir die Figuren/weis boliert den Carara Marmor oder alabaster ainhelig das das Werkh den/Meister Loben wurt […].«[19] Ob sich der Text auf die Fassung der recto dargestellten Gruppe im Hochaltar bezieht, ist jedoch nicht eindeutig. Immerhin bildet der Vermerk bis heute die einzige schriftliche Aussage Günthers zur Skulpturenfassung. Berücksichtigt muss dabei werden, dass es sich lediglich um die Beschreibung einer im 18. Jahrhundert gängigen monochromen Fasstechnik zur Imitation von Marmor beziehungsweise Alabaster handelt.

Die Zuordnung von Fassungen an Fassmaler im Umkreis Ignaz Günthers wird durch die Tatsache erschwert, dass sich die verwendeten Materialien und die angewandten Fasstechniken ähneln. Bei davon abweichenden fasstechnischen Lösungen liegt in der Regel eine künstlerische Idee zugrunde, dadurch bieten sich Ansätze zur Unterscheidung.

Fassungen Augustin Demmels lediglich an der Unterlegung bestimmter Fassungsbereiche mit einer Bleiweißschicht, der zusätzlichen Bindemittelschicht sowie der Einbeziehung der Farbigkeit der Grundierung festzumachen, reicht nicht aus. Sein künstlerischer Anspruch, sein Einfühlungsvermögen, seine Phantasie, seine ganzheitliche Idee, seine anatomischen Kenntnisse und nicht zuletzt die hohe Ausführungsqualität sowie die Virtuosität seiner Maltechnik zeichnen ihn aus und bilden spezifische Merkmale. Demmels Fassungen bilden eigenständige Kunstwerke als perfekte Ergänzung der bildhauerischen Arbeit Ignaz Günthers.

Tauberts These von den »Güntherfassungen« ist ohne entsprechende schriftliche Belege und ohne die Untersuchungen der Fassungen nach heutigem Wissensstand nicht haltbar, die unterschiedlichen Auffassungen der mit Günther zusammenarbeitenden Fassmaler und die technologischen Unterschiede in der Fasstechnik sprechen dagegen. Geht man von den Fähigkeiten Augustin Demmels und Nikolaus Nepaurs aus, so wäre es auch gut vorstellbar, dass die mögliche Einflussnahme Günthers an den konkreten Vorstellungen eines selbstbewussten Demmel beziehungsweise an den beschränkten Möglichkeiten des Nikolaus Nepaurs gescheitert wäre.[20]

1 Brühlmann/Emmerling/Mayer 1998.

2 Ebd., S. 127–166.

3 Anfangs übernahmen der Goldschmied Joseph Reichenzeihn und Nikolaus Nepaur die Verantwortung, nach Nepaurs Tod trat Demmel an dessen Stelle.

4 Brühlmann/Emmerling/Mayer 1998, S. 145–149.

5 Woeckel 1975a, S. 361.

6 Brühlmann/Emmerling/Mayer 1998, S. 127–135.

7 Thomas Brachert/Friedrich Kobler, Fassung von Bildwerken, in: RDK, Bd. 7, 1978, S. 750, führen das Beispiel einer Skulptur von 1494 an, die einen beigefügten Zettel mit den Namen des Bildhauers und des Fassmalers enthält.

8 Querschliffe sind kleine Fassungspartikel, die in Kunstharz eingebettet, angeschliffen und unter dem Mikroskop ausgewertet werden.

9 Naturwissenschaftliche Untersuchung Frank Preußer, Doerner Institut, München, 24. Januar 1975.

10 Die Bindemittel wurden nicht naturwissenschaftlich untersucht.

11 Kerstin Knaupp, Dokumentation Rott am Inn, ehemalige Abteikirche St. Marinus und St. Anianus, 2004, Bayerisches Landesamt für Denkmalpflege, Ordner 11/13, E, Die Fassung der Günther-Skulpturen an Leonhard-Altar und Franz-Xaver-Altar, S. 1–5. Es gibt keinerlei einschichtige Fassungsbereiche, meist liegen drei oder vier Schichten vor.

12 Die Restaurierung wurde von 1998 bis 2004 von freiberuflichen Kollegen unter der Leitung des Bayerischen Landesamtes für Denkmalpflege durchgeführt.

13 Es handelt sich um die Skulpturen der hll. Katharina und Elisabeth. Nach Auffassung von Frau Knaupp hat Demmel auch die von Joseph Götsch geschnitzten Skulpturen gefasst, Knaupp 2004 (wie Anm. 11).

14 Schiessl 1979, S. 11.

15 Als roter Farbstoff wurde Cochenille bestimmt, Hochdruckflüssigkeitschromatographie (HPLC) in Kombination mit online-gekoppelter Spektroskopie durch Christian-Herbert Fischer, Hahn-Meitner-Institut, Berlin.

16 Das ursprüngliche Kreuz ist wie die barocken Altäre der Hl.-Kreuz-Kirche in Altmannstein nicht erhalten.

17 1975 wurden unter Johannes Taubert drei Überfassungen aus den Jahren 1869, 1890 und 1909 abgenommen. Von 2000 bis 2002 untersuchte der Verfasser die Skulptur und nahm zahllose Überfassungsreste ab. Es zeigte sich, wie sehr die Fassung der Entstehungszeit von einer perfekten und differenziert gestalteten Textur der Oberfläche lebt.

18 Schiessl 1979, S. 21.

19 Woeckel 1975a, S. 294, Nr. 45.

20 Der Autor publizierte bereits einen Artikel zur Unterscheidung von Fassmalern an Skulpturen Ignaz Günthers: Rupert Karbacher, Der Kruzifixus aus der Heilig Kreuz Kirche in Altmannstein, das Werk eines bekannten und eines unbekannten Meisters, in: VDR Beiträge zur Erhaltung von Kunst- und Kulturgut, 2006, Heft 1, S. 86–97.

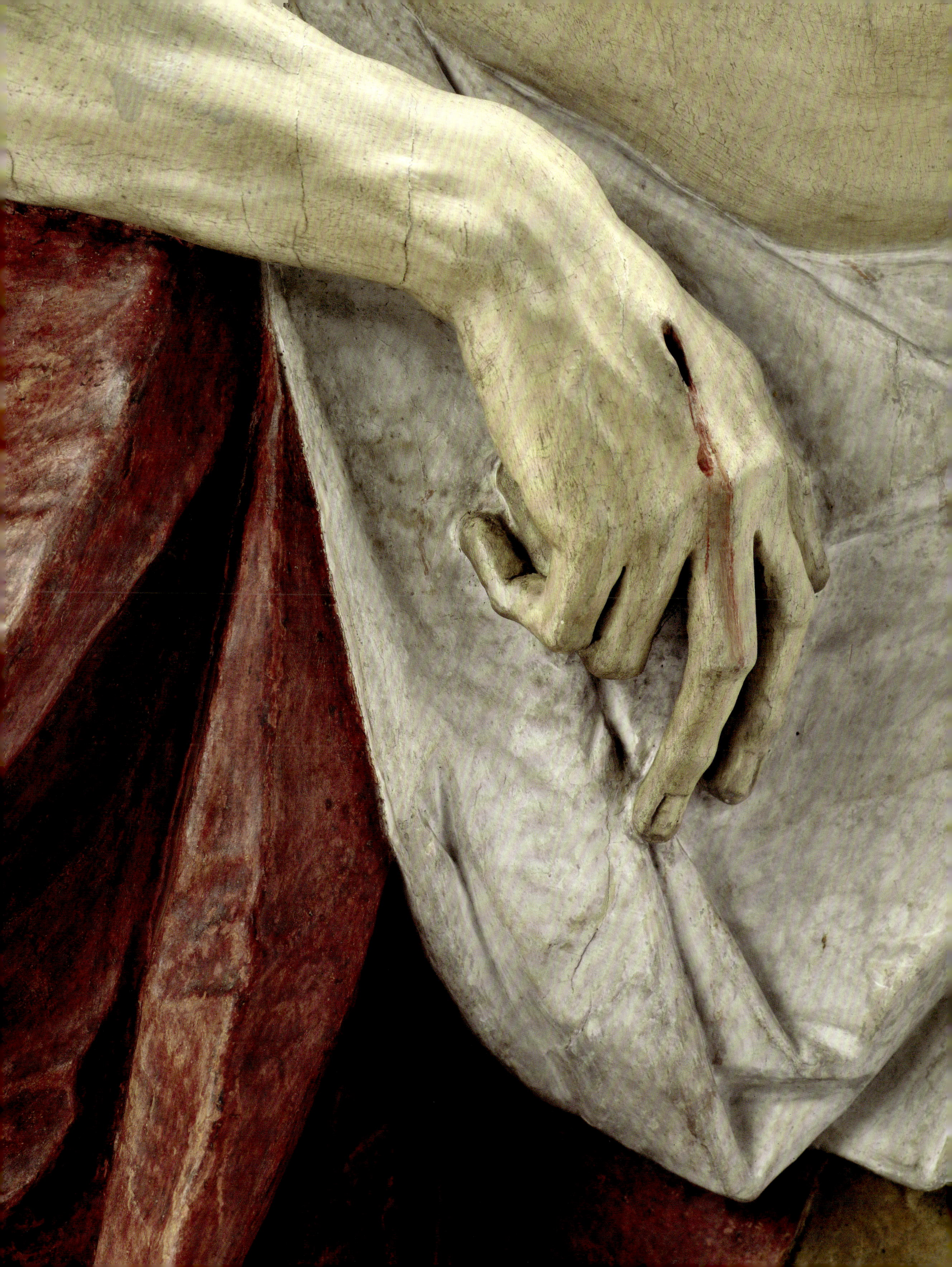

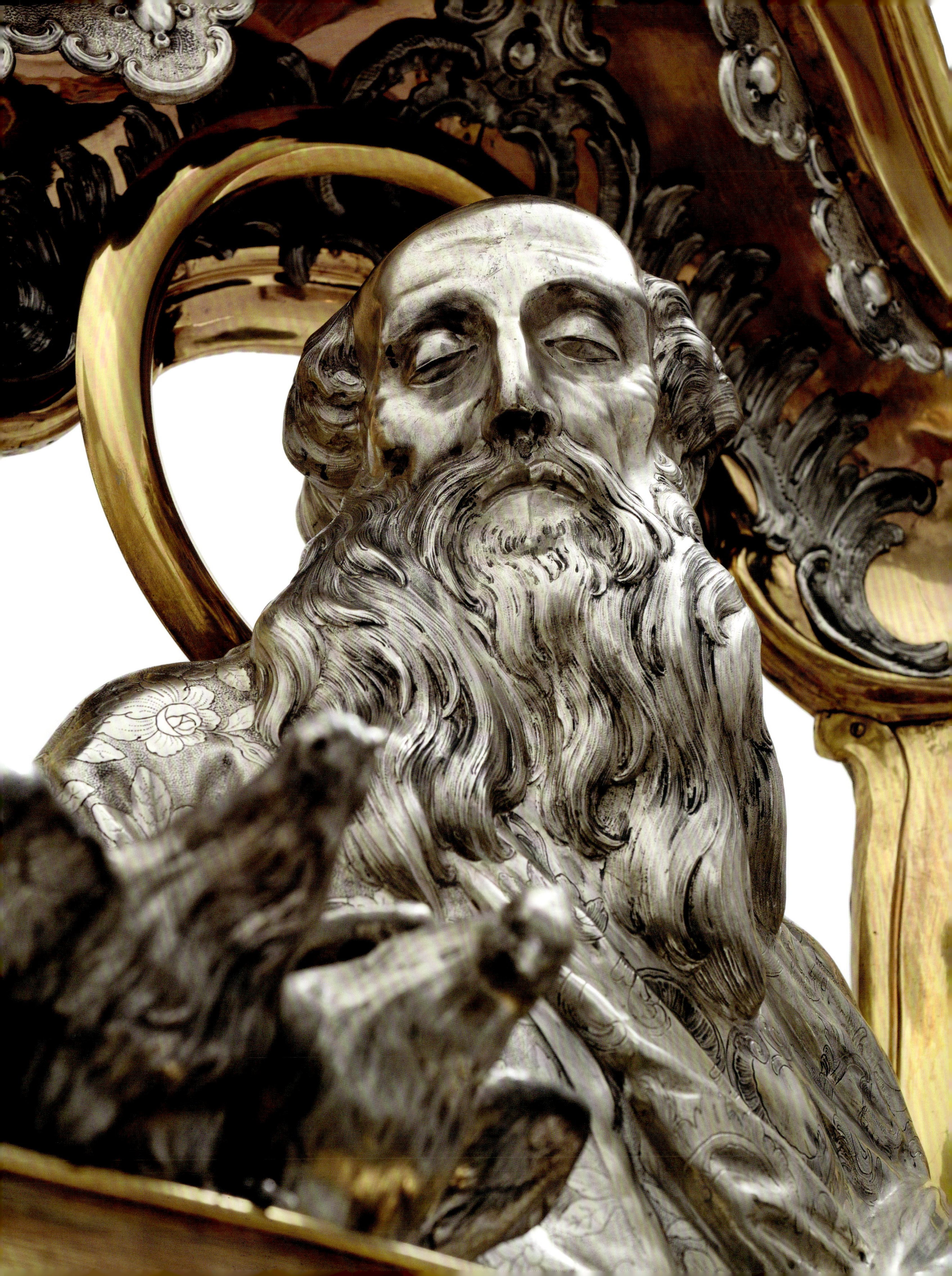

KONGENIALE ZUSAMMENARBEIT
MÜNCHNER SILBERPLASTIKEN DES ROKOKO

Annette Schommers

Silberplastiken stellen im reichen Skulpturenschaffen des Münchner Rokoko eine eigenständige Gattung dar.[1] Sie verdanken ihre Entstehung der engen Zusammenarbeit von Goldschmied und Bildhauer, die sich aus den Zunftbestimmungen und der Herstellungstechnik figürlicher Silberarbeiten ergibt. Nur der den strikten Zunftregeln unterstehende Goldschmiedemeister durfte den edlen, ebenfalls streng kontrollierten Werkstoff verarbeiten. Ihm fehlte jedoch das bildhauerische Können, das für eine Silberfigur notwendige dreidimensionale Modell selbst herzustellen. Dafür benötigte er einen Spezialisten, der das Entwerfen und Ausführen von Skulpturen in verschiedenen Materialien beherrschte. Dass die künstlerische Konzeption einer Silberfigur stark von der Seite des Bildhauers bestimmt war, verdeutlicht ein kurzer Blick auf deren Werdegang.[2] Der erste Schritt dürfte ein zeichnerischer Entwurf gewesen sein, der als Grundlage für die Verhandlungen mit dem Auftraggeber diente. Es folgte eine maßgerechte Werkzeichnung oder Visierung, seltener ein Bozzetto in Holz, Ton oder Wachs als dreidimensionale Ideenskizze. Die Arbeit des Goldschmieds konnte jedoch erst beginnen, wenn ein detailliert geschnitztes oder modelliertes Vorbild im Maßstab 1:1 vorlag. An diesem wurden die Stück für Stück aus Silberblech mit verschiedenen Treibhämmern über Formeisen aufgezogenen Einzelteile der Figur überprüft. Während der Bearbeitung passte der Goldschmied die offenen Hohlformen immer wieder dem Holzmodell an, das als eine Art Kleiderpuppe fungierte. Köpfe und Gliedmaßen wurden häufig in Gusstechnik hergestellt, waren daher im Holzmodell meist abnehmbar gearbeitet.[3] Durch Löten, Verklammern, Verstiften oder Verschrauben wurden die Einzelteile schließlich zur Gesamtfigur montiert, die Nahtstellen im Zuge der Feinbehandlung sorgfältig überarbeitet und die Oberflächen zuletzt durch Punzieren oder Gravieren dekoriert.

Die Materialeigenschaften des Edelmetalls und die durch die Feinbearbeitung unterschiedlich stark reflektierende Oberfläche verleihen Silberfiguren eine flirrend-immaterielle, fast überirdische Wirkung, die sie deutlich von anderen Bildwerken unterscheidet – sicher einer der Gründe, warum sie insbesondere im Zusammenhang mit dem Reliquien-, Heiligen- und Marienkult der katholischen Kirche entstanden und in der mit der Illusion spielenden Kunst des Barock und Rokoko ihre höchste Blüte erlebten. Bei der Mehrzahl der überlieferten Münchner Silberfiguren handelt es sich in der Tat um Heiligenbüsten

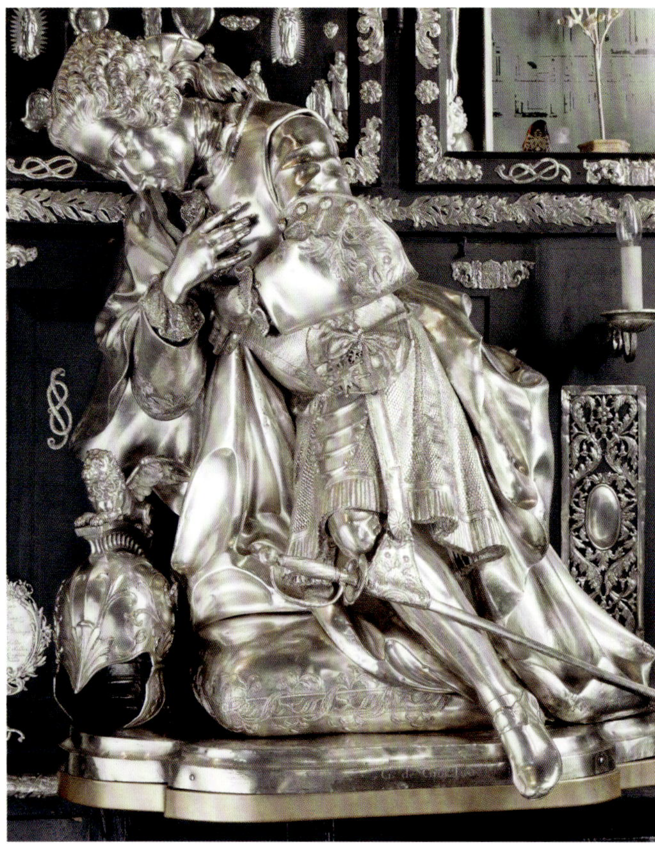

1 Guillielmus de Grof, silberne Votivfigur des Kurprinzen Maximilian Joseph, 1737, 94 cm, Altötting, Gnadenkapelle

und -statuetten auf Reliquiensockeln oder Marienfiguren, meist beauftragt von den Marianischen Kongregationen, die sich seit der Gründung durch die Jesuiten 1563 rasch ausgebreitet hatten.

Die Umsetzung einer Plastik in Edelmetall verlangte dem Goldschmied ein hohes Maß an handwerklichem Können ab und setzte eine bildhauerische Begabung voraus, die wohl nur wenige Meister besaßen. Selbst in der Goldschmiedemetropole Augsburg, die im Jahr 1740 allein mit 275 parallel tätigen Goldschmiedemeistern aufwartete, war nur eine begrenzte Zahl von etwa 15 bis 20 Werkstätten in der Lage, diese höchst anspruchsvollen Silberfiguren herzustellen.[4] Die in der Regel verwandtschaftlich verbundenen und katholischen Werkstätten, die Aufträge aus ganz Europa erhielten, gaben ihre Spezialkenntnisse oft über mehrere Generationen weiter.

Die Zahl der Münchner Goldschmiede, die zwischen 1725 und 1775 mit der Herstellung von Silberplastiken beauftragt werden konnten, ist vergleichsweise gering.[5] Die Werke von Joseph Großauer (Meister 1717–1755), Johann Christoph Steinbacher (Meister 1719–1746), Joseph Friedrich I Canzler (Meister 1743–1780) und Ignaz Franzowitz (Meister 1765–1808), die als Schöpfer bedeutender figürlicher Silberarbeiten hervortreten, sind jedoch von höchster Qualität und stehen den Augsburger Erzeugnissen in keiner Weise nach. Dass dies zugleich Verdienst der Modelllieferanten ist, zu denen alle herausragenden Münchner Bildhauer von Egid Quirin Asam (1692–1750) bis Ignaz Günther (1725–1775) gehörten, führen die erhaltenen Beispiele vor Augen.

Die exemplarische Auswahl beginnt mit einem Sonderfall: Der berühmte »Silberprinz« von Altötting (Abb. 1), die von Kurfürst Karl Albrecht (1697–1745) im August 1737 als Dank für die Genesung des jungen Kurprinzen Maximilian Joseph (1727–1777) von einer schweren Krankheit gestiftete lebensgroße Votivfigur, wurde nicht wie üblich bei einem zünftigen Goldschmied bestellt. Als Künstler tritt der Hofbildhauer Guillielmus de Grof (1676–1742) auf, der selbstbewusst seine Signatur auf den Sockel der vor dem Altöttinger Gnadenbild in die Knie gesunkenen Knabenfigur setzt.[6] Er fertigte das Gipsmodell[7] und überwachte die Ausführung in Silber in seiner Werkstatt. Ihm zur Seite stand der Goldschmied Johann

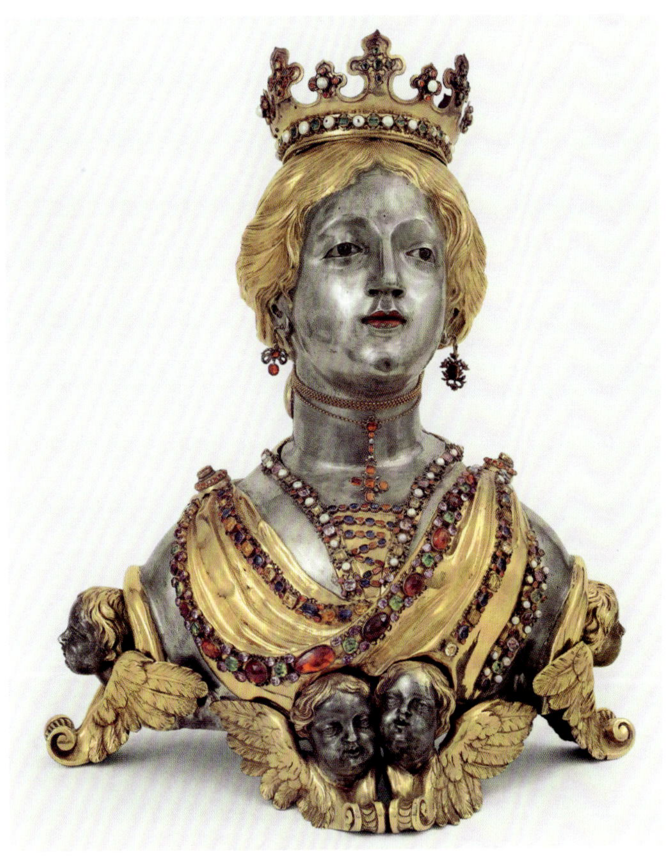

2 Joseph Großauer, Silberne Reliquienbüste der hl. Anastasia, 1725, 47,7 × 40,8 cm, Benediktbeuern, Katholische Kirchenstiftung St. Benedikt

Michael Roth (Meister 1746–1762), der wesentlichen Anteil an der Arbeit gehabt haben muss.[8] Die zu den Meisterwerken des frühen Rokoko zählende Votivfigur besticht durch die Eleganz der Bewegung und den Ausdruck ernsthafter Andacht. Kongenial zum bildhauerischen Entwurf ist die Umsetzung in Edelmetall. Die Figur ist als ungewöhnlich hohes Relief getrieben und besteht aus einzelnen zusammengeschraubten Teilen. Die Oberflächenbearbeitung des Silbers ist dabei so differenziert, dass die unterschiedliche Stofflichkeit der prächtigen Gewandung geradezu greifbar scheint. Bei aller kleinteiligen Dekoration überwiegt die plastische Qualität der Gesamterscheinung.

Die hohe Summe von 2000 Gulden, die de Grof allein für seine Arbeit ohne Material in Rechnung stellte, führte zu einer vom Geheimen Rat veranlassten Begutachtung der 44 Pfund wiegenden Silberfigur. Sie wurde durch die Meister Johann Christoph Steinbacher und Andreas Lang (Meister 1707–1742), Vorgeher der Goldschmiedezunft, sowie Joseph Großauer und Johann Michael II Ernst (Meister 1717–1741), die beide – wie aus den Quellen hervorgeht – zu den figurenherstellenden Goldschmieden gehörten, durchgeführt. Die in vielerlei Hinsicht interessante Korrespondenz dokumentiert deutlich den Anspruch des »in der Bildthauer und trefflichen Desinierungs Kunst erfahrne[n] freye[n] Künstler[s]« gegenüber dem rein »maechanisch« arbeitenden Goldschmied, der den wahren Wert einer solchen Skulptur mit der »hinein gelegenen Kunst« und »waß die Künstliche Vorstellung des Chur Prinzen Drtl: in Portrait anbetrifft« gar nicht beurteilen könne.[9] Letztlich wurde der Forderung de Grofs entsprochen, die ein Vielfaches der im Goldschmiedehandwerk üblichen Kosten für Modelle beziehungsweise »Macherlohn« pro verarbeitete Mark Silber darstellte.[10]

Der unter den Begutachtern des »Silberprinzen« erwähnte Joseph Großauer lässt sich in der Reliquienbüste der hl. Anastasia fassen (Abb. 2). Dieses kostbare Werk war als Ersatz für eine spätgotische Vorgängerin 1725 durch Magnus Pachinger, den Abt der Benediktinerabtei Benediktbeuern, in Auftrag gegeben und von hohen Beamten des Münchner Hofs gestiftet worden.[11] Wahrscheinlich fiel deshalb auch die Wahl auf den seit 1717 in München tätigen Goldschmied, der hauptsächlich liturgisches Gerät, aber auch Silberplastiken herstellte.[12]

Im Fall der Anastasia-Büste hat sich das vollrund in Lindenholz gearbeitete Modell erhalten, das bis auf minimale Abweichungen exakt den Maßen der Büste entspricht.[13] Der Name des Bildhauers ist in den Archivalien nicht überliefert. Dies entspricht der Regel, denn meist trat der Goldschmied als Vertragspartner oder Unternehmer auf und ließ nach einem mit dem Auftraggeber vereinbarten Riss ein Modell von einem Bildhauer anfertigen, nach dem er dann die Treibarbeit oder den Guss ausführte. Für die Zuweisung des Modells bleibt die Stilkritik. Bei der Büste der Anastasia wird der Bildhauer des Modells mit dem Meister der Kardinaltugenden vom Chorgestühl der Peterskirche in München identifiziert, der zum Kreis der Bildhauer um Andreas Faistenberger (1646–1735) gehört. Großauer gelingt die Umsetzung der Büste in Silber meisterlich. Durch minimale Veränderungen gegenüber dem Modell erreicht er sogar eine stärkere Präsenz im Gesichtsausdruck der frühchristlichen Märtyrerin. Diese Wirkung wird durch die außergewöhnliche Farbfassung der Lippen und Augen verstärkt. In der von geflügelten Puttenköpfen gleichsam in den Himmel erhobenen Büste der Jungfrau spielt überhaupt der Farbkontrast zwischen vergoldeten, üppig mit farbigen Edelsteinen besetzten und Silber belassenen Partien eine wichtige Rolle. Die verwendeten Materialien Gold und Silber imitiert auch die Fassung des Holzmodells, das als Ersatz für die wertvolle Edelmetallbüste diente, die nur an hohen Festtagen ausgesetzt wurde.

Vielfach hat sich von den kostspieligen Silberfiguren, die insbesondere den Einschmelzungen im Zuge der Napoleonischen Kriege und der Säkularisation zum Opfer fielen, nur das gefasste Modell, die Ersatzfigur, erhalten. So auch im Falle der größten für München geschaffenen Silberplastik des 18. Jahrhunderts. Die 1732 von den Kapitularen des Kollegiatstifts Unserer Lieben Frau für den Choraltar der Münchner Frauenkirche gestiftete monumentale Silberstatue der Immaculata war zusammen mit Sockel und Strahlenkranz fast drei Meter hoch und wog mehr als 150 Kilogramm (davon ca. 52 Kilogramm Silber).[14] Die berühmte Marienfigur wurde bereits im Jahr 1800 konfisziert und eingeschmolzen. Überdauert hat nur ihr hölzernes Modell (Kat.-Nr. 18), das 1802 als Ersatz für die Silberausführung mit einer Gold- und Silberfassung versehen wurde. Anhand der erhaltenen Akten lässt sich jedoch die Entstehungsgeschichte der Silberstatue fast lückenlos nachverfolgen und gewährt einen aufschlussreichen Einblick in das Verhältnis von Auftraggeber, Entwerfer und ausführendem Goldschmied. Zwei gezeichnete Risse, drei hölzerne Bozzetti und zwei 1:1-Modelle waren notwendig, bis die Silberplastik endlich zur Zufriedenheit der Kapitularen fertiggestellt war. Recht ungewöhnlich ist auch die Zahl der in den Werkprozess eingebundenen Künstler. Die Kapitularen beauftragten den renommierten Augsburger Goldschmied Johann Georg Herkommer (Meister 1712–1754), der ihnen aufgrund seiner vielgerühmten Füssener Prunkampel für den bedeutenden Auftrag empfohlen worden war. Ihm wurde aus München ein erster zeichnerischer Entwurf von dem Maler Johann Adam Miller (um 1695–1738) geliefert, den jedoch Herkommer als »was ein feltiges« kritisierte.[15] Daraufhin erging der Auftrag zum Neuentwurf an Cosmas Damian Asam (1686–1739), dessen meisterliche Qualität mit der stattlichen Summe von 100 Gulden gewürdigt wurde. Asams künstlerische Konzeption der Immaculata bildete nicht nur die Grundlage für die Herstellung der Silberplastik, sondern sollte – befördert durch die intensive Verehrung der Marienfigur – noch bis um 1800 eine große Zahl von Madonnenbildern beeinflussen. Im Gegensatz zu den beiden Malern ist der Bildhauer der dreidimensionalen Modelle in den Akten nicht erwähnt; er wird in Augsburg im Umfeld Herkommers vermutet, der nachweislich als Experte auf dem Gebiet figürlicher Silberplastik mit Bildhauern wie Ehrgott Bernhard Bendl (um 1660–1738) zusammenarbeitete.[16]

Bei der Herstellung von Silberplastiken scheint nicht nur die bildhauerische Begabung des Goldschmieds, sondern umgekehrt auch das Einfühlungsvermögen des modellherstellenden Bildhauers in die Möglichkeiten der Metalltreibarbeit eine wichtige Rolle gespielt zu haben. So wird Aegid Verhelst (1696–1749) bei seinem Aufnahmegesuch in Augsburg 1738 attestiert, dass ihn Vertreter der Goldschmiede wie der Kunstmaler als »einen sonderlichen experimentierten, und in Fertigung deren Modellen beider Professionen sehr anständigen Künstler angerühmet haben«.[17]

In München hat sich vor allem Ignaz Günther als Modellschnitzer für die ansässigen Goldschmiede hervorgetan und sie mit herausragenden Entwürfen für die bei ihnen bestellten Altarausstattungen, Reliquienfiguren und Madonnenbilder beliefert. Dass auch erste Ideenskizzen oder Risse, nicht nur die dreidimensionalen Modelle aus seiner Hand stammten, belegen die erhaltenen Zeichnungen (Kat.-Nr. 84, 107).[18] Die Beziehungen Günthers zu den Goldschmieden waren von Anfang an eng und gingen über das rein Berufliche hinaus: Sein Schwiegervater war der Silberhändler Ferdinand Hollmayr aus Huglfing bei Weilheim, Taufpate und Vormund seiner Kinder war der Münchner Goldschmied Joseph Reichenzein (Meister 1746–1780).[19] Bereits vor seiner Niederlassung in München arbeitete Günther 1752/53 mit dem Olmützer Goldschmied Simon Forstner (um 1714–1773) zusammen und entwarf für ihn die Modelle des Figurenschmucks der Strahlenmonstranz in Kopřivná (Kat.-Nr. 101).[20] Mehrere Projekte realisierte Günther zusammen mit dem Münchner Goldschmied Joseph Friedrich I Canzler.[21] Dieser hatte seine Ausbildung bei seinem Stiefvater Johann Christoph Steinbacher, einem der besten Münchner Meister seiner Zeit, genossen und dort sicher den Umgang mit bildhauerischen Modellen für figürliche Treibarbeiten erlernt. Zum Zeitpunkt der Entstehung der großartigen Strahlenmonstranz nach Entwurf von Egid Quirim Asam 1742 muss er noch in der Werkstatt von Steinbacher tätig gewesen sein (Kat.-Nr. 16, 17).[22] Die erste derzeit bekannte Kooperation von Günther und Canzler war der Auftrag für die Immaculata in Ingolstadt, St. Moritz, im Jahr 1760 (Kat.-Nr. 104).

Das wichtigste Gemeinschaftswerk von Ignaz Günther und Joseph Friedrich I Canzler stellt der Tabernakelaufsatz für den Hochaltar der Münchner Bürgersaalkirche dar, von dem sich glücklicherweise sowohl die vier silbernen Halbfiguren der hll. Joseph, Joachim, Johannes des Täufers und Johannes des Evangelisten als auch alle vier dazugehörigen Holzmodelle Günthers erhalten haben (Kat.-Nr. 105, 106). Im Nebeneinander von Holzmodell und Silberausführung lässt sich nicht nur die unbestrittene Qualität der Büsten Günthers, sondern auch das Können des Goldschmieds ablesen, die eleganten Bewegungen und den beseelten Ausdruck der Gesichter in Edelmetall zu übertragen (Abb. S. 274, 350).

Die bislang in der Literatur nicht bekannten, im Archiv der Marianischen Männerkongregation überlieferten detaillierten Abrechnungen der an diesem Ensemble beteiligten Meister – neben Canzler und Günther der Kistler Anton Stainer und der Schlosser Gervasius Wagner – bestätigen, dass der Tabernakel mitsamt den Figuren im Auftrag der »Marianischen Deutschen Kongregation der Herren und Bürger zu Unserer Lieben Frauen Verkündigung« für den jetzigen Standort geschaffen wurden.[23] Die Modelle für sämtliche Teile des »Tabernakel so hernach von goltschmit mit Kupfer und Silber überzogen wordten« lieferte Ignaz Günther, dessen Abrechnung über gesamt 168 Gulden 30 Kreuzer auf den 21. Februar 1768 datiert (Abb. 3). Davon entfielen 40 Gulden auf die »4 Brustbilder«, 19 Gulden auf die dazugehörigen »4 Nitschen«. Den Großteil des plastischen Zierrats bossierte Günther in Ton, die Rahmen für die Heiligen Leiber oder die »4 kindl [...] mit armb leuchtern«[24] führte er in Holz aus. Bei den »Ramen« für die »herunderen neben antipenti [...] mit Schnirkl« sowie bei den Büsten ist das Material nicht dezidiert genannt.

Die Gesamtrechnung Johann Friedrich I Canzlers, der als Unternehmer beziehungsweise Koordinator des Projekts fungierte, belief sich auf 12 030 Gulden 46 Kreuzer, an Silber wurden 265 Mark 8 Lot, an Kupfer 429 Mark verarbeitet (Abb. 4). Bereits im August 1767 hatte Canzler einen alten, zwölfarmigen Kronleuchter mit einem Gewicht von 65 Mark 8 Lot sowie 1000 Gulden in Bar als Vorauszahlung erhalten. Die letzte Ratenzahlung erfolgte 1770. 1771 rechnete Ignaz Günther noch einmal 32 Gulden für das Modell zu einem neuen Antependium von etwa 22 Schuh Länge (ca. 6,40 m) ab, das ebenfalls in Kupfer und Silber ausgeführt werden sollte.

Aus den Abrechnungen und der Beschreibung des neuen Tabernakelaufsatzes im Inventar von 1774 ergibt sich folgendes Bild: Im dreigeteilten Tabernakelturm wurde im oberen Bereich das Gnadenbild von Foy präsentiert. Die durchfensterte Sockelbank über der Mensa nahm sechs heilige Häupter sowie die Kanontafeln auf; darüber befanden sich zwei verglaste Schreingehäuse für die heiligen Leiber von Florian (links) und Maximus (rechts). Die Halbfigur des hl. Johannes des Täufers stand mit Gehäuse und Sockel seitlich

Folgende Doppelseite

3 Abrechnung Ignaz Günthers vom 21. Februar 1768 für die Modelle zum neuen Tabernakelaufsatz der Bürgersaalkirche, München, Archiv der Marianischen Männerkongregation

4 Abrechnung des Goldschmieds Joseph Friedrich I Canzler vom 13. August 1768 für den neuen Tabernakelaufsatz der Bürgersaalkirche, München, Archiv der Marianischen Männerkongregation

München den 21 Februarii 1768.

Zur Schloß: Congregation deren Herren und Burgern alhier, habe ich Endtsgesetzter gemacht und geliefert einen Tabern: so formirt von Holzschnitt mit Kupfer und Silber überzogen worden, wie folgt,

	fl.	xr.
Erstlich d. obere Kapel zur Muetter Gottes geschnitten, sambt der Schein strallen, dan die Zierat darzu von Erden possirt — — — —	9.	
den Zum Mitteren Tabern: 2 Træmer von Holz sambt einer grossen Muschl in die Comite —	11.	
den übrigen grossen Theil, sambt den Freunden, von Erden possirt, Zusamen — — — — —	10.	
Idem 4. Nitschen Zugerichtet, d. der Kupfer treiber Ram gemacht worden, und eine von Erden possirt	19.	
Zu obigen Nitschen ein Fuß possirt, dan die 2. hl: Leibcamer von Holz geschnitten, und possirt,	22.	
weiters die und durchzug od. Steller, wo die Canon-taffl, und hl: Evangeli Ramen, alles possirt —	7.	
Auch 2. postament zu den Freunden Nitschen geschnitten und eines von Erden possirt, — — — —	5.	
Vor die 4. brustbilder, als St. Joseph und Joachim dan St. Joann Baptist: et Evangel: a 10 fl: — —	40.	
Idem 4 Kindl von Holz mit armb Leichtern	26.	
Zu deren Freunden Nebst antipenti 2 Ramen 1. Schnirkl	12.	
den Schlosser vor obige 2. Comite, 1. Kapel bezalt	7.	30.
Suma	168 fl.	30 xr.

Diser Conto ist richtig bezalt worden hiemit Nebst Höfl: danckh Attestiert

Ignati Günther Bilthauer

Ad 1768 den 13. Augusti in München	fl	x
Zu der Hochlöbl. Bürgerl. Congregation der Herrn Herrn und Burger ein Tabernackhl Zwey Ramben zu Heil. Leiber vier Brust bilder sambt vier Churdemitten von Brobsilber und getribner arbeit auch alles von Kupfer und vergoldt gemacht und geliefert		
als		
hat das silber allein gewogen 265 March 8 loth die March von silber und machen 31 fl macht	8230	30
das kupfer wögt zusammen 429 March — loth die March von vergolden machen und kupfer 8 fl macht . .	3432	—
den Bildhauer Meister Vischer und andern zugehör laut beyligender Specification bezalt	368	16
Summa	12030	46

Hierauf erhalten Cron leuchter von Brobsilber hingegeben
welcher gewogen 65 March 8 loth à 24 fl macht 1570 fl — x
in baren gelt hingegeben . . . . 5000 fl — x
Restiert . . . . 5460 fl 46 x

Joseph Friedrich Canzler
burgl. goldschmid

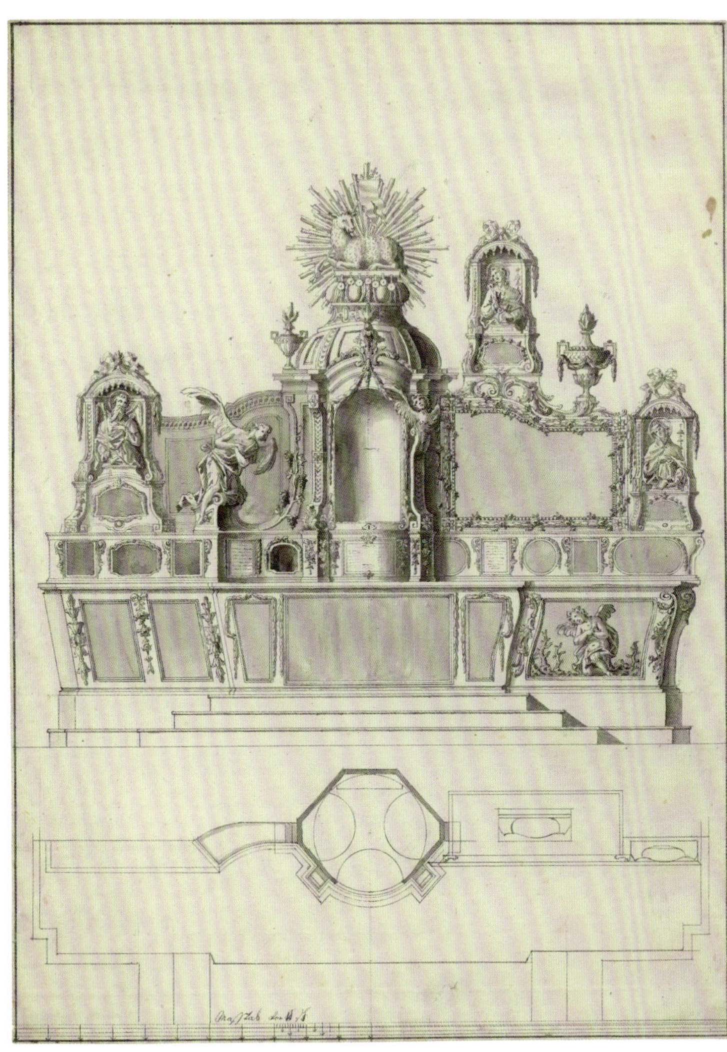

5 Entwurf für eine Altarmensa mit Tabernakelaufsatz, wohl München, um 1770/75, Feder in Grau, laviert, 57,3 x 41,8 cm, Berlin, Staatliche Museen zu Berlin Preußischer Kulturbesitz, Kunstbibliothek

vom Reliquienschrein des Florian, darüber war die Halbfigur des hl. Joseph aufgestellt. Auf der gegenüberliegenden Seite stand auf der unteren Ebene Johannes der Evangelist, oben der hl. Joachim.[25] Diese Konzeption lehnte sich an den großen Silberaltar der älteren Congregatio Maior Latina im Odeon des Jesuitenkollegs an, in dem neben dem zentralen Gnadenbild der Maria Propitia ebenfalls die Büsten von Joseph, Joachim, Johannes dem Täufer und Johannes dem Evangelisten in gestufter Anordnung präsentiert waren.[26] Die für den Bürgersaal realisierte Lösung gibt auch eine bislang nicht eindeutig zu verortende, detailliert ausgeführte Federzeichnung einer etwa sechs Meter breiten Altarmensa mit Tabernakel, Reliquienschreinen, durchfensterter Sockelbank, Halbfiguren der hll. Joseph, Johannes des Evangelisten und Maria in Baldachingehäusen wieder (Abb. 5). Die Zeichnung vereint mehrere Alternativvorschläge für die Aufstellung der Figuren sowie die Ausführung des ornamentalen Zierrats, was sich bei Rissen im Prozess der Entscheidungsfindung beim Auftraggeber oft nachweisen lässt.[27]

Günthers Modelle wurden auch von anderen Münchner Goldschmieden in Silber umgesetzt.[28] Die 1766 von Ignaz Franzowitz[29] im Auftrag des Grafen von Preysing geschaffenen Reliquienstatuetten der hll. Johannes von Nepomuk und Florian (Kat.-Nr. 103) belegen erneut, dass die aus den Herstellungsumständen bedingte Kooperation von Bildhauer und Goldschmied zu herausragenden Werken führt und insbesondere die überragende Qualität der in Auswahl vorgestellten Münchner Silberplastiken des 18. Jahrhunderts jeweils Ergebnis der Verbindung zweier kongenialer Meister ist.

1 Kurzer Überblick über die Münchner Silberplastik des 18. Jahrhunderts mit Auswahl der wichtigsten Werke, in: Ausst.-Kat. München 1985, S. 68–77.

2 Vgl. zur Herstellung barocker Silberplastiken insbesondere die Beiträge von Mane Hering-Mitgau, Vom Holzmodell zur Silberplastik, in: Volk 1986, S. 135–156, oder Hering-Mitgau 1992, S. 341–364.

3 Das belegt u. a. die Bitte des Augsburger Goldschmieds Johann Georg Herkommer, beim Modell der Immaculata für die Münchner Frauenkirche, »die Hendt frei [zu] machen, das man es kan ab nem zum fürmen«, siehe Hering-Mitgau/Biller 1988, S. 242, Dokument 3.

4 Vgl. Hering-Mitgau 1973, bes. S. 14–16 und Taf. nach S. 16. Die Zahl der Augsburger Meister ist ab der Mitte des 18. Jahrhunderts rückläufig: 275 (1740), 201 (1766), 130 (1794), vgl. Tabelle mit der jährlichen Anzahl der Augsburger Goldschmiede bei Sylvia Rathke-Köhl, Geschichte des Augsburger Goldschmiedegewerbes vom Ende des 17. bis zum Ende des 18. Jahrhunderts (Schwäbische Geschichtsquellen und Forschungen 6), Augsburg 1964, S. 144.

5 Laut Goldschmiedeordnung von 1738, die von 28 Meistern unterzeichnet wurde, durfte diese Anzahl der Gerechtigkeiten in München nicht überschritten werden, siehe Frankenburger 1912, S. 472. Das Zunftverzeichnis von 1781 führt 29 selbständige Meister auf (13 Gold-, 16 Silberarbeiter), ebd., S. 201.

6 Volk 1966, S. 59–62; Gerhard P. Woeckel, Pietas Bavarica. Wallfahrt, Prozession und Ex-voto-Gabe im Hause Wittelsbach in Ettal, Wessobrunn, Altötting und der Landeshauptstadt München von der Gegenreformation bis zur Säkularisation und der »Renovatio Ecclesiae«, Weißenhorn 1992, S. 398–402.

7 Das ungewöhnlicherweise in Gips ausgeführte Modell ist im Nachlassinventar von de Grofs Sohn Charles aufgeführt, vgl. Volk 1966, S. 152.

8 Er gehörte zu den wenigstens zehn bis 12 Gesellen, die in der Werkstatt de Grofs beschäftigt waren. Ab 1746 war Roth als Meister zugelassen, noch kurz vor seinem Tod bewarb er sich als Hofsilberarbeiter, ebd. S. 16 f., 60, 175, Anm. 33.

9 Volk 1966, S. 145 f.: Schreiben de Grofs an den Kurfürsten, 1738. Siehe auch Ausst.-Kat. München 1985, S. 253 f.: Beschwerde de Grofs, Dezember 1737.

10 Das Gewicht von 44 Pfund entsprach etwa 105 Silbermark, d.h. de Grof forderte ca. 19 Gulden Arbeitslohn pro verarbeitete Mark Silber. Zum Vergleich: Ignaz Günther berechnete z. B. 40 Gulden für die vier Büstenmodelle im Münchner Bürgersaal, der Goldschmied Joseph Friedrich I Canzler 31 Gulden pro Mark verarbeitetes Silber, wobei auf das Probsilber 24 Gulden entfielen. Sein Macherlohn betrug demnach 7 Gulden, vgl. die erhaltenen Abrechnungen im Archiv der Marianischen Männerkongregation.

11 Buchenrieder/Volk 1977.

12 Zu seinen Werken gehörten weitere figürliche Arbeiten wie zwei Brustbilder der hll. Cajetan und Andreas Avellinus in der Münchner Theatinerkirche, das »Biltnus Ihre Drt: des herzog Clement in der Hörzog Spitallkürchen« sowie zwei Silberbüsten der hll. Joachim und Anna in der Pfarrkirche Pfaffenhofen an der Ilm, siehe ebd. S. 50. Vgl. auch Frankenburger 1912, S. 390–393.

13 Das belegen vergleichende Messungen zwischen Büste und Modell, die im Bayerischen Landesamt für Denkmalpflege durchgeführt wurden, vgl. Buchenrieder/Volk 1977, bes. S. 45.

14 Vgl. zum Folgenden Hering-Mitgau/Biller 1988, S. 207–248.

15 Ebd. S. 242, Dokument 3.

16 Für die 1721 bis 1730 von Herkommer hergestellte Prunkampel von St. Mang in Füssen lieferte Bendl zahlreiche Figurenmodelle. Das monumentale Werk wurde 1796 eingeschmolzen und ist nur in einem Nachstich überliefert, vgl. Hering-Mitgau 1973, S. 33, 65.

17 Zitiert nach Ausst.-Kat. München 1985, S. 258, Dok. 10.

18 Siehe auch den Entwurf für ein Sebastiansreliquiar, ebd., S. 72 f., Nr. 66.

19 Volk 1991a, S. 11. Zu Reichenzein siehe Frankenburger 1912, S. 407 f. Ob Günther auch Reichenzein, der bei Joseph Großauer ausgebildet worden war und ebenfalls Silberfiguren schuf – z. B. 1767 für Tegernsee –, mit Modellen beliefert hat, ist nicht bekannt.

20 Woeckel/Herzog 1966, S. 303–313.

21 Frankenburger 1912, S. 403–405, und Woeckel 1975b.

22 Zu Steinbacher siehe Frankenburger 1912, S. 393–395.

23 Ich danke Christoph Kürzeder und Maria Hildebrandt für den Hinweis auf die Archivalien und deren Bereitstellung. Die Rechnungen Günthers befinden sich im Bestand RB 3, Bildhauer 1661–1771, die Unterlagen zu Canzler, Stainer und Wagner im Bestand RB 55, »Silberarbeiters Verificationen, bey Herstellung des neuen Altars im Jahre 1768«; das Inventar von 1774 und die Unterlagen zum abgelösten Kirchensilber, 1803, sind unter XII 2 und XII 3 abgelegt.

24 Vgl. die Putten mit Leuchterarm am Tabernakel des Hochaltars in Freising-Neustift, Volk 1991a, Abb. S. 153. Von Canzler sind zwei Leuchterengel in St. Martin in Rheinfelden (Schweiz) aus dem Jahr 1769 überliefert, die wohl ebenfalls nach Modellen von Günther geschaffen wurden, vgl. Woeckel 1975b, S. 234, Abb. 16. Die Leuchterengel wurden dem Stiftspropst von Sigismund von Roggenbach, Bischof von Basel 1782–1794, geschenkt, waren also nicht von vorneherein für Rheinfelden bestimmt.

25 Vgl. Fotos des Vorkriegszustands bei Frankenburger 1912, S. 220 f., Abb. 103 f.

26 Stich des Altars abgebildet bei Woeckel 1975b, S. 227.

27 Ausst.-Kat. München 1985, S. 73, Nr. 67. Die Zeichnung ist so eng mit der realisierten Bürgersaal-Lösung verwandt, dass man eigentlich davon ausgehen muss, dass ein Zusammenhang besteht. Die bislang vorgeschlagene Datierung in die 1790er-Jahre könnte vor dem Hintergrund der klassizistischen Tendenzen, die im Werk Günthers bereits in den frühen 1770er-Jahren nachweisbar sind, durchaus revidiert werden, vgl. Volk 1991a, S. 27.

28 Für die im Bayerischen Nationalmuseum befindliche, von Georg I Zeiler um 1780 ausgeführte Silberstatue des hl. Johannes des Täufers wird ebenfalls ein Modell Günthers angenommen, vgl. Lorenz Seelig/Peter Volk, Hl. Johannes der Täufer, in: Bayerisches Nationalmuseum München, Jahresbericht 1991, S. 20 f.

29 Franzowitz heiratete in erster Ehe die Witwe von Johann Michael Roth, was darauf schließen lässt, dass er zeitweise in dessen Werkstatt gearbeitet hat, vgl. Frankenburger 1912, S. 416.

71 IGNAZ GÜNTHER

ENTWURF FÜR EIN DENKMAL IN GESTALT EINES PFEILERS

1749
Feder in Braun, grau laviert; 58,6 x 42 cm
Bezeichnet unter der Standlinie: »F J: I: Gündter 1749«
München, Staatliche Graphische Sammlung; Inv.-Nr. 30696 Z
Literatur: Woeckel 1975a, Nr. 4. – Ausst.-Kat. München 1985, Nr. 16.

72 IGNAZ GÜNTHER

PERSPEKTIVISCHE KONSTRUKTION EINES RUNDBOGENS

1750
Feder in Braun, hellgrau laviert; 58,7 x 42 cm
Bezeichnet unter der Standlinie: »I. F. I. Gindter 1750.«
Berlin, Staatliche Museen zu Berlin, Kunstbibliothek; Inv.-Nr. Hdz. 5020
Literatur: Woeckel 1975a, Nr. 9.

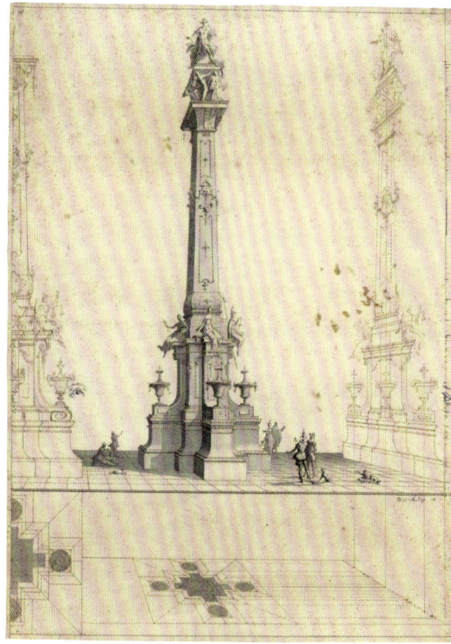

71

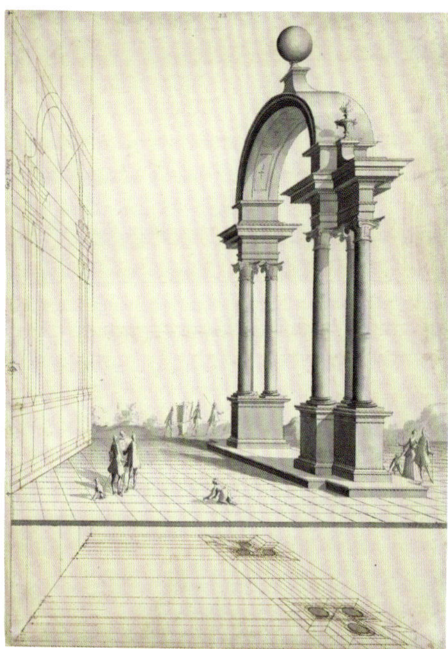

72

Die beiden perspektivischen Studien phantastischer Architektur Ignaz Günthers (1725–1775) zählen zu seinem zeichnerischen Frühwerk. Auf beiden Blättern sind die Bauten auf einem gerasterten Boden platziert. Vom Pfeiler (Kat.-Nr. 71) zeigt Günther zusätzlich zwei Aufrisse, wobei jeweils ein Auge den Blickwinkel des Betrachters markiert: Links ist das halbe Monument in Frontalansicht wiedergegeben, rechts die perspektivisch verkürzte Seitenansicht. Dementsprechend ist das Auge von vorn und von der Seite dargestellt. Im unteren Viertel des Blattes konstruiert Günther zweimal den Grundriss: zum einen in planimetrischer Darstellung unter der Frontalansicht, zum anderen als perspektivisch verkürzte Gesamtansicht.

Der Entwurf des Rundbogens (Kat.-Nr. 72) folgt demselben Schema. Am linken Bildrand ist der Aufriss des Säulenportikus wiedergegeben. Auch hier kennzeichnet Günther den Blickpunkt des Betrachters durch ein Auge. Der perspektivisch verkürzte Grundriss des Baus ist wiederum im unteren Viertel des Blattes angeordnet.

In beiden Entwürfen wird der Einfluss von Andrea Pozzos (1642–1709) Traktat *Der Mahler und Baumeister Perspectiv* deutlich, vor allem in der Kombination von Grund- und Aufriss. Der italienische Maler und Architekt war besonders für seine illusionistische Malerei mit perspektivisch stark verkürzten Darstellungen bekannt und beeinflusste die Künstler des 18. Jahrhunderts, darunter offensichtlich auch Günther, nachhaltig. JM

1 Andrea Pozzo, Perspectivae pictorum atque architectorum. Der Mahler und Baumeister Perspectiv, 2 Bde., Augsburg 1708 und 1709. Die lateinisch-italienische Originalausgabe erschien in Rom 1693 (Bd. 1) und 1689 (Bd. 2).

73 IGNAZ GÜNTHER

ENTWURF FÜR EINEN DEKORATIVEN PAVILLON

1750
Feder in Hellbraun, grau laviert; 58 x 42 cm
Bezeichnet unten rechts auf dem Sitz des Zeichners: »F.I:/Ginter/1750«
Nürnberg, Germanisches Nationalmuseum; Inv.-Nr. Hz 3897
Literatur: Feulner 1947, S. 31. – Schönberger/Woeckel 1951, Nr. 83. – Woeckel/Herzog 1966, S. 252, Fn. 51. – Slg.-Kat. Nürnberg 1969, Nr. 149. – Woeckel 1975a, Nr. 8.

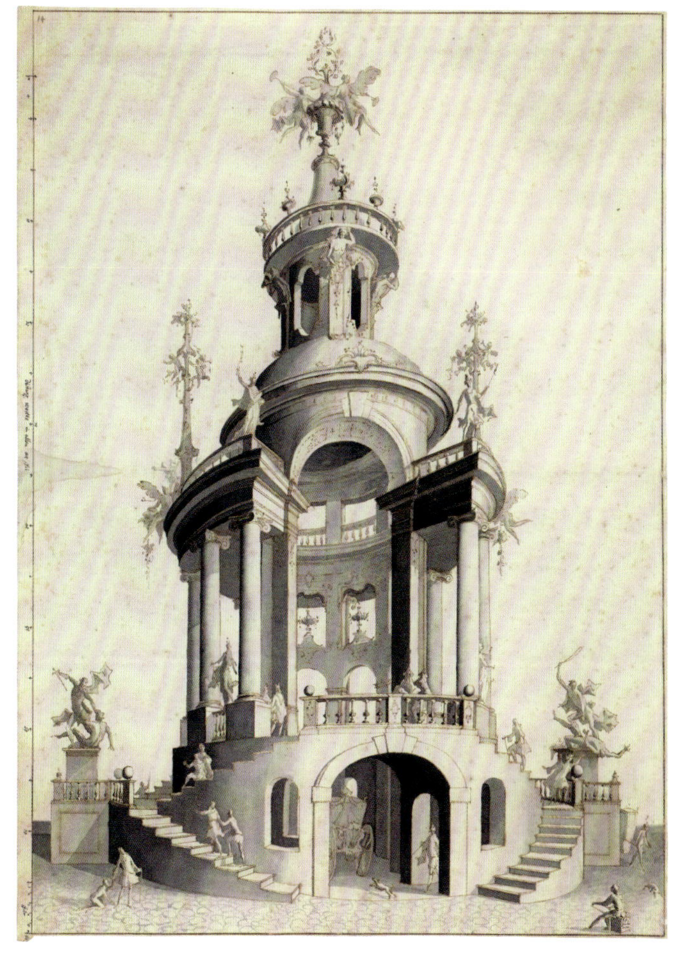

Dieser Rundpavillon gehört zu Günthers zeichnerischem Frühwerk und entstand während dessen Salzburgaufenthalts nach der Ausbildung bei Johann Baptist Straub in München. Wie Günthers perspektivische Konstruktionszeichnungen (Kat.-Nr. 71 und 72) ist auch dieses Blatt stark von Andrea Pozzos (1642–1709) Traktat *Der Mahler und Baumeister Perspectiv* beeinflusst. Dort findet sich der Entwurf eines Rundbaus, der große Ähnlichkeiten mit dem Günther'schen Pavillon zeigt. So hat man es in beiden Fällen mit einem steil aufragenden, mehrgeschossigen Rundbau mit Treppenaufgängen und Säulenstellung zu tun.

Bei aller Ähnlichkeit in der architektonischen Anlage löst Günther Pozzos strenge Formensprache jedoch auf: Die Sockelzone öffnet sich nun in einem breiten Torbogen, darüber sind das kräftige Gebälk und der Innenraum nach vorne aufgebrochen, sodass die Innendekoration sichtbar wird. Das erste und zweite Geschoss fasst Günther in einem zentralen Raum mit umlaufender, monumentaler Säulenstellung zusammen. Eine flache Kuppel mit einer großen Laterne schließt den Innenraum nach oben ab. Locker gezeichnete Staffagefiguren bevölkern das ganze Blatt: Ein Paar hält sich an den Händen und eilt die Stufen hinauf, der Kutsche im Inneren der Sockelzone läuft ein Hündchen nach. Ebenso frei ist der figürliche Bauschmuck gestaltet, der bereits an Günthers spätere Altarentwürfe denken lässt. Günthers Pavillon zeigt also nicht nur deutlich seine Auseinandersetzung mit dem Traktat Pozzos, sondern legt zugleich offen, dass der Münchner Bildhauer aus der strengen Perspektivlehre Pozzos seinen eigenen, beschwingten Stil entwickelte.

Unten rechts sitzt ein Mann mit großer Zeichenmappe auf einem Steinblock, den Günther als Ort für seine Signatur nutzte. Möglicherweise hat er sich selbst beim Zeichnen dargestellt – auch wenn die phantastische Architektur dem reinen Erfindungsgeist des Künstlers entsprungen ist und somit an keinem konkreten Ort abgezeichnet wurde. JM

74 IGNAZ GÜNTHER
BOZZETTO FÜR EINE WEIBLICHE HEILIGENFIGUR

1755
Holz; 20,9 cm
München, Bayerisches Nationalmuseum; Inv.-Nr. H 724
Literatur: Feulner 1947, S. 45. – Schönberger/Woeckel 1951, S. 18, Nr. 4. – Schönberger 1954, S. 25. – Volk 1981, S. 68. – Ausst.-Kat. München 1985, Nr. 47. – Volk 1991a, S. 48.

75 IGNAZ GÜNTHER
WEIBLICHE HEILIGENFIGUR

1755
Holz, farbig gefasst; 155 cm
Bezeichnet auf der Rückseite: »F. j. Gindter. fecit. 1755.«
Starnberg, Museum Starnberger See; Inv.-Nr. L73/207
Literatur: Feulner 1947, S. 44 f. – Schönberger/Woeckel 1951, S. 18, Nr. 5. – Schönberger 1954, S. 24. – Volk 1981, S. 68. – Ausst.-Kat. München 1985, Nr. 48. – Volk 1991a, S. 48. – Herbert Beck/Peter C. Bol (Hg.), Mehr Licht. Europa um 1770. Die bildende Kunst der Aufklärung, München 1999, S. 213 f.

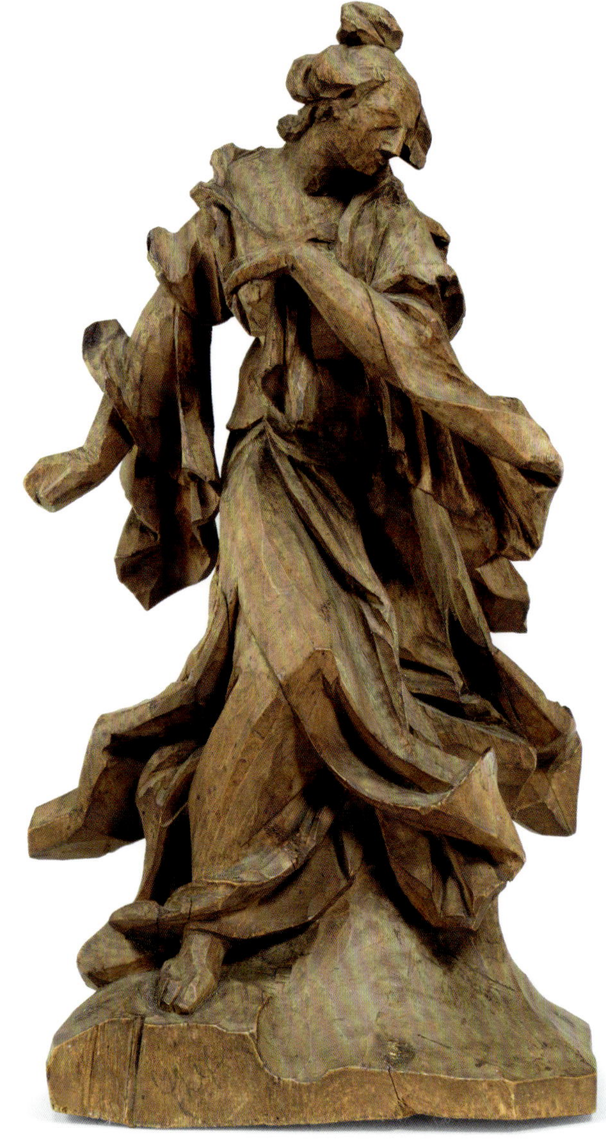

Weder Herkunft noch Ikonographie der sogenannten Starnberger Heiligen konnten bislang eindeutig geklärt werden. Trotz des heute leider fragmentierten Zustands handelt es sich bei der von Ignaz Günther (1725–1775) kurz nach seiner Niederlassung in München geschaffenen Skulptur um ein Kunstwerk von besonderem Reiz, da es gemeinsam mit dem zugehörigen Bozzetto Einblick in die Arbeitsweise des Künstlers gewährt und ein beeindruckendes Zeugnis seiner schöpferischen Kraft darstellt (vgl. Abb. S. 392).

Vermutlich befand sich die Figur auf einem Volutensockel an der linken Seite eines Altars, vergleichbar der Figur der hl. Katharina am Eligiusaltar der Münchner Peterskirche. Die Dargestellte hat das rechte Bein weit von sich gestreckt und ist in der Hüfte stark gedreht, sodass ihr Oberkörper sich leicht nach außen wendet, während der Kopf über der gegenläufigen Drehung des Halses wieder nach rechts geneigt ist. Dieser sanfte Schwung, der den schlanken Körper in eine Pose von höchster Grazilität und Anmut versetzt, wurde ursprünglich von den ausschwingenden Gesten der Arme ergänzt. Das höfisch-elegant gezeichnete Gesicht der Heiligen zeigt einen Ausdruck von vollkommener Hingabe und tief empfundener Innerlichkeit. Ihre Gewänder flattern wie von einem Windstoß erfasst weit in den Raum, wo sie in bewegten Spitzen und verwirbelten Formationen enden. Das eng geschnürte Mieder vermag die alles durchdringende Bewegung kaum zu dämpfen. Im Kleid und im Halstuch zeichnen sich langgezogene, geschwungene Bahnen und splittrig gebrochene Flächen ab, die ein lebendiges Spiel von Licht und Schatten auf den Draperien erzeugen. In einer schweren Kaskade fallen schließlich links die modischen Ärmelvolants mit bogig geschnittenen Kanten herab.

Betrachtet man im Vergleich den kleinen geschnitzten Bozzetto zu dieser Figur, ist festzustellen, dass die grazile Pose und die ausgewogene Komposition der Bewegungsmotive von Günther hier bereits angelegt wurden. In seiner Spontaneität und skizzenhaften Ausführung zeigt der Entwurf in den tief geschnittenen Faltenzügen und den ausgreifenden Formationen jedoch eine ungestüme Wildheit, die in der Skulptur zurückgenommen wurde und einer Betonung der höfisch anmutenden Eleganz gewichen ist. SM

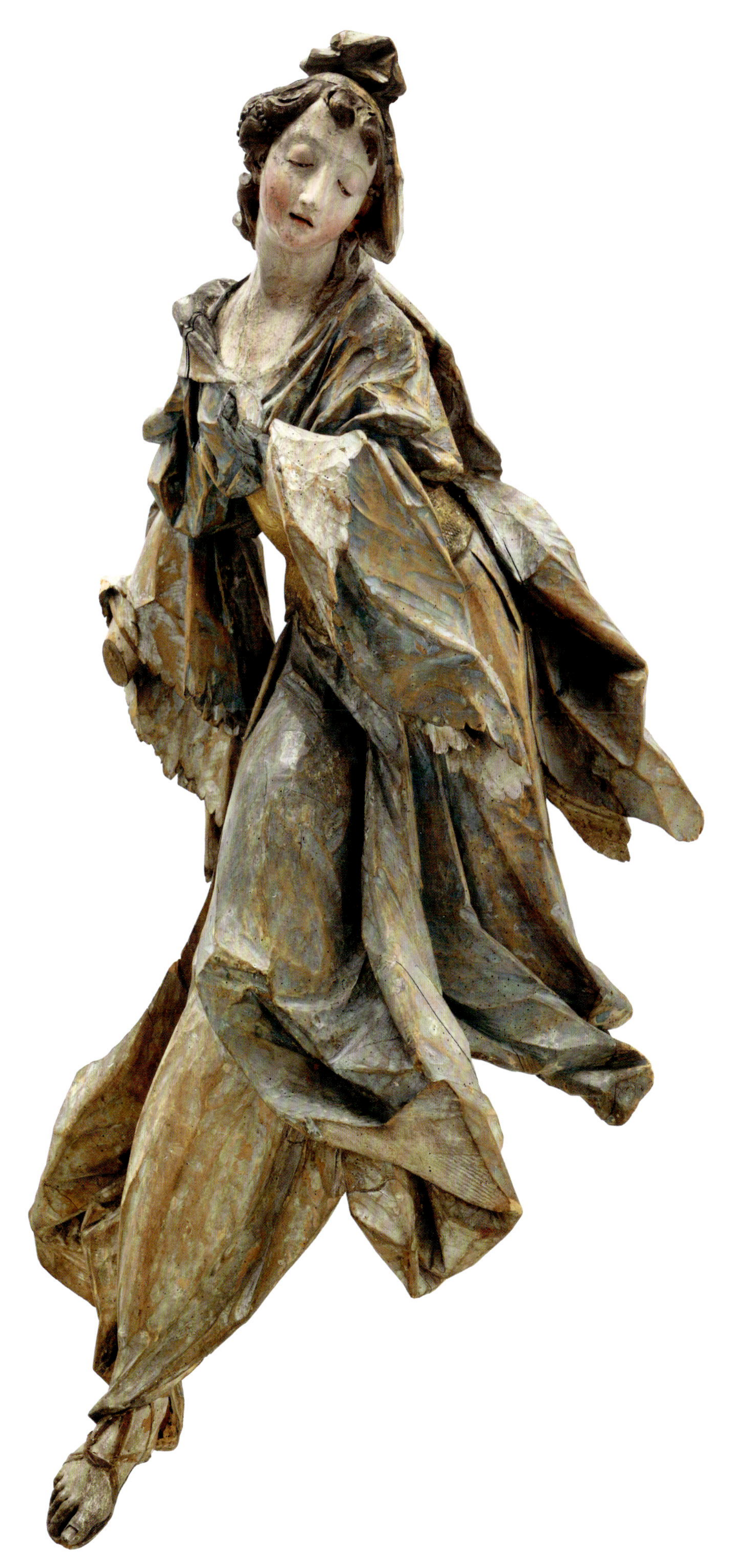

76 IGNAZ GÜNTHER

MARIA IMMACULATA

um 1760
Lindenholz, farbig gefasst; 84,5 x 34 x 19 cm
Freising, Diözesanmuseum; Inv.-Nr. L 8406 (Leihgabe der Kirchenstiftung Attel am Inn)
Literatur: Feulner 1922, S. 8, Abb. 57. – Feulner 1947, S. 54–56, Abb. 140–142. – Schönberger 1954, S. 37, Abb. 26, 27. – Slg.-Kat. Freising 1984, S. 226 f. – Volk 1991a, S. 166 f.

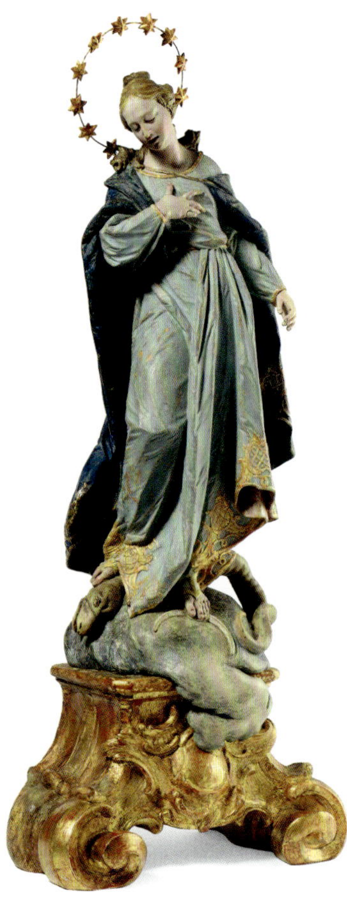

Fast schwerelos balanciert die junge Frau auf ihrem Wolkensockel, das Haupt mit dem Sternenkranz geneigt, die rechte Hand in ausdrucksstarker Gebärde auf die Brust gelegt, die linke ehemals ein Lilienzepter haltend. Die kräftigen Mittelfalten ihres Gewandes verlängern optisch den Unterkörper. Mit dem Standbein steht sie im eleganten Kontrapost auf einer Mondsichel, das Spielbein ruht jedoch auf einer tot hingestreckten Drachenschlange, deren Schwanz sich nach vorne bis an die Mondsichel windet.

Diese *Maria Immaculata*, die sogenannte Atteler Madonna, schuf Ignaz Günther (1725–1775) für den Seitenaltar der Rosenkranzbruderschaft in der Klosterkirche Attel am Inn. Die großen Klöster im mittleren Inntal, Altenhohenau, Attel und Rott, versorgten Günther zwischen 1758 und 1770 mit umfangreichen Aufträgen, die dieses Gebiet heute noch zu einer wahren Schatzkammer des Rokoko machen. Im Benediktinerkloster Attel ging man unter Abt Dominikus Gerl (1757–1789) daran, die Altäre der hochbarocken Klosterkirche mit Tabernakeln, Schrein- oder Reliquienaufsätzen im jetzt aktuellen Rokoko zu modernisieren. In dem noch in Attel befindlichen Schrein, von anderer Hand und vermutlich etwas älter als Günthers Madonna, stand die Marienfigur in einem durchbrochenen Baldachin, flankiert von zwei kindlichen Anbetungsengeln; der ganze Aufbau war von einem von zwei Cherubsköpfchen gerafften Vorhang hinterfangen.

Mit der *Immaculata* wählte Günther für die Mariendarstellung des Schreinaufsatzes den im 18. Jahrhundert populärsten marianischen Typus überhaupt. Es handelt sich um die Visualisierung des abstrakten theologischen Konzeptes der Unbefleckten Empfängnis Mariens, das heißt ihre Ausnahme von dem Makel der Erbsünde, mit dem alle Menschen seit dem Sündenfall behaftet sind. Um Marias Sieg über die Sünde bildlich darzustellen, fand man Anregungen in der Apokalypse des Johannes: »Dann erschien ein großes Zeichen am Himmel, eine Frau, mit der Sonne bekleidet; der Mond war unter ihren Füßen und ein Kranz von zwölf Sternen auf ihrem Haupt« (*Apokalypse* 12,1). Diese Apokalyptische Frau, die den zukünftigen Herrscher (also Christus) gebiert, wird von einem Drachen beziehungsweise einer Schlange (Satan) verfolgt. Sie wurde schon früh mit der Kirche, der Ecclesia, identifiziert, als Mutter des Erlösers kann sie jedoch auch für Maria stehen.

In der Bekrönung des Hochaltars von Mallersdorf (1768–1770) hat Ignaz Günther den Kampf zwischen der Frau und dem Drachen als bewegtes barockes Figurentheater dargestellt. In der Atteler *Immaculata* ist dieser Kampf bereits gewonnen: Die Schlange liegt machtlos und besiegt unter den Füßen Mariens, die nicht einmal auf sie herabschaut, sondern sich vielmehr mit ruhiger Kopfneigung selbstbestimmt dem Heilsplan Gottes unterwirft. Diese *Immaculata* ist keine hochschwangere, »in den Geburtswehen schreiende« Frau, wie es in der Apokalypse drastisch heißt, sondern ein junges Mädchen, eine Jung-Frau voll höfisch-herablassender Anmut. Die Originalfassung mit dem zarten Inkarnat und der zurückhaltenden Farbigkeit verstärkt diesen Eindruck noch. Ignaz Günther beschäftigte sich mehrfach mit diesem Immaculata-Typus;[1] eine kniende Variante im Berliner Bode-Museum war vielleicht Teil einer größeren Komposition, ihr ursprünglicher Kontext ist unbekannt.[2] AIN

1 Vgl. Kat.-Nr. 77 d, 101, 102, 104.
2 Berlin, Stattliche Museen, Preußischer Kulturbesitz, Bode-Museum, Inv.-Nr. 5552.

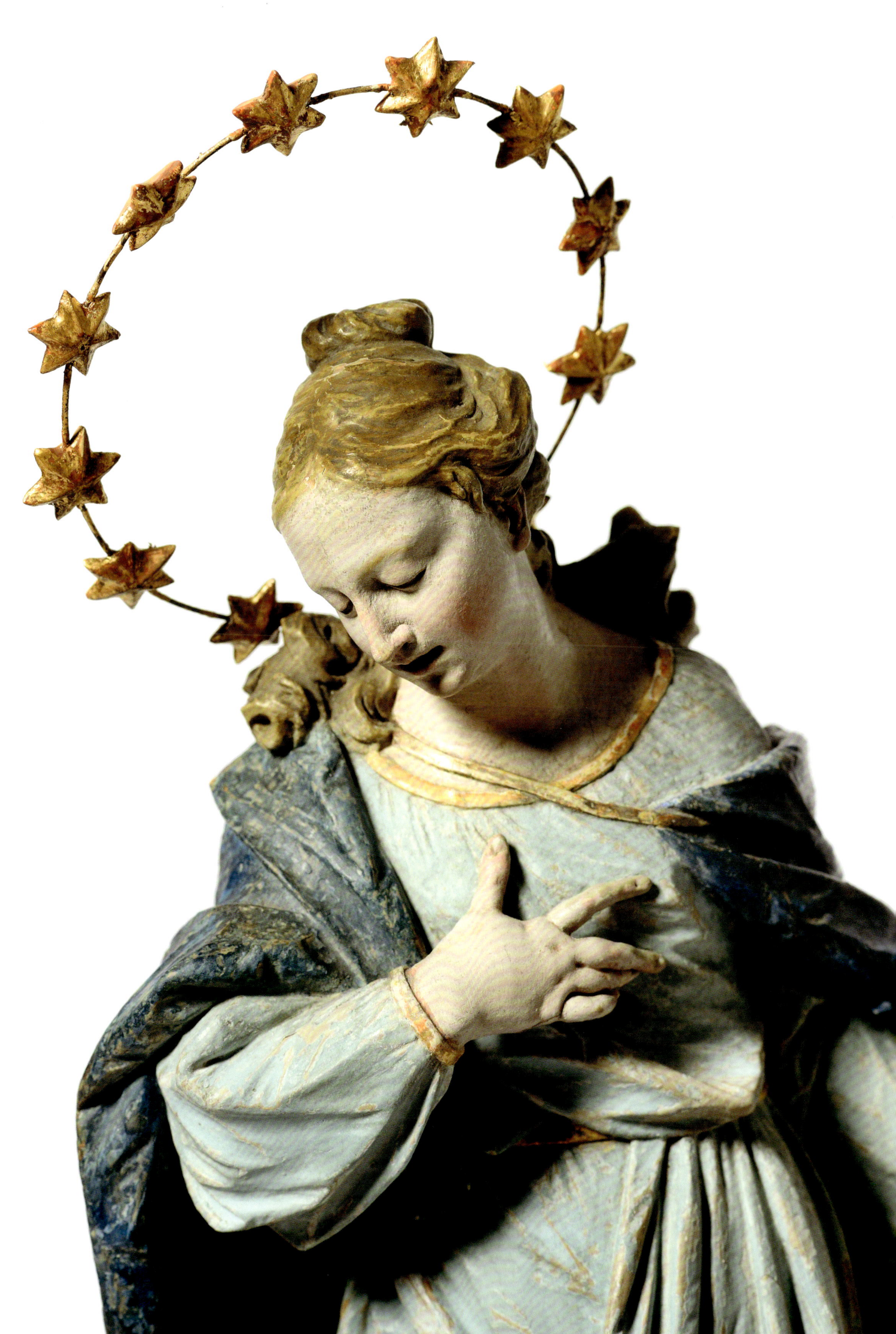

77 IGNAZ GÜNTHER

VIER RELIEFS MIT DARSTELLUNGEN AUS DEM LEBEN MARIENS

a Geburt Mariens
b Verkündigung an Maria
c Mariä Himmelfahrt
d Maria Immaculata
1772–1774
Eichenholz, vergoldet; je 110 x 44 x 10 cm
München, Dom Zu Unserer Lieben Frau
Literatur: Woeckel 1975a, S. 467–470. – Volk 1991a, S. 230. – Kornelius Otto, Das Chorgestühl der Frauenkirche im Wandel der Zeit, in: Hans Ramisch (Hg.), Monachium Sacrum. Festschrift zur 500-Jahr-Feier der Metropolitankirche Zu Unserer Lieben Frau in München, Bd. 2, München 1994, S. 366–367.

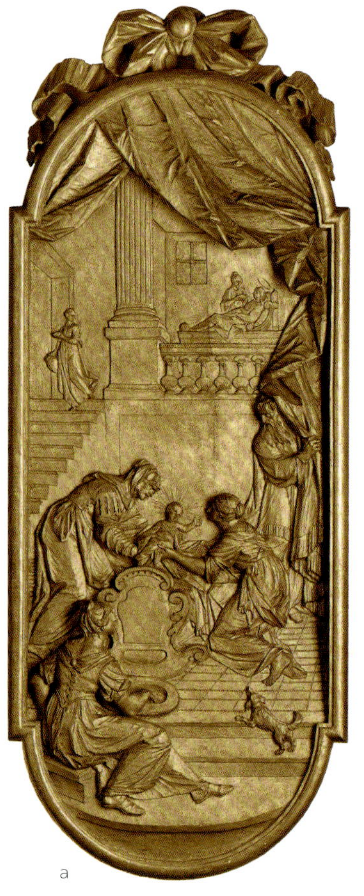
a

An prominentester Stelle im Münchener Dom, im Chorscheitel hinter der Kathedra, sind heute zwölf Reliefs Ignaz Günthers (1725–1775) arrangiert. Ursprünglich schuf der Künstler sie für die Rückwände des gotischen Chorgestühls, worauf schon die auf Nahsicht angelegte Kleinteiligkeit der Bildfelder hindeutet. Im Rahmen der Neugestaltung und Renovierung der Domkirche in den Jahren 1770 bis 1776 wurde das dunkle Holz des Gestühls gemäß dem Zeitgeschmack polierweiß gefasst, teilvergoldet, mit Blumen- und Fruchtgirlanden behängt und Ignaz Günther mit der Gestaltung der Dorsalwände beauftragt. Er orientierte sich an der vorgegebenen Gliederung des Gestühls und schuf einen Marienzyklus in 16 Bildfeldern.[1] Damit ergänzte er das vorhandene, von Erasmus Grasser (um 1450 – nach 1526) geschaffene mittelalterliche Bildprogramm der Propheten, Apostel und Kirchenväter um die im Rokoko besonders verehrte Mutter Jesu, der Patronin des Doms und ganz Bayerns.[2] Es ist ein Programm, das die Reinheit Mariens, ihr Dasein ohne Sünde und ihre treue Gottesdienerschaft betont: von der unbefleckten Empfängnis Mariens über die Geburt Jesu bis zur Immaculata, von ihrer Unterweisung als Kind bis zu ihrer Aufnahme in den Himmel.

Zum Bildprogramm passt die Vergoldung der bildhauerischen Arbeit, die das Geschehen durch seinen »reinen«, lichten Glanz in himmlische Sphären rückt. Alle Reliefs sind in einem schmalen, ovalen Hochformat ausgeführt und schließen rundherum mit einer Rahmenleiste ab. Eine ebenfalls geschnitzte bekrönende Zierschleife, je leicht unterschiedlich gestaltet, täuscht die Aufhängung vor. Im Bild werden die Szenen durch Architekturen, Vorhänge und Wolkenwirbel gegliedert.

In der *Geburt Mariens* (a) gibt ein von Joachim beiseitegezogener Vorhang den Blick auf die drei Frauen frei, die den frisch geborenen Säugling Maria versorgen. Durch diese Figurenrahmung und die mittige Positionierung des Kindes vor einer leeren Wand rückt Maria trotz ihrer geringen Größe unweigerlich ins Zentrum der Aufmerksamkeit. Als Ritzzeichnung im Hintergrund ist die hl. Anna im Wochenbett zu sehen. Eine Dienerin, die die Treppe hinabsteigt, um Wasser zu holen, die geschäftigen Frauen im Mittelgrund sowie ein herbeispringender Hund im Vordergrund sorgen für Lebendigkeit und eine genrehafte Anmutung im Bild.

Dynamisch wirkt die Szene der *Verkündigung an Maria* (b). Der voluminöse, nach links geraffte Vorhang führt den Blick auf Marias Gesicht, das, fast freiplastisch gearbeitet, die größte räumliche Wirkung im Bild besitzt. Von hier aus ist das Verkündigungsgeschehen in seinem zeitlichen Ablauf nachzuvollziehen: Die

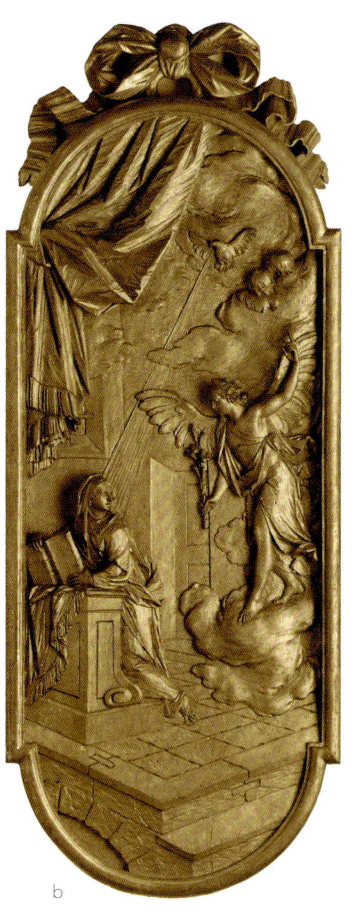
b

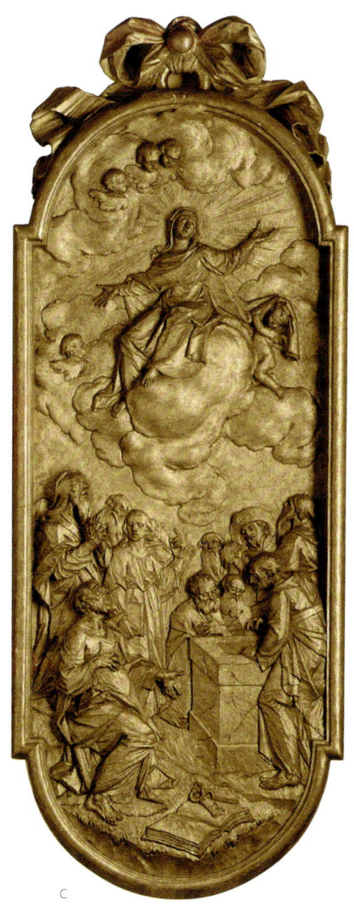
c

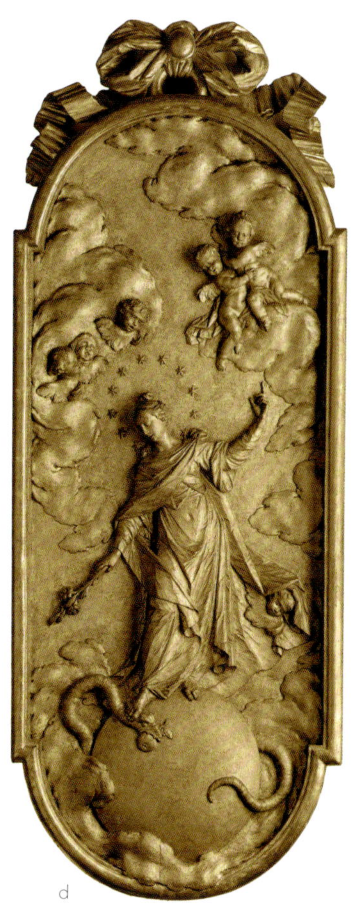
d

Jungfrau kniet auf ihrem Betschemel, ihre ruhende Haltung und die Achse des Körpers sind noch dem aufgeschlagenen Buch in ihren Händen zugewandt. Doch ihr Gesicht dreht sich bereits dem Geschehen hinter ihrem Rücken zu. Dort fliegt der Erzengel Gabriel mit ausgebreiteten Flügeln herbei, um Maria Gottes Heilsplan zu verkünden. Sein Finger weist nach oben auf den Heiligen Geist in Form einer Taube. Nachdem so der Blick des Betrachters gegen den Uhrzeigersinn einmal um die Szene geführt worden ist, kulminiert das Geschehen nun in dem vom Heiligen Geist ausgesandten Lichtstrahl, der die Auserwählte »überschattet«.

Ganz im Gegensatz zum Erzählstrudel der *Verkündigung* ist die *Himmelfahrt Mariä* als ein statisches, repräsentatives Bild angelegt (c). Maria, eine der wenigen Menschen, die direkt in den Himmel aufgenommen wurden, thront dort bereits auf einer Wolkenkugel, umgeben von Cherubim. Wolkenausläufer ragen oben in den Rahmen hinein, geleiten den Blick aber auch in die untere Bildhälfte hinab. Dort haben sich elf Apostel, teilweise durch ihre Attribute gekennzeichnet, um Marias Grab versammelt und werden Zeugen ihrer Erhebung. Ignaz Günther legt ungewöhnlicherweise die Bildmitte sehr flach und »leer« an. Erst am Rahmen sind die Figuren räumlich gestaffelt und plastischer gestaltet, damit der Fokus der Betrachtung bei Maria bleibt.

Das Relief der *Immaculata* bildet formal das Pendant zur *Himmelfahrt Mariä* (d). Die Bildmitte bestimmt die Jungfrau. Sie wird als Antitypus der Eva gezeigt, wie sie das Übel der Welt, symbolisiert durch die Schlange mit der Paradiesfrucht im Maul, zertritt. Mit ihrem Lilienzepter der Reinheit regierend, weist sie ebenfalls über sich hinaus, nach oben auf Gott. In den Wolken am oberen rechten Bildrand findet sich ein das Geschehen nachspielendes Puttenpaar.

Trotz Ignaz Günthers Signatur auf dem Marientodrelief ist sich die Forschung einig, dass die Eichenholzreliefs wohl Werkstattarbeiten nach Zeichnungen des Meisters sind. Die heterogene Qualität ihrer Ausführungen legt dies nahe. Günthers Rosenkranzzyklus in Altenhohenau besteht aus Rocaillekartuschen mit ähnlichen Reliefs, deren Motive er für die Frauenkirche weiterentwickelt hat. Die eingehende künstlerische Beschäftigung mit marianischen Themen spiegelt den theologischen Fokus der Zeit. KT

1 Zwölf sind heute im Münchner Dom aufgestellt, die verbleibenden vier befinden sich im Bayerischen Nationalmuseum, München.

2 Vgl. zur Marienverehrung den Beitrag von Christoph Kürzeder, S. 211–219.

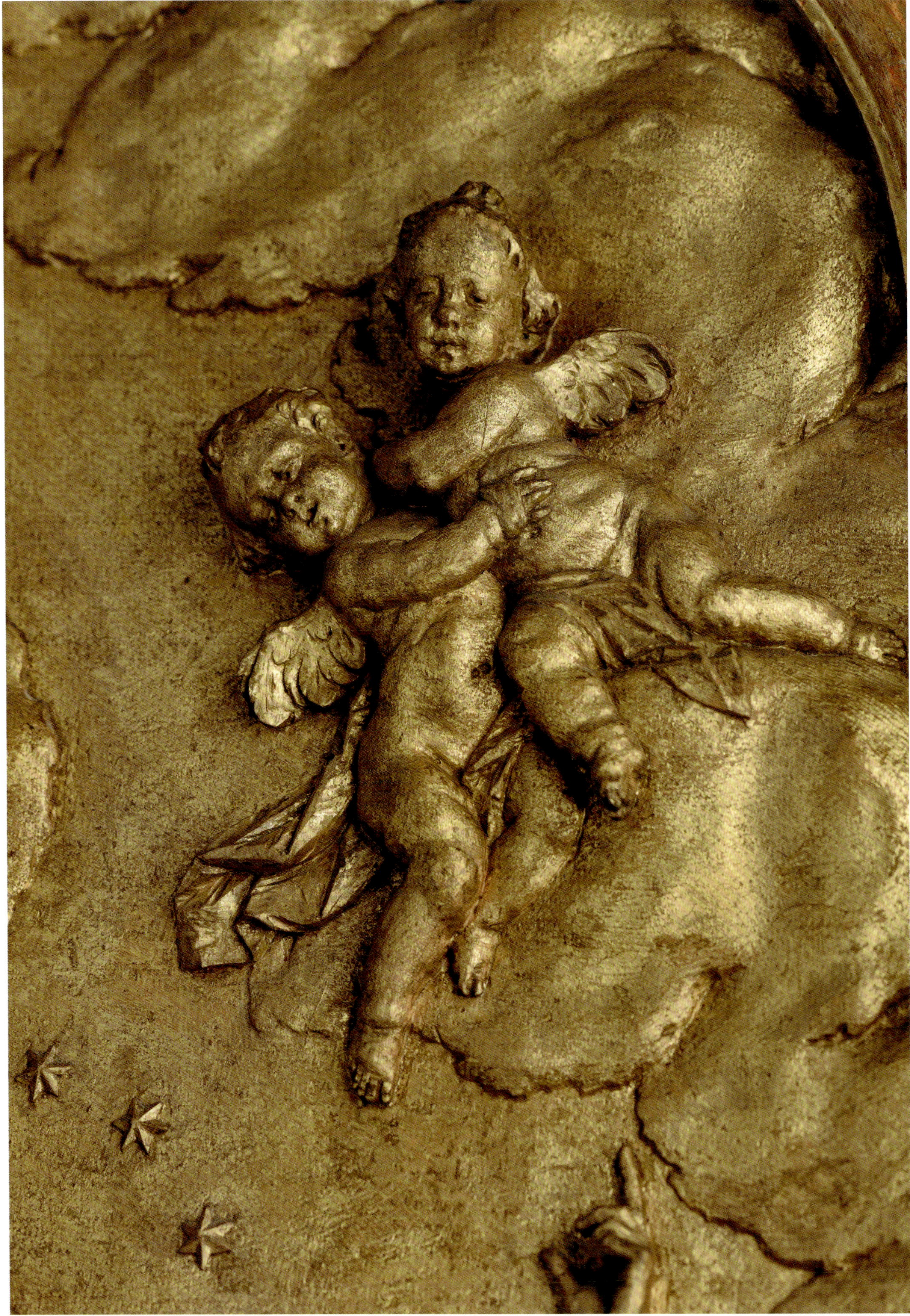

d rechts b

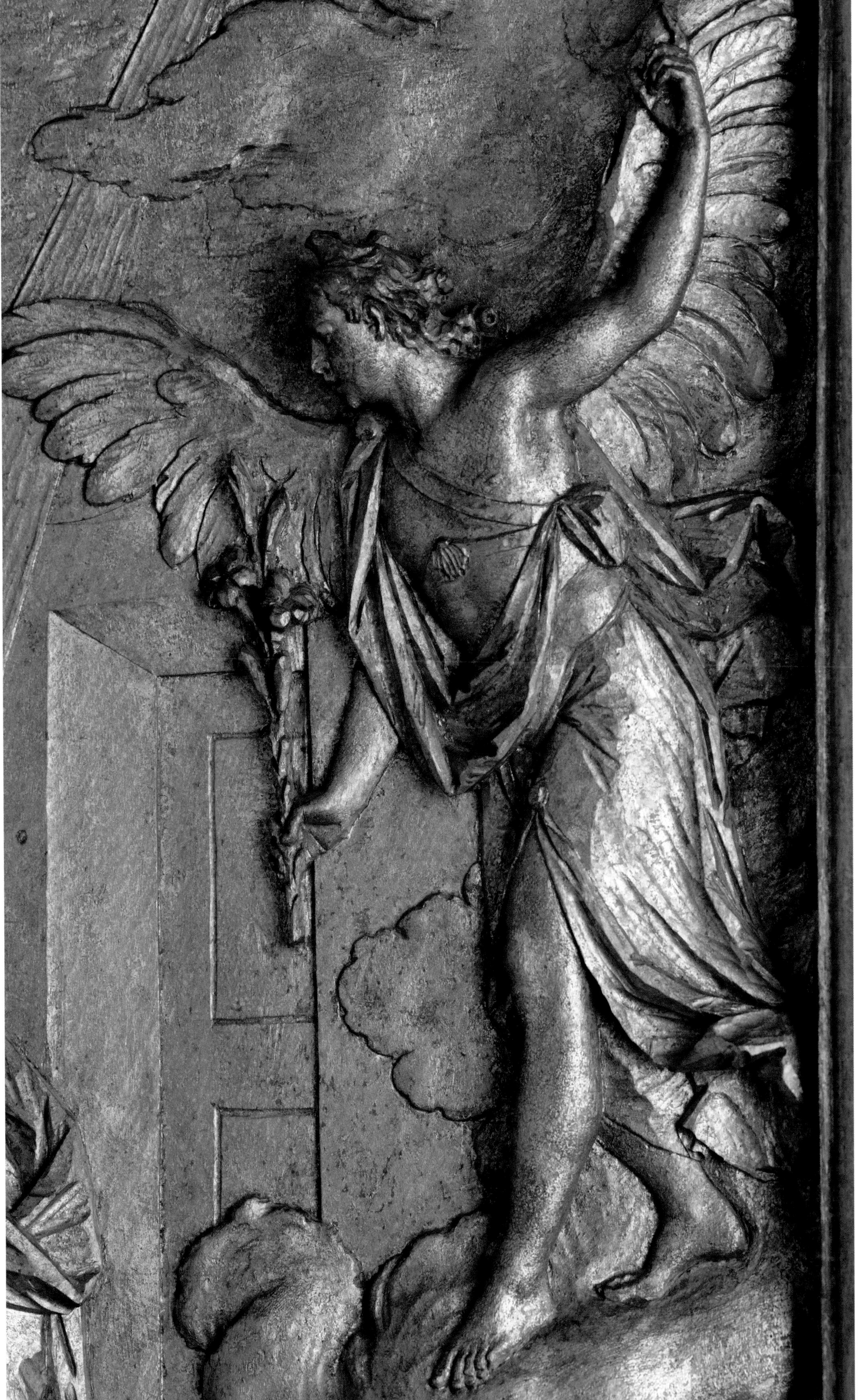

78 IGNAZ GÜNTHER
HAUSMADONNA

um 1772 (?)
Bleiguss, Reste farbiger Fassung; 45,2 cm
Augsburg, Kunstsammlungen und Museen, Maximilianmuseum; Inv.-Nr. 6221
Literatur: Feulner 1922, S. 7, 40, Abb. 44. – Feulner 1947, S. 80. – Schönberger/Woeckel 1951, Nr. 73. – Woeckel 1975a, S. 397 f. – Gerhard P. Woeckel, Eine unbekannte Hausmadonna Johann Baptist Straubs, in: Alte und moderne Kunst 23 (1978), S. 15–20, hier S. 20. – Volk 1981, Nr. 69. – Volk 1991a, S. 232 f.

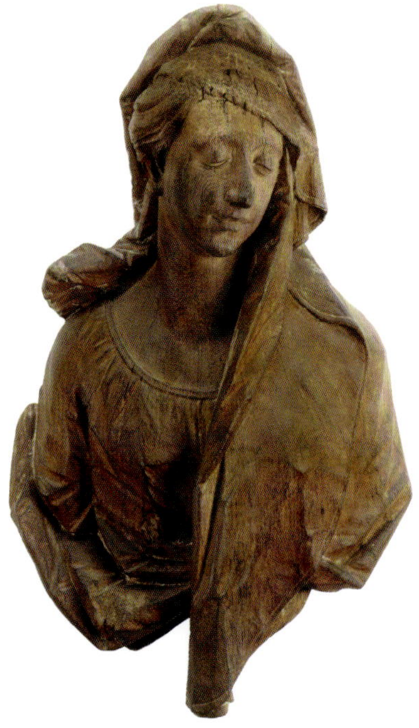

Ignaz Günther, Hausmadonna, nach 1761, Eichenholz, ursprünglich weiß gefasst, 76 x 47 cm, München, Bayerisches Nationalmuseum

Maria hält den Kopf leicht geneigt und den Blick gesenkt. Ihr mit üppigen Blüten geschmücktes Haar fällt unter dem Schleier bis auf die Schulter, das Gewand aus feinem Tuch schmiegt sich sanft den Körperformen an. Die stark gebauschten Gewandfalten über der Schulter und die Aussparung darunter könnten durch den ursprünglichen Anbringungsort der Hausmadonna bedingt sein.

Die Büste gilt als Ignaz Günthers (1725–1775) einziges erhaltenes Werk in Blei; von seinen wenigen dokumentarisch bezeugten Arbeiten in diesem Medium sind keine weiteren bewahrt. Es handelt sich dabei um zwei vergoldete Wandbrunnen mit Schwänen und Putten für Schloss Ismaning Ende der 1750er-Jahre sowie um Reparaturen an zwei Bleivasen Guillielmus de Grofs im Nymphenburger Schlosspark um 1770.[1]

Hausmadonnen beziehungsweise Hausfiguren – also religiöse (Klein-)Skulpturen an Hausfassaden – erlebten ihren Höhepunkt in der bayerischen Kunst im 18. Jahrhundert und sind in München bis heute allgegenwärtig. Die Tradition, ein Haus unter den Schutz der Gottesmutter zu stellen, reicht bis ins Mittelalter nach Italien zurück. Dort wurden an den Fassaden allerdings meist Gemälde, Fresken, Mosaike oder Reliefs angebracht. Wie in Italien waren die Hausfiguren auch im katholischen Bayern Ausdruck der tief verwurzelten Volks- und Schaufrömmigkeit. Als Vorbild diente hier häufig die Madonna auf der Mariensäule vor dem Münchner Rathaus, die Kurfürst Maximilian I. (1573–1651) 1638 aufstellen ließ. An Künstlerhäusern fungierten Hausmadonnen außerdem als eine Art Firmenschild, das dem Passanten das Talent des ansässigen Bildhauers demonstrieren sollte. Wichtige Beispiele für entsprechende Skulpturen der bedeutendsten Münchner Bildschnitzer sind das Flachrelief einer Madonna an der Fassade des Asamhauses und Johann Baptist Straubs Hausmadonna an seinem Wohnhaus in der Hackenstraße 10.

Auch von Ignaz Günther haben sich mehrere Hausmadonnen erhalten. Die wohl bekannteste ist jene, die er 1761 für sein Wohnhaus am Oberanger Nr. 11 fertigte (Abb.). Sie weist die für Günther so charakteristischen Stilmerkmale wie den stark überlängten Hals, das schmale, längliche Gesicht und die schrägen, nah beieinander stehenden, halb geschlossenen Augen auf. Ihr schlichtes Gewand ist aus einfachem Stoff gefertigt und das grobe Übergewand, das auch ihren Kopf bedeckt, wirft schwere Falten. Die Augsburger Büste ist in ihrer gesamten Erscheinung zarter. Günther verstand es dabei hervorragend, die Technik des Bleigusses für die Wiedergabe der feinen Stofflichkeit des Gewandes zu nutzen.

Die Augsburger Hausmadonna stammt angeblich von einem Haus in der Münchner Hackenstraße. Für ihre Zuschreibung an Ignaz Günther und die Datierung wird immer wieder die stilistische Ähnlichkeit zu Günthers Marienrelief (1772) am Münchner Dom betont. Die angeführten Analogien erweisen sich jedoch als nicht sehr deutlich. In bestimmten Merkmalen ähnelt die Augsburger Hausmadonna vielmehr den Arbeiten Johann Baptist Straubs, dem Lehrer Günthers, sodass sie möglicherweise in die 1750er-Jahre zu datieren ist, also in die unmittelbare Zeit nach der Lehre bei Straub und in das Jahrzehnt, in dem er die Bleiarbeiten für den Nymphenburger Schlosspark schuf. JM

1 Vgl. Woeckel 1975a, S. 270, 558 f., und Volk 1991a, S. 28, 40.

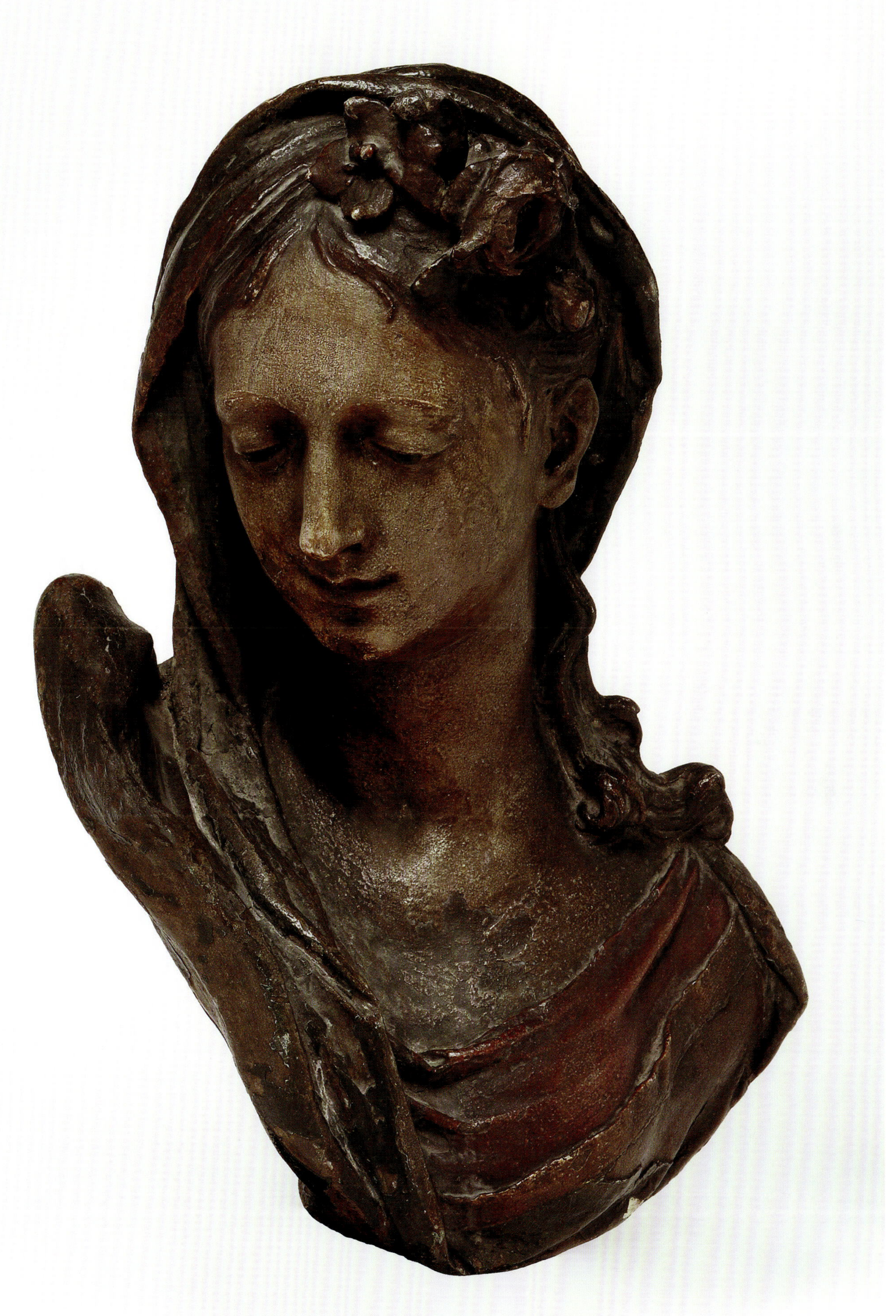

79 IGNAZ GÜNTHER
ENTWURF ZUM EPITAPH DES FREIHERRN VON ZECH

um 1757/58
Feder in Grau über Bleigriffel, farbig laviert; 32,6 x 18,7 cm
Bezeichnet auf dem Spruchband:
»Der Mensch ist wie eine blume Job 14«
München, Stadtmuseum; Inv.-Nr. M I, 1198
Literatur: Woeckel 1975a, Nr. 33.

80 IGNAZ GÜNTHER
ZWEI PUTTI VOM EPITAPH DES FREIHERRN VON ZECH

um 1757/58
Holz, vergoldet: **a** 73 cm, **b** 45 cm
Freising, Diözesanmuseum; Inv.-Nr. L8713 a, b
Literatur: Feulner 1947, S. 60 – Schönberger 1954, S. 28. – Volk 1991a, S. 56 f. – Ausst.-Kat. Freising 2010, S. 416 f.

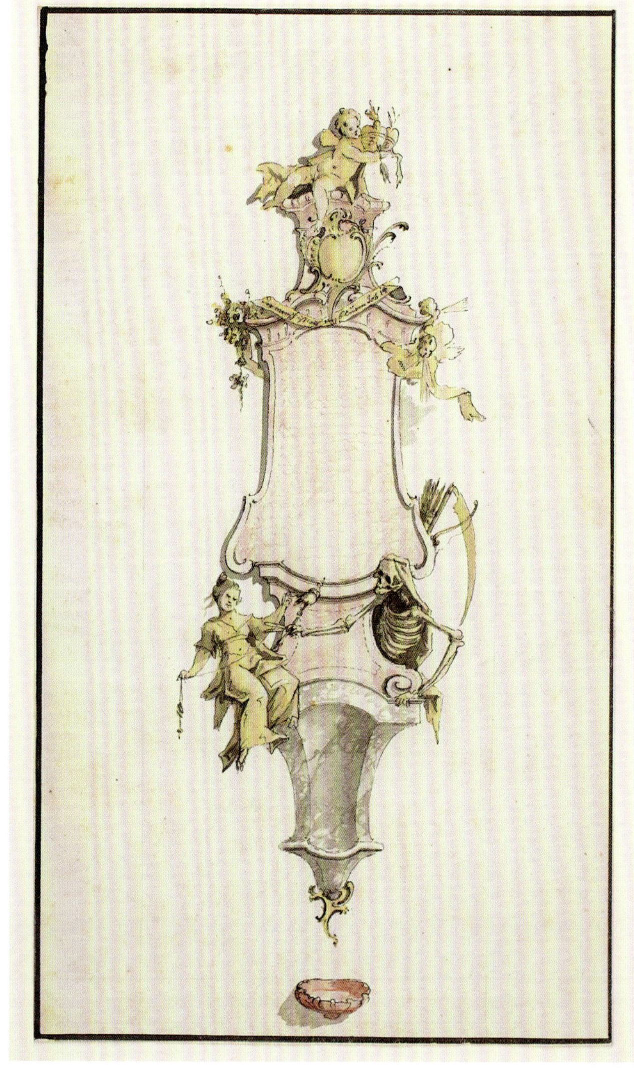

Die beiden Figuren stammen vom Epitaph des jung verstorbenen Johann Nepomuk Joseph Freiherr von Zech (gest. 1757), das sich im Vorraum der Münchner Asamkirche befindet. Dieses Grabmal, das in seinem Aufbau für das mittlere 18. Jahrhundert in München typisch ist und aus einer figurengeschmückten, kartuschenförmigen Inschrifttafel besteht, besticht vor allem durch die phantasievoll gestalteten Todesallegorien und Symbole, die erzählerisch in Beziehung gesetzt werden. So ist die expressive Geste des unglücklichen Mädchens mit dem schmerzerfüllten Gesicht erst im Gesamtzusammenhang zu verstehen, denn es handelt sich um eine Allegorie des Lebens, die sich an der mythologischen Gestalt der Klotho orientiert. Sie erinnert an die Schöpfungen Franz Anton Bustellis, bei denen Kinder spielerisch antike Götter darstellen (vgl. Kat.-Nr. 68–70). Wie auf der zugehörigen Entwurfszeichnung zu sehen ist, erhebt sich hinter ihr ein Spinnrocken, der Faden mit der Spinnwirtel läuft zwischen ihren grazil gespreizten Fingern hindurch. Rechts stürzt hinter der Marmorplatte ein Gerippe hervor, das mit einer großen Schere unbarmherzig den Lebensfaden abschneidet. Ihm, dem Schnitter und Jäger, sind in barocker Tradition eine Sense, ein Bogen und ein Köcher mit Pfeilen beigegeben. Weitere Vergänglichkeitssymbole sind um die Tafel gruppiert. So erscheint an der rechten oberen Ecke eine Gruppe von zwei pustenden Engelsköpfchen, die an das biblische Bild des Lebens als Windhauch erinnert – in der Ausführung produzieren sie sogar Seifenblasen zum Zeichen der Vergänglichkeit. Links hängt eine kurze Blumengirlande, die sich auf die Textstelle des Schriftbandes bezieht und wiederum auf ein biblisches Bild der Flüchtigkeit menschlichen Lebens verweist – »er geht wie die Blume auf und welkt, flieht wie ein Schatten und bleibt nicht bestehen« (*Hiob* 14,2). Auf dem abschließenden

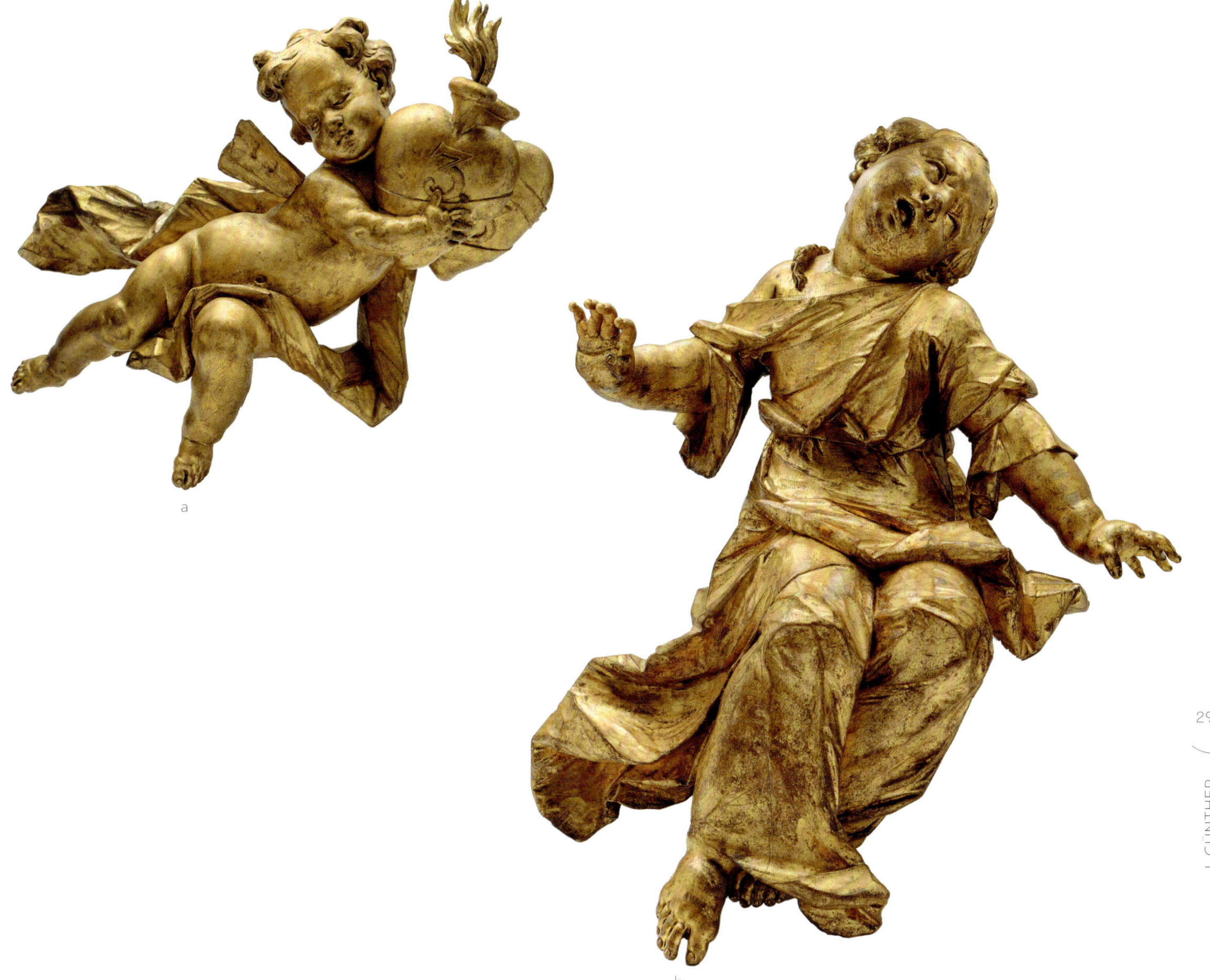
a
b

Gesims, über dem Wappen des Freiherrn, trägt ein Genius mit Schmetterlingsflügeln zwei zusammengebundene, flammende, mit der Zahl »3« versehene Herzen, die für Glaube und Treue des Verstorbenen stehen sollen. Die farbige Lavierung der Zeichnung gibt Auskunft über die geplante Ausführung der Tafel und ihrer Konsole in verschiedenen Marmorarten und den figuralen Schmuck in Form von vergoldeten Skulpturen.

Der Einfallsreichtum, mit dem Ignaz Günther (1725–1775) den Moment des frühen Todes als beziehungsreiche Allegorie inszeniert, ist bemerkenswert. Das freie Arrangement aus Motiven der antiken Mythologie, der barocken Todesikonographie und der populären Bildwelt schafft dabei eine Aura der spielerischen Leichtigkeit, die an einem Grabmal erstaunlich und wohl nur in der Zeit des Rokoko denkbar ist. In den etwa gleichzeitig entstandenen Grabmälern Johann Baptist Straubs für die Gräfin Maria Josepha von Toerring-Gronsfeld in der Pfarrkirche in München-Bogenhausen (um 1755) und die Gräfin Maria Theresia von Toerring-Jettenbach in der Klosterkirche in Au am Inn (1758/59) dominieren bereits allegorische Trauerfiguren. Die zunehmende Sensibilisierung und die damit einhergehende Ablehnung drastischer Todesikonographie zugunsten antikischer Allegorien, wie sie in Lessings Schrift *Wie die Alten den Tod gebildet* von 1769 manifest wird, äußern sich auch deutlich in der Personifikation der Religion, die Straub für das Grabmal seiner zweiten Frau um 1775 entworfen hat (Kat.-Nr. 50). In den Grabmälern für den Reichsfreiherrn Aloys von Kreittmayr und seine Gemahlin in der Pfarrkirche von Offenstetten (1794) hat sich mit der weiblichen Trauerfigur und vor allem mit dem eine gesenkte Fackel tragenden Jüngling das Ideal antiker Schönheit in der Sepulkralkunst Münchner Künstler zum Ende des Jahrhunderts endgültig durchgesetzt. SM

EMOTION UND SINNLICHKEIT In der kirchlichen Rokokoskulptur scheinen die Grenzen zwischen Profanem und Heiligem nicht nur fließend, sondern bisweilen sogar aufgehoben zu sein. Altarfiguren wollen nun in verführerischer Schönheit, gepaart mit eleganten, grazilen und koketten Gesten, den Betrachter emotional bewegen und religiöse Empfindungen wecken. Augenfällig sind die Anmut weiblicher Figuren, die teilweise von Schöpfungen Franz Anton Bustellis beeinflusst sind, wie auch die Schönheit männlicher Akte, die vor allem bei Darstellungen des leidenden und gekreuzigten Christus deutlich wird.

Anmut und Schönheit erschöpfen sich jedoch nicht in vordergründiger Attraktivität, sondern verweisen immer auch auf die Vollkommenheit und die Verklärung der ins Bild gesetzten Personen. Darüber hinaus sind bei den Skulpturen eine zunehmende Psychologisierung und differenziert gezeichnete Seelenzustände wahrnehmbar, sodass die verschiedenen ikonographischen Facetten fast alle Bereiche menschlicher Empfindung wie Freude, Trauer, Schmerz, Hoffnung und Zweifel abdecken. Anziehend und vorbildhaft wirken folglich nicht mehr kraftvolle Erscheinung, siegreiche Gesten und gesteigertes Pathos, sondern in ihrer Gestalt idealisierte, fein charakterisierte und in ihrem Ausdruck beseelte Figuren. Durch ihre Individualität, die betonte Menschlichkeit und Lebensnähe, die sich nicht zuletzt auch in zeitgenössischer Kleidung äußert, werden die dargestellten Heiligen sowohl zu unmittelbaren Identifikationsfiguren des damaligen Betrachters als auch zum Spiegel einer ständisch geordneten Gesellschaft.

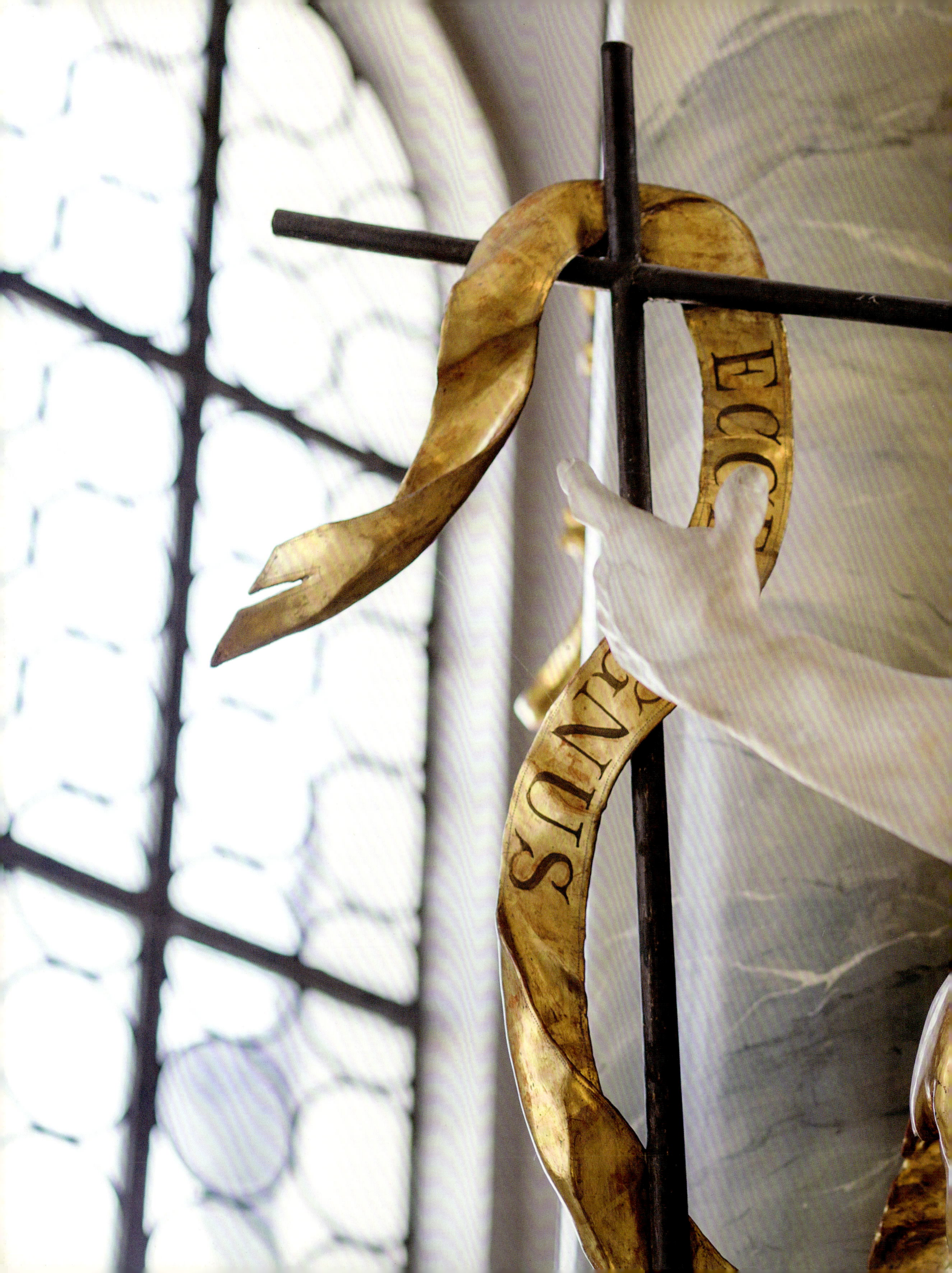

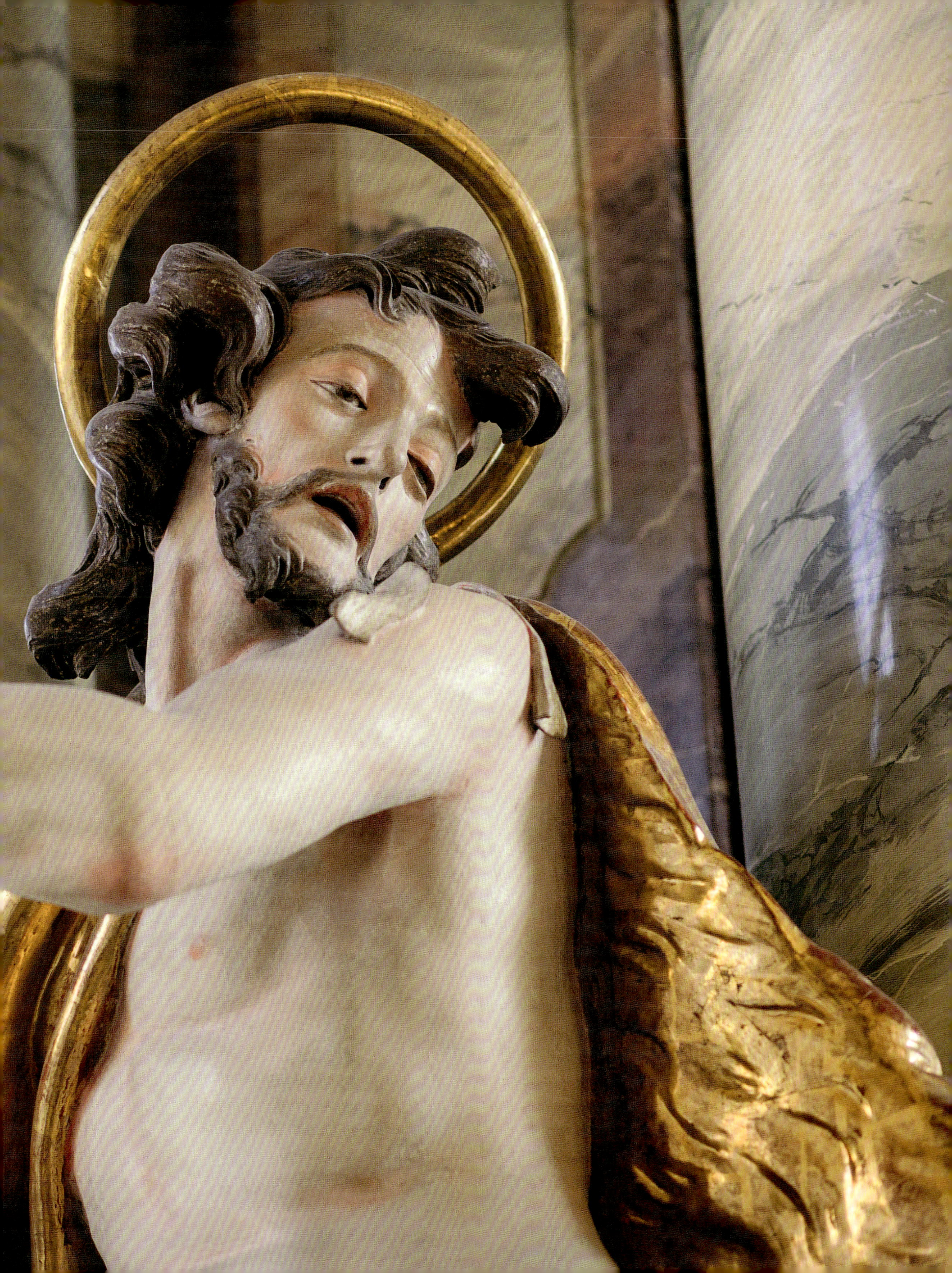

81 IGNAZ GÜNTHER
HL. PETRUS DAMIANUS MIT PUTTO

um 1762/63
Holz, farbig gefasst und vergoldet
a 157 x 77 x 31 cm (Petrus Damianus)
b 56 x 29 x 30 cm (Putto)
Rott am Inn, Pfarrkirche St. Peter und Paul
Literatur: Feulner 1947, S. 77. – Schönberger/Woeckel 1951, S. 22, Nr. 26 f. – Schönberger 1954, S. 40. – Volk 1991a, S. 106. – Volk 2002, S. 265 ff. – Christiane Hertel, Pygmalion in Bavaria, the sculptor Ignaz Günther and eighteenth-century aesthetic art theory, University Park, Pa. 2011, S. 100 f.

Der hl. Petrus Damianus gilt als einer der einflussreichsten Geistlichen des 11. Jahrhunderts. Er verbrachte sein Leben zum einen als Benediktinermönch in der Abgeschiedenheit des Klosters Fonte Avellana bei Gubbio, zum anderen als einflussreicher Kardinal und päpstlicher Legat mit bedeutenden diplomatischen Aufträgen.

In elegantem Kontrapost steht der *Hl. Petrus Damianus* als Pendant des *Hl. Papstes Leo IV.* am Leonhardaltar der ehemaligen Klosterkirche. Er trägt die Chorkleidung des Kardinals, bestehend aus einem purpurroten Talar, dem Rochett aus weißem Leinen und der roten Mozzetta. Als Zeichen seines kirchlichen Amtes hat er darüber hinaus ein Brustkreuz umgehängt und hält in der rechten Hand einen Stab, der von einem Doppelkreuz bekrönt wird. Unter seinem Schulterumhang wird jedoch auch das Skapulier der Benediktiner sichtbar, das bis knapp über seine Schuhe reicht. Es scheint, von einem Luftstrom bewegt, nach links zu flattern, während Talar und Rochett in knittrigen Falten und schwer fallenden Spitzen nach rechts tendieren. In der Kleidung spiegeln sich die vermeintlich widersprüchlichen Seiten im Leben des Heiligen, die durch die gegenläufigen Faltenzüge betont werden. Einen weiteren biographischen Aspekt offenbart das Buch in seiner Hand, das als *Marienoffizium* bezeichnet ist. Dieses von ihm verfasste Werk erinnert nicht zuletzt an die umfangreichen theologischen Schriften des Heiligen, der 1828 von Papst Leo XII. zum Kirchenlehrer ernannt wurde.

Ignaz Günther (1725–1775) verlieh dem *Hl. Petrus Damianus* einen Ausdruck, der zum einen betont vergeistigt erscheint, zugleich jedoch von einer pointiert geschilderten Herablassung, welche von einem blasierten Lächeln unterstrichen wird, geprägt ist. Aus diesem Grund wird er zu Recht als »Typus des vollendeten Höflings und des feinen Prälaten der Aufklärungszeit«[1] bezeichnet.

Besonders reizvoll ist der berühmt gewordene Putto, den Günther dem selbstbewussten Geistlichen beigegeben hat. Er scheint an der Rahmenecke des Altarbildes hoch über seinem Kopf den Kardinalshut zu tragen oder vielmehr mit ihm zu spielen. Günther nutzt den kindlichen Gefährten, um die frei aufgestellte Skulptur des Kardinals, die keines weiteren Kontextes mehr bedarf, mit dem Rahmen des Altarblattes zu verbinden. Das spielerische Motiv selbst folgt einer gewissen Tradition und ist vor allem aufgrund der Figur des *Hl. Hieronymus mit Putto* von Johann Joachim Dietrich (1690–1753) am Hochaltar der ehemaligen Klosterkirche in Dießen bekannt. Bei Günther tritt es 1756 in einem Entwurf für die Kanzel der Hieronymitaner-Klosterkirche St. Anna im Lehel auf. SM

---

1 Feulner 1947, S. 77.

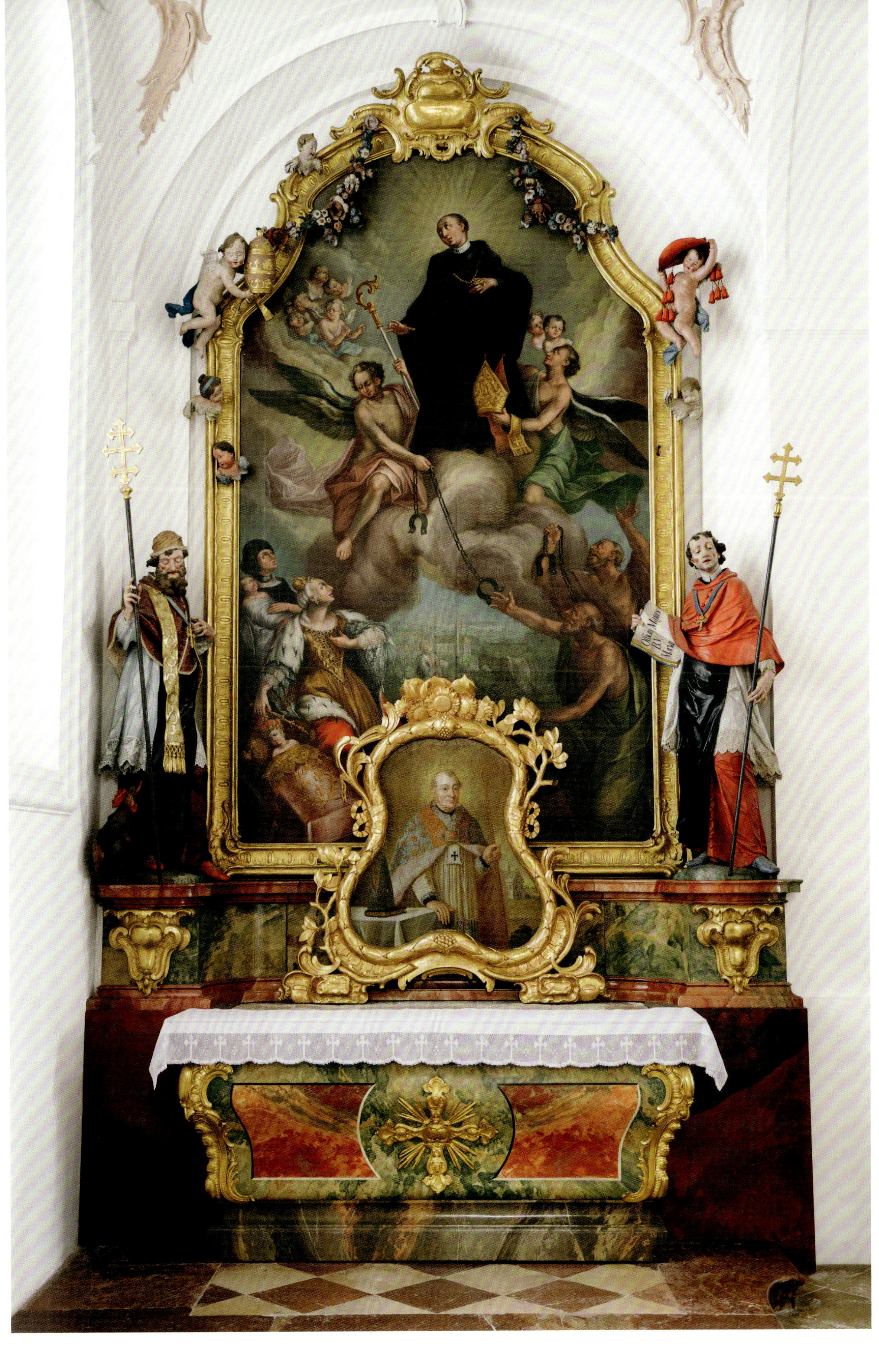

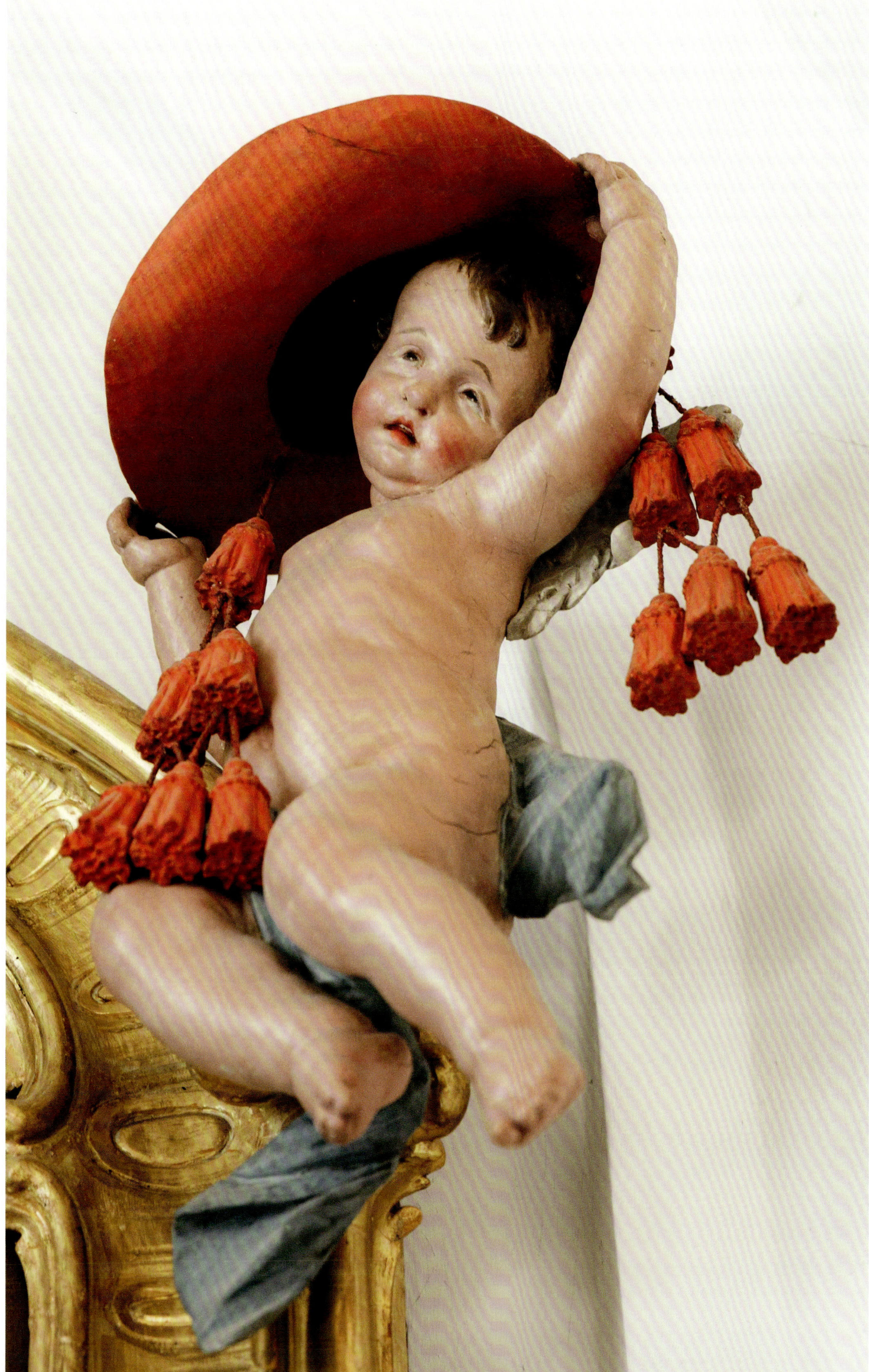

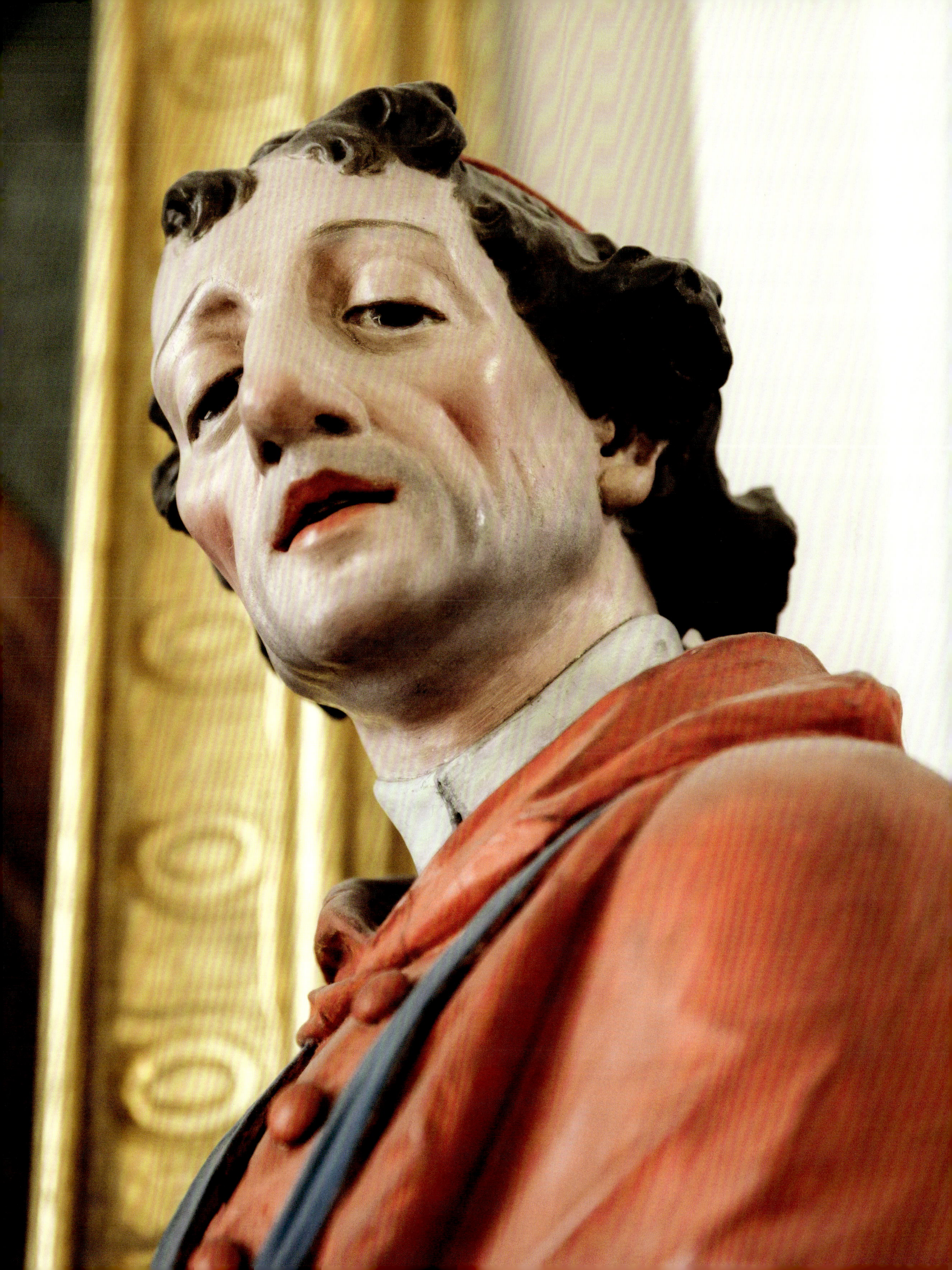

82

IGNAZ GÜNTHER

HLL. NOTBURGA UND ISIDOR

um 1762/63
Holz, farbig gefasst und vergoldet
a 157 × 67 × 35 cm (Notburga)
b 155 × 60 × 35,5 cm (Isidor)
Rott am Inn, Pfarrkirche St. Peter und Paul
Literatur: Feulner 1947, S. 77 – Schönberger/Woeckel 1951, S. 22, Nr. 28 f. – Schönberger 1954, S. 41. – Volk 1991a, S. 110 – Volk 2002, S. 265 ff.

306

Am Altar des hl. Benedikt stehen die Figuren der beiden ländlichen Patrone Notburga und Isidor. Notburga, die Magd aus Rattenberg, und Isidor, der Knecht aus Madrid, zeichneten sich beide durch ihre Frömmigkeit und ihre Mildtätigkeit aus, die sie unter anderem in Konflikt mit ihren adligen Grundherren brachte.

Die *Hl. Notburga* steht in angedeutetem Kontrapost auf einer naturalistisch gestalteten Plinthe. Sie trägt prächtige Kleider und eine blütenübersäte Schürze unter einem goldgesäumten Mieder, alles ist mit Spitzen und Schleifen ganz im Sinne des Rokoko zusätzlich geschmückt. Details wie die geschlitzten Schultern und der hochgestellte Kragen verweisen jedoch in die Zeit des 16. Jahrhunderts. In ihrer Schürze trägt *Notburga* mehrere Brote, die sie gemäß ihrer Lebensbeschreibung aus christlicher Nächstenliebe so häufig den Bedürftigen brachte. Ihre Haare sind zu Zöpfen geflochten und zu einer kunstvollen Frisur gesteckt. Melancholisch und mit kindlichem Vertrauen blickt sie zum Himmel, während sie in der erhobenen rechten Hand eine echte Sichel hält, die auf eine legendäre Begebenheit in ihrem Leben verweist. Als sie von einem Bauern aufgefordert wurde, weiterzuarbeiten, während sie ihr abendliches Gebet verrichten wollte, warf die Magd ihre Sichel in die Luft, wo sie auf wundersame Weise wie an einem Sonnenstrahl hängenblieb. Das Pendant, der *Hl. Isidor*, ist in der Hüfte gedreht und steht mit erhöhtem Spielbein auf groben Steinen. Diese gezierte Pose steht im Widerspruch zur kräftig-derben Gestalt des älteren Mannes, dessen markantes Gesicht von ergrautem Haar und einem zotteligen Vollbart gerahmt wird. Sein Blick ist andächtig gesenkt, die Hände sind zum Gebet gefaltet. Eine Weizengarbe hinter seinen Beinen kennzeichnet ihn gemeinsam mit dem echten Dreschflegel, der an seiner Schulter lehnt, als Bauern. Das Gewand *Isidors* ist, wie jenes der *Notburga*, historisierend gestaltet und zeigt Anklänge an die Zeit der Renaissance.

Die hervorragenden farbigen Fassungen von Augustin Demmel (1724–1789), die die naturalistische Erscheinung der Dargestellten und die kostbare Stofflichkeit der Gewänder betonen, werden durch reale, der bäuerlichen Lebenswelt entnommene Werkzeuge ergänzt. So entstammen die Protagonisten einerseits dem dörflichen Leben und beeindrucken durch die Unmittelbarkeit ihrer Darstellung, andererseits scheinen sie aber in ihren prächtigen historisierenden Kostümen eine theaterhafte Rolle zu spielen. Sie stehen folglich nicht mehr als entrückte Heilige an diesem Altar, sondern vielmehr als feinfühlig gezeichnete, spielerisch aufgefasste Charaktere, die sich an der Grenze zum Profanen bewegen. SM

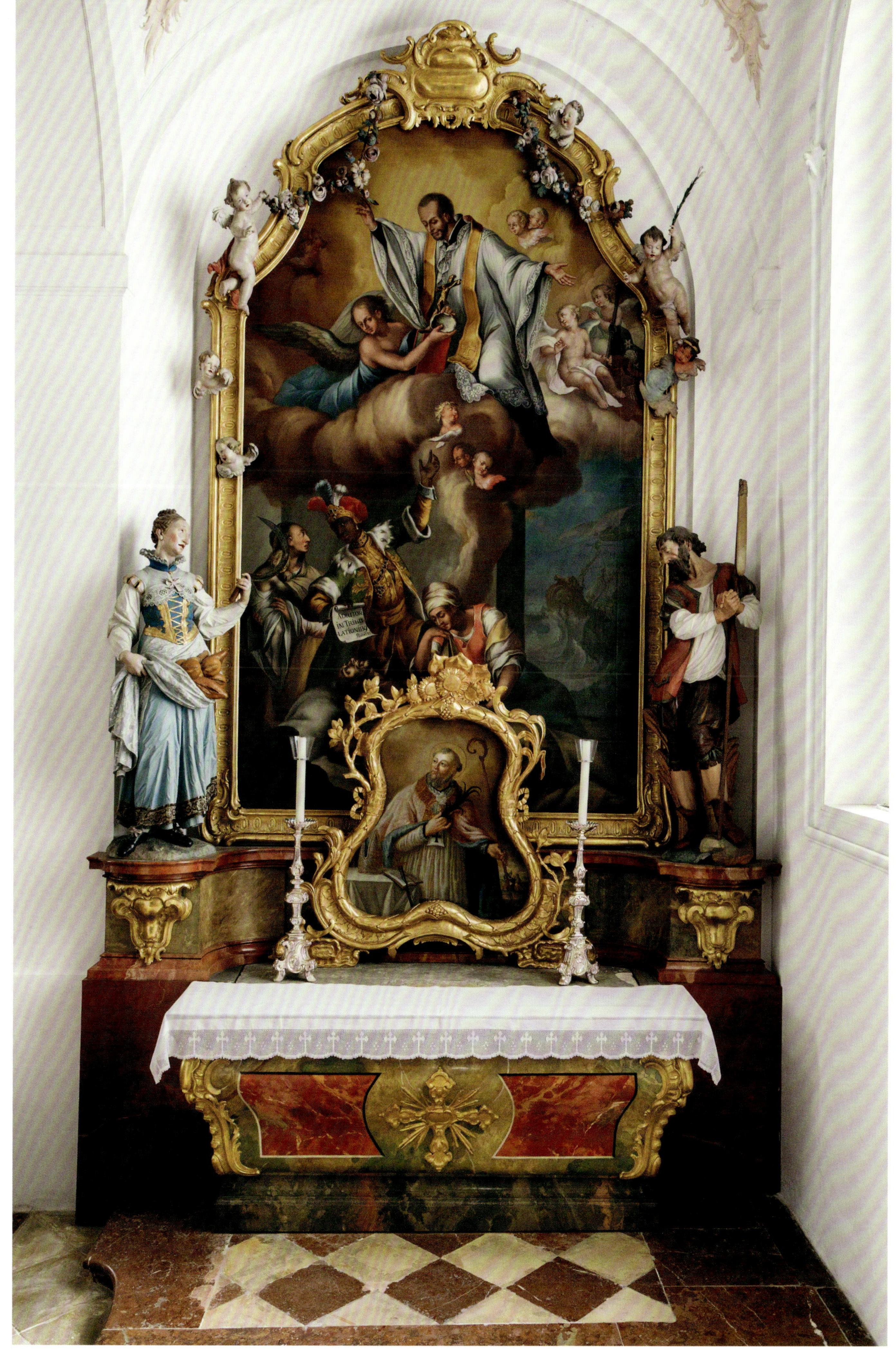

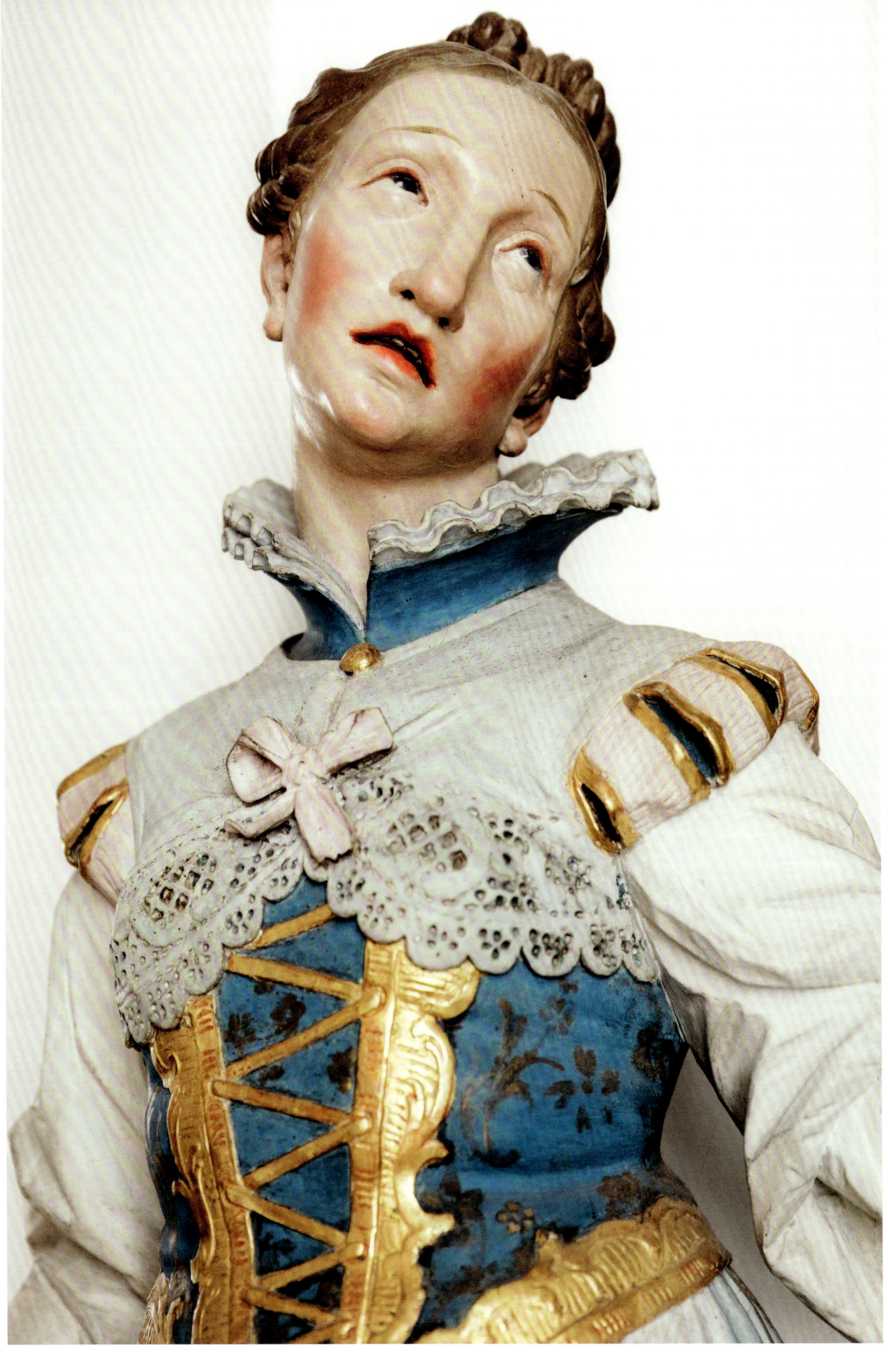

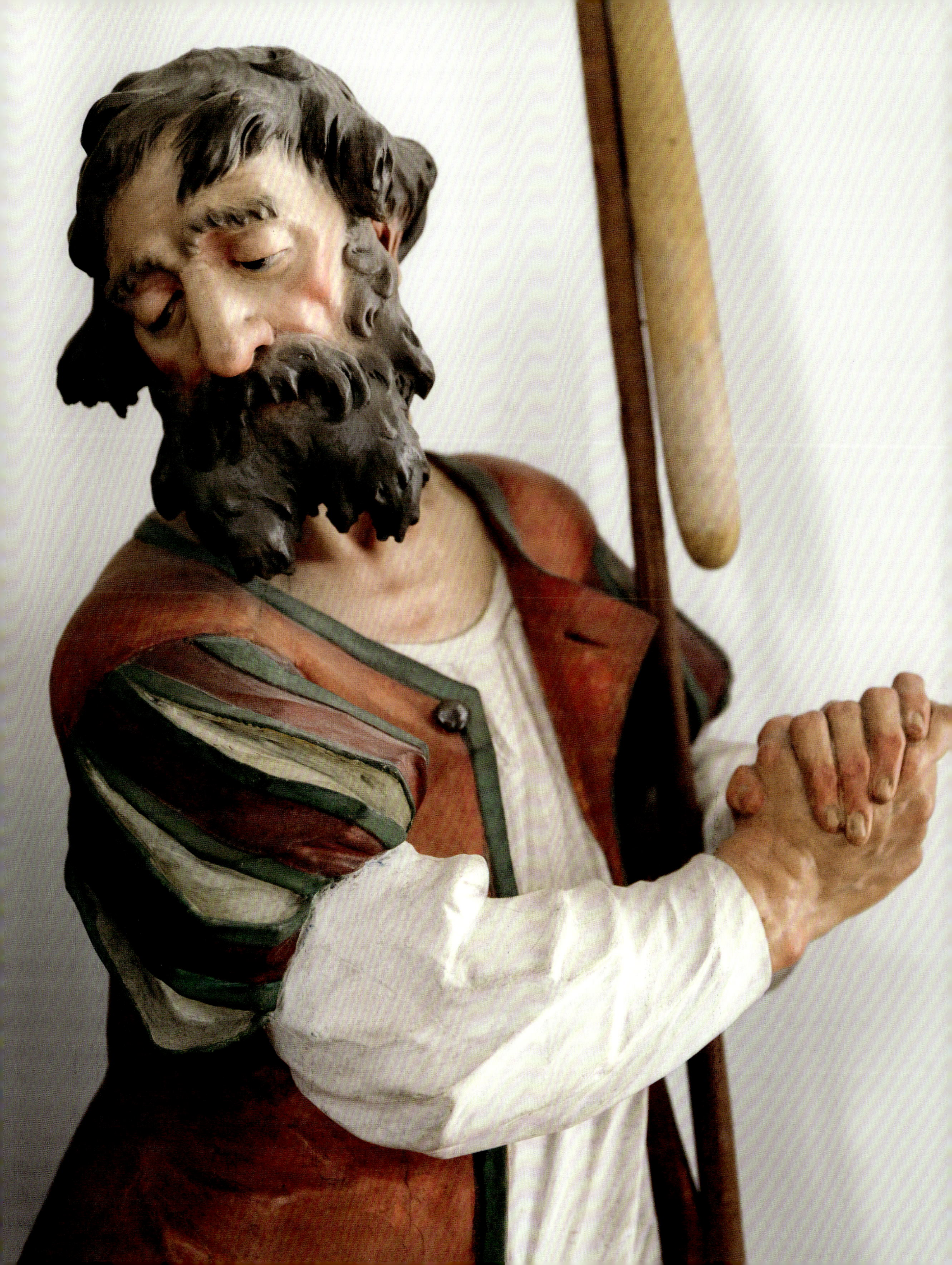

83 IGNAZ GÜNTHER
BÜSTE DES HL. ANIANUS

1760–1762
Holz, versilbert, vergoldet und teilweise farbig gefasst; 78 x 62 x 31,5 cm
Bezeichnet auf dem Sockel: »S./ANIANUS/DIAC:«
Rott am Inn, Pfarrkirche St. Peter und Paul
Literatur: Feulner 1947, S. 78 f. – Schönberger/Woeckel 1951, S. 23, Nr. 31. – Schönberger 1954, S. 41 f. – Volk 1991a, S. 108. – Volk 2002, S. 218.

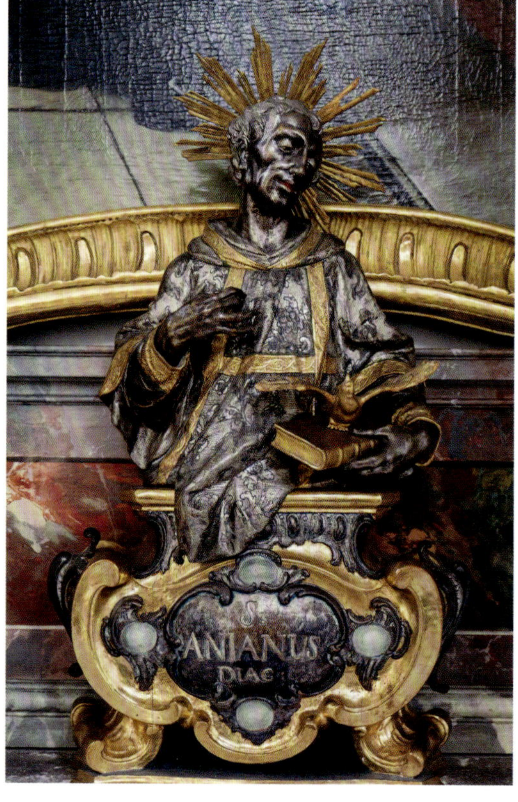

Im Zusammenhang mit der Altarausstattung der Klosterkirche in Rott am Inn schuf Ignaz Günther (1725–1775) die Büste des hl. Anianus als Pendant zu einer heute verlorenen Reliquienbüste mit der Hirnschale des hl. Marinus aus dem Jahr 1716.[1] Die beiden regional verehrten Heiligen sind seit dem 12. Jahrhundert neben Petrus und Paulus als Nebenpatrone des Klosters belegt. Als Bischof und Diakon sollen die beiden Männer im siebten Jahrhundert als Einsiedler am Irschenberg gelebt haben. Der Überlieferung zufolge erlitt Marinus im Jahr 697 schließlich das Martyrium auf dem Scheiterhaufen. Dies offenbarte sich seinem Diakon Anianus auf wunderbare Weise. Nach dem Empfang der Eucharistie und nachdem eine goldene Taube seinen Mund verlassen habe, starb auch er. An den Wirkungsorten der Heiligen, in Alb und Wilparting, wurden den beiden zu Ehren Kirchen errichtet, während ihre Reliquien im späten Mittelalter angeblich nach Rott überführt wurden.[2] Aufgrund von Zweifeln an dieser Translation wurden 1723 und 1776 allerdings Untersuchungen durchgeführt, welche die Echtheit der in Wilparting gefundenen Reliquien bestätigten.[3]

Vor diesem Hintergrund ist es nicht uninteressant, dass die Darstellung des hl. Anianus einer Reliquienbüste nachgebildet ist. Zwar wurden im 18. Jahrhundert häufig Büsten von Heiligen als festlicher Altarschmuck geschaffen, der durch Metallauflagen kostbare Silberschmiedearbeiten nachahmen sollte, doch der imitierende Effekt, der hier durch die Präzision von Bildhauerei und Oberflächengestaltung erreicht wurde, ist kaum zu übertreffen. Sicher kam Günther die häufige Zusammenarbeit mit Goldschmieden zugute, sodass er neben dem Duktus einer Treibarbeit auch Ziselierungen und Gravuren der Gewänder in täuschender Weise anzulegen wusste. Über einem bewegten, breit gelagerten Volutensockel mit der Bezeichnung »S. ANIANUS DIAC:« erhebt sich die Halbfigur des Heiligen. Als Diakon trägt er eine kostbare Dalmatik, die in einer Draperie über das Kranzprofil des Sockels fällt und so die Skulptur mit dem Unterbau organisch verbindet. Diese Bewegung setzt sich im Körper des Heiligen fort und findet ihren Abschluss im leicht gesenkten Haupt sowie einen Kontrapunkt in den anmutigen Gesten der Hände. Die rechte Hand ist ergriffen an die Brust geführt, während die linke ein Buch mit der legendären goldenen Taube hält. Das markante Gesicht des *Hl. Anianus* ist deutlich vom asketischen Leben als Einsiedler gezeichnet und strahlt kontemplative Innerlichkeit aus. Sein Blick richtet sich dabei sinnierend auf die Taube, die nach oben sieht und ihm zu antworten scheint. Dieses spielerisch-lebendige Korrespondieren mit dem Attribut ist mit der Darstellung des Papstes Leo IV., der auf den Basilisken zu seinen Füßen blickt, am Benedikt-Altar der Kirche vergleichbar und wiederholt sich einige Jahre später in der Büste des hl. Joseph für den Münchner Bürgersaal (Kat.-Nr. 106); dort wendet sich ebenfalls eine der beiden als lebendige Attribute beigegebenen Tauben dem Heiligen zu. SM

1 Eine zeitgenössische Beschreibung findet sich bei Willi Birkmaier, Silbernes Brustbild des hl. Patronus Marinus von 1716, in: ders. 1983/2002, Bd. 1, S. 247 ff.

2 Vgl. Peter Pfister (Hg.), Ihr Freunde Gottes allzugleich. Heilige und Selige im Erzbistum München und Freising, München 2003, S. 180–183.

3 Eine zeitgenössische Beschreibung der Erhebung der Gebeine im Jahr 1776 findet sich bei Willi Birkmaier, Die Heiligen Marinus und Anianus. Patrone von Rott, in: ders. 1983/2002, Bd. 1, S. 242–246.

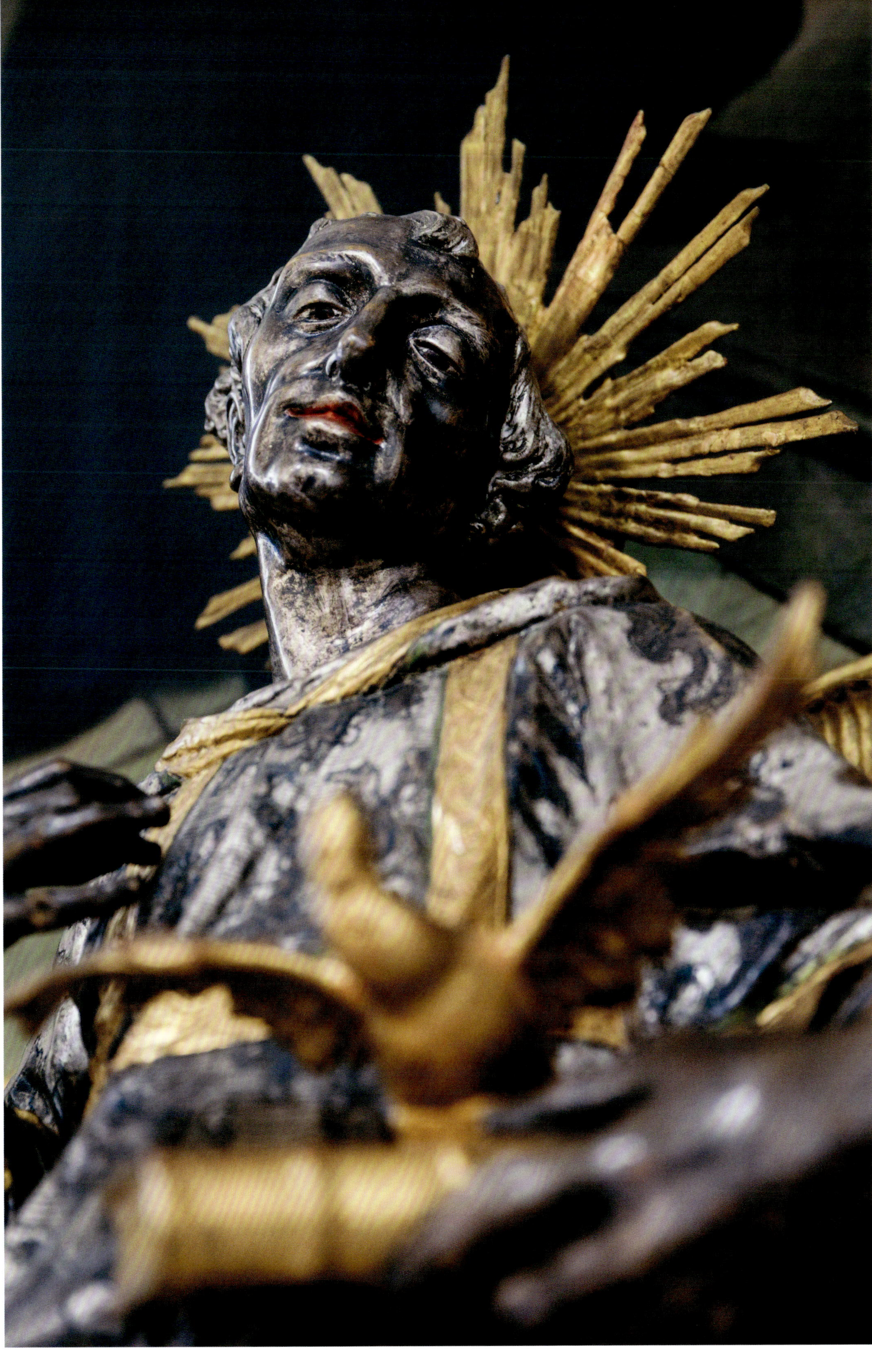

84 IGNAZ GÜNTHER ZUGESCHRIEBEN
ENTWURF FÜR EINEN ALTARLEUCHTER

um 1760
Feder in Braun über Graphit, grau laviert; 101,5 x 36 cm
München, Stadtmuseum; Inv.-Nr. M I, 1150 K2
Literatur: Unveröffentlicht.

85 UNBEKANNTER KÜNSTLER
ZWEI ALTARLEUCHTER

nach einem Entwurf von Ignaz Günther
um 1760
Messing, versilbert; je 120 cm (a und b)
Rott am Inn, Pfarrkirche St. Peter und Paul
Literatur: Unveröffentlicht.

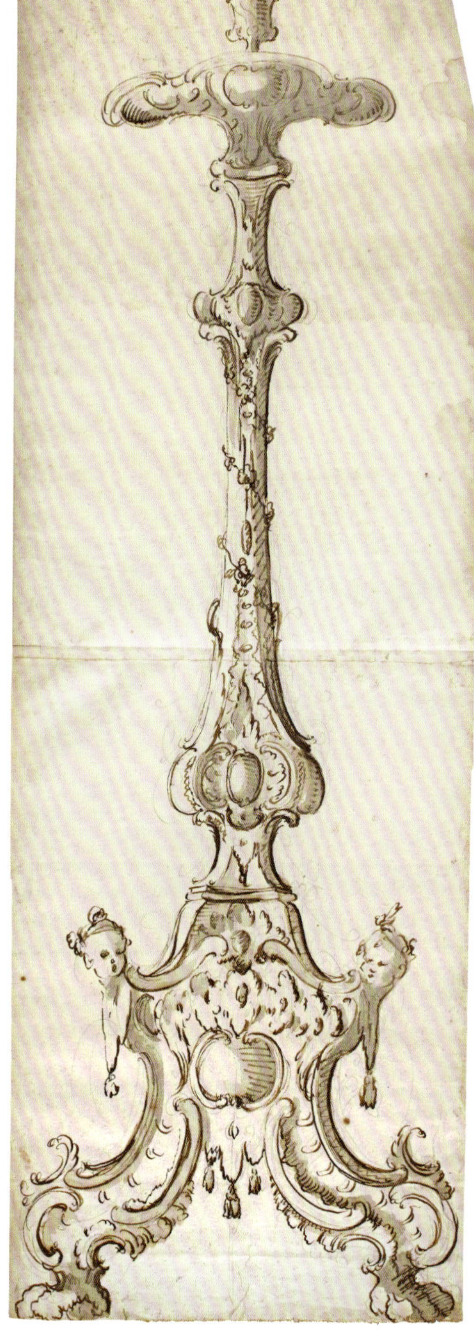

Ignaz Günther (1725–1775), der von 1759 bis 1762 an der Altarausstattung der Klosterkirche in Rott am Inn arbeitete, konnte hier erstmals ein ganzes Ensemble gestalten, das zu den unbestrittenen Höhepunkten im Œuvre des Künstlers zählt. Im Zuge dessen hat der Bildhauer auch einen Entwurf für Altarleuchter geliefert, die sich als kompletter Satz von sechs Exemplaren in der Kirche zwar erhalten haben, bislang aber in der Literatur erstaunlicherweise keine Beachtung fanden. Eine großformatige Zeichnung aus dem Münchner Stadtmuseum als Entwurf für die ausgeführten Leuchter soll hier erstmals vorgestellt werden. Das bisher Charles de Grof (1712–1774) zugeschriebene Blatt ist bislang ebenfalls unveröffentlicht geblieben.

Die Leuchter zeigen einen für das 18. Jahrhundert typischen Aufbau, bestehend aus einem dreiseitigen Volutensockel, einem zepterförmigen Schaft und einer ausladenden Tropfschale. Die gestalterische Qualität, die sich in fein abgestimmten Proportionen und einem virtuosen Dekor aus Rocaillen und volutierenden Spangen äußert, ist jedoch bemerkenswert. Von besonderer Eleganz ist auch der mit architektonischen Anklängen gestaltete Sockel, dessen über Eck gestellten Spangen sich in den gebrochenen Kanten des Schaftes fortsetzen. Deutlicher Hinweis auf Günther sind darüber hinaus die beiden charakteristischen geflügelten Engelsköpfchen, die auf den geschweiften Profilen des Fußes platziert sind. Das Motiv an sich ist keineswegs innovativ,

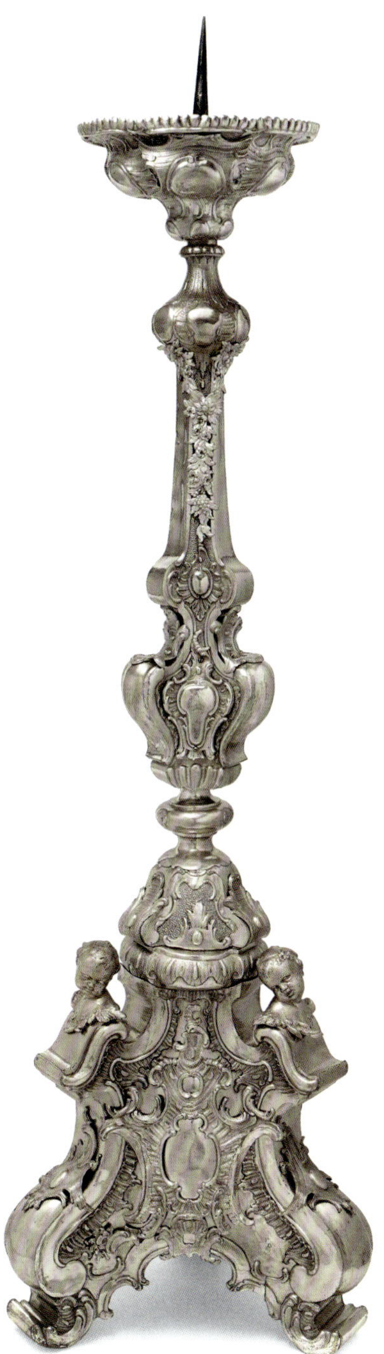

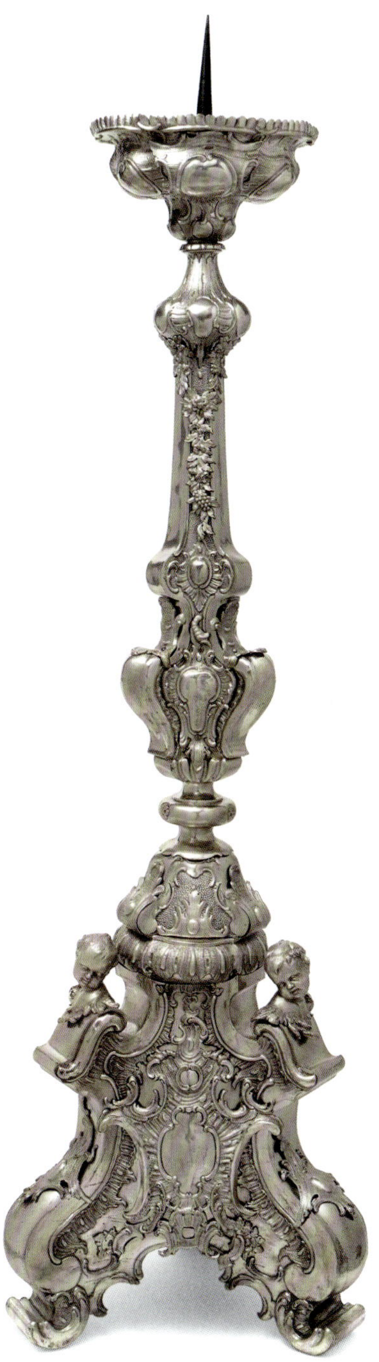

doch verweisen die Physiognomie und die Ausgestaltung der Kinderengel als Knabe und Mädchen mit Haarband und Blume auf Günther und seine Werkstatt.

Vergleicht man die Ausführung mit der Entwurfszeichnung, fallen zunächst die zahlreichen Übereinstimmungen, aber auch einige Unterschiede sowohl in den Gesamtproportionen wie auch im Detail ins Auge. So zeigt die Zeichnung einen Leuchter mit schlankeren und gleichzeitig bewegteren Formen, die in der Ausführung in Metall etwas behäbiger und verfestigt wirken. Auch wachsen die gezeichneten Engelsköpfchen ohne Flügel organisch aus dem ornamentalen Dekor und scheinen mit Blicken zu korrespondieren. Abgesehen von weiteren kleineren Abweichungen ist im Entwurf statt eines Kerzendorns eine Tülle zu sehen, wie sie bei kostbaren, aus massivem Silber gearbeiteten Leuchtern häufig anzutreffen ist.

Die Ausführung der Rotter Leuchter ist dennoch als aufwändige und sorgfältige Gürtlerarbeit zu betrachten, die neben fein ziselierten Ornamenten und punzierten Rücklagen an der Vorderseite applizierte Kartuschen und Weintraubenranken zur Steigerung der kostbaren Wirkung aufweist – ein Kunstgriff, der in geschnitzter Form auch am Sockel des Altarkreuzes, das Ignaz Günther zugeschrieben wird, zu finden ist (Kat.-Nr. 108). SM

86 IGNAZ GÜNTHER
HL. DREIFALTIGKEIT

um 1759/60
Feder in Braun über Stift, grau laviert; 27,6 x 36,1 cm
Bezeichnet unten rechts: »J: Gündter«
Nürnberg, Germanisches Nationalmuseum; Inv.-Nr. Hz 4015

87 IGNAZ GÜNTHER
HL. DREIFALTIGKEIT

um 1759/60
Feder in Braun über Stift, grau laviert (Altarskizze mit grauem Stift); 33,4 x 20,7 cm
Nürnberg, Germanisches Nationalmuseum; Inv.-Nr. Hz. 4093

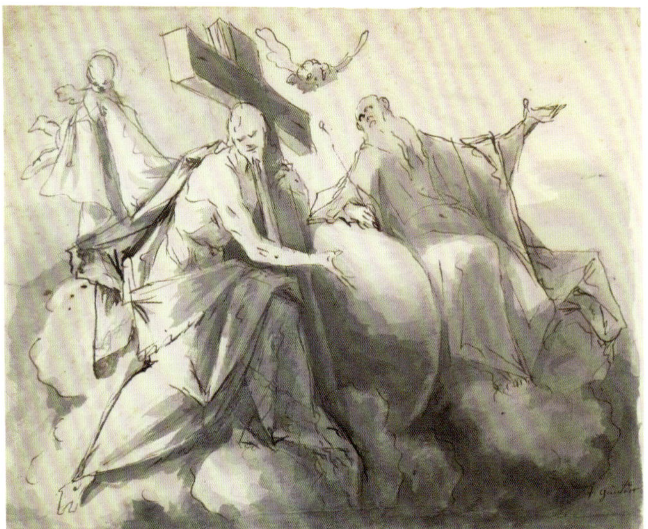

86

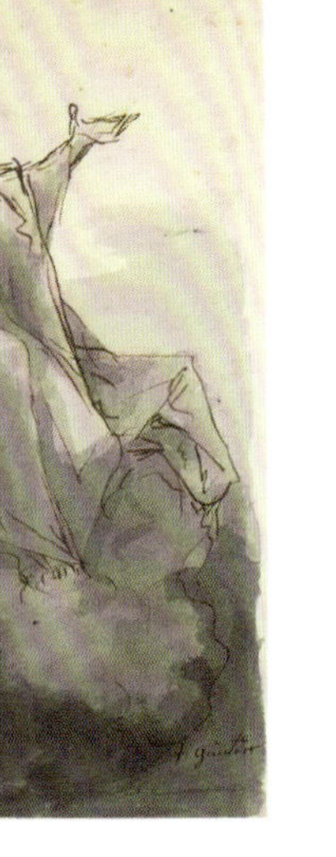

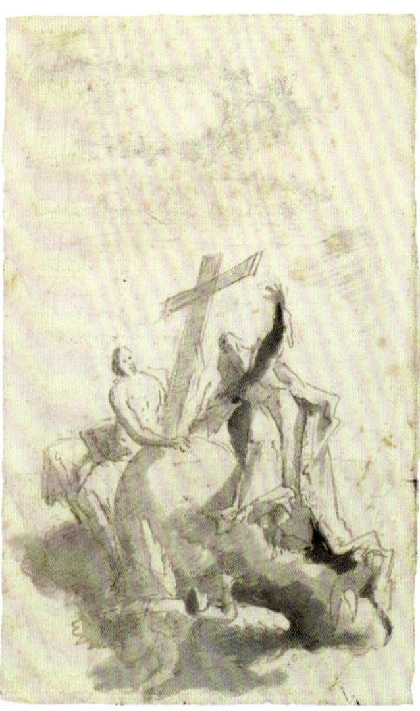

87

Die vier Entwürfe für eine Dreifaltigkeitsgruppe sind mit großer Wahrscheinlichkeit für den Auszug des Hochaltars der damaligen Benediktiner-Klosterkirche in Rott am Inn entstanden. Ignaz Günther (1725–1775) war dort von 1759 bis 1762 im Rahmen eines umfassenden Auftrags unter anderem mit den Arbeiten für den Hochaltar und für zwei Seitenaltäre beschäftigt, die heute als unbestrittene Höhepunkte seines Schaffens gelten (Kat.-Nr. 81–85).[1] Er erhielt dafür die ansehnliche Summe von 1460 Gulden.

Außer den vier Zeichnungen haben sich in diesem Zusammenhang drei weitere Entwürfe und ein plastischer Bozzetto erhalten.[2] Darüber hinaus sind drei Zeichnungen bekannt, die Günthers langjährigem Mitarbeiter Joseph Häringer (1736–1791) zugeschrieben werden und die ebenfalls Entwurfsvarianten repräsentieren.[3] Die genannten Werke belegen die intensiven Vorarbeiten, die der Bildhauer zur Realisierung seines anspruchsvollen Projekts vornahm. Sie bilden ein einmaliges Ensemble, das die Werkgenese in ihren verschiedenen Stadien nachvollziehbar macht. Im Folgenden soll eine neue, von bisherigen Publikationen abweichende Chronologie der vier Blätter Günthers zur Dreifaltigkeit vorgestellt werden.

Mit Kat.-Nr. 86 liegt vermutlich der früheste erhaltene Entwurf vor, in dem sich die Gruppierung der Figuren und ihre Haltungen noch deutlich von den später ausgeführten Skulpturen unterscheiden (Abb. S. 316/317). So sitzt Christus seitlich vor der Weltkugel, die Beine komplett von seinem weiten Mantel bedeckt. Er hält das vollständig sichtbare Kreuz nach schräg links geneigt. Rechts neben der Weltkugel, etwas nach hinten versetzt, sitzt Gottvater mehr lagernd als thronend, seinen linken Arm waagerecht ausgestreckt. Die Zeichnung ist mit schnellen, flüchtig-tastenden Federstrichen über einer skizzenhaften Unterzeichnung ausgeführt. Auf der Rückseite des Blattes haben sich die Fragmente eines Briefs erhalten, in dem sich Günther über die Ausführung eines in Zukunft zu schaffenden Altars äußert, dessen Figuren nach »moderner Manier« weiß wie Carrara-Marmor oder Alabaster poliert werden sollen. Dass er sich dabei auf die vorderseitig konzipierte Figurengruppe bezieht, ist eine verführerische Vorstellung, die sich jedoch nicht beweisen lässt.

Kat.-Nr. 87 scheint mit seiner grundlegenden Änderung der Komposition den nächsten Schritt im Prozess der Bildfindung zu repräsentieren. Dabei hat ein Perspektivwechsel stattgefunden, sodass die Figuren nun aus einem anderen Blickwinkel zu sehen

88 IGNAZ GÜNTHER
HL. DREIFALTIGKEIT

um 1759/60
Feder in Braun über Stift, grau laviert; 24,3 × 19,6 cm
München, Staatliche Graphische Sammlung; Inv.-Nr. 30698 Z

89 IGNAZ GÜNTHER
HL. DREIFALTIGKEIT

um 1759/60
Feder in Grau über Stift, grau laviert; 27,6 × 36,1 cm
München, Staatliche Graphische Sammlung; Inv.-Nr. 30697 Z

Literatur: Slg.-Kat. Nürnberg 1969, Nr. 156 (Kat.-Nr. 86), 157 (Kat.-Nr. 87). – Woeckel 1975a, Nr. 43 (Kat.-Nr. 87), 44 (Kat.-Nr. 88), 45 (Kat.-Nr. 86), 46 (Kat.-Nr. 89). – Woeckel 1983. – Ausst.-Kat. München 1985, Nr. 225 (Kat.-Nr. 87), 226 (Kat.-Nr. 88), 227 (Kat.-Nr. 86), 228 (Kat.-Nr. 89). – Volk 1991a, S. 94f. – Kerscher 2010, S. 54–57, Abb. 6–9.

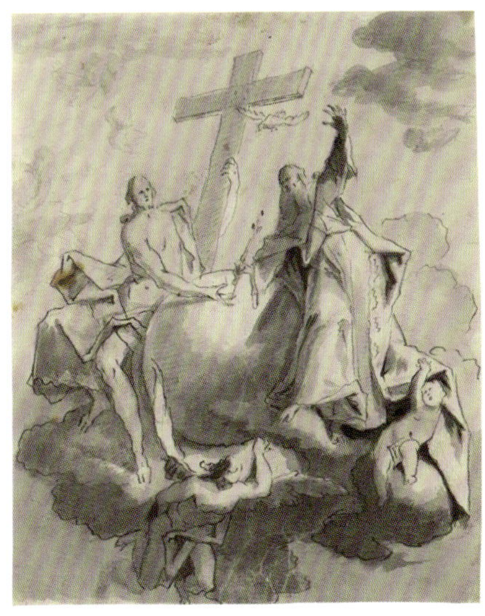

88

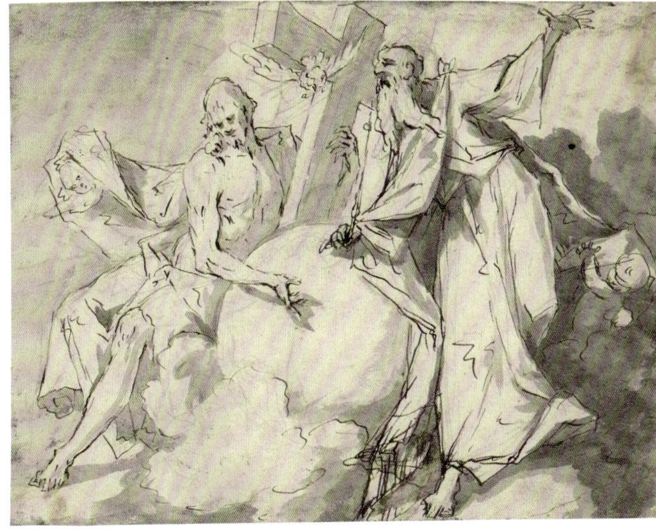

89

sind: Christus sitzt jetzt seitlich hinter der Weltkugel, das Kreuz in seiner Linken ragt nach rechts und ist im unteren Teil von der Kugel überdeckt, Gottvater wiederum ist nun stehend abgebildet, die segnende Linke steil erhoben – Motive, die in den ausgeführten Skulpturen alle zu finden sein werden. Die Zeichnung ist ganz rudimentär mit fahrigen Strichen und einer fast groben Lavierung ausgeführt, die lebhafte Unterzeichnung mit rigorosen Schraffuren an vielen Stellen sichtbar. Auf dem knitterigen Blatt befinden sich außerdem weitere Skizzen zu einem Altar, die quer zur Hauptzeichnung ausgeführt sind. Dies könnte darauf hindeuten, dass es sich hier um eine erste, spontan hingeworfene Ideenskizze handelt, in der es zunächst darum ging, das Zusammenspiel der Figuren und ihre Positionierung neu zu erproben.

Die neue Komposition wurde in Kat.-Nr. 88 weiter ausgearbeitet: Die Linien sind zwar zögernd, aber ohne Korrekturen gezogen, eine differenzierte Lavierung lässt die Darstellung fast malerisch wirken. Kat.-Nr. 89 kommt der Ausführung schließlich am nächsten, sodass man in dieser Zeichnung das jüngste Stadium im Prozess der Bildfindung vermuten kann. Auf der Rückseite des Blattes widmet sich der Künstler bereits bestimmten Details: Dort befindet sich eine Studie der segnenden Hand Gottes mit weit gespreizten Fingern, welche die zu schaffende Skulptur fast maßstabsgetreu vorbereitet. Über einer reichen Unterzeichnung ist der Duktus immer noch suchend, teils sensibel strichelnd, teils mit fahrigen Korrekturen. Dieser Umstand und die immer noch deutlichen Unterschiede zur ausgeführten Komposition, vor allem was die Armhaltung Christi angeht, legen nahe, dass noch weitere vorbereitende Zeichnungen existiert haben müssen. Offenbar hat man am Ende einen Typus bevorzugt, bei dem die Seitenwunde Christi nicht durch den Arm verdeckt ist.

Interessant ist überdies, dass Günthers Skulpturen am Auszug des Rotter Hochaltars mit ihren gebauschten und wirbelnden Gewändern und exaltierten Gebärden sehr viel bewegter erscheinen als ihre teils recht spröden Entwürfe – als ob der Bildhauer erst mit der Arbeit am Holz seine Stärken voll ausspielen konnte AM

1 Zu Günthers Arbeiten in ehem. Benediktiner-Klosterkirche in Rott am Inn vgl. auch Volk 1991a, S. 92–101 und S. 265 f.
2 Vgl. Ausst.-Kat. München 1985, Nr. 229–232.
3 Vgl. Woeckel 1975a, Nr. 82–84. Vermutlich handelt es sich dabei um Kopien nach Zeichnungen Günthers.

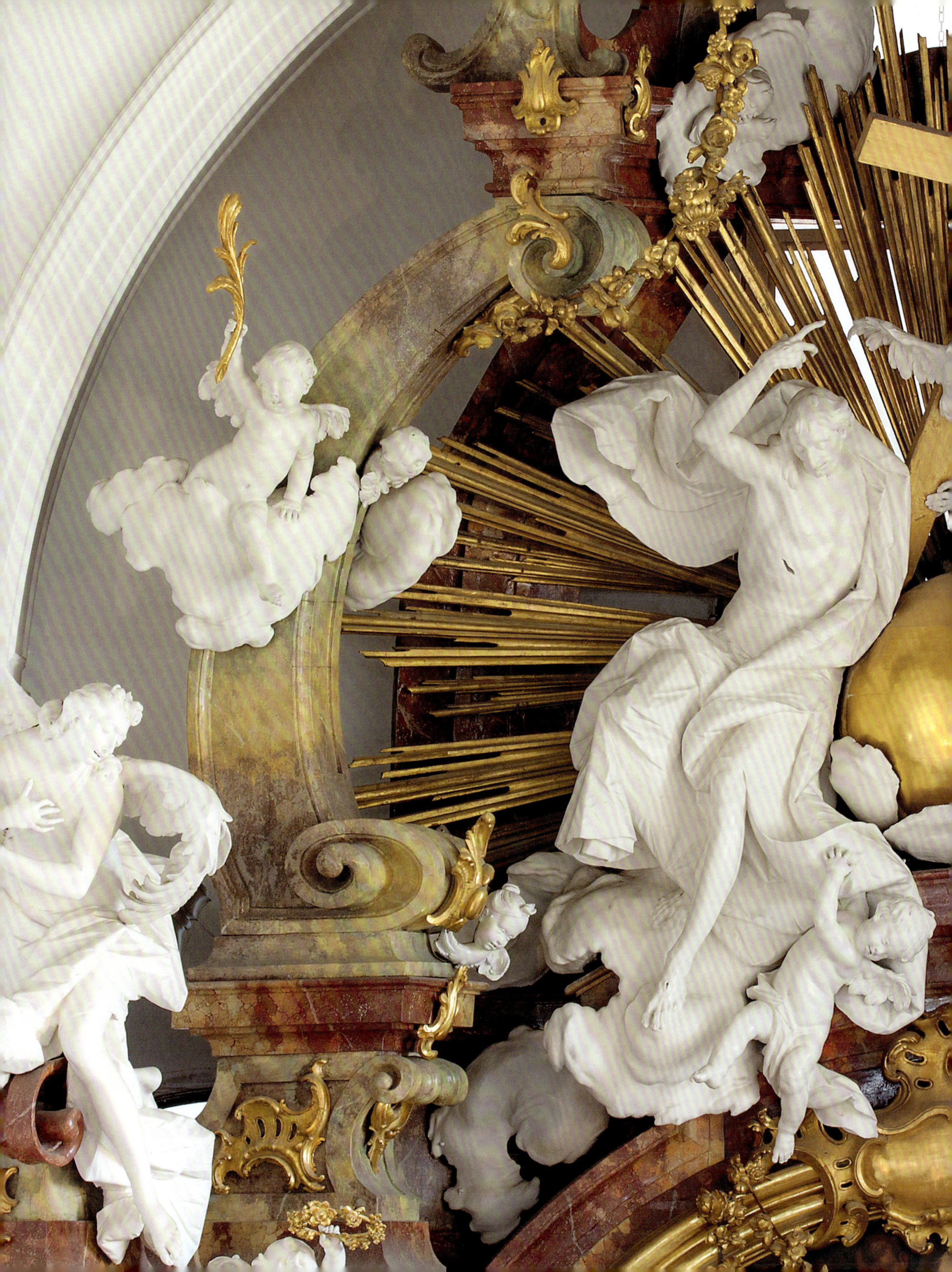

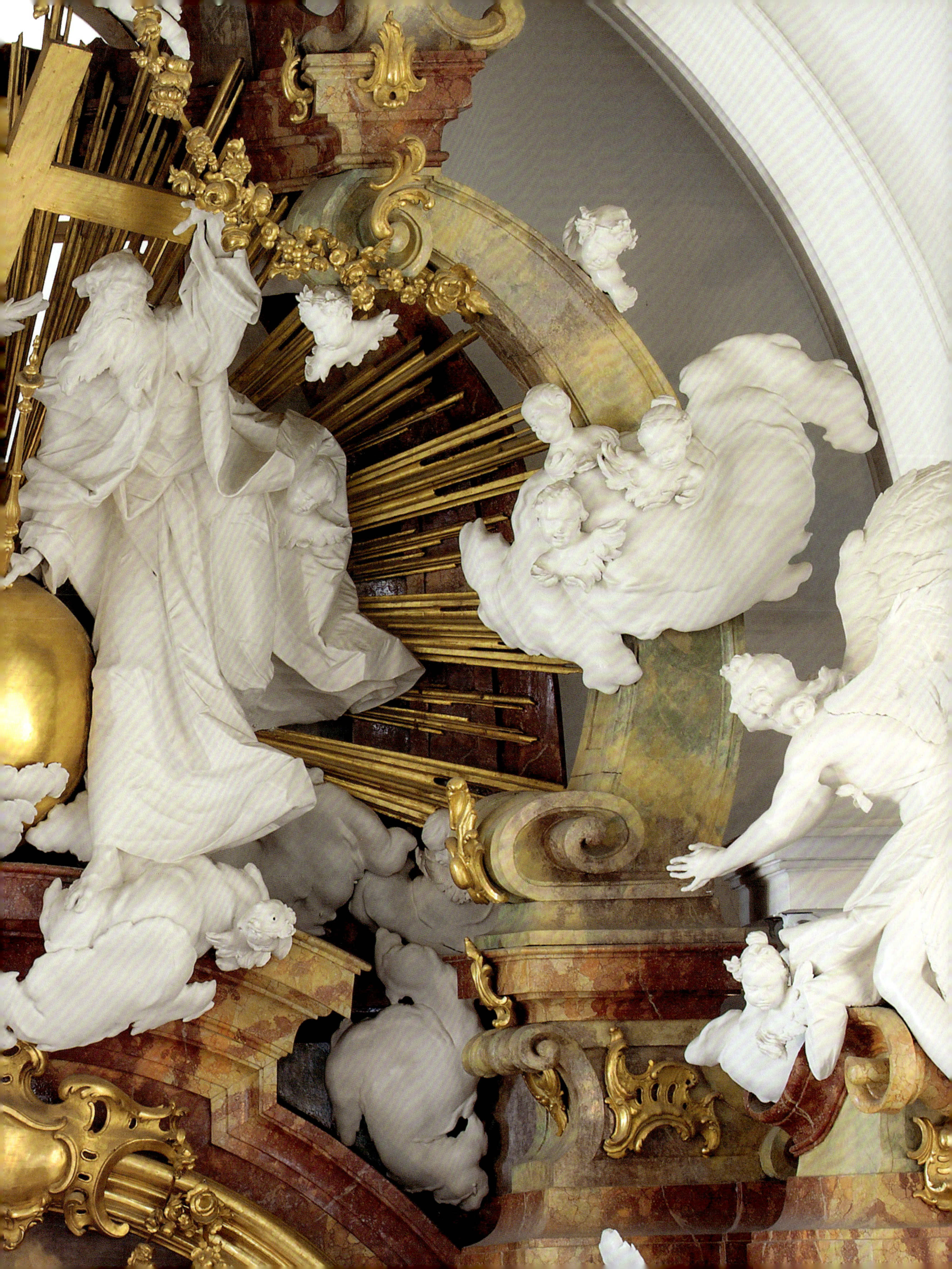

90 IGNAZ GÜNTHER

ENTWURF FÜR DIE KANZEL VON ST. ANNA IM LEHEL IN MÜNCHEN

1756
Feder in Grau, grau laviert; 51,7 x 28 cm
Bezeichnet rechts unten: »Ignati Gündter fecit 1756«
Nürnberg, Germanisches Nationalmuseum; Inv.-Nr. Hz 3893
Literatur: Slg.-Kat. Nürnberg 1969, Nr. 153. – Woeckel 1975a, Nr. 31. – Ausst.-Kat. München 1985, Nr. 224. – Volk 1991a, S. 58 f., 261.

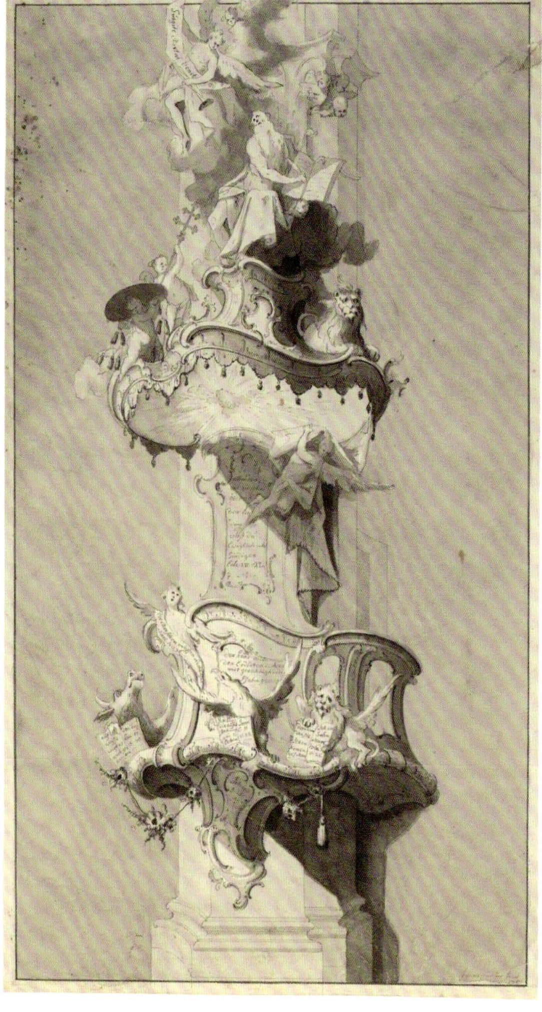

In kaum einer anderen Zeichnung präsentiert sich Ignaz Günther (1725–1775) so augenfällig als Meister des Rokoko wie in diesem 1756 datierten Entwurf für eine Kanzel: So dominiert die Ornamentform der Rocaille nicht nur einzelne Details wie den Kanzelknauf oder die Schriftkartuschen, sondern Kanzelkorb und Schalldeckel selbst sind wie eine Rocaille als schwingende asymmetrische Strukturen gestaltet, die sich wie in einer Spiralbewegung um den achteckigen Pfeiler schrauben. Dabei negieren die organisch anmutenden und kühn inszenierten Formen sowohl das Konstruktive als auch jede materielle Festlegung: Der Kanzelkorb mit seiner mehrfach durchbrochenen Brüstung erinnert dabei an phantastische Laubenarchitekturen, wie sie für Tischdekorationen hergestellt wurden oder auf Ornamentstichen zu finden sind (vgl. Kat.-Nr. 20, 21). Die freiplastischen Figuren verstärken mit ihren ausgreifenden Bewegungen und expressiven Gebärden den dynamischen Gesamteindruck. Verschiedene Motive wie den kleinen Putto mit Kardinalshut oder die Evangelistensymbole finden sich auch in anderen Werken Günthers (vgl. Kat.-Nr. 81).

Günthers Entwurf beeindruckt auch in zeichnerischer Hinsicht: Der Riss ist mit sicherer Hand äußert detailliert und dennoch sehr lebendig ausgeführt. Meisterhaft verstand es der Bildhauer, durch eine forcierte Hell-Dunkel-Gestaltung die Konstruktion plastisch hervortreten zu lassen. Die scharf gezogenen Schlagschatten simulieren dabei einen Lichteinfall durch eine links oben gedachte Fensteröffnung.

Die Darstellung des hl. Hieronymus auf dem Schalldeckel lässt vermuten, dass die Kanzel für die Klosterkirche des Hieronymiter-Ordens St. Anna am Lehel gedacht war, die 1727 bis 1737 von Johann Michael Fischer (1692–1766) erbaut wurde. Offenbar befand sich Günther auch in diesem Fall in einer Wettbewerbssituation, da nicht er, sondern sein großer Konkurrent Johann Baptist Straub am Ende die Kanzel und den Hochaltartabernakel ausführte.[1] Wie bei den Hochaltären von St. Michael in Berg am Laim (Kat.-Nr. 45, 46, 94) und St. Rasso in Grafrath (Kat.-Nr. 44, 93) wurde zwar dem älteren Bildhauer der Vorzug gegeben, der Entwurf des jüngeren – vor allem in Hinblick auf die Grundform der Kanzel – scheint jedoch in die endgültige Gestaltung eingeflossen zu sein. AM

1 Vgl. Volk 1984, S. 194 f.

91 IGNAZ GÜNTHER

ENTWURF EINES ANNENALTARS FÜR DIE WALLFAHRTSKIRCHE ST. ANNA IN MÜNCHEN-HARLACHING

1754
Feder in Grau über Stift, gelb, grau und rötlich aquarelliert; 45,4 x 30,2 cm
Bezeichnet rechts auf den Chorstufen: »F. Ignati Güntter. 1.7.54. den 20 Aug.«; unten Mitte: »distantz weitte. 21 Fus«
Nürnberg, Germanisches Nationalmuseum; Inv.-Nr. Hz 4094
Literatur: Schönberger/Woeckel 1951, Nr. 84. – Slg.-Kat. Nürnberg 1969, Nr. 151. – Woeckel 1975a, Nr. 13.

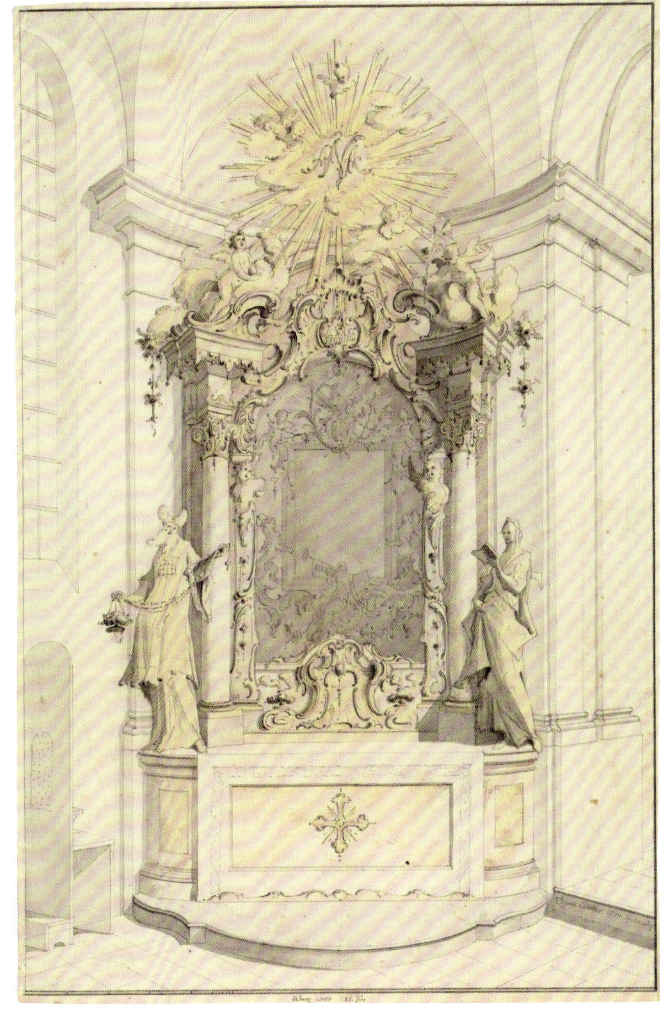

Günthers Entwurf für einen Seitenaltar der Wallfahrtskirche St. Anna in München-Harlaching ist sein frühester erhaltener Riss für einen Altar überhaupt. Auf den Tag genau, den 20. August 1754, datiert, ist er das erste Zeugnis von Günthers künstlerischer Tätigkeit nach seinem Aufenthalt an der Akademie in Wien im Jahr 1753 und seiner Ernennung zum »Hofbefreiten« am 5. Juni 1754.

Das Blatt belegt einen ausgereiften Figuren- und Zeichenstil, an dem der Bildhauer auch im weiteren Verlauf seiner Karriere festhalten wird. Der Entwurf gibt den Altar links des Chorbogens und rechts neben einem hohen Fenster wieder, was entgegen der heutigen Situation auf eine Position auf der Epistelseite hindeutet. Über der Mensa erheben sich zwei Rundsäulen, die reich geschmückte Kämpferstücke tragen. Im Auszug erscheint eine Strahlengloriole mit dem Namen der Patronatsheiligen »AN[N]A« im Zentrum. Vor den Säulen stehen links der hl. Zacharias und rechts die hl. Elisabeth. Im Zentrum befindet sich ein reich ornamentierter Bilderrahmen, der aufgrund seiner detaillierten Wiedergabe mit dem heute noch in situ befindlichen Rahmen identifiziert werden kann (Kat.-Nr. 22). Der vermutlich von einem Münchner Hofkünstler gefertigte, mit Reichsinsignien versehene Rahmen war wohl genauso wie das zugehörige Gemälde *Hl. Anna, Maria belehrend* eine Stiftung des bayerischen Kurfürsten Karl Albrecht (1697–1745) während seiner kurzen Regierungszeit als Kaiser Karl VII. (1742–1745). Offenbar bestand die Aufgabe für Günther darin, die beiden bereits bestehenden Werke in seinen Entwurf zu integrieren.

Der Altar wurde schließlich 1759 sehr viel schlichter und von einem namentlich unbekannten Meister ausgeführt, der auch den als Pendant konzipierten, 1761 fertiggestellten linken Seitenaltar des hl. Joachim schuf. Beide Altäre entstanden im Zuge des Neubaus der kleinen Wallfahrtskirche, der 1751 beschlossen und von 1753 bis 1761 ins Werk gesetzt wurde. AM

92 IGNAZ GÜNTHER

ENTWURF FÜR DEN HOCHALTAR DER PFARRKIRCHE MARIÄ HIMMELFAHRT IN SCHONGAU AM LECH

1758
Feder in Grau, grau laviert; 45 x 32,5 cm
Bezeichnet unten rechts: »1758/I:Gündter«
München, Staatliche Graphische Sammlung; Inv.-Nr. 30694 Z
Literatur: Paul Grotemeyer, Ein Entwurf von Ignaz Günther zum Schongauer Hochaltar, in: Münchner Jahrbuch der Bildenden Kunst N.F. 12 (1937/38), S. XII. – Schönberger/Woeckel 1951, Nr. 91. – Woeckel 1975a, Nr. 37. – Ausst.-Kat. München 1985, Nr. 88. – Volk 1991a, S. 20.

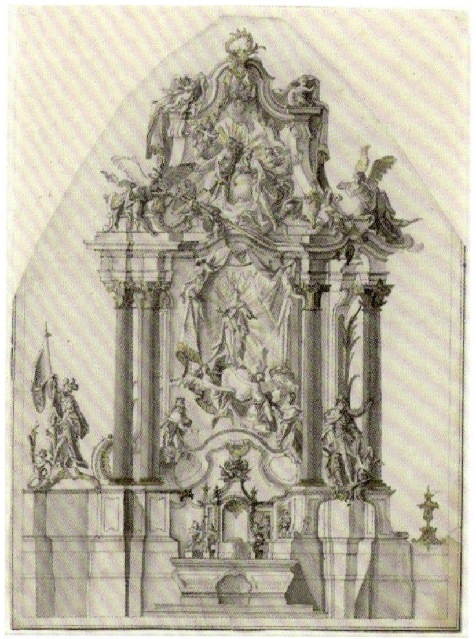

Franz Xaver Schmädl, Hochaltar der Pfarrkirche Mariä Himmelfahrt in Schongau, um 1758, Feder in Grau, grau laviert, gelb aquarelliert, 42,9 x 32,2 cm, Innsbruck, Landesmuseum Ferdinandeum

Nachdem die Pfarrkirche Mariä Himmelfahrt in Schongau am Lech 1757 im Chor eine neue Stuckierung und neue Deckenfresken erhalten hatte, sollte auch der Hochaltar modernisiert werden. Dafür reichten sowohl Ignaz Günther als auch der aus der Gegend von Schongau stammende Bildhauer Franz Xaver Schmädl Entwürfe ein (Abb.).

Ignaz Günthers (1725–1775) Zeichnung sieht im Zentrum des Altars eine Figur der Maria Immaculata vor, die auf einer Wolke nach oben schwebt. Zu ihren Füßen knien der hl. Dominikus und die hl. Katharina von Siena, im Auszug beherrscht Gottvater das Ensemble. Zwei monumentale Säulenpaare rahmen die Hauptszene ein. Vor dem linken steht der hl. Mauritius in Rüstung mit Lanze und Helm, vor dem rechten ist der hl. Martin mit einem großen Federhut dargestellt. Beide Heilige werden von einem Jesuitenheiligen begleitet, die jeweils eine Stufe tiefer auf Sockeln den Altar flankieren.

Zu Günthers Zeichnung hat sich ein von ihm selbst verfasstes Begleitschreiben erhalten.[1] Darin vermerkt er, für welche Kirche der Hochaltar gedacht ist und wie viel Lohn er dafür zu erhalten wünsche, nämlich die beträchtliche Summe von 1085 Gulden. Zudem bittet Günther nachdrücklich darum, seinen Entwurf keinem anderen Künstler zu zeigen, damit er nicht nachgezeichnet würde, und ihm den Riss zurückzuschicken, falls er den Auftrag nicht erhielte. Allerdings ist anzunehmen, dass Schmädl Günthers Wettbewerbsbeitrag dennoch zu Gesicht bekam, da sich die beiden Kompositionen auffallend ähneln: Schmädls Zeichnung stimmt mit der architektonischen Anlage Günthers und der Anordnung der Figuren weitgehend überein, allerdings verzichtet er auf die Jesuitenheiligen.

Am Ende entschied man sich in Schongau für den Entwurf Schmädls, der dann auch die handwerkliche Realisierung übernahm. So sind die beiden Zeichnungen von Günther und dem Bildhauer aus dem Pfaffenwinkel ein Beleg für die Konkurrenzsituation, die zwischen den Bildhauern Münchens und Umgebung im 18. Jahrhundert herrschte. Wie verschiedene Beispiele zeigen, war es nicht selbstverständlich, dass die Künstler ihre Entwürfe auch immer selbst umsetzten: Sowohl Ignaz Günther als auch sein Lehrer Johann Baptist Straub reichten Pläne für die Hochaltäre von St. Michael in Berg am Laim (Kat.-Nr. 45, 46, 94) und von St. Rasso in Grafrath (Kat.-Nr. 44, 93) ein. In beiden Fällen wurden die Altäre zwar von Straub ausgeführt, sind aber eindeutig an Günthers Entwürfen orientiert. In Schongau gaben möglicherweise Schmädls lokale Herkunft und sein wesentlich geringeres Honorar den Ausschlag dafür, dass er den Zuschlag erhielt. JM

1 Woeckel 1975a, S. 555.

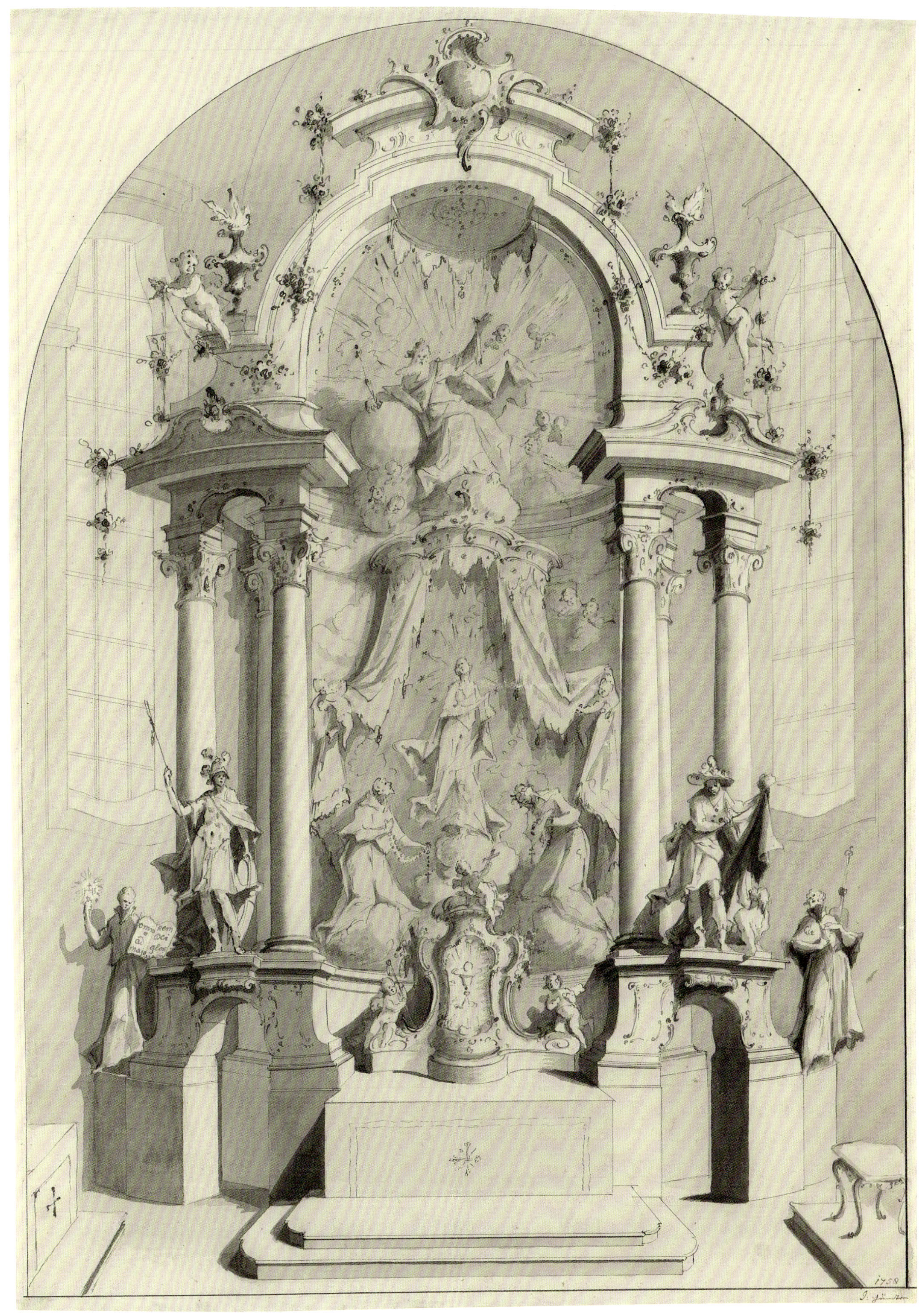
1758

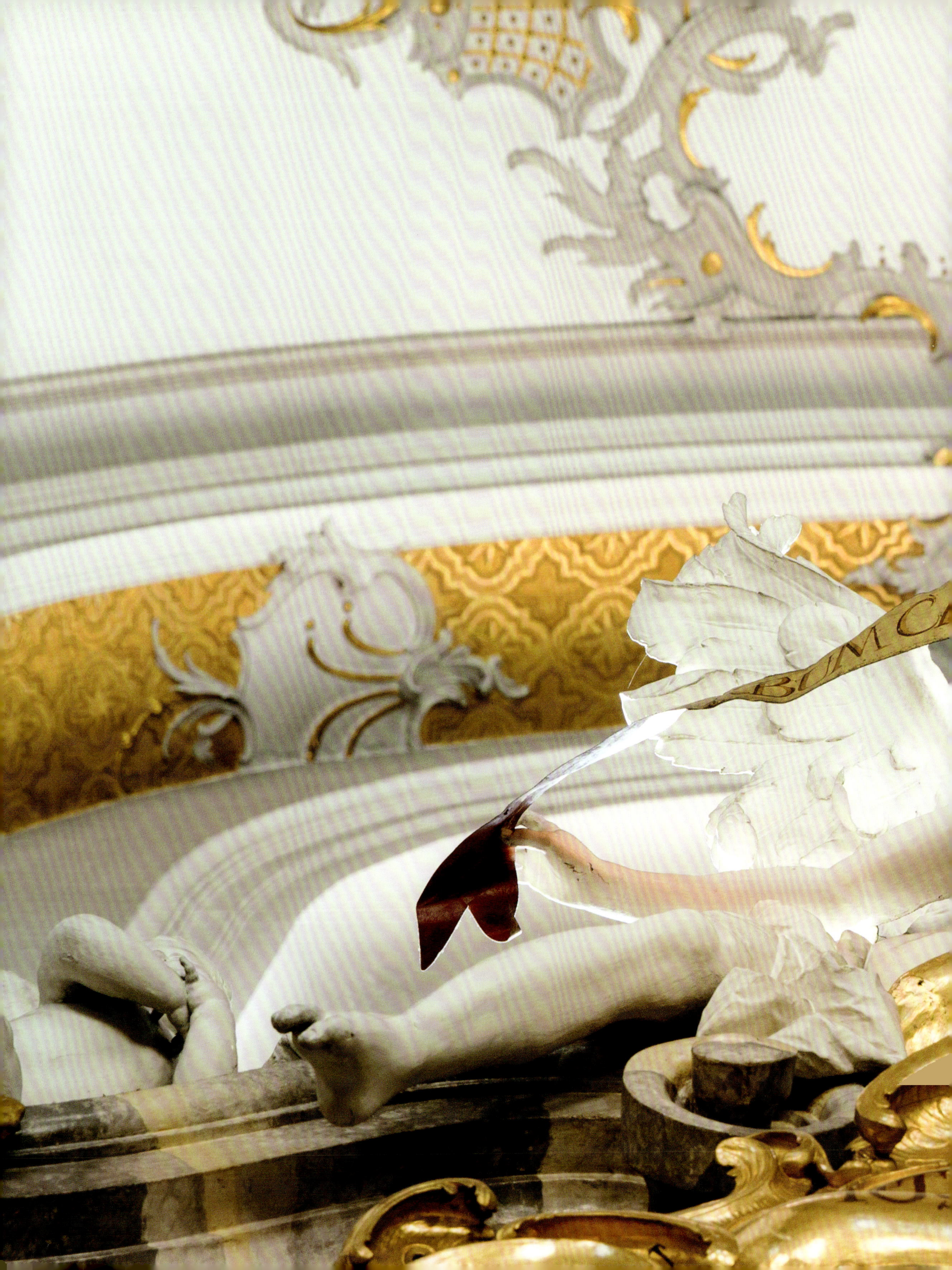

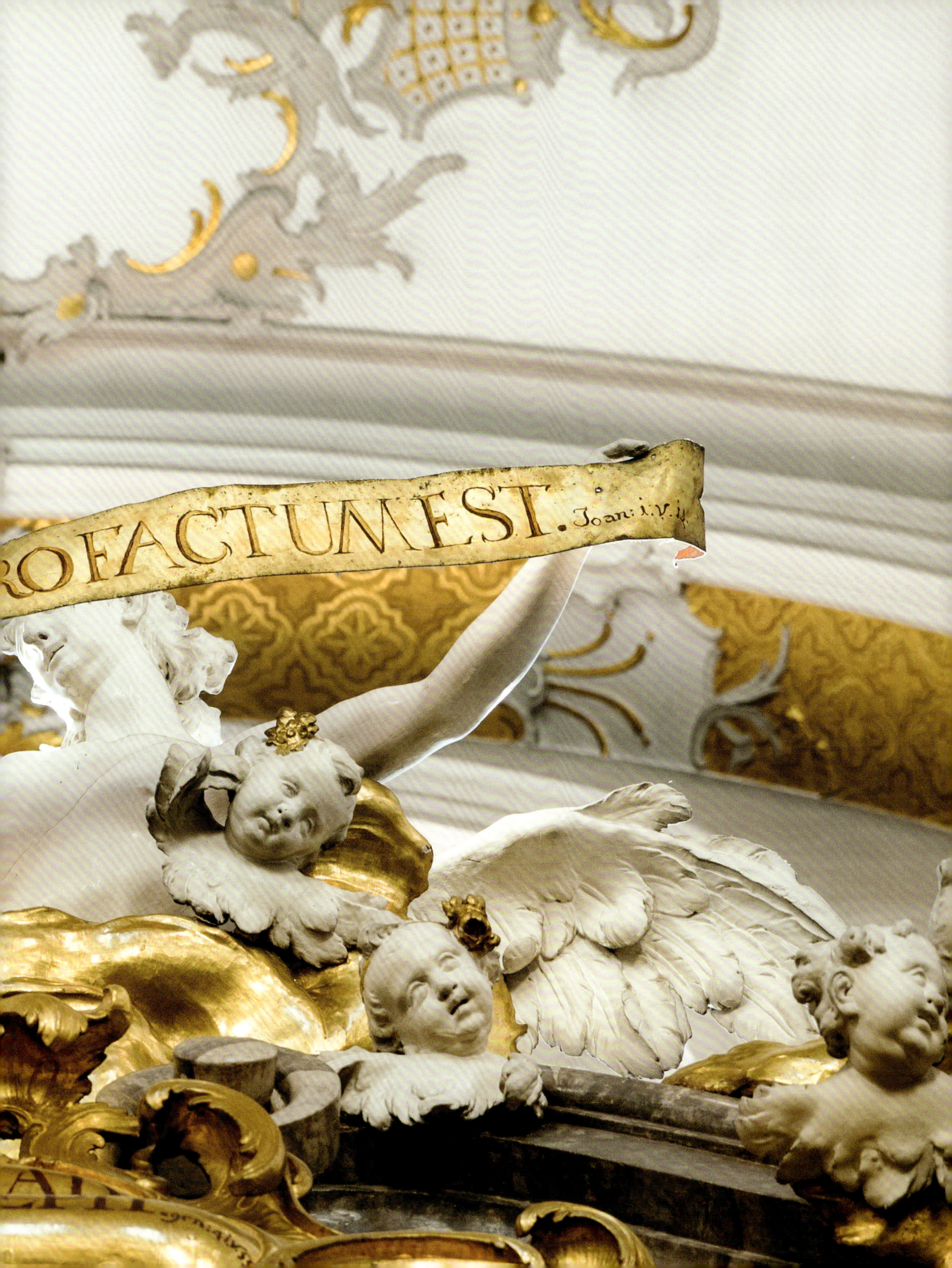
ROFACTUMEST.

93

IGNAZ GÜNTHER

ENTWURF FÜR DEN HOCHALTAR VON ST. RASSO IN GRAFRATH

um 1759
Feder in Grau, grau laviert, über schwarzem Stift; 34,3 x 22,7 cm
Bezeichnet auf der Stele: »S. RASSO/DUX/BAVARIAE«; in der Kartusche unter dem hl. Jakobus: »ALTAR«
München, Staatliche Graphische Sammlung; Inv.-Nr. 30695 Z
Literatur: Woeckel 1975a, Nr. 41. – Volk 1984, S. 190, Abb. 41. – Ausst.-Kat. München 1985, Nr. 166.

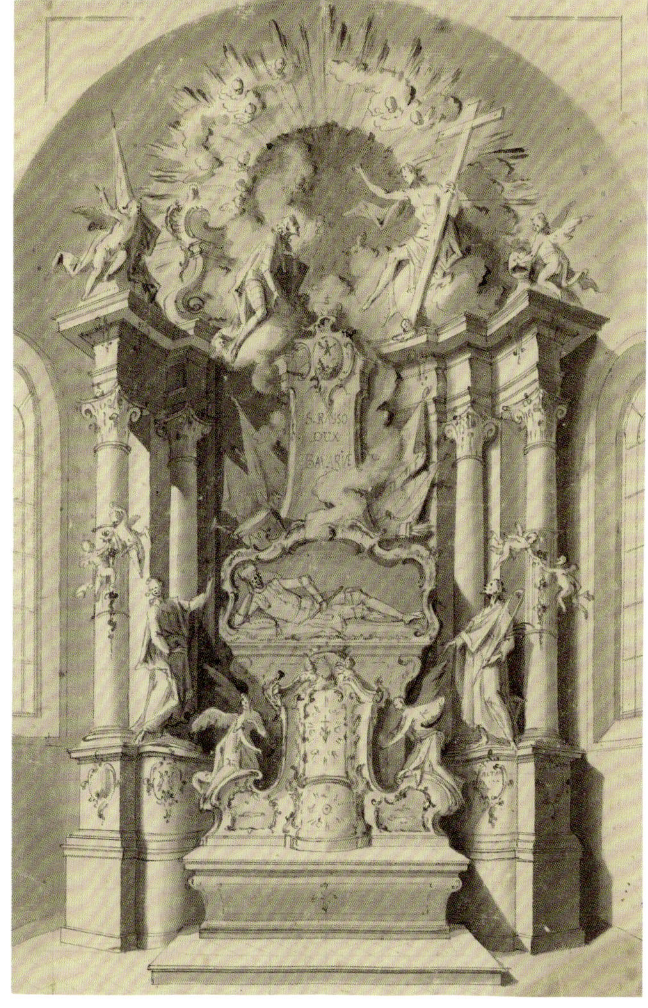

Seit dem frühen Mittelalter ist der kleine Ort Grafrath bei Dießen ein beliebter Wallfahrtsort, wo man bis heute die Gebeine des populären hl. Rasso, auch Ratho genannt, verehrt. Von 1688 bis 1695 wurde eine neue Wallfahrtskirche errichtet, in der wie im Vorgängerbau die Gebeine des Heiligen gezeigt werden sollten. Für dieses Projekt bat man offensichtlich die beiden führenden Bildhauer Münchens, Ignaz Günther (1725–1775) und Johann Baptist Straub, Vorschläge für die Gestaltung des Hochaltars einzureichen. Zumindest haben sich von beiden Zeichnungen für St. Rasso erhalten, die wegen ihren großen Übereinstimmungen darauf deuten, dass sie nach ganz konkreten Vorgaben ausgeführt wurden (vgl. Kat.-Nr. 44).

So befindet sich in beiden Zeichnungen im Zentrum des monumentalen Retabels der Sarkophag mit gläserner Vorderfront, sodass die Gebeine des verehrten hl. Rasso – dem Schaubedürfnis der Wallfahrer entsprechend – weithin sichtbar sind. Über dem Sarkophag erhebt sich eine Stele mit Inschrift und ritterlichen Insignien als den Attributen des Heiligen. Dieser erscheint noch einmal im Auszug des Altars, in anbetender Haltung vor Christus kniend, der mit dem Kreuz auf einer Weltkugel thront. Unterschiede zwischen beiden Entwürfen bestehen vor allem in der Platzierung der monumentalen Figuren der hll. Philippus und Jakobus, die bei Günther innen stehen und den Sarkophag direkt flankieren. In einer Kartusche in der Sockelzone links zeigt Günther das Wappen der Stadt München, die den Altar gestiftet hat.

So aufwendig und durchkomponiert Günther seinen Altar präsentiert, der Auftrag ging am Ende doch an seinen Lehrer Straub, wie der erhaltene Vertrag von 1759 belegt. Dabei ist äußerst interessant, dass das schließlich realisierte Werk wiederum eindeutig auf Günthers und nicht auf Straubs Entwurf zurückgeht (vgl. S. 154, Abb. 1). Womöglich wollte man zwar die ehrgeizigere Schöpfung des jüngeren Meisters berücksichtigen, dabei auf die Erfahrung des etablierten älteren aber nicht verzichten. AM

94

IGNAZ GÜNTHER

ENTWURF FÜR DEN HOCHALTAR VON ST. MICHAEL IN BERG AM LAIM

1760
Feder in Grau, grau laviert, über schwarzem Stift; 64,2 x 41 cm
Bezeichnet unten rechts: »f: Ignati Gündter inv: et del: 1760 (?)«
München, Staatliche Graphische Sammlung; Inv.-Nr. 14605 Z
Literatur: Schönberger / Woeckel 1951, Nr. 94. – Klessmann 1956, S. 73 f., Abb. 1. – Woeckel 1975a, Nr. 47. – Ausst.-Kat. München 1985, Nr. 172. – Stalla 1989, S. 153, Abb. 65. – Volk 1991a, S. 80 f., 263.

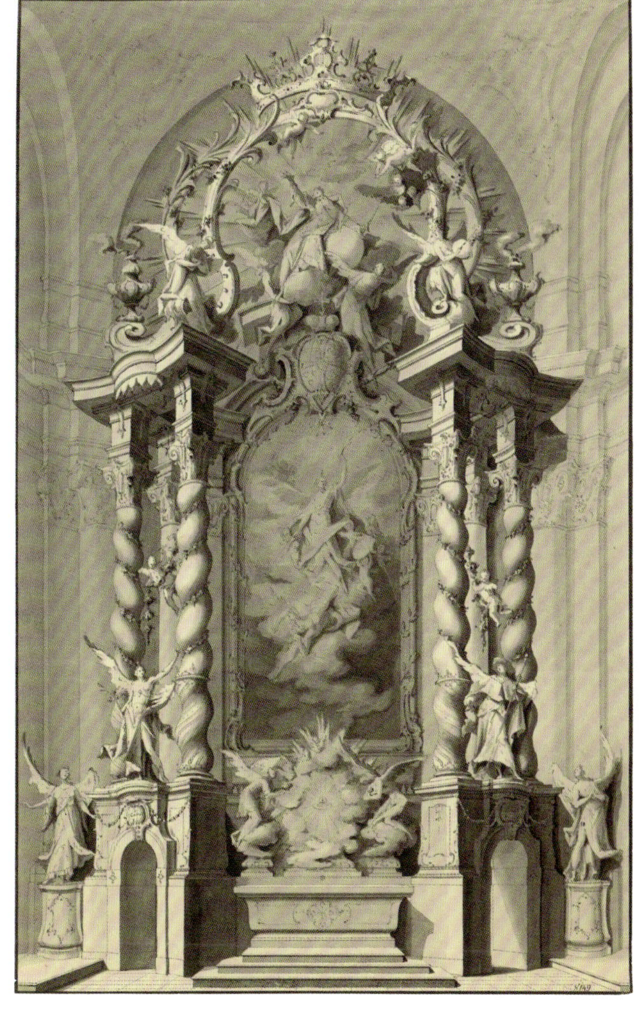

Der detailliert ausgeführte Entwurf des monumentalen Hochaltars für St. Michael in Berg am Laim zählt zu Günthers schönsten und aufwendigsten Zeichnungen. Zwar verzichtete der Künstler auf die für ihn typische bunte Hervorhebung einzelner Details in hellen Pastelltönen. Durch seine sorgfältige und differenzierte Lavierung verlieh er dem Blatt jedoch eine sehr plastische und bildmäßige Wirkung, bei der die von der Seite stark beleuchtete Architektur fast greifbar hervortritt. Der Altar selbst ist mit je zwei gedrehten Säulen ausgestattet, die durch gewaltige Kämpferstücke zusammengefasst werden. Das Altarblatt im Zentrum zeigt den Triumph des Erzengels Michael über den Satan – ein Werk des Münchner Hofmalers Johann Andreas Wolff (1652–1716), das bereits 1694 für den Vorgängerbau geschaffen wurde. Thematisch entsprechend sind vor den Säulen zwei weitere Erzengel dargestellt: links Gabriel mit der Lilie der Verkündigung und rechts Raphael im Pilgergewand mit Fisch. Als besonderes Element darf der Tabernakel gelten, der nicht als festes architektonisches Element, sondern als visionäre Wolken- und Strahlengloriole aufgefasst ist. Die Architektur wird oben durch eine monumentale, von c-förmigen Spangen getragene Krone abgeschlossen. Im Auszug sind Gottvater auf der Weltkugel und weitere Engel dargestellt. Die große Rocaillekartusche direkt darunter zeigt das Wappen von Kurfürst und Erzbischof Clemens August von Köln (1700–1761), dem Bauherrn der Kirche. Im Hintergrund sind Chorraum und Apsisnische angedeutet, sodass der Altar im Kirchenraum konkret verortet wird.

Das Datum in der Inschrift ist leider verwischt, gewöhnlich wird die Jahreszahl jedoch als 1760 gelesen. In die gleiche Zeit datiert man einen Entwurf Johann Baptist Straubs, der 1767 schließlich mit der Ausführung des Altars betraut wurde (Kat.-Nr. 44, 46). Wahrscheinlich handelt es sich um Konkurrenzentwürfe, wie sie sich auch für den Hochaltar von St. Rasso in Grafrath erhalten haben (Kat.-Nr. 44, 93). In den 1760er-Jahren waren sowohl Straub als auch Günther in München und Umgebung sehr aktiv, sodass der Lehrer und sein ehemaliger Schüler bei Ausschreibungen zwangsläufig als Konkurrenten aufeinandertrafen. Ein Vergleich zeigt, dass der Entwurf Günthers mit seinen vier monumentalen Engelsstatuen und den Durchgängen komplexer angelegt ist als der Straubs. Dieser wiederum sieht im Gegensatz zu Günther für den Tabernakel eine zusätzliche skulpturale Gruppe mit Christus in Emmaus vor. Interessant ist außerdem, dass die beiden Rundbogendurchgänge in der Sockelzone – eigentlich eine Erfindung Günthers – im ausgeführten Werk zu finden sind (vgl. Abb. S. 109). Offenbar hat diese architektonische Lösung so überzeugt, dass sie Straub in seine Gestaltung aufnahm. AM

95

IGNAZ GÜNTHER

STUDIE NACH DER FASSADE DER ASAMKIRCHE IN MÜNCHEN

1761
Feder in Braun über Stift, grau laviert; 33,6 x 20,5 cm
Bezeichnet links unten: »Ignati Günter Fec: 1761:«; darüber: »Faciata Von der Vortref Vnd Künstlichen Kirch S: Joan v: Nebomuckh zu München / welche der kunstlriche Her Egidi Assam Stuckator Vnd Mahler, auf seine Kosten Erbauet. / Eingeweiht 1746.«; rechts oben: »Fides Spes, charitas / In Joanne Vnitas«
München, Staatliche Graphische Sammlung; Inv.-Nr. 32070 Z
Literatur: Schönberger/Woeckel 1951, Nr. 95. – Woeckel 1975a, Nr. 55. – Ausst.-Kat. München 1985, Nr. 32. – Ausst.-Kat. München 1993, Nr. 159.

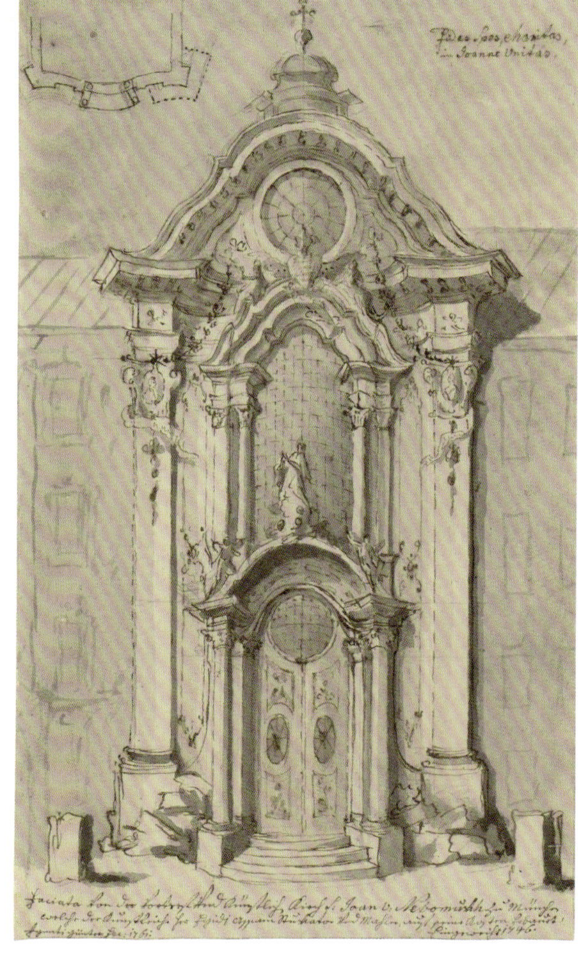

Diese rasche Skizze ist eine Studie nach der 1733/34 erbauten Kirche St. Johann-Nepomuk in der Sendlinger Straße – ein Werk des Bildhauers und Architekten Egid Quirin Asam (S. 54, Abb. 5). Mit beweglicher, zupackender Feder hält Ignaz Günther (1725–1775) die Grundkomposition der spätbarocken, durch das Portalmotiv mehrfach gegliederten Fassade fest. Dabei legen vor allem die teils gestrichelten, mit der freien Hand gezogenen Linien nahe, dass er die Zeichnung ohne Vorstudien unmittelbar vor Ort zu Papier brachte. Entsprechend sind die Details des opulenten Bauschmucks summarisch wiedergegeben und die angrenzenden Häuser mit einzelnen breiten Pinselstrichen nur angedeutet. Günther ging es also nicht so sehr um ein akribisches Studium der einzelnen Maße und Bauformen. Seine Skizze diente vielmehr dazu, den Gesamteindruck der Fassade mit ihrem harmonischen Zusammenspiel von figürlichen und architektonischen Elementen festzuhalten.

Von Günther haben sich verschiedene Zeichnungen nach bereits bestehenden Werken anderer Meister erhalten: etwa seine Studien nach dem Kaiser-Ludwig-Grabmal in der Münchner Frauenkirche (1746) und nach dem (heute zerstörten) Hochaltartabernakel von Paul Egell (1751/52) in der Heidelberger Heilig-Geist-Kirche oder seine Kopien nach Pozzo-Illustrationen (1749, 1750).[1] Im Gegensatz dazu war der Bildhauer, als er sich 1761 der Fassade der Asamkirche widmete, bereits ein etablierter Künstler und hatte mit seinen umfassenden Ausstattungsarbeiten für die Klosterkirche in Rott am Inn, für Schloss Sünching und für St. Peter und Paul in Freising-Neustift sein Können eindrücklich unter Beweis gestellt. Es kann also nicht der Studieneifer eines lernenden Anfängers gewesen sein, der diese künstlerische Auseinandersetzung motivierte. Vielmehr scheint es sich um eine persönliche Hommage an den Älteren zu handeln, den Günther noch gekannt haben muss und dessen qualitätvolle Werke in zahlreichen Kirchen in und um München ihm immer präsent waren. So würdigt Günther Egid Quirin Asam unten auf dem Blatt in einer langen Notiz als »kunstreich«, was in diesem Zusammenhang sowohl »technisch versiert« als auch »kunstsinnig« bedeuten mag. Günther dürfte mit der Asamkirche gut vertraut gewesen sein, lag sie doch in unmittelbarer Nachbarschaft zu seiner 1761 bezogenen Werkstatt am Anger. Auch war Günther mit seinem Epitaph für den Hofrat von Zech in der Vorhalle der Asamkirche 1757/58 selbst vor Ort tätig gewesen (vgl. Kat.-Nr. 79, 80). Vermutlich war das Blatt Teil seines Werkstattfundus und diente als Anschauungs- und Studienmaterial. AM

1 Vgl. Woeckel 1975a, Nr. 1, 2, 5, 6.

96 IGNAZ GÜNTHER

ENTWURF FÜR DEN HOCHALTAR DER KLOSTER- UND WALLFAHRTS-KIRCHE ETTAL

1772
Feder in Braun über Stift, grau laviert; 68,4 × 46,7 cm
Nürnberg, Germanisches Nationalmuseum; Inv.-Nr. Hz 4014
Literatur: Schönberger/Woeckel 1951, Nr. 74 f. – Slg.-Kat. Nürnberg 1969, Nr. 165. – Woeckel 1975, Nr. 78. – Laurentius Koch, Der Ettaler Hochaltar. Eine Untersuchung zu seiner Geschichte im 18. Jh., in: Ettaler Mandl 55 (1976) S. 29–73, hier S. 51–61. – Ausst.-Kat. München/Prag 1985, Nr. 130.

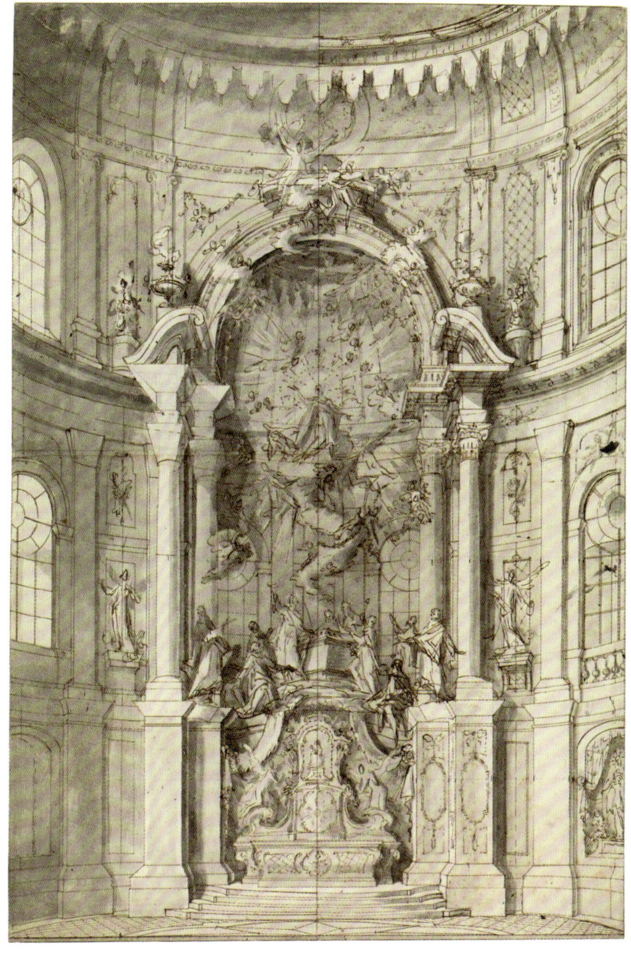

Günthers (1725–1775) Entwurf für den Hochaltar der Kirche St. Marien in Ettal ist nicht nur eine der größten, sondern unzweifelhaft auch eine der schönsten zeichnerischen Schöpfungen des Bildhauers. Mit extrem rascher, aber sicherer Feder ausgeführt, entwickelt das Blatt vor allem in der Darstellung der figürlichen Ausstattung geradezu expressive Qualitäten. Im Unterschied zu allen anderen Hochaltarentwürfen Günthers wirkt diese Zeichnung dadurch sehr viel prozesshafter – und erinnert in dieser Eigenschaft eher an seine vorbereitende Skizzen zur Dreifaltigkeitsgruppe für den Hochaltar in Rott am Inn (Kat.-Nr. 86–89). Das vorliegende Blatt könnte also ein noch relativ frühes Entwurfsstadium dokumentieren, wofür auch das Fehlen einer Signatur spräche. Wie häufig bei architektonischen Entwürfen ist außerdem der Baudekor auf der einen Seite – hier der rechten – detaillierter ausgeführt als auf der anderen, um nicht unnötig zu wiederholen, was man sich spiegelbildlich ergänzt denken kann.

Der Altar selbst ist eine monumentale, kühne Konstruktion, die frei vor die dreigeschossige, durch Pilaster und große Fenster gegliederte Rückwand des Chores gesetzt ist. Je zwei Doppelsäulen auf hohen Postamenten und der bekrönende Rundbogen rahmen die rein skulptural konzipierte figürliche Ausstattung ein. Über dem Altar mit Tabernakel, auf der Ebene des zweiten Geschosses, stehen die zwölf Apostel um den leeren Sarkophag. Mit bewegten und ausgreifenden Gebärden weisen sie auf das Geschehen direkt über ihnen, wo die von Strahlen- und Engelsgloriolen hinterfangene Maria auf einer Wolke nach oben schwebt. Angesichts dieser ambitionierten Komposition drängt sich unweigerlich der Vergleich mit einem Hauptwerk des bayerischen Spätbarock auf: der 50 Jahre zuvor entstandenen Himmelfahrtsgruppe von Egid Quirin Asam in Rohr (1722/23), die Günther offenbar entscheidende Impulse gegeben hat. Dass Günther den älteren Bildhauer sehr schätzte, spricht nicht zuletzt aus seiner Studie nach der Fassade der Asamkirche, die er in der Inschrift als »vortrefflich und kunstreich« würdigt (Kat.-Nr. 95). In seinem Anspruch, das göttliche Wunder »plastisch« vor aller Augen stattfinden zu lassen, geht Günther womöglich noch einen Schritt weiter als Asam, indem er den realen Kirchenbau in seine Inszenierung miteinbezieht und so die Grenzen zwischen Kunstwelt und Betrachterraum fast vollständig auflöst.

Laut einer Rechnung vom 27. März 1772 schuf Günther für dieses Projekt nicht nur den Riss, sondern auch »ein Model Von Holtz, Und Wax«[1] und stellte für seine Leistungen 78 Gulden in Rechnung, zuzüglich 36 Gulden für zwei Reisen nach Ettal. Die Gründe, weshalb es nach diesen intensiven Vorarbeiten nicht zur Realisierung seines Entwurfes kam, sind nicht bekannt. Erst 1786 wird der Hochaltar schließlich durch den Salzburger Steinmetz Joseph Lindner fertiggestellt – allerdings mit einer einschneidenden Änderung in der Konzeption: Anstelle der theatralischen Inszenierung mit freiplastischen Figuren entschied man sich für ein Altargemälde von Martin Knoller (1725–1804). AM

1 Das Dokument ist komplett zitiert bei Woeckel 1975a, S. 560.

97 IGNAZ GÜNTHER
HL. PETRUS

1765
Gebrannter rötlicher Ton; 33,3 cm x 16,5 cm
Nürnberg, Germanisches Nationalmuseum; Inv.-Nr. Pl.O. 2496
Literatur: Ausst.-Kat. München 1985, Nr. 242. –
Slg.-Kat. Nürnberg 2005, Nr. 115.

Der fein durchgearbeitete Bozzetto diente als Entwurf für die überlebensgroße Petrusskulptur am Hochaltar der ehemaligen Prämonstratenserkirche St. Peter und Paul in Neustift bei Freising. Zusammen mit seinem Pendant, dem *Hl. Paulus*, sowie den beiden seitlich stehenden Ordensheiligen *Augustinus* und *Norbert* (Kat.-Nr. 98) gehört er zu dem eindrucksvollsten Figurenensemble, das Ignaz Günther (1725–1775) für eine Kirche geschaffen hat. Im ausgeführten Altarwerk treten die weiß polierten Apostelfürsten zwischen den dunkel marmorierten Monumentalsäulen in unterschiedlicher seelischer Verfasstheit hervor. *Petrus* wirkt vergeistigt und in sich gekehrt, während *Paulus* als Prediger mit beredter Gestik aktiv in den Raum agiert.

Die Verinnerlichung Petri ist dem Bozzetto allerdings weniger anzumerken, weil sich das Blickmotiv noch grundlegend unterscheidet. *Petrus* beugt sich in gespanntem Kontrapost mit dem Oberkörper stärker herab und schaut auf die (fehlenden) Schlüssel, die ihn als Stellvertreter Christi auf Erden ausweisen. Seine Charakterisierung als alter Mann mit Stirnglatze und langem zotteligen Bart will nicht so recht zu den markanten Zügen des Gesichtes und der sehnigen Gespanntheit seines Oberkörpers passen, dessen rechte Schulter wie auch der Hals vom Gewand unbedeckt bleiben. Dem kraftvollen Körpertonus entsprechen die zwar langen, doch in nervösen Bahnen gelegten Mantelfalten, die an den Enden unregelmäßig ausfransen und deren Zipfel weit vom Körper schwingen. Mit der rechten Hand hält Petrus recht geziert das umgedrehte, als Holzstamm roh belassene Kreuz.

Insgesamt haben sich fünf Tonbozzetti für die Altarskulpturen von Neustift erhalten, die zu den »schönsten plastischen Entwürfen des Bildhauers«[1] gehören. Vor allem im Vergleich mit dem im Bayerischen Nationalmuseum aufbewahrten Pendant, dem *Hl. Paulus*, wird das große Interesse, das Günther den expressiven und zugleich empfindsamen Bewegungen schenkt, offensichtlich. CR

1 Ausst.-Kat. München 1985, S. 200.

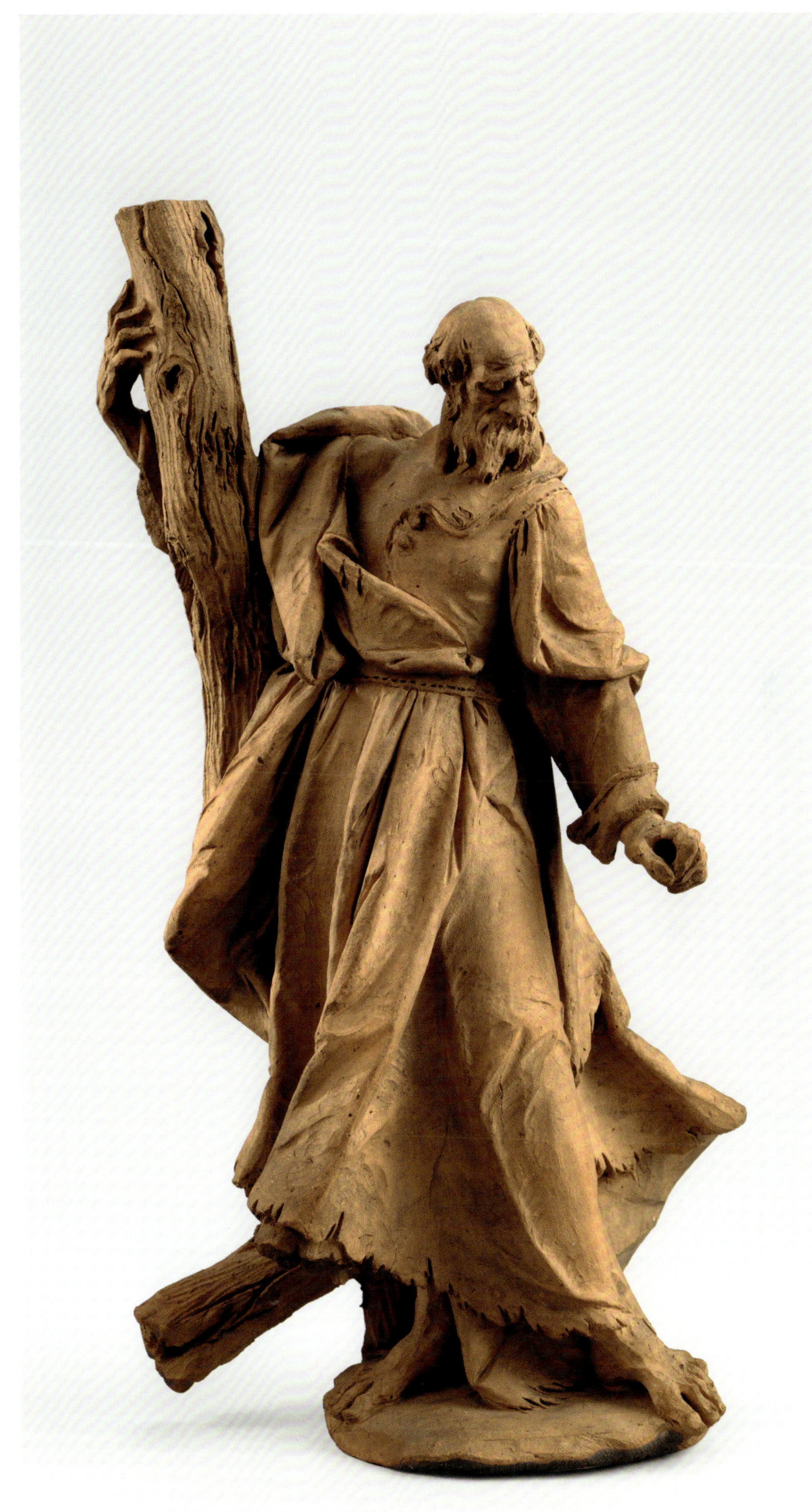

IGNAZ GÜNTHER

VIER ALTARSKULPTUREN

Freising-Neustift, Pfarrkirche St. Peter und Paul

98 HLL. AUGUSTINUS UND NORBERT MIT PUTTI

1764/65
Holz, Polierweißfassung
a 250 x 110 x 80 cm (Augustinus) mit 100 x 60 x 40 cm (Putto)
b 250 x 80 x 85 cm (Norbert) mit 100 x 60 x 40 cm (Putto)

99 HL. HELENA

1764/65
Holz, Polierweißfassung; 195 x 110 x 80 cm

100 KÖNIG DAVID

1764/65
Holz, Polierweißfassung; 195 x 110 x 80 cm

Literatur: Sigmund Benker, Neustift Freising, Regensburg, 7. Auflage, 1998. – Volk 1991a, S. 148–162.

Bischof Otto von Freising hatte 1142 das Prämonstratenserstift Neustift bei Freising an einer bereits existenten Kultstätte gegründet. 1751 wurde die bis dahin mehrmals neu erbaute Klosterkirche bei einem Brand beschädigt und unter Abt Ascanius Heinbogen bis 1756 erneuert. Die umfangreichen und äußerst qualitätvollen Ausstattungsarbeiten zogen sich über mehrere Jahrzehnte bis 1784 hin. Der Abt hatte es vermocht, die bedeutendsten Künstler der Zeit zu engagieren: Johann Baptist Zimmermann (1680–1758) für die Fresken, Franz Xaver Feichtmayr d. J. (1735–1803) für den Stuck sowie Ignaz Günther (1725–1775) für den Hochaltar, die beiden östlichen Seitenaltäre und das Chorgestühl. Neben diesen waren noch Christian Jorhan d. Ä. und Joseph Angerer (1735–1779) mit der Herstellung der Figuren an den übrigen Seitenaltären beauftragt.

Die beiden monumentalen Skulpturen der hll. Augustinus und Norbert stehen am Hochaltar, dem Zielpunkt des Raumes. Sie sind allerdings nicht in das architektonische System von hohem Postament und Säulenstellungen integriert, sondern seitlich auf zylindrischen Sockeln vom Altaraufbau abgesetzt. So vermitteln sie zwischen dem Bildgeschehen am Hochaltar – es zeigt die Aufnahme Mariens in den Himmel, zu beiden Seiten flankiert von Skulpturen der Apostelfürsten Petrus und Paulus – und den Chorherren im Altarraum, denen sie als Verfasser der Ordensregel unmittelbare Vorbilder in Leben und Glauben sind. In äußerst elegantem S-Schwung hält der greise *Augustinus* (Kat.-Nr. 98a) als Zeichen seiner Gottesliebe das flammende, von einem Pfeil durchbohrte Herz in die Höhe (*Confessiones* 9,1–2: »Du hast mein Herz mit dem Pfeil deiner Liebe durchbohrt«), während er mit einem Fuß auf den Büchern der Irrlehrer steht. Deren falscher Glaube wird durch die züngelnde Schlange symbolisiert, die zwischen den Büchern eingeklemmt ist. Seine eigenen Schriften in die Hüfte gestemmt, blickt *Augustinus* in visionärer Schau auf die göttliche Dreifaltigkeit im Altarauszug. Keck sitzt ein Putto am Rand des Altars und hält den Bischofsstab des Kirchenvaters.

Seine überspannte Bewegung kontrastiert mit dem wesentlich beruhigteren Standmotiv des *Norbert* (Kat.-Nr. 98b), der ergeben das Haupt senkt und mit einer gezierten Geste die Aufmerksamkeit auf die Monstranz mit der Hostie lenkt. Auch er wird von einem Putto begleitet, der für ihn einen zweibalkigen Kreuzstab hält. Wie sein Pendant zertritt der Heilige Bücher eines Irrlehrers, und zwar die des Tanchelin, der die reale Gegenwart Christi in der Eucharistie leugnete, weshalb *Norbert* so dezidiert auf die Monstranz verweist.

Vier Bozzetti unterschiedlicher Entwicklungsstufen haben sich zu den Skulpturen des Hochaltars erhalten: Neben einer skizzenhaften Petrusfigur (Kat.-Nr. 97) und einem Fragment, das den hl. Paulus zeigt, existieren auch farbig gefasste und auf der Rückseite in das Jahr 1765 datierte Bozzetti für die beiden Ordensheiligen.[1]

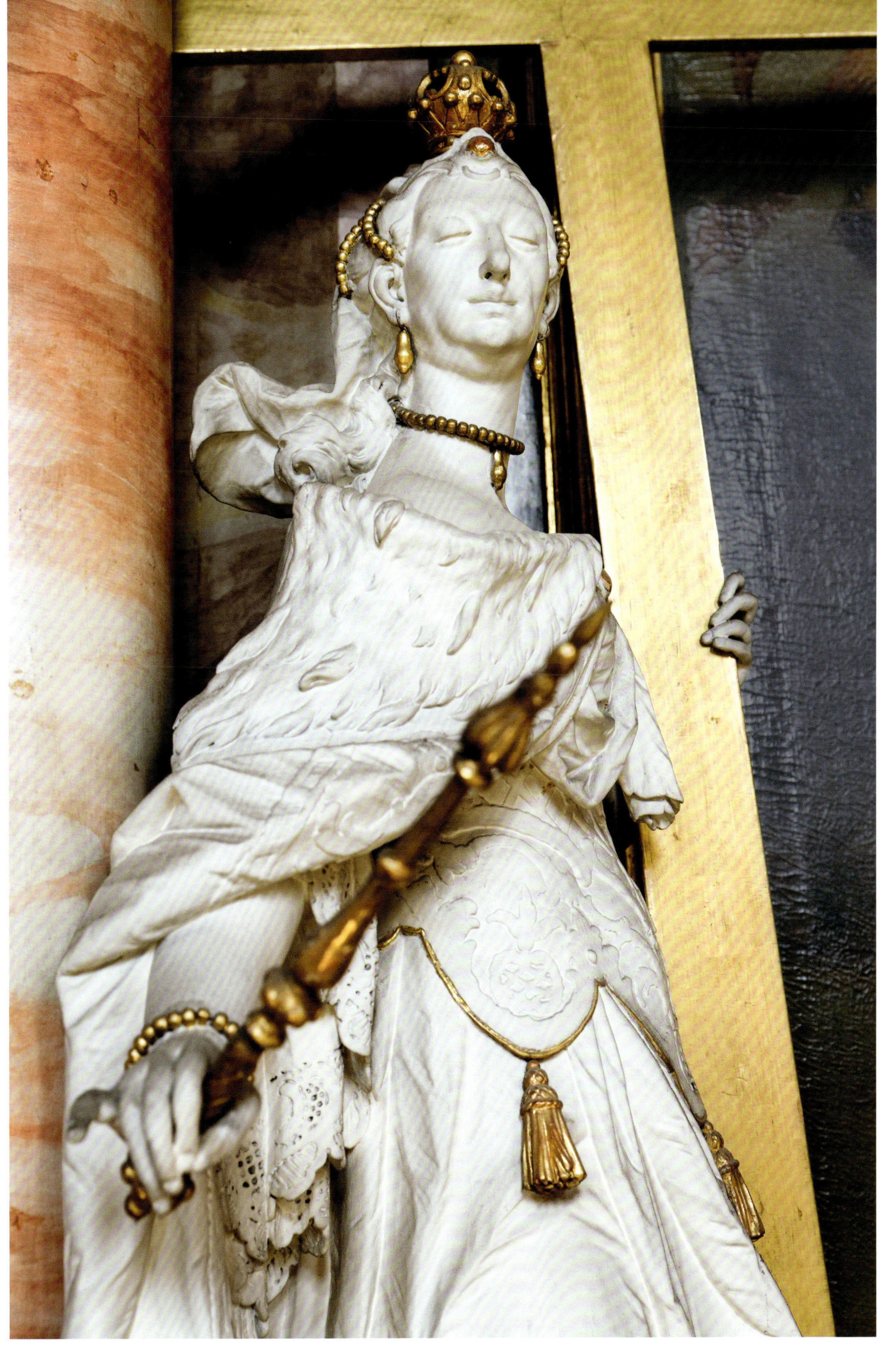

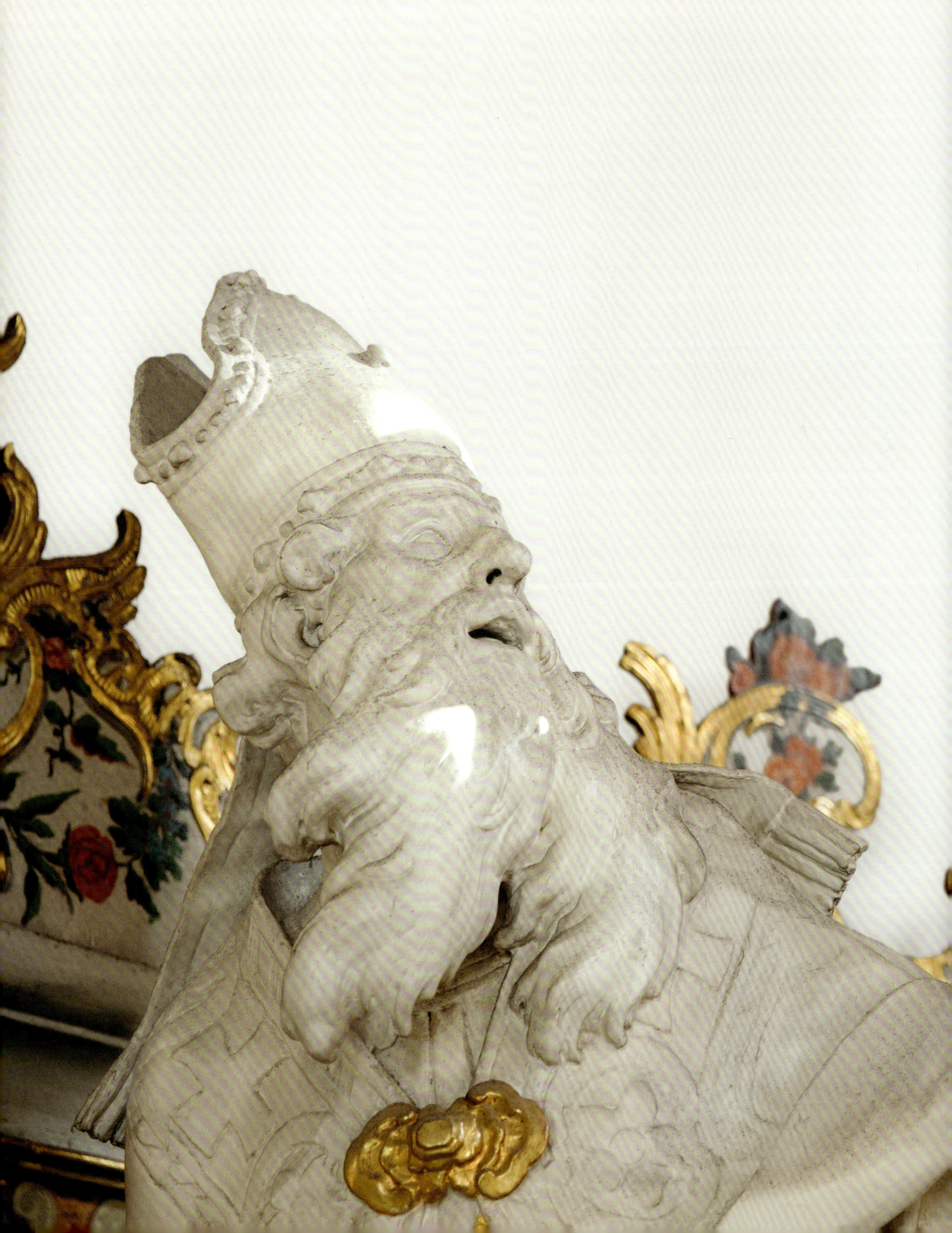

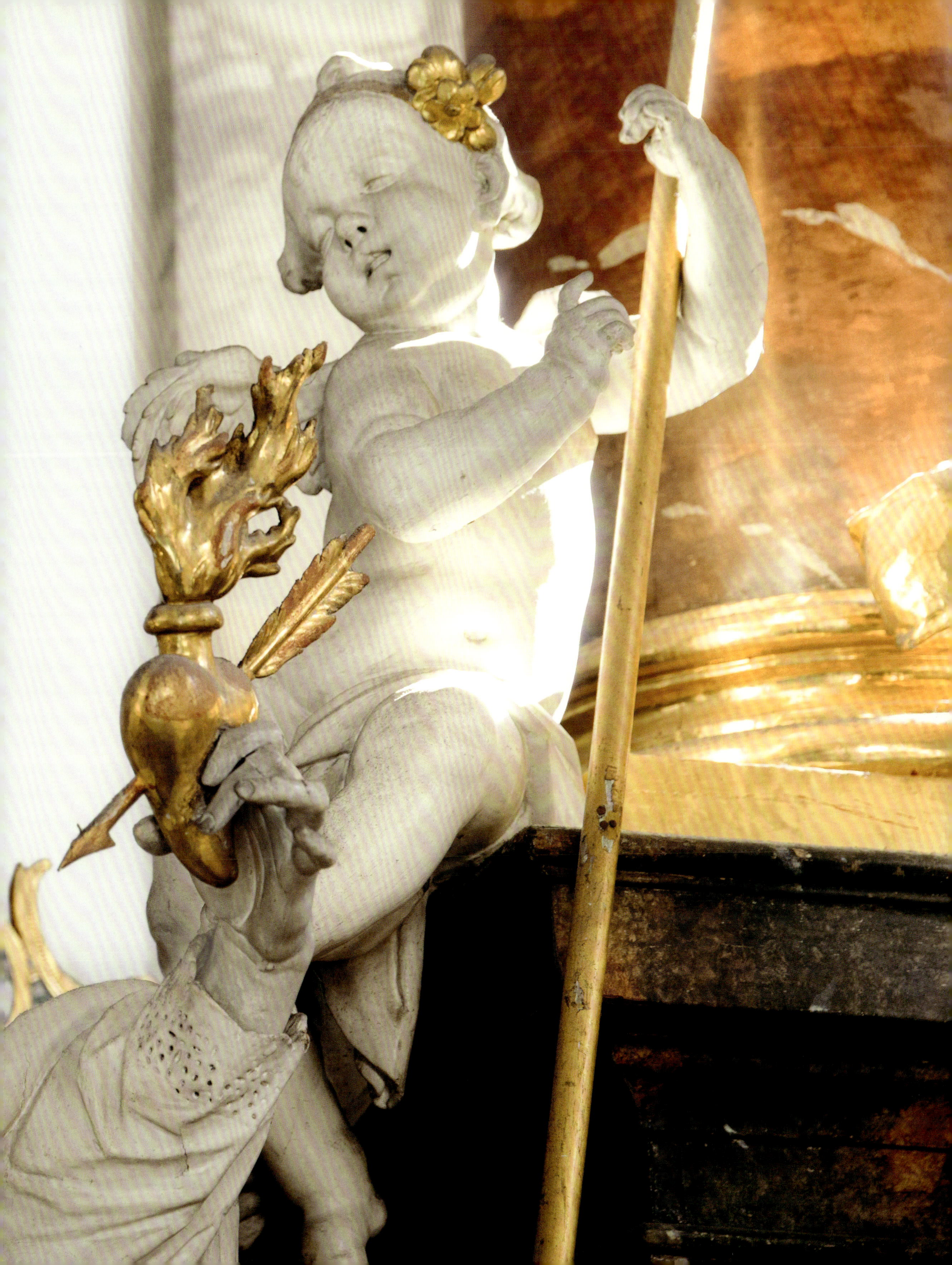

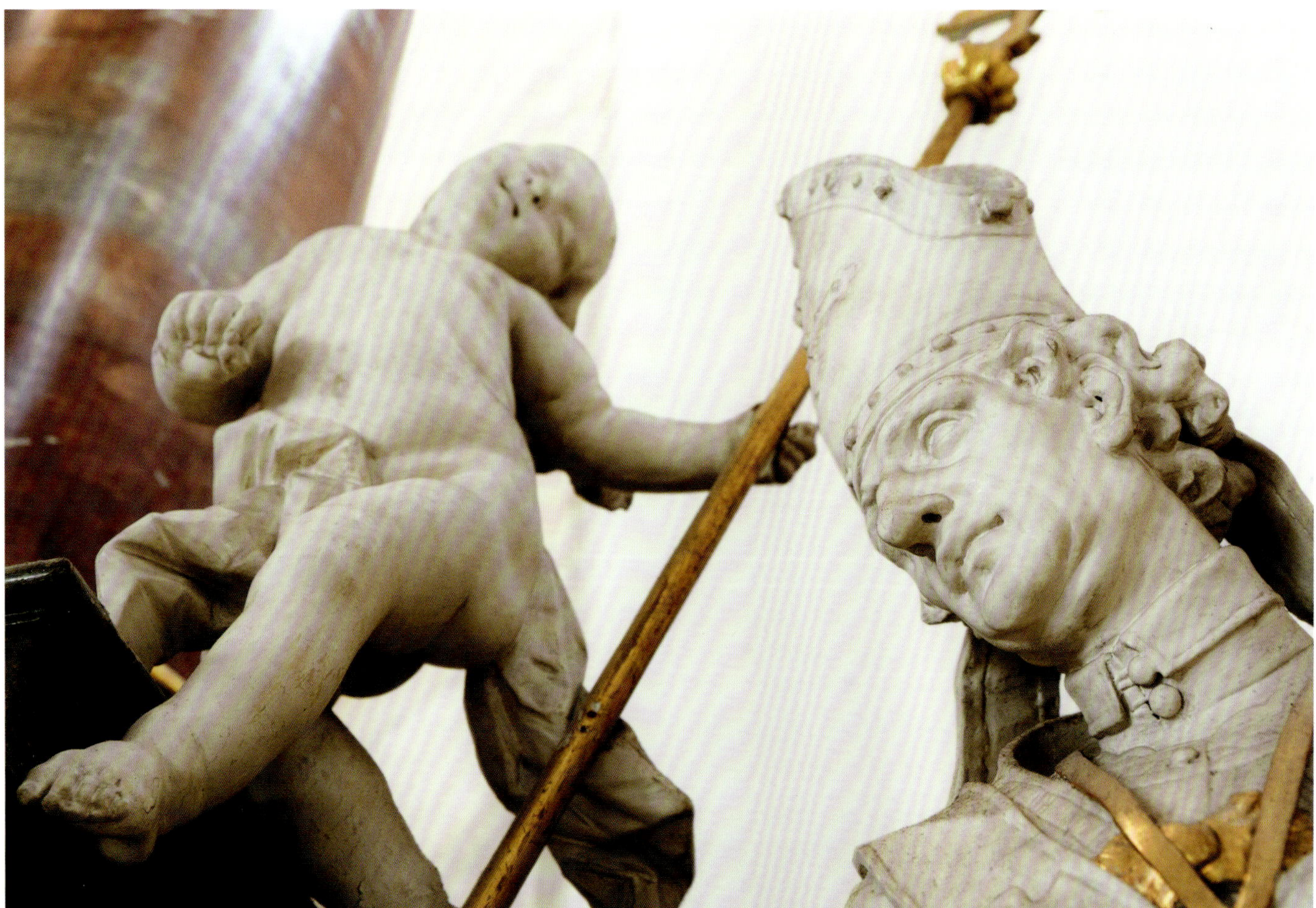

98 b

Günther lieferte auch die Skulpturen für das östliche Seitenaltarpaar, den Kreuzaltar im Norden und den Josephsaltar im Süden. Diese sind in den Abseiten der Wandpfeilerkirche parallel zur Außenwand aufgestellt, ihre Auszüge reichen in die Fensterzone hinein. Die *Hl. Helena* (Kat.-Nr. 99), die Mutter des römischen Kaisers Konstantin und glühende Anhängerin des neuen christlichen Glaubens, zeigt sich als preziöse Gestalt am Kreuzaltar. Über sie hat der Kirchenvater Ambrosius von Mailand geschrieben, sie komme aus einfachen Verhältnissen und sei eine Herbergswitwe gewesen. Doch Günther präsentiert sie gänzlich anders: Ähnlich wie die zuvor entstandene *Hl. Kunigunde* in Rott am Inn steht sie straff aufrecht, elegant und leicht überheblich da. Sie hält das Kreuz Christi, das sie der Legende nach in Jerusalem auffand und über dessen Fundort sie die Grabeskirche errichten ließ. Einen Gegensatz zu ihrer eleganten Erscheinung bildet der gute Schächer *Dismas*, der zugleich kraftvoll und demütig den gebeilten, nur am unteren Ende roh belassenen Kreuzbalken vorweist.

Am Josephsaltar mit dem Weihnachtsgeschehen im Zentrum symbolisieren *König David* (Kat.-Nr. 100) und der Hohepriester *Zacharias* (auf dem Verschlussbrett innen datiert und signiert »1764/FIG«) die königliche und priesterliche Würde Jesu. Mit Psalmenversen verweist *David* auf seinen Nachkommen, den Erlöser, während *Zacharias* mit dem Hymnus des Benedictus in der Hand die Erfüllung der Verheißung preist.

Der Hochaltar von Neustift ist die Quintessenz der Erfahrungen Günthers aus seinen großen Aufträgen in den Jahrzehnten zuvor, wie dem nicht mehr erhaltenen Hochaltar des Andreasstifts auf dem Freisinger Domberg oder den Altären in Rott am Inn und Altenhohenau. Gerade der Kontrast der farbigen Altarmarmorierung mit der Weißfassung aller Skulpturen geben diesen einen dem Alltag enthobenen, transzendenten Charakter. In den Figuren zeigen sich Günthers Möglichkeiten der plastischen Gestaltung, was Ausdruck und Einfügung in den Kontext anbelangt. Jede Skulptur verkörpert zur Gänze die ihr zugedachte Rolle in Mimik und Gestik, in Bewegung und Plastizität innerhalb des geistlichen Schauspiels, welches die visionäre Schau des hl. Augustinus, die innere Bekehrung des hl. Norbert, die stolze Aufrichtigkeit der Helena, den frommen Glauben des guten Schächers, aber auch das Schwärmerische Davids bzw. das Erlöstsein des Zacharias zum Thema hat. Die Skulpturen verkörpern keine Individuen, sondern sind Träger starker Gefühlsempfindungen wie Ekstase, Freude, Schmerz und Grandezza. CR

---

1 Alle vier Bozzeti sind aus Terrakotta gefertigt. Die Petrusfigur befindet sich im Germanischen Nationalmuseum, Nürnberg, das Fragment des hl. Paulus im Bayerischen Nationalmuseum, München (Kat.-Nr. 97), und die beiden Ordensheiligen im Bode-Museum, Berlin.

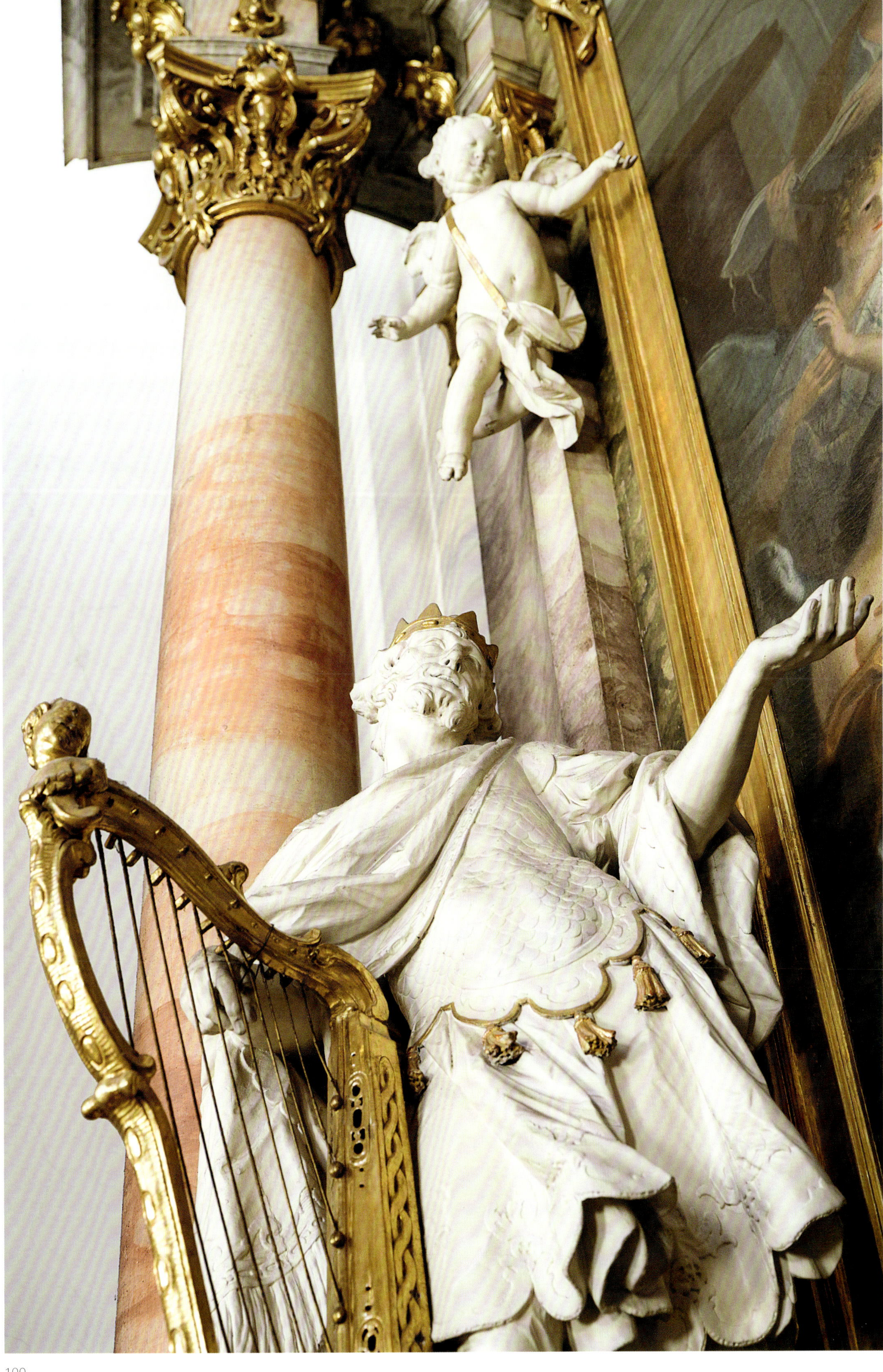

335
I. GUNTHER

101 JOHANN SIMON FORSTNER
STRAHLENMONSTRANZ

nach einem Entwurf von Ignaz Günther
um 1752/53
Silber, teilweise vergoldet, geschliffene Glassteine; 73,3 × 34,2 cm
Olmütz (Olomouc), Erzdiözesanmuseum
Literatur: Woeckel/Herzog 1966, S. 220 f. – Woeckel 1975a, S. 24. – Woeckel 1985, S. 23 f. – Schindler 1989, S. 53 f. – Jiří Kroupa (Hg.), La Moravie à l'âge baroque. 1670–1790. Dans le miroir des ombres, Musée des Beaux-Arts de Rennes, Paris 2002, Nr. 107.

Als sein erstes eigenes Großprojekt schuf Günther 1752/53 ein monumentales Figurenensemble für den Hochaltar der Pfarrkirche in Kopřivná (Geppersdorf) im heute tschechischen Mähren. In diesem Rahmen entwarf er auch eine Strahlenmonstranz, die der Goldschmied Johann Simon Forstner (um 1714–1773) ausführte. Sie wird im Tabernakel des Hochaltars aufbewahrt und nur anlässlich von Sakramentsprozessionen, der eucharistischen Anbetung und der Segensandacht den Gläubigen präsentiert und dafür gut sichtbar auf dem Tabernakel platziert. Über diesem erhebt sich die überlebensgroße, aus Holz geschnitzte Figurengruppe mit der von Putti umgebenen Maria Immaculata. Direkt vor der leuchtend blauen Weltkugel stehend, bietet die Monstranz sodann einen spektakulären Anblick.

Ihren Fuß zieren Rocaillen und vier kleine Cherubim. Der Schaft ist als Immaculata auf der Weltkugel geformt und wiederholt dadurch die monumentale Skulptur am Hochaltar. Ein prächtiger Strahlenkranz mit Wolken bildet den Aufsatz. In seinem oberen Teil thront Gottvater, der Heilige Geist in Form der Taube befindet sich links unten. Über Gottvater hält ein Putto ein mit farbigen Steinen besetztes Kreuz als Bekrönung. Zwischen den von Putten und Cherubim bevölkerten Wolken sind reife Trauben und Kornähren als Hinweise auf die eucharistischen Gaben Brot und Wein zu sehen. Glassteine in leuchtendem Blau, Rot, Grün und Violett schmücken die Lunula, in der die Hostie aufbewahrt wird. Die nur partiell eingesetzte Vergoldung verleiht dem Kunstwerk besondere Lebendigkeit: So wurden Marias Inkarnat und ihr Mantel silbern belassen, während im Kontrast dazu ihr Gewand und Haar golden strahlen.

Dieser Typus der Strahlenmonstranz mit einer Figur der Maria Immaculata als Schaft geht auf die Prager Loreto-Monstranz des Johann Bernhard Fischer von Erlach (1656–1723) zurück, die zehn Jahre zuvor bereits Vorbild für die von Egid Quirin Asam entworfene Goldschmiedearbeit in der Münchner Asamkirche war (Kat.-Nr. 16, 17). Einige Jahre später schuf Ignaz Günther vermutlich für das Münchner Hieronymitenkloster eine weitere Strahlenmonstranz desselben Aufbaus (Kat.-Nr. 102).

Nach seiner Lehre begab sich Günther auf Gesellenwanderschaft, die ihn zu Beginn der 1750er-Jahre ins heutige Tschechien führte. Möglicherweise wurde seine Reiseroute durch die Bekanntschaft mit dem Bildhauer Richard Georg Prachner (1705–1782) beeinflusst, einem Freund der Familie, der in Prag lebte. Es ist denkbar, dass er es war, der Günther in dessen vorletztem Jahr der Wanderschaft nach Olmütz (Olomouc) vermittelte. Dort lernte der Bildhauer vermutlich den mährischen Adeligen Johann Ludwig Reichsgraf von Žierotin, Freiherr von Lilgenau (1699–1761) kennen, der ihm den Auftrag für die Ausstattung der 60 km nördlich von Olmütz gelegenen, zur Standesherrschaft des Grafen gehörenden Pfarrkirche in Geppersdorf erteilte. JM

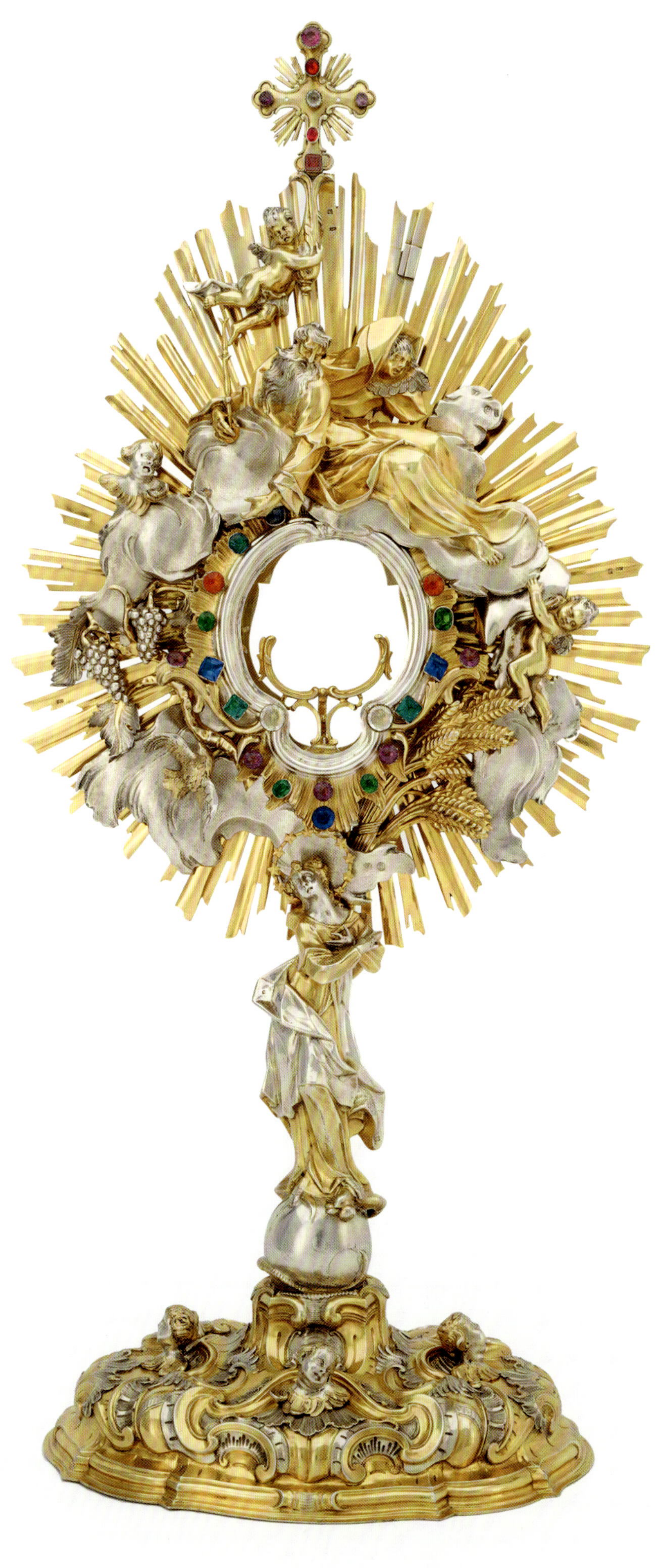

102 UNBEKANNTER KÜNSTLER

MONSTRANZ

nach einem Entwurf von Ignaz Günther
1765/70
Kupfer, vergoldet; Perlen, Edelsteine
82 cm
München, Pfarrkirche St. Anna im Lehel
Literatur: Eucharistia. Deutsche Eucharistische Kunst, München 1960, S. 138, Nr. 250. – Woeckel/Herzog 1966.

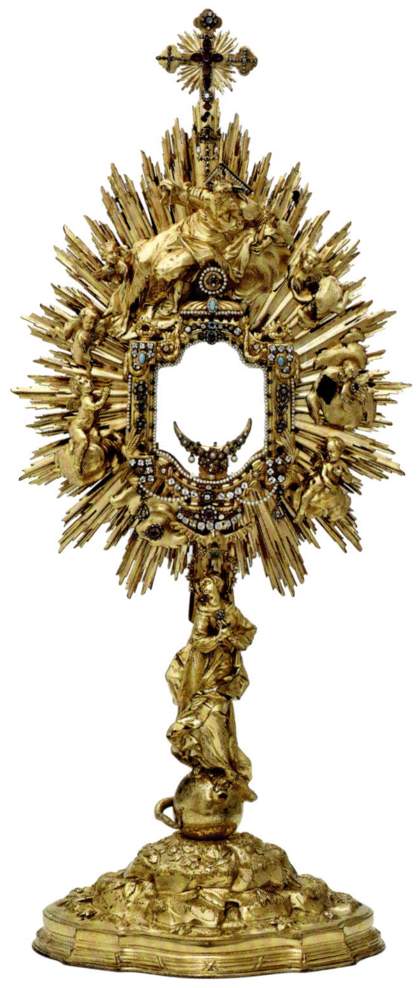

Die in ihrer Gestaltung ungewöhnliche Monstranz wurde ursprünglich wohl für das Kloster der Hieronymiten im Münchner Lehel geschaffen, das im Zuge der Säkularisation aufgelöst wurde. Ihre Formensprache wurde zunächst mit Egid Quirin Asam in Verbindung gebracht, konnte später jedoch überzeugend Ignaz Günther zugeschrieben werden. Die Nähe zu dessen Monstranz aus Geppersdorf (Kat.-Nr. 101) und die Übernahme zahlreicher Motive aus eigenen Altarentwürfen und Skulpturen ist deutlich abzulesen, doch bezieht sich Günther auch auf die Monstranz von Johann Christoph Steinbacher (Meister 1719–1746), die 1742 nach einem Entwurf Asams gefertigt wurde (Kat.-Nr. 16), sowie auf deren nach einem Entwurf von Johann Bernhard Fischer von Erlach (1656–1723) gestaltetes Prager Vorbild.

Günthers Entwurf zeichnet sich durch eine elegante, aufstrebende Komposition aus, die bereits dekorative Elemente des Louis-XVI-Stils verarbeitet. Reizvoll ist der Dekor des Fußes, denn hier wachsen über Steine fein gearbeitete Pflanzen und Blüten, darunter Erdbeerpflanzen, die mit ihren dreigeteilten Blättern, fünfblättrigen Blüten und leuchtend roten Früchten als traditionelles Symbol für die Trinität, die Wunden Christi und sein geopfertes Blut gedeutet werden können. Zwischen den Steinen entspringen Quellen, die auf die Eucharistie als mystischen Gnadenquell der Gläubigen verweisen. Als Schaft schuf Günther eine Darstellung der Maria Immaculata. Die Verwendung eines Engels als Figur, die das Schaugefäß mit der konsekrierten Hostie trägt, war vor allem seit der Zeit um 1600 beliebt. Maria trägt jedoch nicht den Aufbau, sondern er schwebt wie in den Entwürfen Fischer von Erlachs und Asams vielmehr über ihr. Das beliebteste Marienbild des 18. Jahrhunderts wird hier in eine theologische Beziehung zur Eucharistie gesetzt. Die unbefleckte Empfängnis bildet einen wesentlichen Teil des göttlichen Heilsplanes, da Maria, die von der Erbsünde befreit ist, den Sohn Gottes gebären soll, der in der konsekrierten Hostie anwesend ist. Maria steht hier aber auch als Erfüllung der bräutlichen Liebe der Kirche zu Christus – als Antwort auf dessen aufopfernde Liebe, durch die Sünde und ewiger Tod letztlich besiegt wurden.

Im Gegensatz zu der kraftvoll modellierten, noch von Rubens inspirierten Maria des Egid Quirin Asam unterscheidet sich die Figur Günthers durch die schlanke, elegante Gestalt und das grazile Bewegungsmotiv, das unweigerlich an Schöpfungen Franz Anton Bustellis erinnert. Auch die auf Wolken erscheinenden Englein und Gottvater – sie alle sind auf den gestaffelten Strahlenkranz appliziert – können in Erfindung und Ausgestaltung als typische Arbeiten des Künstlers bezeichnet werden, während der Rahmen des Schaugefäßes sich von diesem Arrangement deutlich abhebt und aus frühklassizistischen Motiven komponiert ist. Der reiche Besatz aus Perlen, Rubinen, Diamanten und weiteren Edelsteinen, teilweise noch als Votivgeschenke in Form von Ohrringen erkennbar, erhöht die festliche Wirkung der Monstranz. Dieser Schmuck wurde später um weitere Stücke aus der Zeit zwischen 1850 und dem beginnenden 20. Jahrhundert ergänzt, was die ausgewogene Komposition leider stellenweise beeinträchtigt. SM

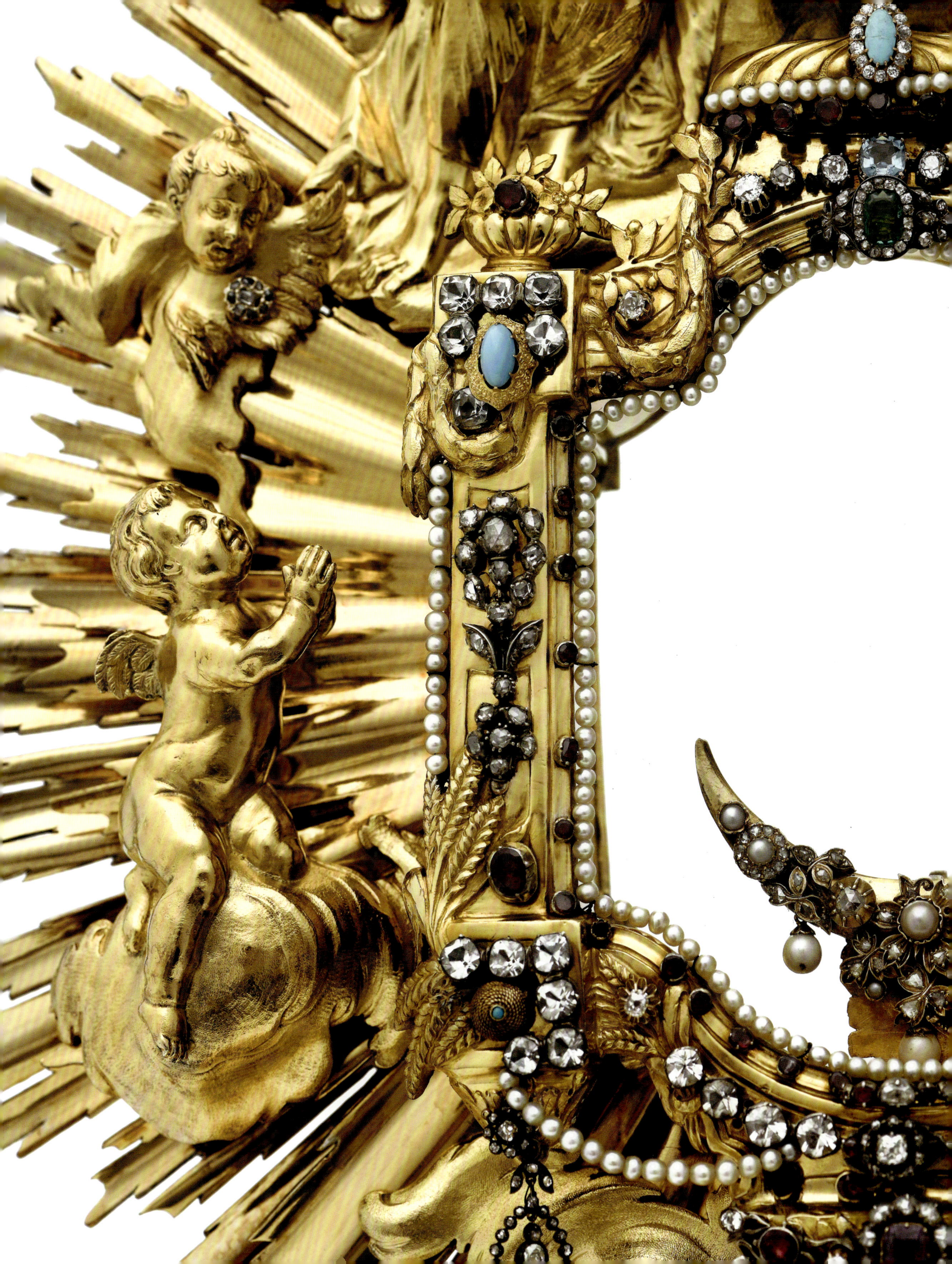

103 IGNAZ FRANZOWITZ

HLL. JOHANNES VON NEPOMUK UND FLORIAN

nach einem Entwurf von Ignaz Günther
1766
Silber, teilvergoldet; Holz, schwarz gebeizt
a 69 cm (Johannes von Nepomuk)
b 68 cm (Florian)
Beschauzeichen: München 1766 (Klein 1989/90), Nr. 148;
Meisterzeichen: I/IF (Klein 1989/90, Nr. 168)
Aschau, Pfarrkirche Darstellung des Herrn
Literatur: Schönberger/Woeckel 1951, S. 29, Nr. 65. – Schönberger 1954, S. 63 f. – Ausst.-Kat. München 1985, S. 75 ff. – Volk 1991a, S. 164 f. – Ausst.-Kat. München/Prag 1993.

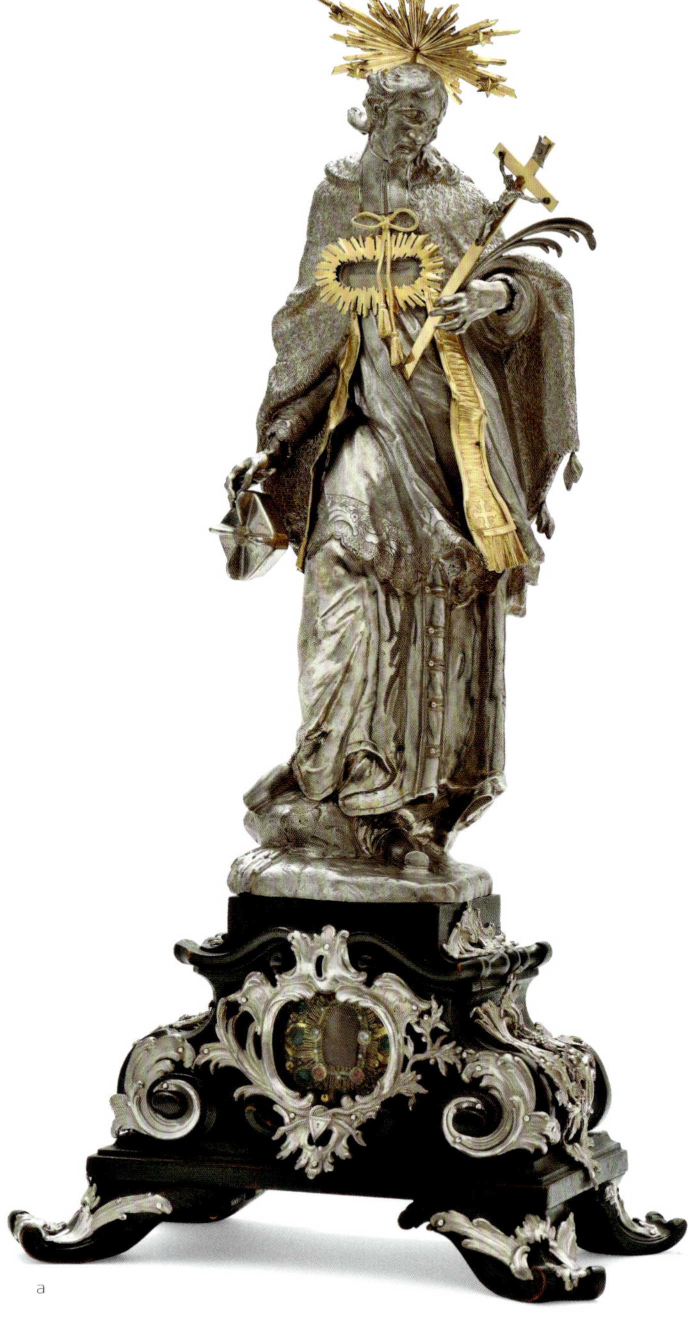

a

Ignaz Günther schuf einige Entwürfe und Bozzetti für Ausführungen in Metall, die vor allem von bedeutenden Münchner Goldschmieden vorgenommen wurden.[1] Mit zu den feinsten erhaltenen Arbeiten gehören die beiden Statuetten der hll. Florian und Johannes von Nepomuk von Ignaz Franzowitz (um 1736–1813). Sie stellen zwei der beliebtesten Heiligen des 18. Jahrhunderts dar. Laut der ausführlichen Inschriften auf der Rückseite der Figuren wurden sie von Graf Johann Maximilian V. von Preysing und dessen Gemahlin für die Kapelle ihres Münchner Stadtpalais gestiftet. Sie schmückten den Altar zu feierlichen Anlässen, während die ebenfalls erhaltenen Modelle von Günther vergoldet und dort vermutlich an Werktagen aufgestellt wurden. Diese befinden sich heute in Privatbesitz, die Silberstatuetten hingegen gelangten über die Herrschaft Hohenaschau, die bis 1853 den Grafen von Preysing gehörte, in den Besitz der dortigen Pfarrei.

Auf fein gearbeiteten, mit silbernem Rocailledekor geschmückten Volutensockeln erheben sich die detailliert gearbeiteten Statuetten. Sie sind durch den gegenläufigen sanften Schwung der Körper aufeinander bezogen, wobei die parallel geführten Arme bei der Figur des *Hl. Johannes von Nepomuk* die Bewegung beruhigen und bei jener des *Hl. Florian* den dynamischen Eindruck eher verstärken. Während der *Hl. Johannes von Nepomuk* darüber hinaus auch den Blick gesenkt hat, um das Kreuz in seiner Linken zu betrachten, blickt der *Hl. Florian* zum Himmel. So ist anzunehmen, dass sich in den beiden Figuren auch die Idee der *vita activa* und der *vita contemplativa* ausprägt. Erscheinung und Attribute der beiden Heiligen folgen der Tradition. Der *Hl. Johannes von*

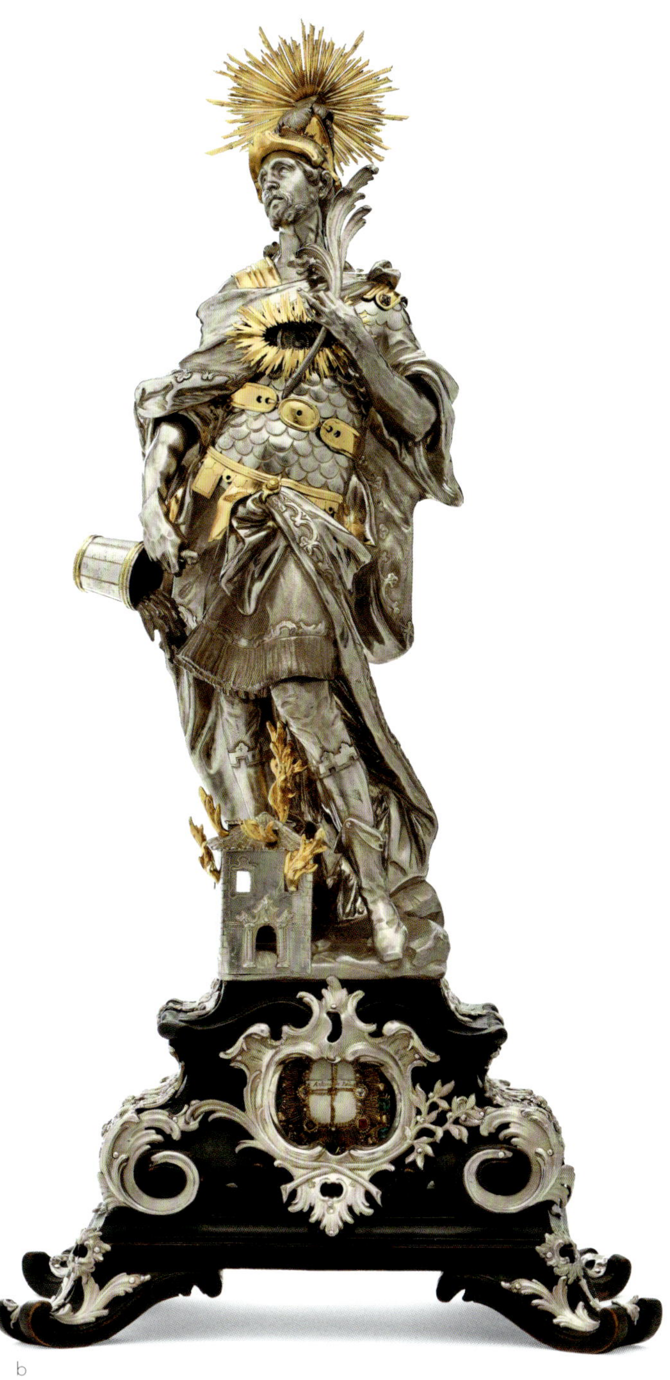

b

Nepomuk ist in der Kleidung eines Domherrn gezeigt, als Hinweis auf sein Martyrium hält er neben dem Kruzifix die Palme des ewigen Lebens. Aus dem Fels unter seinem rechten Fuß sprudelt Wasser – ein Zeichen dafür, dass er in der Moldau ertränkt wurde. Der *Hl. Florian* ist als römischer Soldat dargestellt, in der rechten Hand das Wasserschaff haltend. Mit dem herausfließenden Wasser löscht er als Schutzpatron gegen Feuer ein brennendes Haus, das zu seinen Füßen steht. Vor allem muss das Wasserschaff aber auch als Anspielung auf seinen Tod in der Enns, in die er gestürzt wurde, gelesen werden.

Es handelt sich bei den beiden Figuren aber nicht nur um hervorragende Silberplastiken zum Schmuck eines Altares, sie dienen vor allem auch der Aufnahme von kostbaren Reliquien. So ist zum einen im Sockel des *Hl. Johannes von Nepomuk* eine in Drahtarbeit gefasste »Nepomukszunge« zu sehen, die als wirkmächtiges Amulett betrachtet wurde.[2] An der rahmenden Kartusche befindet sich deshalb ein kleines Vorhängeschloss, das als weiterer Hinweis auf die Verschwiegenheit und die Wahrung des Beichtgeheimnisses dient. In der verglasten Öffnung in der Brust der Statuette ist außerdem ein Knochenpartikel des Heiligen zu sehen. Zum anderen befindet sich im Sockel des *Hl. Florian* eine Reliquie des hl. Antonius von Padua, der ebenfalls im 18. Jahrhundert äußerst populär war, in der Brustöffnung sind wiederum mehrere Knochenpartikel des frühchristlichen Märtyrers verwahrt. SM

1 Vgl. dazu den Beitrag von Annette Schommers, S. 275–283.
2 Vgl. dazu den Beitrag von Christoph Kürzeder, S. 211–219.

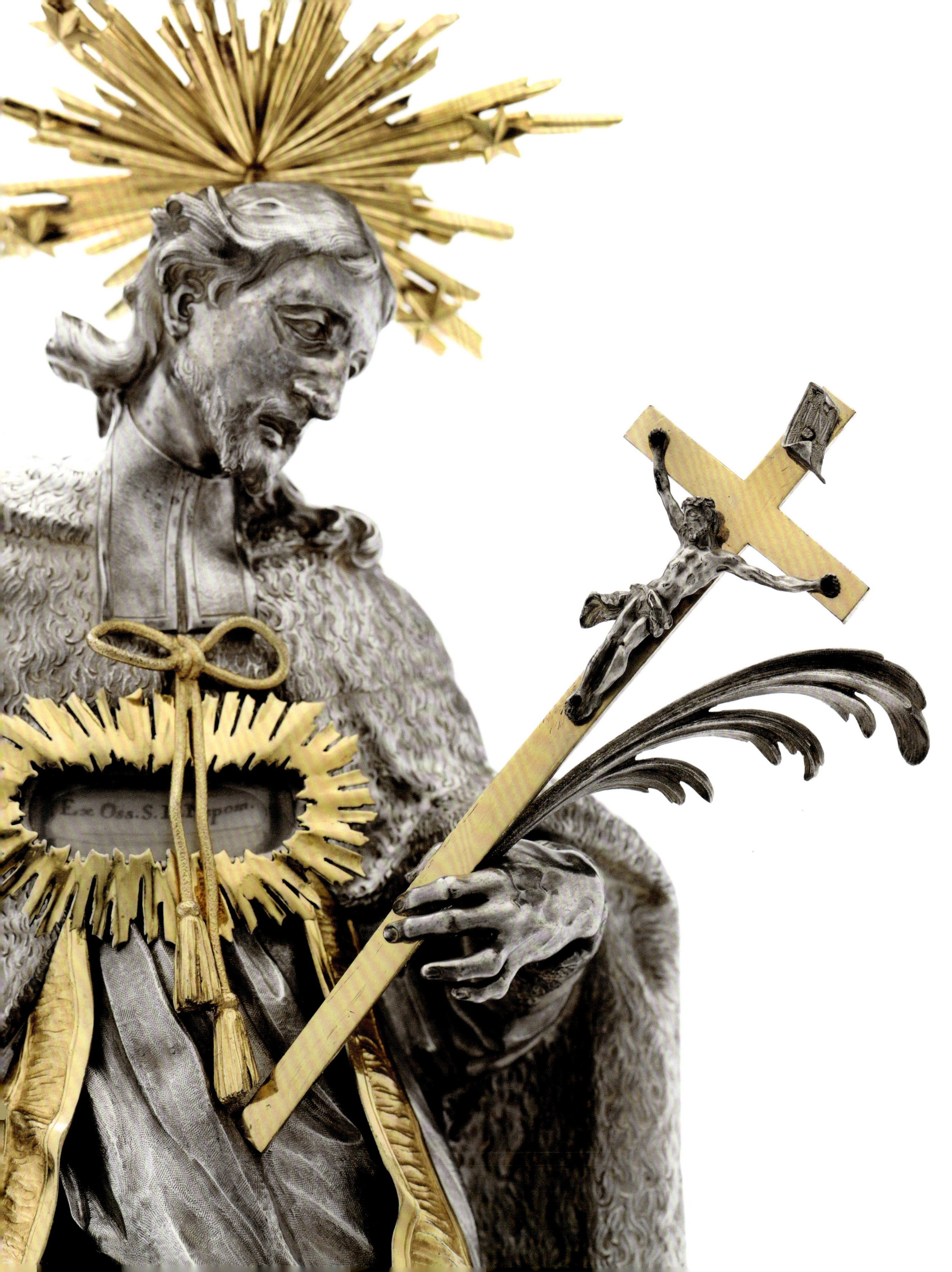
Ex Oss. S.

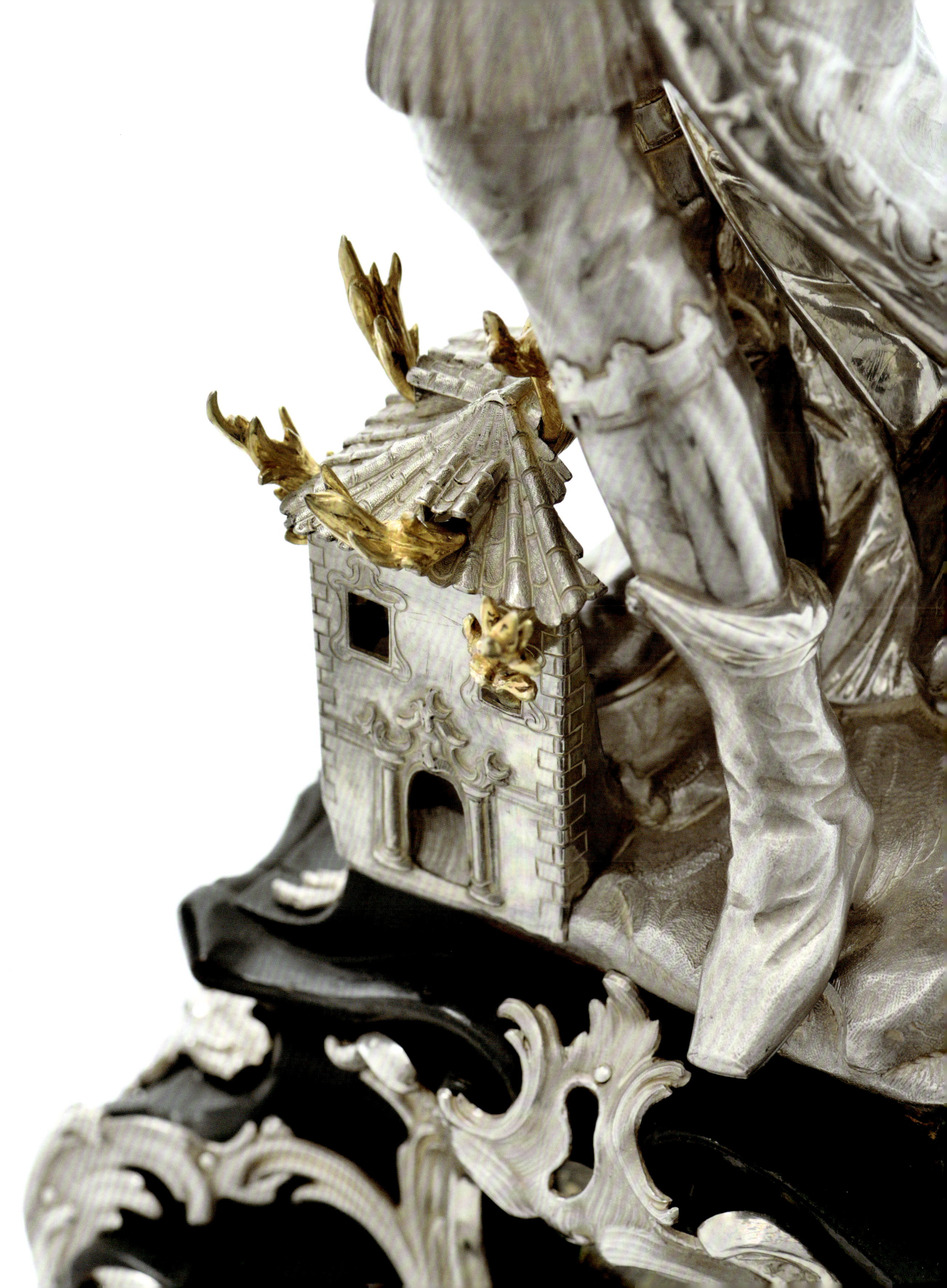

104 JOSEPH FRIEDRICH I CANZLER
MARIA IMMACULATA

nach einem Entwurf von Ignaz Günther
1760
Silber, getrieben, gegossen, punziert, teilweise vergoldet; Kupfer, getrieben, vergoldet; farbige Glassteine; 91 cm (Figur)
Beschauzeichen (Figur): München 1760 (Klein 1989/90, Nr. 136); Meisterzeichen (Figur): I/F C (Klein 1989/90, Nr. 129); Beschauzeichen (Krone): München 1742 (Klein 1989/90, Nr. 126); Meisterzeichen (Krone): AD (ähnlich Klein 1989/90, Nr. 78)
Ingolstadt, Untere Pfarrkirche St. Moritz
Literatur: Schönberger 1954, S. 37, Abb. E 16. – Gerhard Woeckel, Eine unbekannte Madonna von Ignaz Günther, in: Alte und moderne Kunst 8 (1963), S. 2–9, hier: S. 4 f., Abb. 3. – Hugo Schnell, Bayerische Frömmigkeit. Kult und Kunst in 14 Jahrhunderten, München/Zürich 1965, S. 75, T 273.

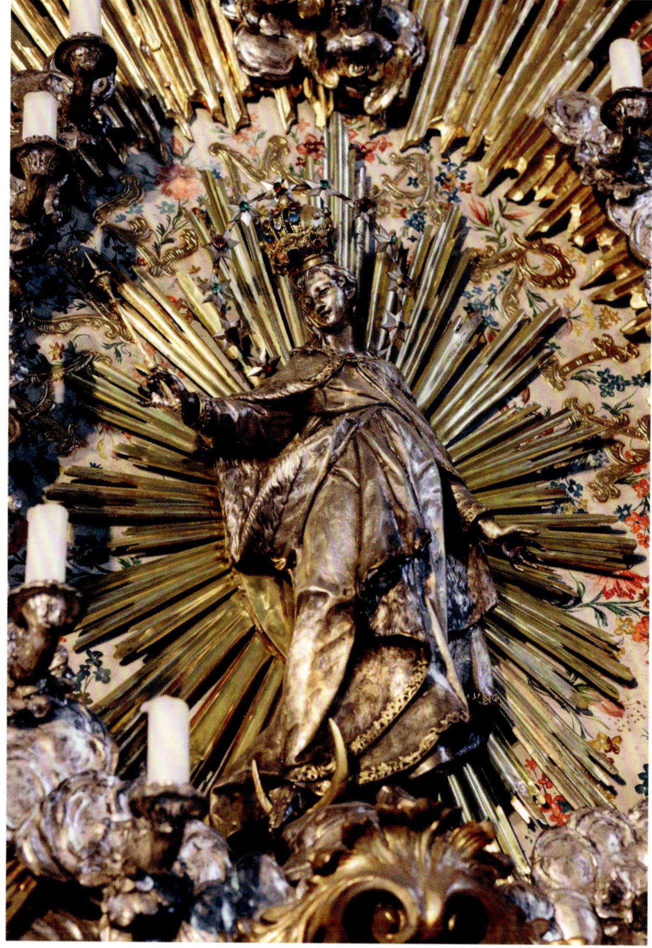

Die von einer großen Strahlenglorie hinterfangene silberne Marienfigur des Münchner Goldschmieds Joseph Friedrich I Canzler (1710–1782) erhebt sich über einem kugeligen Wolkensockel. Den rechten Fuß hat sie auf die schmale Mondsichel gesetzt. Das leicht gesenkte Haupt mit demutsvoll niedergeschlagenem Blick wird von einem Kranz aus zwölf Sternen umgeben. Diese Attribute weisen auf die im 18. Jahrhundert unter den Marienbildern dominierende Immaculata, die ohne Erbsünde empfangene, sündenreine Jungfrau. Der hermelingefütterte, mit ziselierter Rocaille- und Blütenornamentik sowie aufgelegten vergoldeten Saumbordüren reich geschmückte Mantel, das in der rechten ausgestreckten Hand gehaltene Zepter und die mit farbigen Glassteinen verzierte Krone auf dem Haupt zeichnen Maria darüber hinaus als Himmelskönigin aus.[1]

Aufgrund der stilistischen Nähe vor allem zur Immaculata aus der Klosterkirche von Attel (Kat.-Nr. 76) hat bereits Arno Schönberger den plastischen Entwurf für die Ingolstädter Silberfigur Ignaz Günther zugeschrieben. Damit stellt sie das erste Zeugnis der Zusammenarbeit von Canzler und Günther dar, die 1767/68 im Tabernakelaufsatz der Münchner Bürgersaalkirche gipfelt (Kat.-Nr. 105, 106).

Die Einansichtigkeit, die reduzierte Körperbewegung und die von Canzler meisterlich umgesetzte Schwere der Gewänder verbindet die zierliche Immaculata darüber hinaus mit anderen Werken aus der Frühzeit des Günther'schen Œuvre, etwa dem Apostel Paulus aus Röttenbach.

Die Auftragsumstände der Ingolstädter Silberfigur sind bislang archivalisch nicht belegt. Möglicherweise handelt es sich um eine Stiftung des geistlichen Rats Johann Georg von Hagn (1690–1765). Dieser war Kanoniker an der Frauenkirche in München, Dekan und Vizepropst der Stiftskirche zu Altötting und von 1756 bis 1765 Professor für Exegese an der Universität in Ingolstadt sowie Pfarrer der dortigen St. Moritz-Kirche. Rund 30 000 Gulden zahlte von Hagn aus eigenen Mitteln für deren Rokokoausstattung und setzte die Moritz-Kirche schließlich zu seiner Universalerbin ein.

Seit 1951 bildet die zuvor im Kirchenschatz von St. Moritz aufgeführte Marienfigur das Zentrum des linken Seitenaltars. Entwurf und Ausführung der Altarneugestaltung gehen auf den Kirchenmaler Georg Löhnert (1912–1994) aus Etting zurück.[2] AS

1 Die Krone trägt das Meisterzeichen des Münchner Goldschmieds Andreas Dräxler (Meister 1716, gest. 1755), Frankenburger 1912, S. 389 f. Aus welchem ursprünglichen Kontext das 18 Jahre vor der Marienfigur entstandene Werk stammt, ist nicht bekannt.

2 Brief von Stadtarchivar Franz Koislmeier, Ingolstadt, 17. März 1954, an Arnold Schönberger im Archiv des Bayerischen Nationalmuseums.

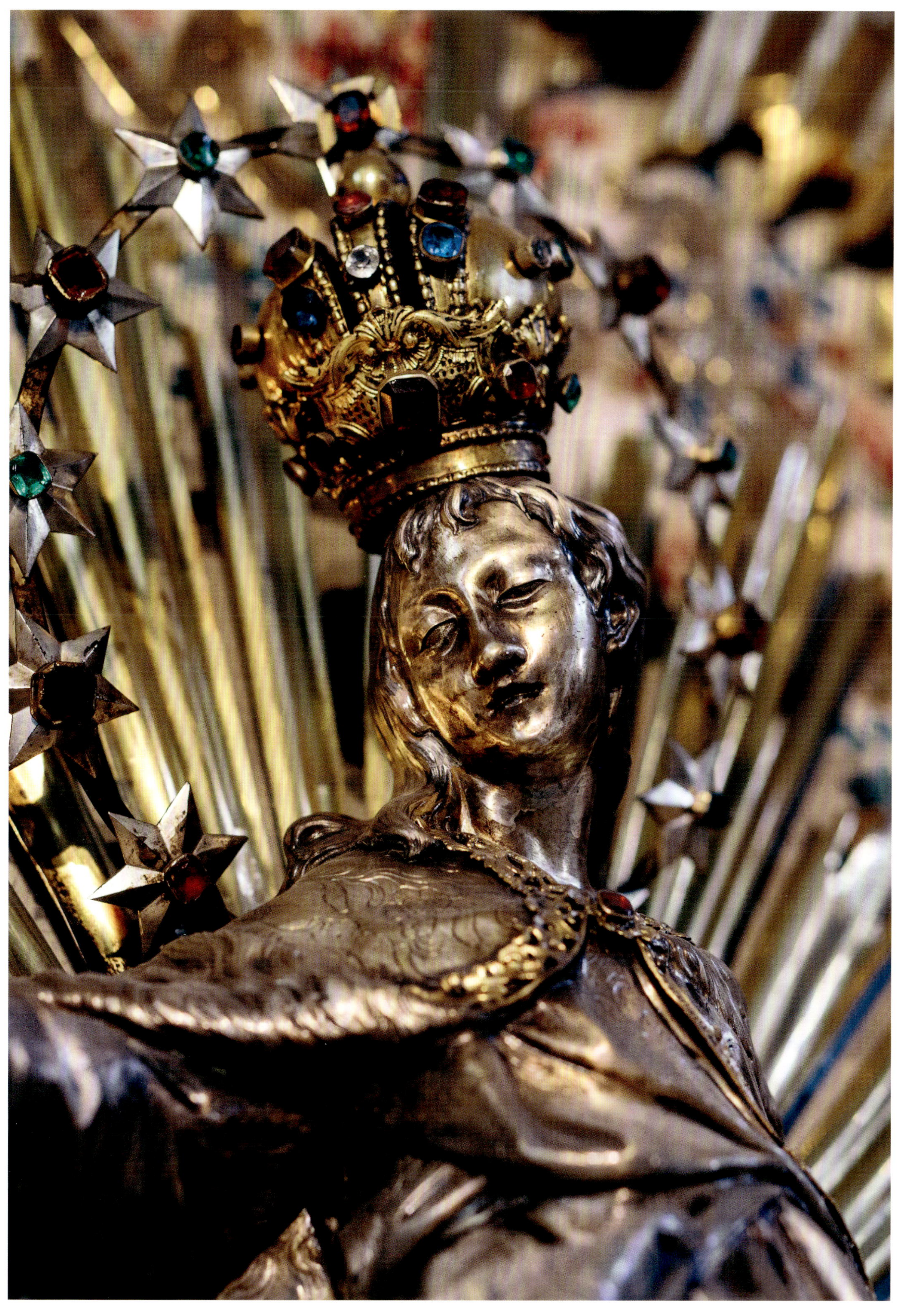

105 IGNAZ GÜNTHER

VIER HEILIGENBÜSTEN

a Hl. Joseph
b Hl. Joachim
c Hl. Johannes der Täufer
d Hl. Johannes der Evangelist
1767/68
Lindenholz; 74 x 51 x 27 cm (a), 72,5 x 61 x 33 cm (b), 73 x 51 x 32 cm (c), 73 x 54 x 38 cm (d)
Karlsruhe, Badisches Landesmuseum; Inv.-Nr. 78/44 (a), 73/179 mit 86/363 (Hand) (b), 75/21 (c), 73/180 (d)

106 JOSEPH FRIEDRICH I CANZLER

VIER HEILIGENBÜSTEN

a Hl. Joseph
b Hl. Joachim
c Hl. Johannes der Täufer
d Hl. Johannes der Evangelist
1768
Skulpturen: Silber, getrieben, gegossen, punziert, graviert, teilweise vergoldet; je ca. 73 cm
Gehäuse: Holzkern, Kupfer, getrieben, vergoldet, Silber, getrieben, punziert, graviert; je ca. 145 cm (mit Sockel)
Beschauzeichen: München 1768 (Klein 1989/90, Nr. 150); Meisterzeichen: I/F C (Klein 1989/90, Nr. 129)
München, Bürgersaalkirche Mariä Verkündigung

Literatur: Woeckel 1975b. – Ausst.-Kat. München 1985, Nr. 68, 69. – Ausst.-Kat. Karlsruhe 1988. – Volk 1991a, S. 180 f., 259.

Die paarweise aufeinander bezogenen Halbfiguren der hll. Joseph und Joachim sowie der beiden Johannes, des Täufers und des Evangelisten, schuf Ignaz Günther (1725–1775) als Modelle für den Münchner Goldschmied Joseph Friedrich I Canzler (1710–1782). Dieser führte nach der plastischen Vorlage des Bildhauers die vier Silberbüsten aus, die noch heute in ihren originalen Gehäusen auf dem Hochaltar der Bürgersaalkirche in München stehen.

Entsprechend ihrer Funktion als Goldschmiedemodelle bestehen die etwas unterlebensgroßen Holzfiguren Günthers (Kat.-Nr. 105) aus einem Werkblock mit abnehmbaren Anstückungen. Hände und Attribute wurden separat gearbeitet und eingedübelt und sind daher leider größtenteils verloren gegangen. Aber auch in ihrem nicht ganz vollständigen, zudem abgelaugten Zustand bestechen Günthers Skulpturen durch ihre aus der natürlichen Bewegung des Körpers entwickelte Haltung, die ausdrucksstarken Gesten und eine innere Beseeltheit. Die Heiligen treten dem Betrachter als vier individuelle Persönlichkeiten unterschiedlichen Alters und Temperaments entgegen.

Minimale Reste einer metallischen Erstfassung in Silber und Gold sprechen dafür, dass die Holzfiguren entweder als Stellvertreter für die kostbaren Edelmetallausführungen an Werktagen auf dem Altar der Bürgersaalkirche platziert oder als eigenständige Bildwerke verwendet wurden – was dem seit dem Mittelalter bekannten Umgang mit hölzernen Modellen für Goldschmiedeplastiken entspricht. Hinweise auf das genaue Schicksal der seit 1978 im Badischen Landesmuseum Karlsruhe vereinten Halbfiguren sind jedoch nicht bekannt.

Im Œuvre Günthers finden sich mehrere, an Silberfiguren erinnernde Büsten, die wohl von vorneherein als Surrogate gedacht waren. Eines der perfektesten Beispiele für die Imitation einer getriebenen Silberplastik durch eine gefasste Holzskulptur ist der hl. Anianus aus Rott am Inn (Kat.-Nr. 83). Die Oberflächenbehandlung der gemusterten Gewandpartien sowie die Silber- und Goldfassung mit partieller Bemalung von Lippen und Augen bezeugen die intensive Auseinandersetzung Günthers mit den Techniken der Edelmetallbearbeitung.

Es darf als besonderer Glücksfall gelten, dass sich neben den Holzmodellen Günthers auch alle vier ausgeführten Silberfiguren erhalten haben (Kat.-Nr. 106). Sie belegen umgekehrt die Begabung des Goldschmieds Joseph Friedrich I Canzler, Vorlagen aus Holz in das Material Silber umzusetzen. Die Silberfiguren bestehen aus mehreren getriebenen Teilen, die abschließend zusammenmontiert bzw. -gelötet wurden; einzelne Details wie die Finger wurden gegossen. Nimben und Attribute sind vergoldet. Die Halbfiguren stehen in baldachinartigen Gehäusen aus vergoldetem, mit Silberappliken geschmücktem Kupfer. In die Sockelkartuschen sind jeweils die Namen der Heiligen eingraviert. Beim direkten Vergleich von Modell und Ausführung lassen sich nur in wenigen Details Abweichungen feststellen, etwa in der Handhaltung Joachims, die vermutlich auf die Begrenzung durch die rahmenden Gehäuse zurückzuführen sind. Ansonsten gelingt Canzler eine den Plastiken Günthers kaum nachstehende Qualität in der Modellierung und Differenzierung der Oberflächen wie in der Eleganz der Bewegung und dem Ausdruck der Gesichter.

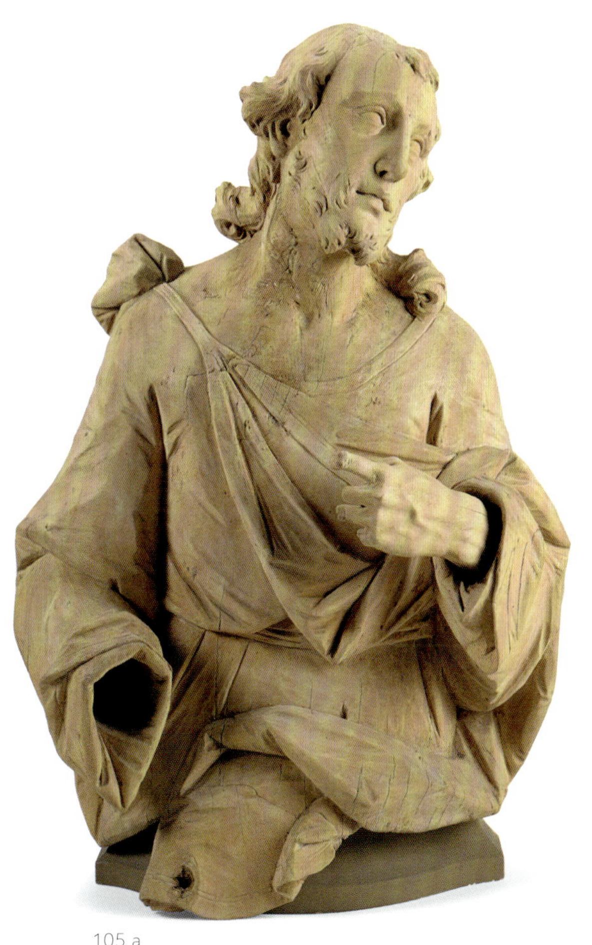

105 a

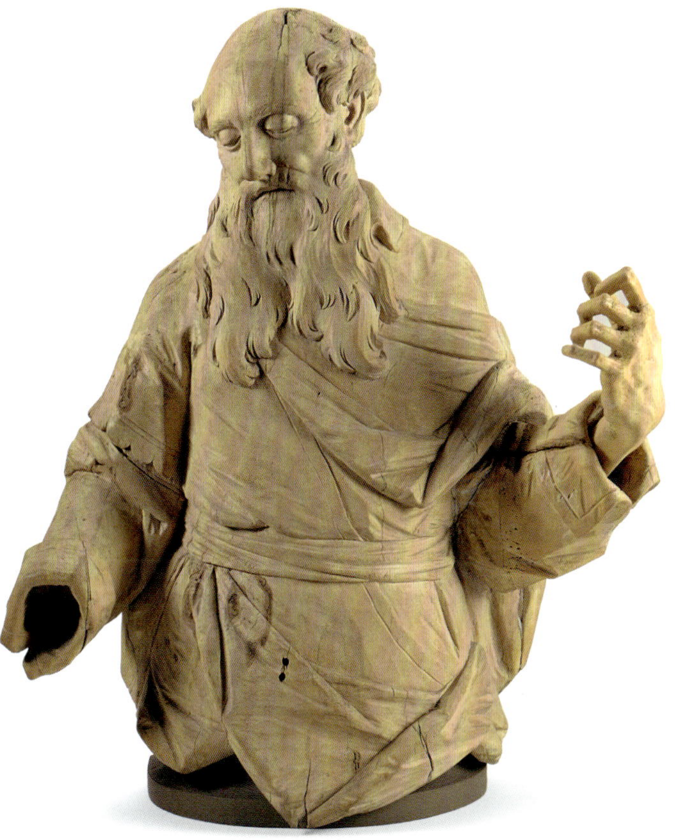

105 b

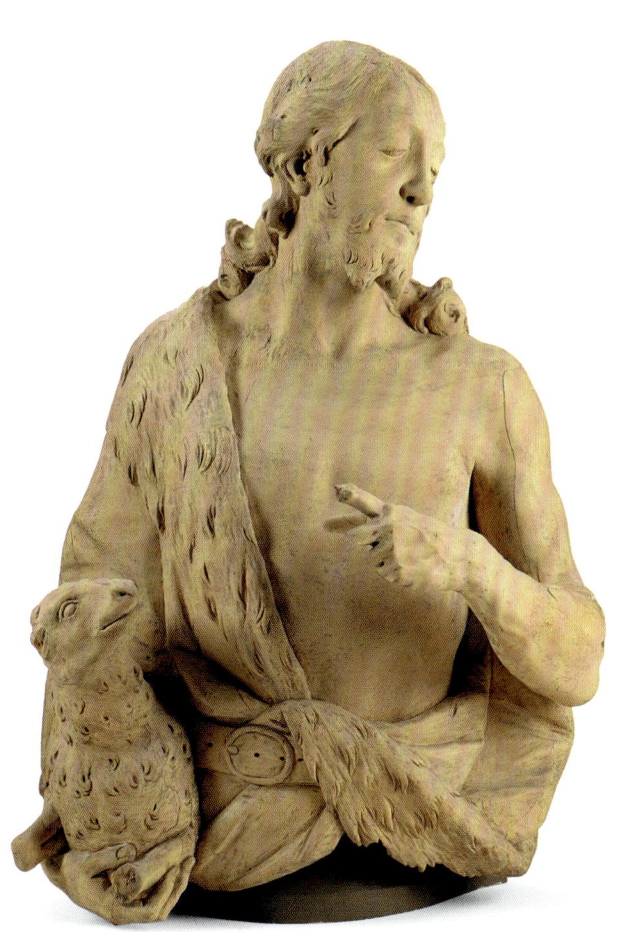

105 c

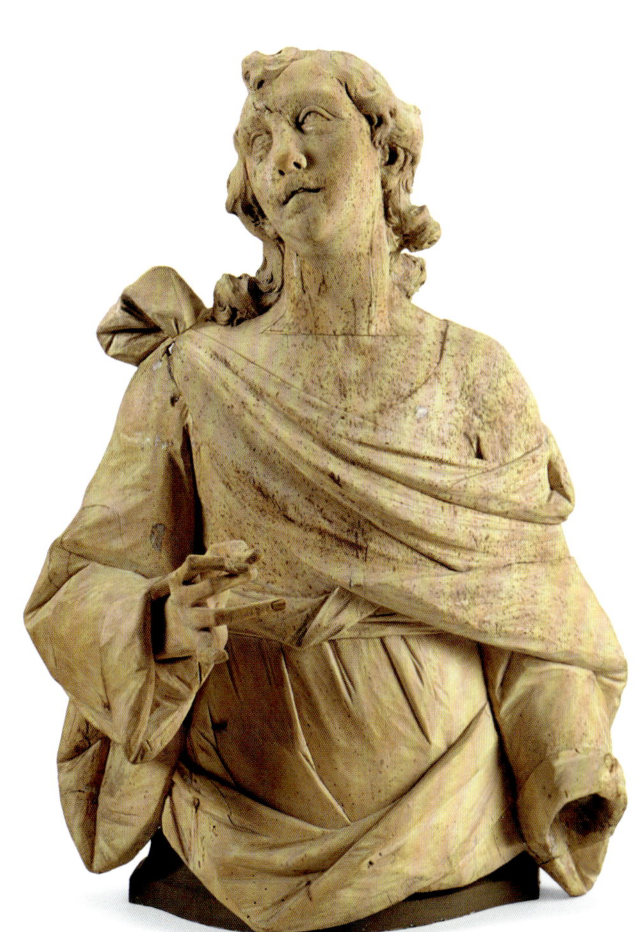

105 d

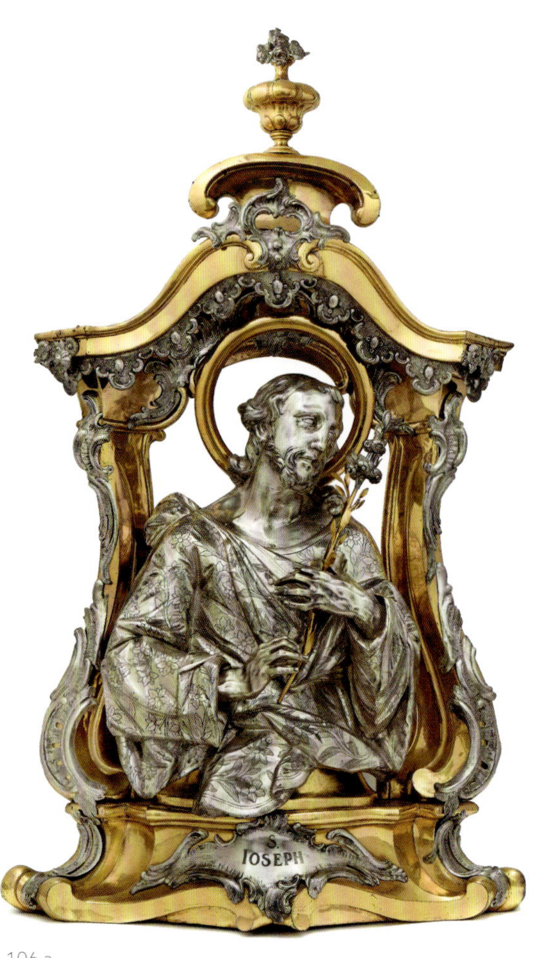

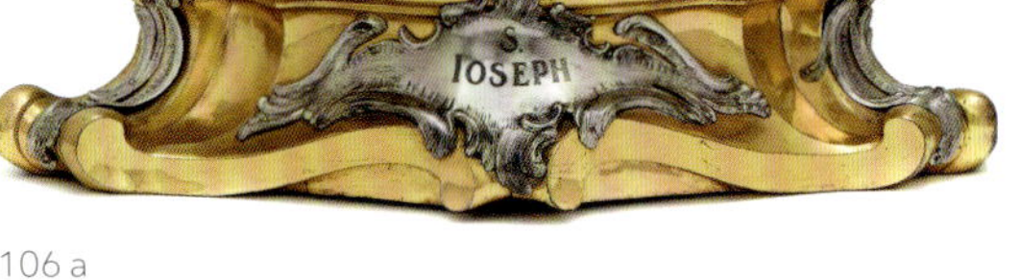
106 a

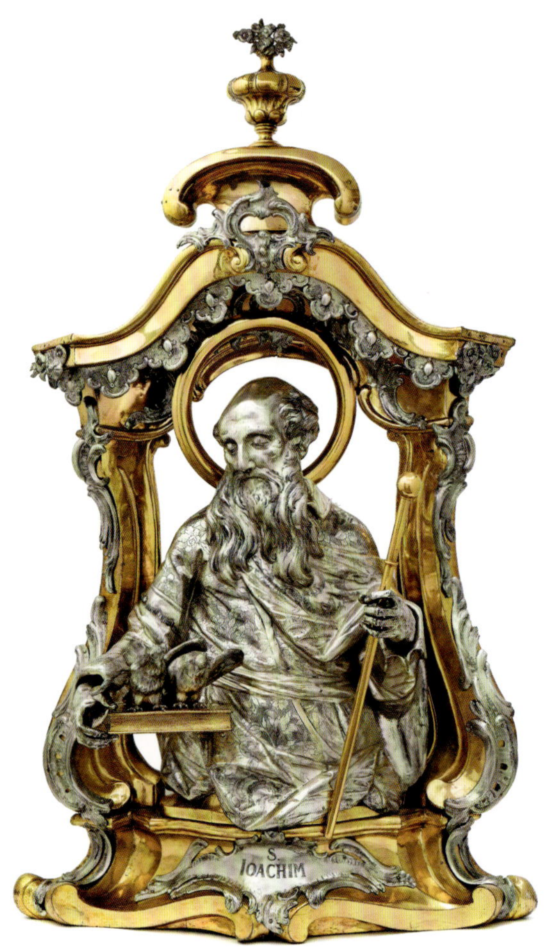

106 b

Insgesamt zeichnen sich die Silberfiguren durch eine spezielle, der Materialität und dem Glanz des Edelmetalls geschuldete Ästhetik aus: Weniger körperhaft und vielleicht weniger expressiv als die Holzbildwerke entfalten sie eine flirrend-intensive Wirkung.

Canzlers Büsten waren Teil des prunkvollen silbernen Tabernakelaufsatzes, den die sogenannte Marianische Deutsche Kongregation der Herren und Bürger zu Unserer Lieben Frauen Verkündigung 1767 für den Hochaltar der Münchner Bürgersaalkirche in Auftrag gegeben hatte (siehe S. 279–282). Er bestand unter anderem aus einem zentralen Tabernakel, der auch zur Aufnahme des Gnadenbildes, einer Nachbildung der Madonna von Foy, diente, zwei seitlichen Schreingehäusen für die hl. Leiber von Florian und Maximus sowie den vier Silberplastiken in den Baldachingehäusen. Die dafür ausgewählten männlichen Heiligen aus der nächsten Umgebung Mariens sollten auf vier wichtige mariologische Grundaussagen hinweisen: die Unbefleckte Empfängnis (hl. Joachim), die Jungfräulichkeit (hl. Joseph), die Mutter des Messias (hl. Johannes der Täufer) und die Mutter aller Glaubenden (hl. Johannes der Evangelist).

Die Aufstellung der Gesamtkosten für den Altar vom 31. August 1768 über 12030 Gulden 46 Kreuzer (S. 281, Abb. 4) hat sich im Archiv der Marianischen Männerkongregation erhalten. Canzler führt darin auch die an den Bildhauer, den Kistler sowie den Schlosser gezahlten Summen auf. Die dazugehörigen Belege sind ebenfalls überliefert: Die Rechnung Günthers vom 21. Februar 1768 (S. 280, Abb. 3) listet detailliert seine für den Aufsatz gelieferten Modelle in Ton oder Holz auf. Die Modelle der »4 Brustbilder« berechnete er mit insgesamt 40 Gulden, die der Gehäuse mit 19 Gulden.

Die Silberbüsten wurden beidseits des zentralen Tabernakels aufgestellt: Links, auf der unteren Ebene neben dem Reliquienschrein des hl. Florian, stand der hl. Johannes der Täufer, über

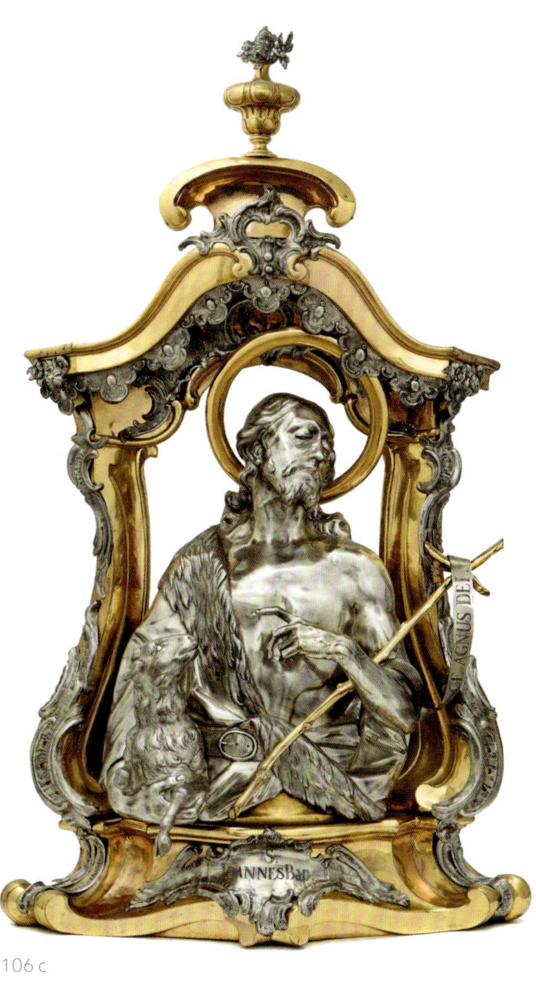
106 c

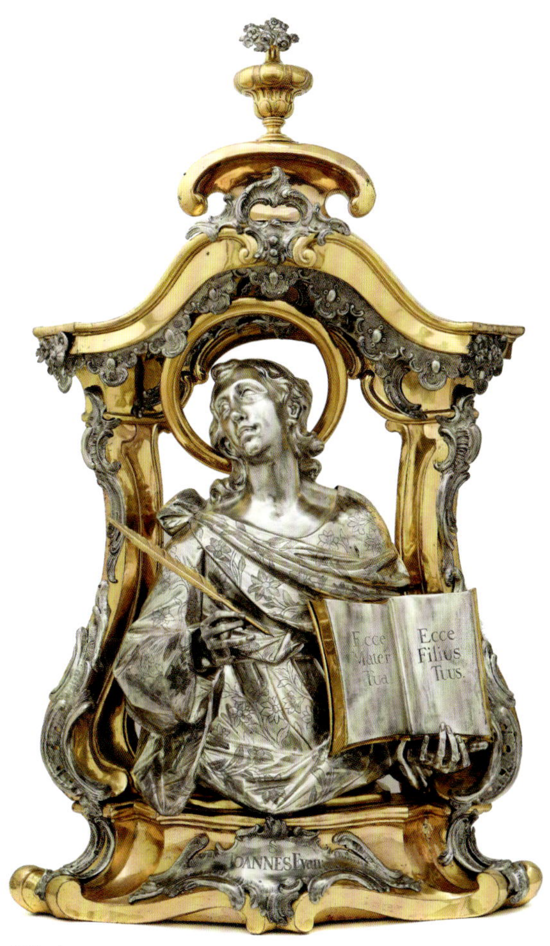

106 d

dem Schreingehäuse der hl. Joseph; entsprechend standen rechts unten der hl. Johannes der Evangelist und darüber der hl. Joachim. Haltung und Blickrichtung der Büsten waren also zum Mariengnadenbild in der Tabernakelbekrönung hin orientiert.

Im Jahr 1800 sollten die silbernen Brustbilder auf Befehl der Kurfürstlichen Kriegskontribution eingeschmolzen werden, konnten aber durch Spenden der Soldaten ausgelöst werden. Die Zerstörung der Kirche 1944 haben sie ebenfalls unversehrt überstanden und bilden heute wieder den eindrucksvollen Rahmen des Hochaltartabernakels.[1]

Canzler und Günther haben auch bei weiteren Projekten zusammengearbeitet: So lieferte Günther an Canzler Modelle unter anderem für die Maria Immaculata (1760; Kat.-Nr. 104) aus St. Moritz in Ingolstadt, das Tabernakelrelief mit der Opferung Isaaks (1767) am Hochaltar der Klosterkirche in Altenhohenau oder für zwei Leuchterengel (1769) aus St. Martin in Rheinfelden, Schweiz. Dabei ist davon auszugehen, dass wie im Fall der Bürgersaalkirche der Goldschmied als Schöpfer des eigentlichen Werks den Auftrag erhielt und sich für den Entwurf an den Bildhauer wandte. Da Günther und Canzler jeweils zu den bedeutendsten Vertretern ihres Metiers zählen, kann man bei dieser Kooperation von einer wahrhaft kongenialen Verbindung sprechen. AS

1 Die heutige Reihenfolge der auf einer durchgehenden Sockelbank links und rechts des Tabernakels aufgestellten Büsten – *Hl. Joseph, Hl. Johannes der Täufer, Hl. Johannes der Evangelist und Hl. Joachim* – entspricht also nicht der ursprünglichen Positionierung.

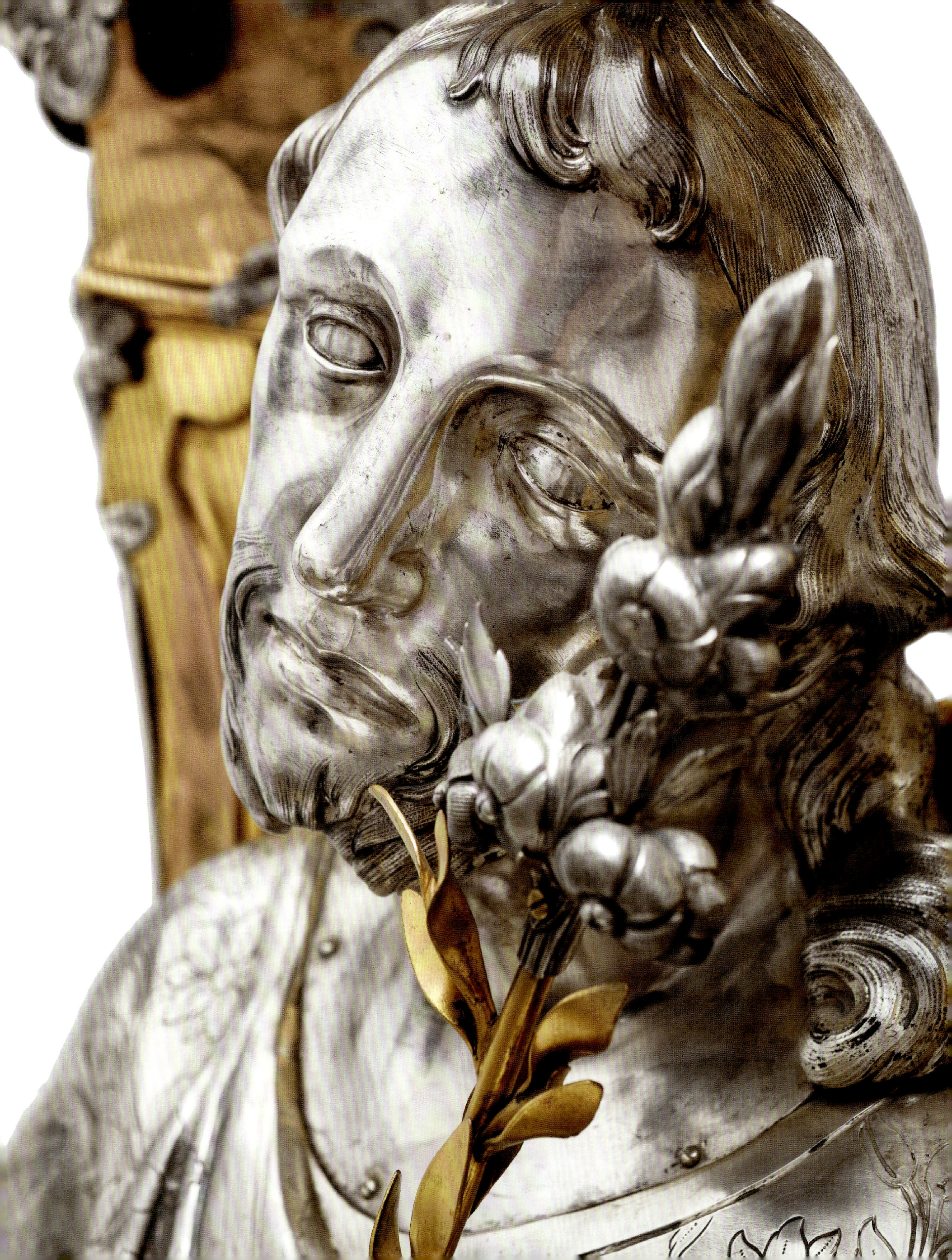

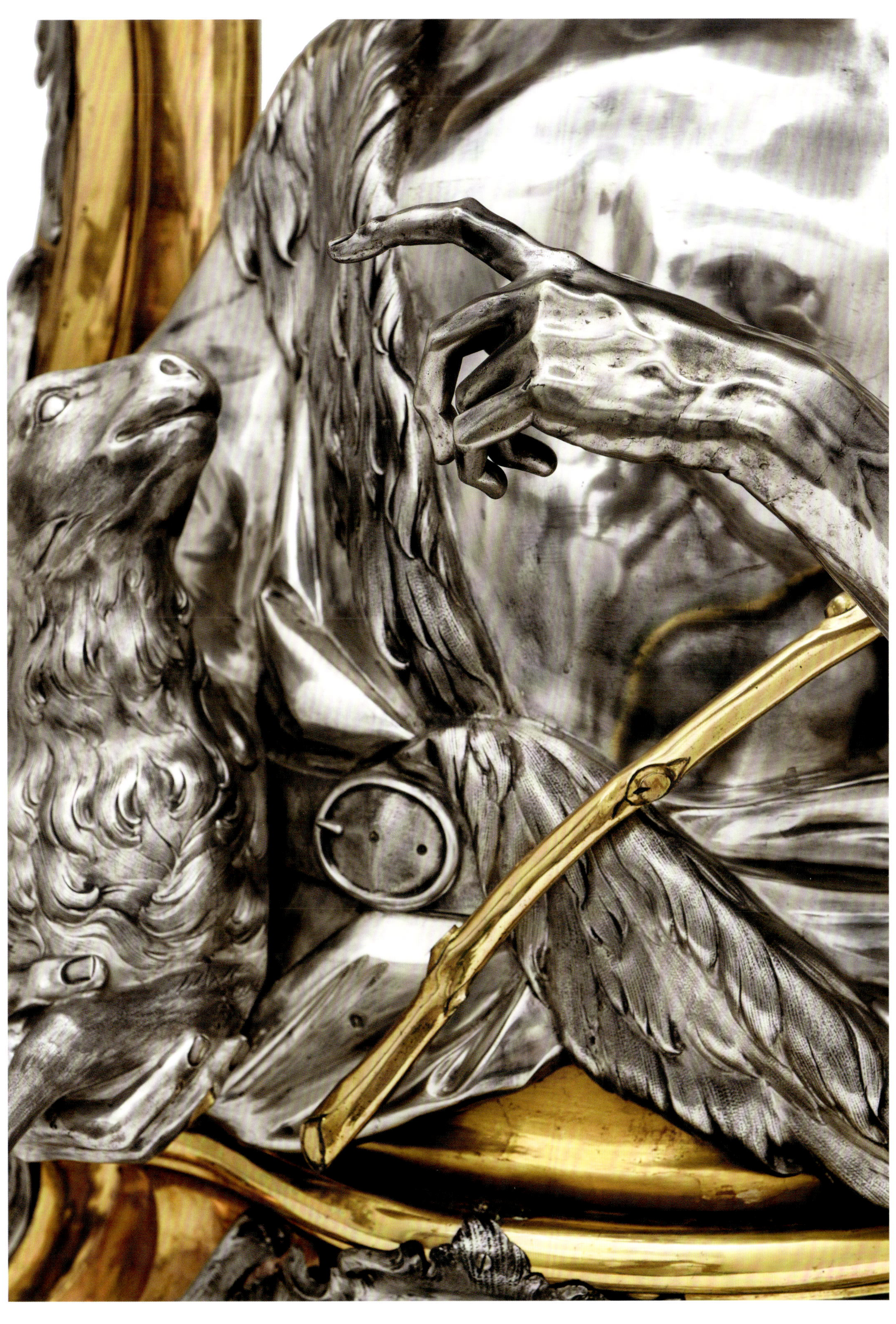

107 IGNAZ GÜNTHER
ENTWURF FÜR EIN STANDKRUZIFIX

um 1760
Feder in Grau, hellgelb, hell- und dunkelgrau laviert über Bleigriffel; 36,9 x 21 cm
München, Stadtmuseum; Inv.-Nr. M I, 1205
Literatur: Schönberger/Woeckel 1951, S. 38, Nr. 105. – Woeckel 1975a, Nr. 30. – Woeckel 1987 a, S. 1816–1820. – Volk 2007 b, S. 88.

108 IGNAZ GÜNTHER
STANDKRUZIFIX

um 1760
Holz, teilweise vergoldet; 150 x 42 x 14 cm
München, Franziskanerkloster St. Anna
Literatur: Unveröffentlicht.

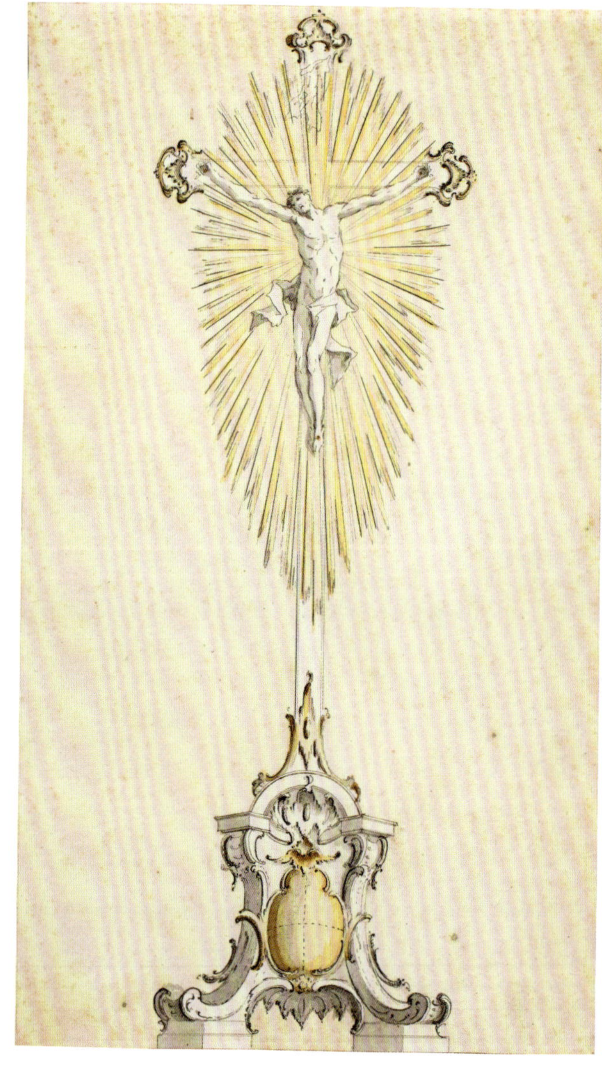

Von vollendeter Eleganz ist die Gestaltung des Altarkreuzes, das als Neuentdeckung bezeichnet werden darf. Über dem Volutensockel, der mit züngelnden Rocailleornamenten geschmückt ist, erhebt sich ein schlankes, hoch aufstrebendes Kreuz, dessen Balkenenden mit Rocaillekartuschen versehen sind. Die makellose Schönheit des Gekreuzigten wird durch den sanften, verhaltenen Schwung des Körpers betont, der lediglich mit einem schräg nach unten ausflatternden Lendentuch bekleidet ist, das über der sonst unbedeckten rechten Hüfte von einer Kordel gehalten wird. Jede Expressivität wird in dieser Pose vermieden, vielmehr lässt der von Ignaz Günther (1725–1775) gewählte Viernageltypus die Ruhe und Anmut des sterbenden Erlösers hervortreten. In dieser Zurücknahme der Bewegung ist das Altarkreuz mit einem Kruzifix Günthers vergleichbar, das sich heute im Besitz der National Gallery of Art in Washington befindet. Von kraftvoller Dynamik ist hingegen der Strahlenkranz, der an der Rückseite des Kreuzes angebracht ist und den Tod Jesu in seiner heilsgeschichtlichen Bedeutung erstrahlen lässt. Schließlich ist die Erlösung der Menschheit von Sünde und Tod durch die Kreuzigung des Gottessohnes für den christlichen Glauben von zentraler Bedeutung. Nur wenige Fassungsreste zeugen von einer späteren Veränderung der Oberfläche der Skulptur, die heute einen bräunlichen Überzug zeigt. Ursprünglich dürfte der Korpus über ein helles Inkarnat mit deutlichen Blutspuren verfügt haben, wie es an der Skulptur des Gekreuzigten aus dem Diözesanmuseum Freising noch sichtbar ist (Kat.-Nr. 110).

Das bislang unveröffentlichte Standkruzifix folgt in seiner Gestaltung weitgehend einer Zeichnung Günthers, die sich im Münchner Stadtmuseum erhalten hat. Diese ist vor allem in den ornamentalen Bereichen sehr detailliert angelegt und teilweise grau und gelb laviert, weswegen man darin die Vorzeichnung zu einer Goldschmiedearbeit oder aber zu dem von der Nymphenburger Porzallanmanufaktur modellierten Gekreuzigten vermutet hat (Kat.-Nr. 109). Da Günther neben einigen Entwürfen auch plastische Modelle für die Ausführung in Silber verfertigt hat, könnte das geschnitzte Standkruzifix als solches gedient haben. Wie bei den Statuetten aus Aschau (Kat.-Nr. 103) wurde eventuell auch in diesem Fall die als eigenes Kunstwerk geschätzte Bildhauerarbeit gefasst, vergoldet und im Anschluss als Altarschmuck verwendet. SM

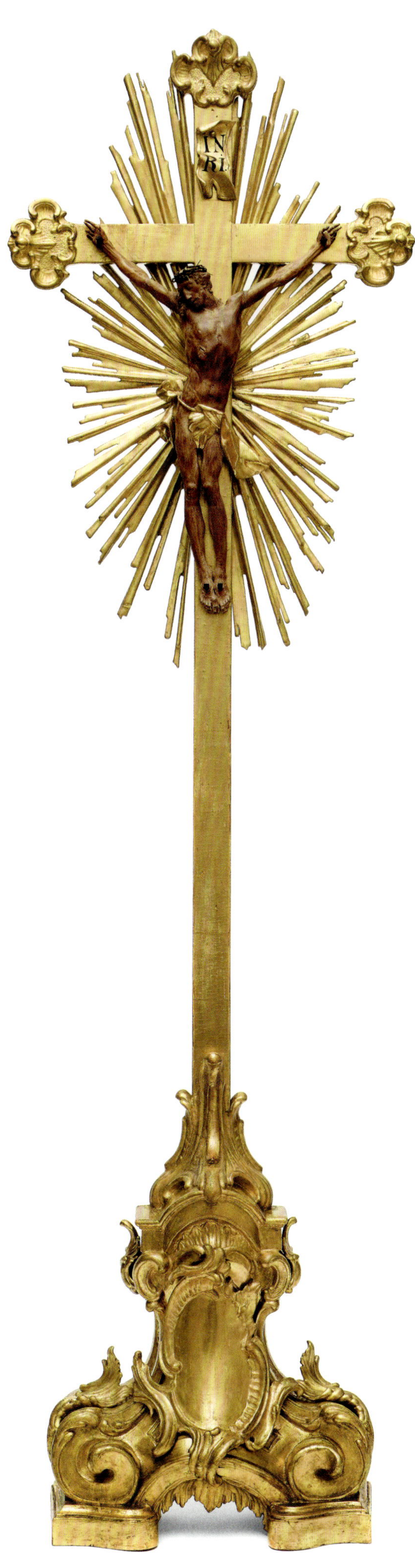
INRI

109 IGNAZ GÜNTHER
GROSSES KRUZIFIX

Modell wohl 1756; Ausformung um 1930
Hartporzellan, unbemalt, Holz, vergoldet;
40,5 cm (Korpus)
Marke: eingepresster Rautenschild
Freising, Diözesanmuseum
Literatur: Woeckel 1987 a, S. 1816–1820. – Volk 2004, S. 55, Abb. 28. – Volk 2007b.

Im April 1926 wurde von der Verwaltung des Münchner Residenzmuseums ein beschädigtes Kruzifix der Nymphenburger Porzellanmanufaktur zur Reparatur übergeben, das damals noch Franz Anton Bustelli zugeschrieben wurde, heute aber als einziges Werk in Porzellan des Bildhauers Ignaz Günther (1725–1775) gilt. Dem großen Christus, laut Haftschein »aus der Cäcilien-Kapelle«, fehlten neben kleineren Bestoßungen die linke Hand, der Mittelfinger der rechten Hand sowie Teile des Lendentuches über der rechten Hüfte. Anlässlich der im Juli 1927 abgeschlossenen Wiederherstellung entwickelte der Nymphenburger Bildhauer und Modelleur August Göhring (1891–1965) anhand des Originals die Arbeitsformen für eine neue Produktion unter der Modellnummer 624, wozu das ausgestellte Exemplar aus dem Erzbischöflichen Ordinariat München zählt.

Unter Einbeziehung des Bustelli-Kruzifixes hat Peter Volk 2007 alle Kruzifixe von Ignaz Günther so profund dokumentiert, dass seine Untersuchung die Grundlage zum Thema bildet. Obwohl es keine Archivalien zur Entstehungsgeschichte des Porzellankruzifixes gibt, ist Günthers wohl einmalige Ausführung als Schmuck der damals renovierten Cäcilienkapelle in der Münchner Residenz anzunehmen, die im Januar 1757 erneut geweiht wurde.

Dargestellt ist Christus im Dreinageltypus als junger schlanker Mann kurz vor seinem Tod, den ekstatischen Blick schmerzerfüllt nach oben gerichtet und seinen Geist in die Hände seines Vaters befehlend. Seine Körpertorsion mit nach rechts gelegtem Kopf, vorgewölbtem Brustkorb und flacher Bauchpartie steht dem Bustelli-Modell (Kat.-Nr. 62) nahe, wirkt aber gelöster und ist in der Anatomie lebensnäher. Beachtenswert ist die durchgehende Linie, die auf der rechten Seite der Figur von den Händen bis zu dem unterlegten Fuß verläuft. Einen malerischen Akzent setzt das im Wind flatternde Lendentuch, dessen Falten den Körper umspielen und das den Schoß mit einem Stoffbausch bedeckt.

Das Kruzifix entstand unter dem Einfluss von Werken Paul Egells (1691–1752), die Günther 1751/52 während seines Mannheimer Aufenthalts in der Werkstatt dieses Meisters »mit Begeisterung aufgenommen haben muß«[1]. Der Porzellankruzifixus steht am Beginn einer beachtlich großen Zahl von Werken Ignaz Günthers, die das Thema des Opfertodes Jesu sowohl im Kleinformat als auch in Lebensgröße in Holz geschnitzt schildern. Da das Kruzifix in der Residenz nur einem kleineren Kreis zugänglich war, nimmt man an, dass der Typus auch in einer größeren – heute jedoch verschollenen – Variante existierte, die zeitgenössischen Bildhauern bekannt war und diese zu eigenen Werken inspirierte wie das Kruzifix aus einer Kreuzigungsgruppe von Joseph Götsch in der Pfarrkirche von Bad Aibling 1759/60. AZ

1 Volk 2007b, S. 126.

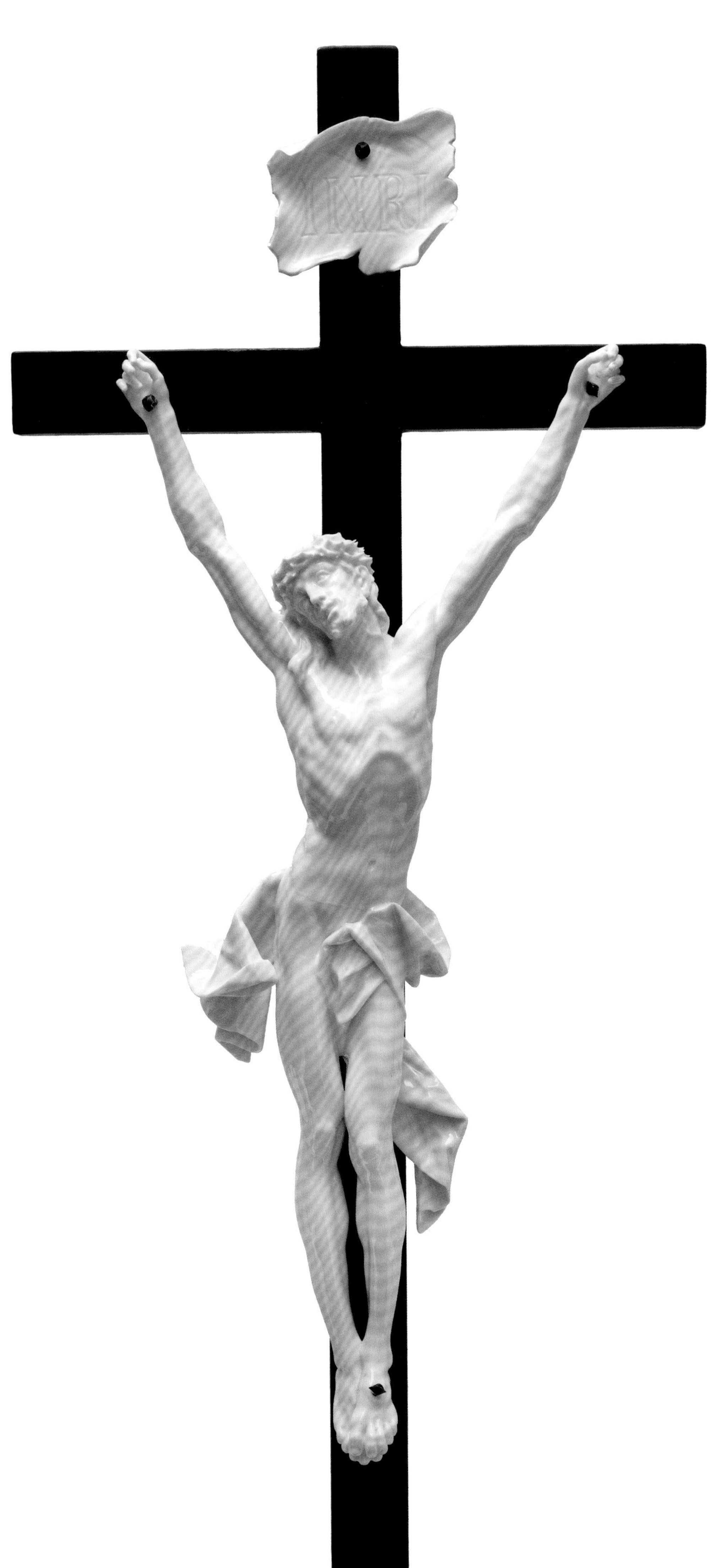
INRI

110 IGNAZ GÜNTHER

KRUZIFIXUS

um 1765/70
Holz, farbig gefasst; 42 cm (Korpus)
Freising, Diözesanmuseum; Inv.-Nr. D 2014-24
Literatur: Unveröffentlicht.

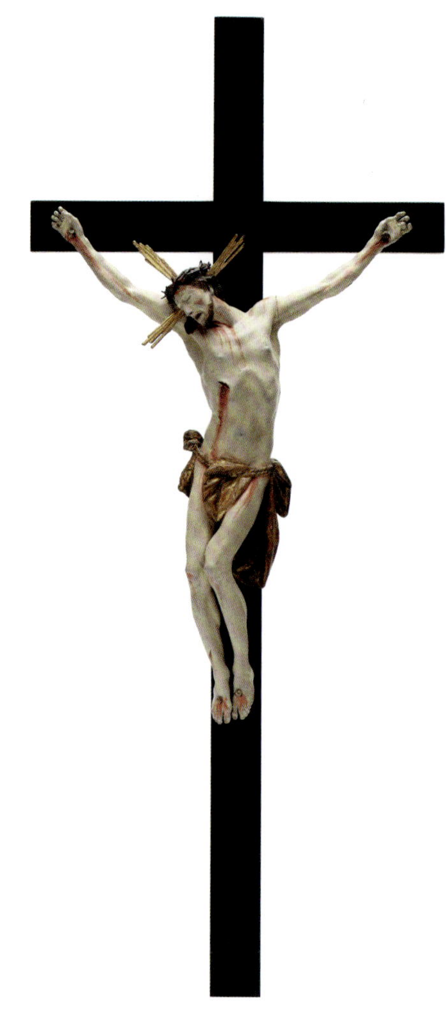

Die kleine Skulptur des Gekreuzigten, die sich erst seit Kurzem in den Sammlungen des Diözesanmuseums Freising befindet, war bislang in der Forschung nicht bekannt. Vermutlich handelt es sich um den Korpus eines Altarkreuzes, jenem aus dem Münchner Franziskanerkloster vergleichbar (Kat.-Nr. 108). Während dort der Gekreuzigte in einer beruhigteren Haltung gezeigt ist, erscheint hier der Körper Jesu stärker in sich eingesunken, wodurch die Knie weiter in den Raum ragen und die Gliedmaßen weniger gespannt sind. In der Anordnung der weit ausgebreiteten Arme und der Stellung der leicht angewinkelten Beine des mit vier Nägeln fixierten Körpers ist die Skulptur mit der Darstellung des Gekreuzigten aus der Pfarrkirche in Aholming eng verwandt (Kat.-Nr. 111).

In eindringlicher Weise führt das gefasste Bildwerk dem Betrachter das Opfer Jesu vor Augen. Der schlanke Körper, der an das Kreuz geheftet ist und kraftlos herabsinkt, zeigt deutliche Spuren der Marter. Lange Blutbahnen entspringen den Wunden und strömen über den weich modellierten Körper. Auf dem hellen Inkarnat entfalten sie eine drastische Wirkung, welche die Unschuld des geopferten Gotteslammes betonen soll. Selbst aus den durch die Dornenkrone hervorgerufenen Verletzungen läuft Blut bis über das Brustbein und aus der Seitenwunde fließt es unter dem Lendentuch hindurch bis über die Oberschenkel. So verbinden sich in Günthers Kruzifix die Schönheit und Vollkommenheit des Gekreuzigten, wie sie dem Bildhauer nicht zuletzt aus der Münchner Hofkunst aus der Zeit um 1600 bekannt gewesen ist, mit der tiefen Passionsfrömmigkeit des 18. Jahrhunderts, die in apokryphen Schriften und der mittelalterlichen Mystik wurzelt. Inspiriert von den in Visionen offenbarten Einzelheiten der Passion Jesu wurden Bilder geschaffen, welche die *compassio* des Betrachters anregen und eine meditative Versenkung in das Leiden und den Tod Christi unterstützen sollten. Bemerkenswert ist, dass parallel zu den aufkommenden geistesgeschichtlichen Strömungen der Aufklärung besonders drastische Darstellungen der Passion künstlerisch umgesetzt wurden und mit dem Leiden Christi verbundene Verehrungsformen, wie etwa die Betrachtung der fünf Wunden oder der sogenannten *Geheimen Leiden Jesu,* zu eigenen Bildformeln fanden. Diese wurden vor allem auch in Form von Kupferstichen publiziert und somit popularisiert. SM

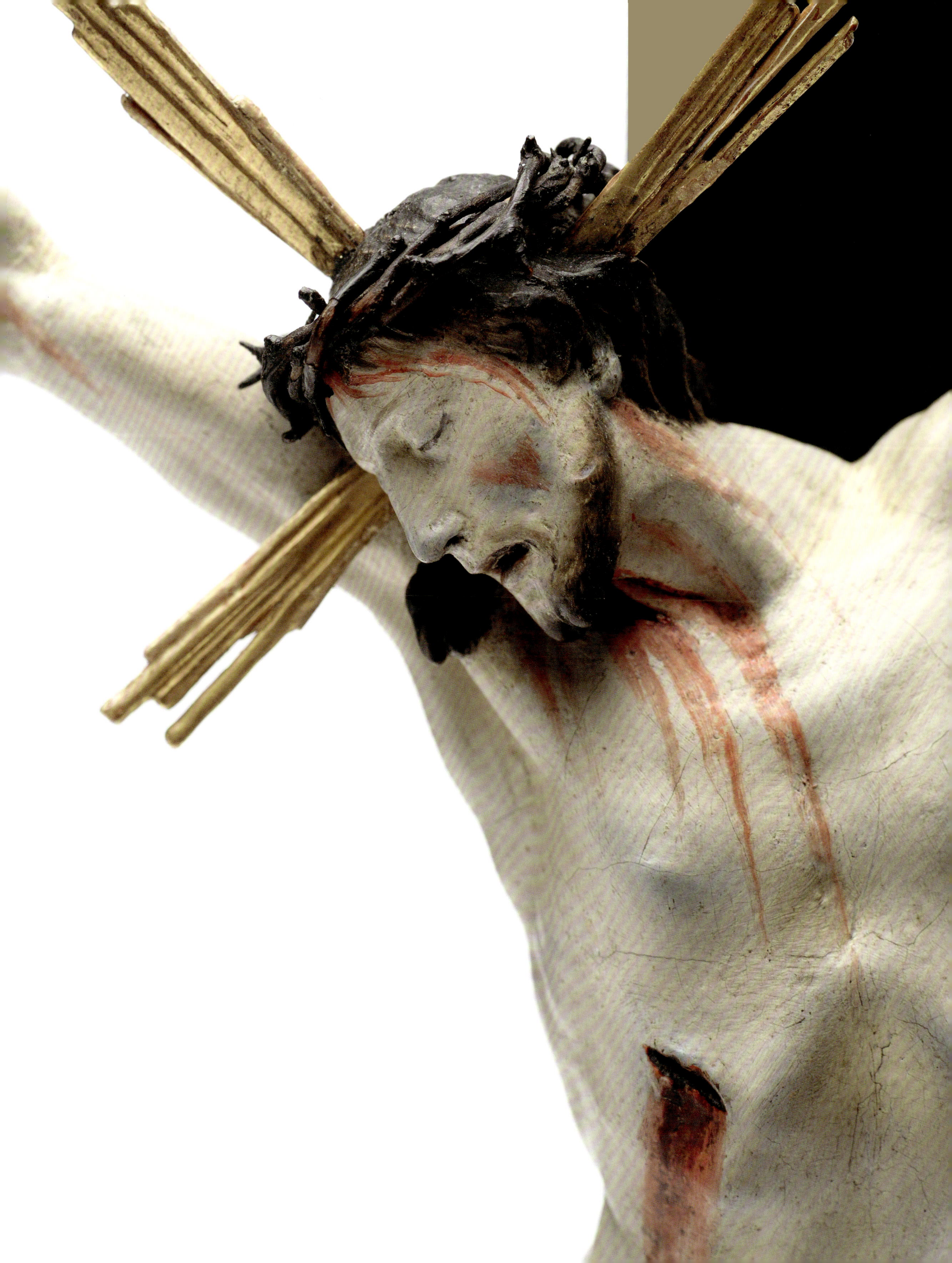

VERISMUS Mithilfe illusionistischer Techniken lassen sich Effekte erzielen, die den Betrachter überraschen und beeindrucken, aber auch irritieren und manchmal sogar schockieren. Seit jeher war es ein Bestreben der Menschen, wirklichkeitsgetreue Skulpturen zu schaffen. Vor allem farbige Fassungen vermögen es, mit einer differenzierten Oberflächenbehandlung das menschliche Erscheinungsbild zu imitieren und einen verblüffenden Materialrealismus zu erzeugen. Die Bedeutung des bereits in der Antike lebhaft diskutierten Ausdrucks *veri simile* schwankt zwischen der einfachen *imitatio naturae*, also der Nachahmung der Natur, und der anspruchsvolleren Absicht, dass im Abbild auch das Urbild erkennbar sei. Dahinter steht die Vorstellung, mithilfe einer möglichst perfekt simulierten Oberfläche das eigentlich »Wahre« zu erkennen. Die Skulpturen des Rokoko sind durch ihre Farbfassung, Lebensgröße, individuellen Gesichtszüge und ihr Hineintreten in den Raum auf eine Interaktion mit den Betrachtern angelegt. Der damit intendierte Realismus soll den Dargestellten Leben einhauchen und eine unmittelbare Begegnung ermöglichen.

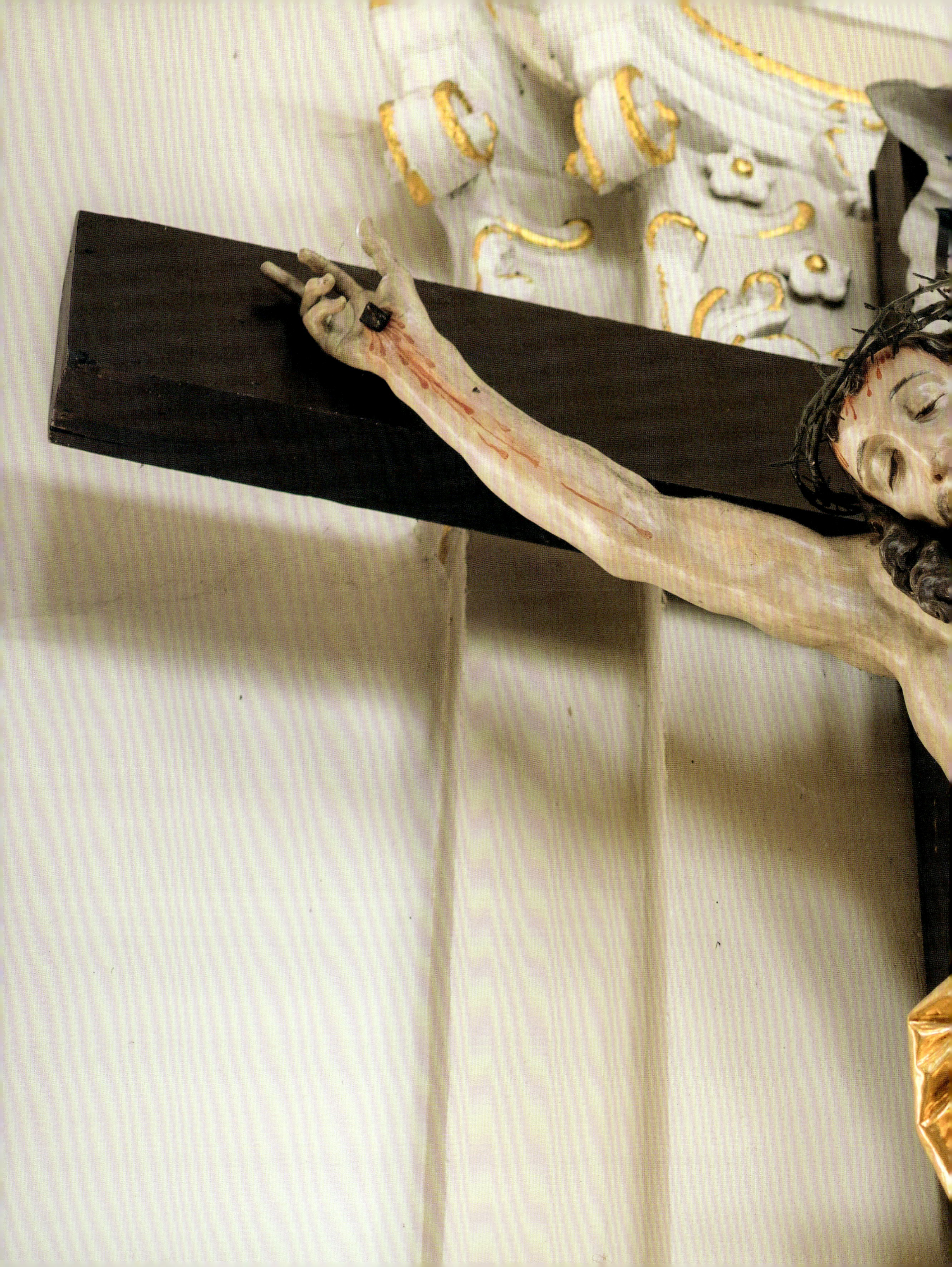

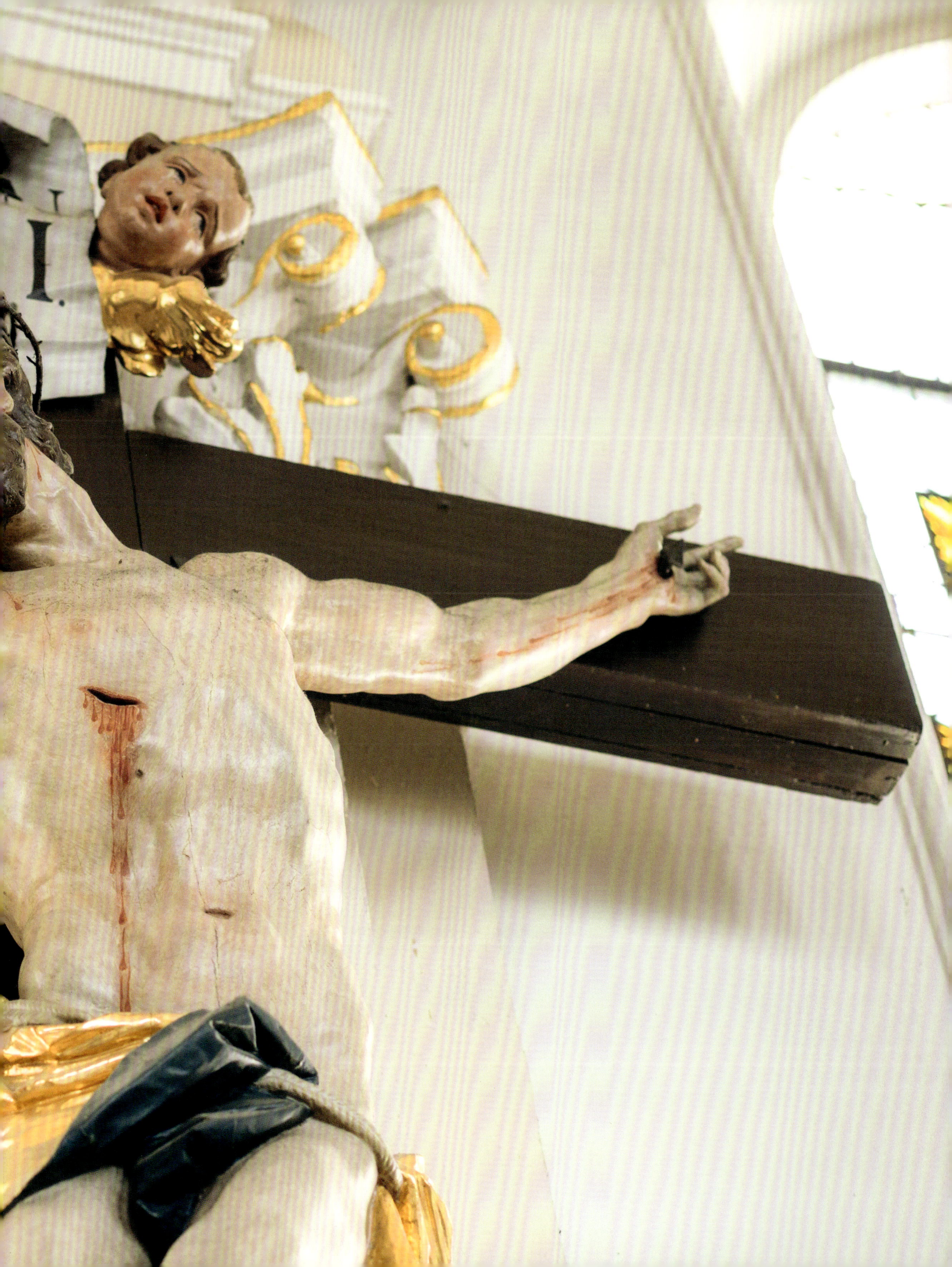

111 IGNAZ GÜNTHER

CHRISTUS AM KREUZ UND SCHMERZHAFTE MUTTERGOTTES

um 1767 (?)
Lindenholz, farbig gefasst
a 504 x 180 x 37,5 cm (Christus mit Kreuz)
b 162 x 63 x 40 cm (Maria)

112 IGNAZ GÜNTHER

HLL. BERNHARD VON CLAIRVAUX UND LEONHARD

um 1767 (?)
Lindenholz, farbig gefasst
a 241,4 x 130 x 90 cm (Hl. Bernhard mit Kreuz)
b 193,5 x 105 x 50 cm (Hl. Leonhard mit Krummstab)
Aholming, Katholische Pfarrkirche St. Stephanus

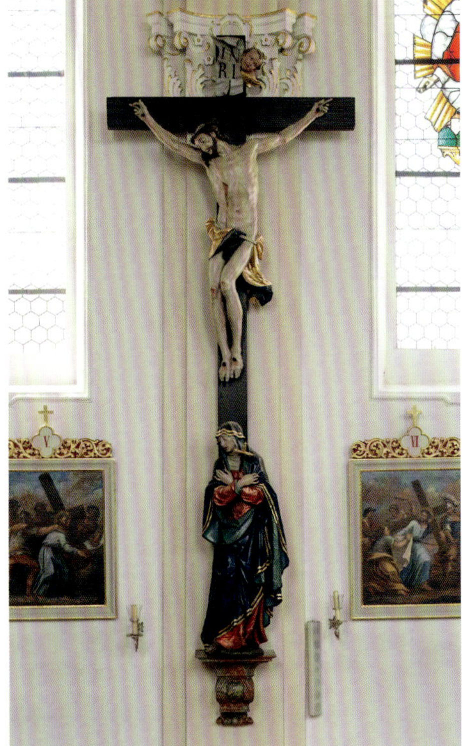

Literatur: Karl Tyroller, Der Aholminger Hochaltar. Ein Spätwerk Ignaz Günthers?, in: Jahresbericht des Historischen Vereins für Straubing und Umgebung 83 (1981), S. 77–84. – Schindler 1985, S. 211 –214. – Egon Boshof (Hg.), Das Zisterzienser-Kloster Aldersbach. Dokumentation seiner Geschichte im Rahmen der Ausstellung Cosmas Damian Asam. Zum 300. Geburtstag, Kloster Aldersbach 1986, Nr. A 38. – Woeckel 1987a. – Karl Tyroller, Die Figuren des Aholminger Hochaltars. Ein mutmaßliches Spätwerk Ignaz Günthers, in: Ars bavarica 57/58 (1989), S. 117–130. – Volk 1991a, S. 206–209, 252. – Schmid 1992. – Volk 2007b, S. 100–102, Abb. 16 f. – Hamm 2010, S. 206, 254.

Ignaz Günther (1725–1775) schuf eine bemerkenswerte Anzahl bedeutender Kruzifixe unterschiedlichen Formats, darunter mehrere in Lebensgröße. Sie folgen alle dem gleichen Typus und unterscheiden sich nur geringfügig in ihrer Körperhaltung und bei der Gestaltung des Lendentuchs (vgl. Kat.-Nr. 107–110). Bei dem hier gezeigten Kruzifix aus der Pfarrkirche St. Stephanus in Aholming sind die Augen des Sterbenden halb geöffnet, und mit gefühlvollem Ausdruck scheint er den Betrachter anzublicken. Die Komposition eines Kruzifixes zusammen mit der Figur der Schmerzhaften Muttergottes nach dem Vorbild des damals hochverehrten Gnadenbilds der Münchner Herzogspitalkirche findet sich auch bei anderen Künstlern der Zeit. Günther verwendet sie außer in Aholming noch bei einer kleinformatigen Kreuzgruppe im Salzburger Stift Nonnberg und bei der 1766 entstandenen Altargruppe in der Pfarrkirche von Griesstätt mit lebensgroßen Figuren.

Die Skulpturen der beiden Mönchsheiligen wirken besonders charaktervoll und ausdrucksstark. Der hl. Bernhard (1091–1153) war von 1115 bis zu seinem Tod Abt des Zisterzienserklosters von Clairvaux, weshalb er hier als Zeichen seiner Würde ein Brustkreuz über der weißen Kukulle seines Ordens trägt; eine Mitra steht zu seinen Füßen. Da Bernhard zu den geistigen Führern seiner Zeit gehörte und ein mystischer Verehrer des Leidens Christi war, hält er die Waffen *(arma)* Christi – Kreuz, Essigschwamm und Lanze – im Arm und weist verzückt auf den Gekreuzigten in der Altarmitte. Sein Pendant ist der als Patron für die Pferde und das Hornvieh heute noch populäre hl. Leonhard, Einsiedler von Limoges (um 500), der hier aber in seinem Urpatronat als Schutzheiliger der Gefangenen mit eiserner Fessel in der Hand dargestellt wurde. Auch er ist als Abt gekennzeichnet mit Brustkreuz und Abtsstab sowie einer elegant plissierten schwarzen Kukulle, die lebhaft das Licht reflektiert. Im Gegensatz zu seinem exaltierten Gegenüber wirkt er eher in sich gekehrt. Sein einprägsamer asketischer Charakterkopf erinnert stark an die versilberte Büste des hl. Anianus in Rott am Inn (Kat.-Nr. 83).

Die vier Skulpturen, die erst 1981 von Karl Tyroller als Werke Günthers erkannt wurden (nur Woeckel plädierte für Jorhan), gehören zu einem Kreuzaltar, der spätestens 1842 in Zweitverwendung nach Aholming gelangt ist. Für die Neuaufstellung in dem zu engen und zu niedrigen Chor der Kirche musste man den Altar stark verändern. Das im Auszug dargestellte Wappen von Theobald II. Reitwinkler, der von 1745 bis 1779 Abt des Zisterzienserklosters Aldersbach war, lässt vermuten, dass der Altar bis zur Säkularisation in der 1767 errichteten Portenkapelle dieses Klosters gestanden hat. Bisher hat man ihn allerdings nicht genau untersucht und vermessen, sodass diese Zuordnung, die aus ikonographischen Gründen überzeugt, ungesichert bleibt. Auf Matthäus Günthers (1705–1788) 1767 datiertem Deckenfresko der Aldersbacher Portenkapelle sind die Sieben Schmerzen Mariens wiedergegeben, unter denen die Kreuzigung Christi fehlt. Diese war jedoch Gegenstand des Kreuzaltars, der noch 1805 dort erwähnt wird.

Der Aufbau des Altars in Aholming, dessen Ornamentik Günther fremd ist, wurde unlängst dem in Passau-St. Nikola ansässigen Bildhauer Joseph Deutschmann (1717–1787) zugeschrieben. Es gilt allerdings zu berücksichtigen, dass zu dem Ensemble außer den vier großen Figuren noch zwei Kinderengel Günthers gehören, von denen einer das Schweißtuch der hl. Veronika hält. Vielleicht schuf Günther nicht nur die Skulpturen, sondern entwarf auch das Retabel, für dessen Ausführung sich dann allerdings der Kistler vor Ort – ein Bildhauer kommt dafür kaum infrage – weitgehende Freiheiten genommen hätte. Dem Stil nach ist die Datierung des Aholminger Altars in die Erbauungszeit der Kapelle in Aldersbach um 1767 überzeugend. PV

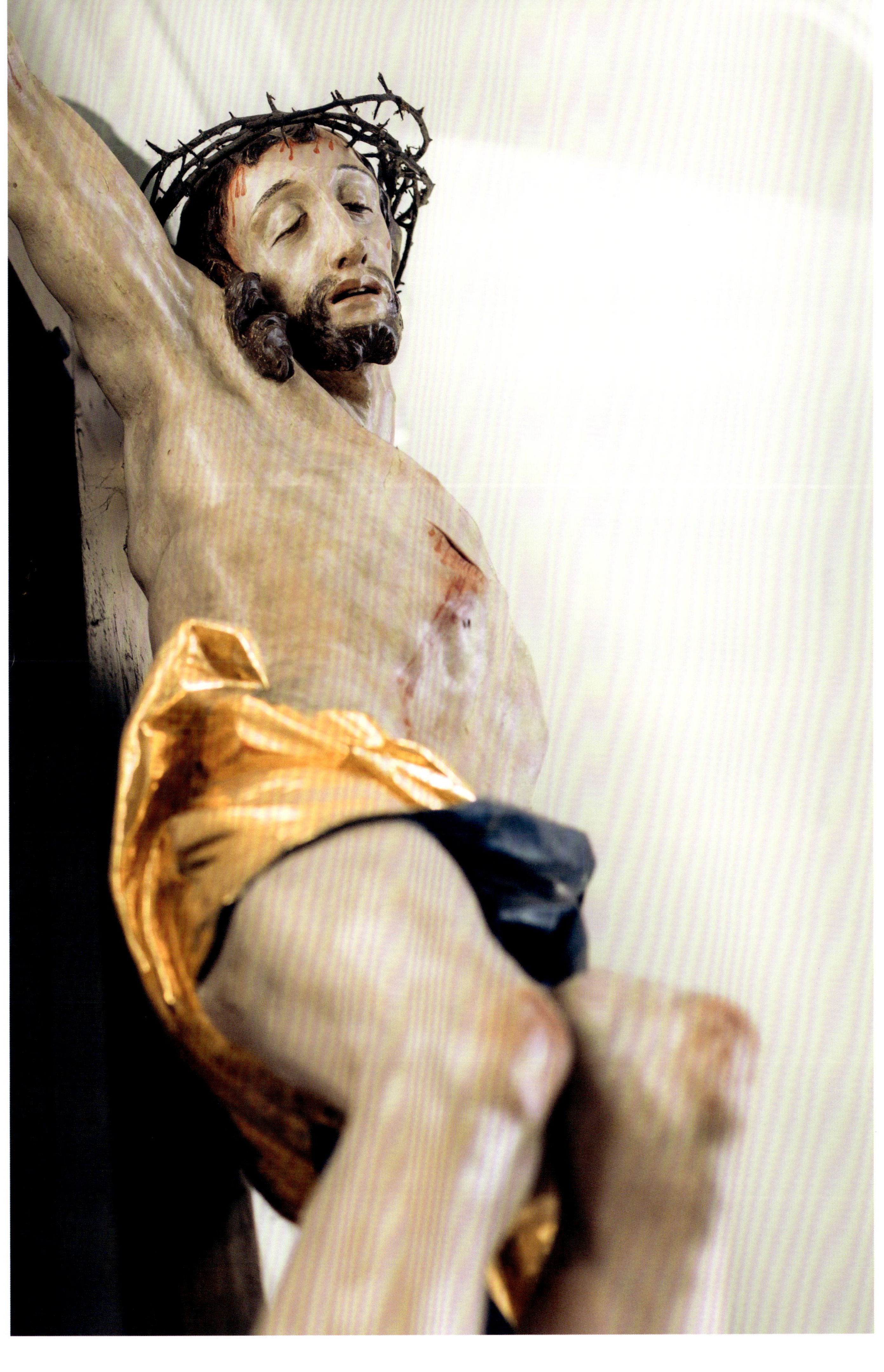

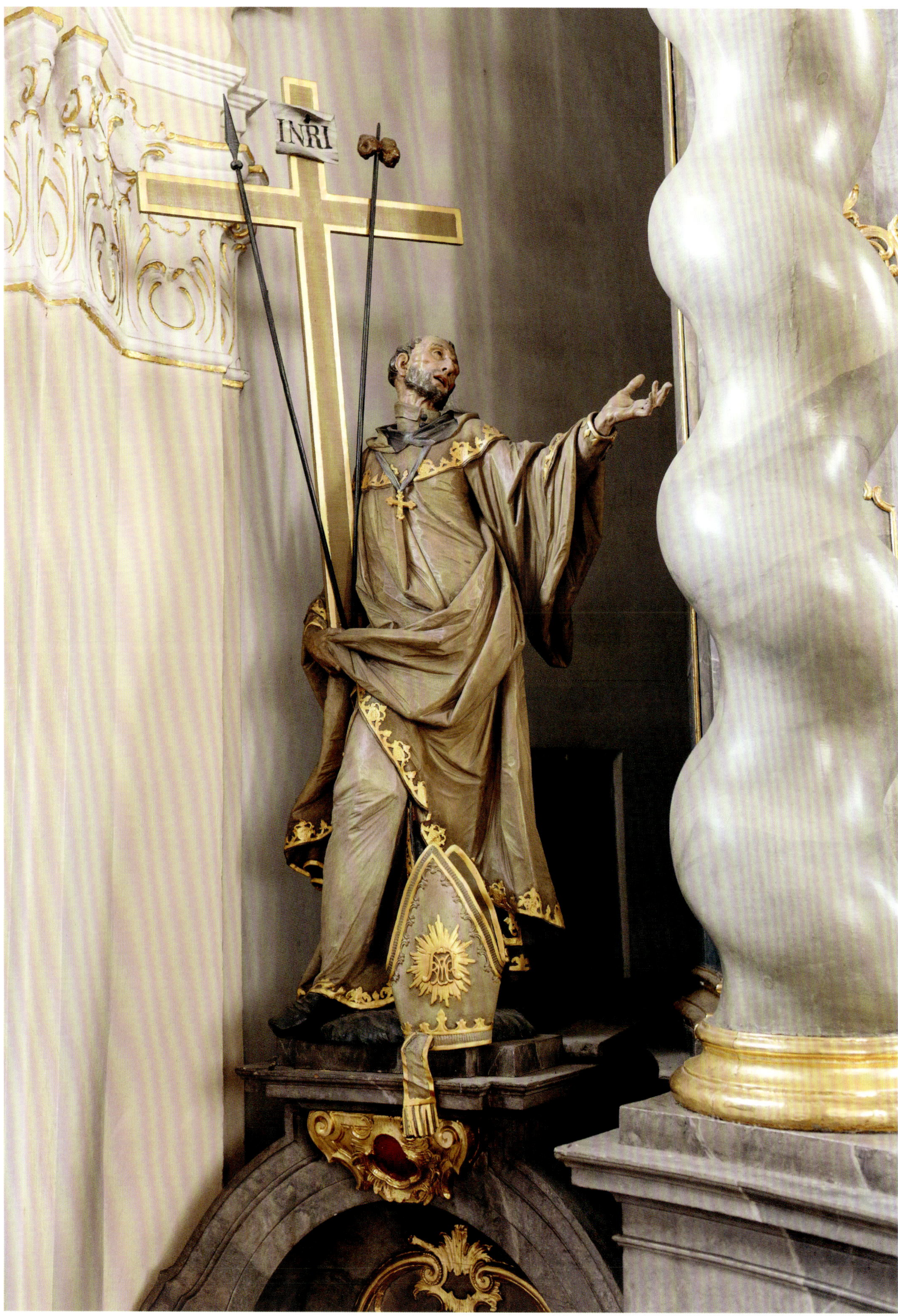

112 a

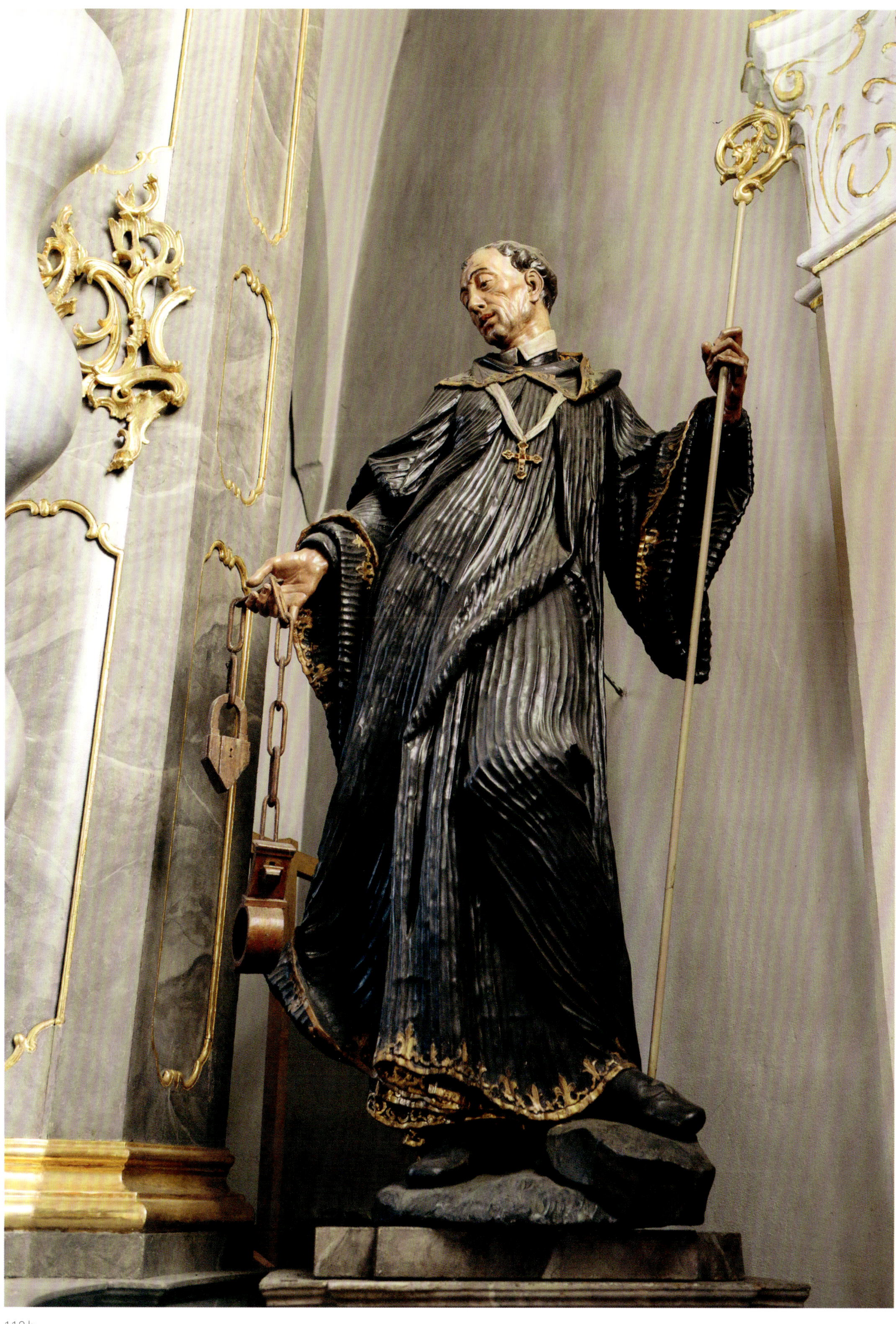

112 b

113 IGNAZ GÜNTHER

ENTWURF FÜR EINEN KUPFERSTICH MIT DER DARSTELLUNG DES HL. JOHANNES VON GOTT

um 1770
Feder in Grau über Bleigriffel, hell- und dunkelgrau laviert; 17,9 x 12,8 cm
Bezeichnet auf der Rückseite: »Ignat. Gündter del. Monachy.«
München, Staatliche Graphische Sammlung; Inv.-Nr. 7762 Z
Literatur: Woeckel 1975a, Nr. 70.

114 IGNAZ GÜNTHER

HL. JOHANNES VON GOTT

um 1770
Holz, farbig gefasst; 75,5 cm
München, Provinzialat der Barmherzigen Brüder
Literatur: Feulner 1947, S. 100. – Schönberger/Woeckel 1951, S. 30 f., Nr. 70. – Schönberger 1954, S. 77. – Volk 1991a, S. 214. – Gerhard P. Woeckel, Die Johannes von Gott-Gruppe. Ein hervorragendes Bildwerk des Münchner Hofbildhauers Franz Ignaz Günther (1725–1775), München 1994.

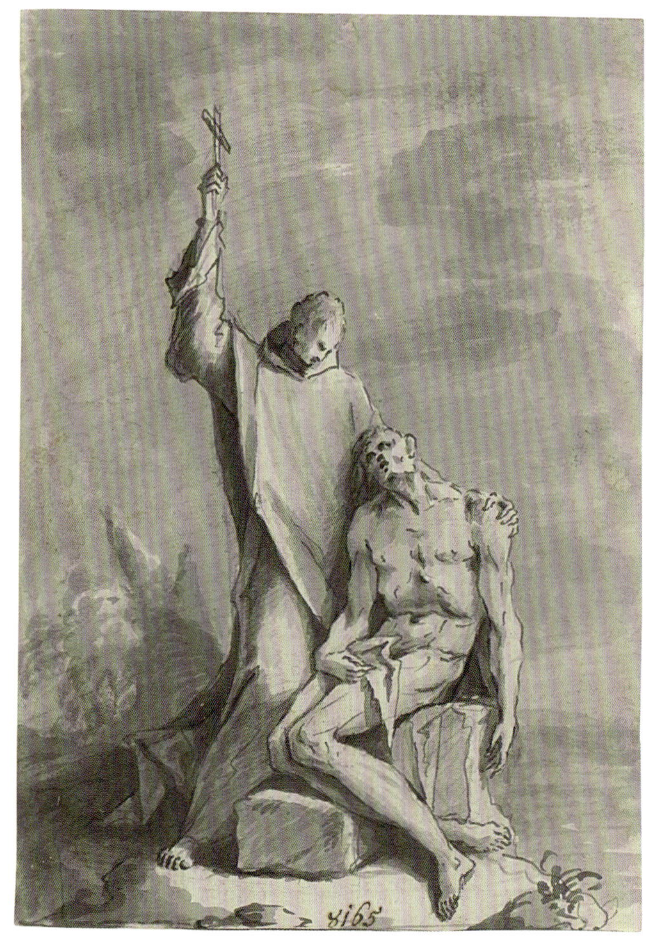

Johannes von Gott gründete 1540 in Granada ein Spital und widmete sich der Krankenpflege. Aus der dort tätigen Gemeinschaft entwickelte sich der Orden der Barmherzigen Brüder, der bis heute die Pflege kranker, behinderter und alter Menschen als seine wichtigste Aufgabe betrachtet. Daher geloben seine Angehörigen neben Ehelosigkeit, Armut und Gehorsam auch Hospitalität im Sinne einer bedingungslosen Zuwendung zum hilfesuchenden Menschen. Dies ist für das Verständnis der Skulptur Günthers von größter Bedeutung, da sie nicht nur den Ordensgründer darstellt, sondern darüber hinaus in einer szenisch angelegten Komposition dieses vierte Gelübde ins Bild setzt.

Der *Hl. Johannes von Gott* wendet sich einem Kranken zu, der entkräftet, fast nackt und nur mit einem Lendentuch bekleidet auf grob behauenen Steinen sitzt. Der Heilige trägt die traditionelle Ordenstracht, bestehend aus schwarzer Kutte mit Skapulier, das hier mit einer vergoldeten Rocailleborte sparsam geschmückt ist. Im Gegensatz zu dem in sich zusammengesunkenen Kranken steht Johannes in kraftvoll bewegter Pose leicht versetzt hinter ihm, um ihn zu stützen und mit dem Verweis auf das hoch erhobene Kreuz als Zeichen der Hoffnung in seiner rechten Hand zu trösten. Dieses ist gleichermaßen kompositorischer Schlusspunkt der Skulptur, die von weich fließenden Bewegungsmomenten geprägt ist, wie auch inhaltliche Zuspitzung der Intention, das heißt der Darstellung der vorbehaltlosen Hilfe vor dem Hintergrund christlicher Nächstenliebe. Eine weitere Assoziation ergibt sich durch die Nähe der Figurengruppe zu Darstellungen der Pietà – vielleicht eine Anspielung auf die Legende des Heiligen, in der berichtet wird, Christus selbst sei ihm in Gestalt eines kranken Bettlers begegnet.

Die kleinformatige Skulptur gehört aufgrund der virtuosen Komposition und den daraus resultierenden reizvollen Ansichten, nicht zuletzt auch wegen des raffinierten Spiels mit weich modellierten Körperpartien und der in Flächen gebrochenen Ordenstracht zu Günthers hervorragendsten Arbeiten. Unklar ist, aus welchem Kontext die Skulptur stammt. Sie befand sich jedoch mit größter Wahrscheinlichkeit im Münchner Kloster der Barmherzigen Brüder und wurde nach der Säkularisation in wechselnden Ordensniederlassungen aufgestellt.

Inspiration zu seiner Skulptur erhielt Günther eventuell durch die seit 1745 im Petersdom befindliche Marmorgruppe des Filippo della Valle (1698–1768) – dort ist der hl. Johannes von Gott ebenfalls mit einem fast nackten Kranken dargestellt. Es ist jedoch auch möglich, dass Günther sich an Werken Egid Quirin Asams orientierte, weshalb die Skulptur mit einer Darstellung des hl. Karl Borromäus in der Straubinger Ursulinenkirche in Verbindung gebracht wird.

Die Zeichnung, welche die Gruppe in eine Landschaft versetzt, ist kein Entwurf für die Skulptur, sondern bildet sie lediglich ab. Sie stimmt genau mit einem Kupferstich von Franz Xaver Jungwirth (1720–1790) überein, der noch eine weitere Darstellung des Heiligen nach einem Entwurf von Ignaz Günther gestochen hat. SM

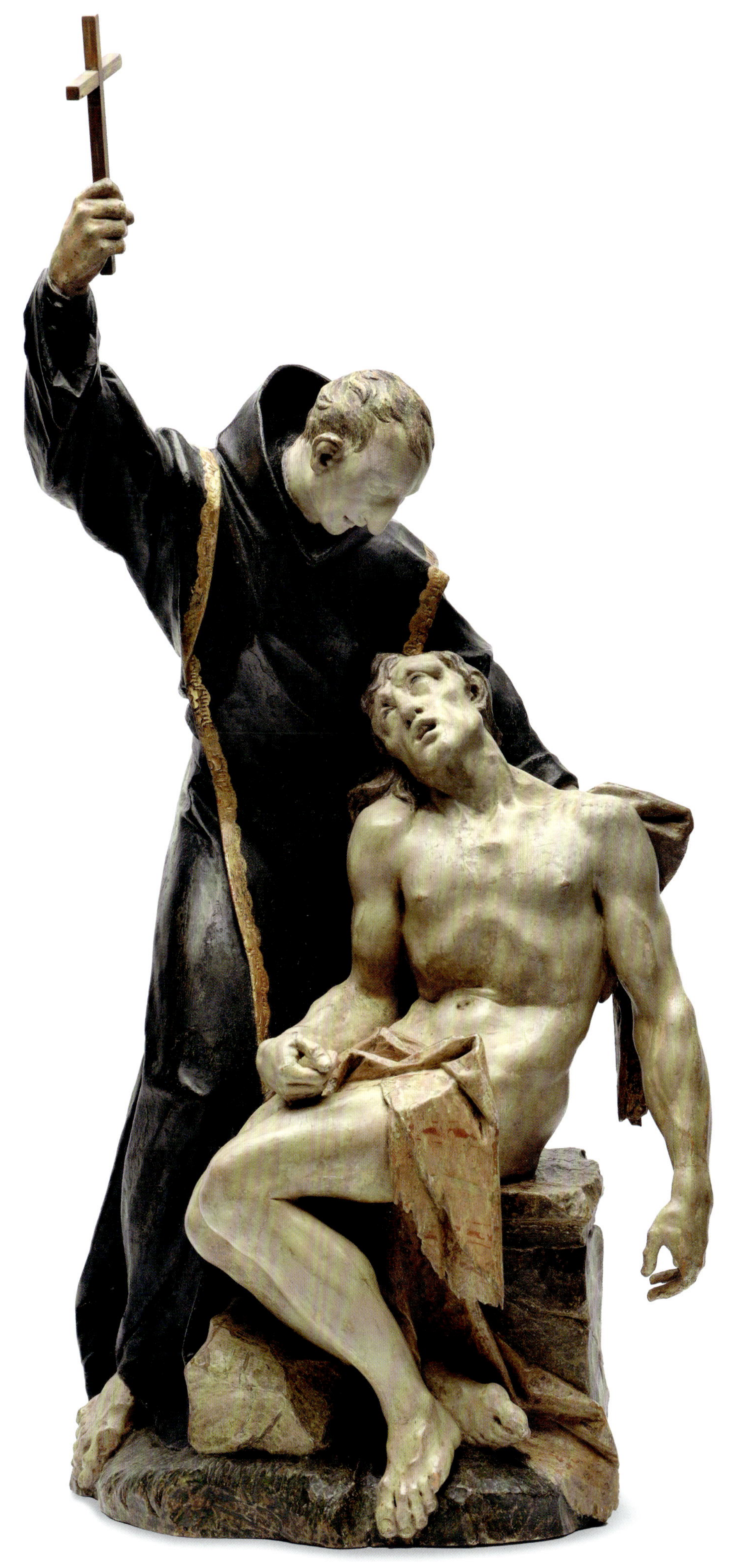

115 IGNAZ GÜNTHER
PIETÀ

1758
Holz, farbig gefasst, Glasaugen; 129,4 × 114 × 38,5 cm
Bezeichnet auf der Rückseite: »Ign: Günder 1.7.58 et. Aug: Demel. Pict.«
Eiselfing, Pfarrkirche St. Rupertus
Literatur: Schönberger 1954, S. 29 f., Abb. 8, 9. – Woeckel 1975a, S. 480–482. – Volk 1991a, S. 68–71.

Die kleine Dorfkirche von Eiselfing birgt ein unvermutetes Meisterwerk: das Hochrelief der Pietà von Ignaz Günther (1725–1775) auf dem nördlichen Seitenaltar. Die ungewöhnliche doppelte Signatur auf der ausgehöhlten Rückseite, in der der Fassmaler Augustin Demmel (1734–1789) gleichberechtigt neben dem Bildschnitzer Ignaz Günther auftritt, ist ein seltener Beleg für den hohen Stellenwert der Figurenfassung im 18. Jahrhundert, durch den ein Bildwerk erst zum Kunstwerk wurde (S. 268, Abb. 1).[1]

Die Eiselfinger Pietà ist – vor den Skulpturen in Weyarn (1764) und Nenningen (1774) – die früheste der drei erhaltenen Vesperbilder Günthers. Doch während die beiden späteren Figurengruppen mit ihren zierlichen Einzelformen, geschraubten Körperhaltungen und raumgreifenden Gesten ganz der Vorstellung einer eleganten Rokoko-Skulptur entsprechen, folgt das Eiselfinger Bildwerk einem ganz anderen Typus. Maria hält ihren toten Sohn auf dem Schoß; von Gram gebeugt, neigt sich ihr Kopf tief zum Haupt Christi herab, das sie mit den Händen stützt. Eng lehnt sich Marias Oberkörper an den ihres Sohnes, doch Unterkörper und Beine weisen in unterschiedliche Richtungen.

Mit dieser Figurengruppe folgt Günther einem im 18. Jahrhundert weit bekannten Vorbild. Es handelt sich um ein seit 1945 verschollenes, in Fotografien und Andachtsbildchen überliefertes Wachsrelief des Wachsbildners Alessandro Abondio (um 1570–1648) von 1630, das im Münchner Jesuitenkolleg im Oratorium der Congregatio Minor der Studenten und Gymnasiasten verehrt wurde.[2] Die Wachsplastik wiederum wiederholte das bekannte Gemälde des Flamen Wilhelm Key (um 1515–1568), das erstmals im Inventar der Kammergalerie von 1627/30 genannt wird.[3] Allerdings wurde vermutlich bereits 1598 eine Kopie dieser Pietà für die damals jesuitische Klosterkirche Ebersberg geschaffen. Möglicherweise gab es also ein älteres, verlorenes Vorbild.

Das Gnadenbild in der Münchner Jesuitenkirche hatte den Titel *Mater Doloris et Amoris* (Mutter des Schmerzes und der Liebe). Dieser zweite Aspekt kam in der Abondio-Plastik deutlich zum Ausdruck: Maria und Jesus legten ihre geöffneten Lippen tatsächlich aneinander.

Günther und Demmel wandelten diese bekannte Vorlage in wenigen, aber entscheidenden Details ab, die das Bildwerk in einen für das Rokoko typischen Spannungszustand versetzen. Die Gesichter der beiden Protagonisten berühren sich gerade noch nicht (Abb. S. 266); Marias Schmerz ist in ihrem noch jungen Gesicht in verhaltener Ohnmacht erstarrt. Die steifen, blockhaften Formen, die ihre Herkunft aus dem zweidimensionalen Bild noch spürbar werden lassen, treffen auf ein mit größtmöglichem Realismus ausgeführtes Inkarnat. Es gipfelt im Verismus der eingesetzten Glasaugen Mariens, die jedoch erst für Betrachtende sichtbar werden, wenn sie unmittelbar vor der Figurengruppe knien.

Auf den Seitenaltar in Eiselfing gelangte die Pietà erst im 19. Jahrhundert, wo 1820 eine Schmerzhafte Muttergottes erwähnt wird, die wie die anderen Marienstatuen der Kirche zu Festtagen mit einem Schleier bekleidet wurde (Nagellöcher am Hinterkopf belegen dies). Sie dürfte aus dem Kloster Attel am Inn stammen, dem die Pfarrkirche Eiselfing inkorporiert war.[4] Eiselfing hatte bei der Klosterauflösung 1803 zahlreiche weitere Kunstgegenstände aus dem Kloster erhalten, und der letzte Abt von Attel, Dominikus II. Weinberger, hatte sich dorthin zurückgezogen und (laut Wappeninschrift im Langhaus) »der Pfarrkirche viele Wohltaten [erwiesen]«. Weinberger wiederum konnte die Pietà 1804 bei der Versteigerung des Klostergutes erwerben, wie er am 27. Februar 1804 an den ehemaligen Klosterkistler Balthasar Gaßner schrieb: »Vorgestern ist die Bruderschaftskammer und alles was in der Kirche, und den Altaeren der Bruderschaft zugehoeret hat, verkaufet worden. Die drey Frauenbilder sind auch verkaufet worden. Ich habe kümmerlich die schmerzhafte Muetter bekommen.« Die Eiselfinger Pietà stammt also aus Attel und führte, wie ihre Weyarner Schwester, zusammen mit zwei weiteren (verlorenen) Marienbildern den Mitbrüdern einer klösterlichen Bruderschaft die freudenreichen, schmerzhaften und glorreichen Geheimnisse beim regelmäßigen Rosenkranzgebet vor Augen. AIN

1 Zu Demmel vgl. Astrid Hallinger, Der Münchner Hofkünstler Augustin Demmel (1734–1789), in: Michael Kühlenthal (Hg.), Historische Polychromie, München 2004, S. 213–242. Vgl. auch den Aufsatz von Rupert Karbacher, S. 267–272.

2 Vgl. Peter Steiner, Altmünchner Gnadenstätten. Wallfahrt und Volksfrömmigkeit im Kurfürstlichen München, München/Zürich 1977, S. 47 f., und Hubert Glaser (Hg.), Um Glauben und Reich. Kurfürst Maximilian I., München 1980, S. 507.

3 Bayerische Staatsgemäldesammlungen, München, Alte Pinakothek, Inv.-Nr. BStGS 539.

4 Die folgenden Ausführungen beruhen auf den unveröffentlichten Recherchen von Ferdinand Steffan.

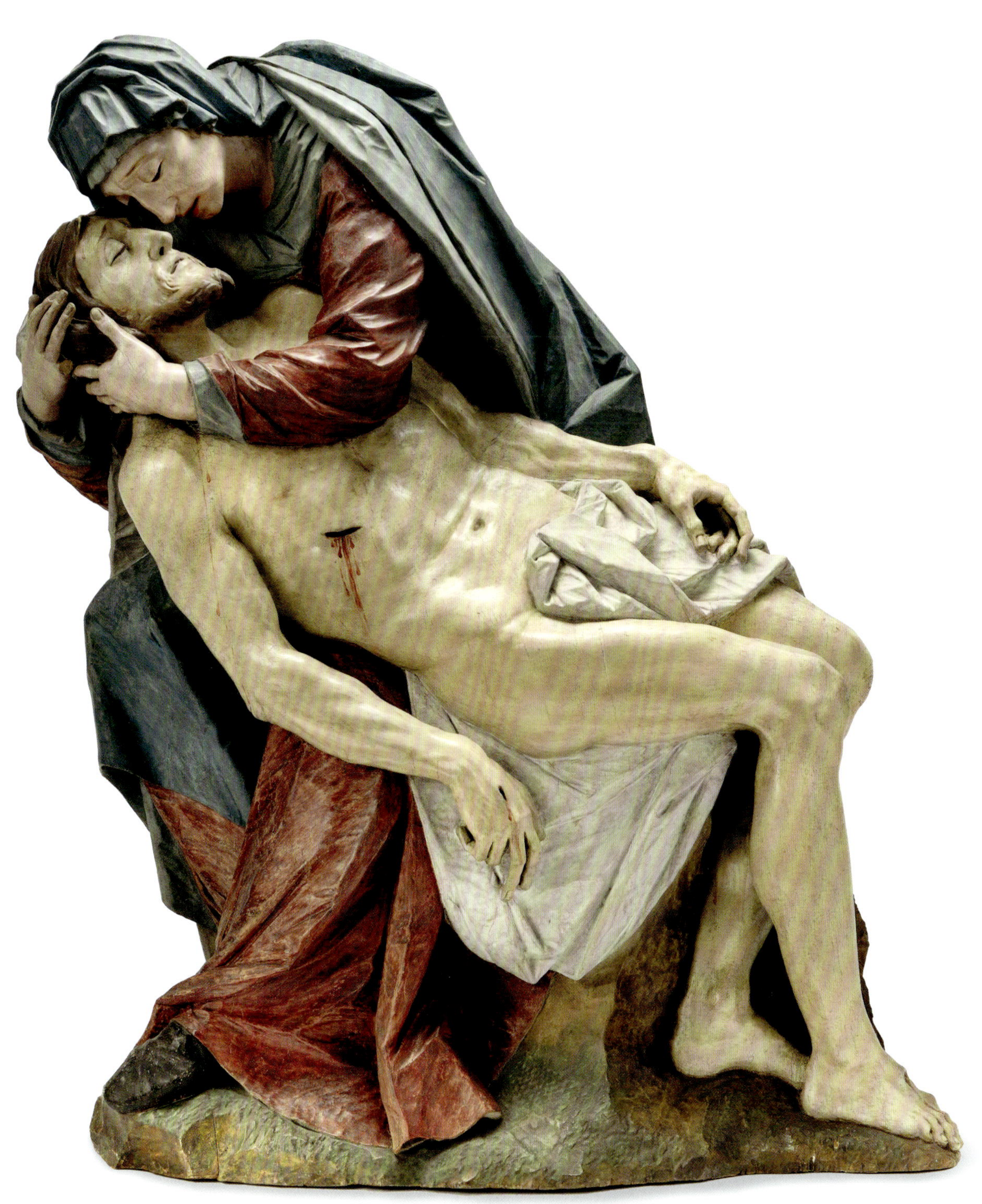

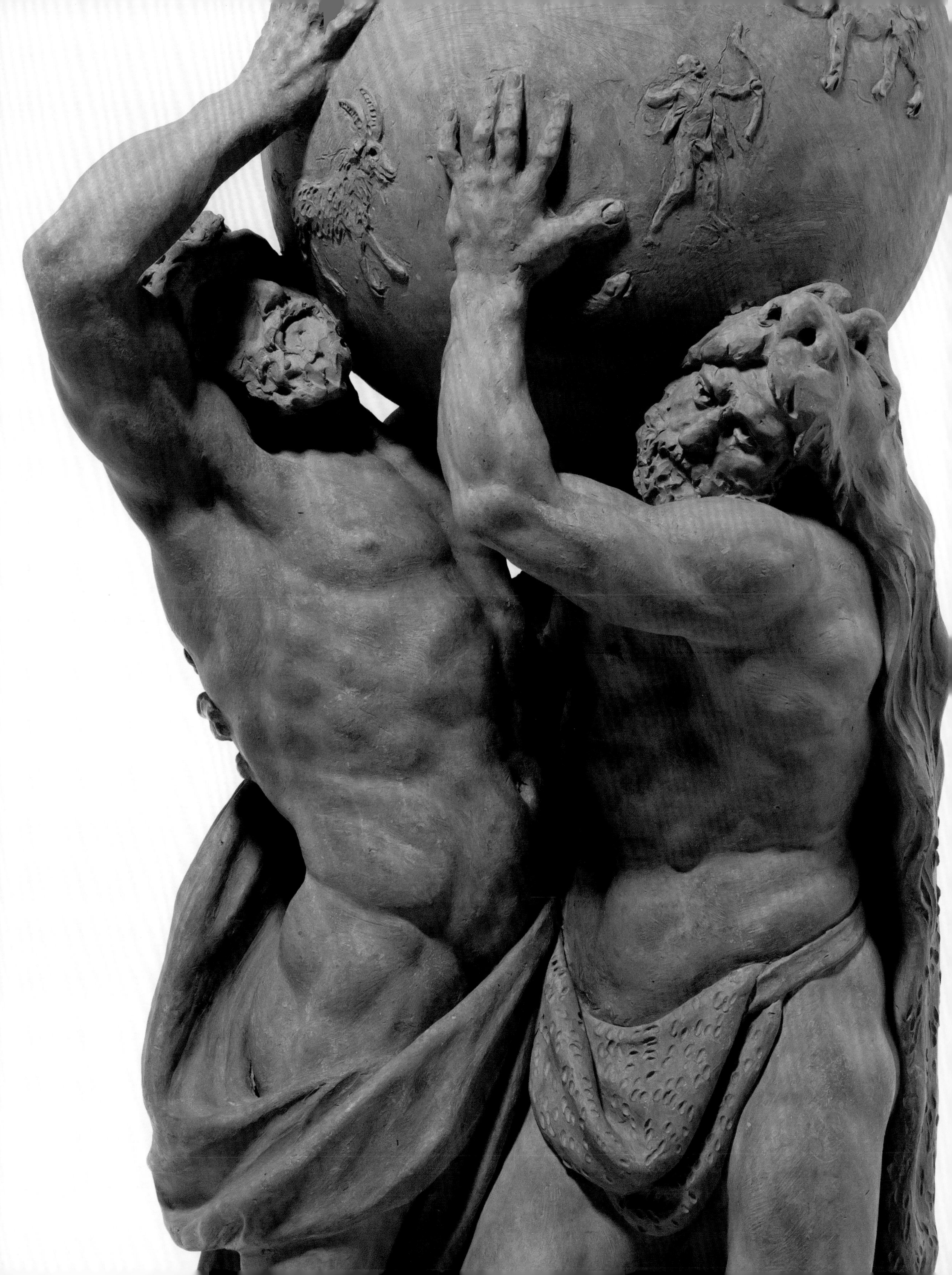

»KEIN VERHÄLTNIS UND KEIN VERSTAND«? ROMAN ANTON BOOS UND DAS ENDE DES ROKOKO

Ariane Mensger

1777/78 reichte der Münchner Hofstuckateur Franz Xaver Feichtmayr d. J. (1735–1803) Entwürfe für die neu zu schaffende Kanzel in der Frauenkirche ein, eine opulente und figurenreiche Komposition, die den Kanzelkorb in einen gewaltigen Schiffsrumpf stellt und den Schalldeckel als gebauschtes Segel interpretiert (Abb. 1).[1] »An Bord« erscheint Christus, seine Linke im Redegestus erhoben und von zwei Evangelisten begleitet, die sich weit über die geschwungenen, mit Rocaillen verzierten Schiffsplanken beugen, um ein Netz einzuholen. Direkt darunter bildet die Figur des Propheten Jonas, der gerade aus dem Maul des Walfischs gespien wird, den Kanzelfuß. Feichtmayrs ambitionierter Vorschlag stieß jedoch auf Skepsis seitens des Kollegiatsstifts Unserer Lieben Frau, wobei namentlich »der Walfisch sammt dem Jonas« Bedenken auslöste und die Schiffsform überhaupt infrage gestellt wurde.

Das ganze Projekt stand im Kontext der seit 1772 vollzogenen Umgestaltung der Frauenkirche, in deren Zuge der Innenraum geweißt wurde und der Bildhauer Ignaz Günther fünf reliefgeschmückte Holzportale (1772) und 16 vergoldete Holzreliefs für das Chorgestühl (1774, Kat.-Nr. 77) schuf. Vermutlich nach dem Tode Günthers 1775 kam es dann zur Ausschreibung der Kanzel mit dem geschilderten Ergebnis. Die von Feichtmayr vorgeschlagene Schiffskanzel ist eine architektonische Sonderform, deren Bildprogramm an die Schiffspredigt Christi, den Wunderbaren Fischzug und die Berufung Petri und der Jünger als Menschenfischer (*Lukas* 5,4–11) erinnert. Frühe Beispiele dieser »Schifflein Petri« datieren vom Ende des 17. Jahrhunderts, die meisten entstanden im Lauf des 18. Jahrhunderts, wobei sie vor allem in kleineren ländlichen Kirchen Süddeutschlands und Österreichs beliebt waren.

In der Frauenkirche in München hielt man eine solch theatralische Inszenierung Ende der 1770er-Jahre offenbar nicht mehr für zeitgemäß, sodass nicht Feichtmayr, sondern der Münchner Bildhauer Roman Anton Boos (1730–1810) 1780 die neue Kanzel ausführte.[2] Ihr Aussehen ist durch zwei Zeichnungen überliefert, von denen der 1778 datierte, noch von Boos stammende Aufriss im Zweiten Weltkrieg zerstört wurde und nur noch als Reproduktion vorliegt.[3] Erhalten hat sich jedoch die Zeichnung eines Unbekannten aus dem Jahr 1860, welche die Kanzel von der Seite wiedergibt und gerade in Hinblick auf Bau- und Zierformen besonders aufschlussreich ist (Abb. 2).[4] So waren Kanzelkorb und Schalldeckel reich mit Reliefs und vollplastischen Skulpturen versehen. Zusätzlich zu diesem figürlichen

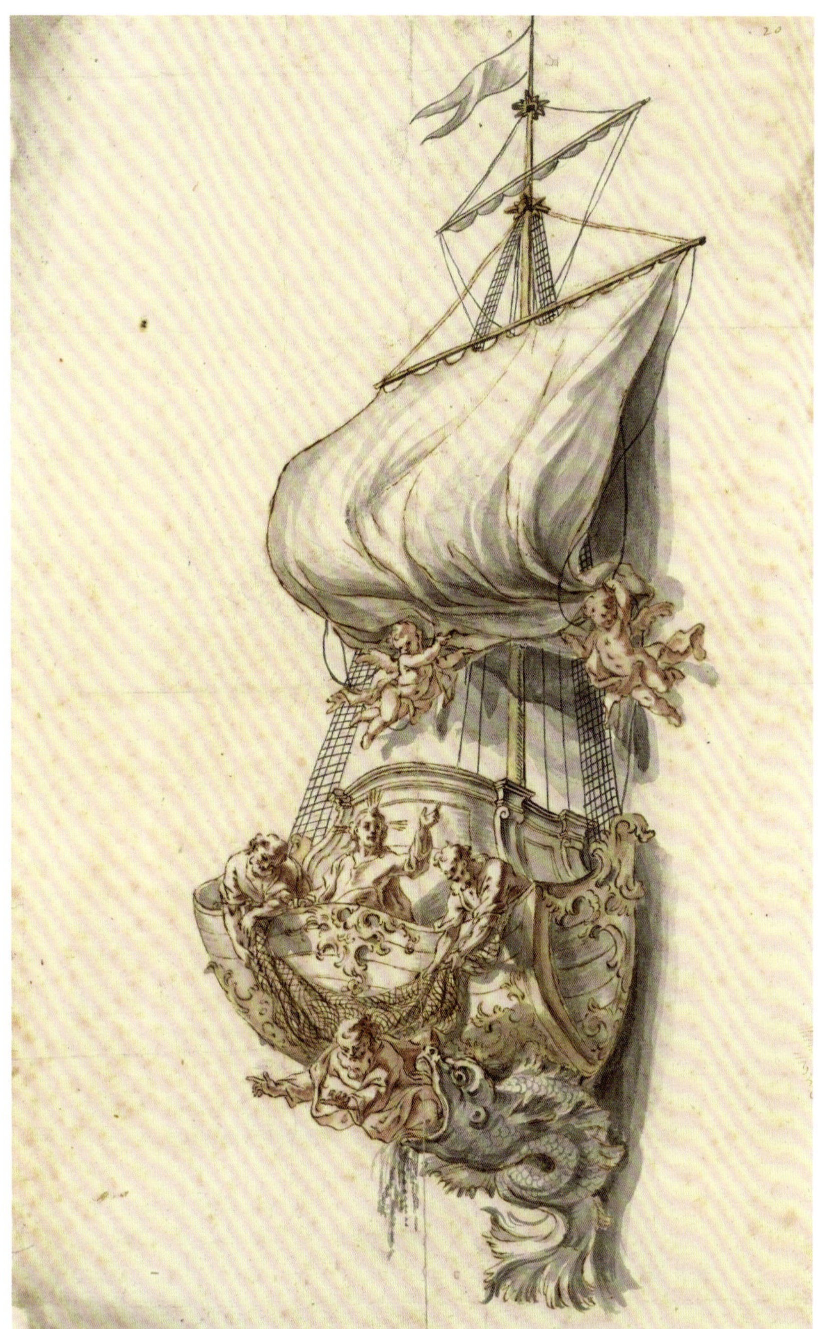

1 Franz Xaver Feichtmayr d. J., Schiffskanzel für die Münchner Frauenkirche, 1777/78, Feder in Schwarz und Braun, grau laviert, gelb und rosa aquarelliert, 34,2 x 21 cm, München, Staatliche Graphische Sammlung

Schmuck war die gesamte Architektur mit antikisierenden Ornamenten wie Eierstab, Akanthus und Mäander überzogen. Während also die große Form noch ganz in der Tradition des Barock und Rokoko stand, dominierten im kleinteiligen Dekor Anleihen an die Antike. Dabei ist allerdings festzustellen, dass zwar die einzelnen Elemente aus der antiken Kunst stammen, ihre Verwendung beziehungsweise ihr Einsatz an der Architektur jedoch vollkommen unklassisch erfolgte. Das Ergebnis ist nicht allein ein bedrängender *horror vacui,* sondern auch ein unausbalancierter Stilmix aus Rokoko und Klassizismus. Diese ästhetische Unentschiedenheit fiel wohl schon den Zeitgenossen auf, wie eine Bemerkung des Historiographen Lorenz von Westenrieder (1748–1829) aus dem Jahr 1782 belegt. Er verglich die Kanzel mit einem Menschen, »der einen rothen und einen blauen Strumpf, Sommer- und Winterbeinkleider, eine grüne Weste und einen gelben Rock […] angezogen […] hätte, so daß weder Größe noch Farbe zusammenpaßten«. Westenrieder fährt fort, der Künstler habe sich dazu hinreißen lassen, »Verzierung aufzuhäufen, worin kein Verhältniß und kein Verstand liegt, um der Sache jene Bedeutung und Kraft zu geben, welche sie hervorbringen soll.«[5] Der Gelehrte bemängelt also nicht allein die Kombination unterschied-

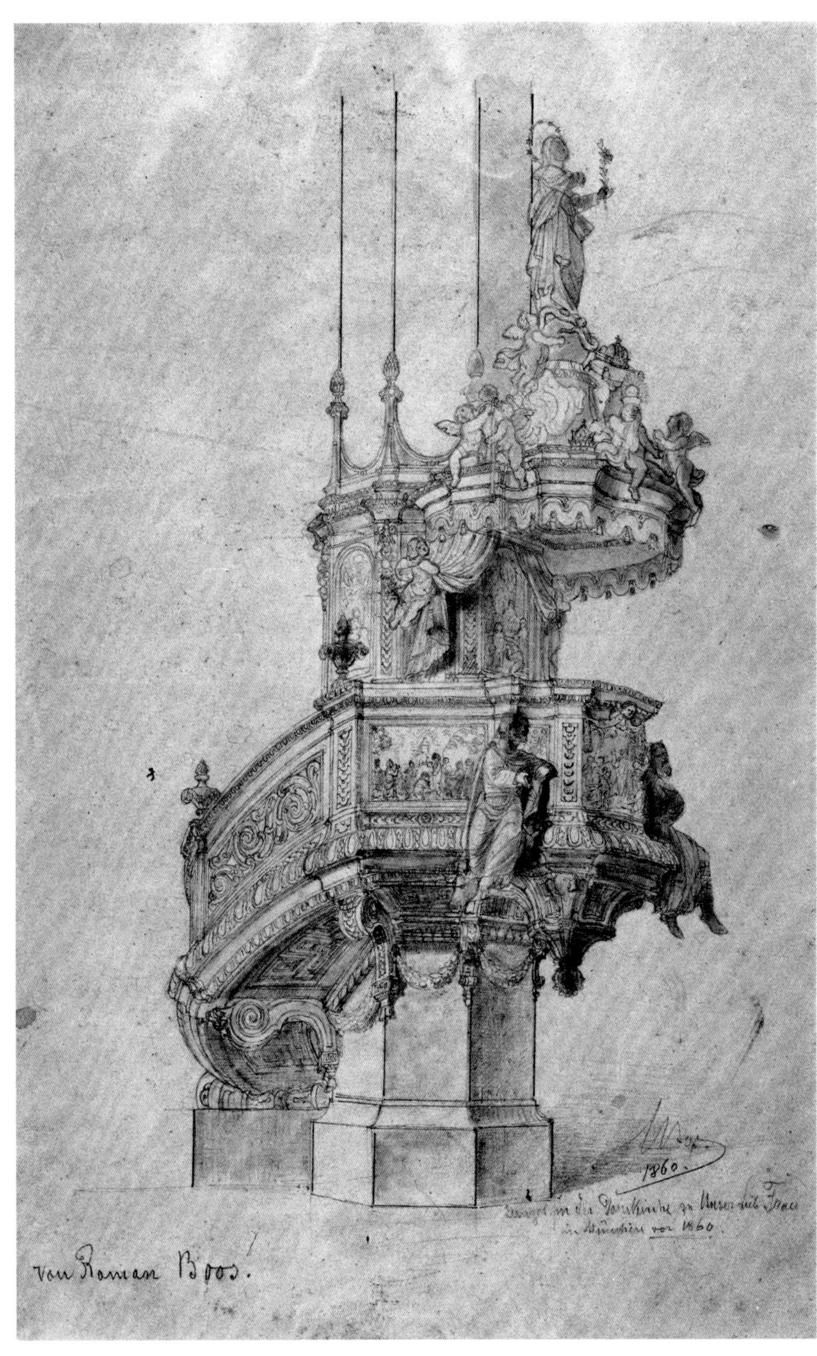

2 Unbekannter Zeichner, Kanzel der Münchner Frauenkirche, 1860, Bleistift, 33 x 21,2 cm, München, Bayerisches Nationalmuseum

licher Stile, er kritisiert ebenso das opulente, Verhältnismäßigkeit und Verstand ignorierende Anhäufen dekorativer Elemente. Und so geht die Boos'sche Kanzel als ästhetisch wenig überzeugende und noch weniger dauerhafte Zwischenlösung in die Kunstgeschichte ein, die bereits 1863 den Bestrebungen zur Regotisierung und Purifizierung der Frauenkirche geopfert wurde.

Die Vorgänge in der Frauenkirche sind nicht singulär, sondern stehen symptomatisch für einen umfassenden Epochenwechsel in ganz Europa, der mit einem tiefgreifenden Wandel im Kunstverständnis einherging. Auch in Bayern häufen sich seit den 1770er-Jahren kritische Bemerkungen zur dort seit nunmehr Jahrzehnten vorherrschenden Kunst des Rokoko. Sogar von offizieller Seite gab es Verlautbarungen. So verfügt ein kurfürstliches Mandat vom 4. Oktober 1770 zur Finanzierung von Pfarrkirchen, dass bei Neubauten bestimmte architektonische Vorgaben eingehalten und »alle überflüßige Stukkador- und andere öfters ungereimte und lächerliche Zierrathen abgeschnitten« werden sollten. Ziel war, an den »Altären, Kanzeln und Bildnissen eine der Verehrung des Heiligthums angemessene Simplicität« zu erwirken.[6] Während es in der Folge nicht gelang, die neuen, im

Generalmandat festgelegten Vorschriften in die Tat umzusetzen, spiegelt doch die darin formulierte Ablehnung bestimmter Phänomene der Rokokoausstattung eine allgemeine Stimmung wider, für die sich weitere Belege finden lassen.[7]

So kritisiert 1783 Westenrieder in seinen *Betrachtungen über unsere Kirchenzierden* die allzu artistische und daher dem Gegenstand nicht angemessene Inszenierung von Figuren: »Statuen sollten eben so wenig an gefährlichen, als an ungeschickten Orten stehen. [...] Auch scheint es mir der Würde hoher Personen nicht allerdings gemäß zu seyn, wenn man z. B. die Evangelisten und andere Heilige in Lebensgröße an dem Rand einer Predigtkanzel [...] herumsitzen läßt.«[8] Und der Augsburger Gelehrte Hieronymus Andreas Mertens (1743–1799) bemängelt im Jahr darauf, viele Bildhauer würden für ihre Figuren statt der »ruhigen und der Natur mehr angemessene Stellungen« die »verdrehten« wählen. »Daher scheint auch so manches Standbild das Bauchgrimmen zu habenn oder Menuett tanzen zu wollen statt eine mit ernstem Nachdenken beschäftigte Seele erkennen zu lassen.«[9] Um den Vorwurf der unangemessenen Präsentation geht es auch in der Kritik Johann Caspar von Lipperts (1729–1800) an den mythologischen Figuren Ignaz Günthers für den Nymphenburger Schlosspark. Lipperts Maßstab ist in diesem Fall allerdings das historische Decorum, wenn er es »unerträglich« findet, »[e]inem römischen Priester einen modernen Chorrock umzuhängen, einem Apollo eine Violine in die Hand zu geben oder des Alexanders Phalanx mit hungarischen Säbeln vorstellen [...].«[10]

Materialgerechtigkeit und eine neue reine Farbästhetik fordert ein anonymer Schreiber, der unter dem Pseudonym »Oekonomus« den allseits in den Kirchen regierenden »schlechten Geschmack« und eine »unerträgliche Mode, die Altäre zu bauen und zu faßen«. So würden die Bildwerke »mit Zwischgold oder Blättelsilber, dann mit Lackfirniß blau, grün oder buntscheckig überstrichen«. Vor allem diese »Buntscheckigkeit der Farben«, das »Geschmier«, entstelle nach Meinung des Autors die »natürliche Schönheit« der Skulpturen, und er empfiehlt, sie in ihrer »natürlichen Holzfarbe« zu belassen, »um nur die Kunst durch eine Farbe nicht zu beleidigen«. Die beste Lösung sei allerdings, die Figuren vollständig aus »purem, weißem Marmor« zu arbeiten, wobei »man die fleischigten Theile poliren und das Gewand rauh lassen, den Saum aber vergolden« könne.[11]

Dieselben Gründe für die Ablehnung des figürlichen Schmucks trafen auch das Ornamentmotiv der Rocaille, das zum Leitmotiv der Epoche avanciert war.[12] In anderen Teilen Europas und des Reichs wurden bereits seit den 1740er-Jahren, also gleichzeitig mit der ubiquitären Verbreitung des Rokoko-Ornaments, erste kritische Stimmen laut. So beklagte schon 1746 Johann Friedrich Reiffenstein (1719–1793) unter dem Pseudonym »Anonymus R« die »wilden und unnatürlichen Gestalten, ihre unwahrscheinliche und unmögliche Verbindung, die willkürliche und regellose Zusammenführung des Natürlichen mit dem Unnatürlichen«.[13] Und 1747 rügt Johann Georg Fünck (1721–1757) das »Ungereimte« des »Grillen- und Muschelwerks«.[14] In Bayern setzte die Kritik an der Rocaille erst später ein, dafür aber nicht weniger konsequent, etwa bei Hieronymus Andreas Mertens, der 1784 die »Schnörkel, untereinander verwirrte Haufen und Figuren abenteuerlicher Vorstellungen« als »schädlicher Geschmack in der Kunst« ansieht, an dem man dereinst »unser verwöhntes, tändelndes Jahrhundert erkennen wird«. Alles, was die Rocaille im Wesen ausmacht, war nun Gegenstand von Kritik: ihre Regel- und Maßlosigkeit, die unorthodoxe Kombinatorik, die Missachtung natürlicher Größenverhältnisse, die anti-tektonische Anwendung. Der Begriff »Augsburger Geschmack«, über Jahrzehnte stolzes Synonym für den vorherrschenden Rocaille-Stil, wurde nun zum Schmähbegriff.[15]

Die Ablehnung der opulenten Kunst des Rokoko gründet sich teilweise auf finanzielle Motive. Die Ausstattungen der Kirchen mit ihren figurengeschmückten Altären und Kanzeln, den reichen Ausmalungen und Stuckaturen sowie prunkvollen Vergoldungen haben manchenorts so viel gekostet, dass sich Pfarreien und Konvente – die Klosterkirche in Rott am Inn ist hier ein bezeichnendes Beispiel – hoch verschuldeten. Auch der bayerische Kurfürst Max III. Joseph (1727–1777) achtete immer strenger auf die Konsolidierung der Staatsfinanzen und leitete keine größeren Bau- oder Ausstattungsvorhaben mehr ein.

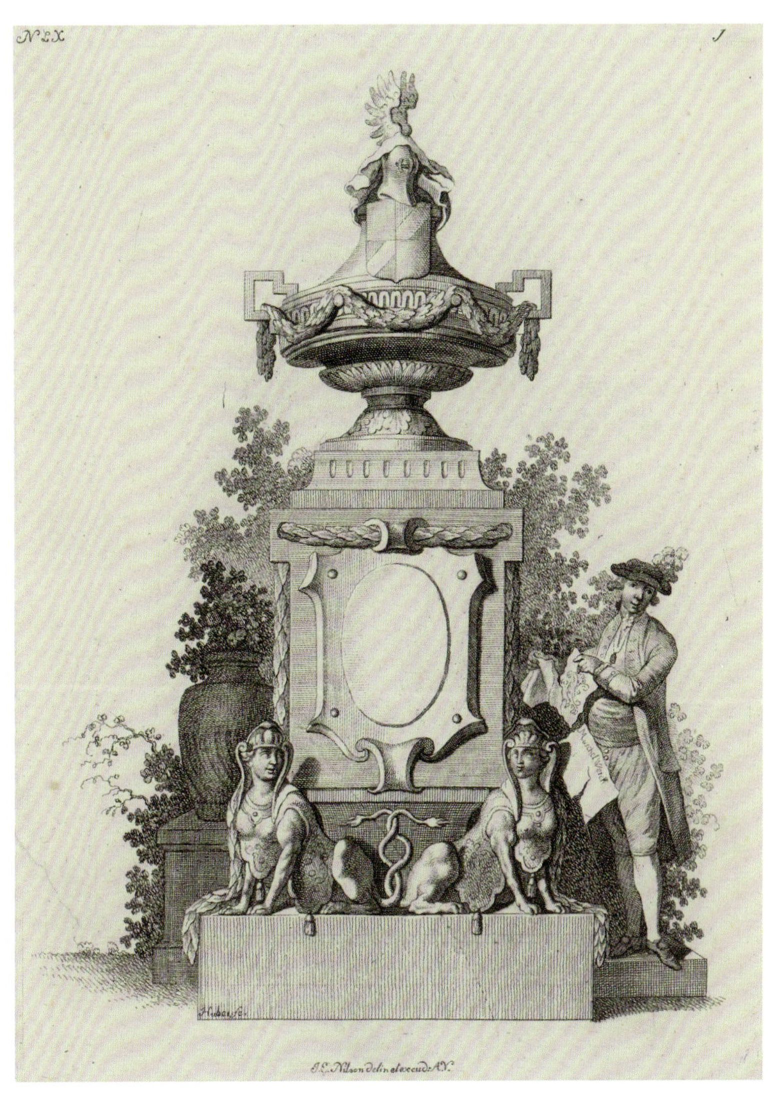

3 Johann Esaias Nilson, Entwurf für ein neoklassizistisches Monument, 1770, Radierung, 9 x 6 cm, München, Staatliche Graphische Sammlung

Die Kritik an den Bildwerken, mit denen man in den vergangenen 30 Jahren Altäre und Kanzeln in den Kirchen Bayerns schmückte, hat daneben jedoch auch gewichtige ästhetische Gründe: Die himmelsstürmende Dynamik der Figuren, ihr offener Appell an die Schaulust des Betrachters, die Tendenz zum Spielerischen, Unernsten, das illusionistische Moment, der Hang zu Prunk, Phantastik und Übertreibung – all dies widersprach den nun auf breiter Basis aufkommenden aufklärerischen Maximen von Verstand, Maß und Natürlichkeit. So ist das Ende des Rokoko mehr als nur ein Wandel der ästhetischen Vorliebe oder der ornamentalen Mode – es ist der Wandel einer ganzen Weltsicht.

Dass man auch in Augsburg, dem Zentrum des Ornamentstichs und des Kunsthandwerks und somit Keimzelle des bayerischen Rokoko, einen fundamentalen ästhetischen Wandel vollzog, belegt eindrucksvoll eine Radierung Johann Esaias Nilsons (1721–1788) aus dem Jahr 1770 (Abb. 3). Dargestellt ist ein steinernes Urnenmonument, das in seiner soliden und antikisierenden Formensprache schon die Prinzipien des aufkommenden Klassizismus ankündigt. Daneben steht ein Mann, vermutlich der Künstler selbst, der ein Blatt mit einer Rocaille und der Aufschrift »Muschel-Werck« zerreißt – deutlicher kann eine persönliche Abkehr von den ästhetischen Vorlieben des bayerischen Rokoko nicht demonstriert werden.[16]

Mehr noch als der Augsburger Kupferstecher Nilson erlebte auch der Münchner Bildhauer Roman Anton Boos den Epochenwechsel noch im Lauf des eigenen künstlerischen Schaffens. Auch er war ein Künstler des Übergangs, der seine Wurzeln im Rokoko nicht verleugnen konnte, sich jedoch gleichzeitig offen für die ästhetischen Prinzipien des aufkommenden Klassizismus zeigte – manchmal weniger erfolgreich wie bei der Kanzel für die

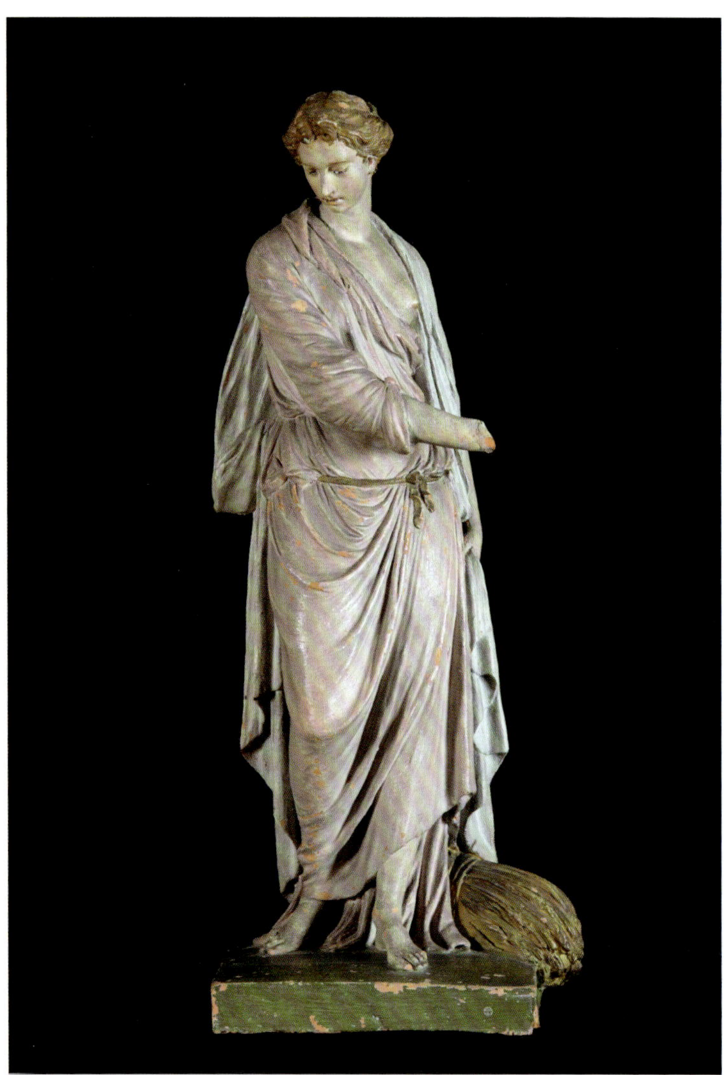

4 Roman Anton Boos, Ceres, Ton, 42 cm, Bad Tölz, Stadtmuseum

Frauenkirche, oft aber durchaus überzeugend. So zeigen seine Tonmodelle der Maria Immaculata (Kat.-Nr. 121) und der Ceres (Abb. 4) oder seine Holzskulpturen von Apoll und Diana (Kat.-Nr. 122, Abb. S. 390) eine klare Orientierung an der Antike. Außerdem sind die Bewegungen deutlich zurückgenommen, die Umrisse blockhaft geschlossen und die antikisierenden Gewänder schmiegen sich in kleinteiligen Falten wie nass an den Körper – genau so, wie es Johann Joachim Winckelmann (1717–1768) für die ideale neue Kunst forderte.

Was Boos von seinen Münchner Bildhauerkollegen wie Johann Baptist Straub (1704–1784) oder Ignaz Günther (1725–1775) vor allem unterscheidet, ist jedoch seine Fähigkeit in Stein zu arbeiten. So schuf er für die Fassade der Theatinerkirche vier monumentale Heiligenskulpturen aus Kehlheimer Stein (1768), für den Brunnen vor dem Jesuitenkollegium in der Neuhauser Gasse einen riesigen marmornen Johann Nepomuk (1770) und schließlich die neun lebensgroßen Marmorstatuen antiker Götter für den Park von Schloss Nymphenburg (1775–1785), die als sein bedeutendster Beitrag zur bayerischen Kunst dieser Zeit angesehen werden können. Um die kolossalen Blöcke für diesen Auftrag brechen zu lassen, reiste der Bildhauer eigens im Auftrag des Kurfürsten 1773 nach Mareit bei Sterzing in Südtirol, wo man erst jüngst Marmor entdeckt hatte. Boos' Fertigkeiten auf diesem Gebiet müssen doch beträchtlich gewesen sein, da er sogar mehrfach damit betraut wurde, Aufträge für Marmorskulpturen zu Ende zu führen, die zunächst von seinem Konkurrenten Günther begonnen wurden und an denen dieser offenbar scheiterte, so geschehen bei Aufträgen für die Theatinerkirche und für Nymphenburg.

Ein Brief an Johann Caspar von Lippert aus dem Jahr 1773 belegt, dass sich Boos ganz bewusst als Gegenspieler der für das Rokoko so prägenden Holzbildwerker – und wohl

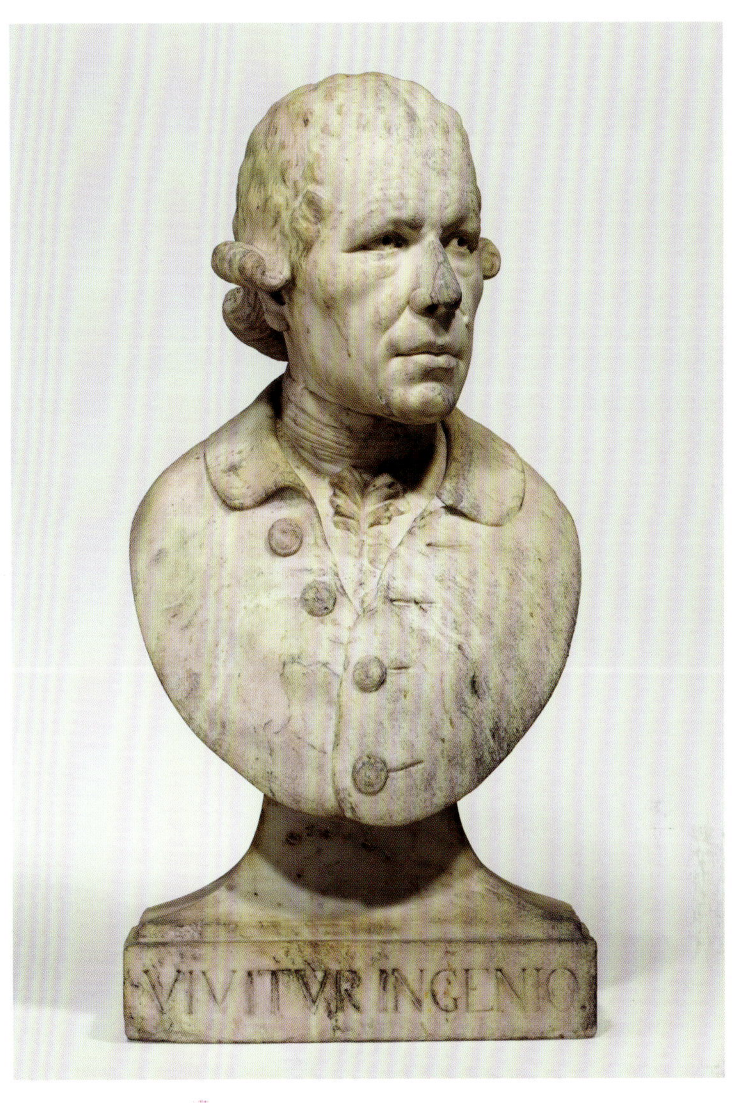

5 Roman Anton Boos, Selbstbildnis, Marmor, um 1790, 70 cm, München, Bayerisches Nationalmuseum

auch ein wenig als überlegener Außenseiter – verstand. Er beklagt nicht nur, dass er immer wieder gezwungen war, von anderen bereits begonnene Arbeiten weiterzuführen: »Warum kombt man zu mir, guett machen, was andere verdarben?« Boos geht auch mit den Holzbildhauern ins Gericht, die von der Arbeit in Stein nichts verstünden, ihm aber seinen Erfolg nicht gönnten: »Wan andere die Stein verstimbleten, hat man mich beruffen und hinder rugs wollen sie mich vertrubhn [vertreiben] [...]. Es ist mir wohl bewußt, daß man mich in München nit aufkommen lassen wil [...]. Der ginder [Günther] ist brott und Kunst neidig [...].« Schließlich prophezeit er, dass die Vorherrschaft der Holzbildhauer bald ein Ende habe, wenn erst einmal die Marmorblöcke aus Tirol ankämen: »die Bildhauer in München werdten nit mer lang groß thun, wan die steiner ankommen. Es ist wahrhaftig kein Linden, aber steinhardter stein.«[17]

Es zeigt sich hier, dass Boos nicht allein durch seine Werke, sondern mit seinem ganzen künstlerischen Selbstverständnis sich einer neuen Zeit zugehörig fühlte. Zu diesem Selbstverständnis passt es auch, dass der Bildhauer bereits im ersten Jahr nach seiner Rückkehr aus Wien 1766 zu den Gründern der ersten Zeichen- und Malschule in München zählte. Es handelte sich zunächst um eine rein private Initiative, die der Verbesserung der künstlerischen Praxis dienen sollte: Eine Auswahl Münchner Künstler versammelte sich regelmäßig im Haus Franz Xaver Feichtmayrs, um nach Antiken und nach dem lebenden Modell zu zeichnen. Die Anfänge waren von viel Idealismus getragen, da man alles aus eigenen Mitteln bestritt. Nach einem Bittschreiben an den Kurfürsten 1769 wurde 1770 die private Zeichenschule als öffentliche Institution anerkannt und mit einem kleinen Etat gefördert.[18] Boos betreute nun als Professor die Klasse der Bildhauerei.

In dieser Eigenschaft war er auch für die Einrichtung einer Abgusssammlung verantwortlich, die in den folgenden Jahren kontinuierlich anwuchs. Unter anderem über seine Kontakte nach Wien gelang es Boos, die Abgüsse bedeutender antiker Werke für die Münchner Akademie zu erwerben. In einem Verzeichnis von 1802 sind neben vielem anderen die *Venus Medici*, der *Laokoon* und der *Torso von Belvedere* verzeichnet. Regelmäßig setzte sich der Bildhauer für eine Verbesserung und Erweiterung der Räumlichkeiten ein. Als er den Antikensaal 1802 wegen angeblicher Verwahrlosung kurzerhand schloss, handelte er sich eine Verwarnung und den Vorwurf ein, die Institution durch »zunftmäßige Neckereien herabzuwürdigen«. Dies muss den Bildhauer tief getroffen haben. In seinem Antwortschreiben betont er seine »wohlüberdachte(n) Absichten« und beteuert, der Vorwurf könne »nie einen Mann treffen, der der erste war, den zunftmäßigen Einschränkungen entgegenzuarbeiten, der die Freyheit der Kunst vertheidigte und das Handwerksmäßige derselben verachtete«. Schließlich beklagt er noch, dass er wegen dieser Haltung, »noch bis zu dieser Stunde einen großen Theil der bürgerlichen Künstler zu Feinden« habe.[19]

Wieder haben wir hier seine Opposition zu den anderen, in München ansässigen Künstlern. Gleichzeitig wird Boos' Motivation deutlich, die Kunst von der traditionellen Vorherrschaft der handwerklich organisierten Zünfte zu emanzipieren. Dass es dem Bildhauer weniger um die handwerklichen Gaben als vielmehr um die geistige Leistung ging, spricht auch aus der marmornen Bildnisbüste (Abb. 5), die sich der Künstler für sein eigenes Grabmal schuf: »vivitur ingenio« verkündet dort die Inschrift stolz – man lebt durch den Geist, eine verkürzte Wiedergabe eines Pirckheimer-Zitates, welches schließt: »caetera mortis erunt« – alles andere vergeht.

Umso tragischer ist es, dass dem Bildhauer in seiner zweiten Lebenshälfte größere Aufträge und Erfolge verwehrt blieben. Als 1805 der mittlerweile 75-Jährige dazu aufgefordert wurde, Vorschläge für zwei Brunnen einzureichen, so findet sie der Oberbaudirektor Johann Andreas Gärtner (1744–1826) zwar »äußerst schön«, um dieses Lob sogleich dadurch zu relativieren, indem er ihnen einen »Pracht-Still« bescheinigt. Und tatsächlich bevorzugt der Architekt am Ende »eine Fontaine in Form eines einfachen, proportionierten Obelisques«, der sich an dieser Stelle »besser schicken« würde.[20] Die Zeit hatte den Bildhauer Boos überholt und ihn trotz seiner aufgeschlossenen Gesinnung zu einem Relikt einer vergangener Epoche werden lassen.

1 Vgl. dazu Mittig 1968, hier S. 22–26, und Ausst.-Kat. München 1985, Nr. 124.
2 Auch andere Schiffskanzeln erhielten bald schlechte Noten. So wurde die 1730 bis 1736 entstandene schiffsförmige Kanzel im Schlesischen Reinerz 1792 als »etwas original albernes« abgetan. Zitiert nach Mittig 1968, S. 25 f.
3 Vgl. Johnen 1937/38, Abb. 10.
4 Vgl. ebd., S. 296, Abb. 10, Nr. 17; Volk 1980, S. 120–129; Schedler 1985a, S. 83 f.
5 Jahrbuch der Menschengeschichte, Bd. 1, Teil 1, 1782, S. 148. Zitiert nach Westenrieder 1831, S. 198 f.
6 Zitiert nach Helmut Heß, Das kurfürstlich bayerische Generalmandat vom 4. Oktober 1770, München 1989 (Schriften aus dem Institut für Kunstgeschichte der Universität München, 47), S. 10.
7 Zur Kritik an der Kunst des Rokoko vgl. auch Büttner 1997; Roland Kanz, Körpersprache und Statuarik in der Skulptur des 18. Jahrhunderts, in: ders. (Hg.), Pygmalions Aufklärung. Europäische Skulptur im 18. Jahrhundert, München/Berlin 2006, S. 238–267.
8 Jahrbuch der Menschengeschichte, Bd. 1, Teil 2, 1783, S. 186. Zitiert nach Westenrieder 1831, S. 296 f.
9 Zitiert nach Mareike Bückling, Hauch- und Windstöße der Aufklärung, in: Zeitschrift der Deutschen Gesellschaft für die Erforschung des achtzehnten Jahrhunderts 23 (1999), S. 59–78, hier S. 78.
10 Augsburger Kunstzeitung 28 (1771), S. 221. Zitiert nach Schedler 1985b, S. 90.
11 Churbaierisches Intelligenzblatt 1774, S. 198–203, 214–223, 229–233, hier S. 198–200, 202.
12 Vgl. dazu Bauer 1962, S. 63–66, und Mario-Andreas von Lüttichau, Die deutsche Ornamentkritik im 18. Jahrhundert, Hildesheim u. a. 1983.
13 Zitiert nach Bauer 1962, S. 63 f.
14 Zitiert nach ebd. 1962, S. 64.
15 Vgl. dazu auch Helke 2005, S. 8 f.
16 Vgl. dazu auch Collinson 1994.
17 Zitiert nach Richard Messerer (Hg.), Briefe an den Geh. Rat Joh. Caspar v. Lippert in den Jahren 1758–1800, in: Oberbayerisches Archiv 96 (1972), Nr. 92.
18 Vgl. dazu Monika Meine-Schawe, Die Münchner Akademie der bildenden Künste vor 1808, in: Oberbayerisches Archiv 128 (2004), S. 125–181.
19 Zitiert nach Johnen 1937/38, S. 290.
20 Ebd., S. 291.

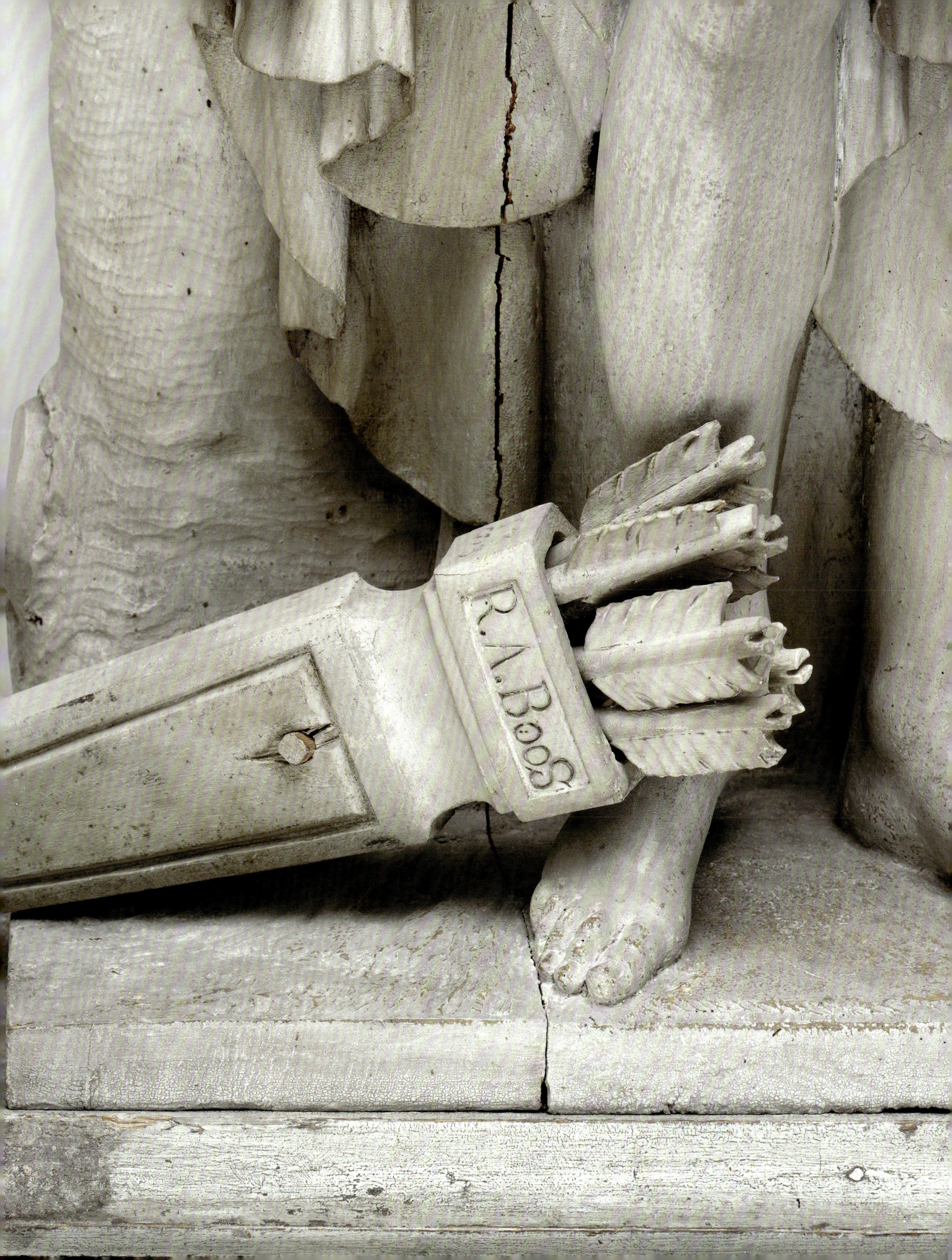
R.A.BooS

116

ROMAN ANTON BOOS

PUTTENPÄRCHEN

um 1789
Laubholz, weiß gefasst, teilweise vergoldet; 86 x 105 x 60 cm
Privatbesitz
Literatur: Volk 1998b.

Im Jahr 1789 schuf Roman Anton Boos (1733–1810) für die Bekrönung des Hochaltartabernakels der Klosterkirche Benediktbeuern drei Puttenpaare, die den drei göttlichen Tugenden Glaube *(fides)*, Hoffnung *(spes)* und Liebe *(caritas)* gewidmet sind.[1] Die Verkörperung der Liebe erfolgt dabei nicht allein durch das Attribut – ein vom linken Engel emporgerecktes flammendes Herz –, sondern auch durch das innige Aufeinanderbezogensein der beiden Figuren, die sich fröhlich umarmen. Mit diesem Caritas-Paar aus Benediktbeuern ist das hier gezeigte Puttenpaar aus Privatbesitz formal und in den Maßen identisch, allein das Attribut des flammenden Herzens hat sich nicht erhalten. Es könnte sich um eine Art Vorlage für die Ausführung in der Klosterkirche handeln oder auch um eine Replik des Künstlers, die das attraktive Motiv für einen gesonderten Auftrag wiederverwertet.[2]

Dass kleine Engelkinder im Kirchenraum und dort vor allem an den Altären Heiligenattribute und christliche Symbole auf spielerische Art präsentieren, ist keine Erfindung Boos'. Bereits in den 1740er-Jahren nahm Johann Baptist Straub diese für das Rokoko typische Anverwandlung christlicher Symbolik an seinem Hochaltartabernakel in Fürstenzell vor. Auch von Ignaz Günther haben sich verschiedene Beispiele dieser Art erhalten, das bekannteste ist sicherlich der kleine Engel aus Rott am Inn, der sich den Kardinalshut des hl. Petrus Damianus keck auf den Kopf gesetzt hat (Kat.-Nr. 81 b).

Mögen die beiden von Boos geschaffenen Engelkinder nicht ganz so beseelt erscheinen wie ihre Geschwister von Johann Baptist Straub, auch nicht so gewitzt wie jene von Ignaz Günther, so handelt es sich dennoch um ein Werk, das ganz im Geist des Rokoko geschaffen wurde. Es repräsentiert damit nur eine der verschiedenen im Boos'schen Œuvre auszumachenden Stillagen. AM

1 Vgl. Johnen 1937/38, Nr. 42, und Schedler 1985a, S. 86 f.
2 Volk 1998b, S. 1199, datiert die Gruppe vor die Putten aus Benediktbeuern um 1775/80.

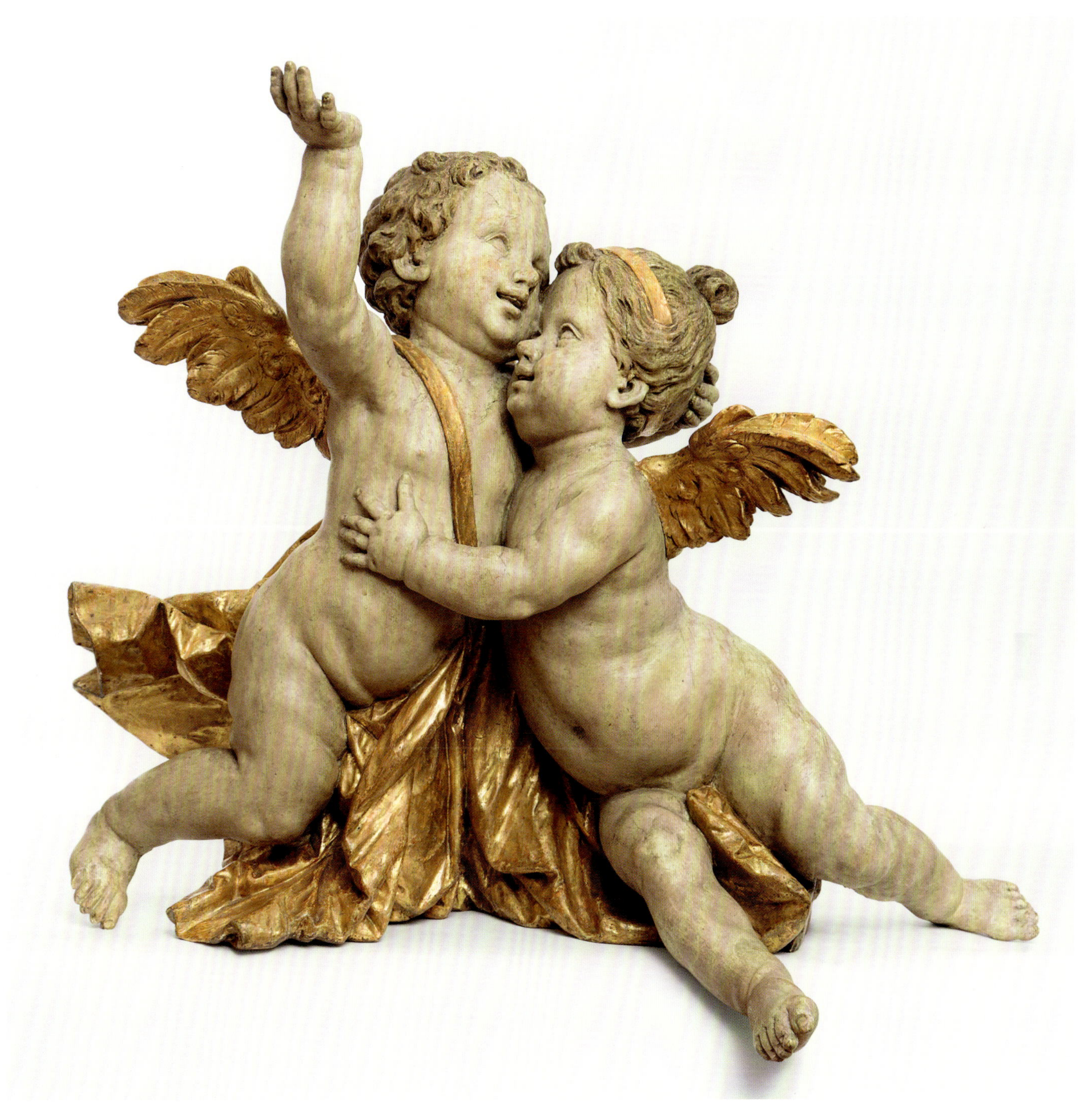

117 ROMAN ANTON BOOS

MINERVA

1776
Roter Ton, gebrannt; 44,5 x 16,5 x 17 cm
Nürnberg, Germanisches Nationalmuseum; Inv.-Nr. Pl.O 2502
Literatur: Johnen 1937/38, Nr. zu 13/14. – Ausst.-Kat. München 1985, Nr. 286. – Schedler 1985a, S. 45–48. – Schedler 1985b, S. 89–91, 109 f. – Slg.-Kat. Nürnberg 2005, Nr. 133. – Slg.-Kat. Nürnberg 2010, S. 340, Nr. 888.

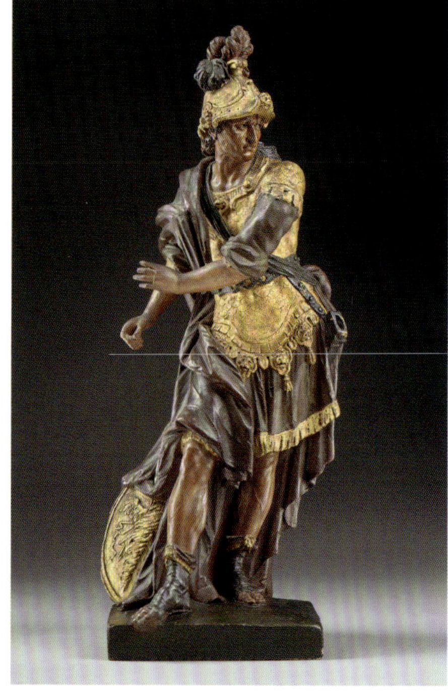

Mars, 1776, roter Ton, 49 cm, Berlin, Bode-Museum

Die Tonfigur der *Minerva* schuf Boos (1733–1810) als Modell für seine überlebensgroße Marmorskulptur im Nymphenburger Schlosspark. Sie ist das Pendant zur Figur des *Mars*, von dem sich ebenfalls ein Ton-Modell erhalten hat (Abb.). Pläne für die Ausstattung dieser Gartenanlage mit einer Skulpturenfolge gehen bereits auf das Jahr 1728 zurück. Damals schuf der italienische Bildhauer Giuseppe Volpini (1670–1729) die ersten Figuren, denen jährlich zwei weitere folgen sollten. Die Realisierung des Projekts wurde jedoch durch zahlreiche Unterbrechungen und einen regen Wechsel der beauftragten Künstler verzögert. Erst Kurfürst Max III. Joseph nahm die Gartenausstattung mit neuer Konsequenz in Angriff. Mit den Figuren von *Minerva* und *Mars* wurden zunächst sowohl Johann Baptist Straub (1766) als auch Ignaz Günther (1769) beauftragt – eine seltsame Doppelvergabe, die als weiterer Beleg für die etwas konfuse Planungsgeschichte des Projekts gilt.[1] Günther schuf nachweislich zwei Holzmodelle, die 1771 probeweise im Schlosspark aufgestellt wurden. Nach seinem Tod wurden diese Modelle 1776 an Boos übergeben, der den Auftrag realisierte. Insgesamt schuf Boos zwischen 1775 und 1792 neun Marmorskulpturen für den Schlosspark.

Bemerkenswert an der Ausführung der beiden Kriegsgötter ist die Körper und Gewänder beherrschende ausgreifende Dynamik. So ist *Mars'* Kontrapost zu einer ausladenden Schrittstellung gesteigert, der gedrehte Oberkörper und das im Gegensinn gewendete Haupt sind ebenfalls in einer energischen Bewegung festgehalten (Abb.). Auch *Minerva* steht im ausgeprägten Kontrapost, wobei ihr Gewand so ausladend über der Hüfte drapiert ist, dass es die sanfte Drehung des Körpers und das aufgestellte Standbein zusätzlich unterstreicht. Auch hier ist der Kopf im Gegensinn zur Seite gewendet.

Die große Nähe der Tonfiguren zu den fertig ausgeführten Marmorskulpturen legt nahe, dass es sich dabei um sogenannte Bozzetti, also direkte Arbeitsvorlagen, handelt. Dabei könnte die spezifische Gestaltung der beiden Götter an Günthers Modelle angelehnt sein. Diese haben sich zwar nicht erhalten, es existiert jedoch eine Beschreibung von Johann Caspar von Lippert in der *Augsburger Kunstzeitung* von 1771. Demnach stand Günthers *Mars* »in einer Bewegung, die zu erkennen gibt, daß er seinem Feinde mit entblößtem Schwerte zu Leibe gehen will«. *Minerva* hielt laut Lippert in ihrer rechten Hand »den Spies«, in der linken »den Medusenkopf und auf der Brust die Aegide […]. Auf dem Helme ist der Sphinx nebst dem gewöhnlichen Federbusche«.[2] Womöglich hat also Boos nicht allein diese Motive, sondern auch die spätbarock anmutende Dynamik von Günthers Modellen übernommen. In seinen späteren Figuren für den Statuenzyklus wird er eine eigene, eher dem Klassizismus verpflichtete Formensprache entwickeln (vgl. Kat.-Nr. 119, 120). Auf einige Attribute wie die Waffen des Mars oder Bücher der Minerva, die Lippert in Zusammenhang mit den Günther'schen Figuren beschreibt, verzichtete Boos jedoch auch. Er scheint hier der deutlichen Kritik des Autors zu folgen, der in den zeitgenössischen Gegenständen einen Verstoß gegen die historische Korrektheit der antiken Ikonographie sah. AM

1 Zur wechselhaften Planungsgeschichte vgl. Volk 1967 und Schedler 1985b, S. 80–136.
2 Zitate nach Schedler 1985b, S. 90.

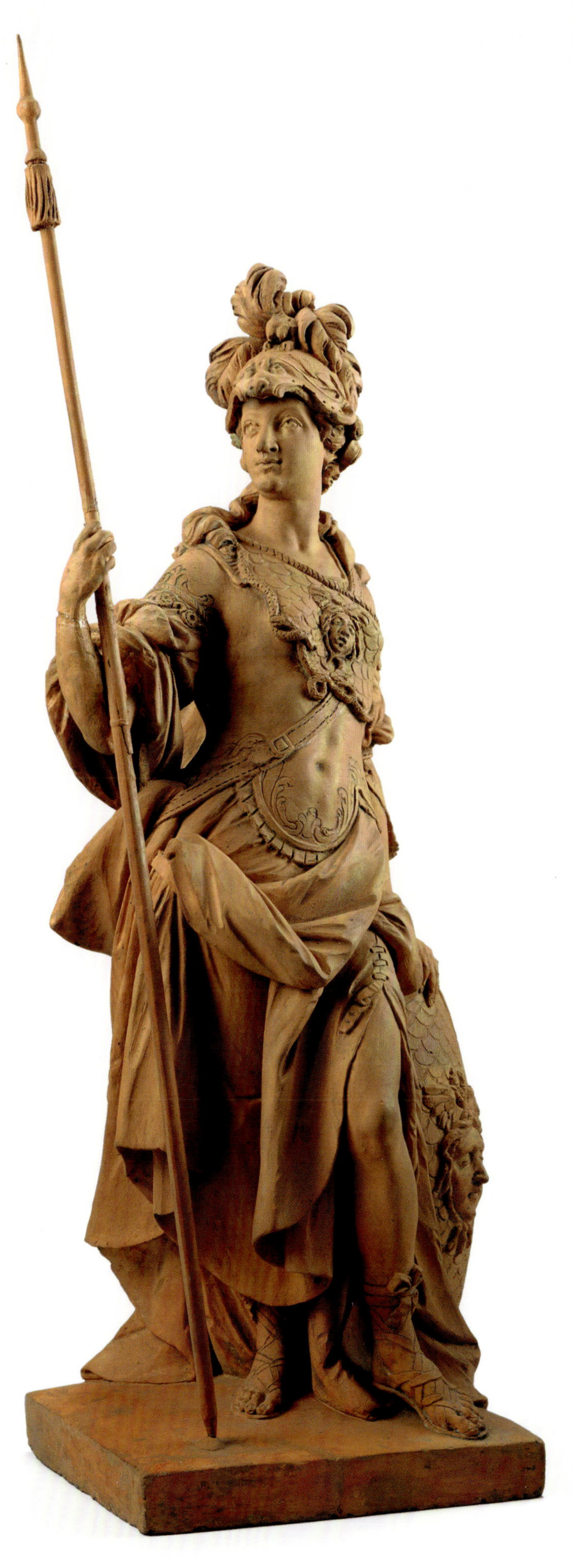

118 ROMAN ANTON BOOS
HERKULES UND ATLAS MIT DEM HIMMELSGEWÖLBE

1779/80
Terrakotta, rötlich-bräunlich überzogen; 69 x 32 x 19 cm
München, Bayerisches Nationalmuseum; Inv.-Nr. 20/28
Literatur: Johnen 1937/38, S. 297, Nr. 19. – Woeckel 1965, S. 100–103. – Slg.-Kat. München 1980, Nr. 38. – Ausst.-Kat. München 1985, Nr. 293.– Schedler 1985a, S. 68–79.

Noch während Roman Anton Boos (1733–1810) mit den Gartenplastiken für den Nymphenburger Schlosspark (vgl. Kat.-Nr. 117, 119, 120) beschäftigt war, erhielt er einen weiteren großen Auftrag vom kurfürstlichen Hof. Von 1779 bis 1781 fertigte er acht überlebensgroße Figurengruppen mit den Taten des Herkules, die in den nördlichen Arkaden des Hofgartens aufgestellt wurden. Dort ersetzten sie eine Folge von Herkulesbildern aus Stuck, die um 1630 geschaffen worden und mit der Zeit offenbar stark verwittert waren. Boos hatte zunächst noch einen Kostenvoranschlag für die Instandsetzung der Stuckplastiken eingereicht, bevor er dann mit der Herstellung gänzlich neuer Skulpturen beauftragt wurde.

Sechs dieser aus Eichenholz gearbeiteten und teils weiß, teils bronzefarben gefassten Figurengruppen haben die Zeiten überdauert und befinden sich heute in der Münchner Residenz. Zu den Holzskulpturen blieben sieben Tonmodelle erhalten, die sich gegenwärtig im Bayerischen Nationalmuseum und in Privatbesitz befinden.

Herkules, zusammen mit dem Titan Atlas das Himmelsgewölbe tragend, verkörpert die elfte der Taten des Helden: Dieser übernimmt die schwere Last, damit Atlas für ihn die goldenen Äpfel der Hesperiden pflücke. Das Firmament stellte Boos als Himmelskugel dar, auf der die verschiedenen Tierkreiszeichen zu sehen sind. Die beiden Figuren platzierte er so nebeneinander, dass ihre ineinandergreifenden Körper jeweils gut zur Geltung kommen und eine attraktive Ansicht bieten. Dabei spiegelt sich in ihren Haltungen und Gesichtern die große Anstrengung glaubwürdig wider. Auffallend ist die plastische Durchbildung der fast nackten Körper, an denen die einzelnen Muskelstränge deutlich hervortreten. Die schwellenden Formen erinnern eher an das Barock als an Rokoko. In jedem Fall wird an der Figurenbildung das Studium antiker Skulptur deutlich, namentlich des *Laokoon* und des *Torso vom Belvedere*, die beide als Abgüsse in der von Boos mitgegründeten Akademie für den Bildhauer stets präsent waren.

Auch wenn die ausgeführten Holzskulpturen in ihrer Anatomie und Tektonik nicht ganz so harmonisch ausfallen wie die Tonmodelle, so wurden sie von den Zeitgenossen doch positiv aufgenommen. Der Historiograph Lorenz von Westenrieder (1748–1829) bescheinigt ihnen eine Formgebung, »welche man an den besten Antiken, oder den Nachbildungen derselben wahrnimmt«.[1] Weiter führt er aus: »All diese Arbeiten verrichtet Herkules mit einem gewissen Wohlstand, und einer starken Ruhe und Zuversicht, welche von seinen überliegenden Kräften zeigt. [...] Es ist weder in seinen Mienen, noch in seinen Stellungen etwas Gewaltsames [...], sondern ein höherer Geist scheint durch ihn zu wirken, und diese Art von Sicherheit in seinem Thun hervorzubringen.«[2] AM

1 Jahrbuch der Menschengeschichte, Bd. 1, Teil 1, München 1782, S. 150 ff. Zitiert nach Westenrieder 1831, S. 197 f.
2 Ebd.

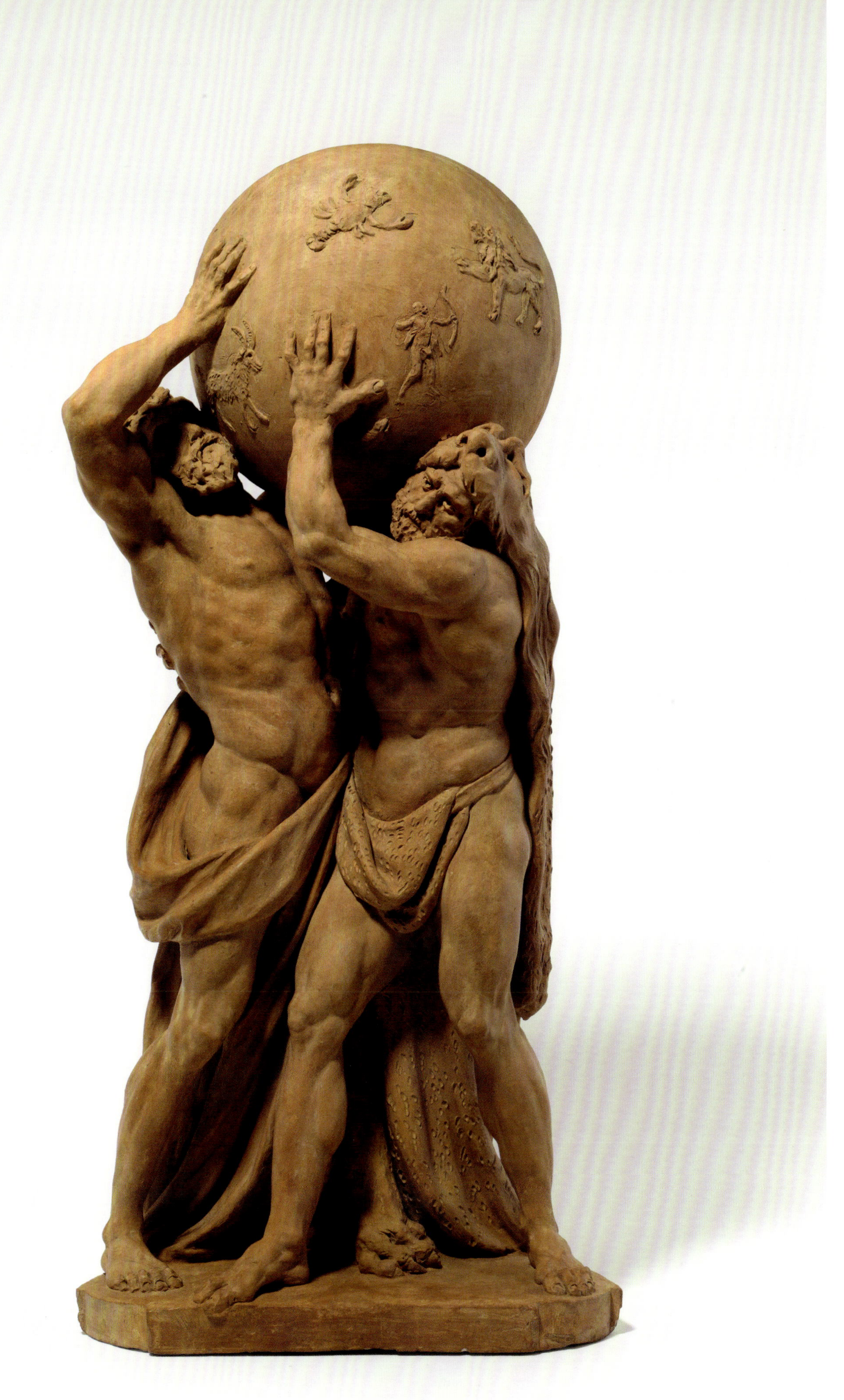

119 ROMAN ANTON BOOS

BACCHUS MIT SATYRKNABE

1782
Lindenholz; 59 cm
Augsburg, Kunstsammlungen und Museen, Maximilianmuseum; Inv.-Nr. 6288
Literatur: Feulner 1926, Nr. II.7. – Johnen 1937/38, S. 298, Nr. 69. – Schedler 1985a, S. 52–55. – Schedler 1985b, S. 111 f.

120 ROMAN ANTON BOOS

CERES

1782
Lindenholz, 57 cm
Augsburg, Kunstsammlungen und Museen, Maximilianmuseum; Inv.-Nr. 6287
Literatur: Feulner 1926, Nr. II.8. – Johnen 1937/38, S. 298, Nr. 70. – Schedler 1985a, S. 56–57. – Schedler 1985b, S. 112.

Seit 1775 war Roman Anton Boos (1733–1810) an der Skulpturenausstattung für den Nymphenburger Schlosspark beteiligt. Nach Vollendung der überlebensgroßen Marmorskulpturen von *Mars* und *Minerva* gegen 1777 (Kat.-Nr. 117) sowie von *Merkur* und *Venus* im darauffolgenden Jahr stellte Boos 1781 das Gesuch, auch den Auftrag für *Bacchus*, *Ceres*, *Diana* und *Apoll* zu erhalten. Ursprünglich sollten diese Skulpturen vom Salzburger Bildhauer Johann Baptist Hagenauer (1732–1810) geschaffen werden, der bereits 1768 vier Modelle in Stuck geliefert hatte. Doch am Ende wurde tatsächlich Boos mit der Ausführung betraut und stellte 1782 *Bacchus* und *Ceres* sowie 1785 *Apoll* und *Diana* fertig.

Die beiden Holzskulpturen aus dem Augsburger Maximilianmuseum stehen in enger Beziehung zu diesem Auftrag. *Bacchus*, der Gott des Weines und der Fruchtbarkeit, ist als Akt wiedergegeben, dessen Blöße nur spärlich durch das Pantherfell verdeckt wird (Kat.-Nr. 119). Im ausgeprägten Kontrapost, die Hüfte geschmeidig zur Seite geschoben, lehnt er sich weit nach hinten, wobei er den linken Arm auf einem Baumstumpf abstützt, während die Rechte einen großen Weinkelch präsentiert. Ihm ist ein kleiner Satyrknabe beigesellt, der keck von seinen Weintrauben nascht. Im Gegensatz zur fröhlichen Extrovertiertheit des *Bacchus* erscheint *Ceres* (Kat.-Nr. 120) eher in sich gekehrt. Ihr Gewand ist um die Hüfte geknotet und über den unteren Teil des Körpers drapiert, sodass ihr kräftiger Oberkörper nackt bleibt. Als Attribute sind der Göttin Fackel und Ährenbündel beigefügt.

Die konkrete Funktion der beiden Arbeiten ist keinesfalls eindeutig. So kommt *Bacchus* der großen Marmorversion im Schlosspark Nymphenburg sehr nahe, was vermuten lässt, dass man es hier mit dem direkten Modell für die Gartenplastik zu tun hat. *Ceres* hingegen weicht in verschiedenen Aspekten von der endgültigen Skulptur ab, sodass sich die Frage stellt, ob es sich um eine nicht zur Ausführung gelangte Vorlage für die spätere Gartenplastik handelt oder um ein eigenständiges, womög-

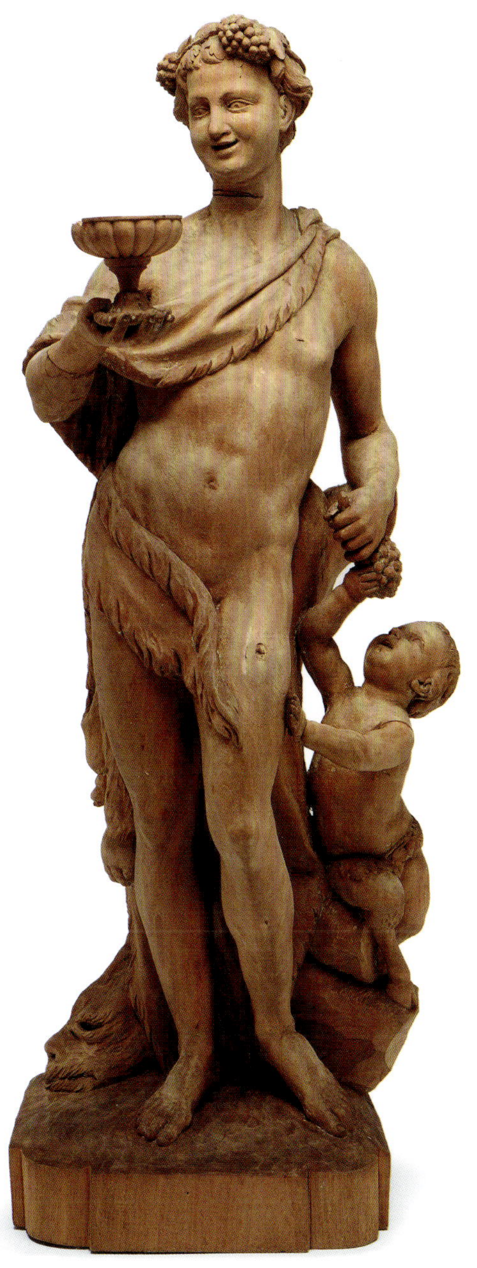

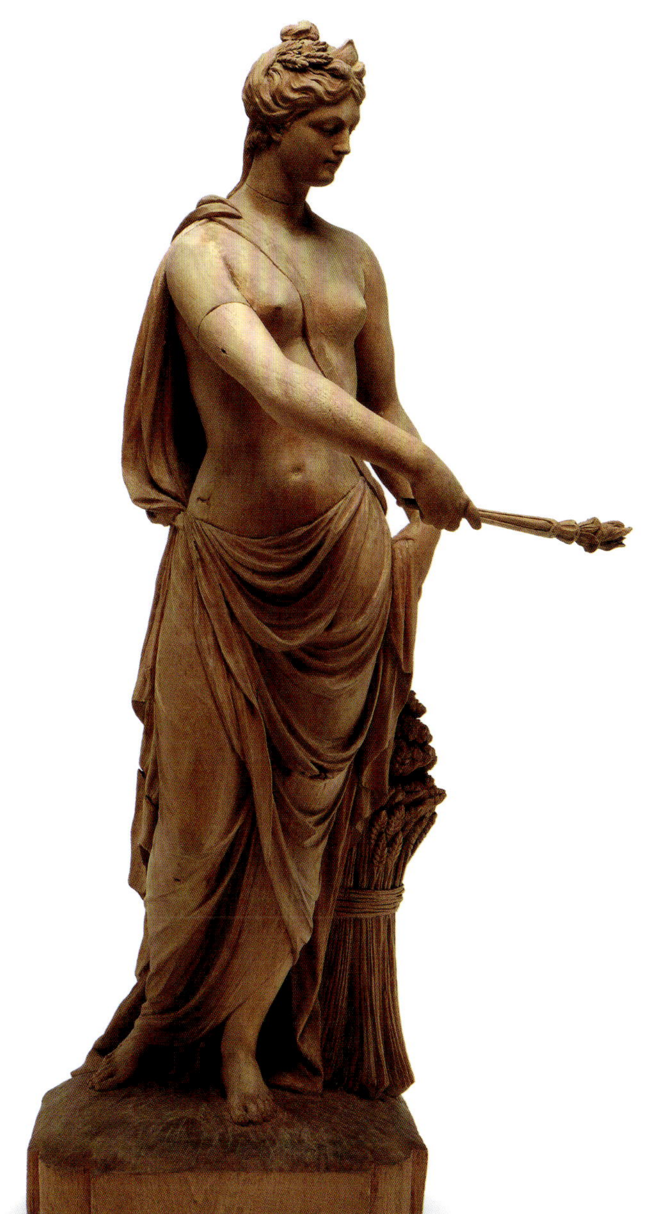

lich viel später entstandenes Werk.[1] Ebenfalls unklar ist, ob und inwieweit sich Boos bei seinen Figur an früheren Stuckmodellen von Hagenauer orientierte.

An diese Überlegungen schließt sich zudem die Frage des Materials: Die Bildhauer des 18. Jahrhunderts haben für ihre Modelle sowohl Ton als auch Holz verwendet. Beide Materialien waren für diese Aufgabe offenbar gleichermaßen geeignet, allerdings boten sie unterschiedliche Möglichkeiten der Oberflächendifferenzierung und des Ausdrucks, wie sich an dem Bozzetto für die Figur der *Minerva* nachvollziehen lässt (Kat.-Nr. 117).

Der Vergleich zu dieser fünf Jahre zuvor entstandenen Skulptur belegt schließlich auch einen deutlichen Wandel in der stilistischen Entwicklung des Bildhauers: Während die Kriegsgöttin noch in pathetischer Pose mit voluminös drapiertem Gewand wiedergegeben ist, klingt in den Figuren von *Bacchus* und *Ceres* eine andere Stillage an. Die Betonung liegt nun auf dem Akt, der jedoch nicht in sinnlicher Fülle, sondern als kühl geglättete Idealform dargeboten wird. Entsprechend sind die Gewänder nicht mehr in großzügigen Bahnen um die Körper gelegt, sondern schmiegen sich eng an diese an. Offenbar hat sich Boos intensiv mit antiken Werken auseinandergesetzt und seine Kenntnisse in die Gestaltung einfließen lassen. Aber auch jüngere antikisierende Werke wurden rezipiert: So geht die Haltung des weit zurückgelehnten *Bacchus* vermutlich auf einen *Merkur* des französischen Bildhauers François Duquesnoy (1597–1643) zurück, den Boos anhand eines Stichs aus Joachim von Sandrarts *Teutsche Academie* (1675/79) studieren konnte. In diesem Vorgehen wird Boos' Hinwendung zur neuen Kunstauffassung des Klassizismus deutlich. AM

1 Vgl. zu dieser These Johnen 1937/38, S. 298.

121 ROMAN ANTON BOOS

MARIA IMMACULATA

um 1780/90
Roter Ton, gebrannt; 53 x 16 x 14 cm
Nürnberg, Germanisches Nationalmuseum; Inv.-Nr. Pl.O.2721
Literatur: Johnen 1937/38, S. 298, Nr. 41. – Schedler 1985a, S. 84–86. – Slg.-Kat. Nürnberg 2005, Nr. 135. – Slg.-Kat. Nürnberg 2010, Nr. 889.

Elegant und anmutig erscheint das Terrakottamodell einer *Maria Immaculata* von Roman Anton Boos (1733–1810). Im leichten Kontrapost, die Hände vor der Brust überkreuzt und den Kopf in Gegenbewegung leicht zurückgelehnt, beschreibt der Körper eine sanfte S-Kurve. Auffallend sind die kompakten Volumina und der nahezu geschlossene Umriss, die der »Unbefleckt Empfangenen« trotz des kleinen Formats eine ruhige Monumentalität verleihen. Der deutliche Einfluss antiker Vorbilder bei Kopftypus und Gewandgestaltung ebenso wie der ruhige Habitus legen eine relativ späte Entstehung der Figur nahe. Gewöhnlich wird sie nach Boos' Statuen für den Nymphenburger Schlosspark datiert (vgl. Kat.-Nr. 117, 119, 120). Ihre schlanken, gelängten Proportionen finden streng genommen jedoch keine Parallelen im Œuvre des Bildhauers.

Ein Vergleich mit der 20 bis 30 Jahre früher entstandenen *Maria Immaculata* Ignaz Günthers (Kat.-Nr. 76) macht das Neue an der Boos'schen Skulptur deutlich: So wiegt sich Günthers Figur in einer fast tänzerischen Pose in der Hüfte – eine Bewegung, die durch das in großen Faltenbahnen drapierte Gewand unterstrichen wird. Bei Boos hingegen sind Dynamik und Expressivität deutlich zurückgenommen, die Falten liegen wie nass am Körper und betonen die langgestreckte Silhouette. Das Werk belegt außerdem, dass sich die Abkehr des Stils des Rokoko nicht allein bei profanen Sujets vollzog.

Die Figur aus rötlichem, gebranntem Ton diente vermutlich als Modell für ein größeres Werk aus Holz oder Bleiguss, das für den Schalldeckel einer Kanzel, die Fassade eines Hauses oder als bekrönende Brunnen- oder Säulenfigur konzipiert gewesen sein könnte. AM

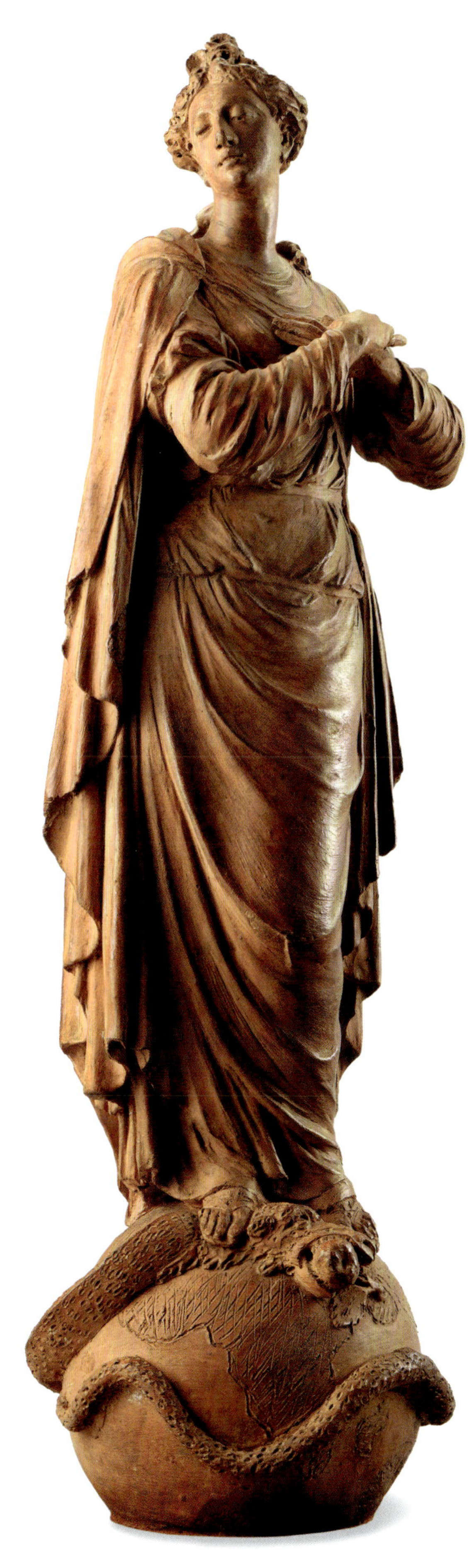

122 ROMAN ANTON BOOS

APOLL

1783
Holz, grau gefasst; 197 × 75 × 65 cm
Bezeichnet auf der Lyra: »R.A.BOOS«
Haimhausen (Schloss), Bavarian International School e.V.
Literatur: Johnen 1937/38, S. 298, Nr. 24.

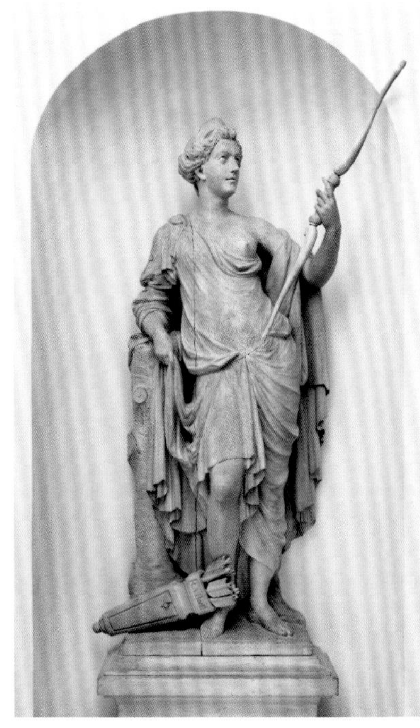

Diana, 1783, Holz, grau gefasst,
197 × 119 × 57 cm, Haimhausen (Schloss)

Für Schloss Haimhausen bei Unterschleißheim schuf Boos (1733–1810) im Jahr 1783 die beiden lebensgroßen Holzskulpturen von *Apoll* und *Diana* (Abb.), die in zwei Nischen im Treppenhaus bis heute an ihrem angestammten Platz verblieben sind. Ihre graue, opake Fassung lässt sie wie Steinskulpturen erscheinen. Einerseits integrieren sie sich dadurch besser in die Wandgestaltung der Treppenanlage, andererseits stellen sie so die Verbindung zum nahen Außenbereich des Schlossparks her.

Die Figuren sind im klassischen Kontrapost wiedergegeben und ihrer Aufstellung in Nischen entsprechend auf Frontalansicht ausgelegt. Ihre Gewänder aus schwerem, aber dünnem Stoff legen sich in weich fließenden Falten wie nass um die Körper und lassen die Formen darunter klar hervortreten. Beide Gestalten sind darüber hinaus charakterisiert durch ihren massigen Körperbau mit breiten Hüften und kräftigen Schenkeln. Anders als Haltung, Körper und Gewänder, die eine deutliche Orientierung an antiken Skulpturen belegen, zeigt die Gestaltung der Gesichter eher das zeitgenössische Ideal, was dem Götterpaar einen recht lebensnahen Ausdruck verleiht.

In ihrer Anlehnung an die Antike sind *Apoll* und *Diana* aus Schloss Haimhausen Boos' Skulpturen im Nymphenburger Schlosspark, vor allem den 1782/85 entstandenen Figuren von *Ceres*, *Bacchus* und *Diana* verwandt (vgl. Kat.-Nr. 119, 120).[1] Gemeinsam belegen sie den Versuch einer Abkehr von der Formensprache des Rokoko und eine Verwirklichung klassischer Ideale, die dem Bildhauer während seiner Zeit an den Akademien in Wien und Augsburg von 1763 bis 1765 vermittelt wurden. Das dort praktizierte Studium der Antike nach Abgüssen oder Stichwerken dürfte auch sein Ziel bei der Gründung einer entsprechenden Institution in München 1766 gewesen sein. Als mögliches Vorbild für den *Apoll* könnte ein Stich *(Le poème lyrique)* aus Simon Thomassins Band *Recueil des figures [...] de Versailles* gedient haben, in dem Kopien und Nachahmungen antiker Skulpturen abgebildet sind und der 1710 in einer deutschen Ausgabe in Augsburg erschien.[2]

Wie die Statuen in Nymphenburg sind auch *Apoll* und *Diana* an prominenten Stellen signiert und datiert (vgl. Abb. S. 379). Der Vergleich mit einer alten Abbildung aus den 1930er-Jahren dokumentiert außerdem, dass der *Diana* ursprünglich ein Windhund zugesellt war. Demnach befand sich auch der separat geschnitzte Köcher mit den Pfeilen einst nicht am Boden links vor der Figur, sondern auf ihrem Rücken.

In das Halsband des heute verlorenen Hundes sollen die Initialen »S.G.V.H.« eingraviert gewesen sein, die für Sigmund Graf von Haimhausen (1708–1793), den Hausherrn und Boos' Auftraggeber, stehen.[3] Dieser war als Leiter der Bergbehörde und Gründer sowohl der kurbayerischen Porzellanmanufaktur in Neudeck (1758) als auch der kurbayerischen Akademie (1759) eine äußerst wichtige Persönlichkeit für das kulturelle und wirtschaftliche Leben Bayerns. Sigmund Graf von Haimhausen ließ sein Schloss von François Cuvilliés d. Ä. (1695–1768) erweitern und ausstatten, ebenfalls beteiligt waren der Maler Johann Georg Bergmüller (1688–1762) und der Bildhauer Aegid Verhelst (1696–1749), zwei weitere führende Künstler des Rokoko in Bayern. Das Aussehen des Grafen ist in mehreren Porträts überliefert, unter anderem in der beeindruckend realistisch und sensibel gestalteten Porzellanbüste Franz Anton Bustellis.[4] Der Gedanke liegt nahe, in Boos' *Apoll* ein Kryptoporträt seines Auftraggebers zu sehen und entsprechend in der *Diana* eines seiner 1770 verstorbenen Gattin Maria Regina von Wolframsdorf. Die erhaltenen Porträts des Grafen stützen eine solche Identifizierung nicht, vermutlich sind die Eheleute als im Stile der Zeit idealisierte Porträts in den Gesichtern der beiden antiken Göttern verewigt. In jedem Fall aber stehen der Gott der Musik und Dichtkunst sowie die Patronin der Jagd für feinsinnige und höfische Vergnügungen, wie sie in Schloss Haimhausen üblich gewesen sein dürften. AM

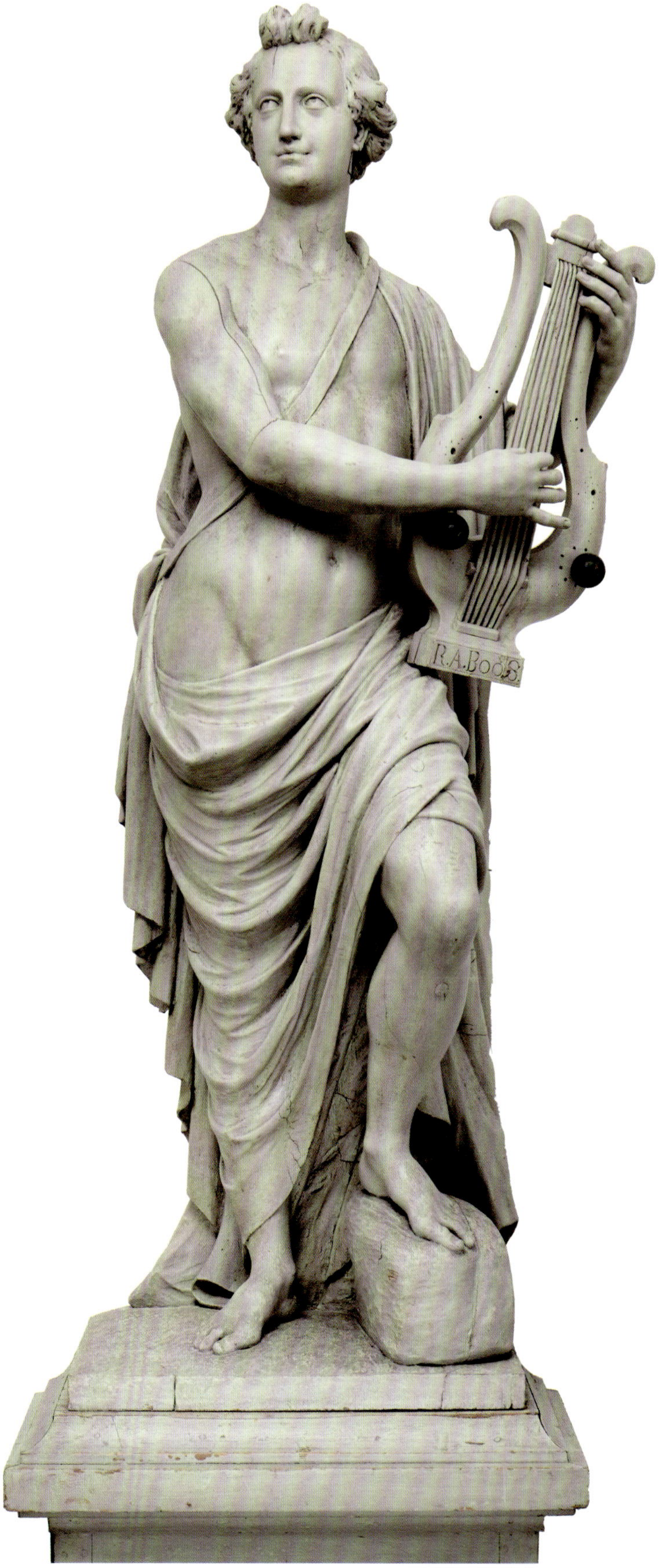

---

1 Vgl. Schedler 1985a, S. 52–59.
2 Simon Thomassin, Le poème lyrique, Kupferstich, aus: ders., Recueil des figures, groupes, thermes, fontaines, vases, et autres ornements de Versailles, Amsterdam 1695–1708, Taf. 108. Vgl. dazu auch Schedler 1985b, Abb. 81.
3 Vgl. NDB, Bd. 7, 1966, S. 521 f. Vgl. auch Günther D. Roth, Sigmund Graf von Haimhausen – ein adeliger Unternehmer, in: Schindler 1989, S. 86–93.
4 Ausst.-Kat. München 2004, Nr. 189.

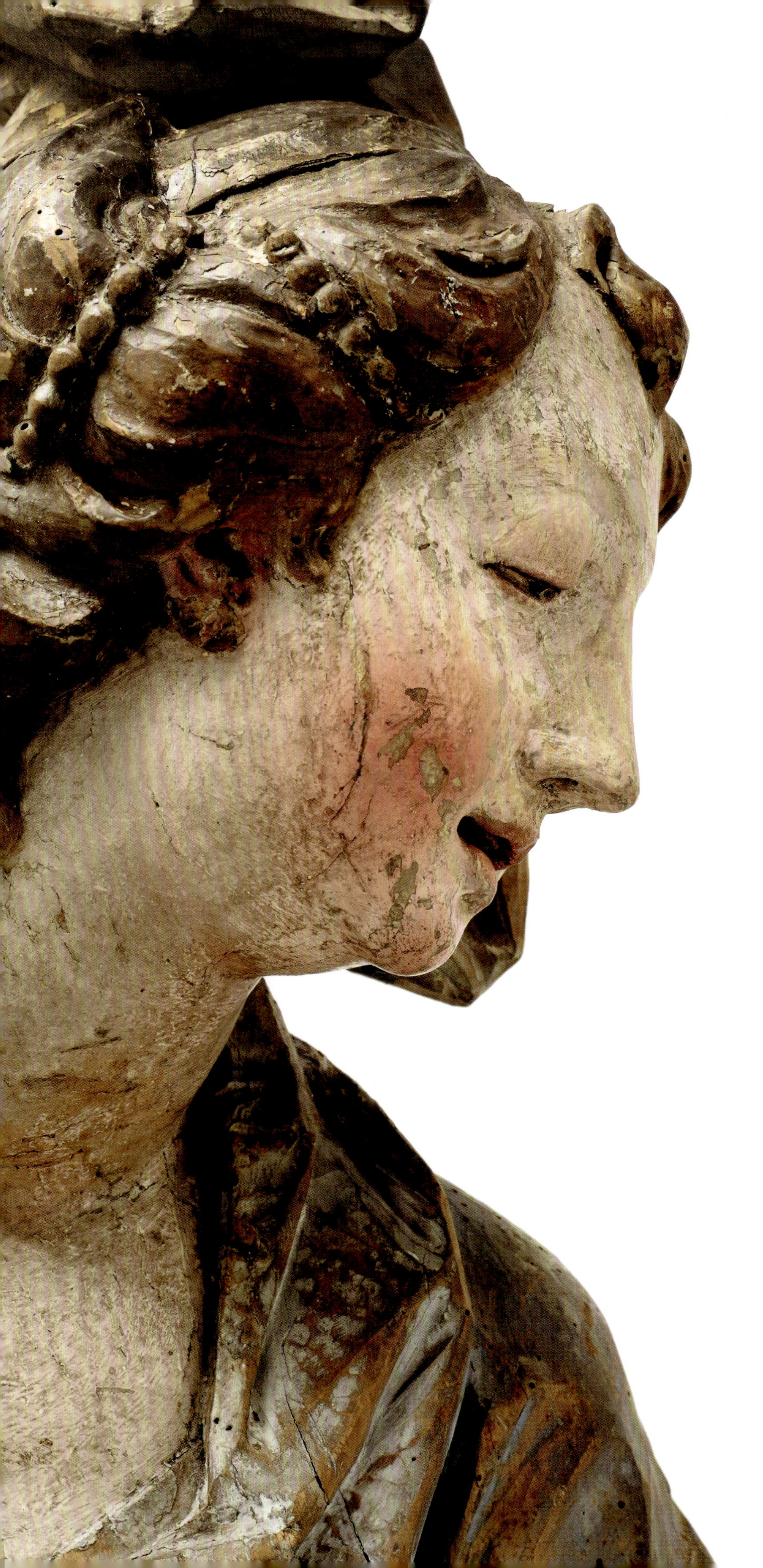

KÜNSTLERBIOGRAPHIEN

zusammengestellt von Joana Mylek

COSMAS DAMIAN ASAM

1686
Am 28. September in Benediktbeuern getauft

Spätestens um 1700
Grundausbildung zum Maler beim Vater Hans Georg Asam (1649–1711)

Ab 1702
Handlangerarbeiten

1705–1711
Zahlreiche Aufträge in Zusammenarbeit mit seinem Vater sowie erste kleine eigene Aufträge

1711
Eintritt in die Accademia di San Luca in Rom

1713
Am 23. Mai erster Preis mit einer Zeichnung in der ersten Malerklasse der römischen Accademia di San Luca (Kat.-Nr. 6 und 7)

Rückkehr aus Rom nach München

1714–1716
Ensdorf, Klosterkirche der Benediktiner St. Jakob – Cosmas Damians erster Großauftrag: Kuppelfresko (Kat.-Nr. 9), Fresken im Chor, Langhausfresken

Ölskizze in *Wettenhausen, Friedhofskirche St. Patrizius* (Kat.-Nr. 10)

1714/15
München, Dreifaltigkeitskirche: Kuppelfresko

Vor 1717
Selbstbildnis mit seinen Brüdern Egid Quirin (1692–1750) und Philipp Emanuel (Kat.-Nr. 1)

1717
Am 8. Februar Hochzeit mit Maria Anna Mörl, der Schwester des Kupferstechers Franz Joseph Mörl (1697–1737) und Tochter des Hofratssekretärs Franz Anton Mörl; aus der Ehe gehen zehn Kinder hervor

1718–1720
Weingarten, Kloster- und Wallfahrtskirche der Benediktiner – einer der umfangreichsten Aufträge seines Lebens: Ausmalung des gesamten Kirchenraums

1719
Verleihung des Kurfürstlichen Hofschutzes in München

Um 1720
Rosenkranzspende (Kat.-Nr. 8)

Oberschleißheim, Schloss Schleißheim: Deckengemälde über dem Treppenhaus, Fresken in der Maximilianskapelle

Aldersbach, Klosterkirche der Zisterzienser: Ausmalung des gesamten Kirchenraums, Altarbilder der vierten südlichen sowie der vierten nördlichen Seitenkapelle; Stuckierung von Egid Quirin Asam

1721–1736
Weltenburg, Kloster- und Pfarrkirche der Benediktiner: Pläne für die Kirchenarchitektur, Fresken der Langhauskuppel (1721), Fresken im Querhaus, Altarraum und Psallierchor (1734–1736), Gemälde für den ersten und den zweiten nördlichen Nischenaltar sowie den ersten südlichen Nischenaltar; Stuckierung, sämtlicher Skulpturenschmuck und Altarbauten von Egid Quirin Asam

1722/23
Innsbruck/Tirol, Dom: Ausmalung des gesamten Kirchenraums (Kat.-Nr. 11); Stuckierung von Egid Quirin Asam

1723/24
Freising, Dom: Ausmalung des gesamten Kirchenraums; Stuckierung, sämtlicher Skulpturenschmuck von Egid Quirin Asam

1724
Am 19. September Ernennung zum Fürstlich Freisingischen Cammerdiener und Hofmaler

Einsiedeln/Schweiz, Kloster- und Wallfahrtskirche der Benediktiner: Ausmalung des gesamten Kirchenraums; Stuckierung und Kanzel von Egid Quirin Asam

Mannheim, Schlosskapelle: Ausmalung der gesamten Schlosskapelle (1945 zerstört)

Kauf des »Asam-Schlößls« Maria-Einsiedeln in den Isarauen bei Thalkirchen

1726–1728
Aufenthalt in Böhmen (Kladrau, Břevnov und Prag)

1729
Mannheim, Kurfürstliches Schloss: Ausmalung des Rittersaals im Hauptgeschoss des Corps de Logis (1945 zerstört) – größtes profanes Fresko des Barock

1730
Ernennung zum Kurbayerischen Kammerdiener in München

1731
Am 24. Juli stirbt Asams Frau Anna Maria

Osterhofen-Altenmarkt, ehem. Klosterkirche der Prämonstratenser: Ausmalung des gesamten Kirchenraums; Gemälde für den Hochaltar, die erste und dritte südliche Seitenkapelle sowie für die dritte nördliche Seitenkapelle; Stuckierung, sämtlicher Skulpturenschmuck und Altarbauten von Egid Quirin Asam

1732
Am 24. Februar Hochzeit mit Maria Ursula Ettenhofer; aus der Ehe gehen drei Kinder hervor

Ernennung zum Kurpfälzischen Hofkammerrat

Stiftung einer Silber-Immaculata durch das Kurfürstliche Hohe Kollegiatstift Unserer Lieben Frau der Unbefleckten Empfängnis Mariä (1800 eingeschmolzen), der versilberte Bozzetto hat sich erhalten (Kat.-Nr. 18)

1735/36
Prag, Abteikirche der Benediktiner St. Niklas: Ausmalung des gesamten Kirchenraums

1736–1739
München, Asamkirche: Fresken an der Decke und den Wänden im Obergeschoss

1738
Straubing, Klosterkirche der Ursulinen: Ausmalung des gesamten Kirchenraums – nur begonnen, von Egid Quirin Asam vollendet; Gemälde im Refektorium der Klausur, an der nördlichen Langhauswand und am nördlichen Seitenaltar; Architektur, Stuckierung und Skulptur von Egid Quirin Asam

1739
Stirbt am 10. Mai und wird neben seiner ersten Frau an der Frauenkirche bestattet

EGID QUIRIN ASAM

1692
Am 1. September in Tegernsee getauft

Grundausbildung zum Maler beim Vater Hans Georg Asam (1649–1711)

1711–1716
Lehre bei dem Bildhauer Andreas Faistenberger (1646–1735) in München

Ob Egid Quirin seinen Bruder Cosmas Damian (1686–1739) nach Rom begleitete, ist umstritten

1716–1718
Michelfeld, Klosterkirche St. Johann Baptist: Stuckierung; Fresken von Cosmas Damian Asam

1717–1723
Rohr, Chorherrenstiftskirche der Augustiner: Pläne für die Kirchenarchitektur, Stuckierung, Altarbauten, Sämtlicher Skulpturenschmuck (insbesondere der Hochaltar mit dem Figurenensemble von Mariä Himmelfahrt)

1720/21
Aldersbach, Klosterkirche der Zisterzienser Mariä Himmelfahrt: Stuckierung; Fresken und einige Altarbilder von Cosmas Damian Asam

1721–1736
Weltenburg, Kloster- und Pfarrkirche der Benediktiner: Stuckierung, Sämtlicher Skulpturenschmuck, Altarbauten; Architektur und Fresken von Cosmas Damian Asam

1722/23
Innsbruck/Tirol, Dom: Stuckierung; Fresken von Cosmas Damian Asam

1723/24
Freising, Dom: Stuckierung, sämtlicher Skulpturenschmuck; Fresken von Cosmas Damian Asam

1724
Einsiedeln (Schweiz), Kloster- und Wallfahrtskirche der Benediktiner: Stuckierung, Kanzel; Fresken von Cosmas Damian Asam

Am 19. September Ernennung zum Hochfürstlich Freisingischen Cammerdiener und Hofstukkateur

Um 1725
Entwurf für eine Rundkapelle (Kat.-Nr. 12)

1729–1733
Kauf von vier Häusern in der Oberen Sendlinger Gasse in München: im südlichen Egid Quirins Wohnhaus, im nördlichen Priesterhausstiftung

Am 16. Mai 1733 Grundsteinlegung der Asamkirche (die beiden mittleren Häuser werden zusammengelegt), die unter anderem seine Grablege werden soll

Um 1729/30
Porträt von Egid Quirin Asam

1730
Ernennung zum kurbayerischen Kammerdiener in München

1731
Osterhofen-Altenmarkt, ehem. Klosterkirche der Prämonstratenser – einer von Egid Quirins größten Aufträgen: Stuckierung, sämtlicher Skulpturenschmuck, Altarbauten; Fresken von Cosmas Damian Asam

Nach 1733
Türflügel für das Asamhaus (Kat.-Nr. 15)

1738/39
Straubing, Klosterkirche der Ursulinen: Stuckierung; Fresken von Cosmas Damian Asam begonnen

Nach dem Tod Cosmas Damians 1739 führt Egid Quirin die Arbeiten an der Asamkirche allein weiter und vollendet die von Cosmas Damian begonnenen Fresken in Straubing

1740
Altarentwurf für die Wallfahrtskirche Maria-Dorfen (Kat.-Nr. 13)

Um 1742
Entwurf für die Strahlenmonstranz der Priesterhausstiftung (Kat.-Nr. 16 und 17)

1745
Skulptur des hl. Johann Nepomuk für das Asamhaus (Kat.-Nr. 14)

1746
Am 1. Mai Weihe der Asamkirche

1750
Stirbt am 29. April in Mannheim, wo er auch bestattet wird
Egid Quirin bleibt Zeit seines Lebens unverheiratet und stirbt kinderlos

ROMAN ANTON BOOS

1733
Am 28. Februar in Bischofswang bei Garmisch-Partenkirchen als Sohn eines Bauern geboren

Lehre bei dem Bildhauer Anton Sturm (1690–1757) in Füssen

1760
Eintritt als Geselle in die Werkstatt von Johann Baptist Straub (1704–1784)

1763
Besuch der Klasse des Bildhauers Jacob Christoph Schletterer (1699–1774) an der Wiener Akademie

1764
Besuch der Augsburger Akademie

Mitarbeit in der Werkstatt von Ignaz Wilhelm Verhelst (1729–1792)

1765
Rückkehr nach München

1766
Fürstenfeld, Kloster der Zisterzienser: Stifterfiguren von Ludwig dem Strengen und Ludwig dem Bayern

Gründung einer privaten Zeichenschule gemeinsam mit Thomas Christian Winck (1738–1797) und dem Stukkator Franz Xaver Feichtmayr d. J. (1735–1803) (Kat.-Nr. 23)

1768
München, Theatinerkirche: Skulpturen an der Fassade nach Entwürfen von Ignaz Günther (1725–1775)

1769
Am 12. Juli Verleihung des Hofschutzes durch Kurfürst Maximilian III. Joseph (1727–1777)

1770
München, Neuhauser Gasse: Brunnenskulptur des hl. Johannes von Nepomuk als Ersatz für die 1751 von Straub gefertigte Skulptur (Kat.-Nr. 38)

Zeichenschule erhält den Status einer Akademie

1771/72
Schleißheim, Schlossgarten: vier mythologische Gruppen und ein Flussgott

1775
Am 1. April Ernennung zum Hofbildhauer durch Kurfürst Maximilian III. Joseph

1775–1790
München, Schlosspark Nymphenburg: Amphitrite (1775), Mars und Minerva (1777) (Kat.-Nr. 117), Merkur und Venus (1778), Bacchus und Ceres (1782) (Kat.-Nr. 119 und 120), Apoll und Diana (1785), Zwölf Marmorvasen mit mythologischen Szenen (1788–1790)

1777
Am 12. Mai Hochzeit mit Straubs Tochter Maria Theresia Amalia und Einzug in Straubs Wohnhaus in der Hackenstraße 10 in München; aus der Ehe gehen acht Kinder hervor, von denen vier das Erwachsenenalter erreichen

1780
München, Frauenkirche: Kanzel (1863 zerstört) (S. 373, Abb. 2)

1781
München, Residenz: Acht Skulpturen mit den Taten des Herkules in den Hofgartenarkaden (Kat.-Nr. 118)

1783
Schloss Haimhausen, Treppenhaus: Apoll (Kat.-Nr. 122) und Diana

1788–1790
Ettal, Abtei- und Wallfahrtskirche der Benediktiner: Zehn Marienreliefs am Hochaltar, vier Chorreliefs

Um 1789
Puttenpärchen (Kat.-Nr. 116)

Um 1790
Selbstbildnis, Marmorbüste (S. 377, Abb. 5)

1793
München, Alter Südlicher Friedhof: Denkmal der kurpfalzbairischen Edelknaben

1794
Offenstetten, Pfarrkirche St. Vitus: Grabdenkmäler für den Reichsfreiherrn Aloys von Kreitmayr und seine Gemahlin

1796
Altötting, Stiftskirche St. Philipp und Jakob: Die vier Evangelisten

1801–1806
Leitung der Kunstakademie

1810
Stirbt am 19. Dezember in München

FRANZ ANTON BUSTELLI

Geburtsjahr und -ort unbekannt

In und um Locarno/Tessin gab es die weitverzweigte Familie Bustelli, von denen einige im 18. Jahrhundert auswanderten und in Landshut, Landau und München nachweisbar sind – vermutlich gehörte Franz Anton Bustelli zum bayerischen Familienzweig

1754/55
Am 3. November Anstellung als »Figurist« in der Nymphenburger Churfürstlichen Porcelein-Fabrique (damals noch in Neudeck) Neben dem Entwerfen neuer Figuren gehört auch die Aufsicht über die Dreher und Bossierer zu seinen Aufgaben

Fertigstellung des Gartendesserts: Dessertaufsatz in Form eines Gartens mit Gesellschaftsfiguren; anlässlich der Hochzeit von Maria Anna von Bayern (1734–1776) mit Markgraf Georg Ludwig von Baden (1702–1761)

Großes Kruzifix (Kat.-Nr. 62)

1755/57
Serie von Bettlern, Händlern und Passanten (ebenfalls ein Dessertaufsatz, in Anlehnung an höfische Verkleidungsfeste wie die »Wirtschaften« und »Bauernhochzeiten«)

Reihe von insgesamt 24 Putten als Ovidische Götter: Aeolus, Amphitrite (Kat.-Nr. 68), Apollo, Bacchus, Ceres, Charon, Cupido, Cybele (Kat.-Nr. 69), Diana, Flora, Fortuna, Herkules, Juno, Jupiter, Mars, Merkur, Minerva, Neptun, Pan, Pandora (Kat.-Nr. 70), Pluto, Saturn, Venus, Vulkan

Tiere: Katzen, Hunde, Löwen

1756
Erweiterung des Kruzifixes von 1755 durch Johannes den Evangelisten und Maria – die beiden Assistenzfiguren gelten als Beleg dafür, dass Bustelli vor seinem Eintritt in die Nymphenburger Porzellanmanufaktur eine Bildhauerlehre absolvierte

Liebes- und Fürwitz-Gruppen: Der gestörte Schläfer (Kat.-Nr. 64), Der Voyeur am Brunnen, Der stürmische Galan, Liebespaar in der Ruine

Fremde Völker: Türken (zwei Figuren), Mohren (zwei Figuren), Chinesen (14 Figuren), Tartaren (zwei Figuren)

1758
Kleines Kruzifix

1758–1765
Hatzgruppen

1759
Jagdaufsatz (Kat.-Nr. 63)

1760
Figuren der Commedia dell'Arte in acht Paaren; Octavio und Isabella (Kat.-Nr. 66), Mezzettino und Lalagé (Kat.-Nr. 65), Scaramuz und Colombine, Dottore und Donna Martina, Capitano Spavento und Leda, Pantalone und Julia, Pierrot und Lucinda, Anselmo und Corine

Allegorien: Architektur, Astronomie, Bildhauerkunst, Malerei, Musik, Ruhm, Büsten der vier Jahreszeiten, Stockknäufe

1760–1763
Putten als die vier Elemente

Pfeifenköpfe

Uhrgehäuse- und Konsolen

1761
Große Mädchen- und Knabenbüste (Kat.-Nr. 67)

Porträtbüste seines Dienstherrn Sigmund Graf von Haimhausen (1708–1793)

1763
Stirbt am 18. April in München

FRANÇOIS CUVILLIÉS D. Ä.

1695
Am 23. Oktober im wallonischen Soignies geboren

1706–1715
Kommt im Alter von elf Jahren als Kammerzwerg an den Hof des in Mons im Exil lebenden bayerischen Kurfürsten Max Emanuel (1662–1726) und wird mit den Edelknaben erzogen

1715–1720
Als Zeichner Ferdinand Franz Albrecht Graf von der Wahl unterstellt, der die Generalaufsicht über alle Gebäude trägt

Zusammenarbeit auch mit dem Sohn des Grafen, Franz Ferdiand Xaver Graf von der Wahl (gest. 1732), und dadurch Beschäftigung mit Wasserpumpwerken für Gartenanlagen

Ausbildung in Mathematik und Festungsbau bei dem Oberstleutnant Jean Claude Rozard (gest. 1754), Examen um 1717

Danach Fähnrich beim Leibregiment zu Fuß

1720
Am 1. Juni Reise nach Paris, um sich mit der dortigen Baukunst vertraut zu machen und zahlreiche Zeichnungen anzufertigen, außerdem Auseinandersetzung mit Architekturtheorie

1724
Am 30. März Rückkehr nach München

1725
Ernennung zum Hofbaumeister

In enger Zusammenarbeit mit dem Hofbaumeister Joseph Effner (1687–1745) Dekoration der kurfürstlichen Bauten

München, Residenz – erste Arbeit, die Cuvilliés allein zugeschrieben werden kann: Trierzimmer mit Boiserien (1944 ausgebrannt, 1973 restauriert)

1726–1732
München, Stadtpalais von Joseph Graf von Piosasque de Non (1681–1776, Hauptmann der Leibgarde) (im Zweiten Weltkrieg zerstört)

1728
Beförderung zum Oberhofbaumeister durch Kurfürst Karl Albrecht (1697–1745) und damit Effner ebenbürtig

Adelung und Anstellung als Architekt des Kölner Kurfürsten Clemens August I. (1700–1761, Bruder Karl Albrechts), Aufenthalt in Brühl bei Köln

Brühl, Augustusburg: Umgestaltung des Wasserschlosses von Clemens August I. in ein modernes Gartenschloss, Gelbes Appartement (1728–1730), Wende vom späten Régencestil zum Rokoko

1729
Brühl, Schloss Falkenlust

1730/31
München, Residenz: Neugestaltung der Reichen Zimmer, nachdem die ursprünglich von Effner ausgestatteten Räume ausgebrannt waren, Schatzkammer (heute Porzellankabinett)

1731–1735
München, Palais Portia (im Zweiten Weltkrieg zerstört): Aus- und Umbau im Auftrag von Karl Albrecht

1733–1737
München, Palais Holnstein (heute *Erzbischöfliches Palais)*

1734–1739
München, Schlosspark Nymphenburg: Amalienburg

1738
München-Berg am Laim, St. Michael: Bauinspektor

1738–1741
Erste Kupferstichfolge: Vorlagen für Ornamente, Kartuschen und weitere Elemente der Innendekoration; größtenteils von Carl Albert von Lespilliez (1723–1769) und Franz Xaver Jungwierth (1720–1790) gestochen

1742–1754
Zweite Kupferstichfolge: Ornamentvorlagen, sog. *Morceaux de Caprices* (Kat.-Nr. 20), zudem Entwürfe für Möbel; größtenteils von Lespilliez gestochen

1746–1761
Kassel, Schloss und Park Wilhelmsthal: Entwürfe im Auftrag des Landgrafen Wilhelm VIII. von Hessen-Kassel (1682–1760)

1747
Schloss Haimhausen: Erweiterung im Auftrag des Reichsgrafen Karl Ferdinand Maria von Haimhausen (1724–1775)

1750
München, Residenz-Theater, sog. Cuvilliés-Theater

1754/55
Parisreise

Gast bei dem Maler Jean Siméon Chardin (1699–1779)

Dritte Kupferstichfolge: 23 sog. *projets*: Entwürfe für Lustschlösser

1756/57
München, Schloss Nymphenburg: Gartensaal und Musikempore

1757
Schloss Sünching bei Straubing: Um- und Ausbau im Auftrag des Reichsgrafen Joseph Franz von Seinsheim (1707–1787)

1758
Ernennung zum Kammerrat

1762
Ernennung zum alleinigen Oberhofbaumeister

1763
Aufsicht über die Instandhaltung der Residenz und der kurfürstlichen Schlösser

1763/64
München, Schloss Nymphenburg: Gesamtplan für die fünf mittleren Pavillons, Entwurf für die große Kaskade

1765–1767
München, Theatinerkirche: Vollendung der Fassade

1768
Stirbt am 14. April in München

JOSEPH GÖTSCH

1728
Am 27. März in Längenfeld bei Innsbruck/Tirol getauft

Erste Ausbildung wahrscheinlich bei seinem Vater

Ausbildung bei Johann Reindl (1714–1792) im Zisterzienserkloster Stams/Tirol und später in Wien

1753–1758
Sölden im Ötztal/Tirol, Pfarrkirche zu Unserer Lieben Frau – Götschs erste selbstständige Arbeiten: Hochaltar, Marienaltar, Sebastiansaltar, Kanzel

1759
Bürgeraufnahme im kurbayerischen Markt Aibling

Am 25. Mai Hochzeit mit einer Bauerntochter aus der Umgebung

1759–1761
Aibling, Pfarrkirche St. Maria: Kruzifixus mit Maria und Johannes im Chorraum, Hochaltar, Seitenaltäre

1762
Hauskauf in Aibling und Gründung einer eigenen Werkstatt

1762–1766
Rott am Inn, Klosterkirche St. Peter und Paul – Zusammenarbeit mit Ignaz Günther: Scholastika-Altar, Magdalena-Altar, Johann-Nepomuk-Altar, Anna-Altar, Marienaltar, Petrus-Altar, Benedikt-Altar (Kat.-Nr. 60), Kanzel, Beichtstühle der Vorhalle (Kat.-Nr. 61)

1767/68
Schloss Neubeuern am Inn, Schlosskapelle St. Augustin: Seitenaltäre

1768/69
Kirchdorf am Inn, Pfarrkirche St. Ursula: Hochaltar (1960 verbrannt), östlicher Seitenaltar

1769
Herrenmühle bei Thalham, Hauskapelle: hl. Michael, Schutzengel, hll. Äbtissinnen Walburga und Gertrud von Helfta

1770
Unterried, Kapelle Mariä Himmelfahrt: Hochaltar, Kruzifixus und Mater Dolorosa

Bad Aibling, Sebastianskapelle: Hochaltar

Am 5. Februar stirbt Götschs Frau

1775
Hochzeit mit Eva Rosina Niggl

1776
Neubeuern, Pfarrkirche Mariä Unbefleckte Empfängnis: Hochaltar

1777
Glonn, Pfarrkirche St. Johann Baptist: Hochaltar, Kruzifixus mit Mater Dolorosa

1781
Verkauf seines Hauses aufgrund seiner zunehmenden Alkoholsucht und der damit verbundenen schlechten wirtschaftlichen Lage

1788–1790
Ellmosen, Filialkirche St. Margareta: Hochaltar, Kanzel

1793
Nußdorf am Inn, Filial- und Wallfahrtskirche St. Leonhard – Götschs letzte begonnene Arbeit: Hochaltar

Stirbt am 21. November völlig verarmt in Aibling bei Rosenheim

IGNAZ GÜNTHER

1725
Am 22. November in Altmannstein getauft

Erste Ausbildung bei seinem Vater, dem Schreiner und Bildhauer Johann Georg Günther (1704–1783)

1743–1750
Lehre bei Johann Baptist Straub (1704–1784) in München

Entwurf für ein Denkmal in Gestalt eines Pfeilers (Kat.-Nr. 71)

1750
Aufenthalt in Salzburg

Entwurf für einen Säulenportikus (Kat.-Nr. 72)

Entwurf für einen dekorativen Pavillon (Kat.-Nr. 73)

1751/52
Mitarbeit in der Werkstatt von Paul Egell (1691–1752) in Mannheim

1752/53
Aufenthalt in Mähren

Geppersdorf (Kopřivná), Pfarrkirche St. Maria: Hochaltar (Kat.-Nr. 101)

1753
Am 17. Mai Eintritt in die Wiener Akademie, wo er ein halbes Jahr lang bei Matthäus Donner (1704–1756) und Balthasar Ferdinand Moll (1717–1785) lernt

Gewinn der Goldmedaille beim jährlichen Wettbewerb der Akademie im Fach Skulptur

Am 10. November Verleihung seines Diploms

Direkt danach Geselle von Johann Georg Hitzl (1706–1781) in Salzburg

1754
Rückkehr nach München

Am 5. Juni Verleihung der Hofbefreiung durch Kurfürst Maximilian III. Joseph (1727–1777)

Christus an der Geißelsäule – Günthers frühestes bezeugtes Münchner Werk

München-Harlaching, Wallfahrtskirche St. Anna: Altarentwurf (Kat.-Nr. 91)

1755
Starnberger Heilige (Kat.-Nr. 74 und 75)

1756
Ernennung zum hofbefreiten Bildhauer

München-Lehel, Klosterkirche der Franziskaner: Kanzelentwurf (Kat.-Nr. 90)

Großes Kruzifix (Kat.-Nr. 109)

1757
Am 17. Januar Hochzeit mit Maria Magdalena Hollmayr, der Tochter eines Silberhändlers aus Huglfing bei Weilheim; aus der Ehe gehen neun Kinder hervor

1758
Eiselfing, Pfarrkirche St. Rupertus: Pietà (Kat.-Nr. 115)
Entwurf für Hochaltar der Pfarrkirche in Schongau (Kat.-Nr. 92)

München, Asamkirche: Parze und Genius mit Herzen für das Zech-Epitaph (Kat.-Nr. 79 und 80)

1759
Grafrath, Wallfahrtskirche St. Rasso: Entwurf für den Hochaltar (Kat.-Nr. 93)

Schloss Sünching bei Straubing: Reliefs in Festsaal und Kapelle

1759–1762
Rott am Inn, Klosterkirche St. Marinus und Anianus: Hochaltar (Kat.-Nr. 86–89), Leonhardsaltar (Kat.-Nr. 81), Franz-Xaver-Altar (Kat.-Nr. 82), Büste des hl. Anianus (Kat.-Nr. 83), sechs Altarleuchter (Kat.-Nr. 84 und 85)

Um 1760
Entwurf für den Hochaltar der Pfarrkirche St. Michael in München-Berg am Laim (Kat.-Nr. 94)

München-Lehel, Kloster der Franziskaner: Standkruzifix (Kat.-Nr. 107 und 108)

Sog. Attel-Madonna (Kat.-Nr. 76)

München-Ramersdorf, Pfarr- und Wallfahrtskirche Maria Himmelfahrt: Kanzel

1761
Hausmadonna für Günthers Wohnhaus am Oberanger Nr. 11 (Abb. S. 294)

Studie nach der Fassade der Asamkirche in München (Kat.-Nr. 95)

1763–1768
München, Bürgersaalkirche: Schutzengelgruppe (1763), von Joseph Friedrich I Canzler (1710–1782) ausgeführte Silberbüsten der hll. Joseph, Johannes der Täufer, Johannes der Evangelist und Joachim (Kat.-Nr. 105)
Oberschleißheim, Schloss Schleißheim: Eichenholzportale

1764
Weyarn, Chorherrenstiftskirche der Augustiner St. Peter und Paul: Altäre, St. Valerius-Schrein, Prozessionsfiguren (Pietà und Verkündigung), Vortragekreuz

Um 1764/65
Freising-Neustift, Pfarrkirche St. Peter und Paul:
Hochaltar (Kat.-Nr. 98), Josephsaltar (Kat.-Nr. 100),
Kreuzaltar (Kat.-Nr. 99)

1765
Ingolstadt, Pfarrkirche St. Moritz: Silber-Immaculata (Kat.-Nr. 104)

1765/70
München-Lehel, Klosterkirche St. Anna: Monstranz (Kat.-Nr. 102)

Kruzifixus (Kat.-Nr. 110)

Um 1765–1775
Aholming, Pfarrkirche St. Stephan: Hochaltar (Kat.-Nr. 112), Kruzifix und Mater Dolorosa (Kat.-Nr. 111)

1766
Aschau, Pfarrkirche Darstellung des Herrn: von Ignaz Franzowitz (1736–1813) in Silber ausgeführte Statuetten der hll. Florian und Johannes von Nepomuk (Kat.-Nr. 103)

Um 1770
München, Barmherzige Brüder: Hl.-Johannes-von-Gott-Gruppe (Kat.-Nr. 113 und 114)

1771/72
Entwurf für den Hochaltar der Klosterkirche in Ettal (Kat.-Nr. 96)

1772
Hausmadonna aus Blei (Kat.-Nr. 78)

1772/73
München, Frauenkirche: Portale, 16 Chorreliefs mit Szenen aus dem Leben Mariens (Kat.-Nr. 77)

1774
Nenningen, Friedhofskapelle: Pietà

Martin Knoller (1725–1804) malt das Bildnis Ignaz Günthers (Kat.-Nr. 4)

1775
Stirbt am 26. Juni in München

CHRISTIAN JORHAN D. Ä.

1727
Am 6. Oktober in Griesbach im Rottal geboren

Um 1739–1744
Lehre in der Bildhauerwerkstatt seines Vaters

1744
Beginn der Gesellenwanderschaft

Mitarbeit in der Werkstatt von Johann Joseph Christian (1706–1777) in Riedling bei Regensburg

1747/48
Mitarbeit in der Werkstatt von Joseph Anton Pfaffinger (1684–1758) in Salzburg

1749–1751
Besuch der Augsburger Akademie

Mitarbeit in der Werkstatt von Ignaz Wilhelm Verhelst (1729–1792) in Augsburg

Mitarbeit in der Werkstatt von Leonhard Riedlinger (1700/08–1768) in Augsburg

1752
Gars am Inn, Kloster: Schrein des hl. Felix – Jorhans erstes selbstständiges Werk

Um 1752/53
Mitarbeit in der Werkstatt von Johann Baptist Straub (1704–1784)

1754
Jorhan lässt sich in Landshut nieder

1755
Am 6. Oktober Hochzeit mit Maria Theresia Pauer; aus der Ehe gehen elf Kinder hervor, von denen vier Söhne das Erwachsenenalter erreichen

1756
Am 10. August Hauskauf in Landshut und Eröffnung seiner eigenen Werkstatt

1756–1760
Reichenkirchen bei Erding, Pfarrkirche St. Michael: Hochaltar (1756), Kanzel (1758/59), Kruzifix (1758/59), Beichtstuhl (1758/59), Westlicher Seitenaltar (1760)

Um 1770
Maria Thalheim, Wallfahrtskirche Mariä Himmelfahrt: Kanzel (Kat.-Nr. 52), Orgelgehäuse, sechs Seitenaltäre, Tabernakelbekrönung am Hochaltar (Kat.-Nr. 51), hll. Notburga und Wendelin am Leonhard-Altar (Kat.-Nr. 54), Cherub (Kat.-Nr. 53)

1766–1770
Altenerding, Pfarrkirche Mariä Verkündigung: Gesamtausstattung, u. a. erste Schiffskanzel im Erdinger Land

Um 1770
Riding, Pfarrkirche St. Georg: Büsten der vier Evangelisten (Kat.-Nr. 55)

1775
Landshut, Burg Trausnitz: hl. Florian vor einem Wandbrunnen im inneren Burghof

1779
Freising-Neustift, Pfarrkirche St. Peter und Paul: nördlicher Seitenaltar, südlicher Seitenaltar

1780/81
Landshut, Stadtresidenz: Büsten der vier Jahreszeiten (Kat.-Nr. 56)

1795
Landshut, Heiliggeistkirche – Jorhans letzter Großauftrag: Apostelzyklus

1804
Stirbt am 8. Oktober in Landshut

FRANZ XAVER SCHMÄDL

1705
Am 1. November in Oberstdorf im Allgäu geboren

Über seine Lehrjahre ist nichts bekannt, wahrscheinlich lernt er in München oder Augsburg; als mögliche Lehrer kommen Anton Sturm (1690–1757), Andreas Faistenberger (1646–1735) und Martin Dürr (1674–1733) infrage – Johann Baptist Straub (1704–1784) ist unwahrscheinlich, weil beide fast gleich alt waren

1729
Oberstdorf, Josephskapelle – Schmädls frühestes bekanntes Werk: Palmesel

1734
Am 13. September Hochzeit mit Maria Dürr, der Witwe des Bildhauers Martin Dürr, durch die Heirat Übernahme der Werkstatt und des Wohnhauses von Dürr in Weilheim

Um 1738/39
Dießen, ehem. Chorherrenstiftskirche der Augustiner: Johann-Nepomuk-Altar, Kerkeraltar mit Geißelheiland

1740
Am 22. November Hochzeit mit Maria Barbara Sporer

1743–1765
Rottenbuch, Chorherrenstiftskirche der Augustiner – Schmädls erster Großauftrag: Hochaltar (1743), Kanzel (1743), Antonius-Altar (1743), Michael-Altar (1743, heute in der Pfarrkirche St. Michael in Peiting), Josephsaltar, Rochus-Altar, Bekrönungen der Chorschranken (1744), vier Seitenaltäre im Langhaus (1745), unter anderem Putto mit Federschmuck (Kat.-Nr. 57), Johannes-Altar (1758, Skulpturen heute am Hochaltar der Pfarrkirche St. Michael in Peiting, Kat.-Nr. 58), Stifterfiguren Welf und Judith

1750–1752
Garmisch, Pfarrkirche St. Martin: Anna selbdritt, vier Seitenaltäre

1752–1754
Mitglied des Rates in Weilheim

1753
Kirchenpfleger der Pfarrkirche St. Pölten in Weilheim

1756–1762
Oberammergau, Pfarrkirche St. Petrus und Paulus: Hochaltar, Kreuzaltar, Dreifaltigkeitsaltar, Antonius-Altar, Anna-Altar mit *Rahmen mit Gnadenbild* (Kat.-Nr. 59)

1759/60
Vierter Bürgermeister Weilheims

Bildhauer des Inneren Rates von Weilheim

Kirchenpfleger der Pfarrkirche St. Pölten in Weilheim

Um 1760
Zweiter *assistens* der Erzbruderschaft des Hl. Erzengels Michael – Schmädls letztes politisches Amt

Schongau, Pfarrkirche Mariä Himmelfahrt: Hochaltar (Abb. S. 320)

1761
Am 21. April Hochzeit mit Hyazintha Lang, der Tochter des Weilheimer Malers Franz Anton Lang (1702–1767)

1769
Am 13. November Hochzeit mit Anna Hohenleitner

1774
Schmädl reicht ein Gesuch nach Steuernachlass ein; aus vier Ehen hat er insgesamt 27 Kinder zu versorgen

1777
Stirbt am 16. Januar in Weilheim

JOHANN BAPTIST STRAUB

1704
Am 25. Juni in Wiesensteig getauft

1718–1722
Lehre in der Bildhauerwerkstatt seines Vaters

1721–1726
Lehre bei dem Münchner Hofbildhauer Gabriel Luidl (1688–1741)

1726/27
Arbeiten in der Münchner Residenz unter Joseph Effner (1687–1745)

1727
Mitarbeit in der Werkstatt von Ignaz Gunst (1696–1747) in Wien

1727–1730
Mitarbeit in der Werkstatt des Wiener Hofbildhauers Christoph Mader (1697–1761)

1730–1733
Wien, Schwarzspanierkirche – erste eigenständige Arbeiten: Madonna, Kanzel, Kirchenbänke, Orgelbekrönung

1734/35
Auf Einladung des Münchner Bildhauers Andreas Faistenberger (1646–1735) Rückkehr nach München

München-Au, Mariahilfkirche: Gnadenaltar

1736
München, Palais Holnstein: Venusbrunnen

1737
Am 7. Juni Ernennung zum hofbefreiten Bildhauer

Am 27. Oktober Hochzeit mit Maria Theresia Späth, der Tochter des Hofkupferstechers und Schwiegersohns Faistenbergers, Franz Xaver Späth (gest. 1735); aus der Ehe gehen fünf Kinder hervor, von denen keines das Erwachsenenalter erreicht

1739–1741
Dießen, ehem. Chorherrenstiftskirche der Augustiner: Stephanus-Altar, Sebastiansaltar, Kanzel, Orgelbrüstung und Bekrönung, Tabernakel am Rosenkranzaltar (Kat.-Nr. 27) und am Kreuzaltar, schwebender Engel (Kat.-Nr. 32)

Um 1740
Rennschlitten mit Putto und Diana (Kat.-Nr. 29)

1740/45
Landshut, Ursulinenkirche: Zwei Engel (Kat.-Nr. 31)

Entwurf für einen Tabernakel (Kat.-Nr. 39)

1741–1745
Fürstenzell, Klosterkirche: Tabernakel (1741), Hochaltar (1745, Kat.-Nr. 40), Chorgestühl und -schranken (1745, Kat.-Nr. 41)

1741
Am 18. Mai Hauskauf in der Hackenstr. 10, im Erdgeschoss Einrichtung der Werkstatt, im Obergeschoss die Wohnung der Familie Straub

Hausmadonna für sein Wohnhaus

1743–1750
Ignaz Günther (1725–1775) ist Lehrling bei Straub

1743–1768
München-Berg am Laim, Pfarrkirche St. Michael: vier Diagonalaltäre (1743), Queraltäre (1758), Hochaltar (1767, Kat.-Nr. 45–49), Maria und Christus (1768)

1744/45
Entwürfe für den Hochaltar von Zwiefalten (?) (Kat.-Nr. 42 und 43)

Kleines Monument für Kaiser Karl VII. (1697–1745) (Kat.-Nr. 30)

Altötting, Gnadenkapelle: Statuen zum Trauergerüst und Grabdenkmal für Kaiser Karl VII., Herzmonument für Kaiser Karl VII.

1745–1750
Tegernsee, Abteikirche der Benediktiner: hll. Agathe und Florian (Kat.-Nr. 34), hll. Rochus und Sebstian (Kat.-Nr. 35)

1748
Am 29. Februar stirbt Straubs Frau Maria Theresia

1748–1757
Reisach am Inn, Klosterkirche der Karmeliten: Skapulier-Altar (1748), Beichtstuhlfiguren (1751), Albertus-Altar (1754), Elias-Altar (1755), Kanzelkruzifix (1755), Annenaltar mit Geißelchristus (1757, Kat.-Nr. 33)

1749
Am 30. September Hochzeit mit Maria Theresia Schluttenhoven; aus der Ehe gehen zehn Kinder hervor, von denen nur die drei Töchter das Erwachsenenalter erreichen

1750–1776
München, Pfarrkirche St. Peter: Anna-Altar (1750), Dreikönigsaltar (1754), Grabmal für den Dekan Anton Ignaz Hertl (1768), Rahmen für das Mariahilfbild (1776)

Um 1751
Hl. Johannes von Nepomuk in den Armen der Moldau (Kat.-Nr. 36)

Skulpturen für vier Münchner Brunnen: Sendlinger Gasse, Rindermarkt, Dienergasse, Neuhauser Gasse (Kat.-Nr. 37 und 38)

1751–1755
Andechs, Klosterkirche der Benediktiner: Benedikt-Altar, Rasso-Altar, zwei weitere Nebenaltäre mit Altarvasen statt Skulpturen, unterer Hochaltar

1752/53
Christian Jorhan d. Ä. (1727–1804) arbeitet in Straubs Werkstatt

München, Altes Residenztheater, gen. Cuvilliés-Theater: Putten und Genien

Balthasar Augustin Albrecht (1687–1765) malt das Porträt von Johann Baptist Straub im Atelier (Kat.-Nr. 3)

1760–1769
Roman Anton Boos (1733–1810) arbeitet in Straubs Werkstatt

1755–1762
Schäftlarn, Klosterkirche der Benediktiner: Hochaltar mit Altarvasen (Kat.-Nr. 26), Rosenkranzaltar, Kreuzaltar, vier kleine Seitenaltäre mit jeweils einer Nischenskulptur, Kanzel, Chorgestühl, Orgelgehäuse

1757
Statuen zum Trauergerüst der Kaiserin Maria Amalia (1701–1756)

1757–1762
Ettal, Abtei- und Wallfahrtskirche der Benediktiner: Katharinen-Altar, Korbinian-Altar, Apostelaltar, Familienaltar, Benediktus-Altar, Sebastiansaltar, Kanzel

1759/60
Grafrath, Wallfahrtskirche St. Rasso: Hochaltar (Kat.-Nr. 44)

1766
Modelle für zwei Skulpturen (Jupiter und Juno) für den Schlosspark Nymphenburg in München

Um 1767
Entwürfe für den Figurenschmuck an der Fassade der Münchner Theatinerkirche

1770
München, Jesuitenkirche St. Michael: Marienaltar

1771
München, Palais Toerring-Jettenbach: acht Großskulpturen (Minerva, Ceres, Kybele, Venus, Diana, Mars, Jupiter [?] und ein Imperator) im Treppenhaus

München, Schlosspark Nymphenburg: Pluto und Proserpina (wahrscheinlich nur die Holzmodelle für die in Stein geplanten Skulpturen)

1774
Am 28. Dezember stirbt Straubs Frau Maria Theresia

Um 1775
Allegorie des Glaubens, Modell für das Grabmal seiner zweiten Frau Maria Theresia (Kat.-Nr. 50)

1776
Wiesensteig, Stiftskirche St. Cyriakus: Seitenaltäre, Kreuzaltar, Kanzel

1777
Am 12. Mai Hochzeit von Straubs ältester Tochter Maria Theresia Amalia und Roman Anton Boos, Boos zieht in das Straub'sche Wohnhaus

Dorfen, St. Wolfgang: Mater Dolorosa – Straubs letztes bezeugtes Werk

1784
Am 1. Juni Hochzeit von Straubs Tochter Maria Anna Eva mit dem Fassmaler Augustin Demmel (1724–1789)

Stirbt am 13. Juli in München

LITERATUR

ADB
Allgemeine Deutsche Biographie, Leipzig 1875–1912 (Nachdruck Berlin 1967–1971).

AKL
Allgemeines Künstlerlexikon, Berlin u. a. 1992 ff.

Ausst.-Kat. Aldersbach 1986
Bruno Bushart/Bernhard Rupprecht (Hg.), Cosmas Damian Asam 1686–1739. Leben und Werk, Kloster Aldersbach, München 1986.

Ausst.-Kat. Braunschweig 1980
Selbstbildnisse und Künstlerporträts von Lucas van Leyden bis Anton Raphael Mengs, Herzog Anton Ulrich-Museum Braunschweig, Braunschweig 1980.

Ausst.-Kat. Ettlingen 1982
Hanno Hafner/Jo Remmele/Hans-Leopold Zollner, Asam im Schloss Ettlingen 1732–1982, Museum der Stadt Ettlingen, 1982.

Ausst.-Kat. Freising 2007
Sylvia Hahn/Carmen Roll/Monika Schwarzenberger-Wurster, Asam in Freising, Diözesanmuseum Freising, Regensburg 2007.

Ausst.-Kat. Freising 2010
Klaus-Peter Franzl (Hg.), Engel. Mittler zwischen Himmel und Erde, Diözesanmuseum Freising, Berlin 2010.

Ausst.-Kat. Karlsruhe 1988
Von allen Seiten betrachtet. Vier Heiligenfiguren von Ignaz Günther, Badisches Landesmuseum Karlsruhe, 1988.

Ausst.-Kat. Landshut 1998
Christian Jorhan in Heiliggeist. Zwischen Rokoko und Klassizismus. Ein altbayerischer Bildhauer im Zeitalter der Säkularisation, Museen der Stadt Landshut, 1998.

Ausst.-Kat. München 1985
Peter Volk (Hg.), Bayerische Rokokoplastik. Vom Entwurf zur Ausführung, Bayerisches Nationalmuseum München, München 1985.

Ausst.-Kat. München/Prag 1993
Reinhold Baumstark (Hg.), Johannes von Nepomuk 1393–1993, Bayerisches Nationalmuseum München/Kloster Strahov Prag, München 1993.

Ausst.-Kat. München 2004
Renate Eikelmann (Hg.), Franz Anton Bustelli. Nymphenburger Porzellanfiguren des Rokoko, Bayerisches Nationalmuseum München, München 2004.

Ausst.-Kat. New York 2008
Rococo. The Continuing Curve 1730–2008, Cooper-Hewitt, National Design Museum, Smithsonian Institution, New York 2008.

Ausst.-Kat. Schleißheim 1976
Hubert Glaser (Hg.), Kurfürst Max Emanuel. Bayern und Europa um 1700, Altes und Neues Schloss Schleißheim, 2 Bde., München 1976.

Barry 2002
Fabio Barry, Lux and Lumen, in: Kritische Berichte 30/4 (2002), S. 22–37.

Bauer 1962
Hermann Bauer, Rocaille. Zur Herkunft und zum Wesen eines Ornament-Motivs, Berlin 1962.

Bauer 1985
Hermann und Anna Bauer, Johann Baptist und Dominikus Zimmermann, Regensburg 1985.

Bauer/Sedlmayr 1991
Hermann Bauer/Hans Sedlmayr, Rokoko. Struktur und Wesen einer europäischen Epoche, Köln 1991.

Bauer-Wild 1992
Anna Bauer-Wild, Das Bildprogramm der Wallfahrtskirche, in: Die Wies. Geschichte und Restaurierung, München 1992 (= Arbeitshefte des Bayerischen Landesamts für Denkmalpflege, 55), S. 53–72.

Baumeister 1951
Engelbert Baumeister, Zeichnungen des Egid Quirin Asam, in: Das Münster 4 (1951), S. 208–218.

Baumeister 1953
Engelbert Baumeister, Zeichnungen des Cosmas Damian Asam, in: Das Münster 6 (1953), S. 245–259.

Birkmaier 1983/2002
Willi Birkmaier (Hg.), Rott am Inn. Beiträge zur Kunst und Geschichte der ehemaligen Benediktinerabtei, 2 Bde., Weißenhorn 1983 und 2002.

Braunfels 1986
Wolfgang Braunfels, François Cuvilliés. Der Baumeister der galanten Architektur des Rokoko, München 1986.

Brühlmann/Emmerling/Mayer 1998
Sabina Brühlmann/Erwin Emmerling/Erwin Mayer, Vnd(er) Direction gemacht worten. Faßmaler und Kistler an Werken von Ignaz Günther, in: Jahrbuch des Vereins für Christliche Kunst 20 (1998), S. 121–177.

Buchenrieder/Volk 1977
Fritz Buchenrieder/Peter Volk, Die Reliquienbüste der Heiligen Anastasia in Benediktbeuern, in: Ars Bavarica 8 (1977), S. 29–54.

Büttner 1997
Frank Büttner, Das Ende des Rokoko in Bayern. Überlegungen zu den geistesgeschichtlichen Voraussetzungen des Stilwandels, in: Zeitschrift des Deutschen Vereins für Kunstwissenschaft 51 (1997), S. 125–150.

Collinson 1994
Howard C. Collinson, Johann Esaias Nilson. The Rise and Fall of Augsburg Rococo, in: The Print Collector's Newsletter 25 (1994), S. 89–92.

Dietrich 1986
Dagmar Dietrich, Aegid Verhelst 1696–1749. Ein flämischer Bildhauer in Süddeutschland, Weißenhorn 1986.

Emmerling 1992
Erwin Emmerling, Bemerkungen zu weiß gefassten Skulpturen, in: Die Wies. Geschichte und Restaurierung, München 1992 (= Arbeitshefte des Bayerischen Landesamts für Denkmalpflege, 55), S. 423–436.

Feulner 1920
Adolf Feulner, Ignaz Günther. Kurfürstlich bayerischer Hofbildhauer (1725–1775), Wien 1920.

Feulner 1922
Adolf Feulner, Münchner Barockskulptur, München 1922.

Feulner 1923
Adolf Feulner, Bayerisches Rokoko, München 1923.

Feulner 1926
Adolf Feulner, Die Sammlung Hofrat Sigmund Röhrer im Besitz der Stadt Augsburg, Augsburg 1926.

Feulner 1947
Adolf Feulner, Ignaz Günther. Der große Bildhauer des bayerischen Rokoko, München 1947.

Frankenburger 1912
Max Frankenburger, Die Alt-Münchner Goldschmiede und ihre Kunst, München 1912.

Giedion-Welcker 1922
Carola Giedion-Welcker, Bayerische Rokokoplastik. J. B. Straub und seine Stellung in Landschaft und Zeit, München 1922.

Grotemeyer 1928
Paul Grotemeyer, Franz Xaver Schmädl. Ein bayrischer Bildhauer des 18. Jahrhunderts, München 1928.

Hamm 2010
Johannes Hamm, Barocke Altartabernakel in Süddeutschland, Petersberg 2010.

Hanfstaengl 1955
Erika Hanfstaengl, Die Brüder Cosmas Damian und Egid Quirin Asam, München/Berlin 1955.

Hantschmann 2001
Katharina Hantschmann, Die Komödienfiguren von Franz Anton Bustelli, in: Reinhard Jansen (Hg.), Commedia dell'Arte. Fest der Komödianten. Keramische Kostbarkeiten aus den Museen der Welt, Stuttgart 2001, S. 182–189.

Hantschmann 2004a
Katharina Hantschmann, Das Œuvre von Franz Anton Bustelli, in: Renate Eikelmann (Hg.), Franz Anton Bustelli. Nymphenburger Porzellanfiguren des Rokoko, Bayerisches Nationalmuseum München, München 2004, S. 37–52.

Hantschmann 2004b
Katharina Hantschmann, Italienische Komödie, in: Renate Eikelmann (Hg.), Franz Anton Bustelli. Nymphenburger Porzellanfiguren des Rokoko, Bayerisches Nationalmuseum München, München 2004, S. 254–263.

Harries 2009
Karsten Harries, Die bayerische Rokokokirche. Das Irrationale und das Sakrale, Dorfen 2009.

Hawel 1987
Peter Hawel, Der spätbarocke Kirchenbau und seine theologische Bedeutung, Würzburg 1987.

Heisig 2004
Alexander Heisig, Joseph Matthias Götz 1696–1760. Barockskulptur in Bayern und Österreich, Regensburg 2004, S. 210–212.

Heisig 2005
Alexander Heisig, Pfarrkirche St. Marinus und St. Anianus, Rott am Inn, ehemalige Benediktiner-Klosterkirche, Rott am Inn 2005.

Heisig 2013
Alexander Heisig, Asamhaus. Wohn- und Wirkstätte von Egid Quirin Asam, München 2013 (Faltblatt).

Helke 2005
Gun-Dagmar Helke, Johann Esaias Nilson (1721–1788). Augsburger Miniaturmaler, Kupferstecher, Verleger und Kunstakademiedirektor, München 2005.

Hering-Mitgau 1973
Mane Hering-Mitgau, Barocke Silberplastik in Südwestdeutschland, Weißenhorn 1973.

Hering-Mitgau 1992
Mane Hering-Mitgau, Silberfiguren. Entwurf, Ausführung, Nachbildung, in: Konstanty Kalinowski (Hg.), Studien zur Werkstattpraxis der Barockskulptur im 17. und 18. Jahrhundert, Poznań 1992, S. 342–364.

Hering-Mitgau/Biller 1988
Mane Hering-Mitgau/Josef H. Biller, Asams verlorene Silbermaria der Frauenkirche in München. Geschichte einer barocken Statue von Cosmas Damian Asam und Johann Georg Herkommer, in: Zeitschrift für schweizerische Archäologie und Kunstgeschichte 45 (1988), S. 207–248.

Hildebrandt 2012
Maria Hildebrandt, Asamhaus Sendlingerstraße 34. Dokumentation zur Bau-, Ausstattungs- und Restaurierungsgeschichte, München 2012 (unpubliziert).

Hinterstocker 2006
Elisabeth Hinterstocker, Auf den Spuren von Franz Xaver Schmädl (1705–1777), Weilheim 2006.

Hojer 1967
Gerhard Hojer, Die frühe Figuralplastik Egid Quirin Asams, Witterschlick 1967.

Hubala 1969
Erich Hubala, Renaissance und Barock, Frankfurt am Main 1968.

Irmscher 1984
Günther Irmscher, Kleine Kunstgeschichte des europäischen Ornaments seit der frühen Neuzeit 1400–1900, Darmstadt 1984.

Irmscher 2009
Günther Irmscher, Style rocaille, in: Barockberichte 51/52 (2009), S. 339–414.

Jocher 1988
Norbert Jocher, Johann Georg Üblher 1703–1763, Sonderdruck aus: Allgäuer Geschichtsfreund, Kempten 1988.

Johnen 1937/38
Ruth Johnen, Roman Anton Boos. Kurfürstlicher Hofbildhauer zu München 1733–1810, in: Münchner Jahrbuch der bildenden Kunst NF 12 (1937/38), S. 281–320.

Kalinowski 1985
Konstanty Kalinowski (Hg.), Studien zur europäischen Barock- und Rokokoskulptur, Poznań 1985.

Kammel 2001
Frank Matthias Kammel, Die Lust am Unvollendeten. Über das Sammeln und den Reiz des Bozzettos, in: Kleine Ekstasen. Barocke Meisterwerke aus der Sammlung Dessauer, Germanisches Nationalmuseum Nürnberg/Augustinermuseum Freiburg, Nürnberg 2001, S. 11–27.

Kanzenbach 2007
Annette Kanzenbach, Der Bildhauer im Porträt. Darstellungstraditionen vom 16. bis zur Mitte des 19. Jahrhunderts, München/Berlin 2007.

Kerscher 2010
Gottfried Kerscher, Der Dreifaltigkeits-Christus von Joseph Häringer aus der Werkstatt Ignaz Günthers?, in: Anzeiger des Germanischen Nationalmuseums (2011), S. 47–63.

Klein 1989/90
Matthias Klein, Eine Markentafel der Münchner Goldschmiede, in: Jahrbuch des Zentralinstituts für Kunstgeschichte 5/6 (1989/90), S. 351–377.

Klessmann 1956
Rüdiger Klessmann, Unbekannte Altarentwürfe von Johann Baptist Straub, in: Zeitschrift für Kunstwissenschaft 10 (1956), S. 73–96.

Kummer 1989
Stefan Kummer, Architektur und Dekoration des Zwiefaltener Münsterraumes. Gesamtkunstwerk oder Ensemble, in: Hermann Josef Pretsch (Hg.), 900 Jahre Benediktinerabtei Zwiefalten, Ulm 1989, S. 391–400.

Lieb 1938
Norbert Lieb, Johann Baptist Straub, in: Ulrich Thieme/Felix Becker/Hans Vollmer (Hg.), Allgemeines Lexikon der Bildenden Künstler von der Antike bis zur Gegenwart, Bd. 32, Leipzig 1938, S. 162–167.

Lieb 1958
Norbert Lieb, Barockkirchen zwischen Donau und Alpen, München 1958.

Lieb 1992
Norbert Lieb, Barockkirchen zwischen Donau und Alpen, 6., überarbeitete Auflage, München 1992.

Lippert 1772
Johann Kaspar von Lippert, Kurzgefaßte Nachricht von dem churbaierischen ersten Hofbildhauer Herrn Johannes Straub, in: Augsburgisches monatliches Kunstblatt 3 (1772), S. 53–64.

Loers 1976
Veit Loers, Rokokoplastik und Dekorationssysteme. Aspekte der süddeutschen Kunst und des ästhetischen Bewusstseins, München/Zürich 1976.

Lüttichau 1983
Mario-Andreas von Lüttichau, Die deutsche Ornamentkritik im 18. Jahrhundert, Hildesheim/Zürich/New York 1983.

Maier 2012
Eva Maier, Stuckmarmor und Raumgestaltung. Johann Michael Feichtmayrs Stuckmarmorausstattungen sakraler Innenräume und deren Bedeutung, München 2012.

Mittig 1968
Hans-Ernst Mittig, Zu den süddeutschen Schiffskanzeln, in: Alte und moderne Kunst 13 (1968), S. 19–26.

Morsbach 2011
Peter Morsbach, Die Brüder Asam. Vom Leben im Theater der Kunst, Regensburg 2011.

Neu 1977
Wilhelm Neu, Franz Xaver Schmädl, der Bildhauer des Pfaffenwinkels. Eine Nachlese zu seinem Lebenswerk, in: Lech-Isar-Land (1977), S. 8–28.

Poser 1975
Hasso von Poser, Johann Joachim Dietrich und der Hochaltar zu Dießen, Diss. München 1975 (masch.).

Pozsgai 2012
Martin Pozsgai, Germain Boffrand und Joseph Effner, Berlin 2012.

NDB
Neue Deutsche Biographie, Berlin 1953 ff.

Raupp 1984
Hans-Joachim Raupp, Untersuchungen zu Künstlerbildnis und Künstlerdarstellung in den Niederlanden im 17. Jahrhundert, Hildesheim/Zürich/New York, 1984.

RDK
Reallexikon zur deutschen Kunstgeschichte, München 1937 ff.

Rupprecht 1959
Bernhard Rupprecht, Die bayerische Rokoko-Kirche, Kallmünz 1959.

Rupprecht 1980
Bernhard Rupprecht, Die Brüder Asam. Sinn und Sinnlichkeit im bayerischen Barock, Regensburg 1980.

Sauermost 1986
Heinz Jürgen Sauermost, Die Asams als Architekten, München/Zürich 1986.

Schedler 1985a
Uta Schedler, Roman Anton Boos (1733–1810). Bildhauer zwischen Rokoko und Klassizismus, München/Zürich 1985.

Schedler 1985b
Uta Schedler, Die Statuenzyklen in den Schlossgärten von Schönbrunn und Nymphenburg, Hildesheim 1985.

Schiessl 1979
Ulrich Schiessl, Rokokofassung und Materialillusion. Untersuchung zur Polychromie sakraler Bildwerke im süddeutschen Rokoko, Mittenwald 1979.

Schindler 1985
Herbert Schindler, Bayerische Bildhauer. Manierismus, Barock und Rokoko im altbayerischen Unterland, München 1985.

Schindler 1989
Herbert Schindler, Bayern im Rokoko. Aspekte einer Epoche im Umbruch, München 1989.

Schmid 1992
Norbert Elmar Schmid, Zuschreibungsprobleme bei Ignaz Günther. Eine neue Günther-Monographie und grundsätzliche Überlegungen anhand der Streitfrage Aholming, in: Deggendorfer Geschichtsblätter 13 (1992), S. 129–151.

Schmid 2008
H. Rainer Schmid, Typologie und Entwicklung des Altars in Süddeutschland im 18. Jahrhundert, in: Jahrbuch des Vereins für Christliche Kunst 24 (2008), S. 90–129.

Schmidt 1986
Otto Schmidt, Christian Jorhan d. Ä. 1727–1804. Eine Einführung, Riemerling 1986.

Schneider 2011
Peter I. Schneider (Hg.), Licht-Konzepte in der vormodernen Architektur, Internationales Kolloquium Berlin 2009, Regensburg 2011.

Schnell/Schedler 1988
Hugo Schnell/Uta Schedler, Lexikon der Wessobrunner Künstler und Handwerker, München/Zürich 1988.

Schönberger 1954
Arno Schönberger, Ignaz Günther, München 1954.

Schönberger/Woeckel 1951
Arno Schönberger/Gerhard Woeckel, Ignaz Günther [erschienen zur Ignaz Günther-Ausstellung im Bayerischen Nationalmuseum München], München 1951.

Schütz 2000
Bernhard Schütz, Die kirchliche Barockarchitektur in Bayern und Oberschwaben 1580–1780, München 2000.

Schuster 1936
Marianne Schuster, Johann Esaias Nilson. Ein Kupferstecher des süddeutschen Rokoko, München 1936.

Slg.-Kat. Frankfurt 1973
Edmund Schilling, Katalog der deutschen Zeichnungen, Städelsches Kunstinstitut, Frankfurt am Main, 2 Bde., München 1973.

Slg.-Kat. Frankfurt 2003
Mareike Hennig, Mit freier Hand. Deutsche Zeichnungen vom Barock bis zur Romantik aus dem Städelschen Kunstinstitut, Frankfurt am Main 2003.

Slg.-Kat. Freising 1984
Peter B. Steiner (Hg.), Diözesanmuseum Freising. Christliche Kunst aus Salzburg, Bayern und Tirol. 12. bis 18. Jahrhundert, München/Zürich 1984.

Slg.-Kat. München 1980
Peter Volk, Münchner Rokokoplastik. Bayerisches Nationalmuseum München, Bildführer 7, München 1980.

Slg.-Kat. Nürnberg 1969
Monika Heffels, Die Handzeichnungen des 18. Jahrhunderts, Germanisches Nationalmuseum Nürnberg, 1969.

Slg.-Kat. Nürnberg 2005
Claudia Maué, Die Bildwerke des 17. und 18. Jahrhunderts im Germanischen Nationalmuseum. Teil 2: Bayern, Österreich, Italien, Spanien, Mainz 2005.

Slg.-Kat. Nürnberg 2010
Daniel Hess/Dagmar Hirschfelder (Hg.), Renaissance, Barock, Aufklärung. Kunst und Kultur vom 16. bis zum 18. Jahrhundert, Nürnberg 2010.

Stalla 1989
Robert Stalla, Die kurkölnische Bruderschafts-, Ritterordens- und Hofkirche St. Michael in Berg am Laim. Ein Hauptwerk des süddeutschen Rokoko, Weißenhorn 1989.

Steiner 1974
Peter Steiner, Johann Baptist Straub, München/Zürich 1974.

Steiner 1982
Peter Steiner, Beiträge zum Werk von Johann Baptist Straub, in: Jahrbuch des Vereins für christliche Kunst 12 (1982), S. 85–91.

Steiner 1993
Peter Steiner, Zwischen Barock und Rokoko. Skulptur in Wien und München 1730–1760, in: Götz Pochat/Brigitte Wagner (Hg.), Barock. Regional – International, Graz 1993, S. 177–191.

Thon 1977
Christina Thon, Johann Baptist Zimmermann als Stuckator, München/Zürich 1977.

Tillmann 2009
Max Tillmann, Ein Frankreichbündnis der Kunst. Kurfürst Max Emanuel von Bayern als Auftraggeber und Sammler, Berlin/München 2009.

Trnek 2004
Renate Trnek (Hg.), Selbstbild. Der Künstler und sein Bildnis, Gemäldegalerie der Akademie der bildenden Künste Wien, Ostfildern 2004.

Trottmann 1980
Helene Trottmann, Die Zeichnungen Cosmas Damian Asams für den Concorso Clementino der Academia di San Luca von 1713, in: Pantheon 38 (1980), S. 158–164.

Trottmann 1986
Helene Trottmann, Cosmas Damian Asam (1686–1739). Tradition und Innovation im malerischen Werk, Nürnberg 1986.

Unger 1972
Adelheid Unger, Joseph Götsch. Ein bayerischer Bildhauer des Rokoko aus Tirol, Weißenhorn 1972.

Volk 1966
Peter Volk, Guillielmus de Grof (1676–1742), Witterschlick 1966.

Volk 1967
Peter Volk, Zur Geschichte der Nymphenburger Gartenplastik 1716–1770, in: Münchner Jahrbuch der Bildenden Kunst 18 (1967), S. 211–240.

Volk 1976
Peter Volk, Bronze- und Bleiplastik am Hof Max Emanuels, in: Hubert Glaser (Hg.), Kurfürst Max Emanuel. Bayern und Europa um 1700, Altes und Neues Schloss Schleißheim, Bd. 1, München 1976, S. 239–249.

Volk 1981
Peter Volk, Rokokoplastik in Altbayern, Bayerisch-Schwaben und im Allgäu, München 1981.

Volk 1984
Peter Volk, Johann Baptist Straub 1704–1784, München 1984.

Volk 1988
Peter Volk, Günther's Christ at the Column, in: Bulletin of the Detroit Institut of Arts 63, Nr. 3/4 (1988), S. 5–13.

Volk 1991a
Peter Volk, Ignaz Günther. Vollendung des Rokoko, Regensburg 1991.

Volk 1991b
Peter Volk, Straub zeichnet für Fischer, in: Karl Möseneder/Andreas Prater (Hg.), Aufsätze zur Kunstgeschichte. Festschrift für Hermann Bauer zum 60. Geburtstag, Hildesheim u. a. 1991, S. 224–230.

Volk 1992
Peter Volk, Der Hochaltar der ehemaligen Stiftskirche St. Andreas in Freising in: Ars Bavarica 67/68 (1992), S. 53–70.

Volk 1993
Peter Volk, Nepomukstatuen. Bemerkungen zu den Darstellungsformen, in: Reinhold Baumstark (Hg.), Johannes von Nepomuk 1393–1993, Bayerisches Nationalmuseum München/Kloster Strahov Prag, München 1993, S. 27–35.

Volk 1995
Peter Volk, Zum Verhältnis von Architektur und Ausstattung in den Kirchenräumen Johann Michael Fischers, in: Gabriele Dischinger/Franz Peter (Hg.), Johann Michael Fischer, Bd. 1, Tübingen 1995, S. 78–89.

Volk 1998a
Peter Volk, Christian Jorhan der Ältere. Niederbayerns größter Rokokobildhauer, in: Christian Jorhan in Heiliggeist. Zwischen Rokoko und Klassizismus. Ein altbayerischer Bildhauer im Zeitalter der Säkularisation, Museen der Stadt Landshut, 1998, S. 17–30.

Volk 1998b
Peter Volk, Vom Ausklang des Rokoko. Putten von Roman Anton Boos, in: Weltkunst 68 (1998), S. 1198–1200.

Volk 2001
Peter Volk, Ignaz Günther and antiquity. A newly identified drawing, in: The Burlington Magazine 143 (2001), S. 756–758.

Volk 2002
Peter Volk, Die barocke Altarausstattung der Klosterkirche von Rott am Inn, in: Willi Birkmaier (Hg.), Rott am Inn. Beiträge zur Kunst und Geschichte der ehemaligen Benediktinerabtei, Bd. 2, Weißenhorn 2002, S. 217–276.

Volk 2004
Peter Volk, Franz Anton Bustelli und die Münchner Rokokoplastik, in: Renate Eikelmann (Hg.), Franz Anton Bustelli. Nymphenburger Porzellanfiguren des Rokoko, Bayerisches Nationalmuseum München, München 2004, S. 53–65.

Volk 2006
Peter Volk, Johann Baptist Straub und die Münchner Rokokoskulptur, in: Janez Höfler/Frank Büttner (Hg.), Bayern und Slowenien im Zeitalter des Barock, Regensburg 2006, S. 83–91.

Volk 2007a
Peter Volk, Ein architektonisches Stichwerk des römischen Verlags de' Rossi aus dem Besitz von Ignaz Günther, in: Oberbayrisches Archiv 131 (2007), S. 71–74.

Volk 2007b
Peter Volk, Kruzifixe von Ignaz Günther, in: Zeitschrift des Vereins für Kunstwissenschaft 61 (2007), S. 81–127.

Westenrieder 1831
Lorenz von Westenrieder, Sämmtliche Werke, Bd. 1: Schriften über bildende Kunst, Kempten 1831.

Wies 1992
Die Wies. Geschichte und Restaurierung, München 1992 (= Arbeitshefte des Bayerischen Landesamts für Denkmalpflege, 55).

Wissmann 2013
Alexander Wissmann, Christian Jorhan der Ältere. Im Spannungsfeld zwischen Rokoko und Klassizismus, Saarbrücken 2013.

Woeckel 1964
Gerhard P. Woeckel, Die Brunnenanlagen vor dem Münchner Jesuitenkloster im Wandel der Jahrhunderte, in: Alte und moderne Kunst 76 (1964), S. 9–17; 77 (1964), S. 20–23.

Woeckel 1965
Gerhard P. Woeckel, Drei unbekannte Holzbildwerke von Roman Anton Boos und ein neu entdecktes Bildnis des Künstlers, in: Pantheon 23 (1965), S. 97–110.

Woeckel 1975a
Gerhard P. Woeckel, Ignaz Günther. Die Handzeichnungen des kurfürstlich bayerischen Hofbildhauers Franz Ignaz Günther (1725–1775), Weißenhorn 1975.

Woeckel 1975b
Gerhard P. Woeckel, Ignaz Günther und Joseph I Canzler, in: Pantheon 33 (1975), S. 227–236.

Woeckel 1975c
Gerhard P. Woeckel, Beiträge zu dem höfischen Werk des Bildhauers Johann Baptist Straub, in: Alte und moderne Kunst 20 (1975), S. 29–39.

Woeckel 1983
Gerhard P. Woeckel, Werke Ignaz Günthers. Erhaltene und verlorene Entwürfe und ihre Ausführung in der Benediktinerabteikirche St. Marinus und Anianus in Rott am Inn, in: Willi Birkmaier (Hg.), Rott am Inn. Beiträge zur Kunst und Geschichte der ehemaligen Benediktinerabtei, Bd. 1, Weißenhorn 1983, S. 135–155.

Woeckel 1984
Gerhard P. Woeckel, Ignaz Günthers »Johannes von Nepomuk« in Stuttgart und die Münchener Darstellungen des Heiligen im 18. Jahrhundert, in: Jahrbuch der Staatlichen Kunstsammlungen in Baden-Württemberg 21 (1984), S. 57–96.

Woeckel 1985
Gerhard P. Woeckel, Franz Ignaz Günther (1725–1775). Beiträge zur Erforschung des Günther-Œuvres, in: Ignaz Günther Gesellschaft (Hg.), Ignaz Günther. Ein oberpfälzischer Bildhauer und Werke seiner Zeitgenossen, Regensburg 1985, S. 21–31.

Woeckel 1987a
Gerhard P. Woeckel, Das große Porzellan-Kruzifix. Zur Erforschung des Œuvres von Ignaz Günther, in: Weltkunst 57 (1987), S. 1816–1820.

Woeckel 1987b
Gerhard P. Woeckel, Zum Werk Christian Jorhans d. Ä. Korrektur zu Fehlzuschreibungen im Bereich der niederbayerischen Rokokoplastik, in: Weltkunst 57 (1987), S. 1841–1843.

Woeckel/Herzog 1966
Gerhard P. Woeckel/Erich Herzog, Ignaz Günthers Frühwerk in Kopřivna (Geppersdorf), in: Pantheon 24 (1966), S. 217–252, 303–313.

Ziegler 1984
Walter Ziegler (Hg.), Johann Baptist Straub (1704–1784). Franz Xaver Messerschmidt (1736–1783). Bildhauer aus Wiesensteig, Weißenhorn 1984.

Ziffer 2004
Alfred Ziffer, »Fürwiz«- und Liebesgruppen, in: Renate Eikelmann (Hg.), Franz Anton Bustelli. Nymphenburger Porzellanfiguren des Rokoko, Bayerisches Nationalmuseum München, München 2004, S. 198–205.

PERSONEN- UND ORTSREGISTER

Personenregister

Ortsregister

ABBILDUNGSNACHWEIS

Augsburg, Kunstsammlungen und Museen Augsburg, Graphische Sammlung: S. 137; 138, 139 (Andreas Brücklmair)
Augsburg, Kunstsammlungen und Museen Augsburg, Maximilianmuseum: S. 187, 295, 387 (Lenz Mayer)
Bad Tölz, Stadtmuseum: S. 376 (Ursula Summerer)
Bamberg, Peter Eberts: S. 276
Berlin, Bildarchiv Preußischer Kulturbesitz: S. 382 (Antje Voigt)
Berlin, Staatliche Museen zu Berlin, Kunstbibliothek: S. 94, 284 u.; 282 (Dietmar Katz)
Achim Bunz: S. 23
Florenz, Archivi Alinari: S. 29 (Raffaello Bencini)
Frankfurt am Main, Städel Museum: S. 192, 194, 195, 199 r.
Freising, Diözesanmuseum Freising: S. 212, 214, 216, 217, 280, 281 (Walter Bayer); 2/3, 8, 12, 89–91, 93, 95–97, 99, 147–149, 164–167, 169–171, 176, 177, 185, 234–237, 246–251, 254, 255, 264–266, 268, 270 l., 273, 274, 287–293, 313, 338–343, 348–351, 353, 355–357, 367, 369, 379, 390–392 (Jens Bruchhaus); Umschlagbild, 4–7, 14/15, 18, 27 l., 28, 30/31, 38, 40, 54, 104, 110, 117, 119, 134, 135, 140–145, 154, 159–163, 173–175, 179–183, 190/191, 204–207, 210, 220–223, 225, 227, 229, 231, 239, 241, 243, 245, 297–301, 303–305, 307–311, 322/323, 331–335, 344, 345, 358–365, 381, 415 (Thomas Dashuber); 27 r., 61, 63 (Wolf-Christian von der Mülbe); 10, 45, 59, 70–73, 100, 105, 109, 124–127, 200/201, 316/317 (Michael Naumann)
Innsbruck, Tiroler Landesmuseum Ferdinandeum: S. 320
Rupert Karbacher: S. 270 r., 271
Karlsruhe, Badisches Landesmuseum: S. 347 (Thomas Goldschmidt)
Marburg, Bildarchiv Foto Marburg: S. 16, 54
Peter Morsbach: S. 52 (Veröffentlichung mit Genehmigung des Staatlichen Bauamtes Regensburg), 53
München, Bayerisches Landesamt für Denkmalpflege: S. 42/43 (Achim Bunz), 48, 81 (Petra Schwaerzel)
München, Bayerisches Nationalmuseum: S. 294 (Marianne Franke); 57, 253, 257, 261, 263 (Walter Haberland); 65, 67, 133, 203, 286, 370, 385 (Bastian Krack); 373 (Marianne Stöckmann)
München, Bayerische Staatsbibliothek: S. 128–131
München, Bayerische Staatsgemäldesammlungen: S. 57, 77
München, Bayerische Verwaltung der staatlichen Schlösser, Gärten und Seen: S. 24/25, 259 (Hermann, Scherf, Gruber u. a.); 21 (Peter Fink/Nietmann)
München, Erzbischöfliches Ordinariat München, Ressort Bauwesen und Kunst, Hauptabteilung Kunst: S. 115, 121, 123, 233 (Fotos zeigen Zustand vor der Restaurierung) (Achim Bunz)
München, Hirmer Fotoarchiv: S. 103, 107
München, Münchner Stadtmuseum: S. 136, 296, 312, 352
München, Staatliche Graphische Sammlung München: S. 79, 83, 85, 87, 150, 157, 186, 188, 189, 193, 197, 199 l., 284 o., 315, 321, 324–326, 366, 372, 375
Nürnberg, Germanisches Nationalmuseum: S. 69, 209, 285, 314, 318, 327, 329, 383, 389; 319 (G. Janßen)
Olmütz, Muzeum umění Olomouc: S. 337 (Markéta Ondrušková)
Gerald Richter: S. 51
Rom, Accademia Nazionale di San Luca: S. 75
Rott am Inn, Pfarrarchiv St. Peter und Paul: S. 44 (Foto: Alfons Kapser, Montage: Thomas Ino Hermann)
Rainer Schmid: S. 37
Rolf Sturm: S. 34

Dieser Abbildungsnachweis wurde mit größter Sorgfalt und auf der Basis der den Herausgebern bekannten Fakten erstellt. Nicht in allen Fällen war es möglich, die Rechtsinhaber der Abbildungen ausfindig zu machen. Berechtigte Ansprüche werden selbstverständlich im Rahmen der üblichen Vereinbarungen vom Museum abgegolten.

Bildlegenden

Umschlagabbildung
Johann Baptist Straub, *Hl. Erzengel Gabriel*, Detail (Kat.-Nr. 49)

S. 2/3 Johann Christoph Steinbacher, *Strahlenmonstranz der Asamkirche in München*, Detail (Kat.-Nr. 17)
S. 4/5 Ignaz Günther, *Baldachin mit Putti*, Detail, um 1765, Freising-Neustift, Pfarrkirche St. Peter und Paul
S. 6/7 Joseph Götsch, *Schutzengelgruppe*, Detail (Kat.-Nr. 60)
S. 8 Johann Baptist Straub, *Rennschlitten mit Diana und Putto*, Detail (Kat.-Nr. 29)
S. 10 Johann Baptist Zimmermann, *Deckenfresko*, Detail, 1744/52, München-Berg am Laim, Pfarrkirche St. Michael
S. 12 Franz Anton Bustelli, *Putto als Cybele*, Detail (Kat.-Nr. 69)
S. 14/15 Rottenbuch, Pfarrkirche Mariä Geburt
S. 59 Egid Quirin Asam, *Rosenkranzaltar*, Detail, 1731, Osterhofen, ehem. Prämonstratenser-Klosterkirche
S. 72/73 Osterhofen, ehem. Prämonstratenser-Klosterkirche
S. 100 Rott am Inn, Pfarrkirche St. Peter und Paul
S. 109 München-Berg am Laim, Pfarrkirche St. Michael
S. 110 Christian Jorhan d. Ä., *Hochaltar*, Detail, 1765, Maria Thalheim, Wallfahrtskirche Mariä Himmelfahrt
S. 123 Johann Anton Bader, linker Seitenaltar, Detail, um 1760, Hörgersdorf, Kuratiekirche St. Bartholomäus
S. 126/127 Rott am Inn, Pfarrkirche St. Peter und Paul
S. 150 Ignaz Günther, *Entwurf für den Hochaltar für St. Rasso in Grafrath*, Detail (Kat.-Nr. 93)
S. 159 Johann Baptist Straub, *Hl. Erzengel Raphael*, Detail (Kat.-Nr. 48)
S. 162/163 Christian Jorhan d. Ä., *Hl. Notburga*, Detail (Kat.-Nr. 54)
S. 190/191 Schäftlarn, Klosterkirche St. Dionysius und Juliana
S. 200/201 München-Berg am Laim, Pfarrkirche St. Michael
S. 210 Ignaz Günther, *Schmerzhafte Gottesmutter*, Detail (Kat.-Nr. 111)
S. 222/223 Christian Jorhan d. Ä., *Tabernakelbekrönung mit Lamm Gottes und vier Putti*, Detail (Kat.-Nr. 51)
S. 250/251 Franz Anton Bustelli, *Jagdaufsatz*, Detail (Kat.-Nr. 63)
S. 266 Ignaz Günther, *Pietà*, Detail (Kat-Nr. 115)
S. 273 Ignaz Günther, *Pietà*, Detail (Kat-Nr. 115)
S. 274 Joseph Friedrich I Canzler, *Vier Heiligenbüsten*, Detail (Kat.-Nr. 106)
S. 300/301 Franz Xaver Schmädl, *Johannes der Täufer*, Detail (Kat.-Nr. 58)
S. 316/317 Rott am Inn, Pfarrkirche St. Peter und Paul
S. 322/323 Freising-Neustift, Pfarrkirche St. Peter und Paul
S. 360/361 Ignaz Günther, *Christus am Kreuz*, Detail (Kat.-Nr. 111)
S. 370 Roman Anton Boos, *Atlas und Herkules mit dem Himmelsgewölbe*, Detail (Kat.-Nr. 118)
S. 379 Roman Anton Boos, *Diana*, Detail, Schloss Haimhausen
S. 392 Ignaz Günther, *Weibliche Heiligenfigur*, Detail (Kat.-Nr. 75)
S. 415 Christian Jorhan d. Ä., *Tabernakelbekrönung mit Lamm Gottes und vier Putti*, Detail (Kat.-Nr. 51)

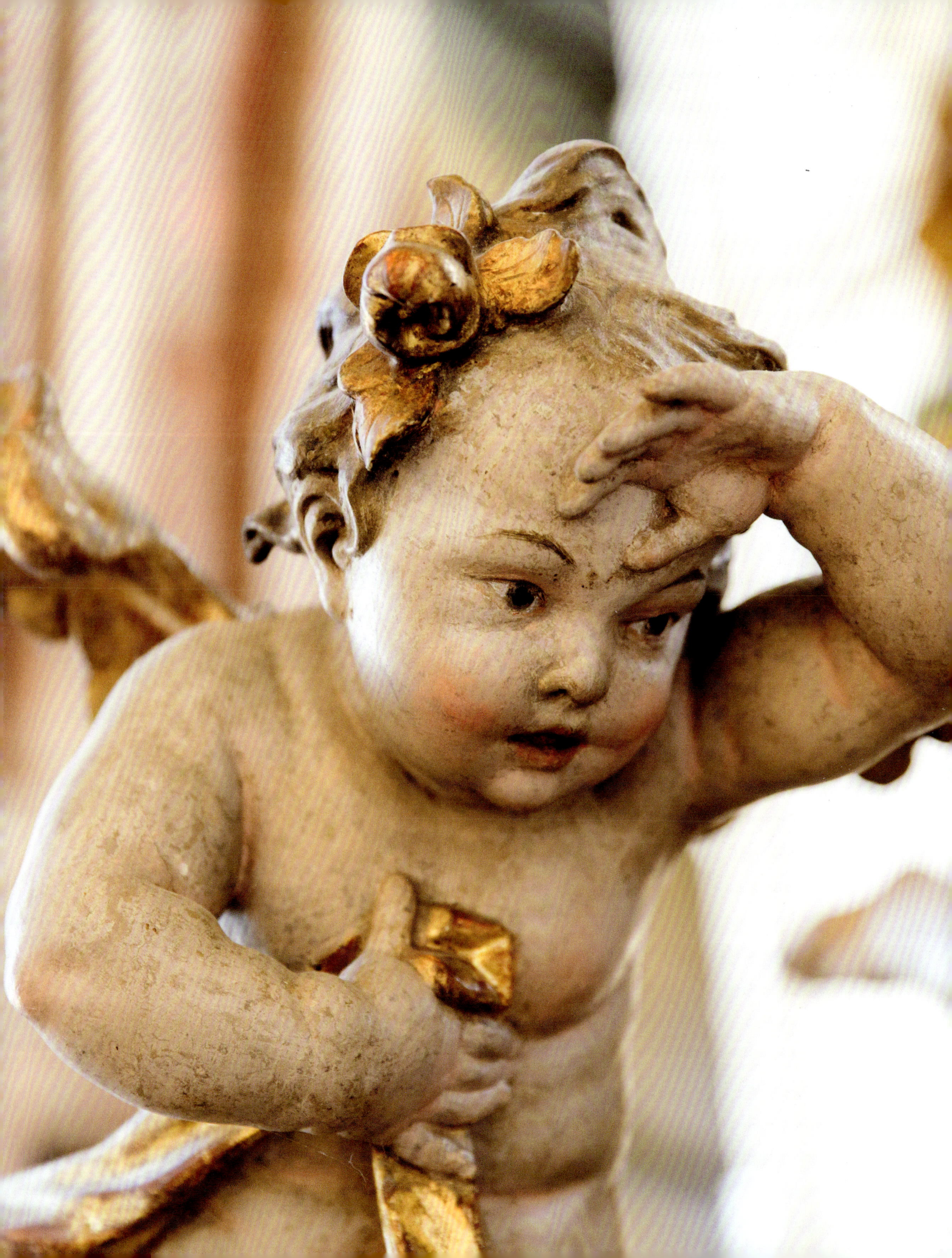

Diese Publikation erscheint anlässlich der Ausstellung
Mit Leib und Seele. Münchner Rokoko von Asam bis Günther
in der Kunsthalle der Hypo-Kulturstiftung München
12. Dezember 2014 bis 12. April 2015

Herausgegeben von Roger Diederen
für die Kunsthalle der Hypo-Kulturstiftung, München
und Christoph Kürzeder
für das Diözesanmuseum Freising

Ausstellung

Konzeption:
Roger Diederen
Christoph Kürzeder
Steffen Mensch
Ariane Mensger
Carmen Roll

Assistenz:
Joana Mylek
Katja Triebe

Beratung:
Norbert Jocher
Peter Volk

Koordination:
Ariane Mensger mit Joana Mylek

Restauratorische Betreuung:
Irmgard Schnell-Stöger und
Elena Agnini
Regina Bauer-Empl
Beate Häcker
Volker Jutzi
Rupert Karbacher
Joachim Kreutner
Karin Mühlbauer
Catrin Paul
Corinna Pflästerer
Stephan Rudolph
Thomas Salveter
Rainer Sgoff
Barbara Staudacher
Alfred Stemp
Ingrid Stümmer
Michael Vogel
Ulrich Weilhammer
Heidi Weinbeck
Sebastian Westermeier
Veronika Wiegerling

Gestaltung:
Patrick Utermann
Frank Garbers

3-D-Rundgänge:
Michael Naumann

Katalog

Autoren:
Meinrad von Engelberg
Roland Götz (RG)
Katharina Hantschmann (KH)
Alexander Heisig
Anna-Laura de la Iglesia
y Nikolaus (AIN)
Norbert Jocher
Rupert Karbacher
Christoph Kürzeder (CK)
Steffen Mensch (SM)
Ariane Mensger (AM)
Joana Mylek (JM)
Carmen Roll (CR)
Rainer Schmid
Anette Schommers (AS)
Gudrun Szczepanek (GS)
Katja Triebe (KT)
Friederike Ulrichs (FU)
Peter Volk (PV)
Alfred Ziffer (AZ)

Redaktion:
Ariane Mensger

Museumslektorat:
Lothar Altmann
Johanna Pawis

Bildredaktion:
Joana Mylek
Katja Triebe

Lektorat, Gestaltung
und Produktion:
Sieveking Verlag, München

Reproduktionen:
Repromayer, Reutlingen

Druck und Bindung:
Aumüller Druck GmbH,
Regensburg

Erschienen im:
Sieveking Verlag
Wilhelm-Hale-Straße 46
80639 München
www.sieveking-verlag.de

ISBN 978-3-944874-15-9

Printed in Germany

Kunsthalle der Hypo-Kulturstiftung

Direktor:
Roger Diederen

Kuratorin:
Ariane Mensger

Projektassistenz:
Joana Mylek

Ausstellungssekretariat:
Bettina Ungerecht

Assistenz:
Susanne Engel
Eva Herzog

Presse und Öffentlichkeitsarbeit:
Leonie Mellinghoff

Social Media und Redaktion:
Stefan Schukowski

Assistenz:
Anna-Sophie Geiersberger

Technische Leitung:
Winfried Heinz

Hypo-Kulturstiftung

Stiftungsvorstand:
Anne Gfrerer
Heinz Laber
Dieter Rampl
Andrea Varese
Theodor Weimer (Vorsitzender)

Geschäftsführung:
Oliver Kasparek

Assistenz der Geschäftsführung:
Lara Hachenberg

Projektbetreuung:
Gabriele Schubert

Kunsthalle der
Hypo-Kulturstiftung
Theatinerstr. 8
80333 München
www.kunsthalle-muc.de

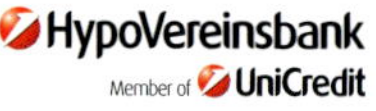

Diözesanmuseum Freising

Direktor:
Christoph Kürzeder

Stellvertretende Direktorin:
Carmen Roll

Wissenschaftlicher Mitarbeiter:
Steffen Mensch

Volontärin:
Katja Triebe

Sekretariat:
Sandra Angermaier

Kuratorium:
Bernhard Haßlberger
Norbert Jocher
Norbert Knopp
Christoph Kürzeder
Markus Reif

Diözesanmuseum Freising
Domberg 21
85354 Freising
www.dimu-freising.de